图书在版编目（CIP）数据

认知语言学关键概念 / 文旭，杨坤主编．—北京：商务印书馆，2024
（中国认知语言学前沿丛书）
ISBN 978-7-100-22791-9

Ⅰ．①认… Ⅱ．①文… ②杨… Ⅲ．①认知语言学—研究 Ⅳ．① H0-06

中国国家版本馆 CIP 数据核字（2023）第 142934 号

中国认知语言学前沿丛书
认知语言学关键概念
文旭　杨坤　主编

商　务　印　书　馆　出　版
（北京王府井大街 36 号　邮政编码 100710）
商　务　印　书　馆　发　行
北京市十月印刷有限公司印刷
ISBN 978-7-100-22791-9

2024 年 1 月第 1 版　　开本 710×1000　1/16
2024 年 1 月北京第 1 次印刷　　印张 42¼
定价：198.00 元

中国认

认知语言学关

文

中国认知语言学前沿丛书
编 委 会

认知语言学的发展与创新

——“中国认知语言学前沿丛书”总序

文　旭

语言学是一门领先的科学，是人文科学与自然科学之间的桥梁。从结构主义语言学到转换生成语法，再到认知语言学，语言学的发展就是一个个研究范式的嬗变。作为语言学的一种新范式，认知语言学（狭义认知语言学）的哲学基础和工作假设都与当时的主流语言学有很大的区别。

认知语言学发端于20世纪70年代，其诞生的主要原因是不满当时语言研究的形式方法，当然也因为受到六七十年代现代认知科学的影响，尤其是受到有关人类范畴化的研究以及早期格式塔心理学的影响。认知语言学成熟的重要标志是1989年春在德国杜伊斯堡召开的第一次国际认知语言学会议，1990年创办的*Cognitive Linguistics*（《认知语言学》）期刊，以及当年成立的国际认知语言学协会（International Cognitive Linguistics Association）。自诞生之日起，认知语言学就把自己置于认知科学这一大学科背景中，与哲学、心理学、人类学、计算机科学以及神经科学等结下了不解之缘，并逐渐发展成为语言学的主流学科之一。

认知语言学有广义和狭义之分。任何语言学理论，只要把自然语言当作心理现象来研究，就属于广义认知语言学。例如，乔姆斯基（N. Chomsky）的转换生成语法（Transformational-Generative Grammar）、杰肯道夫（R. Jackendoff）的概念语义学（Conceptual Semantics）以及赫德森（R. A. Hudson）的词语法（Word Grammar）等，都可以看成是广义认知语言学。狭义认知语言学（以下简称“认知语言学”）在对语言的根本看法上，与广义认知语言学存在着很大差别，它认为：（1）语言能力是人类一般认知能力的一部分，故语言不是一个自足的系统，其描写必须参照人类的认知过程。（2）语言结构与人类的概念知识、身体经验以及话语的功能密切相关，并以它们为理据。（3）句法不是一个自足的部分，它与词汇、语义都密切相关，也就是说，词汇、形态和句法本身就是一个连续体，它们只不过是被任意分割成独立成分而已；语法结构本质上就是概念化的结果。（4）语义不只是客观的真值条件，还与人的主观认识相关；以基于真值条件的形式语义学来分析语词的意义，这是不充分的。（5）语言知识来源于语言使用。这些基本看法或假设界定了认知语言学的内涵和研究内容。

认知语言学不是一个单一的理论，而是一项宏大的事业。它包含许多不同理论、研究方法和研究话题，并融描写与解释、内省与实证为一体。虽然如此，认知语言学家却广泛认同两个基本承诺，即“概括的承诺”（Generalization Commitment）和“认知的承诺”（Cognitive Commitment）。概括的承诺就是：概括和描写语言各方面的一般原则。例如，在句法学中，对语法语素、范畴及结构分布的概括；在语义学中，对推理、多义性、语义场、概念结构等的概括；在语用学中，对言语行为、会话含意、指示等交际功能的概括。认知的承诺就是：有关语言的一般原则应与来自其他学科对心智和大脑的研究结论一致。也就是说，这一承诺强调语言理论的描写应吸收其他学科的研究成果，如认知心理学、发展心理学、心理语言学、人类学以及神经科学等学科的研究成果。如果幸运的话，概括的承诺和认知的承诺应该彼此吻合，即我们所追求的一般原则在认知上应该是真实的，具有认知现实性；倘若不吻合，认知的承诺则应居于首要地位。这两个基本承诺为认知语言学的发展方向奠定了基础。认知语言学的基本假设、研究方法、理论创新都遵循这两个基本承诺。它们也为语言的核心领域研究提供了指导原则，如音系、形态、句法、语义和语用等的研究。这两个承诺对认知语言学的应用研究也具有重要的指导意义。例如，人类行为和语言使用的研究，其中包括社会行为、语言变异、语言演化、文学语言、手语、翻译等。认知语言学之所以具有活力且方兴未艾，部分原因是它秉承了这两个基本承诺。

近40年来，国际认知语言学研究取得了令人瞩目的成就，研究话题早已超越了当初圈定的范围。1990年，国际认知语言学协会成立之时，明确了认知语言学研究的主要话题：自然语言范畴化的结构特征，如典型性、隐喻、转喻、心理意象、认知模型等；语言组织的功能原则，如象似性、自然性等；句法与语义的概念界面；语言的体验背景和语用背景；语言与思维的关系等。不过，今天认知语言学的研究疆域大大地扩大了，它不但重视词汇、句法的研究，也重视语篇的研究；不但重视个体认知，也重视社会认知；不但重视共时研究，也重视历时研究；不但坚守内省方法，也重视实证方法。

近20年来，我国认知语言学研究突飞猛进，无论是在理论建设方面，还是在应用研究方面，以及在汉语认知研究方面，都取得了丰硕的成果，其中一些成果还得到了国外学者的高度认可。虽然认知语言学这个术语是舶来品，但可以本土化、中国化，因为一个学科的发展必然会打上其时代性和地域性的烙印，随着时代的发展和地域的变迁，自身的理论体系也会不断演化，以融入时代的新内容、地域特色和文化特质。所以，我非常认同这样一种观点：主义可拿来，问题须土产，理论应自立。国外先进的思想和理论可以借鉴，但我们要解决中国问题，研究自己的语言和文化，解决语言教学、翻译、人工智能以及其他领域中的问题，从而建立我们自己的认知语言学学科体系、学术体系、话语体系。因此，我们特别欢迎中国学者在认知语言学方面的原创性成果，尤其是有关认知语言学的理论创新、方法论创新以及汉语认知研究的成果，也欢迎认知语言学应用研究方面的成果，以及认知语言学与其他学科交叉研究的成果。我相信，“中国认知语言学前沿丛书”将为我国学者提供一个良好的学术交流平台，展示中国学者自己的研究成果，彰显中国特色，体现世界水平。

本丛书的出版得到了商务印书馆英语编辑室的大力支持，也得到了陆俭明老师、沈家煊老师等诸多师友的关心和帮助，在此对他们表示衷心的感谢！希望这套丛书能让广大读者喜欢，也希望其中的理论和观点能引起大家的共鸣，当然更希望各位方家不吝赐教。

语言与认知是人类的一项永恒课题，中国学者在认知语言学研究领域所凝聚的中国智慧正熠熠生辉，认知语言学研究在各国学者的共同努力下必将历久弥新。新，是生命！新，是希望！新，是动力！此时此刻，我突然想起了南宋著名诗人杨万里的一首诗：

雾外江山看不真，只凭鸡犬认前村。
渡船满板霜如雪，印我青鞋第一痕。

是为序。

序

展示在读者面前的是由文旭教授和他的高足杨坤教授主编的《认知语言学关键概念》。全书精选了48个关键概念术语，对每一个概念术语并不只是三言两语做个注释，一般都做了较为详尽的理论说明，其内容包括概念的核心内容，基本属性，概念或学科渊源，研究背景，研究路径，重要思想奠基人，主要代表人物，代表性论著，发展脉络，应用情况，以及未来发展趋势等众多项目。总之，对各关键概念既讲源头，也讲演化和延伸，也介绍代表人物、代表论著。当然，各关键概念性质不同，释文所涉及的内容，其所含项目多寡不一。而每条释文最后都提供了详略不等的参考书目，以供读者进一步广泛了解。因此，这部书有别于一般的术语辞典。

认知语言学始于20世纪70年代末。自诞生以来，它在对各种语言现象的解释方面，越来越显示它的生命力。语言跟客观世界不直接对应，这是学界早已取得的共识。然而语言何以能反映客观世界，这在认知语言学产生之前一直是个需要探究的问题。认知语言学以“语言在本质上是象征性的”这一句话，揭开了这个谜，并成为认知语言学最基本的假设，或者说最基本的观点，并由此表征了语言符号的基本功能，即“通过其音位序列允准认知域中的概念化结构的符号表现”；具体说，“语法可还原为语义和音位结构之间的象征关系”（兰盖克）。大量研究成果表明，认知语言学的这一假设“具有可操作性”。这样就让人们能以人的认知为出发点，来探究人是怎样运用内在语言符号对事物或事件进行抽象，怎样运用语言符号对事物或事件加以概念化；怎样运用语言符号以及由这些符号组成的种种语言结构，来实现人的思维活动，来实现人的交际活动。于是，仅仅40年的短暂历史，认知语言学遂成了语言学领域中极具活力的一个语言学流派。

认知语言学理论在20世纪80年代开始陆续引入汉语研究，汉语研究者运用相关的典型理论、理想化认知模型理论、隐喻转喻理论、象似性理论、主观性与主观化理论、有界与无界理论、范畴化理论、意象图式理论、语法化理论和构式语法理论等，对汉语的种种语言现象做出了前所未有的解释，取得了不小的研究成果。但到目前为止，始终停留在“引介”的水平，未见有我们自己的理论创新成果。我们真要能实现在认知语言学这一学科领域有我们自己的理论创新成果的愿望，必须做好两件事：一是继续全面而又深入地学习掌握已有的认知语言学理论，即还需进一步进行“理论武装”；二是还需进一步挖掘、揭示汉藏、藏缅等语系诸语言特别是我们汉语中的新的语言事实和语言现象，留意已经有的语言事实与语言现象。

就“理论武装”而言，最根本的办法当然最好是读原著、读已有的相关的研究成果。然而一个人的精力是有限的，再说各个学者还得受到诸如语言上、资料获取上等种种条件限制，不可能所有学者都能自如地、如愿以偿地阅读到原著和所有相关论著。因此，我们看到一些发达国家在科学研究上，开创了这样一条路，那就是编辑出版各学科的“核心术语”（Key Terms）丛书，以便为读者提供进一步全面了解该学科的平台。譬如语言学领域方面，我们已经看到有：《语言学核心术语》（*Key Terms in Linguistics*, Howard Jackson），《翻译学核心术语》（*Key Terms in Translation Studies*,

Giuseppe Palumbo),《语义学核心术语》(*Key Terms in Semantics*, M. Lynne Murphy, Anu Koskela),《话语分析核心术语》(*Key Terms in Discourse Analysis*, Paul Baker, Sibonile Ellece),《语用学核心术语》(*Key Terms in Pragmatics*, Nicholas Allott),《二语习得核心术语》(*Key Terms in Second Language Acquisition*, Bill VanPatten, Alessandro G. Benati),《文体学核心术语》(*Key Terms in Stylistics*, Nina Nrgaard, Rocío Montoro, Beatrix Busse),《句法学与句法理论核心术语》(*Key Terms in Syntax and Syntactic Theory*, Silvia Luraghi, Claudia Parodi),《系统功能语言学核心术语》(*Key Terms in Systemic Functional Linguistics*, Christian M. I. M. Matthiessen, Kazuhiro Teruya, Marvin Lam), 等等。

在科学领域里各个学科，特别是它的理论架构，都由若干关键概念建构而成。正是通过那一定数量的关键概念，也即专业性术语，来显示一个独立学科或理论的存在。而对读者来说，也正是通过对该学科各关键概念的了解与理解，才能得以从了解到理解到掌握某学科或理论的整体。认知语言学也不例外。显然,《认知语言学关键概念》实际为读者提供了全面了解认知语言学的一个平台。读者可以按照自己的兴趣，在此基础上攀登认知语言学的高峰。这也正是该书使用价值之所在。《认知语言学关键概念》的出版，在我们国内具有开创性。

由于该书由众多学者参与编写，难免存在内容详略、语言风格、文字繁简、列举的参考文献的多寡等不一；另外概念术语的取舍，某些概念的释文也有可商榷之处。但这都不妨碍读者对该书的使用。当然我们期望主编和各位编写者在再次印刷或再版此书时，望能多方听取意见，当加以修订，以使之更为完美。

该书付梓出版前，文旭教授命我作序，不好推辞。可我对认知语言学只是学习与了解，并没有什么研究，实在有点勉为其难。不过既然答应了，就先认真阅读此书，确有先睹为快之感，以上所言算是心得，并聊以为序。

陆俭明

2018年4月20日

于北京大学寓所

前　言

语言是人类思维和交际的工具，是人类认知的重要组成部分，更是人类存在的家园。人之所以为人者，或许最重要的因素就是人类拥有自己的语言。正如《春秋穀梁传·僖公二十二年》中所言："人之所以为人者，言也。人而不能言，何以为人？"可以毫不夸张地说，自从语言产生的那一刻起，人类研究语言的脚步就未停止。

从历史比较语言学到结构主义语言学、形式语言学、功能语言学以及认知语言学，语言学的发展就是一个个研究范式的嬗变。20世纪50年代以乔姆斯基为代表的转换生成学派，是一场从描写语言到解释语言的革命；虽然乔姆斯基提出了从心智角度研究语言的观点，但他认为语言是独立于认知之外的另一个心智模块。乔姆斯基主张"主体－客体""身体－心智"的二元分离，认为研究语言就是揭示语言的形式和运算系统，根本不需要考虑人的身体和经验作用。20世纪70年代末开始，以三位"认知语言学之父"George Lakoff、Ronald W. Langacker、Leonard Talmy为首的语言学家，对乔姆斯基学派所倡导的天赋论、二元论、模块论、形式论以及语言自治论等提出了质疑和批评，从而出现了一场新的语言学革命，并逐步形成了认知语言学这一研究范式。经过四十多年的发展，无论是理论建树还是应用探索，认知语言学都取得了辉煌成就，已成为当今语言学研究的主流学派。

认知语言学主要是通过语言来研究人类的心智，同时研究语言、心智与人类具身经验、文化之间的关系。其主要研究目的有二：研究范畴化、隐喻、转喻、注意、记忆、意象这样的认知机制是如何在语言行为中使用的；发展出具有心理现实性的语言模型，这些模型可以解释所有语言现象（包括日常语言、习语和比喻语言）。认知语言学并非一种单一的理论，而是一个有着共同哲学基础的理论范式，这些纷繁多样的理论观点和研究方法有着共同的立场和假设，因此可以统一于认知语言学这一宏伟事业之中。认知语言学的一员大将Dirk Geeraerts在其主编的《认知语言学基础读物》（*Cognitive Lingusitics: Basic Readings*，2006，第2页）中将认知语言学比喻成一个缤纷多彩、美丽多姿的群岛，散落其中的有隐喻岛、转喻岛、构式语法岛等诸多岛屿，每个岛屿都有着不同的美景。但是要想顺利去岛上领略最美的风景，需要一名称职而优秀的"导游"。因此，这本"导游"式的工具书应运而生。

本书共介绍了48个认知语言学的关键概念，涉及认知语言学中的基本概念及核心话题，如典型理论、概念隐喻、概念整合、构式语法、象似性、语法化等。这些关键概念的选择和介绍均反映了认知语言学各研究领域代表人物所提出的观点，具有基础性、典型性和权威性等特点。本书每个关键概念基本包括理论来源、代表性人物及其作品、主要内容、研究不足与未来展望、参考文献。书末附有索引，便于读者查阅。这些概念的了解和掌握不仅对认知语言学的初学者和研究者具有较高的参考价值，同时对于汉语研究者和对认知语言学感兴趣的爱好者也是一把很好的入门"钥匙"。希望通过本书的推广，认知语言学的基本理论、基本概念、研究思路和研究方法能在国内语言学界得到普及。

本书是我主持的2015年度国家社会科学基金重大项目"认知语言学理论建设与汉语的认知研究"（15ZDB099）阶段性成果，其设计和编写始于2016年。在编写过程中，我们得到了众多专家学者的大力支持。北京大学陆俭明先生对此项研究给予了很多帮助和支持，提出了宝贵意见，并欣然为本书作序。商务印书馆对本书的编辑和出版也给予了大力支持。参与本书编写的各位专家学者也非常尽心尽力，对书稿进行了多次修改和完善。我的学生杨坤、阎莉、姜灿中、李波、司卫国和吴灵蕊老师为本书的编写、校对也做了大量的工作。在此，谨向所有给予帮助和支持的专家、学者、朋友和学生一并表示诚挚的感谢！

丹麦哲学家克尔克加德说过这样一句话："一本好书的标志就是这本书能读你。"我们在构思和编写本书的时候，也曾想极力使其受到读者的青睐，达到"读你"的境界。是否如愿以偿，只能让读者去评说。但无论如何，我们恳请同行方家不吝指教为盼，以期今后日臻完善。

文　旭

于北碚龙湖紫云台

2022年5月15日

目　　录

词汇化（Lexicalization）

1.引言

“词汇化”有不同的定义。从共时角度看，词汇化通常是指将概念或意义编码为词语的过程。形式语法有时把词汇化界定为用语音手段显化功能范畴的过程。从历时角度看，词汇化是指原来非词汇的语言形式发展成为词汇的过程，如从短语或句法结构演变为词语，这是语言历时演变研究的重要内容。西方词汇化研究可以追溯到现代语言学的奠基人索绪尔，他使用的术语是“粘合”（agglutination）。“粘合是指两个或多个原来分开的但常在句子内部的句段里相遇的要素互相熔合成为一个绝对的或难于分析的单位。这就是粘合的过程”（Saussure 1980：248）。近年来，词汇化也成为认知语言学总体理论框架下的一种新理论（Packard 2000）。尽管不同语言学家对词汇化持有不同观点，但词汇化基本上是研究某种正在变化为词的语言形式（Packard 2000）。国外词汇化研究具有代表性的是Brinton和Traugott（2005），这是迄今国外最全面的一本综合介绍词汇化研究的专著。国内词汇化研究比较有代表性的是董秀芳（2011），它是国内第一部运用典型范畴理论、认知心理上的组块、隐喻、转喻理论对汉语双音词的历史来源、产生过程、原因、条件等问题进行系统研究的著作。陈昌来主编了由学林出版社出版的“语法化词汇化与汉语研究丛书”，其中，《汉语常用双音词词汇化和语法化研究》（陈昌来 2017）和《汉语词汇化和语法化的现象及规律》（董秀芳 2017）与词汇化研究密切相关。该丛书是九位学者的个人论文集，“大致能反映出当前汉语语法化和词汇化研究的主要成就和最新成果”（陈昌来 2017：总序）。

2. 词汇化本质

对词汇化本质的认识是词汇化研究的第一步。然而学者们对之持有不同观点，尚未形成一个统一明确的界定。这些观点大致可归为六类（罗思明等 2007）：第一，词汇化即语言演变过程（如 Brinton 2001），即主张从历时出发，将词汇化等同于语言演变的过程；第二，词汇化即语言演变的结果（如王灿龙 2005），即主张从共时出发，将词汇化等同于语言演变的产物；第三，词汇化即具体意义的发展过程（如 Blank 2001），词汇化等同于语义演变；第四，词汇化即相关理论构建（如 Brinton & Traugott 2005），即将词汇化研究看作是构建词汇化的全部理论工作，把研究对象看作研究工作本身；第五，词汇化是语法化的镜像（如 Lehmann 2002），即认为词汇化与语法化是单向的逆向关系，否定两者间的互补性和兼容性；第六，词汇化即常规的构词过程（如 Bauer 1983；蔡基刚 2005），将词汇化等同于词的各种常规构成方式，如复合、派生、逆构。以上观点从不同侧面切入对词汇化的研究，也都具有一定的合理性。概言之，词汇化研究可以从共时和历时两个角度展开，可以从过程进行也可以从结果进行，可以是理论探索也可以是应用实践。词汇化研究离不开语义研究，和语法化研究也有一定联系。

3. 词汇化研究视角

词汇化的研究视角呈现出多样性。从时间角度来看，有共时词汇化和历时词汇化，二者代表着两种不同的观点。共时词汇化是指一个词进入词库和使用范围。Brinton 和 Traugott（2005）指出："词汇化这个术语被用于表达两种不同的语言现象，从共时角度而言，词汇化指概念范畴的语言编码……共时词汇化在一定程度上是指概念表征和句法之间存在的某种联系是如何被形式化的。"当代词汇化研究主要有两种理论框架：基于生成语法的词汇化理论和基于功能–类型的词汇化理论（Brinton & Traugott 2005）。基于生成语法的词汇化研究多是共时研究。根据生成语法理论，语言是自足的模块机制，词库和语法各自独立，词汇范畴和语法范畴之间界限分明。该理论把词汇化视为一种静止的语言现象，是语法化镜像；其研究关注的是结果，而非过程。词汇化是语言内部变化，不涉及文化、社会、语用等外在因素，其动力来自语言内部各成员之间的相互竞争。这种观点是目前词汇化研究的主流。

从历时角度而言，词汇化是语义变化的历史过程，即词义演变。在该过程中，原义大多情况下已不能从个体成分推知，词语在形式和意义方面丧失理据性。这种研究就是 Brinton 和 Traugott（2005）指出的基于功能–类型的词汇化研究。它吸收了功能语法、语言类型学和认知科学的研究成果，认为词汇范畴和语法范畴是一个连续体，只有程度差异，无本质区别，语言范畴具有相对性；语法和语义不可分割；词汇化是渐进的，受语言内外因素的共同制约。词汇化是"语用含义转变成用词编码的约定俗成的意义的过程"，是"向词库中添加成分"，是"一个表达式被当作词收进词库，不再能用语法规则对其形式或意义的组合作出解释”。词汇化经历的变化是，“在某些特定语境中，说话者使用某种句法构式或词汇形式作为一种惯例模式使用，且惯例模式的形义特征不能完全从构式成分和词汇形式派生或推断出来，随着时间推移，这个惯例模式的内部成分进一步丧失进而变得更具词汇性”（Brinton & Traugott 2005）。Brinton和Traugott（2005）比较详细地研究了历时词汇化现象，涉及的问题包括句法短语或表达式 >单纯词（如hand in the cap > handicap），复合词>单纯词（如古英语god + spell > gospel），非形态化（demorphologization，如all + one > alone）和音变（phonogenesis，如foot > feet），成语化和无理据化及词汇化的自主性。目前国内学者从事的词汇化研究，基本上都是指历时的词汇化。“词汇化，即短语等非词单位逐渐凝固或变得紧凑而形成单词的过程”（董秀芳2011）。这个定义即是从历时角度阐释的。基于功能—类型的词汇化理论更具有解释力，它综合考虑了语言内外相关要素，建立了一种动态的、多层面的研究体系，兼顾了历时和共时的语言事实，更符合科学发展的综合趋势（罗思明等 2007）。

根据董秀芳（2017），历时演变中的词汇化有以下类型：第一，分立的两个词汇成分变为一个词汇成分，原来的两个词都有可能还可以独立使用，如英语中gonna来自going to。第二，原来能产的构词成分（词缀）被重新分析为词根的一部分（phonegeness，phonologization，resegmentation），如日耳曼语中由使成后缀-ej-a构成的派生词在大多数的后代语言中都被重新分析成了单词素词，原来的后缀成为词根的语音构成成分。第三，能产的构词成分（经常是粘着的）的产生，如英语中名词派生后缀-dom源于古英语词dom（义为“判断，权威”）；汉语名词性后缀“子”源于表“孩子”的独立词“子”。第四，从一个词分裂出另一个词，原来的词仍然可以独立使用，比如英语中mouse产生出“鼠标”义后就分裂为两个词，各有不同的复数形式。第五，词缀变为独立的词，如英语的名词性后缀-ism

在一些情况下可以用作名词。上述第一和第二是典型的词汇化，是经常发生的跨语言存在的词汇化类型。第三、四种可以做其他分析，最后一种则比较少见。

除了从共时和历时角度来研究外，还有从范畴化角度对词汇化进行的研究，如词汇化即新范畴的形成、凝固和发展（Saussure 1980）；从能产性角度进行的研究，如词汇化又叫"凝固化"，当一个词形派生于某个词位，若其派生规则在某一语言体系中不再具有能产性，则该词形已被词汇化（Lyons 1977）；从语言生成出发的研究，如语言生成过程中词汇化是词项被挑选和使用的过程（Polguère 2000）；基于形式－意义组合的研究，如各类形式表达语义是语言的词汇化过程（严辰松 2004）；基于句法的研究，如主张词汇化就是一种句法单位成词的凝固化（王灿龙 2005）。罗思明等（2007）主张词汇化研究宜采用多元化视角，兼顾语言内外相关要素，从语音、语义、句法、语用、文化、认知等不同角度进行综合考察，这种多元化视角的考察应该是符合语言事实的。

4. 词汇化动因

与共时词汇化和历时词汇化对应的是共时和历时角度的动因研究。前者主要探讨一个用词表达的概念是如何合成的，多是从认知角度，关注概念合成过程中人的心理作用；后者认为导致词汇化的历时动因有三个方面：人的认知因素、语言内部因素和语言外部因素。从认知角度而言，人类的认知特点是导致词汇化产生的一个重要原因。比如视点，即在心理上观察某一事物或场景的位置，包括视角地点、视角距离、视角方式、观察方向等。它们会不同程度地影响词汇化，使词汇化呈现不同的模式和类型。再如组块化，两个线性相邻成分经过长期反复使用，二者的清晰度会在人们的认知上变得模糊。董秀芳（2011：3）从历时角度考察了汉语双音词形成过程，认为“认知方面的原因包括心理上的组块过程、隐喻和转喻等。心理的组块过程把经常相连的两个分立单位组织在一个组块中，这样二者就有可能逐渐变为一个不可再分的单位，这一心理过程要以语言成分的高使用频率为基础；隐喻和转喻可以使语言形式的透明性和组合性减弱，这为词汇化的发生奠定了语义基础”。她还认为句法单位变为复合词的过程实际上可以看成是一个由心理组块造成的重新分析过程。句位相邻的两个成分若经常同现，就可能被作为“组块”加以整体处理、重新分析，使得二者之间原有的距离削弱乃至消失，最终导致双音词从旧有的句法构造中产生。刘辰诞（2016）认为词汇化过程中表现出的“边界分派”活动是人类在认识世界事物及其间关系时，受完型律支配给事物概念确定结构边界的认知活动，是语言结构组织活动的认知推动力，因此是词汇化最基本的认知动因。

从语言内部而言，词汇化动因主要表现在语音条件、语义变化、表层结构三个方面。语音方面，比如韵律就是一个重要因素。董秀芳（2011）和冯胜利（1996）认为语音简化的同时韵律强度变轻，导致双音节音步产生。音步的紧密结合使得处在同一音步上的短语组成成分距离拉近，在反复使用中，最终变为句法上无需分析的单纯的单位。语义变化方面，董秀芳（2011）提出双音词的形成需要在意义关系上进行改造，通常表现为：部分语义弱化或脱落，发生隐喻引申或转喻引申，由转类而引起语义的变化。在表层结构上双音化产生的条件之一是顺序相连。Brinton 和 Traugott（2005）分析了被视为词汇化的形音（morphophonemic）融合（fusion）和接合（coalescence）过程，包括结构体＞词汇体（syntagm ＞ lexeme）和联合体＞单纯词汇体（complex ＞ simple lexeme）的变化，其中既含有合成词生成、词根演变为派生词缀、语音生成、音位化（phonologization），同时也有语义融合（如习语化）和语义弱化过程。

语言外部因素包括语用动因和语言接触动因。语言使用是词汇化发生的一个重要原因，表现为语用推理和语境吸收（沈家煊 1998）。交际双方从语境或上下文中推理出的隐含意义逐渐固化成为固有意义取代原来的意义。“语用方面的因素包括语境义的被吸收、社会文化的变动、外来语的影响等，这些都可能使旧有的成分获得新的固定语义，从而发生词汇化”（董秀芳 2011）。另外，语用动因中的经济原则、省力原则等因素也影响词汇化。语言之间接触也可以导致词汇化的产生。比如语言接触的不断强化可能引起借词等，借词是语言接触引起的语言演变中最直接、最常见的现象，也是一种词汇化。当然，一种词汇化现象的产生可能具有多种动因。

5. 词汇化与语法化

词汇化和语法化都是语言演变的重要方面，二者的关系是当前语言学界关注的热点之一。“作为认知语言学的一个重要分支——基于认知的语言演化——语法化和词汇化研究也迅速成为语言研究的热点领域。语法化和词汇化被认为是语言演化的两个重要方面，并且是密切相关的两个方面”（陈昌来 2017，总序）。关于二者的关系，不少学者（如Cabrera 1998; Brinton & Traugott 2005; Lightfoot 2001；刘红妮 2010；董秀芳 2017；张秀松 2020等）进行过深入探讨。Brinton和Traugott（2005）认为，就从独立词到派生词缀的发展以及短语形式（复杂介词、多项动词、复合谓词和话语标记）的固化而言，有的认为是词汇化，有的则认为是语法化。原因来自对接合过程的不同看法，接合被认为对界定词汇化和语法化至关重要。

董秀芳（2017）概述了词汇化和语法化的相通之处和差异。相通之处主要是机制相似和过程相关。词汇化和语法化在本质上是相通的，是平行的或相交的（LaPolla 1998; Wischer 2000; Lehmann 2002; Himmelmann 2004），二者都是语言形式的规约化，都包括了理据性的减弱甚至消失，而且都可能在语音形式上有弱化，都可能发生形式的融合。二者的机制有相通之处，比如都是在自然话语的组合片断中发生的，都是以高频使用为基础，都是一种仪式化（ritualization）（Haiman 1994），都可能包含重新分析的过程。一些学者试图用统一的模型来处理词汇化和语法化（Traugott & Trousdale 2013）。从过程来看，词汇化可以在语法化的基础上发生。根据演变链条（Givón 1979）"话语构成＞句法化（语法化）＞词汇化［discourse creation＞syntactization (grammaticalization)＞lexicalization］"，词汇化是语法化的进一步发展。语法化也可以在词汇化的基础上进行（Lehmann 2002），存在一些派生性词缀发展为屈折性词缀的例子。认为词汇化和语法化相通，有利于理解构式语法的各种构式的统一性的观点。当然，对于同一过程是词汇化还是语法化，也常存在分歧。张秀松（2020：47）认为词汇化和语法化的关系有时是同一关系，有时是继发关系，有时是互逆关系。

判断一个变化是语法化还是词汇化，要看变化过程是更接近于典型的语法化过程还是典型的词汇化过程（Himmelmann 2004）。董秀芳（2017）指出词汇化和语法化有如下不同：第一，词汇化在两个特定成分的组配中发生，词汇化后的成分与相邻成分的组配是有限的；而语法化往往在特定成分与一类形式组配的环境中发生，语法化后的成分与相邻成分的组配能力强。与此对应，语法化往往导致某一类型组合的能产性增强，词汇化不造成某类组合的能产性的增强，而往往是某类组合能产性降低的结果。第二，语法化总是包括语义的宽泛化，而词汇化则不一定。第三，语法化中发生变化的往往只是一个成分，而词汇化则往往涉及两个成分。第四，词汇化使一个形式从分析走向综合，结果是形式中原有的结构关系消失，只能整体上加以处理；而语法化的结果则是显性标明某种结构关系，因而具有可分析性和规则性（Lehmann 2002）。从总体上来看，语法化更具系统性和跨语言的一致性，而词汇化则受到更多特异性因素的制约，呈现出更多不同语言类型的差异。

总体而言，关于词汇化和语法化的关系有两种主张：一种是词汇化与语法化是单向的、互为逆向过程，两者之间是镜像关系（Hopper & Traugott 1993），词汇化是一种解构语法化，"由虚到实"，而语法化是解构词汇化，"由实到虚"（Lehmann 2002）。尽管词汇化在形态方面是单向的，但它可能也包含语义–语用语境或者某个词项搭配范围的狭窄化，而这些都不是语法化中所表现出来的单向性特征。语法化是补充语法成分，牺牲词汇成分，而词汇化是向词库中增添元素，削减语法成分。词汇化和语法化都具备的其他单向性特征有：层积（layering）、语法化和词汇化新形式的发展和旧形式更替、罕用形式复活等。另一种主张是两者之间是互补关系（Ramat & Hopper 1998），都是有效的语言演变的途径，都具有不同程度的渐变性和单向性，不同程度地在各阶段经历部分或全部的融合、合并、重新分析和类比等过程，使原本独立的成分变得越来越依赖邻近成分，其理据逐渐减弱以至变得难于求索；二者的区别是，词汇化是转喻过程，而语法化是隐喻过程，经历非范畴化、主观化、能产性增强、使用频率提高、语义漂白、类型概括化等过程（Brinton & Traugott 2005；沈家煊 1998；罗思明等 2007）。

词汇化和语法化存在共性和个性，是常规的语言演变，受制于语言演变规律和制约条件，两者互相补充，互为并存或包含，词汇化中会有语法化，语法化中也会出现词汇化，都必须在语言演变的大框架内进行研究，同时兼顾各自的特点和相互联系，两者不可分割或对立起来，否则无法正确把握语言的演变规律。一些学者（如

Brinton & Traugott 2005；王灿龙 2005）从历史和功能角度出发认为词汇性与语法性不是截然对立的，是一个从较高的语法性、能产性到较低的语法性、能产性的连续体。张秀松（2020：47）也认为："词汇和语法之间界限模糊，构成一个从有词汇性而无语法性到有语法性而无词汇性的连续体。……词汇化和语法化的区分问题并不总是很重要，有些语言演变（如复合虚词的形成）到底是词汇化还是语法化，这完全取决于我们观察语言现象的视角和在特定理论体系中所持的立场。"

6. 发展趋势

"当前词汇化研究成了词源学、历史词汇学、历史词法学等领域专家都关注的热点课题"（张秀松2020：298—299）。张秀松（2020：300—302）总结了词汇化研究总体呈现的趋势：从偏重共时词汇化研究到共时和历时词汇化研究齐头并进；历时词汇化研究，从偏重实证到兼顾理论探索，从21世纪前偏重描写词汇化类型、表现和共时后果、追溯词汇化历程，到21世纪以来广泛关注词汇化的条件和表现、历程和路径、机制和动因，并兼顾词汇化的连续性所导致的后果。可以看出，词汇化研究呈现出多角度的交织，既有共时研究也有历时研究，既有宏观研究也有微观考察，既有单一语言内的研究也有跨语言的对比研究，既有从生成、功能角度的研究也有从认知视角的考察。多元化视角在广度和深度上拓展着词汇化的研究。

从认知出发的词汇化研究，有待在以下方面进行深化：第一，随着认知语言学的社会转向，词汇化研究在认知社会维度上也许会有所发展，这也是上文提到的影响词汇化的语言外部因素中社会文化视角的进一步展开；第二，随着认知语言学言研究的量化转向，词汇化量化研究也许会成为一种发展趋势；第三，认知语言学的历时研究是一个重要方向，其中历时构式语法中的构式化研究是一个新兴的发展趋势。历时词汇化研究作为语言演化研究的一个领域，与构式化研究有诸多相通之处，而且词汇化研究领域的著名学者Traugott本人就是构式化研究的主要倡导者，词汇化研究有望和构式化研究进一步深入结合。

（编者：广州大学/霍明杰）

参考文献

Bauer, L. 1983. *English Word-formation*. Cambridge: Cambridge University Press.

Blank, A. 2001. Pathways of lexicalization. In Haspelmath, M., König, E., Oesterreicher, W., & Raible, W. (ed.), *Language Typology and Language Universals* (Vol. II) (pp. 1596—1608). Berlin/New York: Mouton de Gruyter.

Brinton, L. 2001. From matrix clause to pragmatic marker: The history of *look*-forms. *Journal of Historical Pragmatics*, 2(2): 177—199.

Brinton, L., & Traugott, E. C. 2005. *Lexicalization and Language Change*. Oxford: Cambridge University Press.

Cabrera, J. C. M. 1998. On the relationships between grammaticalization and lexicalization. In Ramat, A. G., & Hopper, P. J. (eds.), *The Limits of Grammaticalization* (pp. 217—227). Amsterdam: John Benjamins.

Givón, T. 1979. *On Understanding Grammar*. New York: Academic Press.

Haiman, J. 1994. Ritualization and the development of language. In Pagliuca, W. (ed.), *Perspectives on Grammaticalization* (pp. 3—28). Amsterdam/Philadelphia: John Benjamins.

Himmelmann, N. P. 2004. Lexicalization and grammaticization: Opposite or orthogonal?. In Bisang, W., Himmelmann, N. P. & Wiemer, B. (eds.), *What Makes Grammaticalization?: A Look from Its Fringes and Its Components* (pp. 21—44). Berlin/New York: Mouton de Gruyter.

Hopper, P. J., & Traugott, E. C. 1993. *Grammaticalization.* Cambridge: Cambridge University Press.

LaPolla, R. J. 1998. The language habit: The conventionalization of constraints on inference. In Enfield, N. (ed.), *Ethnosyntax: Exploration in Grammar and Culture* (pp. 138—158). Oxford: Oxford University Press.

Lehmann, C. 2002. New reflections on grammaticalization and lexicalization. In Wischer, I., & Diewald, G. (eds.), *New Reflections on Grammaticalization* (pp. 1—18). Amsterdam/Philadelphia: John Benjamms.

Lightfoot, D. 2011. Grammaticalization and lexicalization. In Narrog, H., & Heine, B. (eds.), *The Oxford Handbook of Grammaticalization* (pp. 438—449). Oxford: Oxford University Press.

Lyons, J. 1977. *Semantics*. Cambridge: Cambridge University Press.

Packard, J. L. 2000. *The Morphology of Chinese: A Linguistic and Cognitive Approach.* Cambridge: Cambridge University Press.

Polguère, A. 2000. Towards a theoretically-motivated general public dictionary of semantic derivations and collocations for French. In Heid, U., Evert, S., Lehmann, E., & Rohrer, C. (eds.), *Approaches to Lexical Combinatorics* (pp. 517—527). Stuttgart: Institut für aschinelle Sprachverarbeitung, Universität Stuttgart.

Ramat, A. G., & Hopper, P. J. 1998. *The Limits of Grammaticalization*. Amsterdam/Philadelphia: John Benjamms.

Saussure, D. F. 1980. 普通语言学教程. 高名凯（译）. 北京：商务印书馆.

Traugott, E. C., & Trousdale, G. 2013. *Constructionalization and Constructional Changes* (Vol. 6). Oxford: Oxford University Press.

Wischer, I. 2000. Grammaticalization versus lexicalization: 'Methinks' there is some confusion. In Fischer, O., Rosenbach, A., & Stein, D. (eds.), *Pathways of Change: Grammaticalization in English* (pp. 355—370). Amsterdam: John Benjamins.

蔡基刚. 2005. 英汉词化对比与综合表达. 山东外语教学，(5)：35—40.

陈昌来. 2017. 汉语常用双音词词汇化和语法化研究. 上海：学林出版社.

董秀芳. 2011. 词汇化：汉语双音词的衍生和发展（修订本）. 北京：商务印书馆.

董秀芳. 2017. 汉语词汇化和语法化的现象及规律. 上海：学林出版社.

冯胜利. 1996. 论汉语的“韵律词”. 中国社会科学，(1)：161—176.

刘辰诞. 2016. 边界分派：词汇化的认知动因. 现代外语，(4)：449—458.

刘红妮. 2010. 词汇化与语法化. 当代语言学，(1)：53—61.

罗思明、徐海、王文斌. 2007. 当代词汇化研究综合考察. 现代外语，(4)：

414－423.

沈家煊. 1998. 实词虚化的机制——《演化而来的语法》评介. 当代语言学，(3)：41－46.

王灿龙. 2005. 词汇化二例——兼谈词汇化与语法化的关系. 当代语言学，(3)：225－236.

严辰松. 2004. 运动事件的词汇化模式. 载于王菊泉、郑立信（编），英汉语言文化对比研究（182－190）. 上海：上海外语教育出版社.

张秀松（编）. 2020. 词汇化与语法化理论及其运用. 北京：外语教学与研究出版社.

典型理论（Prototype Theory）

1. 引言

典型理论是认知语义学的核心理论之一，其兴起是为了应对经典范畴理论所面临来自认知科学的挑战，最初源于Berlin和Kay（1969）、Rosch和Mervis（1975）对颜色范畴的研究。Berlin和Kay（1969）通过对语言中颜色范畴的调查和研究发现，不同语言中的基本颜色词所指的颜色中心区即焦点色是相似的，但其边界却有很大的差别；基本颜色词共有11个，它们构成一个蕴含层级（implicational hierarchy）。他们的观点还得到了认知心理学家Rosch的证实。Rosch和Mervis（1975）通过一系列的实验证明焦点色比非焦点色在跨语言中具有更强的稳定性，更容易识别，更容易学习，在感知和认知上更显著。Berlin和Kay等的研究表明，一个范畴的所有成员并不具有同等的地位，有些处于中心地位，而有些则处于边缘地位；颜色词所指的中心区不会因其他颜色词数量的变化而变化，但边界区域却是模糊的，并在一定程度上受其他颜色词的制约。颜色范畴的研究揭开了典型范畴理论研究的序幕。

典型理论认为，大多数自然范畴不可能制定出必要和充分的标准，必要的标准往往不是充分的；范畴成员之间的地位并不相同，典型成员具有特殊的地位，被视为该范畴的正式成员，而非典型成员则根据其与典型成员的相似程度被赋予不同程度的非正式成员地位。例如，在“鸟”范畴内，“知更鸟”“麻雀”常被视为典型成员，而“企鹅”“鸵鸟”等则为非典型成员；在“水果”范畴里，“橘子”“苹果”常被视为典型成员，而“西红柿”“荸荠”等则为非典型成员。应当指出的是，一个范畴的典型成员会因所处地域、时间、文化背景等方面的不同而有所不同。Cruse（1990：389）指出：“在认知发展过程中出现的范畴典型显然受熟悉程度和经验的影响：在南极长大的人对于鸟的典型的认识跟在亚马孙河流域或者在撒哈拉沙漠地区长大的人就不一样。”我国北方的人有可能视“苹果”为“水果”的典型，而南方人则可能视“橙子”为典型；巴西人最可能会视“足球运动”为“球类运动”的典型，而美国人则可能会视“篮球运动”或“棒球运动”为典型。但一般而论，一个范畴总是会有其典型的。

典型理论有其哲学上的根源，那就是维特根斯坦的研究。他（1953）在《哲学研究》中指出，日常语言中的一些词，如德语的Spiel（游戏、比赛、赌博等），不能用一组共同的语义特征来包含所有的义项，并且其所指范围的边界也是不清楚的、模糊的。他还根据游戏活动提出了“家族相似性”（family resemblance）这一隐喻，用来研究上述日常语言中的现象。“家族相似性”是“语言游戏说”的一个重要组成部分，也是典型理论形成的基础。根据“家族相似性”原理，同一个范畴的成员是由家族相似性决定的，不同成员依靠家族相似性彼此联系。范畴内部成员并不一定共享所有范畴特征，也没有哪一种特征是所有成员共同拥有的，只是有的成员比其他成员享有更多的范畴特性，因此更加典型。

2. 范畴类型

典型理论中，范畴可分为向心类和离心类两种。“向心”和“离心”的概念源自结构主义语言学的向心结构（endocentric construction）

和离心结构（exocentric construction），最初由Bloomfield（1933）提出。他将合成短语根据整体功能与其直接成分的功能相同与否，而将其分为“向心”和“离心”两类。离心结构中“合成短语可能是一个与其任何内部组成成分的形类（form-class）都不同的形类”（Bloomfield 1983: 239），如关系－轴心结构（如beside Mary）、动作者－动作结构（如Tom ran）、从属结构（包括短语从属结构如as I/than Mary和分句从属结构（如if Tom ran）等。向心结构中“合成短语可能与其内部组成成分具有相同属性的形类”（Bloomfield 1933: 239），如偏正结构（如“白马”“红花”）、述宾结构（如“学英语”）、述补结构（如“洗干净”）等。类似地，根据范畴特征以及范畴内部成员的关系，典型范畴理论把范畴也分为向心类和离心类。向心类范畴以范畴成员共有的属性特征为中心，离心类范畴中其他成员的范畴属性要通过它们与典型成员的关系确定。以“鸟”和“母亲”两个范畴为例，前者属于向心类，后者是离心类。

“鸟”作为一个范畴，其边界是比较清晰的，所有成员都有某些共有的重要属性，如生蛋、有喙、有双翼和双腿、有羽毛。按照经典范畴理论的思想，这些共有的属性就是“定义该范畴的必要充分条件”，是判定某事物是否具备特定范畴成员资格的二分特征标准。经典范畴理论对“鸟”等边界比较清晰的范畴的确定具有一定的合理性和实用性。但是，经典范畴不能解释范畴内部存在的典型效应。如有些鸟（如企鹅、知更鸟）同样会生蛋，也有羽毛，但是为什么人们通常会感觉企鹅不太像鸟？或者说为什么人们会觉得知更鸟更像鸟呢？这些问题只能用典型范畴理论的分类方法来解答。

Ungerer和Schmid（1996）在深入分析“鸟”范畴之后发现，在鸟类范畴中，发挥作用的除了上述（a）生蛋、（b）有喙、（c）有双翼和双腿、（d）有羽毛等鸟类共有的特征之外，还有其他一些非全体鸟都具有的特征在起作用。这些特征包括：（e）会飞，（f）身体小而轻，（g）会啁啾地唱歌，（h）腿细而短，（i）养在笼中，（j）饲养以用其肉、蛋、羽毛，（k）有长颈，（l）有装饰性的羽毛，（m）有醒目的颜色。这些范畴特征只有部分成员享有，在范畴内的不同成员之间以“家族相似性”的方式分布，放射状地分布在范畴成员共有的属性特征的周围，构成了一个彼此交织的特征网络，如图1所示。

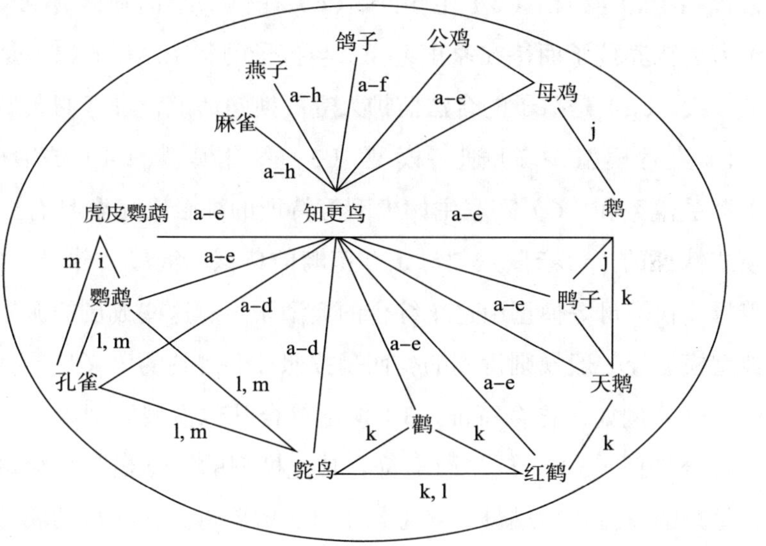

图1 “鸟”范畴

图中字母a—m分别表示：
（a）生蛋，（b）有喙，（c）有双翼和双腿，（d）有羽毛，（e）会飞，（f）身体小而轻，（g）会啁啾地唱歌，（h）腿细而短，（i）养在笼中，（j）饲养以用其肉、蛋、羽毛，（k）有长颈，（l）有装饰性的羽毛，（m）有醒目的颜色。

上述分析表明，特定范畴内某一成员与其他成员共享的属性越多，就越具备典型性。因此，该范畴内具有最多“家族相似”属性的成员便是该范畴的典型成员。从图1可以看出，知更鸟具有比较多的“家族相似”特征。而企鹅在该范畴中所具有的家族成员共同特征非常少。因此，知更鸟更接近鸟类范畴的典型，是更加典型的鸟类，而企鹅是边缘成员，是非典型的鸟类。

对“鸟”这样的范畴而言，其范畴典型的确立是依据该范畴成员的共有属性的集合，而以“家族相似”形式分布的非共有特征决定该范畴成员的地位。换言之，共有属性决定范畴的边界，范畴的结构则由非共有属性决定，二者共同作用于我们对范畴的认知。

“母亲”是离心类范畴的代表。该范畴的典型特征是综合性的，包括（a）女性，（b）生孩子，（c）提供一半的血缘遗传因素，（d）为了抚养孩子而待在家里，（e）与孩子的父亲结婚，（f）是孩子的上一代，（g）是孩子的合法监护人等。换句话说，母亲的典型特征是（1）生育模型、（2）遗传模型、（3）养育模型、（4）婚姻模型、（5）谱系模型和（6）家庭主妇模型等特征的综合。完全具有上述六个模式特征的“母亲”是“母亲”范畴的典型。继母、养母、生母、寄养母、代孕母等模型由这个综合的典型派生。这些成员的派生不是由典型模型经一般规则得到的，而是按照社会规约的语义扩展，具有非随意性。例如，符合特征（3）但不符合其他模型的“母亲”是养母，符合特征（3）、（5），而不符合其他模型的“母亲”是继母。因此，母亲的下位范畴继母、养母、生母、寄养母、代孕母的属性就要从她们和中心范畴母亲的关系来确定。

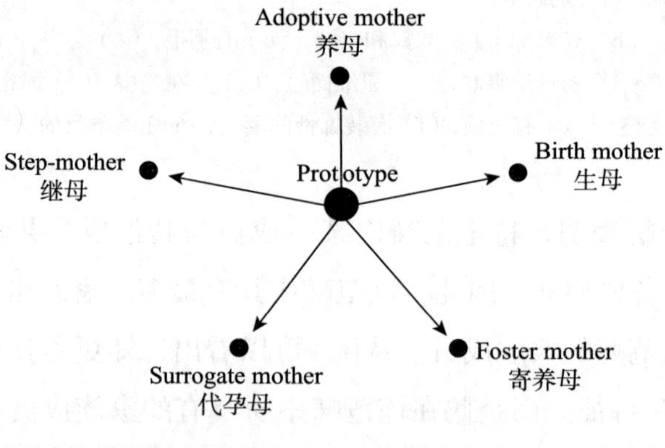

图2 “母亲”范畴的辐射网络（改编自Evans & Green 2006: 276）

3.理论优势及价值

典型理论能够解释范畴在分类过程中出现的一些问题，确立非典型成员在范畴中的地位，具有如下优势：

第一，能够解释经典范畴理论所规避的语言模糊性问题。在处理语义范畴边缘的模糊性时，建立在经典范畴理论之上的语义成分分析法显得束手无策。用典型范畴理论来分析，语义范畴的边缘特征和内部结构都能得到较理想的描述。人类在对世界万物分类的时候，难免会有一些难以归入某个范畴的事物。例如，上面说到的“企鹅”作为“鸟”范畴成员的例子，经典范畴理论就无法对其进行解释，而典型范畴理论很好地解决了这些问题。这为认知语言学的研究提供了很好的认知和心理基础，必定会为我们解释诸如类指句容忍反例这一类貌似反常的语言现象提供理论基础。

第二，揭示了语义范畴中成员地位不平等，范畴具有“中心”（典型成员）和“边缘”（非典型成员）的内部结构。典型范畴理论是根据认知对象的特征及范畴的典型性特征来判定特定认知对象是否属于特定范畴。根据典型范畴理论，范畴化是基于成员之间的家族相似性特征，而不是一组充分必要的限制性条件。以“交通工具”这一范畴为例，自行车、火车、飞机、小轿车、公交车、地铁、出租车、卡车、船等都属于交通工具这一范畴。显然，交通工具作为一个类，并不是因为它们都具有交通工具的共同特征，而是因为每一种交通工具都和其他几种交通工具有一些家族相似性。相似性越大的，就在这一范畴中占据越靠近中心的地位，即成为这一类事物的典型成员，如自行车、小轿车等是交通工具这一范畴的“中心”（典型）成员。有些事物和同类的其他事物之间的相似性较少，它的典型性就相对较弱，是这一类的“边缘”（非典型）成员，如小艇、吉普车、厢式货车、救护车、拖拉机等是交通工具这一范畴的“边缘”（非典型）成员。同时，如果某一范畴的非典型成员与其他范畴的典型成员具有一定的相似性，那么这种事物就处在两个范畴的边界，如宇宙飞船在某些情况下既可以是交通工具，又属于航空武器的范畴。

典型理论能够很好地解释范畴边界的模糊性问题，但在语义范畴的分析方面它也并非万能。事实上，典型范畴理论自诞生开始，就一直受到一些哲学家和语言学家的质疑。Wierzbicka（1996：167）曾明确指出：“把典型理论当成一把万能钥匙，以为它可以解决一切问题的想法很可能是有害无益的。”

4. 不足之处

人们对事物的认识往往需要确定边界，而典型范畴理论恰恰在边界的确定问题上无能为力。因此，典型范畴理论也存在明显的不足，大致可归纳为：

第一，有些范畴是没有典型的，这在典型范畴理论中无法得到解释。这些没有典型成员的范畴包括“未经事实证明”（unsubstantiated）、“不存在的”（non-existent）范畴，如“美国君主”以及一些异质性（heterogeneous）的范畴（如“重于一克的物体”）（Evans & Green 2006: 268）。在人类的认知和语言中，我们可以表述和理解这些不存在典型的范畴。换言之，这样的范畴是有意义的。然而，典型范畴理论却对此类现象一筹莫展。

第二，典型范畴化的方法忽略了语境在范畴化过程中的作用。研究表明，如果给受试提供语境，被选出的范畴典型（最佳实例）就会随之受到影响（Croft & Cruse 2004: 87）。例如，在Labov关于杯子的实验中，不同的受试会对同一范畴的边界做出不同的判断。同一个杯状物，有人将之归入cup，有人却归为mug范畴。在不同的语境下同一个受试也会做出不同的判断，划定不同的范畴边界。例如，一个接近cup典型成员的杯状物，如果用它来喝茶，受试就会认为它是cup，从而会把它归入cup范畴里；如果用它盛水，并放上一些花，受试就很可能把它当作vase的成员。

第三，典型范畴理论对语义组合范畴不具备充分的解释力，因为复杂范畴并不反映构成该复杂范畴的概念的典型特征。例如，对于pet fish这一复杂范畴而言，典型的pet是毛茸茸的、温顺亲切的，而典型的fish则是灰色的、中等大小的。但是典型的pet fish却常常是小小的、色彩很鲜艳的，而不是中等大小、灰色、毛茸茸而且温顺亲切的（Evans & Green 2006: 268）。

第四，对边界的忽视是典型范畴理论最大的问题所在。认知语言学家大都认同概念范畴边界过于模糊，其模糊性具体表现在毗邻范畴之间存在过渡区域，处于这个区域的个体是不是或在多大程度上属于某一范畴，取决于该个体跟典型成员的相似程度。但是，在我们的生活中，有些问题只有借助于明晰的范畴边界才能解释。例如，很多模糊语的出现就是为了给范畴划界。Taylor谈到的模糊语如strictly speaking，它本身就是为了给范畴一个明晰的边界；a fake gun中的fake、artificial cream中的artificial，都表明了它们的所指并不属于名词所标示的范畴（Taylor 1995: 75—80）。此外，两个范畴可能有同样的典型成员但边界却不相同。Croft和Cruse（2004）以法语单词cord及其在英语中对应的翻译rope为例，对这两种语言的使用者进行测试，结果显示，受试所列举的典型成员基本相同。然而，两种语言的使用者对该范畴边界的认识却不同，ficelle（string）被法语受试列在cord范畴内，而英语受试则认为它不属于rope范畴。再如，抽象概念bravery和courage，很难想象某一行为只属于其一，但它们的典型成员（典型行为）却是可以区分开来的。

5. 发展趋势

世界上的事物和现象多种多样、各具特色，异中有同又同中有异。范畴化是认识这些事物和现象的一个重要的途径。Bruncer等（1956: 84）指出，"分类是人类的认知工具；学会和利用分类是一种最基本、最普遍的认知形式"。分类是人类所有认知活动中最重要、最基本的活动。倘若没有这个基本活动，世界在我们眼中就会是芜杂一片。但是，事物和现象是客观存在的，其自身是无所谓分类的。所谓"分类"是人们根据自己的生存经验、具身体验概括出一套认知标准，构建认知框架和结构，并依据这些认知框架和结构，认知主体能够认识和把握客观世界。

从经典范畴理论到典型范畴理论，范畴化理论经历了两千多年的发展历程，这期间围绕范畴的本质和范畴化的方法之间的争议一直存在，而且这种争议还将一直持续下去。关于范畴的本质、边界问题，以及范畴化的过程究竟是如何运作的、存在什么样的规律，这些研究课题需要更多的实验和数据支持，因此值得国内外学者进一步探讨。

（编者：河南大学/李恬；西南大学/文旭）

参考文献

Berlin, B., & Kay, P. 1969. *Basic Color Terms: Their Universality and Evolution*. Berkeley: University of California Press.

Bloomfield, L.1933. *Language*. New York: Holt.

Bloomfield, L. 1983. *An Introduction to the Study of Language*. Amsterdam: John Benjamins.

Bruncer, J., Goodnow, J., & Austin, G. 1956. *A Study of Thinking*. New York: John Wiley & Son.

Croft, W., & Cruse, D. A. 2004. *Cognitive Linguistics*. Cambridge: Cambridge University Press.

Cruse, D. A. 1990. Prototype theory and lexical semantics. In Tsohatzidis, S. L. (ed.), *Meanings and Prototypes: Studies in Linguistic Categorization* (pp. 382—402). London: Routledge.

Evans, V., & Green, M. 2006. *Cognitive Linguistics: An Introduction*. Edinburgh: Edinburgh University Press.

Rosch, E., & Mervis, C. B. 1975. Family resemblances: Studies in the internal structure of categories. *Cognitive Psychology*, 7(4): 573—605.

Taylor, J. 1995. *Linguistic Categorization: Prototypes in Linguistic Theory*. Oxford: Oxford University Press.

Ungerer, F., & Schmid, H. J. 1996. *An Introduction to Cognitive Linguistics*. London/New York: Longman.

Wierzbicka, A. 1996. *Semantics: Primes and Universals*. Oxford: Oxford University Press.

Wittgenstein, L. 1953. *Philosophical Investigations*. Oxford: Oxford University Press.

多义性（Polysemy）

1. 引言

多义性指一个语言形式具有多个不同但相互关联的意义现象。多义性一直受到众多语言学家的关注。在历史－语文传统时期，语言学家就意识到其研究的重要性。在19世纪，语言学家主要从词源学、历史词典编纂学或历史语义学的角度对词的多义性进行研究，而Breál（1964）的研究标志着多义词研究的新起点。他不再从词典编纂学和词源学的视角研究多义词，而是把多义词视为围绕一个词项的意义的共时模式，其本身是语义变化的结果（Nerlich & Clarke 1997: 378）。结构主义语言学认为，多义性是异常现象，而单义和同形异义是常态，主张把多义词项的各种意义视为笼统定义下由语境确定的例示（instantiation），但问题是经高度抽象得出的单一词义很难涵盖该词的全部意义。语用学对于多义词的研究主要集中于规则多义词，忽略了对不规则多义词的研究。它强调语境对于多义词义项的理解，然而，一些研究表明语境对于多义词义项理解的作用并不是人们所期望的那么有效。心理语言学对于多义词的研究主要是探讨多义词义项的心理表征和提取。心理表征有两种观点，即核心义项表征观和独立义项表征观，但目前尚未取得一致的看法。

认知语言学从一开始就研究多义词，如Brugman（1981）对于

over的研究，Lindner（1981）对于小品词up和out的研究。认知语言学吸收了家族相似性的相关语言哲学观点和范畴化的心理研究成果，指出词汇概念不是用一组标准性特征（criterial features）所界定的范畴，而是由家族相似性而相互联系的语义/概念信息所界定的范畴。在该范畴中，某一概念/语义信息比其他信息更加突显或典型。换言之，认知语言学把多义词看成一个意义范畴，其意义以一个典型为中心，通过家族相似性而相互联系，一个词的语义值不再是一个单一结构，而是相互联系的意义集（Cuyckens & Zawada 2001: xii－xiii）。Langacker（1999: 4）认为，一个词项代表了一个复杂的范畴，它不是仅有一个义项，而是包含多个相关的义项，这些义项通过范畴化关系联系起来，构成一个网络。一个多义词就是一个范畴，其中有中心义项和边缘义项之分。

2. 主要思想

2.1 多义性的认知机制

新词义的产生不是任意的，必然有其认知基础。Sweetser（1990: 9）认为，新词义的获得并不是任意的，其依据是使各种意义以有理据的方式联系起来的认知结构。Nerlich和Clarke（1992: 137）认为，创新并且能够被理解的技巧就是使用隐喻和转喻。

2.1.1 隐喻

隐喻在词义发展和词汇多义性的形成中起着十分重要的作用，它的相似性概念有助于分析多义词义项之间的联系。下面我们以ring为例来阐释隐喻在多义词义项衍生中的作用。

根据Langacker（1988: 52）关于名词ring的语义网络图，我们来分析ring各义项之间的隐喻认知理据。

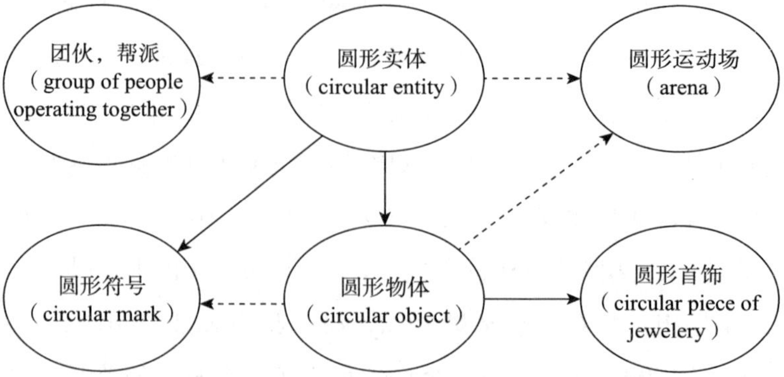

图1　ring的语义网络（改编自Langacker 1988: 52）

词的一个义项与另一个义项具有两种联系方式：延伸和添加（elaboration）。添加关系指两个实体具有很大的相似性，延伸关系指语义延伸要以可感知到的相似性为基础（Achard & Niemeier 2004: 4）。换句话说，添加关系相似性程度大，而延伸关系相似性程度相对较小。在图1中，ring的核心义项或典型义项是“圆形实体”，表示“圆形物体”和“圆形符号”的义项与ring的核心义项相似性大，“圆形首饰”这个义项与“圆形物体”义项相似性也较大，故用实线箭头表示添加关系。而其他的几个义项与“圆形物体”或“圆形实体”的相似性要小一些，或由感知到的相似性而延伸，故用虚线箭头表示延伸关系。具体分析如下：

ring的核心义项或典型义项表“圆形实体”，根据以相似性为基础的隐喻衍生出“圆形符号”“圆形物体”义项。在“圆形物体”的基础上又衍生出“圆形首饰”义项。它们之间的相似性程度较大。

在密谋一些不好的事件时，人们常常围成一个圆形，于是从“圆形实体”又隐喻出“团伙，帮派”义项。由于圆形运动场具有圆形实体的外形，人们也把它称为ring，如boxing ring（拳击场），circus ring（马戏场）。只是“团伙，帮派”和“圆形运动场”与圆形实体的相似性程度小一些，这两个义项是由感知到的相似性衍生而出。《牛津高阶英汉双解词典》（第9版）列出了ring作为名词时的如下义项：A. 戒指；指环（如a gold ring）。B. 环状物；圆形的东西（如a key ring; onion rings）。C. 圆形标记，圆形（如The children sat on the floor in a ring.）。D. 圆形表演场（或竞技场）（如a boxing ring; a circus ring）。E. 炉口；灶盘（如to turn off the gas ring）。F.（尤指秘密的或非法的）团伙，帮派，集团（如a spy ring; a drugs ring）。可以看出，以上6个义项之间都具有相似性联系。换言之，其义项之间的联系以隐喻为认知理据。

2.1.2 转喻

转喻以邻近性和突显性（或视角变化）为基础，体现同一认知域中两个概念或元素的相关性。当词义以转喻方式延伸的时候，各义项之间的关系特征是邻近性，处于同一认知域中。由于具有邻近性特征，其词义与本义非常接近，差别不明显。请看court的多义分析。

court的核心义项是“法院”，在“法院”这个域矩阵内，“法庭、法院大楼、法官”是“法院”概念的必要部分，同时与“法院”在概念上非常邻近，故court在表“法院”词义的基础上，又延伸出“法庭、法院大楼、法官”等义项，如the civil/criminal courts（民事/刑事法庭）；court of first instance（一审法庭，初审法庭）。

值得注意的是，一个词多义性的衍生机制不只是隐喻或转喻，还可能是隐喻和转喻的合力。下面以crown为例进行说明。

《牛津高阶英汉双解词典》（第9版）列出了crown的以下11个名词义项：

A. an object in the shape of a circle, usually made of gold and PRECIOUS STONES, that a king or queen wears on his or her head on official occasions 王冠；皇冠；冕

B. the government of a country, thought of as being represented by a king or queen 王国政府；王国

C. the position or power of a king or queen 王位；王权

D. a circle of flowers, leaves, etc. that is worn on sb's head, sometimes as a sign of victory 花冠（戴在头上，有时象征胜利）

E. (*informal*) the position of winning a sports competition 冠军宝座；桂冠

F. the top part of the head or a hat 头顶；帽顶

G. the highest part of sth（某物的）顶部，顶端

H. an artificial cover for a damaged tooth（受损牙齿的）人造冠

I. anything in the shape of a crown, especially as a decoration or a BADGE 王冠状物（尤指饰物或徽章）

J. a unit of money in several European countries 克朗（欧洲一些国家的货币单位）

K. an old British coin worth five SHILLINGS (=now 25p) 5先令的英国旧币（等于现在的25便士）

义项A是crown的本义，它是王位标记。在君主政体机构中"王冠""国王""王权"都是其组成部分，"王冠"最具突显性；根据参照点现象，人们利用转喻的"部分代整体"和"具体代抽象"思维模式，便获得义项B（如The power of the Crown is limited by the Parliament.）和义项C（如He decided to relinguish the Crown.）。"王冠"体现了国家政权，因此一些国家用crown指货币，义项J和K由此衍生。义项D、H和I由隐喻认知的相似性基础从义项A衍生而出。在体育比赛中，获得胜利者会被戴上花冠，花冠成为冠军胜利者的象征，由义项D隐喻出义项E"冠军宝座；桂冠"（如He won the world heavyweight crown.)。由于“王冠”是戴在头上，它处于最高处，根据隐喻认知的相似性基础，它又衍生出义项F“头顶；帽顶”和义项G“(某物的)顶部，顶端”(如crown of a hill)。

2.1.3 意象图式

Langacker（1987）认为，意象图式主要由射体（trajector）、界标（landmark）和路径（path）三部分组成，表现的是射体与界标之间某种不对称关系。射体为这一不对称关系中的主体，其空间方位有待确定，界标为参照物，为主体的方位确定提供参照。意象图式既可以表示射体与界标之间的静态关系，也可以表示二者之间的动态关系。路径是射体经过的距离，当所表示的关系为静态关系时路径为零。

Tyler和Evans（2004: 253−280）针对二语学习者对于over的习得分析了over各义项之间的内在联系。他们首先给出了以下四个句子：

（1）a. The picture is over the mantle.

b. The teller at the central bank switched the account over to a local branch.

c. The film is over.

d. Arlington is over the river from Georgetown.

很明显，在（1a）中，over表示“静态居上”；（1b）中的over表示“迁移”；（1c）中的over表示“完成，结束”；（1d）中的over表示“对面”。

Tyler和Evans（2004）在研究英语空间介词的多义网络时，根据典型理论和对空间场景概念化的过程，提出了典型场景（proto-scene）作为区分介词核心义项和其他义项的基础。他们指出，介词over的典型场景及其核心义项来自对空间情景的抽象：即射体高于界标，且两者处于彼此可接触的范围内。over的典型场景如图2所示。

图2 over的典型场景（Tyler & Evans 2004: 262）

在图2中，黑色圆球表示射体，黑色的粗体线表示界标，虚线表明射体被识解为可潜在地接触界标或者概念上接近界标。例（1a）中的over可表达这一典型场景。又如He walked over the street和He put his hands over his face等句子即表达over这一典型场景。

Tyler和Evans（2004）从句子The cat jumped over the wall入手来解释over的其他义项，如“迁移”“完成”和“对面”的衍生过程。根据该句词项所提供的字面信息，它的字面阐释如图3所示。

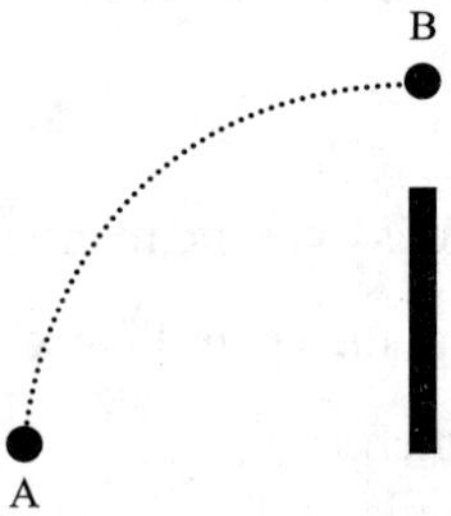

图3 The cat jumped over the wall的字面阐释图
（Tyler & Evans 2004: 265）

A点表示射体（the cat）jump运动的起点，B点表示运动的终点，垂直粗体线表示界标（the wall），虚弧线表示cat运动的轨道。

显然，图3不是我们对该句的正常理解，正常的理解应是射体cat沿着轨道回到地面，在C点结束它的运动，原因是cat不可能像蜂鸟一样一直悬在空中。同时，根据地球引力的力动态知识，cat到达B点后，必须回到地面，即C点。该句的正常阐释如图4所示。

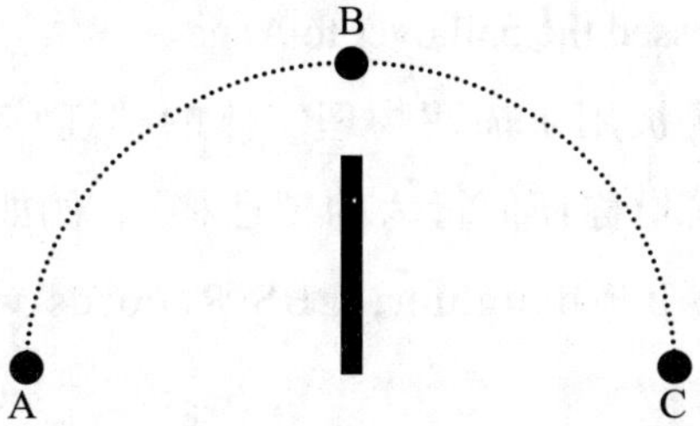

图4 The cat jumped over to wall的正常阐释图示
（Tyler & Evans 2004: 265）

Tyler和Evans把图4称为A-B-C投射轨道。根据这一投射轨道所表达的意象图式，我们可以有如下表达：The girl stepped over the branch in the path; The rabbit hopped over the stone等。

依据A-B-C投射轨道，Tyler和Evans详细分析了“迁移”“完成”“对面”义项的衍生。

（1）“迁移”义项

当一个物体从A点运动至C点，通常在C点有一个潜在的接受方，由此物体的“迁移”就发生了。“迁移”概念在句子John hit the ball over the net to Peter中尤其突出。在交际中，当说话人数次遇到这样的句子，通过语用强化，“迁移”义项就被添加至其语义网络。“迁移”义项的图式如图5所示。

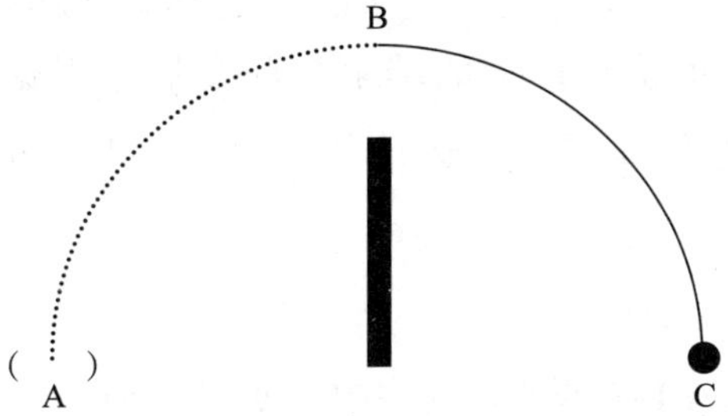

图5 “迁移”义项图式（改编自Tyler & Evans 2004: 268）

射体由障碍的左边迁移至右边，即从A点通过B点迁移至C点，在此，C点被突显。又如其他一些表达：They handed the weapons over to the police；He tossed the ball over to Anna。

一旦over普遍被用于描述物理实体的“迁移”，根据隐喻的相似性，它可扩展去指称任何行为的“迁移”。例如，She has signed the house over to her daughter; CBS Records was taken over by Sony。

（2）“完成”义项

在A-B-C投射轨道图式中，当射体停留在C点，射体的运动过程就得以完成或结束，如图6所示。

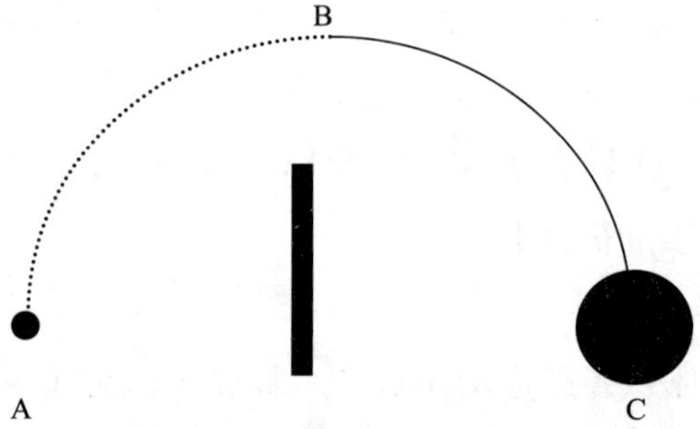

图6 “完成”义项图式（改编自Tyler & Evans 2004: 269）

在图6中，左边的小黑球表示运动过程开始时射体的位置，右边大黑球表示射体的运动过程的结束，同时它被突显，换言之，轨道的终点被突显。

当over与表示物理运动的结束相联系后，根据隐喻的相似性，它又扩展去指称其他非物理运动的结束，如The class is over和Our troubles are over。

（3）“对面”义项

当射体通过A-B-C投射轨道并在C点结束时，该射体停留在界标的另一边，即界标的对面。它的最终位置可被概念化为静止的状态。“对面”义项的产生是由于说话人位于A-B-C投射轨道的A点。“对面”义项图式如图7所示。

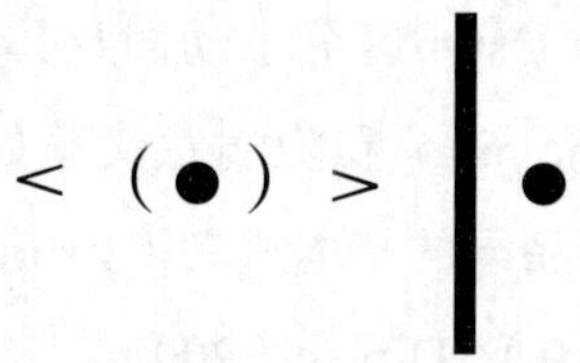

图7 “对面”义项图示（Tyler & Evans 2004: 270）

在图7中，左边的眼睛图符表示观测点，垂直粗线表示障碍物（界标），右边的黑色球表示射体，该射体被突显，且被识解为行为的完成点（如He lived in a city over the border）。

从以上分析我们可以看出，意象图式之间的转换造成了over多义性的产生，理解意象图式转换的关键是观测点概念。观测点改变，意义也会发生改变。从A-B-C投射轨道（图4）中，我们可以看出，射体的“上方运动”意象图式在某种意义上，也是对“路径”或“轨道”的覆盖，自然也就转移到“覆盖”意象图式（如The steam spread over the hill）。如果仅仅关注B点，就自然有“静态居上”意象图式（如The painting is over the fireplace）；如果仅关注C点，自然就有“路径终点”意象图式（如He lived over the hill）。显然，意象图式转换是一个非常自然的语义延伸过程。意象图式的转换促发了大量的多义性现象。

2.2 英语多义词的习得研究

Gibbs和Matlock（2001: 214）认为，词汇多义性的认知语言学研究关注的一个重要问题是：语言使用者通常如何习得、使用和理解具有多个义项的词或短语。该问题本质上是多义现象的习得问题。在多义现象的习得中，动词短语、词汇、习语等层面上的隐喻扩展是二语学习中的难点。

Rudzka-Ostyn（2003）针对动词短语的教学提出了“兼顾结构形式和语义内涵，重视视觉作用”的方法。其最突出的特色是对概念隐喻的充分重视。Rudzka-Ostyn区分了动词及其附带介词或小品词的字面意义（如to run up the hill）和隐喻意义（如to run up the bill），并进一步区分了介词和小品词的基本意义（如brush the dirt off the table）和引申意义（如wear off）。Dirven（2001）、Kurtyka（2001）、Queller（2001）对短语动词的教学也进行了较为详细的讨论。

Kövecses（2001）指出大部分的习语都含有隐喻的成分。在习语教学中，如果让学生了解习语背后的隐喻始发域，这些习语及其隐喻义就会变得很清晰。为了验证这一假设，他研究了由up和down构成的短语的教学。他把匈牙利语为母语的30名中级水平英语学习者平均分为A班和B班，每个班的学生都要完成一个由20个单句组成的填空测试。这些填空题中所缺的都是up或down这两个副词小品词（如Make sure that you put ____ every word she says.）。A班的学生在接受测试之前，教师在课堂上把20个题目中前10个句子的短语及对应的匈牙利语翻译写在黑板上，并解释了其意义。然后要求学生强记这些短语。花在解释和强记上的时间为15分钟。接下来教师给学生20分钟把20个填空题中所缺的小品词补上。与A班相比，B班唯一不同的是，在接受测试之前教师向他们解释了前10个句子中短语的隐喻基础，并用例句加以说明。例如，HAPPY IS UP这个隐喻所用的例子包括feel up, cheer up, buck up等。两个班学生测试结果如表1所示：

表1 测试结果

	A班	B班
1—10题（测试前学过的动词短语）	73%	82%
11—20题（测试前没学过的动词短语）	52.66%	77.33%
1—20题（全部的测试题）	63%	79.67%

尽管两种教学的效果都不是很理想，但可以看出，B班的学生对学过和没学过的短语都比A班掌握得好。这个实验说明，在二语教学中，有意识地让学生了解短语的隐喻基础，有助于学生习得短语。

Boers（2000）通过实验证明，将具有相同概念隐喻的词汇组织在一起学习的方法具有更好的学习效果，而且在词汇学习和词汇教学过程中增强学习者的概念隐喻意识是十分必要的。

Tyler和Evans（2004）通过对over各义项关系认知理解的分析，提出over教学的具体方法，并指出该方法能使教师帮助学习者更好地习得over的语义系统。遗憾的是，他们并没有通过实证研究去验证该方法的可行性及效度。

Athanasiadou（2004）通过对when、as long as、since和while的习得研究发现，学习者对这些表达的时间和非时间意义关系的理解能够帮助他们习得更为复杂的非时间意义。

Csábi（2004）以多义动词hold和keep为例，对母语为匈牙利语的52名13—15岁的学生进行了实验。这些受试都已掌握这两个目标词的核心义项。他把学生分为实验组和对照组，向实验组学生阐释hold和keep的核心义项与其派生义项之间的隐喻和转喻认知理据。对照组只给出匈牙利语释义，并要求他们记住。两天后用同一套试题去测试，结果表明，实验组的学生在记忆和使用hold和keep的派生义项方面优于对照组。

以上研究表明，多义现象中核心义项与派生义项之间的关系及其理据性对多义现象的习得至关重要。

国内从认知语言学角度对多义现象习得的研究起步较晚。赵群和罗炜东（2005）以认知语言学、Anderson的“语义网络”和Stein等的“准确添加”（precise elaboration）为基础，对多义词习得的有效途径进行了实证研究。他们的实验表明，当给学习者提供目标词的核心意义作为提示时，学习者能更快捷有效地推测出目标词的衍生意义；同时，它为学习者提供了准确添加的机会，使学习者巩固了目标词的长时记忆。他们选用的多义词义项的延伸是相关联的，即由S1衍生出S2，进而由S2衍生出S3。

瞿云华和张建理（2005）对介词before多义性的习得进行了实证研究。结果表明中国大学生习得before的多义性受汉语概念系统的影响。研究发现在大学英语学习的中级阶段，虽然学生的词汇量大大增加，但相关词汇的义项习得仍处于停滞状态。李佳和蔡金亭（2008）以认知语言学的原则性多义网络为框架，研究了中国学习者对四个英语空间介词（above, over, under, below）的习得情况。他们发现:（1）受试对这四个介词各义项的心理认知距离与本族语者有显著差异；（2）对介词多义网络习得情况不佳，但对核心义项的掌握比边缘义项好；（3）英汉概念系统的差异导致了两类母语概念负迁移现象。

张绍全（2010，2012）把认知语言学的多义性理论应用于英语专业学生多义词习得的实证研究，发现了解目标词义项之间关系及其认知理据的实验组受试在目标词的短时习得、长时习得和产出能力方面均大大优于对照组受试。

程焕福、李媛媛（2016）以两组非英语专业一年级大学新生为研究对象，以over及其作为词缀构成的合成词和作为小品词构成的动词短语为习得目标词，通过定量定性研究法考察认知语言学教学法介入多义词教学对学习者习得多义词的效果，即意义的深度理解和记忆长期保持，同时考察接受认知语言学教学法干预的受试在认知策略方面自动识别多义词各个义项间语义理据和进行语义推理两个维度的可行性。结果表明，实验组在多义习得效果，识别多义衍生认知理据及其语义推理的认知策略迁移方面明显优于基于传统翻译教学法的对照组。其教学启示是，应用认知语言学所倡导的识解、意象图式、概念隐喻和概念合成理论教授多义词，确定多义词的核心意义，分析各个义项衍生的认知理据，不但有助于学习者习得词汇意义，还附带习得了认知策略，并且能够自动迁移推理其他多义词的词义。

石进芳、唐斌（2018）采用中介语对比分析法，以英语本族语学习者为参照，考察中国英语学习者人体多义词隐喻性词义知识特征及其影响因素。数据表明：（1）二语多义词习得率不高，母语词汇知识、二语短语知识是中国学习者二语词汇知识的隐性来源；（2）与转喻性词义相比较，隐喻义产出数目和比例都远远低于本族语学习者，隐喻性词义是二语多义词习得的难点；（3）最高频隐喻义与本族语学习者相同，但对本族语者低频隐喻义及英汉概念不对等隐喻义的使用严重缺失或不足。分析发现英汉语义范畴结构差异，隐喻性词义生成与加工机制，母语概念迁移和接触频率等是影响二语隐喻性词义习得的重要因素。

3. 发展趋势

多义性的认知语言学研究理论较为成熟，但应用研究相对薄弱，尤其是对外语学习者的多义词习得研究。未来可加强以下几个方面的应用研究：

（1）英语高频动词及其构成的动词短语的习得研究。高频动词及其构成的动词短语对于外语学习者来说是一个十分头疼的问题。

（2）英语习语的习得研究。英语习语对于外语学习者的难度相当大，原因在于习语在很大程度上与语言的文化背景有关。受传统语言学研究的影响，习语的意义扩展是任意的，学习者须死记硬背其意义。认知语言学认为，习语的意义扩展以隐喻为认知理据。一个习语的意义表面上看难以理解，但是如果弄清它的意义扩展过程，它的意义就不难习得。Boers（2000）、Boers等（2004）的实验研究表明，外语学习者了解习语的隐喻基础可以加深对习语的理解并促进记忆。我们可以在这方面对我国的英语学习者对习语的习得做一些实证研究。

（3）英语小品词的习得研究。英语小品词（如in, out, over, up, down, on）使用广泛，意义众多，其中的大部分用法都是隐喻性的。同时，它们与动词的搭配更是千变万化，令英语学习者非常头痛。传统语义学研究认为，小品词的多个义项之间彼此无联系。但认知语言学认为，在解释语义时，应充分认识到我们的身体经验和生活经验中所蕴含的意象图式的重要性。意象图式与意象图式转换，在各种概念域中的意象图式的隐喻示例化能解释大量表达空间概念的小品词的多义性。Tyler和Evans（2004）依据A-B-C投射轨道意象图式，详细分析了小品词over的“迁移”“完成”和“对面”义项的衍生。该分析方法对于二语学习者具有非常强的可操作性。我们不妨用此方法来给学习者分析一些小品词的语义网络，研究他们是否更容易习得这些小品词的义项。

（编者：西南政法大学/张绍全）

参考文献

Achard, M., & Niemeier, S. 2004. Introduction: Cognitive linguistics, language acquisition, and pedagogy. In Achard, M., & Niemeier, S. (eds.), *Cognitive Linguistics, Second Language Acquisition, and Foreign Language Teaching* (pp. 1—12). Berlin: Mouton de Gruyter.

Athanasiadou, A. 2004. Teaching temporal connectors and their prototypical non-temporal extensions. In Achard, M., & Niemeier, S. (eds.), *Cognitive Linguistics, Second Language Acquisition, and Foreign Language Teaching* (pp. 195—210). Berlin: Mouton de Gruyter.

Boers, F. 2000. Metaphor awareness and vocabulary retention. *Applied Linguistics*, 21 (4): 553—571.

Boers, F., Demecheleer, M., & Eyckmans, J. 2004. Cross-cultural variation as a variable in comprehending and remembering figurative idioms. *European Journal of English Studies*, 8(3): 375—388.

Bréal, M. 1964. *Semantics: Studies in the Science of Meaning*. Gust, H. (Trans.). New York: Dover Publications.

Brugman, C. 1981. Story of over. M. A. Thesis. University of Califonia. Published as *The Story of Over: Polysemy, Semantics and the Structure of the Lexicon* (1989). New York: Garland.

Csábi, S. 2004. A cognitive linguistic view of polysemy in English and its implications for teaching. In Achard, M., & Niemeier, S. (eds.), *Cognitive Linguistics, Second Language Acquisition, and Foreign Language Teaching* (pp. 233—256). Berlin: Mouton de Gruyter.

Cuyckens, H., & Zawada, B. E. 2001. Introduction. In Cuyckens, H., & Zawada, B. E. (eds.), *Polysemy in Cognitive Linguistics* (pp. ix—xxvii). Amsterdam/Philadelphia: John Benjamins.

Dirven, R. 2001. English phrasal verbs: Theory and didactic application. In Pütz, M., Niemeier, S., & Dirven, R. (eds.), *Applied Cognitive Linguistics II: Language Pedagogy* (pp. 3—28). Berlin: Mouton de Gruyter.

Gibbs, R. W., Jr., & Matlock, T. 2001. Psycholinguistic perspectives on polysemy. In Cuyckens, H., & Zawada, B. E. (eds.), *Polysemy in Cognitive Linguistics* (pp. 213—240). Amsterdam/Philadelphia: John Benjamins.

Kövecses, Z. 2001. A cognitive linguistic view of learning idioms in an FLT context. In Pütz, M., Niemeier, S., & Dirven, R. (eds.), *Applied Cognitive Linguistics II: Language Pedagogy* (pp. 87—116). Berlin: Mouton de Gruyter.

Kurtyka, A. 2001. Teaching English phrasal verbs: A cognitive approach. In Pütz, M., Niemeier, S., & Dirven, R. (eds.), *Applied Cognitive Linguistics II: Language Pedagogy* (pp. 29—54). Berlin: Mouton de Gruyter.

Langacker, R. W. 1987. *Foundations of Cognitive Grammar (Vol. I): Theoretical Prerequisites*. Stanford: Stanford University Press.

Langacker, R. W. 1988. A view of linguistic semantics. In Rudzka-Ostyn, B. (ed.), *Topics in Cognitive Linguistics* (pp. 49—90). Amsterdam/Philadelphia: John Benjamins.

Langacker, R. W. 1999. *Grammar and Conceptualization*. Berlin: Mouton de Gruyter.

Lindner, S. 1981. A lexico-semantic analysis of English verb particle constructions with UP and OUT. Ph.D. dissertation. San Diego: University of California.

Nerlich, B., & Clarke, D. D. 1992. Outline for a model of semantic change. In Kellermann, G., & Morrissey, M. (eds.), *Diachrony Within Synchrony: Language History and Cognition* (pp. 125—141). Frankfurt: Peter Lang.

Nerlich, B., & Clarke, D. D. 1997. Polysemy: Patterns of meaning and patterns in history. *Historiographia Linguistica*, 24(3): 349—385.

Queller, K. 2001. A usage-based approach to modelling and teaching the phrasal lexicon. In Pütz, M., Niemeier, S., & Dirven, R. (eds.), *Applied Cognitive Linguistics II: Language Pedagogy* (pp. 55—84). Berlin: Mouton de Gruyter.

Rudzka-Ostyn, B. 2003. *Word Power: Phrasal Verbs and Compounds: A Cognitive Approach*. Berlin: Monton de Gruyter.

Sweetser, E. E. 1990. *From Etymology to Pragmatics: Metaphorical and Cultural Aspects of Semantic Structure*. Cambridge: Cambridge University Press.

Tyler, A., & Evans, V. 2004. Applying cognitive linguistics to pedagogical grammar: The case of *over*. In Achard, M., & Niemeier, S. (eds.), *Cognitive Linguistics, Second Language Acquisition, and Foreign Language Teaching* (pp. 257—280). Berlin: Mouton de Gruyter.

程焕福、李媛媛 . 2016. 基于认知语言学的多义词意义习得实证研究——以 over 及其合成词和动词短语为例 . 北京第二外国语学院学报，(2)：42—58.

霍恩比 . 2018. 牛津高阶英汉双解词典 (第9版)，李旭影等 (译). 北京：商务印书馆 .

李佳、蔡金亭 . 2008. 认知语言学角度的英语空间介词习得研究 . 现代外语，(2)：185—193.

瞿云华、张建理 . 2005. 英语多义系统习得实证研究 . 外语研究，(2)：43—48.

石进芳、唐斌 . 2018. 二语学习者隐喻性词义知识考察——基于语料库的人体多义词对比研究 . 西安外国语学院学报，(3)：18—23.

张绍全 . 2010. 英语专业学生多义词习得的认知语言学研究 . 外国语文，(4)：101—107.

张绍全 . 2012. 大学生英语通感式多义词习得的认知语言学研究 . 当代外语研究，(2)：9—12.

赵群、罗炜东 . 2005. 关注词汇的核心义项——多义词习得的有效途径 . 外语教学，(6)：50—53.

范畴化（Categorization）

1. 引言

范畴化作为一种基本的认知能力，对人类认识和改造世界具有重要意义，也是认知语言学研究的基本内容。“畴”即种类、类别；“范畴化”即划分范畴、类别，是人对客观事物概括、抽象、类属划分的心理过程，在这一过程中，我们忽视事物的差异，注重它们的共性。例如，在日常生活中，我们用“狗”来指称体格、性情迥异的吉娃娃和藏獒；说“猫、狗是动物”，即将猫、狗分类归属于动物。又如，语言研究中将具有相同或类似功能的语言现象概括抽象为性、数、时态和格等语法范畴，又将性这一范畴进一步分为阳性、阴性等子范畴。

从认知视角看，这种将事物进行分类的心理过程就是通常所说的范畴化，范畴化的产物则是认知范畴（cognitive categories）（Ungerer & Schmid 2012: 8）。

范畴化对人类认知外部世界和语言自身研究具有极其重要的意义。范畴化是一个不容小觑的问题。对于我们的思维、感知、行动和言语来说，没有什么比范畴化更基本了。如果没有范畴化能力，我们根本不可能在物质世界、社会生活以及智力活动中进行任何活动。理解人们怎样范畴化，对理解人们如何进行思维和运作至关重要，也是理解“我们为何成为人类”这个问题的关键（Lakoff 1987:

5－6）。Taylor（2003: 1）引用Labov（1973: 342）的观点来强调范畴化的重要性："如果语言学可用一句话来概括的话，那它就是对范畴的研究。"

人类对范畴化的理解经历了一个逐渐深入的过程：从古希腊哲学家亚里士多德的"经典理论"到维特根斯坦的"家族相似性"（family resemblance），进而发展到Rosch、Labov、Lakoff等的"典型理论"（Prototype Theory）。

2. 主要思想

2.1 亚里士多德的经典理论

亚里士多德的经典理论具有深远影响，自古希腊以来一直主导着众多学科领域。亚里士多德的经典范畴理论基于先验的哲学思辨，分析并区分了事物的本质（essence）与偶然属性（accident），即事物的本质决定了该事物为何物，而偶然属性是附属的性质，对事物的意义不产生影响。

范畴化的经典理论的基本观点（Taylor 2003: 22－24）：

（1）范畴是由一组充分必要特征共同定义的；

（2）特征是二分的；

（3）范畴拥有清晰的边界；

（4）同一范畴内的所有成员具有相同的地位。

根据经典理论，"范畴被认为是抽象的容器，事物不是在这个容器之内，就是在这个容器之外。当且仅当事物具有一定的共同特性，它们才会被认为属于同一范畴。同时，事物所具有的共同特性，又被用来界定这一范畴"（Lakoff 1987: 6）。

亚里士多德的经典理论仅能解释现实世界的部分范畴，存在诸多缺陷。“这一美妙的简单模型通常伴随着这样的哲学假想：这种范畴镜像反映了真实世界中的物体及生物构造，甚至是被其预先确定了的。问题是这种假说与生理学和心理学研究获得的证据并不吻合”（Ungerer & Schmid 2012: 41）。

2.2 维特根斯坦的家族相似性

维特根斯坦（2009）考察分析了“游戏”（Spiele, games）这一范畴，注意到无法用一套共有充要条件来界定什么是游戏，什么不是游戏，在“游戏”这一范畴中没有一套属性为该范畴全体成员所共有，只是在各成员之间存在部分的相似。与经典理论持有的“范畴是有清晰边界”的观点相对，维特根斯坦认为“范畴的边界是模糊的”。

据此，维特根斯坦提出家族相似性这一概念，认为：“我们看到一种错综复杂的互相重叠、交叉的相似关系的网络：有时是总体上的相似，有时是细节上的相似。我想不出比‘家族相似性’更好的表达式来刻画这种相似关系：因为一个家族中成员之间的各种各样的相似之处，如体形、相貌、眼睛的颜色、步姿、性情等，也以同样方式互相重叠和交叉。——所以我要说：‘游戏’形成一个家族”（维特根斯坦 2009：48）。

维特根斯坦的家族相似性和中心性（centrality）观点认为：一个家族的成员间有一些相似之处，但彼此的相似情况和程度不一样；范畴中的成员之间相互存在联系，但是范畴并不以其成员共有的特征来界定；范畴中的某些成员较其他成员也许“更典型”。范畴是以“家族相似性”的原则组织起来的，范畴成员如同一个家族的成员，每一个成员都和家族中其他一个或多个成员共有一项或多项特征，但几乎没有一组充要条件特征为所有成员所共有，并用来定义这一家族，范畴成员通过“家族相似性”联系成为一类。

2.3 典型理论

2.3.1 Berlin和Kay对色彩范畴的研究

人们通常认为颜色的范畴化是任意的，颜色是一个连续体，每种语言的颜色词是对这个连续体进行任意切分得来的；一个系统中所有颜色词的地位相同；一个颜色词的所有指称对象地位相同等。但是，Berlin和Kay（1969）通过对不同的颜色命名现象进行实证研究，发现颜色词实际上是非任意的，对颜色的范畴化是基于“焦点色”，“焦点色”是非常清楚的，但其边界往往不确定。不同语言中的基本颜色词所指的颜色中心区（焦点色）是相似的，但其边界却有很大的差别。基本颜色词共有11个，它们构成一个蕴涵层级（图1），即如果一种语言拥有箭头右边的范畴，就意味着同样拥有箭头左边的范畴；相反的情况却不一定成立。

黑 白	<	红	<	黄 绿	<	蓝	<	褐	<	灰 橙 紫 粉红

图1 颜色词的蕴涵层级

根据颜色词的蕴涵层级图，如果某一语言仅有两种颜色词，那么这两种颜色即是黑色和白色。但如果还有第三种颜色词，那么就一定是红色。同样，若有第四种颜色词，那么黄色和绿色都有可能，而剩余的一个将作为第五种颜色词（倘若存在五种颜色词）。接着，若存在第六种、第七种颜色词，那么蓝色必定是第六种颜色词，而褐色便是第七种。剩下的四种颜色词则没有固定的排序。

2.3.2 Rosch的相关研究

在Berlin和Kay研究的基础上，认知心理学家Eleanor Rosch（参见Heider 1972）做了一系列更加缜密的实验，旨在确定焦点色是源于语言还是源于前语言认知。实验一旨在测试不同语言中焦点色的稳定性。结果发现当向被调查者问及他们自身语言中颜色词的最佳范例时，最佳范例和语言的选择有着极高的关联。实验二是关于焦点色选择的行为因素。实验中，23种语言的使用者在看过焦点色和非焦点色样本后，被要求对这些样本进行命名。受试对焦点色命名的快速反应引起了Rosch的注意，同时，Rosch还注意到焦点颜色词在拼写上更短。这些发现反映出焦点颜色词在感知、认知上比非焦点颜色词更加突显。实验三是短时记忆测试。实验中，受试先看5秒钟颜色样本，30秒钟后，他们需要将之前所见的颜色选出来。分别由20名英语母语者及21名达尼语（其语言中仅有两种颜色词）母语者参与本实验，结果显示英语母语受试能够比达尼语母语受试更准确地识记之前所见颜色。这反映了语言中相关颜色词的存在确能帮助人们记忆颜色。尽管达尼人在识别颜色上不够准确，但他们在识记焦点色上的优势同样存在。在Rosch（1975）的最后一个实验中，她发现尚未全面习得所有英语颜色词的3岁小孩在对颜色词进行配对时能更好地对焦点色进行配对，并且能更早地习得焦点色，而不是非焦点色。值得一提的是，焦点色被Rosch称为典型。总的来说，Rosch主张颜色词根据对典型范例的概括化来获取指称域，而不是任意界定的范畴边界。人们将焦点色作为参照点，并据此对颜色进行划分和范畴化。

另一个Rosch（1975）所做的关于自然范畴结构的实验，即基于受试的回答确定一实体在多大程度上能被称为某一范畴的最佳范例，具体涉及“家具”“水果”“交通工具”“武器”“蔬菜”“工具”“鸟”“运动”“玩具”和“衣物”等范畴。以“家具”范畴为例，200名美国大学生被要求从60例家具项中选择出能够作为该范畴的最佳范例，Rosch发现：（1）就算将受试的出生地这一干扰因素考虑在内，他们对这60例家具项的排位也有着极高的相似度，尤其是对在范畴中拥有更高的成员地位的家具项上；（2）相似的典型效应在以上十个范畴中也有所体现。

为了确立范畴成员的等级地位，Rosch还做了一系列其他实验。当要求例举某一范畴的一个范例时，人们总是想到其典型成员。基于这些研究发现，Rosch提出了典型理论：

（1）大多数认知范畴没有充分必要条件；

（2）范畴成员之间的地位并不相等，其中典型成员被视为正式成员，而非典型成员间不同的非正式成员地位则是根据其与典型成员的家族相似程度的不同而获得的。

根据经典理论，范畴拥有清晰边界。然而，Berlin和Kay的焦点色和Eleanor Rosch的最佳范例及劣质范例的区分让我们相信范畴是没有清晰边界的。

2.3.3 Labov的相关研究

为了从经验上研究范畴的模糊边界，美国语言学家Labov（1973）做了一系列关于杯子与杯子状容器的测试。

图2 一组关于杯子形状的容器

受试被要求对图2中的容器命名，然后根据他们的回复，Labov得出如图3的结果。

从图3可知，杯子（cup）的概念连贯值在容器4和容器5呈现下降趋势，碗（bowl）的概念连贯值则出现上升趋势。因此，我们可以得出以下结论："杯子"范畴中的典型，其宽度和深度大体相当，其他则是这一范畴的边缘成员。容器4和容器5便是范畴"杯子"和范畴"碗"的模糊边界。相邻的两个范畴没有清晰的边界，且这两范畴相互归并。

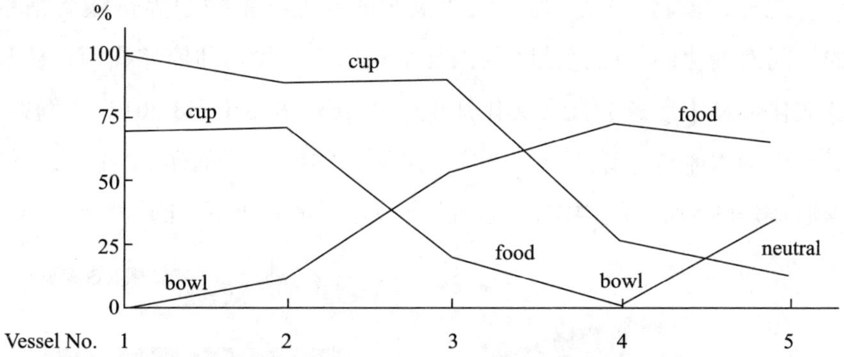

图3 Labov关于范畴边界模糊性测试的结果

2.3.4 Lakoff的相关研究

Lakoff（1987）系统阐释了认知范畴观。Lakoff进一步发展了典型范畴理论，提出将理想化认知模型（ICM）运用到典型范畴的分析中。他同时指出范畴结构和典型效应是我们的知识通过ICM结构组织的副产品。

2.3.5 Taylor的相关研究

在《语言的范畴化》（*Linguistic Categorization*, 2003）一书中，基于经验现实主义哲学观，Taylor全面系统讨论了认知语言学的类典型及基本层次范畴观，以及该范畴观给各层面语言研究带来的影响。他（2003: xii）强调，语言学在两种层面上关注范畴化：（1）人们通过语言对外部世界的范畴化，如用"狗"一词指称不同的狗；（2）以及语言自身的范畴化，如名词、动词、句子的分类范畴等。

他将自然语言范畴的研究进一步从单核心结构向多核心结构发展。此外，Taylor还将词的多义现象视为范畴，将词的每一个意义视为范畴中地位不相等的成员，亦即典型成员与边缘成员的划分。人们首先习得核心意义，即典型成员，然后是边缘意义，边缘意义是由典型（核心）意义延伸而来的。

此外，值得一提的是，认知范畴的典型和范畴边界是随着情景的不同而变化的，因为范畴的内部结构依靠情景，即依靠我们在认知及文化模型中形成的社会文化知识（Ungerer & Schmid 2012）。例如，对于中国人来说，菜刀通常是如图4所示的样式，而对于美国人来说则通常是图5所示的样式，范畴的典型并不是一成不变的。

图4 中国的“菜刀”典型

图5 美国的“菜刀”典型

3. 范畴的层次

Rosch（1978）提出了两个范畴化系统的一般原则，即认知经济性原则与感知结构（perceived structure）原则。这两个一般原则同时也产生了范畴化的基本层次，为了进一步说明这一观点，范畴系统被认为拥有垂直和水平两个维度。根据Rosch（1978）的观点，垂直维度关注范畴的内包层次，而水平维度关注在同一内包层次上范畴的划分。“垂直维度意味着不是所有的范畴化层次都是一样的好或有用；相反，最基本的范畴化层次是那个内包最多的层次，并且在这一层次上范畴还能够反映出感知特征的结构。而水平维度意味着增加范畴的独特性与灵活性；范畴倾向于以那些包含最能代表范畴内成员或最不能代表范畴外成员特性的典型或典型例子来定义”（Rosch 1978）。

基本层次范畴是人类认知中最基本的、也是最重要的。它比上位范畴更加明确，又比下位范畴更具概括性，如表1所示。因此，基本层次范畴的认知花费相对较少的努力，是儿童最先习得的，这也符合认知经济原则。

表1 “家具”范畴不同层次的内包示例图

上位范畴	家具			
基本层次范畴	桌子		椅子	
下位范畴	书桌	餐桌	木椅	藤椅

总的来说，基本层次范畴具有如下特征：

（1）基本层次范畴成员在外形上大致相似；

（2）基本层次范畴成员拥有相似的动作反应；

（3）基本层次名称被用来识别事物；

（4）基本层次名称能产生启动效应。

上位范畴大多数时候是集合名词，而基本层次范畴则是可数名词。例如，水果（苹果、橘子），家具（椅子、桌子）。更重要的是，由于家族相似性的作用，当我们描述上位范畴“水果”的特征时，实际上是从基本层次范畴，如“苹果”“橘子”“西瓜”等提取出上位范畴的特征，也就是说上位范畴是寄生范畴。此外，通常上位范畴词多以一个音节以上的形式出现，并且是在我们习得了基本层次范畴以后才习得的（Ungerer & Schmid 2012）。

下位范畴同样也是寄生范畴，但却比基本层次范畴拥有更准确、更详细的信息。这一层次的成员具有更高程度的家族相似性，但相邻范畴间的排斥性较低。常见的下位范畴名词多为“修饰语+中心概念词”的模式，如raincoat、wheelchair；同样，汉语的偏正复合词，如上述两词在汉语对应为“雨衣”和“轮椅”，此外还有“汽车”“毛笔”等。

大量研究显示，在这三种范畴中，基本层次范畴具备特殊地位。当被要求标注一些事物时，人们倾向于使用基本层次范畴词进行标注。此外，基本层次范畴词也是能在大脑中产生清晰固定图式的最高层次词，也就是说上位范畴词无法在人的大脑中产生清晰固定图式。并且，当这些图式在大脑中出现时，相较于其他两个范畴的判断而言，人们能更快地判断这是否属于基本层次范畴。虽然我们不能说所有的基本层次范畴词都是在上位范畴词亦或是下位范畴词之前习得的，但是儿童最先习得基本层次范畴词的结论是普遍认可的，儿童是在习得部分基本层次范畴词汇之后才开始习得上位范畴词汇及下位范畴词汇的。

4. 发展趋势

认知语言学对范畴化的研究极大地拓宽了语言研究的视野。传统上，现代范畴化理论主要是以颜色词及启发式测试实验为理论基础，没有可信度更高的实验室数据做支撑。尤其是在近年心理学及生理学领域实验技术快速发展的背景下，从这些方面出发对范畴化进行研究是必要的。例如，Perry和Lupyan（2014）就曾根据经颅直流电刺激以及言语标签（verbal labels）的实验数据分析语言在多维度范畴化中的作用。他们认为人类的概念是根据他们维度的不同而产生区别的。有些如“绿色的东西”（green-things）在从许多其他事物中进行提取时只要求显现一个维度，而如“鸟”之类则由于拥有许多与范畴相关的特性（如羽毛、两只脚），而要求更多的维度。此外，现有证据表明言语标签对于低维度的（low-dimensional）范畴的形成至关重要。于是他们就对人脑韦尼克区进行了一系列实验，试图弄清言语标签在低维度及高维度范畴中的作用及其相应的反应。

此外，一些关于范畴习得的研究在最近几年也有新的突破。Erickson等（2014）关注到了婴儿对词的分割现象以及他们习得词汇的方式。我们知道词库的率先建立有助于小孩后期的语言学习。但问题是他们并不是一个一个单独地学习词汇。回想一下以下场景：婴孩的父母一开始确实同他们一个一个地说单词，但事实是，更多时候家长是带有强调地说一整个句子，比如"这是苹果"，或者完全没有强调地说"快吃饭"。Erickson等（2014）认为，婴孩可能是通过使用统计分词（statistical word segmentation）这一手段来划分一句连贯的话语从而学习到第一个词汇。Erickson等的目的在于"测试统计学习（statistically learning）的成果是否显示了现实词汇的固然特性，而这对婴孩的事物范畴化是能够产生影响的"。其他学者，如Enfield等（2006）综述了不同语言对于身体部位范畴化的研究并做了相应拓展。同Berlin和Kay在1969年对于颜色词的实验一样，Enfield等（2006）也发现了能够运用到各种语言中关于身体部位范畴化的可行的、普遍的原理。虽然对于范畴的研究早已开始，但是他们这些研究还是让我们看到了范畴化研究的巨大生命力。当然，所取得的成果还应被运用到语言教学当中。儿童的范畴化能力及患者的范畴化能力习得与丧失同样值得关注。这两个领域的研究让我们能更好地了解人类祖先是如何探索世界的，以及我们今天使用的习以为常的语言是如何形成的。

（编者：西南大学/匡芳涛）

参考文献

Berlin, B., & Kay, P. 1969. *Basic Color Terms: Their Universality and Evolution*. Berkeley/Los Angeles/Oxford: University of California Press.

Enfield, N. J., Majid, A., & van Staden, M. 2006. Cross-linguistic categorization of the body: Introduction. *Language Sciences*, 28(2—3): 137—147.

Erickson, L. C., Thiessen, E. D., & Estes, K. G. 2014. Statistically coherent labels facilitate categorization in 8-month-olds. *Journal of Memory and Language*, 72: 49—58.

Heider, E. R. 1972. Universals in color naming and memory. *Journal of Experimental Psychology*, 93(1): 10—20.

Labov, W. 1973. The boundaries of words and their meanings. In Bailey, C.-J., & Shuy, R. W. (eds.). *New Ways of Analyzing Variations in English* (pp. 340—373). Washington, DC: Georetown University Press.

Lakoff, G. 1987. *Women, Fire, and Dangerous Things: What Categories Reveal about the Mind*. Chicago: The University of Chicago Press.

Perry, L. K., & Lupyan, G. 2014. The role of language in multi-dimensional categorization: Evidence from transcranial direct current stimulation and exposure to verbal labels. *Brain and Language*, 135: 66—72.

Rosch, E. 1975. Cognitive representations of semantic categories. *Journal of Experimental Psychology*, 104(3): 192—233.

Rosch, E. 1978. Principles of categorization. In Rosch, E., & Lloyd, B. B. (eds.), *Cognition and Categorization* (pp. 27—48). Hillsdale, NJ: Lawrence Erlbaum.

Taylor, J. 2003. *Linguistic Categorization* (3rd ed.). Oxford: Oxford University Press.

Ungerer, F., & Schmid, H. J. 2012. *An Introduction to Cognitive Linguistics*. Beijing: Foreign Language Teaching and Research Press.

路德维希·维特根斯坦. 2009. 哲学研究. 李步楼（译）. 北京：商务印书馆.

概括的承诺
（Generalization Commitment）

1. 引言

认知语言学虽有不同的理论和研究课题，但它们大多数具有共同的哲学基础、工作假设和理论原则，并且都秉承两个基本承诺，即概括的承诺和认知的承诺（Lakoff 1990; Evans & Green 2006；贾娟、彭志斌 2020）。概括的承诺强调在对语言规则和语言现象的理论描写和解释中寻求支配人类语言各个层面的普适性原则和总体特征。认知的承诺强调对语言和语言组织描写与解释的原则必须与其他学科（如哲学、心理学、脑科学和神经科学等）关于大脑和心智的已有认识相一致。概括的承诺反映了认知语言学的基本假设之一，即语言可以映射人类普遍的认知机制和认知过程。因此，认知语言学家致力于寻找能够适应人类语言所有系统的组织原则，不仅包括语音、形态和句法层面，还应该包括语义、语用等层面。

2. 主要思想及应用

概括的承诺折射了认知语言学家对生成语言学研究的不满，矛头直指“模块论”（Evans 2007）。模块论是跨学科研究的产物，源自于认知心理学、神经科学和脑科学等学科的研究。认知心理学家主张把人的认知过程划分为不同的模块系统，如听觉系统、视觉系统、动觉系统等。各个模块系统各司其职，分工明确。受其影响，乔姆斯基提出了生成语法的“模块观”。“模块观”主张把语言知识切分成若干各自独立的子模块（音位模块、句法模块、语义模块），每一子模块都包含不同的适用规则，如音位规则控制句子的声音结构，句法规则控制句子的句法结构，语义规则控制句子的意义等。“模块观”极力推崇“组构原则”（principle of compositionality），即一个结构的意义是该结构直接组成成分的意义和组构规则的函数（文旭 2017）。这一原则对规则结构具有较强的解释力。因此，生成语法认为语法研究应该着眼于可用规则推导的“核心现象”，而将习语等不规则的结构置于“边缘”。这种做法遭到了认知语言学家的强烈批判。一方面，“模块观”将语用意义排除在外，忽视了语境对语法规则的制约作用。另一方面，“核心一边缘”之分必然无法兑现对语言现象的描写充分性和解释充分性承诺；与之相反，认知语言学秉承概括的承诺，力图描写语言中所有的结构类型，承诺对语言规则和不规则的表达做出统一的解释。下文将从范畴化、隐喻和构式语法三个层面对其做进一步阐释，并举例说明在语言的各个层面确实存在普适性的组织原则。

从认知的角度看，范畴化是所有高级认知活动（如思维、感知、行为和语言等）的基础。范畴化是人类根据特定目的对某种事物进行识别、分类和理解的心理过程（文旭 2014：27；文旭等 2019；袁圆、屠国元 2021）。范畴化的典型理论认为，范畴的界定没有充分必要的标准，且范畴边界具有模糊性，不同范畴根据家族相似性确定成员地位（文旭、司卫国 2018）。典型成员具有特殊的地位，被视为该范畴的正式成员，而非典型成员则根据其与典型成员的相似程度被赋予不同程度的非正式成员地位。例如，在“鸟”范畴内，“知更鸟”“麻雀”常被视为典型成员，“企鹅”“鸵鸟”等则为非典型成员；在“水果”范畴里，“橘子”“苹果”常被视为典型成员，而“西红柿”“荸荠”等则为非典型成员。典型理论的模糊性和家族相似性原则不仅仅适用于如“鸟”“水果”这样的实体范畴，对词素、词语等语言范畴也同样适用。即是说，语言范畴，包括语音、形态、句法、语义和语用等都遵循这一组织原则。我们以词类的范畴化为例予以说明。划分词类，是为了研究语法、讲解语法（陆俭明 2013：40）。一般来说，词类划分主要有三种依据：词的形态特征、词的语法意义和词的功能。在英语中，名词有名词专用的后缀，如-ness、-nation、-ment和-ity等；此外，大部分名词有单复数的区别，且名词前可以加冠词a、an或the，等等。反过来，名词的上述特征也可以用来定义名词，对名词进行范畴化。也就是说，只要加上复数标志-s或者冠词，即可判断这个词是名词。但是在实际语言使用中，并非所有情况都是如此。英语中存在大量的兼类词，如stress一词的词性就很难断定，一方面它既可以用作可数名词，表示“压强”，另一方面，当它表示“压力”时，则成了不可数名词。此外，stress既可以用作名词，又可以用作动词，因此，很难用一个标准或者某些特征去定义一个词的词性。汉语中也不乏这样的例子。与英语不同，汉语缺乏形态标记和形态变化。因此，划分汉语词类就不能依据词的形态特征，而需要依据词的语法功能（朱德熙 1985；陆俭明 2013；沈家煊 2016）。所谓语法功能，是指这个词所具有的全部语法功能，即这个词能做什么句法成分，不能做什么句法成分（陆俭明 2013：43）。例如，名词在句子中可以做主语、宾语、表语、状语和同位语等成分，而动词一般做谓语，等等。但是，反过来很难说做主语或谓语的就一定是名词或动词。汉语中的兼类词要比英语中多得多，如名动兼类、名形兼类以及动形兼类等。例如：

（1）a. 十字路口一般交通都很方便$_1$。

b. 政府的这种做法大大方便$_2$群众出行。

c. 重庆西站的投入使用给市民出行带来了很多方便$_3$。

例（1）中，“方便$_1$”是形容词，意为“便利的”；“方便$_2$”是动词，表达“使……便利”的意思；“方便$_3$”则被用作名词，可以扩展为“好处”之意。由此可知，“方便”是一个兼类词，既具有名词的性质，又兼具动词和形容词的特征。综上所述，词类范畴的界定很难有一个确定的、统一的和绝对的标准，适用于“鸟”“水果”等实体范畴的模糊性和家族相似性原则同样适用于词类的范畴化，这便是概括的承诺在语言范畴化中的体现。下文将借助隐喻进一步阐释概括的承诺在词和构式中的体现。

认知语言学家认为隐喻不仅是语言现象，更是认知现象，是人类基本的思维和认知方式，具有固有的系统性和复杂性（Wen & Yang 2016; Kövecses 2017）。语义扩展是隐喻的重要特征，即是说，隐喻是词、短语或者构式获得新义的重要手段。首先以多义词over为例：

（2）a. The picture is *over* the table. ［ABOVE］

b. The office handed *over* power. ［TRANSFER］

c. She has strange power *over* me. ［CONTROL］

虽然例（2）中over表示的意义略有不同，但是它们都含有over的典型意义“在……之上”。例（2c）中over表示“控制”之意，是其典型意义通过隐喻扩展的结果，即从over的典型意义“在……之上”发生隐喻扩展而来，含有“不接触但会对物体施加影响”的意思。Lakoff和Johnson（1980）将隐喻理解为从“始发域”到“目标域”的映射。这种映射一般是由具体到抽象、由简单到复杂、由近及远、由实体到非实体、由人们熟悉的事物到不熟悉的事物的认知过程。显然，这里是由空间域投射到权力域、关系域中。

（3）a. Her power is *on the decline*.

b. He is *under* my control.

c. His power *rose*.

例（3）中的句子均是概念隐喻CONTROL IS UP / LACK OF CONTROL IS DOWN的语言隐喻，即概念隐喻的语言表达。在理解“控制”这一概念时，人们常用始发域“高度”来映射目标域“权力”或者“控制力”。有权力通常被人们理解为“位于高处”。相反，“权力”的丧失则被理解为“处在较低的位置”。随着时间的推移，over的使用频率不断增加，表达“控制，掌控”的意义逐渐泛化，成为over的规约意义。隐喻扩展不仅可以给予词汇新的意义，很多构式的意义也是源自隐喻扩展。以双及物构式为例：

Goldberg（1995）研究发现，双及物构式的典型义是一个表意志的施事和一个表自愿的受事之间的转移。通常情况下，双及物构式中的主语位置应当是表意志的施事，这正好与双及物构式表达“蓄意传递”的意义相吻合。物体只有在表意志的施事的作用下才能被传递给受事。但以下例子的主语却并不是表意志的施事。

（4）a. The rain gave us some time.

b. The missed ball handed him the victory.

Goldberg（1995）认为例（4）是由双及物构式通过概念隐喻CAUSAL EVENT IS PHYSICAL TRANSFER扩展而来的。人们常常借助物理转移理解抽象的事因。例如：

（5）a. David Beckham put a lot of swerve on the ball.

b. She gave me a headache.

在例（5）中，“球旋转的原因”和“我头疼的原因”都被概念化为物理意义上的转移。基于此，Goldberg认为隐喻扩展是双及物构式中主语位置调换的原因，即一个表自愿的受事占据了表意志的施事的主语位置。主语位置上出现了没有意志能力的事物。综上所述，隐喻不仅是词义演变的动因，也是构式意义扩展的原因之一，是人类语言共享的普适性组织原则。下面以构式语法为例阐释概括的承诺是如何得以体现的。

构式语法发端于Fillmore等对习语的研究。Fillmore等（1988）以let alone为例撰文，重在说明习语并不像生成语法的倡导者们所说的那样数量很少，可直接放入词库处理；相反，在各种语言中习语均大量存在。他们研究发现，习语一般具有数量大、结构性强、能产性高的特点，是语言研究不可回避的现象。此外，习语的意义并不能从其组成部分的意义中预测，对其理解需要参照整个结构的意义，即构式的意义。Fillmore等认为，“构式”是规约性的句法表征，不仅包括句法信息，还包括语义和语用信息。在此基础上，Kay和Fillmore（1999）通过对What is X doing Y的研究，试图建立一个统一的分析框架，对语言的各个层面做出全面的、整体的解释。构式语法理论应运而生。构式语法理论认为，构式是语言的基本单位，语法变成了各种构式的清单。构式语法将词、词组、习语和句子等大小不同的语言单位看作不同层次和不同复杂程度的构式，并统一进行处理。构式语法学家力图描述语言中所有类型的结构，没有“核心－边缘”之分；并承诺对语言中规则和不规则的表达做出统一的描写和解释。另外，构式主义还认为句法、语义、语用并非相互独立的系统，彼此没有清晰的界限，“构式”不仅包括词汇、句法和语义信息，还包括语用信息。正如Goldberg（1995）所言，对语言中非核心结构的研究有利于加深我们对语言的了解，因为解释非核心结构的理论机制也可以用来解释核心结构。可见，构式语法的上述主张与概括的承诺所强调的寻求支配人类语言各个层面的普适性原则不谋而合。

综上所述，语言的各个层面存在一些具有普适性的组织原则，而不是生成语法“模块论”所声称的各自的组织原则完全独立存在。范畴化的组织原则既适用于实体范畴，又是语言系统词类划分的标准和原则；隐喻既是词汇新义产生的机制，也可以解释构式意义的涌现；构式语法不区分“核心－边缘”现象，力图描写和解释语言的所有层面，等等。所有这些都很好地阐释了认知语言学“概括的承诺”的意义。当然，概括的承诺不仅仅体现在上述三个层面，它贯穿于整个认知语言学研究，是认知语言学所有理论方法和研究课题的行动指南。

（编者：西南大学/文旭；贵州师范大学/刘瑾）

参考文献

Evans, V. 2007. *A Glossary of Cognitive Linguistics*. Edinburgh: Edinburgh University Press.

Evans, V., & Green, M. 2006. *Cognitive Linguistics: An Introduction*. Edinburgh: Edinburgh University Press.

Fillmore, C. J., Kay, P., & O'Connor, M. C. 1988. Regularity and idiomaticity in grammatical constructions: The case of *let alone*. *Language*, 64(3): 501－538.

Goldberg, A. E. 1995. *Constructions: A Construction Grammar Approach to Argument Structure*. Chicago: The University of Chicago Press.

Kay, P., & Fillmore, C. J. 1999. Grammatical constructions and linguistic generalizations: The *What's X doing Y?* construction. *Language*, 75(1): 1－33.

Kövecses, Z. 2017. Levels of metaphor. *Cognitive Linguistics*, 28(2): 321－347.

Lakoff, G. 1990. The invariance hypothesis: Is abstract reason based on image-schemas?. *Cognitive Linguistics*, 1(1): 39—74.

Lakoff, G., & Johnson, M. 1980. *Metaphors We Live By*. Chicago: The University of Chicago Press.

Wen, X., & Yang, K. 2016. Systematicity and complexity of IDEA metaphors in Chinese. *Metaphor and Symbol*, 31(4): 230—249.

贾娟、彭志斌. 2020. 体认语言学：缘起、现状及前瞻. 外文研究，（3）：31—36.

陆俭明. 2013. 现代汉语语法研究教程. 北京：北京大学出版社.

沈家煊. 2016. 名词和动词. 北京：商务印书馆.

文旭. 2014. 语言的认知基础. 北京：科学出版社.

文旭. 2017. 认知语言学读本. 上海：上海外语教育出版社.

文旭、司卫国. 2018. 认知语言学：反思与展望. 中国社会科学评价，（3）：23—36.

文旭、余平、司卫国. 2019. 翻译的范畴转换及其认知阐释. 中国翻译，（3）：33—43.

袁圆、屠国元. 2021. 朱自清散文意象翻译的认知诗学探究. 外语研究，（2）：90—94.

朱德熙. 1985. 语法答问. 北京：商务印书馆.

概念化（Conceptualization）

1. 引言

概念化是认知语言学解决语义问题的重要工作原则，它的提出源于对传统哲学和语言学语义观的批判与继承。传统语义研究认为，语义或等同于所指、真值条件或行为，如客观主义语义观；或是观念/意象，如意义的观念论/意象论；或是语义基元（Semantic Primitive）的组合，如语义组合观；或只存在于交际过程，如激进的交互语义观。但这些传统观点都忽略了认知的作用。认知语言学认为，语言是认知的一部分，语义结构即是概念结构，具有具身性（embodiedness）和百科性，因此，语义的建构或者说语义本身就是概念化（Langacker 1987, 1991, 1999, 2008, 2013；Croft & Cruse 2004；Evans & Green 2006 等）。

认知语言学的概念化原则，即“语义就是概念化”，通过语义结构、概念结构和具身体验三者之间的关系揭示“语言－认知－世界”的互动关系，从而消解了以往语义研究中存在的问题，并为之提供了新的视角和突破口。

2. 概念化的界定

概念化究竟如何界定，目前尚未有非常明晰的答案。Langacker

（1991: 2, 2008: 30, 2013: 30）认为，概念化广义上指的是任何心理经历，具体包括：（1）既有或新奇的概念；（2）“智力”概念和感觉、运动、感情经历；（3）对物理、语言、社会和文化语境的理解；（4）随加工时间展开和发展的、非即时性的概念等。相较而言，Sharifian（2011: 3）的界定比较空泛，他认为概念化是包括图式化、范畴化等的基本认知过程。Evans 和 Green（2006）及Evans（2007: 38）则具体以语言中意义的构建为核心，把概念化定义为：语言中意义的构建过程，即语言使用者是如何通过丰富的百科知识和复杂的概念整合实现语义构建的。而在具体分析语义的构建时，Talmy（1977, 1978, 1988a, 1988b, 2000）、Langacker（1991, 2008, 2013）、Croft和Cruse（2004）等又把概念化等同于识解（操作）。Croft和Cruse总结归纳并扩充了Talmy与Langacker的观点，认为识解操作/概念化具体包括注意与突显（attention/salience），如选择（selection）、辖域（scope/dominion）、量级调整（scalar adjustment）、动态性（dynamic）；判断与比较（judgement/comparison），如范畴化（categorization）、隐喻（metaphor）、图形/背景（Figure/Ground）；视角（perspective/situatedness），如视点（viewpoint）、指示（deixis）、主观性与客观性（subjectivity/objectivity）；组成与完型（constitution/gestalt），如结构图式化（structural schematization）、力动态（force dynamics）、关系性（relationality）。

综上所述，就其外延而言，概念化的界定有广义与狭义之分。广义的概念化关注的是整个人类行为系统的概念表征，包括语言行为；而狭义的概念化重点聚焦与语言行为相关的概念系统。无论是广义的概念化还是狭义的概念化，其基本内涵是一致的，即概念化是认知过程和神经活动。

认知语言学期望通过对语言概念化的探索，“发现人类认知或概念知识的实际内容”（文旭 2014：8），在语言结构与概念系统、身体经验之间和语言与人类心智/大脑之间建立联系，从而揭示一般的概念化（认知）过程，并最终发掘人类语言的共性和人类认知的奥秘。而对语言一般原则的认知描写和解释必须要与有关心智/大脑的一般知识一致。换言之，对语言概念化的描写和解释要与一般的概念化过程一致。因此，从这个意义上讲，认知语言学的概念化研究立足点是狭义的概念化，指导原则和终极目标是广义的概念化。

3. 概念化的性质

概念化具有非孤立性（noninsularity）、动态性（dynamicity）、交互性（interactivity）、意象性（imagisticity）、想象性（imaginativeness）、主观性（subjectivity）和具身性等性质。

概念化的非孤立性有两个层面的含义。一方面，概念化连接了物理世界、心理世界和语言世界。客观主义语义观认为语义存在于物理世界，如指称论把语义等同于语言表达的所指，真值条件论把语义等同于语句的真值条件，行为主义意义论把语义看作语言刺激产生的行为（陈嘉映 2003）等。意义的观念论/意象论认为语言的意义即它所表征的观念或意象，而激进的交互语义观主张语义产生于使用或交际，本质上二者均认同语义存在于心理世界。语义组合观认为，语义是语义基元通过特定规则组合的结果，存在于语言世界。但是，上述语义观或存在悖论，或无法解释特定问题，或缺乏心理现实性。认知语言学主张，语义结构即是概念结构。概念结构是概念化主体对物理世界认知的基础和结果，即概念化的基础和结果。概念结构存在于心理世界，概念化在心理世界中进行，他们通过语言的各个层面如词素、词、语法范畴和形态句法等投射到语言世界。一言以蔽之，概念化不能脱离概念化对象，更不能脱离概念化主体而独立存在。就语言概念化而言，它还不能脱离概念化的载体——语言。因此，从这个层面讲，认知语言学的概念语义观消解了上述问题。另一方面，概念化不是概念化主体对概念化对象本身的简单心理过程，而是在身体体验、社会交际、社会文化环境等各层次语境下，涉及不同认知官能的复杂认知过程。就语言概念化而言，它不仅仅关涉与语言行为相关的概念系统，整个人类行为的概念系统都参与其中，即语言概念化不是独立于一般概念化过程的独立模块。从这一层面讲，概念化的非孤立性体现了概念语义观的非模块论（non-modularity）思想，反映了认知语言学的认知的承诺。

概念化的动态性不仅表现为"它随加工时间展开，还因为其展开过程是心理经历的重要方面"（Langacker 2008: 32）。Langacker（2008）指出，无论是简单概念还是复杂概念的概念化都需要一定的时间。因此，语言概念化即语义的构建也是沿时间维度展开的，具体体现为语义是通过逐步激活，从而可及的。简单的例子如词语具体使用意义的确定，需要借助语境激活目标域，使目标意义可及。例如，"系统显示查询菜单"中的"菜单"，上文"系统"激活的是"计算机"这个认知域，为下文"菜单"的解读提供心理通道，使目标义"计算机上显示的选择单"而非"餐馆或食堂中供顾客选择菜肴的单子"可及。复杂的例子如复句语义的加工，需要逐个小句地进行，最终构建出完整的句义。例如，"因为性子静的人不容易感到烦躁，所以努力学习对他们来说也就没有这么痛苦了"是一个因果复句。由于人自身的视觉、记忆等生理和心理条件的限制，因果复句的前段和后段不能同时激活，其加工只能按照线性顺序由前段小句至后段小句，最终构建出整个复句的因果关系义。概念化随加工时间的展开本质上是动态的在线过程，已经得到语言加工实验（如行为实验、心理实验、神经实验等）的证实。概念化的展开是一个动态的心理过程，这一点充分体现在心理扫描上。例如，"古老的长城依着山势蜿蜒伸展”，描写的是静态的情景，但激活的是动态的概念化，编码的是概念化主体沿长城延伸的方向由近及远的动态心理扫描。概念化的这种动态性质可以解释语义的细微差别。例如，“蜿蜒的小路直达山顶”与“蜿蜒的小路直达山脚”描写的是相同的情景，但反映的是不同的心理经历：前者是由山脚到山顶的扫描，后者是由山顶到山脚的扫描，因此编码的语义也略有不同。

概念化的交互性强调概念化是以概念化主体之间、概念化主体与对象、概念化主体与载体之间的互动关系为基础。概念化主体之间的互动关系在语言中表现为，语义是在特定语境下的社会互动中通过动态的交互协商过程构建的。换言之，语言概念化总是发生在特定语境下的社会互动中，不同的概念化主体基于物理、语言、社会、文化等语境通过“协商”实现意义/信息的交换，达成成功交际的目的。这也是交互语义观主张语义源于交互过程的根本原因。但值得注意的是，语义虽然源于交互过程，但并不完全存在于交互过程。概念化主体与对象之间的互动关系表现为，概念化对象是概念化的基础，而概念化主体对客体具有主观能动性，不同的概念化主体或同一概念化主体在不同认知语境中对相同的客体会产生范畴化、识解等认知的差异。例如，作为概念化对象的“香蕉”，不同的概念化主体都会将之归为水果范畴，但是有些会把它归为该范畴的典型成员，而有些则不然。概念化主体与客体的这种互动关系影响着语言的使用，如不同的概念化主体会选择不同的始发域隐喻同一个对象（目标域），或者使用不同的主语、话题、语气、时态等编码同一个事件。概念化主体与载体之间的互动关系表现为语言影响概念化，因此不同的语言反映了不同的概念化。正因如此，认知语言学主张，语言是认知的一部分。例如，Casasanto（2017）指出，语言中不同的隐喻表达反映了不同的空间概念化，而且隐喻表达可以创造新的认知抽象概念的方式。这种互动关系也是“Sapir-Whorf假说”（又称为“语言相对论”，Linguistic

Relativity）关注的焦点（参见Everett 2013; Gumperz & Levinson 2000; Pütz & Verspoor 2000; Niemeier & Dirven 2000; Carroll 1956等）。

概念化的意象性是相对于命题性（propositional）而言的，后者主张概念系统由概念基元及其组合原则构成（Langacker 2008），因此概念化是基于概念基元及其组合原则的，如ENTER事件的概念化可以表征为（Jackendoff 1983）：$[_{\text{Event}}\ \text{GO}\ ([_{\text{Thing}}\text{X}], [_{\text{Path}}\text{TO}\ ([_{\text{Place}}\text{IN}\ ([_{\text{Thing}}\text{Z}])])])]$。认知语言学认为，概念化具有意象性，以意象为基础，而“意象”指的是包括感觉和知觉经验在内的具身体验（embodied experience）的心理表征（Evans & Green 2006）。例如，认知语言学中范畴化理论——典型理论主张，范畴化不是基于一系列充分必要条件而是基于典型成员和家族相似性，而典型成员就是一种心理意象。意象的图式化，即意象图式（Croft & Cruse 2004: 44）最能体现概念化的意象性，也是认知语言学关注的焦点内容之一。意象图式源于具身体验，是概念化的结果，同时也是复杂、抽象事物概念化的基础。仍以ENTER事件为例，概念化主体根据具身体验，抽象出容器图式和来源－路径－目标图式，而这两种意象图式又可以为其他事物的概念化提供认知参照，如“在教育上与其填鸭式地给孩子灌输知识，莫如开阔他们的眼界”（北京大学现代汉语语料库）和“驶向爱情的目的地”（BCC汉语语料库）分别以容器图式和来源－路径－目标图式为概念化的基础。

概念化具有想象性，因为人对世界的认知不是现实的直接映象或表征（文旭 2014）。一方面，概念化对象不仅是现实世界中的事物，还包括虚拟世界中的事物，如“龙”“腾云驾雾”等。虚拟世界中的事物无法根据具身体验进行概念化，需要借助心理空间构建（mental space construction）、隐喻、转喻、概念整合（conceptual blending/integration）等认知手段。以“龙”的概念化为例，概念化主体首先构建“鹿”“驼”“兔”“蛇”“鱼”“鹰”“虎”“牛”等概念相关的心理空间，这些心理空间的构建直接源自具身体验，然后通过概念整合整合不同心理空间的概念成分，如鹿的角、驼的头、兔的眼、蛇的颈、鱼的鳞、鹰的爪、虎的掌、牛的耳等，从而实现对虚拟世界中“龙”的概念化。另一方面，不仅虚拟世界中事物的概念化具有想象性，现实世界中事物的概念化同样需要借助想象。现实世界中很多事物是无法直接通过具身体验认知的，它们的概念化同样涉及心理空间构建、隐喻、转喻、概念整合等。例如，人生、爱、思想、情绪（如愤怒、高兴）等抽象事物的概念化需要借助隐喻（Lakoff & Johnson 1980; Lakoff & Turner 1989; Kövecses 2005; Wen & Yang 2016等）。

概念化是概念化主体的能动性认知，因此具有主观性。概念化的主观性最直接的体现是，不同的概念化主体或同一概念化主体在不同认知语境中对相同的对象可能产生不同的概念化。前者如对于“高兴”的概念化，汉语母语者借助概念隐喻HAPPINESS IS FLOWERS IN THE HEART，而英语母语者则借助概念隐喻HAPPY IS BEING OFF THE GROUND（Yu 1998; Kövecses 2010）；后者如对于同一静态情景——山与楼的位置关系的概念化会受概念化主体所处视点的影响，即如果概念化主体与小楼同处于山的一侧，概念化结果通常是“那幢楼的前面有一座小山”，而如果他与小楼分别处于山的两侧，则其概念化结果更可能是“小山的后面有一幢楼”。

概念化具有具身性。一方面因为概念系统植根于知觉运动系统，它在利用知觉运动系统的同时又反受其影响；另一方面因为概念是通过具身体验，尤其是知觉运动体验而得到的，对它的理解也只能通过基于具身体验的概念来实现（Lakoff & Johnson 1999: 497）。换言之，“人类概念系统的核心以人类的感知、身体运动和经验为基础”（文旭 2014：11），人类通过感知、身体运动和经验形成某个范畴的典型、基本层次概念和范畴、意象和意象图式等，而其他概念的概念化则基于这些典型、基本层次概念和范畴、意象和意象图式等。例如，人们根据自身的运动及其对运动事件的经验，概括出运动事件涉及运动物体从起点沿某个路径到达某个目的地，形成来源－路径－目标图式，而该意象图式可以为“学习”“爱情”“人生”等的概念化提供认知理据。

4. 主要研究内容

因为概念化原则即“语义就是概念化”是认知语言学语义研究的重要工作原则，而认知语言学关注的核心问题就是语义问题，所以概念化的研究内容基本涵盖了认知语言学研究的方方面面。从认知语义学对范畴化、概念隐喻与转喻、识解、框架、意象图式、心理空间、概念整合等的研究，到认知语法对构式、生成语法中所谓的转换现象（如主动被动转换、论元交替）等的探讨，都涉及概念化问题。总体而言，概念化的研究从认知心理和认知社会两个维度展开。根据 Langacker（2008: 31），认知心理维度的研究可以区分两个视角：现象学视角和加工视角。

概念化现象学视角的研究关注的是概念化主体的心理经历。Langacker（2008: 31）指出，心理经历更易于通过语言证据考察，从这个角度看认知语义学对语言背后的概念、概念结构系统以及概念操作的考察采用的是都是概念化的现象学视角。例如，Lakoff & Johnson（1980）通过对语言隐喻的系统考察发现，隐喻不仅广泛存在于语言层面，也存在于概念层面，是一种思维方式。再如 Jiang & Wen（2022）对汉语保留宾语被动构式语义的分析表明，保留宾语被动构式语义的变异是概念化方式差异化的结果，其中被动致使移动变式与被动致使结果变式是基于物体的概念化，而被动致使接收/失去变式是基于处所的概念化。

概念化加工视角的研究以现象学视角的研究为基础，主要借助心理语言学实验、临床研究、神经影像学（neurological imaging）、计算机建模等从功能、神经等不同层面探讨构成心理经历的加工活动（Langacker 2008: 31）。近年来，随着认知语言学的量化转向（Janda 2013, 2017），概念化加工视角的研究也逐渐引起了认知语言学界的重视。例如，Gijssels和Casasanto（2017）通过心理语言学实验分析了时间的概念化，具体探讨了它与时间隐喻表达的关系，发现时间的概念化可能会准确地投射到时间隐喻表达中，甚至可以由它决定；也可能不会投射到时间隐喻表达中，甚至与它相矛盾。Coulson和Patten（2002）通过事件相关电位（ERPs）技术考察了隐喻的理解，发现隐喻的理解需要更多的认知努力，但其理解机制与非隐喻语言是相同的，证实了基于隐喻的概念化涉及概念的整合。Citron等（2016）通过功能性磁共振成像（fMRI）实验也研究了隐喻加工，发现隐喻会激活情绪加工的脑区，即隐喻性与情绪显著性相关。他们的实验表明语言概念化不是独立于其他认知的，支持了认知语言学的“认知的承诺”。概念化加工视角的研究不仅有助于揭示构成心理经历的加工活动的本质，还可以为认知语言学的理论假设提供汇流的证据，对认知语言学事业的发展大有裨益。

概念化认知社会维度的研究主要关注其在不同社会文化中的普遍性和变异性。认知语言学很早就已经意识到了概念化跨文化的普遍性和变异性，尤其是其兴起之初对不同社会文化中颜色概念化的研究，这也是典型范畴化理论提出的重要依据。但是，概念化认知社会维度的研究并未成为认知语言学的焦点。随着认知语言学的社会转向（Harder 2010）及认知社会语言学（Cognitive Sociolinguistics）的兴起（Kristiansen & Dirven 2008; Geeraerts et al. 2010; Pütz et al. 2014; Frank et al. 2008），它正日益受到认知语言学研究的关注。认知语言学从认知社会维度考察概念化关注最多的是隐喻（Kövecses 2005, 2015, 2020; Sharifian & Palmer 2007; Sharifian et al. 2008; Sharifian 2011, 2017）和转喻（Zhang 2016）的跨文化普遍性和变异性。以Kövecses（2005）为例，他认为隐喻由始发域、目标域、经验基础、与始发域和目标域对应的神经结构、始发域和目标域的关系、隐喻表达、映射、蕴含、整合、非语言实现和文化模型十一个方面构成，任何一方面成分的不同都会引起隐喻的变异性。隐喻变异性的根源是经历、认知偏好和认知风格等的不同。Zhang（2016）以“人类”范畴所涉及的转喻为例，分析了英汉两种文化背景下转喻的变异性。她发现，“人类”范畴所涉及的转喻在英汉两种文化中有三类变体：以一般意义上的“人类”范畴为本体的转喻型式变异、以特定群体的人为本体的转喻型式变异、特定转喻型式中喻体的变异，并通过模范的特显性、服饰制度、社会模式等与文化相关的因素阐释转喻变异的原因。隐喻、转喻的普遍性和变异性的研究为揭示概念化的普遍性和变异性提供了重要线索。

5. 发展趋势

概念化究竟指的是什么？其一般性质和具体属性是什么？如何研究它？又如何描写它？对于这些问题，目前尚未有明确的答案（Langacker 2008: 31）。认知语言学尝试从语言中寻求答案，期望从概念结构、范畴化、识解、隐喻、转喻、心理空间、概念整合等方面研究概念化，并通过对具身体验、概念系统和语义结构三者之间关系的探讨揭示其本质。但是，以往的认知语言学研究大多从认知心理维度探讨心理经历，特别偏重概念化研究的现象学视角，而未对构成心理过程的加工活动和概念化的普遍性与变异性给予足够的重视。近年来，认知语言学研究发生了两个重要转向：量化转向和社会转向。这两种转向不仅为认知语言学理论发展提供了新的突破口，也为概念化研究指明了新的方向。因此，在这两种转向的背景下，认知语言学的概念化研究还将会继续深化以下两个方面的内容：

（1）概念化研究的加工视角。随着认知语言学、神经科学、认知心理学以及科学技术和实验手段的发展，认知语言学的概念化研究将会更加关注构成心理过程的加工活动。

（2）概念化研究的认知社会维度。认知社会语言学、文化语言学、社会认知语言学、社会语言学的发展无疑会促使认知语言学研究更加关注概念化跨文化的普遍性与变异性。

（编者：西南大学 / 姜灿中）

参考文献

Carroll, J. B. 1956. *Language, Thought, and Reality: Selected Writings of Benjamin Lee Whorf*. Cambridge, MA.: The MIT Press.

Casasanto, D. 2017. Relationships between language and cognition. In Dancygier, B. (ed.), *The Cambridge Handbook of Cognitive Linguistics* (pp. 19—37). Cambridge: Cambridge University Press.

Citron, F. M. M., Güsten, J., Michaelis, N., & Goldberg, A. E. 2016. Conventional metaphors in longer passages evoke an affective brain response. *NeuroImage*, 139: 218—230.

Coulson, S., & Patten, C. 2002. Conceptual integration and metaphor: An event-related potential study. *Memory & Cognition*, 30(6): 958—968.

Croft, W., & Cruse, D. A. 2004. *Cognitive Linguistics*. Cambridge: Cambridge University Press.

Evans, V. 2007. *A Glossary of Cognitive Linguistics*. Edinburgh: Edinburgh University

Press.

Evans, V., & Green, M. 2006. *Cognitive Linguistics: An Introduction*. Edinburgh: Edinburgh University Press.

Everett, C. 2013. *Linguistic Relativity: Evidence across Languages and Cognitive Domains*. Berlin: Mouton de Gruyter.

Frank, R. M., Dirven, R., Ziemke, T., & Bernárdez, E. (eds.) 2008. *Body, Language and Mind (Vol. II): Sociocultural Situatedness*. Berlin/New York: Mouton de Gruyter.

Geeraerts, D., Kristiansen, G., & Peirsman, Y. (eds.) 2010. *Advances in Cognitive Sociolinguistics*. Berlin/New York: Mouton de Gruyter.

Gijssels, T., & Casasanto, D. 2017. Conceptualizing time in terms of space: Experimental evidence. In Dancygier, B. (ed.), *The Cambridge Handbook of Cognitive Linguistics* (pp. 651—668). Cambridge: Cambridge University Press.

Gumperz, J. J., & Levinson. S. C. 2000. *Rethinking Linguistic Relativity*. Cambridge: Cambridge University Press.

Harder, P. 2010. *Meaning in Mind and Society: A Functional Contribution to the Social Turn in Cognitive Linguistics*. Berlin/New York: Mouton de Gruyter.

Jackendoff, R. 1983. *Semantics and Cognition*. Cambridge, MA.: The MIT Press.

Janda, L. A. (ed.) 2013. *Cognitive Linguistics—The Quantitative Turn: The Essential Reader*. Berlin: Mouton de Gruyter.

Janda, L. A. 2017. The quantitative turn. In Dancygier, B. (ed.), *The Cambridge Handbook of Cognitive Linguistics* (pp. 498—514). Cambridge: Cambridge University Press.

Jiang, C., & Wen, X. 2022. Semantics of the Chinese passive construction with retained object. *Cognitive Linguistic Studies*, 9(1): 64—86.

Kövecses, Z. 2005. *Metaphor in Culture: Universality and Variation*. Cambridge: Cambridge University Press.

Kövecses, Z. 2010. *Metaphor: A Practical Introduction*. New York: Oxford University Press.

Kövecses, Z. 2015. *Where Metaphors Come From: Reconsidering Context in Metaphor*. Oxford: Oxford University Press.

Kövecses, Z. 2020. *Extended Conceptual Metaphor Theory*. Cambridge: Cambridge University Press.

Kristiansen, G., & Dirven, D. 2008. *Cognitive Sociolinguistics: Language Variation, Cultural Models, Social Systems*. Berlin/New York: Mouton de Gruyter.

Lakoff, G., & Johnson, M. 1980. *Metaphors We Live By*. Chicago: The University of Chicago Press.

Lakoff, G., & Johnson, M. 1999. *Philosophy in the Flesh: The Embodied Mind and Its Challenge to Western Thought*. New York: Basic Books.

Lakoff, G., & Turner, M. 1989. *More Than Cool Reason: A Field Guide to Poetic Metaphor*. Chicago: The University of Chicago Press.

Langacker, R. W. 1987. *Foundations of Cognitive Grammar (Vol. I): Theoretical Prerequisites*. Berlin: Mouton de Gruyter.

Langacker, R. W. 1991. *Foundations of Cognitive Grammar (Vol. II): Descriptive Application*. Berlin: Mouton de Gruyter.

Langacker, R. W. 1999. *Grammar and Conceptualization*. Berlin: Mouton de Gruyter.

Langacker, R. W. 2008. *Cognitive Grammar: A Basic Introduction*. Oxford: Oxford University Press.

Langacker, R. W. 2013. *Essentials of Cognitive Grammar*. Oxford: Oxford University Press.

Niemeier, S., & Dirven, R. 2000. *Evidence for Linguistic Relativity*. Amsterdam/ Philadelphia: John Benjamins.

Pütz, M., Robinson, J. A., & Reif, M. 2014. *Cognitive Sociolinguistics: Social and Cultural Variation in Cognition and Language Use*. Amsterdam/Philadelphia: John Benjamins.

Pütz, M., & Verspoor, M. H. 2000. *Explorations in Linguistic Relativity*. Amsterdam/ Philadelphia: John Benjamins.

Sharifian, F. 2011. *Cultural Conceptualisations and Language*. Amsterdam/ Philadelphia: John Benjamins.

Sharifian, F. 2017. *Advances in Cultural Linguistics*. Singapore: Springer.

Sharifian, F., Dirven, R., Yu, N., & Niemeier, S. 2008. *Culture, Body, and Language: Conceptualizations of Internal Body Organs across Cultures and Languages*. Berlin/ New York: Mouton de Gruyter.

Sharifian, F., & Palmer, G. B. 2007. *Applied Cultural Linguistics: Implications for Second Language Learning and Intercultural Communication*. Amsterdam/ Philadelphia: John Benjamins.

Talmy, L. 1977. Rubber sheet cognition in language. In Beach, W. A., Fox, S. E., & Philosoph, S. (eds.), *Papers from the Thirteenth Regional Meeting, Chicago Linguistic Society* (pp. 612—628). Chicago: Chicago Linguistic Society.

Talmy, L. 1978. The relation of grammar to cognition: A synopsis. In Waltz, D. (ed.), *Proceedings of TINLAP-2: Theoretical Issues in Natural Language Processing* (pp. 14—24). Urbana: University of Illinois Coordinated Science Laboratory.

Talmy, L. 1988a. The relation of grammar to cognition. In Rudzka-Ostyn, B. (ed.), *Topics in Cognitive Linguistics* (pp. 165—205). Amsterdam/Philadelphia: John Benjamins.

Talmy, L. 1988b. Force dynamics in language and cognition. *Cognitive Science*, 12(1): 49—100.

Talmy, L. 2000. *Toward a Cognitive Semantics* (Vol. I & Vol. II). Cambridge, MA.: The MIT Press.

Wen, X., & Yang, K. 2016. Systematicity and complexity of IDEA metaphors in Chinese. *Metaphor and Symbol*, 31(4): 230—249.

Yu, N. 1998. *The Contemporary Theory of Metaphor: A Perspective from Chinese*. Amsterdam/Philadelphia: John Benjamins.

Zhang, W. 2016. *Variation in Metonymy: Cross-linguistic, Historical and Lectal Perspectives*. Berlin/New York: Mouton de Gruyter.

陈嘉映. 2003. 语言哲学. 北京：北京大学出版社.

文旭. 2014. 语言的认知基础. 北京：科学出版社.

概念隐喻理论
（Conceptual Metaphor Theory）

1. 引言

概念隐喻理论是认知语言学的核心理论之一，其研究始于Reddy（1979）。Reddy（1979: 284－310）创造性地提出“管道隐喻”（Conduit Metaphor），认为交际过程可视为思维、观点沿管道传递的过程，即概念化具有隐喻性。概念隐喻理论正式形成的标志是Lakoff和Johnson（1980），之后Lakoff（1993）又对其进行了系统阐释。概念隐喻理论旨在揭示不同认知域之间的隐喻映射及隐喻映射关系对人类思维的作用（Croft & Cruse 2004: 194）。

认知语言学认为，隐喻是人类的基本认知方式，是人们谈论和思维抽象概念的认知工具。Lakoff和Johnson（1980: 3）认为：“隐喻渗透于日常生活，不但渗透在语言里，也渗透在思维和活动中。我们借以思维和行动的普通概念系统在本质上是隐喻的。”这样的隐喻被Lakoff和Johnson等称为概念隐喻。概念隐喻在英语中通常用大写字母表示，如LIFE IS A JOURNEY和HAPPY IS UP。这里的LIFE和HAPPY称为目标域（target domain），JOURNEY和UP称为始发域（source domain），IS被看作是“经验集的简化，隐喻以它为基础，我们根据它理解隐喻”（Lakoff & Johnson 1980: 20），即“经验基础”。因此，这三者之间的关系就是建立在经验基础之上的由始发域向目标域的映射。换言之，隐喻能使我们用较熟悉的、具体的概念去理解、思维和感知抽象的、难以直接理解的概念，其方式就是把始发域的结构映射到目标域上，这样的映射是在两个不同的认知域之间实现的，其基础就是经验。一个概念隐喻要涉及四个方面，可称之为四个基本要素：始发域、目标域、经验基础和映射。

2. 始发域和目标域

始发域和目标域是概念隐喻中最重要的两个基本要素。一般说来，始发域较具体，目标域较抽象。正如Lakoff（1987: 276）所言："一个域要充当隐喻的始发域，其理解必须独立于隐喻。"显然，要确定始发域和目标域，就需要区别两个概念：非隐喻概念和隐喻概念。如果一个概念是非隐喻的，那么这个概念就是由它本身建构的，并通过其自身被理解，而不是通过引入另一个完全不同的概念去建构它、理解它。例如，我们在认知狗的外形时，通常不是用另一个完全不同的概念域通过映射去认知它，因此我们对"狗"的部分概念化是非隐喻的，如狗有四条腿、会摇尾巴、会伸舌头。当然，我们也可以通过隐喻来认识这些非隐喻概念，如尾巴是狗的旗子，狗会摇旗向我们示意。但这并不能说明不通过非隐喻的手法我们就不能把狗的尾巴理解为狗尾巴。这是其一；其二，这样的理解也并非是常规化的、无意识的，"尾巴是旗"这个隐喻不是我们概念系统中对狗尾巴的常规隐喻概念。因此，从这个意义上说，狗尾巴的常规概念是非隐喻的。但是，当说狗"忠诚"时，我们是通过人的特征去认知狗的一个本能特征，是通过隐喻把狗的这个本能特征概念化为"忠诚"的。从这个意义上说，狗的部分概念是隐喻的。因此，一个概念在某些方面可能是通过隐喻来建构和理解的，而在另外的方面却不是。

那么，我们如何确定一个概念的哪些方面是隐喻的，哪些方面是非隐喻的，即一个概念在多大程度上是隐喻化的？对这个问题的认识具有非常重要的意义。虽然Lakoff本人并未讲得很清楚，但他认为以下几点可做参考：（1）空间概念，如“上/下”“前/后”“里/外”和“远/近”，比如“上”并不是一个单纯的动作，而是我们相对于地球引力的直立姿势的动作集合；（2）具体的、直接的经验是非隐喻的，例如树、石头、胳膊、腿；（3）常规理解的、日常的、身体的和社会的经验概念，例如离开、旅途、植物、火、睡觉、白天和黑夜、热和冷、财产、负担、地点，这些都可以充当隐喻的始发域。但这些概念中有的似乎不是特别具体，例如旅途有多种多样，为什么Lakoff说它是具体的，并且能充当始发域呢？ Lakoff和Johnson（1980: 45）做了如下说明：“一般说来，隐喻概念不是从具体的意象（例如飞、爬、走路等）来解释的，而是从属范畴来解释的（例如经过）。”Lakoff（1987: 46, 271）详细区分了基本层次概念（basic-level concepts）、上位层次概念（superordinate concepts）和下位层次概念（subordinate concepts）。例如：走、跑、吃、喝是基本层次概念，移动、摄取食物是上位层次概念，而溜达、品尝、呷是下位层次概念。总之，把概念隐喻的工作机制定位在上位层次，是与以Lakoff为代表的一些认知语言学家们所秉承的“概括的承诺”和“认知的承诺”相互一致的（Lakoff 1990；文旭 2001，2002）。

3. 经验基础

经验也是认知语言学中的一个重要概念。既然人脑的概念结构在本质上是隐喻的，那么，隐喻的经验基础就是人的认知基础。这个认知基础就是动觉意象图式。我们是以这样的认知模式去认知世界的，这也是Lakoff和Johnson体验哲学观的重要基础。动觉意象图式有很多种，都是基于身体经验的。这些意象图式有容器图式、部分—整体图式、系联图式、中心—边缘图式、来源—路径—目标图式、上—下图式、前—后图式、线型顺序图式等（Johnson 1987: 126; Lakoff 1987: 271—275）。例如，范畴是以容器图式理解的，等级是以上—下图式理解的，而关系是以系联图式理解的。这里，我们以容器图式为例予以说明。容器图式的经验基础是我们把自己的身体看成是一个容器以及置身于其他容器里（如在房间里）。身体这个容器有内、外和边缘。这样的隐喻称为"容器隐喻"，如概念隐喻"视野是容器"（VISUAL FIELDS ARE CONTAINERS）在英、汉语中就有很多的语言隐喻或隐喻表达式。例如：

The ship is coming into view.
I have him in sight.
He's out of sight now.
That's in the center of my field of vision.
她从我的视野中消失了。
他突然闯入了我的视线。
他在我的眼皮下跑掉了。

值得注意的是，以上提到的意象图式虽然都是以我们的身体、万有引力作用为基础的直接经验的结果，但这并不排除其中的文化因素。正如Lakoff和Johnson（1980: 57）所说："每一种经验都是在一个大的文化预设背景下发生的……更准确地说，所有的经验都完完全全是文化的，我们以这样的方式经验世界，以至于我们的文化已经在经验本身中体现了。"虽然每一种经验都涉及文化预设，但我们还是可以区分出身体经验与文化经验，它们之间的重要区别在于前者包含身体的成分较多，如"起立"，后者包含文化的成分较多，如"参加结婚仪式”。Lakoff在后来的研究中较少提及文化因素，大概就是基于以上论证。有人批评Lakoff的“体验哲学”不考虑文化因素，原因也许就在于未注意Lakoff最初对文化与经验的分析。

4. 映射

概念隐喻是从始发域向目标域的系统的、部分的、不对称的结构映射。这种映射通常有三种对应关系（Lakoff 1993）。

（1）本体对应（ontological correspondences）：映射是始发域与目标域实体间的一个固定的本体集对应。我们以概念隐喻“爱是旅程”为例：

“爱是旅程”映射：

a. 相爱的人对应旅行者；

b. 情爱对应交通工具；

c. 相爱的共同目标对应旅行的共同目的；

d. 困难对应旅行中的障碍。

（2）推理模式对应（inference pattern correspondences）：当（1）被激活时，映射能把始发域的推理模式投射到目标域的推理模式上。如上例，当旅途中出现障碍时，有以下几种选择：

a. 旅行者可以努力去克服困难，越过障碍；

b. 也可能留在原处，放弃旅行的目的地；

c. 可能放弃交通工具。

当然也可能还有其他多种选择，例如当旅行的场景（scenario）映射到目标域上时，就会有如下的选择：

a. 相爱的人可能努力去克服困难，越过障碍；

b. 也可能他们的关系就此停滞，放弃共同的人生目标；

c. 可能分手。

当然也可能还有多种选择，这就是我们理解“爱”的场景。

（3）推理模式间的开放性潜在对应（potential correspondences）：（1）和（2）是新隐喻（novel metaphors）产生和理解的基础，新隐喻是对常规隐喻的扩展应用，始发域中的本体和推理模式是开放性的，目标域也相应如此，因为概念隐喻有突出与掩盖的系统性（见下文），一旦掩盖的被激活，新隐喻就产生了。通过对许多概念隐喻的研究，Lakoff发现有以下四种映射形式。

（1）复合图式映射。如在“争论是战争”这个概念隐喻中，一个经验域的复合图式（战争）映射到另一个经验域的对应图式中（争论），每一个映射都涉及两个域中的多个实体以及实体之间的关系。简言之，复合图式映射就是把有关始发域的知识映射到目标域上。

（2）意象图式映射。意象图式就是那些在本质上是动觉的拓扑结构和方位结构，它们有足够的内部结构来接纳推论，例如上面提到的图式等。大部分的常规隐喻是意象图式的映射。

（3）一次性纯意象映射（one-shot rich-image mapping）。比如dunk一词有两个意思：（a）把（面包、饼等）在汤（饮料）中浸一浸，（b）扣篮。在（a）中有一个常规的意象，即把食物越过茶杯边放进杯中，在（b）中是手越过篮筐把球投入篮中。从（a）到（b）是一次性纯意象映射，因为这里没有概念间的系统映射。Lakoff在后来的研究中，把这种映射隐喻称为意象隐喻（Lakoff & Turner 1989; Lakoff 1993）。

（4）亚里士多德式的隐喻映射。这是古典隐喻文献（相对于认知理论）中引用最多的一类隐喻，如“亨利是猪”这种隐喻之所以产生，是因为始发域与目标域之间具有共同的特征。Lakoff和Turner（1989: 195）认为这是一种最让人烦的隐喻，但他们对这种隐喻的映射做了令人信服的分析。当然这四种隐喻映射并非孤立地起作用，相反，它们的结合却是更常见的。但不管它们是孤立出现还是结合出现，都可以归入两大范畴，即概念映射和意象映射，并遵循恒定原则，即始发域的意象图式结构映射到目标域上，其结构与目标域固有的结构是一致的。

5. 概念隐喻的分类

概念隐喻有常规隐喻（conventional metaphors）、死隐喻（dead metaphors）、新隐喻之分。常规隐喻指那些建构我们文化的普遍概念系统，并且反映在日常语言中的隐喻，它们才是我们真正赖以生存的隐喻。死隐喻是指那些特有的、孤立的、无系统性的隐喻表达式，如山脚、葱头和桌腿，它们虽是隐喻家族中的成员，但根本不与其他成员来往，更没有在我们的语言和思维中被系统地使用（虽然有的临时可以被激活）。因此，它们不是我们赖以生存的隐喻。新隐喻具有和常规隐喻一样的系统特征，如果一个新隐喻进入了我们的日常概念系统（有的也是一种必然趋势，正如胡壮麟先生（1997）指出："一代人的隐喻是另一代人的常规表达"），即成为了概念隐喻，它就会改变我们原有的概念系统及行动方式。因而新隐喻可以创造新现实，而不是对业已存在的现实进行概念化。所以Lakoff和Johnson（1980: 145）说："许多文化变迁归因于新隐喻概念的引进和旧隐喻概念的消亡。"并且，他们还举例说明，现在全世界范围的文化之所以西化，部分原因是由于"时间是金钱"这一概念隐喻的引进和推广。

根据概念隐喻功能的不同，Lakoff和Johnson（1980）把概念隐喻分为三类：结构隐喻（structural metaphor）、方位隐喻（orientational metaphor）和本体隐喻（ontological metaphor）。

结构隐喻是以一种概念的结构去构建另一种概念，其映射属于部分映射。因此，在通过始发域理解目标域时，必然会突出某个方面，而掩盖另外的方面。例如，在理解“争论是战争”这一概念隐喻时，当我们把注意力集中于激烈的争论时，就只会注意如何进攻对方，维护自己的观点，而忽视理智合作、战略战术等方面。又如，在英语中，关于语言的管道隐喻就有以下几种结构：

IDEAS (OR MEANINGS) ARE OBJECTS.（思想或意义是物体。）

LINGUISTIC EXPRESSIONS ARE CONTAINERS.（语言表达式是容器。）

COMMUNICATION IS SENDING.（信递是传送。）

说话人是将观点物体放在词语容器中，把它传送（通过管道）给听话人，听话人把观点物体从词语容器中取出来。从概念隐喻本身以及隐喻表达式上，我们几乎很难发现掩盖了什么。但当考察每个概念隐喻的蕴涵时，我们就会发现“思想或意义是物体”以及“语言表达式是容器”这样的概念隐喻都蕴涵着：词与句子本身有意义，不依赖语境和说话人。那么，关于语言的管道隐喻就突出了词与句子本身，而掩盖了语境的作用。概念隐喻同时具有突出与掩盖这一系统特征，使得隐喻在政治、经济、道德、军事等宣传方面具有特别重要的价值。

方位隐喻是以一个概念（空间方位）完整的系统去建构和组织另一个概念。这些空间方位概念有上－下、里－外、前－后、深－浅、中心－边缘等，特别是英语中的on－off在汉语中没有对应的词来翻译。如英语中的HAPPY IS UP（高兴是上），SAD IS DOWN（悲哀是下）；MORE IS UP（多是上），LESS IS DOWN（少是下）等，它们都是基于我们的身体经验，并且也受文化经验的影响。

由于方位隐喻是以空间方位来建构的，同一个始发域如UP是表示向上姿势的一个完整的图式。其中的向上方式、程度、位置等千差万别，所以，以UP为始发域的方位隐喻也多种多样，在几个或多个方位隐喻之间就可以构成连贯的系统，例如GOOD IS UP（好是上），HAPPY IS UP（高兴是上），HEALTH IS UP（健康是上），ALIVE IS UP（活着是上），CONTROL IS UP（控制是上）等就构成了一个系统，因为它们从不同的角度表现出了人类积极的、好的方面；反之，以DOWN为始发域的隐喻，也有一个系统描述人类消极的、不好的一面，例如BAD IS DOWN（坏是下），SAD IS DOWN（悲哀是下），SICKNESS AND DEATH ARE DOWN（病和死是下），BEING SUBJECT TO CONTROL OR FORCE IS DOWN（受到控制或承受力量是下）等。

方位隐喻是Lakoff等的重要发现，认知语言学的体验哲学思想（王寅 2002；文旭2002）以及Lakoff后来的研究大多是以空间方位的身体经验为出发点。后来Lakoff（1992）提出以SPACE（空间）这样一个概念作为最基本的始发域，来解释包括一些结构隐喻、本体隐喻等概念隐喻的映射原理。例如：

A PURPOSEFUL LIFE IS A JOURNEY（有目的的生活是旅程）
目标域：生活
始发域：空间
事件结构隐喻（the event structure metaphor）
目标域：事件
始发域：空间

本体隐喻可以分为两大类。把事件、活动、情感、思想等具有连续性质的、抽象的经验看作是不连续的、有统一形体的实体或物质的隐喻方式就是本体隐喻，如上文提到的容器隐喻就属本体隐喻。本体隐喻除具有上面结构隐喻的蕴涵、突出与掩盖等系统性之外，还表现在通过使用本体隐喻，我们能够对抽象的、连续性的经验实现指称、量化、识辨、调整目标和促起行动等多种多样的目的。例如：

INFLATION IS AN ENTITY（通货膨胀是实体）
Inflation is lowering our standard of living.（指称）
We need to combat inflation.（调整目标，促起行动）
Inflation is backing us into a corner.（识辨原因）
If there is much more inflation, we'll never survive.（量化）

如果进一步扩展，把上面本体隐喻中的实体理解为人，使之具有人所具有的动机、特征、目的等，这样的隐喻方式就是拟人化。拟人化本体隐喻的一个重要系统特征就是突出。例如，我们把上例拟人化后，就会有隐喻“通货膨胀是敌手”，这样就特别突出了通货膨胀能进攻我们、伤害我们等反动的一面，因而我们就会在政治、经济活动中采取相应的措施，如“发动一场反对通货膨胀的战争”“改善供需矛盾”等。在英语中，这样的隐喻表达式很多（Lakoff & Johnson 1980: 33）：

INFLATION IS AN ADVERSARY（通货膨胀是敌手）
Inflation has attacked the foundation of our economy.
Inflation has pinned us to the wall.
Our biggest enemy right now is inflation.
The dollar has been destroyed by inflation.

6. 系统性与连贯性

概念隐喻具有系统性和连贯性。其系统性体现在语言层和概念层。语言层上的系统性是指由一概念隐喻派生出来的多个隐喻表达式或语言隐喻是成系统的，这是因为经验具有完形感知结构，这个多维结构的整体（Lakoff & Johnson 1980: 81）使得隐喻内的映射具有系统的对应关系。概念层上的系统性具体体现为隐喻蕴涵（metaphorical entailment），可分两种情况：概念隐喻内部的系统性以及概念隐喻之间的系统性。概念隐喻内部的系统性是指，一个概念隐喻因为其始发域所具有的蕴涵，例如“争论是旅途”（AN ARGUMENT IS A JOURNEY）这一概念隐喻中，始发域“旅途”的蕴涵有道路，而道路就有（路）面，所以，目标域“争论”也同样蕴涵道路、（路）面，该隐喻的语言表达式也因之构成一个连贯的系统，并从几个侧面对该隐喻概念进行阐述。概念隐喻之间的系统性指的是不同概念隐喻可以通过蕴涵关系构成一个连贯的系统，如下图所示：

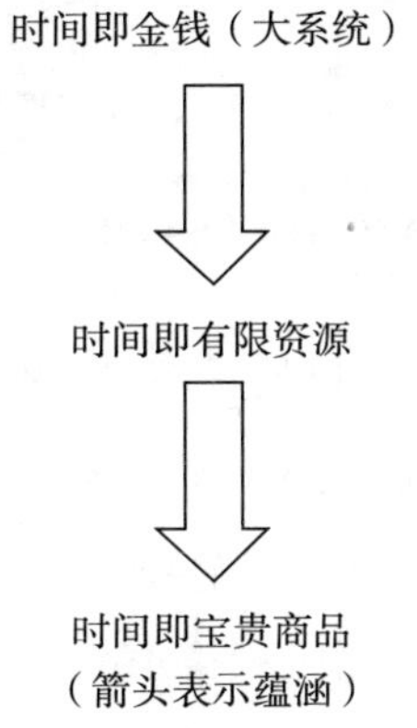

图1 概念隐喻中的蕴涵关系

概念隐喻的连贯性是指几个概念隐喻，通过它们共享的隐喻蕴涵，不但使这几个概念隐喻具有连贯性，也使它们的隐喻表达式具有连贯性。概念隐喻的连贯性有两种情况：同一目标域的两个概念隐喻之间的连贯和多个概念隐喻之间的连贯。

争论是容器（AN ARGUMENT IS A CONTAINER）和争论是旅途（AN ARGUMENT IS A JOURNEY）两个概念隐喻体现了同一目标域

的两个概念隐喻之间的连贯。在理想的情况下，容器的表面越大，容器中的内容就越多，映射到目标域上就是：随着争论的进展，争论面会越来越广，因而“争论是容器”隐喻蕴涵就有“当我们争论时，争论面会越来越广”。同样，在理想的状况下，随着旅途的进展，我们走过的路面也会越来越多，映射到目标域上就是：随着争论的进展，争论面会越来越广。因而可以得出“争论是旅途”具有和“争论是容器”相同的隐喻蕴涵，如下图所示：

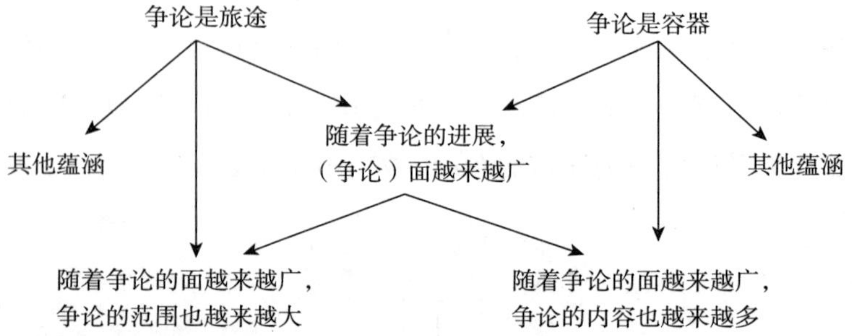

图2 “争论”隐喻的蕴涵（Lakoff & Johnson 1980: 89）

上述两个隐喻有不同的目的，容器隐喻主要突出所争论的内容，而旅途隐喻突出的是目标和进展。但正是由于共享的隐喻蕴涵，使这两个具有不同服务目的的概念隐喻构成了一个连贯的系统。体现在语言中，我们既有单独使用其中一个隐喻的，也有这两个概念隐喻重叠出现在同一个隐喻表达式中的句子。

多个概念隐喻之间的连贯可细分为目标域相同的概念隐喻之间的连贯和不同概念隐喻之间的连贯。前者如“争论是建筑物”“争论是容器”“争论是旅途”三者具有相同的目标域，且隐喻蕴涵也基本相同。但“争论是建筑物”与“争论是容器”“争论是旅途”的不同之处是，用于隐喻的建筑物的内容不是在建筑物内，而是在其外部构造和根基上。当然，同一目标域的几个概念隐喻，它们共享的隐喻蕴涵可能还会有其他方面，如“规定深度的面”（depth-defining surfaces）

等。那么，为什么它们会有共享的蕴涵呢？这其中最根本的原因就是：虽然它们的侧重点不同，突出的角度也不一样，但它们有共同的使用目的：更好、更全面地理解目标域。上述概念隐喻与“理解是看”（UNDERSTANDING IS SEEING）是否连贯呢？回答是肯定的。这体现了不同概念隐喻之间的连贯。当我们旅行时，随着旅途的进展，我们看到的就会逐渐增多，映射到目标域上就有：随着争论的进展，我们理解的越来越多。这就是“争论是旅途”与“理解是看”的连贯。同样，当看清了一个建筑物的形状、轮廓后，我们就弄清了“争论”的要点，这就说明“争论是建筑物”与“理解是看”是连贯的。当透过表面现象看清了实际内容后，我们就明白了“争论”的实质，这就说明“争论是容器”与“理解是看”也具有连贯性。概念隐喻的系统性和连贯性表明，隐喻之间是有规律可循的，这些有规可循的概念隐喻共同构成了概念化的一部分。

7. 发展趋势

概念隐喻理论自产生以来，就引起了包括语言学研究者在内的不同学科领域学者的关注。其研究不仅包括理论的纵深发展，还涵盖应用研究和跨学科研究。概念隐喻的应用研究体现在以下方面：（1）通过概念隐喻解释多义词的义项扩展（如Lakoff 1987; Talor 1995等）和不同构式之间的语义关系（如Langacker 1987; Goldberg 1995; Talor 1995; Ruiz de Mendoza 2007, 2016; Ruiz de Mendoza & Galera 2014; Ruiz de Mendoza & Mairal 2007, 2011; Ruiz de Mendoza & Luzondo 2012）；（2）概念隐喻在语篇建构中的重要作用（如Charteris-Black 2004； Musolff 2004, 2006; Koller 2004; Semino 2008; Zinken 2007）；（3）多模态语境中的概念隐喻（如Forceville 1996; Forcevill & Urios-

Aparisi 2009; Cienki & Muller 2008; Zbikowski 2002）；（4）概念隐喻的跨文化共性与差异（Kövecses 2005, 2010）以及概念隐喻在文学语言中的研究（Kövecses 2015）等。

概念隐喻的跨学科研究包括哲学、心理学和神经学等维度。概念隐喻哲学维度的研究如Lakoff和Johnson（1980）提出了把经验现实主义作为概念隐喻理论的哲学观，后来他们（Lakoff & Johnson 1999）提出了体验哲学的理论观，并指出构成思维模式的基础是隐喻结构，还重点论述了哲学理论本身所使用的隐喻。概念隐喻理论的心理学研究如Grady（2007）、Gibbs（1994）、Gentner（2001）等。他们运用心理学实验验证了概念隐喻的心理现实性。Lakoff和Johnson（1999）基于Johnson（1997）的合并理论、Grady（1997）的基本隐喻理论以及Narayanan（1997）关于隐喻的神经学研究，提出了概念隐喻的神经学理论。他们认为，构成基本隐喻的映射产生于人们大脑皮层中连接不同节点（分别与始发域和目标域概念相关）之间的神经网络，这些神经网络会在感知性概念和非感知性概念共现时而不断地自觉激活。这种效应即是儿童思维和语言中隐喻产生的根源。基本隐喻所关联的概念在经验中是紧密相连的，所以在它们被理解为两个独立的概念之前就已经作为一个整体而存在于人们的概念结构中。这类研究为概念隐喻的现实性提供了神经学的依据。

随着认知语言学及邻近学科的发展，概念隐喻研究也逐渐由原来的定性研究转向实证研究、由单一维度的研究到跨领域、跨学科的多维研究。这些研究为揭示隐喻的本质和概念隐喻的现实性提供了哲学、心理学、神经学等方面的趋同证据。概念隐喻存在的原因是什么？人为什么借助概念隐喻去认识世界和自己？概念隐喻具体是怎样潜在于人的经验中？概念隐喻理论普遍存在的原因是什么？人们为什么在表达时说A是B，而不说C是B？这一系列问题都亟待解决。

未来的概念隐喻研究应注重研究方法的多样化，使用跨学科的研究方法，利用实证主义的研究方法量化概念隐喻，以便对概念隐喻系统的描述更加科学。概念隐喻研究应继续寻求为证实概念隐喻实例（或相关隐喻性语言使用）与隐喻性思维之间的联系建立更加客观的标准。如何区分隐喻性语言和非隐喻性语言，如何使识别隐喻的标准具有可靠性和可重复性，这些都是未来概念隐喻研究的重要问题。

（编者：郑州大学/李雪；西南大学/文旭）

参考文献

Charteris-Black, J. 2004. *Corpus Approaches to Critical Metaphor Analysis*. Basingstoke/New York: Palgrave Macmillan.

Cienki, A., & Muller, C. 2008. *Metaphor and Gesture*. Amsterdam: John Benjamins.

Croft, W., & Cruse, D. 2004. *Cognitive Linguistics*. Cambridge: Cambridge University Press.

Forceville, C. 1996. *Pictorial Metaphor in Advertising*. London: Routledge.

Forceville, C., & Urios-Aparisi, E. (eds.). 2009. *Multimodal Metaphor*. Berlin/New York: Mouton de Gruyter.

Gentner, D. 2001. Spatial metaphors in temporal reasoning. In Gattis, M. (ed.), *Spatial Schemas and Abstract Thought* (pp. 203—222). Cambridge, MA: The MIT Press.

Gibbs, R. W., Jr. 1994. *The Poetics of Mind: Figurative Thought, Language, and Understanding*. New York: Cambridge University Press.

Goldberg. A. E. 1995. *Constructions: A Construction Grammar Approach to Argument Structure*. Chicago: The University of Chicago Press.

Grady, J. E. 1997. Foundations of meaning: Primary metaphors and primary scenes. Ph.D. dissertation. Berkeley: University of California.

Grady, J. E. 2007. Metaphor. In Geeraerts, D., & Cuycken, H. (eds.), *The Oxford Handbook of Cognitive Linguistics* (pp.188—213). Oxford: Oxford University Press.

Johnson, C. 1997. Metaphor vs. conflation in the acquisition of polysemy: The case of *see*. In Hiraga, M. K., Sinha, C., & Wilcox, S. (eds.), *Cultural, Psychological and Typological Issues in Cognitive Linguistics* (pp. 155—170). Amsterdam: John Benjamins.

Johnson, M. 1987. *The Body in the Mind: The Bodily Basis of Meaning, Imagination and Reason*. Chicago: The University of Chicago Press.

Koller, V. 2004. *Metaphor and Gender in Business Media Discourse: A Critical Cognitive Study*. Basingstoke, U.K.: Palgrave Macmillan.

Kövecses, Z. 2005. *Metaphor in Culture: Universality and Variation*. Cambridge: Cambridge University Press.

Kövecses, Z. 2010. *Metaphor: A Practical Introduction*. New York: Oxford University Press.

Kövecses, Z. 2015. *Where Metaphors Come from: Reconsidering Context in Metaphor*. Oxford: Oxford UP.

Lakoff, G. 1987. *Women, Fire, and Dangerous Things: What Categories Reveal about the Mind*. Chicago: The University of Chicago Press.

Lakoff, G. 1990. The invariance hypothesis: Is abstract reason based on image-schemas?. *Cognitive Linguistics*, 1(1): 39—74.

Lakoff, G. 1992. Multiple selves: The metaphorical models of the self inherent in our conceptual system. In a conference of the Mellon Colloquium on the self at the Emory Cognition Project, Emory University, May 1—2, 1992.

Lakoff, G. 1993. The contemporary theory of metaphor. In Ortony, A. (ed.), *Metaphor and Thought* (pp. 202—251). Cambridge: Cambridge University Press.

Lakoff, G., & Johnson, M. 1980. *Metaphors We Live By*. Chicago: The University of Chicago Press.

Lakoff, G., & Johnson, M. 1999. *Philosophy in the Flesh: The Embodied Mind and Its Challenge to Western Thought*. New York: Basic Books.

Lakoff, G., & Turner, M. 1989. *More than Cool Reason: A Field Guide to Poetic Metaphor*. Chicago: The University of Chicago Press.

Langacker, R. W. 1987. *Foundations of Cognitive Grammar (Vol. I): Theoretical Prerequisites*. Stanford: Stanford University Press.

Musolff, A. 2004. *Metaphor and Political Discourse: Analogical Reasoning in Debates about Europe*. Basingstoke, U.K.: Palgrave Macmillan.

Musolff, A. 2006. Metaphor scenarios in public discourse. *Metaphor and Symbol*, 21(1): 23—38.

Narayanan, S. 1997. Embodiment in language understanding: Sensory-Motor representations for metaphoric reasoning about event descriptions. Ph.D. dissertation. Berkeley: University of California.

Reddy, M. 1979. The Conduit Metaphor. In Ortony, A. (ed.), *Metaphor and Thought* (pp. 284—310). Cambridge: Cambridge University Press.

Ruiz de Mendoza, F. 2007. High level cognitive models: In search of a unified framework for inferential and gramatical behavior. In Kosecki, K. (ed.), *Perspectives on Metonymy* (pp. 11—30). Frankfurt: Peter Lang.

Ruiz de Mendoza, F. 2016. Figurative and non-figurative motion in the expression of result in English. *Language and Cognition*, 8: 32—58.

Ruiz de Mendoza, F., & Galera, A. 2014. *Cognitive Modeling: A Linguistic Perspective*. Amsterdam/Philadelphia: John Benjamins.

Ruiz de Mendoza, F., & Luzondo, A. 2012. Lexical-constructional subsumption in resultative constructions in English. In Brdar, M., Raffaelli, I., & Fuchs, M. Ž. (eds.), *Cognitive Linguistics Between Universality and Variation* (pp. 117—136). Newcastle upon Tyne: Cambridge Scholars Publishing.

Ruiz de Mendoza, F., & Mairal, R. 2007. High-level metaphor and metonymy in meaning construction. In Radden, G., & Köpcke, K. M. (eds.), *Aspects of Meaning Construction in Lexicon and Grammar* (pp. 33—49). Amsterdam/Philadelphia: John Benjamins.

Ruiz de Mendoza, F., & Mairal, R. 2011. Constraints on syntactic alternation: lexical-constructional subsumption in the Lexical Constructional Model. In Guerrero, P. (ed.), *Morphosyntactic Alternations in English: Functional and Cognitive Perspectives* (pp. 62—82). London/Oakville, CT: Equinox.

Semino, E. 2008. *Metaphor in Discourse*. Cambridge: Cambridge University Press.

Talor, J. 1995. *Linguistic Categorization: Prototypes in Linguistic Theory*. Oxford: Clarendon Press.

Zbikowski, L. M. 2002. *Conceptualizing Music: Cognitive Structure, Theory, and Analysis*. New York: Oxford University Press.

Zinken, J. 2007. Discourse metaphors: The link between figurative language and habitual analogies. *Cognitive Linguistics*, 18(3): 445—466.

胡壮麟. 1997. 语言・认知・隐喻. 现代外语，（4）：50—57.

王寅. 2002. Lakoff和Johnson的体验哲学. 当代语言学，（2）：144—151.

文旭. 2001. 认知语言学：诠释与思考. 外国语，（2）：29—36.

文旭. 2002. 认知语言学的研究目标、原则和方法. 外语教学与研究，（2）：90—97.

概念整合理论
（Conceptual Integration Theory）

1. 引言

概念整合理论，又称概念合成理论（Conceptual Blending Theory），是在概念隐喻理论（Conceptual Metaphor Theory）和心理空间理论（Mental Spaces Theory）的基础上发展起来的，为研究语言运用背后的认知活动构建了统一的理论框架。Lakoff和Johnson（1980）所著《我们赖以生存的隐喻》一书引发了语言研究中认知论和方法论的一场革命，认知语言学作为语言学研究的一种重要方法开始受到广泛重视。在概念隐喻理论的影响下，Fauconnier于1985年在其著作《心理空间：自然语言意义建构面面观》中第一次提出并较为系统地阐释了心理空间理论，从而开启了研究人类思维组织和意义在线构建与理解的新思路。20世纪90年代，随着Fauconnier和Sweetser（1996）、Fauconnier和Turner（1996, 1998）等一系列成果的出现，尤其是Fauconnier（1997）的著作《思维和语言中的映现》的出版，标志着心理空间理论完成了向概念整合理论的发展。在该书中，Fauconnier正式提出概念整合理论，并进一步拓展了心理空间理论研究的范式，而Fauconnier和Turner（2002）在《我们思维的方式——概念整合与思维的隐含复杂性》中全面论述了概念整合的内部结构、运作机制和指导原则等。至此，概念整合理论逐步走向成熟。在此过程中，Fauconnier及其同事们不断对该理论进行修补完善，使其发展成一套颇具解释力的理论体系，进而为揭示人类表层的思维能力背后所隐藏的更深层次的认知模式和规律做出了不懈的努力，最终使得心理空间及概念整合理论真正成为当今认知语言学领域重要的研究范式之一。

2. 主要思想

概念整合理论主要是源于对概念隐喻理论解释力不足的基础上发展而来。概念隐喻理论是Lakoff和Johnson（1980）在《我们赖以生存的隐喻》一书中提出的。隐喻渗透于日常生活的方方面面，隐喻不仅是语言问题，更是思维方式和认知手段。我们借以思维和行动的普遍概念系统在本质上都是隐喻的（Lakoff & Johnson 1980: 3；文旭 2014：53）。隐喻是从一个具体的概念域，即始发域（source domain），向一个抽象的概念域即目标域（target domain）的系统映射。刘正光（2002）认为Lakoff和Johnson把隐喻研究从传统修辞研究的桎梏中解放出来，在语言学界掀起了一场革命，促进了认知语言学的发展。概念隐喻理论不仅在认知语言学界而且在认知科学领域和哲学界都产生了重大影响。然而，随着研究的不断发展和深入，概念隐喻理论逐渐暴露出理论缺陷和解释力不足等问题，如对一些映射现象，始发域和目标域的双域解释模式看似合理，实则牵强。例如：

（1）那个外科医生是个屠夫。

从表面上看，例（1）中是从始发域（屠宰）向目标域（治疗）的映射，有一系列相互对应的映射："屠夫"对应"外科大夫"，"屠宰刀"对应"手术刀"，"动物"对应"病人"，"肢解"对应"手术"。

如图1所示：

始发域：屠宰	映射	目标域：治疗
屠夫	→	外科医生
屠宰刀	→	手术刀
动物	→	病人
肢解	→	手术

图1　概念隐喻映射图（改编自Evans & Green 2006: 402）

但是概念隐喻理论的这种映射模式无法解释说话人想要表达的真正含义：这个外科大夫不称职。尽管屠宰是一种专业化行为，我们可以把“外科医生”概念化为“屠夫”，但是“不称职的医生”的负面评价意义并不能从始发域到目标域的映射中直接得出。概念隐喻理论对这个问题束手无策，而概念整合理论则可以做出更好的阐释（详情见下文），该理论正是在这样的背景下诞生的。

此外，概念整合理论是在心理空间理论的基础上发展起来的。Fauconnier和Turner（1996: 113）把心理空间定义为“人们在思考或交谈时，为了达到局部理解与行动目的而建构的概念包”，即心理空间把意义划分成为不同的概念区域。心理空间是人们在言语交际过程中建立起来的、临时性的、实时在线的动态概念，是人们在思考或谈论已知、想象、过去、现在或将来情境时构建起来的部分的、暂时性的表征结构。心理空间的建立依赖于更广泛、更固定的知识框架（Grady et al. 1999）。

Fauconnier和Turner（1998）指出概念整合理论是探索意义构建中信息整合的理论框架，涉及心理空间网络动态认知模型合并的运作过程，其核心思想是将概念整合看作人类一种基本的、普遍的认知方式，涉及人们日常生活、学习、工作等各个方面。概念整合网络是概念整合进行的虚拟场所，即说话人为了实现交流过程中对话语意义的构建和理解，而整合各种信息和背景知识构建起来的心理空间网络。Fauconnier和Turner（2002: 48）认为典型的概念整合网络包含四个基本空间：输入空间1（Input 1）、输入空间2（Input 2）、类属空间（Generic Space）和整合空间（Blend），以及一个在整合空间里新建的新创结构（Emergent Structure）。

在概念整合这个动态过程中，两个输入空间Input 1和Input 2进行跨空间映射（Cross-space Mapping）获取部分相应匹配，匹配得以成功的原因在于两个输入空间具有共享的图式结构，该图式结构投射到第三个新的空间，即类属空间；同时，两个输入空间有选择性地投射到第四个空间，即整合空间。整合空间的信息和结构并非两个输入空间的简单相加，而是在经过组合（composition）、完善（completion）和扩展（elaboration）这三个相互关联的认知操作过程之后产生了新创结构。两个输入空间、类属空间及整合空间通过投射链彼此连接，形成一个完整的概念整合网络。如图2所示：

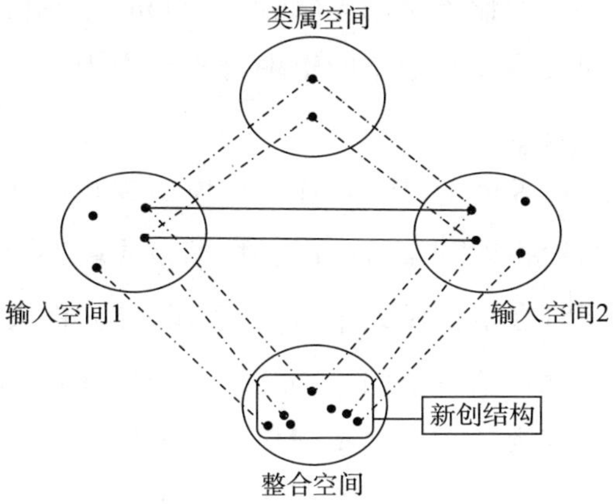

图2　概念整合网络基本示意图（改编自Fauconnier 1997: 151）

整合两个输入空间Input 1和Input 2需要满足以下四个主要条件：

跨空间映射：输入空间Input 1和Input 2之间对等成分的部分映射。

类属空间：该空间映射到任何一个输入空间，反映的是输入空间共同的、更为抽象的共享结构和组织，并决定空间映射的核心部分。

整合空间：输入空间Input 1和Input 2被部分地投射到第四个空间，即整合空间。

新创结构：认知运作主要在整合空间的新创结构中进行，整合空间自身的新创结构并非由输入空间直接提供，而是一个其他空间都没有的新生结构，它是概念整合的核心部分，也是概念整合创造性的集中体现。

Fauconnier和Turner（2002）指出在概念整合过程中，作为核心部分的新创结构的产生是通过以下三个认知操作步骤实现的：组合、完善和扩展。Fauconnier和Turner（1998: 144; 2002: 48—49）对组合、完善和扩展进行了说明，详述如下：

组合：将输入空间的投射元素组合在一起，产生新的关系，这种关系不存在于任何输入空间。融合（fusion）是组合的一种方式，使得对应成分和关系在整合空间里融合起来作为各自独立的成分而存在。

完善：运用背景框架、认知和文化模型等知识把来自于两个输入空间的组合结构投射到整合空间，根据格式塔完形心理，我们在看到框架的部分时会根据模式来自动完善和补充框架中未显示出来的信息，并一起带入整合空间。“完善”促使空间的整合得以实现，从而使整合空间变为“特定熟悉框架”的范例。完善是承上启下的关键步骤。

扩展：整合空间可以根据其自身的新创逻辑和原则对组合后的结构进行认知扩展加工，这种加工是一种“连续整合”，包括整合中的认知行为。

整合空间内部新建的结构并非来自概念整合网络的任一输入空

间，而是将两个输入空间的信息结构进行组合、完善和扩展之后形成的新创结构。

然而，以上所述的组合、完善和扩展这三种认知操作步骤只是概念整合运行机制的基本要素，掌握了这三个基本要素并非就掌握了概念整合运行机制的全部。心理空间之间存在成分和结构的对应性关系，即关键关系（vital relations），这种关系能使人类思维变得有效且具有创造性。这种有效性和创造性最重要的一方面是人们能通过整合进行压缩（compression）。压缩是将心理空间内部或空间之间的成分或关系合并或融合的一种认知操作，压缩与融合集中体现了概念整合中的新创性，而对于整合空间和心理空间之间关键关系的分析则成为概念整合理解的核心。这种关键关系主要有：变化、等同性（identity）、时间、空间、因果（cause-effect）、部分－整体（part-whole）、表征（representation）、角色（role）、类比（analogy）、反类比（disanalogy）、意图（intentionality）等。现详述如下：

变化是将一个（或一组）成分与另一个（或一组）成分连接起来的关系，由于心理空间是动态的，所以当我们感知动作或性质变化时，都能发现心理空间内关系的变化。

等同性是最基本的一种关键关系，它是经过想象在心理空间中建立或分解的事物，这些事物在现实世界中不一定存在。人们可以在想象中将一个人的幼年、少年和成年阶段当成同一个人，而忽略其在生理或心理上的不同。人们还可以将这些等同性与变化、时间、因果等关系联系起来，所以心理空间中等同性的建立可以不考虑事物的同一性或输入空间中的一对一关系。

时间和空间关系是与记忆、变化、连续性、同时性及非同时性相关的核心关系，整合可以经常进行跨时间和跨空间的压缩。

因果是进行整合操作步骤非常重要的关系，人们既能将分散的事件合并，建立一个整体的理解，也能将一个复杂的事件分解为若干小事件，理解事件的因果关系。

部分—整体关系也能建立实体或事件之间的联系。例如，说话人拿着一张面部照片说“这是我女儿京京”。这其实是以部分代替整体的转喻现象，说话人通过照片上人的面部长相来辨别这个人。以整合空间的视角来观察，可以对转喻如何运行做出更清楚的解释。本例的转喻包含两个输入空间，即“京京”和“面部”。部分—整体的关键关系把两个输入空间中的成分作为对应成分。在整合空间中，“部分—整体”关系被压缩成为“等同性”关系。

表征关系是人们根据事物之间相同、相似或相关的关系，用某一实体或事件来表征另一实体或事件。输入空间中不同的事物，在整合空间中根据表征连接可以整合成为同一事物。

角色是一种把角色与价值联系起来的关键关系。压缩“角色—价值”外部空间关系，也能在整合空间中得到“等同性”。例如，“国王”的角色和“亨利”的价值。在整合空间中，压缩产生了“等同性”，角色和价值也产生了可被称为“亨利国王”的单一实体。

类比（analogy）是通过上述“角色—价值”压缩而建立起来的关键关系。如在“巴黎游客说：成都与我的家乡很像”这个例句中，有两个分属于不同整合网络的整合空间已经预先存在。其中一个整合空间包含了“省会”这一角色和“成都”这一价值；另一个整合空间包含了“首都”这一角色和“巴黎”这一价值。两个整合空间都通过与四川省会和法国首都相关的同一框架建构起来。跨越了来自不同整合网络中的两个整合空间，通过对角色—价值关键关系进行压缩，从而在巴黎和成都之间建立起类比关键关系。因此，可以说“类比”是存在于不同整合网络的两个整合空间之间的外部空间关键关系。

反类比建立在类比基础之上，当人们在关注不同事物间相似点的同时，也会注意到两者之间的不同点，所以反类比通常被压缩成变化关系。

意图同样是一种重要关系，人们说话、行为和思考都带有特定的意图。

关键关系连接输入空间之间的对应性成分和结构，建立起外在空间关键关系（Outer-space vital relations），再通过压缩这些关系之后又建立起整合空间内部的内在空间关键关系（Inner-space vital relations）。压缩是人们理解和认知世界的重要途径之一，人们通过对关键关系的压缩来构建意义。概念整合需要对输入空间的各种关键关系的压缩来进行意义构建。整合就是一个最好的压缩工具。有些关键关系如变化、时间、空间、因果、部分－整体和意图关系形成一个中间有间隔点的链条。关系压缩可以选取关系链条中的一个或几个节点，通过压缩来代表整个关系。由于输入空间的关系并非都能投射到整合空间中，这种投射是有选择性的，所以输入空间的各种关系之间又存在相互竞争。其竞争的结果通常有两种：存在竞争关系的两种成分只有一种被投射到整合空间里；这两种成分作为不同实体都被投射到整合空间中。因此，概念整合是一种通过关键关系的压缩，产生新创结构进而建构意义的基本认知操作过程。

Gibbs（2001）曾经批判概念整合没有解释其具体的限制原则，从而导致其成为一切皆为整合的理论。为解决这一问题，Fauconnier 和 Turner（1998）提出在概念整合的具体过程中，除了要遵循上述的跨空间映射、选择性映射、建立类属空间、建立整合空间、发展新创结构等原则之外，还需要受到五条优选原则（Optimality Principles）的限制：整合原则（Integration Principle）、拓扑原则（Topology Principle）、网络原则（Web Principle）、拆解原则（Unpacking Principle）和理据原则（Good Reason Principle）。

Fauconnier 和 Turner（2002）在这五条优选原则基础上对整合原则进行修订补充，进一步弥补了概念整合的“无法预测性”和“万能理论”的缺陷。他们区分了整合原则的组成原则（Constitutive Principles）和指导原则（Governing Principles），并提出概念整合的总原则，即人文尺度原则（Human-scale Principles）。组成原则限制整合的基本过程，而指导原则对整合的具体内容进行更为详尽的限制，它是描述新创结构的优选策略。除了以上五条优选原则之外，他们还增补了三条原则，分别为模式完善原则（Pattern Completion）、重要关系最大化原则（Maximization of Vital Relations Principle）和关联原则（Relevance Principle），详述如下：

整合原则是指这个整合必须由通过严格整合得到的、能作为一个单位被运作的场景构成。

拓扑原则是指投射到复合空间里的成分要与输入空间里的对应成分相匹配，即输入空间中的元素所参与的各种关系，在整合空间中的各对应元素也应该同样适用。

网络原则是指整合空间和输入空间应保持紧密联系，这样某输入空间中的事件才能在整合空间中找到自己的对应成分。各空间中的元素之间都有着对应关系，并非任意取舍。

拆解原则是指理解了整合空间，应该就能拆解合成，理解者能解包或者说是重建这个整合，重构输入空间、跨空间映射、类属空间及其相互之间的连接网络。

理据原则是指整合空间所出现的各个元素都应具备存在的充分理由，即与其他空间要有相关的连接并在运行复合空间时有相关的功能。

模式完善原则是指在其他成分相同的情况下，整合空间中完善的成分能被结构化为合并模式中的成分。

重要关系最大化原则将整合网络中的重要关系丰富细化，使得重要关系最大化。

关联原则指强化整合空间的结构、输入空间之间的总体连接及已经具有的重要关系。

以上八条优选原则是处理自然语言、建立有效概念结构和构建积极话语意义的有力机制。正是有了这种机制，许多框架结构才能跨越心理空间进行有效组合。根据这些指导原则，我们就可以对各种概念进行整合，从而构建起合理的概念整合网络。

Fauconnier和Turner（1998）指出概念整合网络是概念整合进行的场所，由两个域或多个域的信息输入空间、抽象结构类属空间和整合空间构成。从心理空间组织框架的角度，基本概念整合网络可分为以下四种：简单型网络（Simplex Networks）、镜像型网络（Mirror Networks）、单域型网络（Single-scope Networks）和双域型网络（Double-scope Networks）。下面我们将结合例句详细介绍这四种基本整合网络。

（1）简单型网络。简单型网络，顾名思义是指最简单的一类概念整合网络。在其两个输入空间中，一个包含了缺乏框架结构的元素，而另一个则包含特定的框架结构及其相应的角色。在经过跨空间映射之后，元素与框架结构内的角色进行相互匹配，从而形成最简单的一种概念整合网络。它之所以能成为一个整合网络是因为它生成了一个整合空间，而这个整合空间所包含的结构并非来自于任何一个输入空间。例如：

（2）成成是静怡的儿子。

如图3所示，在例（2）中，输入空间1包含一个“家庭”的框架结构，有“母亲”“儿子”两个角色和抽象的母子关系；输入空间2包含两个相对独立的元素，即“成成”和“静怡”，不存在完整的框架结构。两个输入空间中的“儿子”和“成成”、“母亲”和“静怡”之间形成了一一对应的映射关系，而作为跨空间映射动因的类属空间包含了“女性”和“男性”两个成分，这些成分识别出两个输入空间

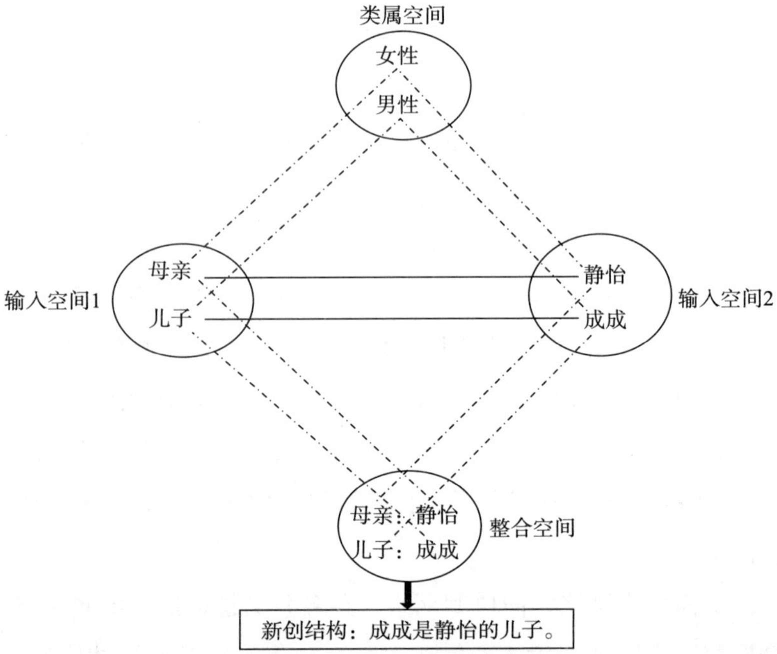

图3　简单型网络示意图（改编自Fauconnier & Turner 2002: 121）

中潜在的一一对应成分。根据上述概念整合的运作机制，概念整合在进行组合、完善及扩展这一系列认知操作之后，整合网络把“角色—价值”外部空间关系压缩成为整合空间中的“等同性”关系，因此“成成”是“儿子”，“静怡”是“母亲”，从而投射到整合空间中。在选择性投射过程中，由于输入空间2仅包含元素，不具有框架结构，因此它和具备完整框架结构的输入空间1之间不存在任何竞争关系，直接将“成成”“静怡”填入“家庭”框架结构中的母子关系中，最终构建出“成成是静怡的儿子”的话语意义。

（2）镜像型网络。镜像型网络是指在该整合网络中所有的空间（包括两个输入空间、类属空间及整合空间）都共享一个框架结构。由于在该类型网络的选择性投射过程中，所有空间的框架结构都是相同的，所以两个输入空间之间不存在竞争关系。例如：

（3）我与孔子的一次对话。

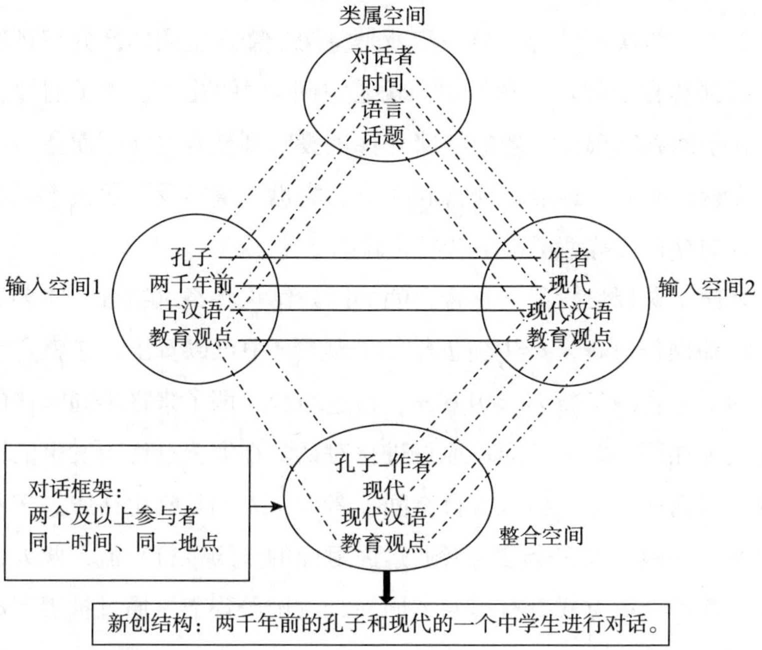

图4　镜像型网络示意图（改编自Fauconnier & Turner 2002: 62）

例（3）是成都市树德中学外国语学校国际部的一个作文题目，要求学生以想象两千多年前的大教育家孔子来到学校与学生进行面对面的交谈为话题写一篇文章。在本例中，如图4所示，该网络中的所有空间都包含了一个相同的"对话框架"。整合空间中还有与"对话框架"相联系的附加图式。首先，整合网络中的两个输入空间分别是：输入空间1包含两千多年前的孔子与人交谈，输入空间2包含现代的中学生与人交谈。类属空间图式结构中包含面对面交谈的信息，从而引起了两个输入空间之间发生信息匹配以及跨空间映射。在概念整合过程中产生了对比：两千多年前的孔子与人交谈和现代学生与人交谈一问一答的情形。当然，在现实生活中没有人真的认为这两位来自不同时代的人会实现时空穿越进行面对面的交谈。然而，在通过概念整合对上述两种交谈情形的对比和融合之后，可以建构出一个整合的空间。

首先，为实现整合，第一步就是将两个输入空间的部分信息选择性投射到整合空间。在本例中，输入空间1中的孔子、孔子的教育理念、孔子回答其弟子问题的情绪等会被投射到整合空间，而孔子与其弟子交谈的时间、地点、语言和孔子已去世的事实及孔子根本无法预知作者的存在等等情况都不会发生映射。

其次，选择性投射到整合空间的图式结构将经过组合、完善和扩展的认知操作过程来产生新创结构。从图4中可以看出，在整合空间圆圈的下方增加了新创结构方框。通过组合，两个来自不同时代的人得以实现在同一时间、同一地点进行对话。在完善过程中发生的图式归纳将对话这个概念引入整合空间，激发了人们日常生活中关于对话的框架，即两个或多个参与者通过面对面的方式进行交流，两人进行一问一答的交流方式，有提问、回答、讨论等环节。通过扩展，新创结构得到了进一步的细化。此时，在新创结构中，经过整合，该对话框架通过学生当面向孔子提出问题，而孔子在现场为该学生提供解答等等来运行，该对话具有相应的时效性、互动性和知识性等特征。至此，“两千多年前的孔子与一个现代学生之间对话”的意义构建得以完成。

（3）单域型网络。由上述分析可知，简单型网络只有一个输入空间包含框架，且该框架可以直接投射到整合空间中，而另一个输入空间不包含任何框架。在镜像型网络中，所有空间共享一个相同的框架。而在单域型网络中，两个输入空间都含有自己的框架，各不相同，且只有一个输入空间的框架能够投射到整合空间中，并构建起整合空间的框架。例如：

（4）华为P10一记重拳，小米MIX应声倒地。

如图5所示，在例（4）的网络框架中，输入空间1是两个拳击手之间的比赛，第一个拳击手把第二个打倒在地。在输入空间2中是两个商业对手之间的竞争，即“华为P10和小米MIX”，华为P10抢占了市场份额，击败小米MIX。在整合空间中，华为P10和小米MIX是“拳击手”，华为P10将其对手小米MIX击倒在地。这种网络类型的不同之处在于只有一个框架（本例中的“拳击”框架，而不是“商业”框架）投射到整合空间用来构建整合空间的框架。简言之，即输入空间1引入拳击手的角色框架，而输入空间2提供相关要素，包括华为P10和小米MIX的价值。

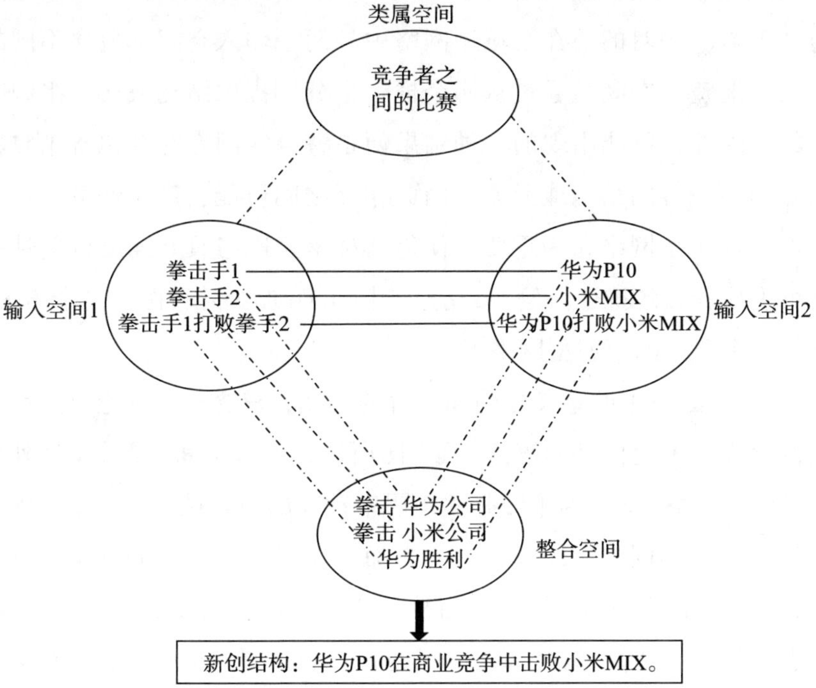

图5　单域型网络示意图（改编自Fauconnier & Turner 2002: 128）

单域型网络的一个重要功能是利用输入空间1中预先存在的关系压缩，重新整合输入空间2的分散结构。输入空间1本身就是包含一系列内在空间关键关系的整合工具，例如时空压缩、身份压缩（如拳击手包括职业拳击手和业余拳击手，因身份相同催生了拳击手这个角色）。这些关键关系共同作用，被压缩成“拳击”框架。在单域型网络中，预先存在的整合空间发挥框架输入功能，输入空间1的内在空间关系包括两个拳击手、一个拳击场地、比赛时间、拳击规则等。这种内在空间关系被投射到整合空间后，将整合输入空间2里被投射的商业竞争活动，并构建一种全新的结构，即华为P10和小米MIX的商业竞争关系空间。

（4）双域型网络。Fauconnier和Turner认为，概念整合网络，尤其是双域概念整合网络是人类必不可少的认知工具，“双域”是与“单域”相对的。在双域型网络中，两个输入空间都包含不同的框架，但整合空间是通过从两个框架中分别提取结构或元素组织起来的。因此，可能出现的一种结果便是整合空间有时会包含来自输入空间不兼容的结构或元素，因此相互之间可能会产生冲突。这一特点对双域型网络尤为重要，使得这种整合网络具有高度创新性并且可生成新颖的推论。例如，前文例（1）“那个外科医生是个屠夫”就是一个典型的双域型网络。

对于例（1）的意义建构和理解的问题，概念整合理论可以作出比概念隐喻理论更好的解读。如图6所示，输入空间1是关于做外科手术的概念域，输入空间2是关于屠宰动物的概念域。这两个输入空间有着各自不同的组织框架：一方面是屠宰工作场景的框架（有屠夫、动物、工具等），另一方面是外科手术的框架（有医生、病人、手术室等）。同时，两个输入空间拥有一些相同的结构并表征在类属空间里：施事、受事、工具、工作场所和工作程序等。而整合空间则是从两个输入空间选择性地提取了部分结构或元素，如整合空间的框架从屠宰工作框架中提取成分，如屠夫、屠杀动物、肢解尸体等，并从外科手术框架中提取成分，如病人、手术室、做手术等，然后整合

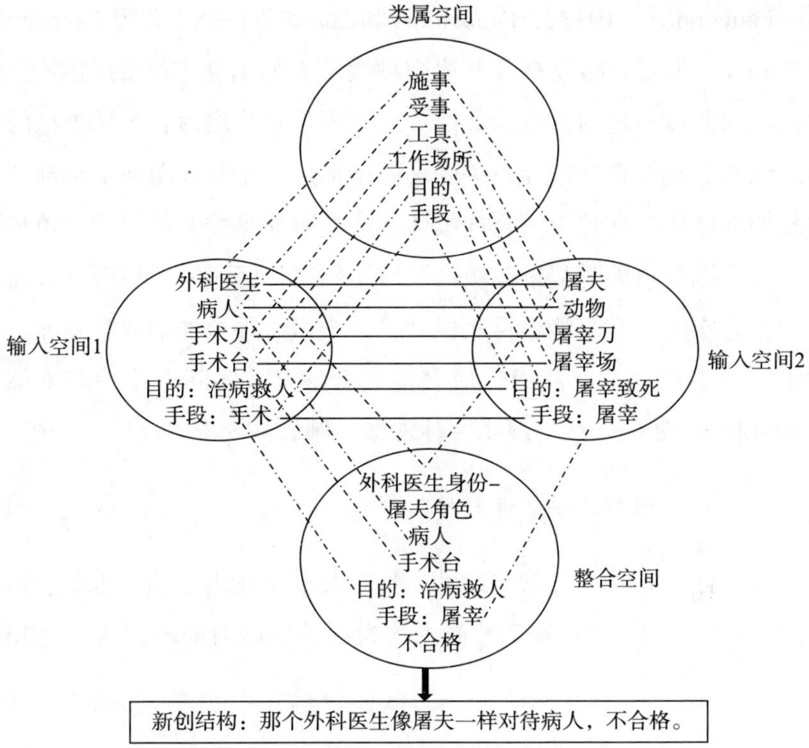

图6　双域型网络示意图（改编自Evans & Green 2006: 406）

空间的各元素相互作用形成了新创结构。在整合空间中，不管两个框架及其各自元素怎样相互冲突，最终都能以与其相容的方式对整合活动做出贡献。如从输入空间1投射来的目的—手段—结果关系和输入空间2的目的—手段—结果关系并不相容。在输入空间1里，目的是治病救人，手段是用手术刀对患者进行外科手术以使其康复；而在输入空间2中，目的是屠宰动物，手段是用屠宰刀对动物进行屠宰以致其死亡。在整合空间里，屠宰致死和手术治疗两者各自的目的、手段、结果之间不协调且发生冲突，由此让人们意识到让一个屠夫给病人做手术，是草菅人命，无法达到治病救人的目的，从而建构起“那个外科医生像屠夫宰杀动物一样对待病人，无法达到治愈目的，因此是一名不合格的医生”的意义。

Fauconnier（1997）、Fauconnier和Turner（1998）以及Fauconnier和Turner（2002）都曾提及上述四种为概念整合最基本的网络类型，它们之间并没有绝对清晰的界线。经过概念整合之后，各种类型的网络之间并非绝对孤立或互不关联，而是形成一个从简单向复杂渐变或共现的连续体。在这个整合连续体的一端可能是非常简单的简单型网络，另一端有可能是复杂高级的双域型网络。经过一次概念整合而形成的整合空间，有可能会再次成为另一个概念整合的输入空间而进一步被整合、再整合，从而形成多重概念整合，实际上这种多重整合（multiple blending）的情况是一种常态。例如：

（5）死神是手拿镰刀的收割者。

这在西方是一个非常传统的、具有典型文化内涵的多重概念整合模式。在该句中，“死神”被概念化为“手拿镰刀的收割者”。如图7

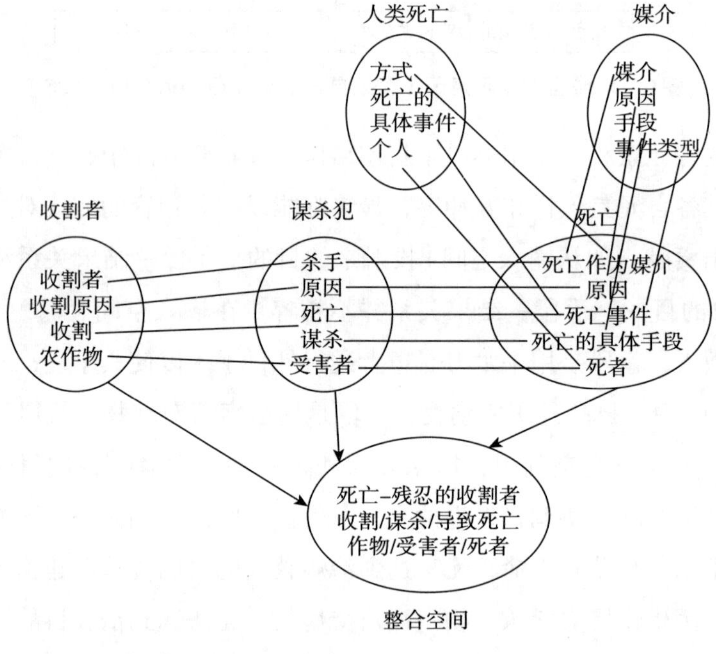

图7　多重整合示意图（改编自Fauconnier & Turner 2002: 292）

所示，这个整合源于一个包括三个输入空间的整合网络，其中一个输入空间本身就是一个整合空间，包含了两个先前的输入空间。在西方，自中世纪起死神就被人们表征为手持镰刀头戴头巾的骷髅形象。最后，“死神是手拿镰刀的收割者”的这一意义在通过多重概念整合之后得以构建。

3. 发展趋势

概念整合理论借鉴并吸收了多个学科的理论研究成果，如语言、认知、心理和神经科学等。经过二十多年的发展，该理论日趋成熟，成为认知语言学的重要理论之一。王文斌（2004）认为概念整合理论在语言、文学、文化、艺术、绘画、数学、宗教仪式、神经科学、计算机科学等诸多方面显示出强大的阐释力，国内很多专家学者也将该理论用来分析各种语言及非语言现象，如汉语造句、情绪表达、广告语、移动非受格构式、译者主体性建构、英汉虚拟运动表达、情感话语、翻译研究、空间隐喻等（沈家煊 2006；赵永峰 2013；文旭、段红 2014；张辉、卞京 2015；李书卿、张艳 2017；张跃伟 2018；刘瑾、段红 2019；王寅 2020；陈红琳 2021）。该理论为我们认识言语解读过程中在线意义的构建提供了很好的理论视角，但若要真正成为一种揭示言语解读认知机制的普遍性规律，还有一段长路要走。同样，概念整合理论并非唯一需要证伪的理论，成熟的理论应该解释足量的具体语言事实，对理论预测进行验证。遗憾的是该理论的一些基本原则还未得到明晰的表述，实例分析所涉及的原则还有待进一步细化。实践是检验真理的唯一标准，概念整合理论假设的可证伪性、理论解释充分性和可操作性等都还有待检验（刘正光 2002：12）。文旭（2017：580）指出概念整合理论目前所面临的最大挑战之一就是未能从根本上解决新创结构的语义增值问题。因此，概念整合理论还存在很大的可挖掘空间，值得国内外专家学者继续探究。

（编者：西南石油大学 / 张韬）

参考文献

Evans, V., & Green, M. 2006. *Cognitive Linguistics*：*An Introduction*. Edinburgh: Edinburgh University Press.

Fauconnier, G. 1985. *Mental Spaces: Aspects of Meaning Construction in Natural Language*. Cambridge, MA: The MIT Press.

Fauconnier, G. 1997. *Mappings in Thought and Language*. Cambridge and New York: Cambridge University Press.

Fauconnier, G., & Sweetser, E. 1996. *Spaces, Worlds, and Grammar*. Chicago: The University of Chicago Press.

Fauconnier, G., & Turner, M. 1996. Blending as a central process of grammar. In Goldberg, A. E. (ed.), *Conceptual Structure, Discourse, and Language* (pp. 113—131). Stanford, CA: CSLI Publicayions.

Fauconnier, G., & Turner, M. 1998. Conceptual integration networks. *Cognitive Science*, 22: 133—187.

Fauconnier, G., & Turner, M. 2002. *The Way We Think: Conceptual Blending and the Mind's Hidden Complexities*. New York: Basic Books.

Gibbs, R. W., Jr. 2001. Making good psychology out of blending theory. *Cognitive Linguistics*, 11(3—4): 347—358.

Grady, J., Oakley，T., & Coulson, S. 1999. Blending and metaphor. In Steen, G., & Gibbs, R. W., Jr. (eds.), *Metaphor in Cognitive Linguistics* (pp.101—124). Philadelphia: John Benjamins.

Lakoff, G., & Johnson, M. 1980. *Metaphors We Live By*. Chicago: The University of Chicago Press.

陈红琳. 2021. 语料库驱动的“左右”空间隐喻多维研究. 外语学刊，（5）：38—43.

李书卿、张艳. 2017. 英汉虚拟运动表达及概念整合理论下的解读. 西安外国语大学学报，(2)：15—21.

刘瑾、段红. 2019. 社会认知视角下情感话语识解的概念整合分析. 现代外语，(3)：316—327.

刘正光. 2002. Fauconnier的概念合成理论：阐释与质疑. 外语与外语教学，(10)：8—12.

沈家煊. 2006. "王冕死了父亲"的生成方式——兼说汉语"糅合"造句. 中国语文，(4)：291—300.

王文斌. 2004. 概念合成理论研究与应用的回顾与思考. 外语研究，(1)：6—12.

王寅. 2020. 概念整合理论的修补与翻译的体认过程研究. 外语教学与研究，(5)：749—760.

文旭. 2014. 语言的认知基础. 北京：科学出版社.

文旭. 2017. 认知语言学读本. 上海：上海外语教育出版社.

文旭、段红. 2014. 情绪表达与叙事理解：基于概念整合的分析. 外语研究，(4)：12—17.

张辉、卞京. 2015. 移动非受格构式的概念整合分析. 外语教学，(3)：1—8.

张跃伟. 2018. 非常规双及物句式的认知生成视角分析——基于概念整合和语法转喻. 外语与外语教学，(4)：65—74.

赵永峰. 2013. 认知社会语言学视域下的认知参照点与概念整合理论研究. 外语与外语教学，(1)：5—9.

概念转喻理论
（Conceptual Metonymy Theory）

1. 引言

“转喻”最早由柏拉图在关于符号任意性的辩论中提出。传统研究一直将转喻视为用一种事物名称代替相邻事物名称的修辞手法。其定义最早见于《修辞和解释》（*Rhetorica ad Herennium*）：“转喻是一个辞格，它从邻近和联系紧密的事物中获得语言形式，通过语言形式我们能理解不被词语命名的事物”（陈香兰 2005；张辉、卢卫中 2010: 10）。但随着认知科学和认知语言学的发展，这种替代修辞理论受到了有力的挑战，因为转喻不仅是一种替代，更是一种促进言语行为理解的认知操作。Lakoff和Johnson（1980）提出，转喻是一种基于概念邻近性的认知过程，它不仅是一种语言现象，更是一种概念现象。Lakoff（1987）通过典型效应论证了转喻的认知特性，并指出转喻是理想化认知模型（Idealized Cognitive Model，简称ICM）的一种形式。Langacker（1999）则认为转喻是一种认知参照点现象，即一个概念实体为另一个概念实体提供心理通道的认知过程。Radden和Kövecses（1999）指出，概念转喻具有三个本质特征，即转喻是一种概念现象、转喻是一种认知过程、转喻操作在理想化认知模型中进行。Radden（2005）强调转喻是人们认识客观世界的一种思维方式，根植于人类的认知中。Panther和Thornburg（2007）系统总结了转喻的本质特征：（1）概念转喻是同一个认知域中源概念为目标概念提供心理通道的认知操作过程；（2）源概念与目标概念之间的关系是或然的；（3）目标概念处于突显位置，而源概念被背景化；（4）源概念与目标概念之间的转喻连接强度依赖于两者之间的概念距离和源概念的突显度。尽管以往研究有关转喻本质的论述有差异，但核心思想是一致的，即转喻是一种概念现象，是人类了解和认知客观世界的方式和手段。

2. 转喻的分类

对转喻本质认识的不同导致概念转喻分类的多样化。Panther和Thornburg（1999）从语用功能的角度把转喻分为三类：指称转喻（referential metonymy）、述谓转喻（predicational metonymy）和言外行为转喻（illocutionary metonymy）。指称转喻是用一个概念代指另一概念；述谓转喻指用一种表达式来代指另一种表达式；言外行为转喻是用言语行为场景的部分代指言语行为场景整体。这种分类方法突破了传统修辞学只关注指称转喻的局限，拓展了概念转喻的研究范畴。

Kövecses和Radden（1998）、Radden和Kövecses（1999）基于理想化认知模型，根据转喻的生成机制将转喻分为低层转喻（low-level metonymy）和高层转喻（high-level metonymy）。前者指那些在语义激活中利用非类属理想化认知模型（non-generic ICM）的转喻，非类属理想化认知模型是指基于经验的、常规化的表征，这些表征详细标明了理想化认知模型的成分、特征及其关系，所以此类转喻又可分为命题转喻（propositional metonymy）和情境转喻（situational metonymy）。命题转喻即上文所说的指称转喻，而情境转喻则指用具体情境中高度突显的成分代指整个事件情景的转喻映射。高层转喻是直接使用类属理想化认知模型（generic ICM）的认知映现。类属理想化认知模型是从非类属理想化认知模型中抽象出来的，其类属特征使它能在一些高于词汇的语法和话语层次上运作，高层转喻也可分为命题转喻和情境转喻两种。高层次的命题转喻是语法转喻（grammatical metonymy），即具有语法后果的转喻。高层次情境转喻即Thornburg和Panther（1997）所说的言外行为转喻。这种转喻多见于间接言语行为，通过言语行为场景的一部分转喻整个场景（Thornburg & Panther 1997；张辉、周平 2002；张辉、孙明智 2005）。

Ruiz de Mendoza和Hernández（2003）把转喻看成意义详述（meaning elaboration）的过程，并根据目标域与始发域的转喻映射作用关系以及二者之间的映射类型对转喻进行了分类，提出“始发域寓于目标域的转喻”（source-in-target metonymy）和“目标域寓于始发域的转喻”（target-in-source metonymy）。前者是在认知域扩展的基础上运作的，而后者主要是认知域缩减的结果。

转喻映射受邻近性限制，呈现不同的模式。Croft（1993）基于百科知识表征的思想在认知域或认知域矩阵（domain matrix）中处理转喻的邻近性问题。Panther和Thornburg 则分别用框架（frame）和场景（scenario）描述概念邻近网络。不少研究借助Lakoff（1987）的理想化认知模型及Fauconnier和Turner（2002）等的概念整合理论来解释概念转喻的认知模式。

Radden和Kövecses（1999）认为，转喻是同一理想化认知模型内概念实体的认知操作，在始发域和目标域之间建立心理桥梁（mental bridge）。理想化认知模型中，某些概念实体更易激活相关目标，因此也更可能成为始发域。Langacker（1993, 1999）认为，转喻以认知突显原则为理据。具体而言，认知上突显的概念通常可作为认知参照点（cognitive reference points），激活相关的认知域，使该域内其他不那么突显的概念变得可及。而转喻正是这样一种参照点现象（Langacker 1999），即以始发域为参照点，为目标域提供心理通道，使之可及并成为注意焦点。Panther和Thornburg（2004）明确提出，典型的转喻内部运作机制是理想化认知模型中目标域突显的过程。张辉和孙明智（2005）、陈香兰（2010，2013）基于概念整合理论讨论了转喻意义的在线构建。他们认为，作为概念过程的转喻映射不仅是指称现象，也不仅是相对突显原则制约下的参照点现象，或基于目标义突显的认知操作。更重要的是，转喻是一种具有创造性的、意义建构的认知机制，它以概念整合为基础，为话语或语境提供了新的信息。

3. 转喻与隐喻的关系

概念转喻与概念隐喻在认知语言学家看来都是人们认识和概念化世界的认知机制，二者既有区别也有联系。Lakoff和Turner（1989）、Goossens（1990）等指出隐喻和转喻往往相互作用，有时关系还相当复杂。Barcelona（2000）将概念转喻和概念隐喻互动关系分为两类：隐喻的转喻概念理据和转喻的隐喻概念理据。Goossens（1990）通过对人体隐喻的考察提出"隐转喻"（metaphtonymy）的概念，并指出隐喻与转喻的互动关系有四种：来自转喻的隐喻、隐喻内的转喻、转喻内的隐喻和隐喻语境中的非转喻。Ruiz de Mendoza（2000）从概念映射的角度对隐喻与转喻的互动关系做了另一种分类：始发域喻于目标域的转喻和目标域喻于始发域的转喻。Radden（2000）认为，转喻为隐喻的两个概念域提供具有相关性的、有理据的连接，二者可视为位于"转喻－隐喻"连续体两端的典型范畴，"转喻－隐喻"互动现象属于连续体上的中间部分。这意味着两个实体之间概念关系的性质可能会随观察角度的不同而接近某一端。在转喻向隐喻发展的过程中（或者说以转喻为基础的隐喻），有两种机制起主要作用：一个是转喻的经验基础制约着隐喻始发域及映射的选择；另一个是抽象机制，抽象程度的高低决定映射关系朝转喻端还是隐喻端接近。

4. 研究内容

概念转喻作为人类重要的思维方式和认知机制渗透于语言的各个层面。Gibbs（1994）指出，转喻推理是一种普遍现象。Dirven（1999）持类似观点，指出转喻可能在语言的各个层面起作用。Radden（2005）从音系、词义、词法、形态、句法、语用等方面通过实例分析证实了Dirven（1999）的观点。

在认知语言学领域，最初的转喻研究聚焦定义、分类、转喻与隐喻的关系、转喻的概念本质等方面。随着认知语言学和概念转喻理论的纵深发展，转喻研究也呈现出多元化趋势（张炜炜 2019）。语用中的转喻研究（Gibbs 1994; Panther & Thornburg 1998, 2003; Ruiz de Mendoza & Otal 2002; Barcelona 2003; Ruiz de Mendoza 2007）、语篇中的转喻研究（Ungerer 2000; Al-Sharafi 2004; Barcelona 2005；陈香兰 2009，2012a，2012b；陈香兰、申丹 2010；陈香兰、徐珺 2011）、文学中的转喻研究（Jakobson & Halle 1971; Lakoff & Turner 1989）、翻译中的转喻研究（谭业升 2010；卢卫中 2011；卢卫中等 2014；李克、卢卫中 2017；金胜昔 2021）等引起了学界越来越多的关注，新的研究成果不断问世，开创了概念转喻研究的新视野。

转喻不仅体现在语言的各个层面，也存在于其他各种表意媒介和方式之中，如多模态转喻。多模态转喻最初由Forceville和Urios-Aparisi（2009）提出。他们分析多模态隐喻时认为“研究隐喻不涉及转喻是不可能的”，并提出多模态转喻的概念。但遗憾的是，他们的焦点是多模态隐喻，并未对多模态转喻进行深入研究。张辉和展伟伟（2011）、Yu（2009）、Mittelberg和Waugh（2009）等对多模态转喻有较为系统的研究。张辉和展伟伟（2011）通过对广告语篇中多模态转喻的分析发现，多模态转喻在广告语篇中可能发挥了更基本的概念构建作用。Yu（2009）在分析公益广告时发现，在视觉、听觉和文字等模态系统中存在概念转喻，提出这些模态中的隐喻和转喻互相整合表达意义。Mittelberg和Waugh（2009）从认知符号学的角度研究了口语语篇及其伴随手势，认为多模态转喻先于多模态隐喻发生，为多模态隐喻的理解和使用提供认知基础。

随着概念转喻研究的不断深入，概念转喻的跨学科研究正成为新的突破口。实证方法的应用不仅拓展了转喻的研究范围，也为概念转喻的理论发展提供了趋同证据。在主流的实证研究中，语料库、心理实验和脑神经科学实验等正成为概念转喻研究的新方向。

语料库是目前转喻实证研究中应用最广泛的一种方法。概念转喻的语料库研究主要关注以下两个方面：基于语料库的转喻理论检验和语料库驱动的转喻现象描写。在基于语料库的转喻理论研究方面，Halverson和Engene（2010）基于挪威报纸语料库和Atekst语料库提取了包含Schengen和Maastricht这两个地名的索引项，通过人工判别两个地名的字面用法和转喻用法，证实了典型范畴观下转喻分类的合理性。Cornelissen（2008）基于英国国家语料库（BNC）的财富500强企业名称研究了隐转喻关系，验证了Goossens（1990: 328）提出的“隐喻源于转喻”（metaphor-from-metonymy）语言模式，证实了隐转喻之间存在互动的观点。

语料库驱动的转喻研究涉及的一个重要内容是转喻模式的归纳。Ädel（2014）以WORD/WORDS为检索词在BNC中进行检索，并通过人工判断WORD/WORDS在每句话中的意义。结果发现虽然单词WORD/WORDS的核心意义是“语法单位”，但人们更常用它来转指语言、文本单位、假说、信息、表达、词典词条、声音、意义等含义。Riad和Vaara（2011）以新闻媒体的并购报道为语料考察了并购话语中国家转喻（national metonymy）的使用情况，发现国家名称常用来指代领导人/民众、企业/机构、企业成员，同时“国家建筑代领导人/民众”“国家标识代国家身份/主权/文化”也是最常用的国家转喻类型。这些转喻共同建构了人们对国家的情感框架、刻板印象，反映了转喻使用者的意识形态。

除了语料库，心理实验法也被广泛应用于概念转喻研究。心理实验法主要借助阅读任务、眼动技术等来探究被试的转喻加工过程。Frisson和Pickering（2007）以“生产者指代产品”的转喻为例，考察了目标词转喻用法的熟悉度对转喻加工心理机制的影响，发现在语境支持的情况下，个体可以直接加工某个单词基于转喻规则延伸出的新颖含义。Lowder和Gordon（2013）在控制语境的情况下通过两个眼动实验，考察了句子结构对转喻加工的影响，发现句子结构会影响转喻的心理加工过程。

心理语言学家普遍认为语言理解主要涉及句法加工和语义加工，转喻理解也不例外。转喻刺激出现后的神经活动和认知加工过程等研究往往需要借助时间分辨率较高的ERP技术。为了探讨转喻模式的差异是否会导致不同的理解过程，Schumacher（2013）基于两个ERP实验进行了考证，证实了不同转喻模式的加工过程存在差异。Weiland等（2014）通过考察目标词字面意义对转喻理解时间进程的影响，证实了间接加工说，即字面意义的优先性。fMRI技术中较高的空间分辨率有助于研究者对转喻加工进行精确的脑区定位。Rapp等（2011）以14名母语为德语的健康人士为对象，研究了阅读过程中概念转喻的加工，对活跃脑区定位时发现，左侧额颞，特别是左额下回和颞中回比较活跃。

5. 发展趋势

概念转喻作为认知语言学的核心课题之一，其理论和应用研究都取得了累累硕果。但综观已有研究不难发现，我们对概念转喻的本质及其应用前景仍需要深入探讨。总体而言，概念转喻研究在以下几个方面仍有较大的突破空间：

（1）转喻与隐喻的关系研究。转喻与隐喻的关系一直是认知语言学探讨的重点问题之一。两者之间的相互作用关系非常复杂，目前已有Goossens的“隐转喻”、Barcelona和Radden的“隐喻的转喻理据”、Riemer的“后转喻和后隐喻”、Ruiz de Mendoza的“概念相互作用模式”和Geeraerts的“隐喻和转喻相互作用棱柱形模式”等不同观点。这些关系模式还需要更多的真实语料进一步验证。

（2）转喻的语用研究。转喻一直被认为是语用推理的重要手段和机制。目前已有研究从语境、言语行为、关联理论、事态场境、言外理想化认知模型和语用参数等多个角度对转喻的语用研究进行了较为全面的分析和探讨。可以预见，概念转喻研究也必将像概念隐喻一样，成为认知语用学研究的一个重要方向。

（3）语篇中的转喻研究。概念转喻也为认知语篇研究提供了新的理论和视角，如Al-Sharafi的语篇转喻理论，Freeman、Steen、Stockwell等的认知诗学研究，以Sanders、Noordman为代表的认知社会语言学研究（张辉、卢卫中 2010）。鉴于目前认知语言学的实证研究转向，基于转喻的语篇分析研究将成为今后认知语篇研究的走向之一，特别是基于眼动和ERP实验的语篇连贯及心理表征的转喻研究将成为研究热点。

（4）语法转喻研究。目前的语法转喻研究主要探讨一些特定词法和句法现象的转喻理据，也有学者开始把构式语法与概念转喻理论相结合开展句法研究（马辰庭、王义娜 2021）。概念转喻和构式语法的互补整合将会成为语法转喻研究的一个新方向。

（5）转喻的定量研究。目前转喻研究主要采用与理论分析协同的内省法，但该方法过于主观，存在诸多的不足和局限。今后应加强基于语料库的转喻研究，并借助心理语言学和神经语言学的实验方法探索概念转喻的心理现实性和神经认知机制以及转喻语言理解的时间进程。采用定性与定量相结合的方法，能够避免研究的主观化，使研究结论更加形式化和逻辑化，且更具科学性。

（编者：北京语言大学/陈香兰）

参考文献

Ädel, A. 2014. Metonymy in the semantic field of verbal communication: A corpus-based analysis of WORD. *Journal of Pragmatics*, 67: 72—88.

Al-Sharafi, A. G. M. 2004. *Textual Metonymy: A Semiotic Approach*. London: Palgrave Macmillan.

Barcelona, A. 2000. Introduction: The cognitive theory of metaphor and metonymy. In Barcelona, A. (ed.), *Metaphor and Metonymy at the Crossroads: A Cognitive Perspective* (pp. 1—28). Berlin: Mouton de Gruyter.

Barcelona, A. 2003. The case for a metonymic basis of pragmatic inferencing: Evidence from jokes and funny anecdotes. In Panther, K.-U., & Thornburg, L. (eds.), *Metonymy and Pragmatic Inferencing* (pp. 81—102). Amsterdam: John Benjamins.

Barcelona, A. 2005. The multilevel operation of metonymy in grammar and discourse, with particular attention to metonymic chains. In Ruiz de Mendoza, F., & Cervel, M. S. P. (eds.), *Cognitive Linguistics: Internal Dynamics and Interdisciplinary Interaction* (pp. 313—352). Berlin: Mouton de Gruyter.

Cornelissen, J. P. 2008. Metonymy in language about organizations: A corpus-based study of company names. *Journal of Management Studies*, 45(1): 79—99.

Croft, W. 1993. The role of domains in the interpretation of metaphors and metonymies. *Cognitive Linguistics*, 4(4): 335—370.

Dirven, R. 1999. Conversion as a conceptual metonymy of event schemata. In Panther, K.-U., & Radden, G. (eds.), *Metonymy in Language and Thought* (pp. 275—288). Amsterdam: John Benjamins.

Fauconnier, G., & Turner, M. 2002. *The Way We Think: Conceptual Blending and the Mind's Hidden Complexities*. New York: Basic Books.

Forceville, C., & Urios-Aparisi, E. 2009. *Multimodal Metaphor* (Vol. 11). Berlin: Mouton de Gruyter.

Frisson, S., & Pickering, M. J. 2007. The processing of familiar and novel senses of a word: Why reading Dickens is easy but reading Needham can be hard. *Language and Cognitive Processes*, 22(4): 595—613.

Gibbs, R. W., Jr. 1994. *The Poetics of Mind: Figurative Thought, Language, and Understanding*. New York: Cambridge University Press.

Goossens, L. 1990. Metaphtonymy: The interaction of metaphor and metonymy in expressions for linguistic action. *Cognitive Linguistics*, 1(3): 323—342.

Halverson, S. L., & Engene, J. O. 2010. Domains and dimensions in metonymy: A corpus-based study of *Schengen* and *Maastricht*. *Metaphor and Symbol*, 25(1): 1—18.

Jakobson, R., & Halle, M. 1971. *Fundamentals of Language* (Vol. 1). Berlin: Mouton de Gruyter.

Kövecses, Z., & Radden, G. 1998. Metonymy: Developing a cognitive linguistic view. *Cognitive Linguistics*, 9(1): 37—78.

Lakoff, G. 1987. *Women, Fire, and Dangerous Things: What Categories Reveal about the Mind*. Chicago: The University of Chicago Press.

Lakoff, G., & Johnson, M. 1980. *Metaphors We Live By*. Chicago: The University of Chicago Press.

Lakoff, G., & Turner, M. 1989. *More than Cool Reason: A Field Guide to Poetic Metaphor*. Chicago: The University of Chicago Press.

Langacker, R. W. 1993. Reference-point constructions. *Cognitive Linguistics*, 4(1): 1—38.

Langacker, R. W. 1999. *Grammar and Conceptualization*. Berilin: Mouton de Gruyter.

Lowder, M. W., & Gordon, P. C. 2013. It's hard to offend the college: Effects of sentence structure on figurative-language processing. *Journal of Experimental Psychology: Learning, Memory, and Cognition*, 39(4): 993—1011.

Mittelberg, I., & Waugh, L. R. 2009. Metonymy first, metaphor second: A cognitive-semiotic approach to multimodal figures of thought in co-speech gesture. In Forceville, C., & Urios-Aparisi, E. (eds.), *Multimodal Metaphor* (pp. 329—358). Berlin: Mouton de Gruyter.

Panther, K.-U., & Thornburg, L. 1998. A cognitive approach to inferencing in conversation. *Journal of Pragmatics*, 30(6): 755—769.

Panther, K.-U., & Thornburg, L. 1999. The potentiality for actuality metonymy in English and Hungarian. In Panther, K.-U., & Radden, G. (eds.), *Metonymy in Language and Thought* (pp. 333—357). Amsterdam: John Benjamins.

Panther, K.-U., & Thornburg, L. 2003. *Metonymy and Pragmatic Inferencing*. Amsterdam: John Benjamins.

Panther, K.-U., & Thornburg, L. 2004. The role of conceptual metonymy in meaning construction. *Metaphorik*, 6: 91—116.

Panther, K.-U., & Thornburg, L. 2007. Metonymy. In Geeraerts, D., & Cuyckens, H. (eds.), *The Oxford Handbook of Cognitive Linguistics* (pp. 236—263). Oxford: Oxford University Press.

Radden, G. 2000. How metonymic are metaphors?. In Barcelona, A. (ed.), *Metaphor and Metonymy at the Crossroads: A Cognitive Perspective* (pp. 93—108). Berlin: Mouton de Gruyter.

Radden, G. 2005. The ubiquity of metonymy. In Campo, J. L. O., Ferrando, I. N. I., & Fortuno, B. B. (eds.), *Cognitive and Discourse Approaches to Metaphor and Metonymy* (pp. 11—28). Publicacions de la Universitat Jaume I.

Radden, G., & Kövecses, Z. 1999. Towards a theory of metonymy. In Panther, K.-U., & Radden, G. (eds.), *Metonymy in Language and Thought* (pp. 17—59). Amsterdam: John Benjamins.

Rapp, A. M., Erb, M., Grodd, W., Bartels, M. & Markert, K. 2011. Neural correlates of metonymy resolution. *Brain and Language*, 119(3): 196—205.

Riad, S., & Vaara, E. 2011. Varieties of national metonymy in media accounts of international mergers and acquisitions. *Journal of Management Studies*, 48(4): 737—771.

Ruiz de Mendoza, F. 2000. The role of mappings and domains in understanding metonymy. In Barcelona, A. (ed.), *Metaphor and Metonymy at the Crossroads: A Cognitive Perspective* (pp. 109—132). Berlin: Mouton de Gruyter.

Ruiz de Mendoza, F. 2007. High-level cognitive models: In search of a unified framework for inferential and grammatical behavior. In Kosecki, K. (ed.), *Perspectives on Metonymy* (pp. 11—30). Switzerland: Peter Lang.

Ruiz de Mendoza, F., & Hernández, L. P. 2003. Cognitive operations and pragmatic implication. In Panther, K.-U., & Thornburg, L. (eds.), *Metonymy and Pragmatic Inferencing* (pp. 23—49). Amsterdam: John Benjamins.

Ruiz de Mendoza, F., & Otal, J. L. 2002. *Metonymy, Grammar and Communication*. Granada: Comares.

Schumacher, P. B. 2013. When combinatorial processing results in reconceptualization: Toward a new approach of compositionality. *Frontiers in Psychology*, 4: Article 677.

Thornburg, L., & Panther, K. 1997. Speech act metonymies. In Liebert, W.-A., Redeker, G., & Waugh, L. (eds.), *Discourse and Perspectives in Cognitive Linguistics* (pp. 201—219). Amsterdam: John Benjamins.

Ungerer, F. 2000. Muted metaphors and the activation of metonymies in advertising. In Barcelona, A. (ed.), *Metaphor and Metonymy at the Crossroads: A Cognitive Perspective* (pp. 321—340). Berlin: Mouton de Gruyter.

Weiland, H., Bambini, V., & Schumacher, P. B. 2014. The role of literal meaning in figurative language comprehension: Evidence from masked priming ERP. *Frontiers in Human Neuroscience*, 8: 583.

Yu, N. 2009. Nonverbal and multimodal manifestation of metaphors and metonymies: A case study. In Forceville, C., & Urios-Aparisi, E. (eds.), *Multimodal Metaphor* (pp. 119—146). Berlin: Mouton de Gruyter.

陈香兰. 2005. 转喻：从“辞格”到认知的研究回顾. 外语与外语教学，（8）：56—60.

陈香兰. 2009. 间接言语行为的转喻多域操作. 外语学刊，（3）：40—43

陈香兰. 2010. “的”字结构的构式观与转喻思维属性特点. 外语研究，（5）：20—24.

陈香兰. 2012a. 语境与高层转喻：基于现代汉语间接拒绝的探讨. 外国语文，（5）：61—66.

陈香兰. 2012b. 现代汉语疑问句意义偏离的语境观与高层转喻机制. 外语学刊，（6）：30—34.

陈香兰. 2013. 语言与高层转喻研究. 北京：北京大学出版社.

陈香兰、申丹. 2010. 转喻与语境：“What's X doing Y?”构式转喻思维的限制性因素. 外语教学与研究，（2）：104—108.

陈香兰、徐珺. 2011. “的”字结构的语块构式观：基于转喻源域类型的考察. 外国语，（5）：32—37.

金胜昔. 2021. 唐诗中的隐转喻与转隐喻及其翻译研究. 东北师大学报（哲学社会科学版），（2）：30—36.

李克、卢卫中. 2017. 英语专业学生转喻能力对翻译能力的影响探究. 外语界，（1）：64—71.

卢卫中. 2011. 转喻的理解与翻译. 中国翻译，(2)：64－67.

卢卫中、王帅、秦洪武. 2014. 翻译过程中语言转换的转喻机制. 中国翻译，(6)：14－18.

马辰庭、王义娜. 2021. 概念转喻的认知研究："广义"与"狭义"之辩. 外语学刊，(5)：30－37.

谭业升. 2010. 转喻的图式－例示与翻译的认知路径. 外语教学与研究，(6)：465－471.

张辉、卢卫中. 2010. 认知转喻. 上海：上海外语教育出版社.

张辉、孙明智. 2005. 概念转喻的本质、分类和认知运作机制. 外语与外语教学，(3)：1－6.

张辉、展伟伟. 2011. 广告语篇中多模态转喻与隐喻的动态构建. 外语研究，(1)：16－23.

张辉、周平. 2002. 转喻与语用推理图式. 外国语，(4)：46－52.

张炜炜. 2019. 概念隐喻、转喻研究的热点问题与方法探讨. 外语教学，(4)：20－27.

构式（Construction）

1. 引言

“构式”这一提法早已有之。古斯多葛学派的学者已经开始把“构式”视作形式和意义的配对体，并作为语法研究的一个重要部分（Goldberg 2006）。结构主义、生成语言学等语言学派都对构式有过讨论，但由于研究视角和立场不同，所以对“构式”采取了不同的态度。换句话说，以往研究所谓的“构式”与当前构式语法所讲的“构式”概念并不完全相同。前者主要指的是一些具有具体形态的语言结构或字符串（strings）（Michaelis 2006），而后者所说的构式还涉及抽象的图式。下文所说的“构式”概念主要是指后者，它可以是具有能产性的抽象图式，也可以是没有任何能产性的固定结构。构式从词素到词和短语，再到小句乃至更复杂的结构，“一以贯之”（all the way down），构式同词汇一样构成一个相互联系的知识网络，并储存于我们的“超维概念空间”（hyper-dimensional conceptual space）（Goldberg 2006, 2019）。构式从根本上讲是一种“认知”现象，它是说话人通过大量的语言实际表达概括出来的，作为一个一个的知识片段储存于人类大脑之中（Hilpert 2014）。

2. “构式”的定义

Fillmore等把语法构式定义为“语言中的任何一个句法模式（syntactic pattern），它被赋予一个或多个规约性的功能，并对其所在结构的意义或用法产生规约性的影响”（Fillmore et al. 1988: 501）。在他们看来，语法构式是仅限于句法层面的句法模式，如let alone、What’s X doing Y等（Kay & Fillmore 1999；王寅 2011）。

Kay（2013）认为，“能产性”是判定是否成为构式的一个重要标准，不能混淆“构式”和“创造模式”（patterns of coining）的概念。前者（除实体构式外）一般具有较高的能产性，以此为基础可以产生大量具体表达，而后者的能产性较低，其使用范围也受到严格的限制。例如：

（1）All I want in my life is the feeling of peace.

（2）What I want in my life is the feeling of peace.

（1）和（2）在句法语义上具有许多相同之处。比如，系动词的前后段可以倒装，表达的意义仍然相同。

（3）The feeling of peace is all I want in my life.

（4）The feeling of peace is what I want in my life.

此外，（1）和（2）都表达了“排他性断定”的语义：the feeling of peace是我生命中唯一想要的东西。这些共同特征使我们有理由相信（1）和（2）源于对同一个抽象构式——指别构式（specificational construction）的继承。对于使动构式（caused motion construction）而言，其能产性却受到很大的限制。例如：

（5）a. *He bragged her out of the room.

b. *She screamed him under the bed.

c. *She smiled him to her.

d. *He screamed her hands over her ears.

因此，Kay（2013）认为使动构式由于其能产性受到很大限制，并不是真正意义上的构式，只有如all-/wh-分裂构式这类构式，既具有特异性，又有较高的能产性，才称得上构式。

Langacker的早期研究认为构式是由两个或两个以上的单位组成，这与Fillmore等的观点具有相似之处。Langacker认为，“语法构式是象征复合体，即包括两个或两个以上的象征结构作为构成成分”（Langacker 1987: 82）。Taylor进一步指出“构式就是一个具有内部复杂性的语言结构，它可以被分析为若干组成成分”（Taylor 2004: 51）。如此看来，是否具有组构性（compositionality）是认知语法检验构式的一个重要条件。但后来，Langacker对构式的界定有所变化，认为：“构式可以是任何长度的表达式，其中包括词素、词、短语、分句和句子。它们是从具体表达中抽象出来的，既可以是具体的表达，也可以是图式”（Langacker 2007: 94）。Taylor后来的定义更加宽泛，认为“构式可以是任何一个语言形式，只要它们可以被分解为部分”（Taylor 2012: 124）。这样一来，语音形式也可以看成是语音构式。比如［siŋ］就是一个语音构式，因为它可以被分析为三个语音片段或一个节首和一个韵尾成分。以上观点与Goldberg对构式的界定有所不同。

毋庸讳言，Lakoff和Goldberg倡导的认知构式语法是目前应用最为广泛的构式语法理论。Goldberg对构式的定义经历了两个阶段。她最初认为，“C是一个构式当且仅当C是一个形式－意义的配对体<Fi, Si>，而且C的形式（Fi）或意义（Si）的某些方面不能从C的构成成分或其他业已存在的构式中得到完全预测”（Goldberg 1995: 4）。

由此，是否具有预测性成为判定构式的一个重要标准。然而，“不可预测性”这一诊断标准的设定受到了许多学者的质疑（Langacker 2005；熊学亮 2009）。例如，对于I love you（Subj.+V+Obj.）这样一个习惯性表达，它显然是一个规约性的形－义配对体，也是一个典型的主谓构式，可是其意义完全可以从其构式成分中推导出来。因此，Langacker（2005）指出，“不可预测性”不能作为判定构式的核心标准，“心理固化程度”和“规约化程度”才是鉴别构式的关键。Goldberg接受学界的批评，对构式的定义做出以下调整：“任何一个语言模式都可以看成构式，只要其形式或功能的某些方面不能从其构成成分或业已存在的其他构式中严格地预测出来。此外，尽管一些语言模式完全具有可预测性，但只要它们有较高的出现频率，也可以作为构式储存”（Goldberg 2006: 5）。以上定义使“不可预测性”成为检验构式的一个充分但不必要的条件。这一界定与语言习得、心理学、神经科学等领域的有关研究相吻合。研究表明，即使是完全有规则和完全可预测的单位，只要达到充分的出现频率，也会成为大脑的一个储存单位（Bybee & Hopper 2001; Tomasello 2003; Pinker & Jackendoff 2005; Schmid 2017; Hilpert 2019）。由此一来，构式范畴构成了一个从“不可预测性”到“可预测性”的连续体。

Goldberg（2006）对构式定义的修正体现了Lakoff有关“构式具有完型性”的思想，也完全符合认知语法对“单位”（unit）的定义。Langacker（1987）认为，一个语言结构的每一次使用都会对其固化程度产生积极的影响，而长时间不使用则会对其产生消极的影响。经过重复使用，一个新的语言结构将逐渐被固化，成为一个语言单位。因此，构式与认知语法所讲的“单位”概念大致上是相同的。因为单位强调的正是构式的整体性和完型性，当一个语言形式具有单位特征，并作为一个整体被提取时，它就是一个构式。近年来，Goldberg（2013: 15）把构式扼要地定义为“具有不同复杂性和抽象程度的规约化的、学得的形式—功能配对体”，从而进一步减少了认知构式语法同其他构式语法理论派别在“构式”定义上的分歧。

3. 主要思想

3.1 组构性

一般认为，构式语法理论的最大贡献莫过于提出了“构式具有独立于其构成成分之外的意义”，这一观点正好符合心理学和认知科学有关“整体大于部分之和”的完型原理。但是，“整体大于部分之和”这一思想绝非当代心理学和认知科学的发现，因为它至少可以追溯到古希腊的亚里士多德。亚里士多德认为，整体“由若干部分组成，其总和并非只是一种堆积，而其整体又不同于部分”（魏宏森、曾国屏 1995：39）。这就是说，整体不等于部分性质的简单相加，由部分构成的整体可能产生超越部分的性质。“整体大于部分之和”是系统论的核心思想之一。系统论的创立者贝塔朗菲认为，“亚里士多德的世界观及其固有的整体论和目的论的观点就是这种宇宙秩序的一种表达方式……‘整体大于它的各部分之和’是基本系统问题的一种表述，至今仍然正确……”（贝塔朗菲 1987：305）。

根据贝塔朗菲的系统论观点，系统包括两种整体性，一种是加和式整体性，即整体等于部分之和；另一种是非加和式整体性，即整体大于或小于部分之和。加和式整体性充分体现了“完全组构性”的思想，它同非加和式整体性一样普遍存在于语言之中。“任何系统在整体层次上也或多或少呈现出某种加和性特征，没有一种系统完全不呈现加和性特征”（苗东升 2008：6）。

根据以上特征，构式可以分为整合性构式和组合性构式。整合性构式强调“不可预测性”，即构式的形式和功能的某些方面不能从其构成成分或业已存在的其他构式中严格地预测出来，如双及物构式、动结构式、分裂构式等。组合性构式是指具有组合性特征或可预测性的构式，如How do you do、I love you、Merry Christmas等，其结构具有“透明性”（transparency）。但由于它们具有较高的出现频率，所以可作为整体储存。通过把构式分为整合性构式和组合性构式，我们可以更好地诠释Goldberg（2006）对构式的新的界定。

组构性，也称“组合性”，是人类语言的一个普遍特征。弗雷格的“语言组构性原则”一直被认为是语义学研究中最重要的原则之一，因为它告诉人们如何用有限的形式产生无数的表达。语言组构性原则的基本内涵是：一个复杂表达式的涵义是由其组成部分的涵义决定的。具体而言，一个表达式的意义来自其部分意义的组合及其组合方式（Evans & Green 2006）。在弗雷格看来，没有它的话，我们根本无法理解前所未见的语言表达式。组构性原则是生成语法的命根子。生成语法认为，人们可以借助一套有限的组构规则，生成无穷合乎语法的句子。Jackendoff（1997: 48）指出“一个句子的意义所包含的所有成分的内容，都可以在构成句子的词汇项所涵盖的词汇概念结构中找到”。基于以上思想，生成语法把自然语言分为两个部分：词库和语法。二者分属不同的模块，词库负责为句法组合提供词条，而句法提供规则把这些词条组合成有意义的句子。可是，语言的生成并不是我们想象的那么简单。认知语言学一次又一次地用大量的证据表明，在实际语言使用中存在无数违背“严格组构性”原则的现象，比如一词多义、习语、隐喻和转喻、概念整合、语用推理等。这些现象似乎都在表明，严格组构性并不是构建和理解日常话语的基础。在很多情况下，要理解一个语言表达，我们不得不诉诸语用、语篇及认知的知识，才能准确理解说话人意欲传达的意蕴。来看一个经典的例子fake gun（假枪），gun具有开火（子弹）、制造（金属）、功能（射杀）等中心特征，fake和gun合并为fake gun后，gun所具备的这些中心特征荡然无存，仅保留了gun所具有的一些边缘特征。因此，“假枪”具有枪的外形特征，却丧失了枪的本质属性。这说明仅仅依靠成分语义和组合规则，我们通常并不能完全推导整个结构的意义。因为“语境”往往会对语义成分进行筛选，从而达到突显不同语义内容的目的。又如The blond hair jumped the queue，其中blond hair是一个转喻的用法，用以指代the one whose hair is blond。如果按照组构性原则，根据“形容词+名词”的组合规则以及blond和hair的词汇语义，我们根本不能理解这一表达式的意义。此外，语音语调、语用、语篇等多种因素都可能对一个语言表达的意义产生影响。如Langacker（2009）所言，在一个语言结构中，其构成成分不是“砌墙石”，而是“垫脚石”，即构成成分的意义并不会完全被组构结构所吸纳，构成成分的功能不过是用以促发和强加一种特定的理解。认知语法为了避免使“语言组构性”问题陷入泥潭，提出了一个很好的解决方案，即区分“严格组构性”和“部分组构性”。“严格组构性”就是弗雷格所说的组构性原则。

Goldberg在谈到语言的组构性时，明确指出构式语法研究的一大优点是有助于维持组构性原则，并提出“一个语言表达式的意义是词汇意义和构式意义的整合”（Goldberg 1995: 16），实际上这是用另外一种方式维持了语言的组构性原则。认知语言学强调“语义具有部分组构性”的观点被誉为“语义整合观”。语义整合观的基本内容可概述如下（Croft & Cruse 2004；Taylor 2002；文旭2011）：

> 一个语言结构的意义通常不完全取决于其构成成分的意义和组合方式，而是在一定语境下，其构成成分通过激活或促发相关认知域，进行语义选择和突显，并与构式意义进行协调，而得到

的一种整合意义。因此，一个语言表达式的意义是语言知识、百科知识、认知结构和语用语境共同作用的结果。

“语义整合观”是认知构式语法理论的核心内容之一。根据“语义整合观”，词汇和构式在一个语言表达中的功能可做如下描述：具体词汇为一个语言表达提供丰富的语义内容，其主要功能是激活与词汇相关的百科意义，并根据语用语境突显特定的语义内容，而构式则为词汇的组合提供宏观的框架语义。

3.2 动词和构式的互动

关于动词与构式关系的争论有词汇主义和构式主义两个派别。词汇主义认为，一个表达所包含的动词，承载了丰富的句法语义内容，并在很大程度上决定了它所在句子的句法语义结构。因此，主要动词是句子的中心（王寅 2011）。构式主义则认为，当动词出现在不同的构式里，动词就表达了不同的语义，但这些语义差别不能归结于动词的语义，而应当归结于构式本身。因此，动词提供具体的语义内容（如表达动作的方式），而构式提供框架语义（Goldberg 1995）。弗雷格的“情境性原则”（The Principle of Contextuality）也表达了类似的思想。该原则认为，只有在句子情境中，一个词才会有意义。Goldberg注重构式整体性的观点体现了唯物辩证法的思想：整体和部分相互作用，整体起支配作用，决定部分的性质。部分也可以反作用于整体，对整体的变化产生影响。据此，王寅（2011）还提出“词汇对构式具有压制作用”，考虑到作为部分的词汇，也会对作为整体的构式产生反作用。

Langacker（2005: 101）认为，Goldberg把动词意义和构式意义截然分开的做法是不可取的。例如，在（6）和（7）中，kick和sneeze两个动词都可以进入使动构式，不同的是，kick表示“引起移动”是一种规约化的用法，正是这样的意义才实现了into the stands的路径图式。可是，sneeze用于表达“引起移动”的意义并不是一种习惯性的用法，所以它可能是通过构式获得的。如上所述，动词意义和构式意义是不能截然分开的，二者相互作用，共同对句子的意义产生影响。

（6）Mia kicked the ball into the stands.

（7）Mia sneezed the napkin off the table.

一方面，动词与构式存在互动关系，动词进入构式会受到一定条件的限制。例如：

（8）Tom blew/sneezed the napkin off the table.

（9）*Tom inhaled/wheezed the napkin off the table.

之所以可以接受例（8），却不能接受例（9），这与使动构式表达的构式意义有关。使动构式表达的构式义为“X致使Y移向Z”，它暗示了“成功的移动”，这就要求施事发出的动作或行为，能够成功地致使受事发生位置的改变。sneeze可以通过构式压制进入使动构式，而inhaled/wheezed则不能（Goldberg 1995）。这也说明一个动词能否进入一个构式与该动词的百科语义是密切相关的。一个动词之所以可以通过压制进入某一构式，是因为这个动词的百科语义与构式的语义是相容的，尽管在既有用例中，该动词与构式在句法上可能存在冲突。动词进入构式的过程可概述为图1：

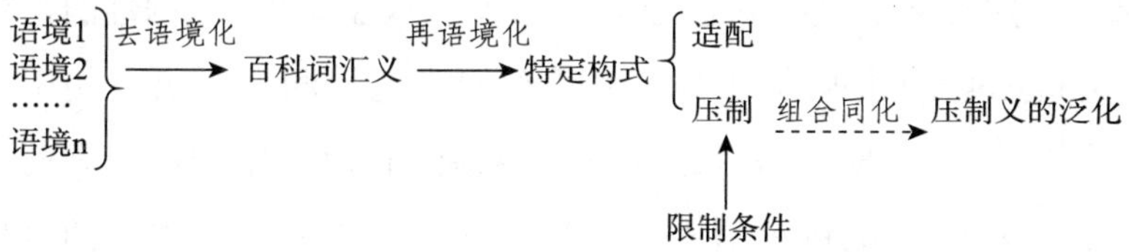

图1　动词进入构式的过程

如图1所示，动词在不同的语境中使用，获得了丰富的百科语义。说话人通过去语境化，提取它们的百科词汇义及相关语境知识存储于大脑之中。选择某一动词进入特定的构式则是一个再语境化的过程。在再语境化过程中，如果动词同特定构式的句法语义功能相吻合——适配，动词可以合理地进入构式。如果动词同构式表达的语义吻合，但在句法上存在冲突，此时，构式会对动词产生压制，以契合其整体句法语义功能。在很多情况下，构式压制的后果是导致动词发生“组合同化”，即压制义的泛化。

另一方面，构式的产生与动词的使用密切相关。袁毓林（2012：493）认为，“这种能决定句式配价的句式意义是由动词的论元结构提供的，动词的论元结构中各论元角色之间的语义关系的抽象化为有关句式提供了最初的意义。”Ninio（1999）的研究表明，句法形式源于对特定动词使用的概括。Goldberg（2006），也认为，构式可能源于对特定语言形式中词项的概括。构式的知识是通过对一组具有相同特征的词汇的概括来实现的。由此可见，动词和构式二者相互联系，互为依存，不能顾此失彼。动词本身作为构式，也有一定的形式和意义，同样具有多义性等特征。另外，构式源于对动词所构成表达式的抽象，作为一个整体又会对进入其中的动词进行限制。

3.3 理据性

理据性是相对任意性而言的，它强调形式和意义的非任意关系。事实上，理据性和任意性二者之间的矛盾并不是我们想象的那么不可调和。就连索绪尔（Saussure 2010）本人也不否认语言理据性的存在。

Langacker（1987）认为，虽然我们不能预测一种语言使用的形式，但这并不意味着语言结构的选择是没有语义基础的。因此，寻找语言结构背后的概念语义基础是认知语言学研究最重要的目标之一。Heine（1997）认为，人类行为不是任意的，而是受到理据的驱动；语言结构作为行为的产物，自然也是有理据的。Lakoff & Johnson（1980）也坦言，语言中确实存在任意性，但即便如此，大部分语言结构都不是任意的，而是有理据可言的。那么，什么是构式的理据性？在Lakoff（1987）看来，语法构式的理据性是指一个构式的形式并不是独立于意义的，而是有其动因，是有理可据的。具体而言，如果一个构式的结构是从语言中其他构式继承而来的，那么说明该构式的存在具有理据性。Goldberg（1995）继承以上观点，提出"最大理据性原则"（Principle of Maximized Motivation）：如果构式A和构式B在形式上相关，那么在语义上构式A也一定程度地与构式B相关。Taylor也认为"当一个语言结构在一定程度上与语言中的其他结构相联系时，它就是有理据的。语言中的所有结构都在一定程度上具有理据性"（Taylor 2004: 57）。

Goldberg（2006）认为，构式语法的研究目标是致力于为每一个被确认存在的构式提供理据，解释为什么一个特定形式–意义的配对体在特定的语言中出现是可能的。需要说明的是，构式语法所说的"理据性"不同于"预测性"。"承认某个构式的存在具有理据性并不意味着一个构式必须存在于某种语言或任何一种语言中。它仅仅解释了为什么这一构式是有意义的或者是自然的"（Goldberg 2006: 217）。由此看来，就构式的产生而言，它具有或然性，而不是必然性。除语言本身以外，社会因素、心理因素以及使用频率等都会对构式的形成产生影响。

Goldberg（1995）所讲的"理据性"事实上就是构式的继承关系。构式语法认为，构式并不是孤立地存在于语言之中，它们构成了一个复杂的、结构化的分类层级网络。在此层级网络中，不同构式处于不同的位置，习语等具有特异性的构式作为一个独立节点得以表征。构式的层级性主要表现为图式性（schematicity）和抽象程度的差异。Goldberg（1995: 75）总结了构式如下四种继承连接：

多义连接（Polysemy Links）：多义连接描述的是构式的某个特定意义与以该意义为基础的扩展意义之间的语义关系。

部整连接（Subpart Links）：当一个构式是另一个构式固有的一个部分并且独立存在时，我们把该连接称为部整连接。

实例连接（Instance Links）：当一个具体构式是另一个构式的特殊实例时，这种连接就叫作实例连接。

隐喻扩展连接（Metaphorical Extension Links）：当两个构式通过一个隐喻映射相连时，这种连接被称为隐喻扩展连接。

Goldberg用以上四种继承关系描述论元构式之间的内部关系。Taylor（2012: 123）则认为，语言作为一个规约化的清单，主要通过以下三种方式进行连接：

部分—整体关系（the part-whole relation）：一个单位可能是更大单位的组成部分。相反地，一个复杂的单位可以被分解为成分单位。

图式—例示关系（the schema-instance relation）：这涉及一个单位的抽象性，一个单位可能对于在某个细节更具体的单位具有图式性。相反，一个单位也可能是图式性更强的单位的例示。

基础关系（the base-on relation）：一个单位的建构可能基于与另一个单位的相似性。

以上的"部分—整体关系"可对应于Goldberg所说的"部整连接"，而Taylor所讲的"图式—例示关系"则类似于Goldberg所说的"实例连接"。Taylor所讲的"基础关系"考虑了两个结构之间基于"相似性"的类比关系。这一点与Bybee（2010）的看法一致。Bybee（2010: 846）明确指出，"新的构式的产生源于已有构式的具体例示"。事实上，Israel（1996: 217）也注意到构式知识建构和组织的类比关系，并提出了构式的“产生原则”（The Production Principle）。这一原则就是针对“类比使用”而言的，它要求一个表达应当听起来像说话人以前听到过的一样。这充分地反映了人类思维的“保守性”特征，人类喜欢以他们熟悉的方式谈论事物。构式之间的相互参照揭示了人类的“类比思维”，它是人类所具有的一种重要的生物属性。从这个意义上讲，Goldberg（1995）所讲的多义连接和隐喻扩展连接都属于类比连接。

4. 发展趋势

纵观构式语法的发展历程，如何界定构式以及如何看待构式与动词的互动关系始终是争论的焦点。构式语法的不同研究派系对这两个问题的看法不尽相同，对于某些问题甚至存在较大争议，这在一定程度上制约了构式语法理论作为一种研究范式的纵深发展。具体来说，今后有关构式的研究还需要进一步揭示和深入探讨以下问题：

（1）究竟如何界定构式？其心理属性如何体现？对构式的界定不清，成为构式语法研究屡遭诟病的重要原因。因此，进一步厘清构式的范围，就显得尤为重要了。

（2）构式义从何而来？如何从语言内部或外部来解释构式的“增值义”？如何解释构式的“增值义”的来源是构式语法研究的重点和难点，解决这一问题有助于进一步诠释构式语法所持有的“部分组构性”的立场。

（3）动词和构式究竟是如何互动的？对于这一问题，学界已有过很多讨论。未来的研究一方面需要基于更多的语言事实进行深度的理论探讨，另一方面还需要通过一定的应用研究（如基于语料库或语言习得的研究）进行验证。

（4）构式网络究竟是如何组织的？构式具有层级网络，而特定的构式作为一个节点存在于构式网络中。但是，上一层级的构式如何制约下一层级的构式？而下一层级的构式又如何影响上一层级的构式？这种双向制约关系，在构式的共时和历时研究中具有重要意义，也是构式语法研究的重要内容之一。

（5）如何将构式语法理论应用于语言教学和二语习得研究领域？实验证明，母语和二语学习者在构式的学习中具有重要差异。进一步明晰这些差异及其根源，并将其应用于语言教学领域是一个很有意义的课题，它或许可以在一定程度上改变我们的语法教学理念。

对于以上问题的解决，需要综合不同的研究方法和视角，从多个角度全方位探讨构式的心理属性、语法功能及其地位。

（编者：西南大学 / 杨坤）

参考文献

Bybee, J. 2010. *Language, Usage and Cognition*. Cambridge: Cambridge University Press.

Bybee, J. L., & Hopper, P. J. (eds.). 2001. *Frequency and the Emergence of Linguistic Structure* (Vol. 45). Amsterdam: John Benjamins.

Croft, W., & Cruse, D. A. 2004. *Cognitive Linguistics*. Cambridge: Cambridge University Press.

Evans, V., & Green, M. 2006. *Cognitive Linguistics: An Introduction*. Edinburgh: Edinburgh University Press.

Fillmore, C., Kay, P., & O'Connor, M. C. 1988. Regularity and idiomaticity in grammatical constructions: The case of *let alone*, *Language*, 2: 501—538.

Goldberg, A. E. 1995. *Constructions: A Construction Grammar Approach to Argument Structure*. Chicago: The University of Chicago Press.

Goldberg, A. E. 2006. *Constructions at Work: The Nature of Generalization in Language*. Oxford/New York: Oxford University Press.

Goldberg, A. E. 2013. Constructionist approaches. In Hoffmann, T., & Trousdale, G. (eds.), *The Oxford Handbook of Construction Grammar* (pp. 15—31). Oxford: Oxford University Press.

Goldberg, A. E. 2019. *Explain Me This: Creativity, Competition, and the Partial Productivity of Constructions*. Princeton/Oxford: Princeton University Press.

Heine, B. 1997. *Cognitive Foundations of Grammar*. Oxford: Oxford University Press.

Hilpert, M. 2014. *Construction Grammar and Its Application to English*. Edinburgh: Edinburgh University Press.

Hilpert, M. 2019. Constructional approaches. In Aarts, B., Bowie, J., & Popova, G. (eds.), *The Oxford Handbook of English Grammar* (pp. 106—123). Oxford: Oxford University Press.

Israel, M. 1996. The way constructions grow. In Goldberg, A. E. (ed.), *Conceptual Structure, Discourse and Language* (pp. 217—230). Stanford CA: CSLI Publications.

Jackendoff, R. 1997. *The Architecture of the Language Faculty*. Cambridge, MA: The MIT Press.

Kay, P. 2013. The limits of construction grammar. In Hoffmann, T., & Trousdale, G. (eds.), *The Oxford Handbook of Construction Grammar* (pp. 32—48). Oxford: Oxford University Press.

Kay, P., & Fillmore, C. J. 1999. Grammatical constructions and linguistic generalizations: The What's X doing Y? construction, *Language*, 1: 1—33.

Lakoff, G. 1987. *Women, Fire, and Dangerous Things: What Categories Reveal about the Mind*. Chicago: The University of Chicago Press.

Lakoff, G., & Johnson, M. 1980. *Metaphors We Live By*. Chicago: The University of Chicago Press.

Langacker, R. W. 1987. *Foundations of Cognitive Grammar (Vol. I): Theoretical Prerequisites*. Stanford: Stanford University Press.

Langacker, R. W. 2005. Construction grammar: Cognitive, radical and less so. In Ruiz de Mendoza, F., & Peña, M. S. (eds.), *Cognitive Linguistics: Internal Dynamics and Interdisciplinary Interaction* (pp. 101—159). Berlin: Mouton de Gruyter.

Langacker, R. W. 2007. *Ten Lectures on Cognitive Grammar*. Beijing: Foreign Language Teaching and Research Press.

Langacker, R. W. 2009. *Investigations in Cognitive Grammar*. Berlin: Mouton de

Gruyter.

Michaelis, L. 2006. Construction grammar. In Brown, K. (ed.), *Encyclopedia of Language and Linguistics* (pp. 73—84). Oxford: Elsevier.

Ninio, A. 1999. Pathbreaking verbs in syntactic development and the question of prototypical transitivity. *Journal of Child Language*, 26(3): 619—653.

Pinker, S., & Jackendoff, R. 2005. The faculty of language: What's special about it? *Cognition*, 95(2): 201—236.

Saussure, F. 2010. *Course in General Linguistics*. Beijing: Foreign Language Teaching and Research Press.

Schmid, H. J. 2017. *Entrenchment and the Psychology of Language Learning: How We Reorganize and Adapt Linguistic Knowledge*. Berlin: Mouton de Gruyter.

Taylor, J. 2002. *Cognitive Grammar*. Oxford: Oxford University Press.

Taylor, J. 2004. The ecology of constructions. In Radden, G., & Panther, K.-U. (eds.), *Studies in Linguistic Motivation* (pp. 49—73). Berlin: Mouton de Gruyter.

Taylor, J. 2012. *The Mental Corpus: How Language Is Represented in the Mind*. Oxford: Oxford University Press.

Tomasello, M. 2003. *Constructing a Language: A Usage-Based Theory of Language Acquisition*. Cambridge, MA: Harvard University Press.

冯·贝塔朗菲. 1987. 一般系统论——基础、发展和应用. 林康义等（译）. 北京：清华大学出版社.

苗东升. 2008. 论涌现. 河池学院学报，(1)：6—12.

魏宏森、曾国屏. 1995. 系统论——系统科学哲学. 北京. 清华大学出版社.

王寅. 2011. 构式语法研究（上、下卷）. 上海：上海外语教育出版社.

文旭. 2011. 认知语言学事业，外语与外语教学，(2)：1—5.

熊学亮. 2009. 增效构式与非增效构式——从Goldberg的两个定义说起. 外语教学与研究，(5)：323—328.

袁毓林. 2012. 汉语句子的焦点结构和语义解释. 北京：商务印书馆.

构式化（Constructionalization）

1. 引言

构式语法的兴起和发展为语言演化研究提供了新的理论视角，催生了“历时构式语法”（Diachronic Construction Grammar）这一新的研究方向。构式化是历时构式语法中的重要概念，最先由Rostila（2004）提出，指的是新形式与新意义配对的产生。虽然构式化研究历史不长，但已经取得不少成果，如Traugott和Trousdale（2013）、Hilpert（2013, 2021）、Barðdal等（2015）、Norde和van de Velde（2016）、Sommerer和Smirnova（2020）等。构式化主要源自认知构式语法（Cognitive Construction Grammar）和激进构式语法（Radical Construction Grammar）的研究思想，采用基于使用的语言演化观，秉持认知语言学认知的承诺和概括的承诺，旨在通过一般认知规律对构式的产生、演化路径及理据性做统一的解释。因此，构式化把构式看作语言演化的基本单位，认为语言演化是由语言使用引起的（Barlow & Kemmer 2000; Bybee 2010）。构式化还继承了词语法（Word Grammar）的主要思想（Hudson 2007），认为语言是一个相互联系的概念网络，拓展了Saussure（1959）词汇相互依存的观点，强调语言知识的动态性、整体性和交互性。构式化研究不仅要描写语言结构的微观变化，还洞察并把握语言结构整体演化的宏观轨迹。因此，构式化的整体论思想超越了语言模块论中精准界限的观点，突破了语言结构是“语法和词典义相加”的片面观点（Hudson 2007: 59）。

2. 主要思想

2.1 构式化的定义

Traugott和Trousdale（2013）对构式化进行了全面论述。他们将构式化定义为新的“形式—意义”配对的产生。文旭和杨坤（2015）认为，构式化主要指构式的“形式—意义”演化引起新的规约化表达，以及构式的“形式—意义”受语境触发产生新的形式和意义。构式化节点的产生是构式在对话和交互的语境中不断建构的。鉴别构式化的节点主要在于把握构式网络中节点终端的意义和互连点之间的层级意义（文旭、杨旭 2016；刘瑾、杨旭 2017）。构式化通常伴随着构式的图式性、能产性和组构性的变化。按照Traugott和Trousdale（2013）的观点，构式化可能会经历“构式化前段构式演化”和“构式化后段构式演化”。前者在构式化之前发生，表现为语用扩展、语义化、形式和意义之间的不匹配以及微观形态分布的演化；后者在构式化之后发生，继续诱发构式的演化，主要表现为搭配扩展、形态和音位的缩略。

构式化可分为瞬时构式化（instantaneous constructionalization）和渐变构式化（gradual constructionalization）（Traugott & Trousdale 2013）。前者指构式化的实现是即时的，产生的是实体性（词汇）的构式，最典型的例子是新词的创造；后者指构式形式或意义的渐变导致构式化，由此产生的通常是程序性（语法）的构式，这也是历时构式语法研究的焦点。瞬时构式化和渐变构式化可以解释构式层级网络中构式节点的形成。构式节点的形成过程如下（Traugott & Trousdale

2013: 91）：首先，听话人听到某一语言表达式，并依据已有知识对其加以分析，发现它与以前的一般规则不匹配，从而诱发新的分析。然后，听话人会在自己的识解与构式网络中业已存在的节点之间建立某种联系，从而实现新联系的建立。听话人建立的连接关系可能与说话人使用的结构紧密关联，由于新的关系尚未被规约化，因此不能产生微观构式。最后，如果其他听话人经历类似的识解过程，且该识解不断地重复发生，最终为整个语言社团所接受，规约化为新的"形式—意义"配对，并在构式网络中形成新的节点，则标志着构式化的产生。

2.2 构式化的基本思想

构式化的基本思想可概括为（Traugott & Trousdale 2013: 44）：（1）构式之间相互联系，形成一个层级网络。其中位于较高层级上的图式性构式允准较低层级的构式。构式的图式性越强，其概括性就越强。（2）语言演化是非自主的，必须与语言的形式或意义相关。但是，形式或意义某一方面单独的变化并不一定导致构式网络中新节点的产生，只能算是构式演化。（3）构式经过一系列渐进的演化，产生新的"形式—意义"配对，建立起新的构式节点和类型。（4）构式位于词汇和语法之间的渐变层级（gradients）上。语言使用者能在渐变层级上对构式进行连续的、规约化的选择和重构。

构式化的提出有助于消解传统语言演化研究中有关"词汇和语法是离散还是统一的"这一争论，把词汇和语法看成一个连续体。尽管如此，Traugott和Trousdale（2013）还是根据演化过程的典型特征，区分了词汇构式化和语法构式化。词汇构式化指语法和词汇连续体上实体性节点的产生，关注词汇性的新"形式—意义"配对的演化。词汇构式的意义极表征具体的语义，而形式极涉及名词、动词或形容词等相关范畴（Traugott & Trousdale 2013：149）。词汇构式化主要有三种类型：新的复杂微观构式（complex micro-constructions）的发展，复杂（次）图式（complex sub-/schemas）的发展，以及原子微观构式（atomic micro-constructions）的发展。新的复杂微观构式的构式化可能是渐进性的，但典型的情况是即时的，如根据业已存在的图式性构式X-DOM，创造出Obamadom词汇图式。复杂（次）图式的构式化是渐变性，通常会伴随着能产性的增加。以图式性构式X-DOM的构式化为例，它由古英语时期的“名词–名词”复合构式演化而来，即最初dom是作为一个独立的名词使用的。但是，随着与dom搭配的名词范围的扩大，它逐渐演化为图式性构式X-DOM，具有不同程度的能产性。有些图式能产性的增强是短暂的，可能会在语言的历史发展中消失，也有可能与另一个图式融合从而产生新的图式，如中古英语中的词缀-hede即由古英语的词缀-had演化而来。原子微观构式的演化也是渐变性的，会导致组构性的减弱。

语法构式化探讨语法构式如何通过渐变的过程产生、扩展或消失，即新“形式–意义”配对的语法构式演化。以往语法化研究要么把语法化过程看成是使用扩展的过程，要么看成是语义衰减和依存性增强的过程。但历时构式语法认为，此二者并不冲突。相反，它们是相互交织的。其原因在于，语法构式化一方面涉及构式类型和使用范围的扩展，另一方面还伴随着语块化和形式固化的过程。语法构式一旦扩展，有些会被边缘化或发生一定程度的衰落，因此语法构式化表现出一定的方向性。语法构式化还厘清了去语法化的问题，认为去语法化是一系列的、多个语言层面的变化，而不是单向的、孤立的变化。

Joseph（2004）认为，无论是词汇构式化，还是语法构式化，都不是演化的过程，而是演化的结果。词汇构式化和语法构式化不是孤立的，二者构成相互交织的连续体。Traugott和Trousdale（2013: 193）认为，词汇构式化和语法构式化存在以下差异：（1）词汇构式化产出的是实体性的构式，而语法构式化产出的是程序性和指示性的构式；

（2）词汇构式化不涉及句法的扩展，但在新的句法环境和新的句法功能中有体现，而语法构式化则主要表现为能产性和图式性的增强以及组合性的降低；（3）图式性的词汇构式化包括图式性和能产性的增强。

如何从历时角度探讨语言表达式的产生、发展或衰落的规律及其认知理据，一直以来都是历史语言学探讨的主要问题。构式化研究从新的视角对此问题做出了新的诠释。构式化的机制主要回答“如何”演化的问题，强调构式化的方式，而构式化的动因主要回答“为何”演化的问题，侧重于发生构式化的原因。学界普遍认为，传统的语言演化机制主要是重新分析和类比这两种形式。Traugott和Trousdale（2013: 38）则强调类比思维（analogical thinking）和解构（parsing）是启动构式演化的过程，是构式化的主要动因，而新分析（neoanalysis）和类比化（analogization）则是构式化的主要机制。Traugott和Trousdale（2013）指出他们使用“新分析”替代“重新分析”这一术语的原因是：一个尚不具备内化构式能力的语言使用者以不同的方式去释解说话人产出的构式，不会发生重新分析。严格来说，说话人不可能重新分析自己不理解的结构，而使用不同的结构进行表达。Lightfoot（1999）认为，重新分析在语法化研究中倾向于解释宏观层面的演化，而“新分析”无论是对宏观层面的演化，还是微观层面的演化，都能进行解释。Fischer（2007）认为类比在语法化中主要起着聚合和组合的作用，能较好地对语言的使用进行在线处理。De Smet（2009）也认为类比是语言演化的主要机制。为了避免混淆动因和机制，Traugott和Trousdale（2010）把类比思维的过程和类比机制区分开来，认为类比思维与形式和意义的匹配有关，可以引起演化，可能不会产生新的结构。相比较而言，类比化是演化的机制或过程，它导致新的形式和意义的匹配。就解构而言，它会引发现有结构的不同分析，而新分析则会导致新结构的产生。

但是，Traugott和Trousdale对构式化机制的论述只局限于新分析和类比化，因为构式化是多种机制共同作用的结果，比如隐转喻和主观化同样会引起新构式的产生，也可以看作构式化的主要机制。比如，隐喻和转喻之间相互作用形成隐转喻，会引起新构式的出现，并随着使用频率的增加导致构式化。

语境对新构式的产生具有触发作用，是语言演化研究中不可回避的问题。Bergs和Diewald（2009）将语境视为语用和话语的重叠界面。但是，构式语境是一个相互交织的网络体系。它以不同的方式在构式演化过程中发挥作用。语境推理是构式演化的一个重要因素。构式的产生是一个意向性、主观性和目的性的交互认知活动。从说话人对构式的选择到听话人对构式的识解，语用推理起着不同的作用，诱发构式的形式/意义呈现具体化和多样化的特征。构式化的产生很大程度上完全或部分地依赖动态语境的驱动。语境的动态性在于说话人有目的的选择和选择的可预测性。构式和语境之间的互动体现为“再语境化”的动态过程，具有适应性和交互性。说话人和听话人在社会心理适应机制的引导下选择相应的构式，从而使构式语境随之发生改变，并向有利于实现交际目的的方向推进。

3. 发展趋势

构式化的研究方法呈现多元化趋势，不同的研究路径各具优势，并形成一定的互补性。

首先，构式化倡导构式搭配分析法。构式化在构式语法的理论框架下探讨构式演化，运用构式主义方法研究构式系统演化的特征及规律。这种方法采用精确的统计方法获取丰富、翔实的自然语料，确保数据的准确性，通过比较构式空槽中词素与构式的关联度，观察构式意义演化的规律。

其次，构式化综合运用定性和定量相结合的方法。定性方法和定量方法二者具有互补性，为构式化研究提供了科学严谨的方法论支撑。定量的方法主要运用语料库，观察构式演化的频率和固化程度等问题。Hilpert（2013）使用该方法探讨了英语词汇构词和句法构式演化的频率和规律。定性的方法主要有内省分析法和个案分析法。前者主要对构式演化进行深入分析、建构理论和提出假设，后者则在纵横交错的构式网络中对特定构式的宏观演化和微观演化加以观察和分析，透过动态的、变化的、复杂的语言现象了解构式化的规律。Traugott 和 Trousdale（2013）则运用定性方法分析构式化的规律和特征。

最后，共时和历时相结合的方法。语言的发展和演化是历时和共时变化共同作用的结果，共时研究可以印证历史演化的轨迹。因此，要了解一个语言结构并对其加以阐释，就必须先了解它的历时演化规律（Bybee 2007: 945）。正如Givón（1979: 12）所言："如果不去考察语言的历时演化过程，就很难把握共时句法结构的脉搏。"总之，语言的共时和历时研究是紧密联系、相辅相成、互相促进的。要研究构式化的特点，就不能忽视共时的描写与解释。只有把构式化研究中的各种方法整合起来，才能全面、整体地解释构式化的机制与动因。

结合以上研究方法，未来的构式化研究可以从以下几个方面展开：

第一，构式的形式不仅包括形态与句法特征，还包括音系和韵律特征。从历时角度看，韵律也是构式形式和意义演化的一个重要因素。韵律、句法和语义的相互作用会导致构式演化，由此产生新构式，这本身就是一个构式化的过程。韵律对构式化的作用以及韵律对构式演化的制约等将会是构式化的一个重要课题。

第二，基于使用的构式语法观把语言看成是人类在交互过程中对意义的识解过程，即 Diessel（2019）所强调的语言的意义和结构是在交互过程中建构的。语言结构的涌现是社会语境中实际语言使用实例的再现。这就意味着只有在社会语境下通过交互意义的识解过程，才能把语言结构恰当地例示化。早期人类原始语通过特定的构式化实现，其涌现主要靠的是社会语境的认知能力和基于语用的意义识解能力。构式在交互过程中涌现，固化为稳定的语言知识，并通过构式化在语言社团中普遍使用。如果构式涌现中的交互认知因素被视为原始语产生的前提，那么构式在交互过程中的认知基础和进化基础是非常值得探讨的问题（Pleyer 2017）。

第三，演化语言学可以借鉴构式语法理论和认知语言学研究的思想，这也成为构式化研究的一种新思路。从进化论角度探讨构式化的产生，既是构式语法理论本身发展的需要，也是语言历时与认知发展的必然要求。历时构式语法主要探讨构式的演化路径、机制及动因，旨在发现构式产生和演化的规律，进而揭示人类的认知能力，这与演化语言学的研究思路是一致的。纵观以往的研究，从进化论角度探寻构式的产生，以揭示构式形式与意义演化的特征与规律，已成为构式化研究的重要话题。进化论视角下的构式化研究关注的主要课题包括：构式为何会发生演化、发生了怎样的演化，其演化的机制和动因是什么？类比化、新分析、梯度性、渐变性、瞬时性、交互性、适应性（adaptation）和扩展适应性（exaptation）等因素对构式化产生了怎样的影响？

构式化体现了认知语言学的认知的承诺和概括的承诺，为认知语言学的历时研究提供了新的研究方法，标志着语言的历时研究迈向了一个新台阶。构式化基于使用的构式演化模型突破了传统语言演化研究中词汇和语法的对立状态，把词汇和语法看作一个连续体，实现了语言演化研究在理论上的突破与创新（Traugott 2014）。构式化作为一种新兴的语言演化研究思路，其理论解释力需要跨语言历时研究的反复检验，其研究维度需要在语言不同层面不断进行融合和创新。构式化与音系学、韵律学、演化语言学等领域的整合研究具有广阔的前景。这些跨领域的研究有助于深化构式化的理论体系，扩展构式化的研究维度。构式化的整体论思想和连续体的研究路径开辟了语言演化研究的新方法，有利于推动认知语言学理论在历时体系方面的完善与发展。

（编者：贵州师范大学/杨旭）

参考文献

Barðdal, J., Smirnova, E., Sommerer, L., & Gildea, S. 2015. *Diachronic Construction Grammar*. Amsterdam/Philadelphia: John Benjamins.

Barlow, M., & Kemmer, S. 2000. *Usage-based Models of Language*. Stanford, CA: CSLI Publ.

Bergs, A., & Diewald, G. (eds.). 2009. *Contexts and Constructions*. Amsterdam: John Benjamins.

Bybee, J. L. 2007. Diachronic linguistics. In Geeraerts, D., & Cuyckens, H. (eds.), *The Oxford Handbook of Cognitive Linguistics* (pp. 945—987). Oxford: Oxford University Press.

Bybee, J. L. 2010. *Language, Usage and Cognition*. Cambridge: Cambridge University Press.

De Smet, H. 2009. Analysing reanalysis. *Lingua*, 119(11): 1728—1755.

Diessel, H. 2019. *The Grammar Network: How Linguistic Structure Is Shaped by Language Use*. Cambridge: Cambridge University Press.

Fischer, O. 2007. *Morphosyntactic Change: Functional and Formal Perspectives*. Oxford: Oxford University Press.

Givón, T. 1979. *On Understanding Grammar*. London: Academic Press.

Hilpert, M. 2013. *Constructional Change in English: Developments in Allomorphy,*

Word Formation, and Syntax. Cambridge: Cambridge University Press.

Hilpert, M. 2021. *Ten Lectures on Diachronic Construction Grammar*. Leiden/Boston: Brill.

Hudson, R. A. 2007. *Language Networks: The New Word Grammar*. Oxford: Oxford University Press.

Joseph, B. D. 2004. Rescuing traditional linguistics from grammaticalization theory. In Fischer, O., Norde, M., & Perridon, H. (eds.), *Up and Down the Cline—The Nature of Grammaticalization* (pp. 45—71). Amsterdam: John Benjamins.

Lightfoot, D. 1999. *The Development of Language: Acquisition, Change, and Evolution*. Oxford: Blackwell.

Norde, M., & van de Velde, F. 2016. *Exaptation and Language Change*. Amsterdam: John Benjamins.

Pleyer, M. 2017. Protolanguage and mechanisms of meaning construal in interaction. *Language Sciences*, 63: 69—90.

Rostila, J. 2004. Lexicalization as a way to grammaticalization. In Fred, K. (ed.), *Proceedings of the 20th Scandinavian Conference of Linguistics*, Helsinki, January 7—9.

Saussure, F. 1959. *Course in General Linguistics*. New York: McGraw-Hill.

Sommerer, L., & Smirnova, E. 2020. *Nodes and Networks in Diachronic Construction Grammar*. Amsterdam: John Benjamins.

Traugott, E. C. 2014. Toward a constructional framework for research on language change. *Cognitive Linguistic Studies*, 1(1): 3—21.

Traugott, E. C., & Trousdale, G. 2010. *Gradience, Gradualness and Grammaticalization*. Amsterdam/Philadelphia: John Benjamins.

Traugott, E. C., & Trousdale, G. 2013. *Constructionalization and Constructional Changes*. Oxford: Oxford University Press.

刘瑾、杨旭. 2017. 论构式化的基本特征. 外语研究，(3)：30—34.

文旭、杨坤. 2015. 构式语法研究的历时取向——历时构式语法论纲. 中国外语，(1)：26—34.

文旭、杨旭. 2016. 构式化：历时构式语法研究的新路径. 现代外语，(6)：731—741.

构式语法
（Construction Grammar）

1. 引言

构式语法，也称构式主义方法（constructionist approaches），是认知语言学理论体系的重要组成部分（Goldberg 2013, 2019）。构式语法不是指某个单一的语法理论，而是由多种理论构成。构式语法理论发端于20世纪80年代末Fillmore、Kay等学者对习语的研究，是在反思和批判生成语法及其衍生的其他语法知识模型的基础上产生、发展起来的（Croft & Cruse 2004: 225）。这些语法知识模型主要包括描写语言学、生成语言学、成分模型理论、统一语法和框架语义学等（牛保义等 2020）。经过近40年的发展，构式语法的理论研究已日趋成熟。目前已经形成两大主要派系：基于形式主义的构式语法理论和基于使用模型的构式语法理论（Hoffmann & Trousdale 2013）。前者主要包括Fillmore和Kay等的伯克利构式语法（Berkeley Construction Grammar）、Sag等的基于符号的构式语法（Sign-based Construction Grammar）、Steels等的流变构式语法（Fluid Construction Grammar）及Bergen等的具身构式语法（Embodied Construction Grammar），后者则由Lakoff和Goldberg的认知构式语法、Langacker的认知语法以及Croft的激进构式语法等组成。

2. 主要思想

构式语法是在对转换生成语法批判的基础上产生、发展起来的。生成语法推崇语言“模块观”，主张把语言知识切分成若干各自独立的子模块，如音位模块、句法模块、语义模块等。每一子模块都包含不同的适用规则，如音位规则控制句子的声音结构，句法规则控制句子的句法结构，语义规则控制句子的意义等，不同模块通过连接规则（linking rules）建立联系（见图1）。因此，生成语法认为研究语法就是研究“词汇与规则”（words and rules）。“模块观”极力推崇“组构原则”。根据“组构原则”，一个结构的意义是该结构直接组成成分的意义和组构规则的函数（文旭 2017）。这一原则对规则结构具有较强的解释力，但是对习语等不规则结构则显得无能为力。对此，生成语法学家认为语言结构有“核心－边缘”之分，主张语法研究应该着眼于可用规则推导的“核心现象”，而将习语等不规则的结构置于“边缘”。这种做法遭到了认知语言学家的强烈批判。构式语法正是发端于Fillmore等对习语等不规则结构的研究。

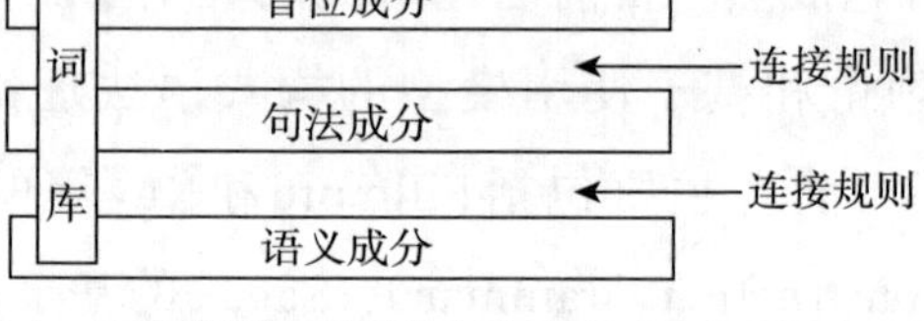

图1　语言模块观模型（改编自Croft 2001: 15）

1988年，Fillmore等以let alone为例，在《语言》杂志上发表《语法构式中的规则化和习语化——以let alone为例》一文，该文对构式语法研究具有里程碑意义，系构式语法的奠基之作，标志着构式语法的诞生。Fillmore等（1988）研究发现，习语并不像生成语法的倡导者们所说的那样数量很少，可直接放入词库处理；相反，在各种语言中习语均大量存在，且具有数量大、结构性强、能产性高的特点。他们认为，习语等不规则结构同样可以被合理地解释，是语言研究不可回避的现象。此外，他们还主张，习语的意义并不能从其组成部分的意义中预测出来，对其理解需要参照整个结构的意义，即构式义。在此基础上，Kay和Fillmore（1999）通过对WXDY（What is X doing Y?）构式的研究，试图建立一个统一的构式语法理论分析框架，对语言的各个层面做出全面的、整体的解释。伯克利构式语法理论应运而生。

伯克利构式语法是一个单层级的、以限制为基础的、非派生的语法理论模型。该理论摒弃了生成语言学从“词汇与规则”原则研究语法的观点，坚持从句法、语义和语用的互动研究语法，主张采用“自下而上”的研究方法，从语言的个案实例出发，逐渐对普遍的语言现象做出合理的分析与解释。Kay和Fillmore（1999）认为，语言中存在着复杂的、特殊的语法构式。构式是语言形式和意义的规约性配对。它们既具备普通相关构式的特征，又有其独特的句法、语义和语用特征。表征言者大脑中语言知识的最好办法就是构式。构式是一种图式性习语，图式性习语的句法和语义特征是不能用一般的句法规则、语义规则和语用规则来推知的。由此可以归纳出伯克利构式语法的主要贡献在于：（1）打破了生成语法对语言现象“核心－边缘”的二分法，确立了习语在语法研究中的“中心”地位；（2）提出构式是象征单位之说，认为构式不仅包括句法、语义信息，还包括语用等信息；（3）构式实例、半图式构式和图式性构式之间存在允准和继承的关系。伯克利构式语法学家力图描述语言中所有类型的结构，打破“核心－边缘”之分，承诺对语言中规则和不规则的表达做出统一的描写和解释。正如Goldberg（2006: 14）所言，“对语言中非核心结构的研究有利于加深对语言的了解，因为解释非核心结构的理论机制同样也可以用来解释核心结构。”

Fillmore和Kay是最早提出构式语法的学者之一。尽管Fillmore和Kay等开创的构式语法理论意义重大，影响深远，但仍不能将其纳入“语法的认知研究”（cognitive approaches to grammar）范畴之内。因为伯克利构式语法是基于形式主义的构式语法理论。Fillmore等的研究仍然是在生成语言学理论框架下进行的（Croft & Cruse 2004: 266），带有浓厚的形式主义色彩，其工作假设是生成语言学主张的普遍语法（Evans & Green 2006: 659），特别是他们所倡导的中心语驱动短语结构语法（Head-Driven Phrase Structure Grammar）更是一种非转换单层语法模型。换句话说，伯克利构式语法不是基于使用的语法模型，因此不能将其纳入“语法的认知研究”范畴。即便如此，Fillmore和Kay等的研究依然具有开创性意义，为后来的构式语法理论研究奠定了基础。

与伯克利构式语法相比，基于使用模型的构式语法理论则完全属于“语法的认知研究”范畴。其理论主要包括Lakoff和Goldberg的认知构式语法理论、Langacker的认知语法思想以及Croft的激进构式语法理论等。其主要目标是对语言知识表征提供解释，并将其理论应用于语言加工、语言习得、语言演化和心理学等交叉领域。

Lakoff是最早接触构式语法的学者之一。“构式语法”思想最初便源自于1977年Lakoff在芝加哥语言学年会上提交的《语言格式塔》（linguistic gestalts）一文。在该文中，Lakoff首次把心理学中的“格式塔”概念引入语言学研究，并提出整体的意义不是部分意义的简单相加。这一观点对后来的构式语法研究产生了深远的影响。Lakoff（1987）在其所著的《女人、火与危险事物——范畴显示的心智》一书中对英语There-构式的句法和语义条件进行了详细的研究，进一步明确了构式语法的研究思路。Lakoff的构式语法理论以认知为基础，是从生成语义学和格语法理论中演变而来。其理论主要是基于对英语There-构式的研究（Lakoff 1987）。相比于生成语法理论和普通短语结构语法理论，Lakoff认为以认知为基础的语法理论能够对*There*-构式的复杂性做出更为充分的解释。通过对*There*-构式的研究，可以发现：构式不仅仅是一种副现象，而且是认知的一部分，语法和词汇之间没有截然分明的界限，而是一个连续体。语法不是一个独立的模块，而是与典型范畴化、认知模型和心智空间等认知因素紧密联系。同时，语义是语法的基础，语法里面包含着语用因素，语法构式的意义不是其组成部分的简单相加，而是以其组成部分的意义为理据。Lakoff把构式定义为形式和意义的配对。形式指的是一组句法和音位条件；意义是指一组意义和用法条件。由此可见，一个构式里面不仅有句法因素还应该包括语义和语用因素。另外，Lakoff认为一个语法构式的形式并不是独立于意义，而是有其动因的、有理可据的，对语法构式意义的描写应当参照心智空间、隐喻、转喻和理想化认知模型等。Lakoff的构式语法理论对后来构式语法的发展，特别是Goldberg的认知构式语法思想具有较大的启迪意义。

在Fillmore和Lakoff等人的基础上，Goldberg继承和发展了构式语法理论。Goldberg本人也成为构式语法研究的集大成者。她开创的认知构式语法是目前为止最为完善、解释力最强的构式语法理论之一。其理论思想集中体现在Goldberg的两部著作中：一是认知构式语法的奠基之作《构式——论元结构的构式语法研究》(1995)。该书主要以语言学、语言习得、计算机科学领域的研究为基础，强调语法构式在语言知识构建中的重要作用，认为构式本身具有特殊的意义，并着重研究了动词与构式的互动关系，以及构式之间的继承关系，最后以双及物构式、动结构式、使动构式和*Way*构式为例对其理论进行了详细的阐释，为论元结构构式形式和意义的理据性提供了一个很好的解释。二是《运作中的构式——语言概括的本质》(2006)。该书基于对语言的概括过程、构式的学习理论以及形式和功能之间关系的研究，进一步完善了构式语法理论体系。总体而言，Goldberg的认知构式语法理论主要聚焦构式的界定、构式关系及构式义的来源等问题。

在构式的定义这一问题上，Goldberg继承了Fillmore、Kay和Lakoff的“构式观”。她对构式及其研究范围的界定是一个不断修正的过程。Goldberg（1995: 4）认为，构式是“形式一意义配对体，构式形式或意义的某一方面不能严格从其组构成分或其他先前已存在的构式中推知”。这一定义突显了构式的整体性，强调了构式本身具有意义。由此可知，衡量构式的标准主要包括形式一意义配对体和不可预测性两个方面。但是，“不可预测性”这一限定条件的设定遭到了学界的质疑（Langacker 2005）。在Langacker等学者的影响下，Goldberg（2003, 2006）对构式定义进行了修订，将构式重新定义为“形式一功能的配对体”，并且只要其形式或功能的某些方面不能从其构成成分或其他已有的构式中严格地预测出来，便可看作是构式。此定义将构式的范围进一步扩大。构式便成了从词素到句子乃至语篇的连续体。但是，由此以来，语言中的构式数量就变得十分庞大，这与语言的经济性原则和构式的有限性相悖，同样也遭到了许多学者的质疑（陆俭明 2016）。词素和词究竟是否应该纳入构式的范畴，至今仍是一个争议的话题。Goldberg（2013）又将构式定义为“具有不同复杂性和抽象程度的规约化的、学得的形式一功能配对体”（见表1），这一定义在一定程度上修补了上述问题。最近，Goldberg（2019）又从心理学的角度对构式进行了新的定义：“构式被理解为有损记忆痕迹的浮现集，这些有损记忆痕迹基于共享的形式、功能和语境空间而在超维概念空间中相互匹配。”

表1　复杂和抽象程度不同的构式（改编自Goldberg 2013: 3）

Construction	Examples
Word	Iran, another, banana
Word (partially filled)	pre-N, V-ing
Idiom (filled)	Spill the beans, kick the bucket
Idiom (partially filled)	Break one’s leg

续表

Construction	Examples
Idiom (minimally filled) The Xer the Yer	The harder you work the higher score you'll get.
Ditransitive construction: Subj V Obj1 Obj2 (unfilled)	He gives me a book.
Passive: Subj aux VPpp (PPby) (unfilled)	Tom was hit by his parents.

总之，在构式界定和研究范围这一问题上，学界仍存有不少争议。但是可以明确的是，构式是形式－意义/功能的配对体，是语言的基本单位。至于构式的范围，具体可视研究者的研究对象和研究范围而定。

构式的关系问题是认知构式语法研究的另一焦点问题，可大致分为构式内部关系和构式外部关系两部分。构式内部关系是指词项与构式之间的关系，主要指构式中的“压制现象”。构式外部关系是指构式与构式之间的关系。

Goldberg（1995）认为，词项和构式之间具有互动关系。一方面，句子的意义取决于句中词项义与构式义之间互动；另一方面，当词项意义与句子意义发生冲突或者不匹配时，构式会对词项施压迫使其产生跟句子相关联的意义（Goldberg 1995: 238）。Goldberg（1995）从动词的“参与者角色”和构式的“论元角色”论述了词项与构式的关系。她认为，理想状态下，参与者角色和论元角色在遵循“语义连贯原则”和“对应原则”的情况下是融合的，两者共同作用产生句子意义。当构式和词项之间发生冲突或者语义不匹配时，构式会压制词项使其增添或消减参与者角色，以达到词项意义与句子意义相匹配的目的。这就是构式语法中所说的“压制现象”。“压制”指的是构式会对进入到该构式中的词项义施加某种力量，迫使其与构式义相融合（Michaelis 2004）。例如：

（1）He *sneezed* the napkin off the table.

此例中sneeze原本是一价动词，当其进入使动构式时，构式迫使sneeze改变自身的论元角色，实现论元增容（由一价动词变为三价动词），从而获得“使动”的意义，实现了与构式论元角色的融合。Goldberg（1995）强调构式对词项的制约作用，但一定程度上忽视了词项对构式的作用。因此有学者提出构式与词项之间存在“双向互动”关系（Panther & Thornburg 2004；王寅 2011），并据此提出了“构式压制”和“词汇压制”共存的观点。具体而言，倘若在一个句子中构式起主导作用，就是“构式压制”；倘若词汇起主导作用，则可称为“词汇压制”（王寅 2011）。

在构式之间的关系这个问题上，Goldberg（1995）认为，构式之间存在继承关系。构式并非孤立地存在于语言之中。构式之间构成一个复杂的、结构化的分类层级网络。构式之间主要存在四种继承连接关系：多义连接、部整连接、实例连接、隐喻扩展连接（Goldberg 1995：75—81）。其中，多义连接是指构式具有多义性特征，构式的典型义和非典型义共同组成了一个紧密联系的构式家族（王寅 2011：288）。部整连接是指构式之间存在部分与整体的关系。实例连接主要是指抽象程度不同的构式，具体包括构式实例、半图式构式和图式性构式等。隐喻扩展连接是指一个构式可能是由另外一个构式通过隐喻扩展的方式得来的。构式通过这四种连接方式形成构式整体网络系统。以双及物构式为例，Goldberg（1995: 75—76）讨论了双及物构式的六种构式义：

a. X致使Y收到Z；例如：He gave Sally the ball.

b. 条件的满足蕴含“X致使Y收到Z”；例如：Joe promised Bob a car.

c. X致使Y能收到Z；例如：He permitted Chris an apple.

d. X致使Y收不到Z；例如：Joe refused Bob a cookie.

e. X有意致使Y收到Z；例如：Joe baked Bob a cake.

f. X做出动作致使Y在未来的某个时间收到Z；例如：Joe bequeathed Bob a fortune.

Goldberg（1995）认为，以上义项中“X致使Y收到Z”是双及物构式的中心义，其他义项是基于该构式义的隐喻延伸。由此产生的一个问题是：构式的中心义是如何而来的？对此，Goldberg提出了“场景编码假设”（Scene Encoding Hypothesis），该假设认为“与基本句子类型相对应的构式把与人类经验有关的基本事件类型编码为这些构式的中心意义”（Goldberg 1995: 39）。这一假设有一定说服力，Goldberg也找到了部分心理学和二语习得等方面的证据。但是，事实是否如此还需要更多的语言事实证明。

除了认知构式语法外，Langacker的认知语法在某种程度上也可以看成是一种构式语法理论（文旭 2011）。也有学者（Evans & Green 2006）将认知语法和语法的认知研究（这里不包括认知语法）统称为基于清单的语法研究模型（Inventory-Based Approaches to Grammar）（见图2）。

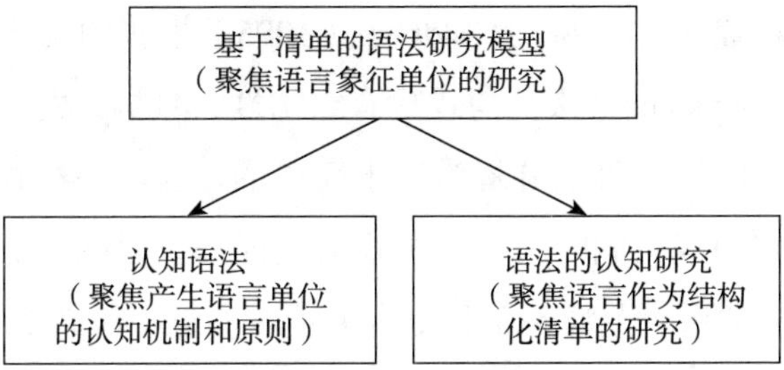

图2 基于清单的语法研究模型（改编自Evans & Green 2006: 482）

认知语法的思想集中体现在Langacker的专著《认知语法基础——理论前提》（1987）和《认知语法基础——描写应用》（1991）中。这两部著作对认知语法的主要理论框架进行了详尽而系统的论述，奠定了认知语法的理论基石。Langacker（2007）认为，认知语法和Goldberg等所倡导的认知构式语法具有较高的相似度，在一些理论问题上观点基本相同，两种认知语言学理论并行发展。上文已经提及，认知语法和构式语法同属于“语法的认知研究”范畴。它们在以下观点上是一致的：构式应该是语言描写的首要对象，而不是规则或原则；词汇和语法不是孤立的，而是构成了一个词汇－语法连续体；构式之间通过继承网络和范畴关系连接，等等。尽管有较多相似之处，两者的差别也是显而易见的。

Langacker（1987）认为语言是由规约化的象征单位（音义配对体）组成的结构化清单。词汇和语法结构都是象征单位，都有语义极和音位极，其差别仅体现在复杂性、图式性和规约性上。Langacker对构式的定义不同于Goldberg。他认为，构式是语言运用的基本单位，两个或者两个以上的元素构成的象征单位才能称之为构式。在构式关系上，Langacker认为，从简单构式到复杂构式是一个构式连续体。构式又可以分为图示构式和实例构式，两者之间为图式－实例关系（schema-instance relation），图式构式表征实例构式的共同特征，实例构式是图式构式的具体例子。此外，构式还可以分为典型构式和非典型构式。其实这里的典型和非典型与Goldberg（1995）主张的构式的多义连接基本相似。Langacker主张，构式具有组构性，且构式的组构是层级性的。一个复杂的构式可以分解为若干简单的、较小的构式，是由若干简单构式汇聚而成；同时，一个构式的组成部分之间的对应关系主要有三种：象征关系、范畴关系和组合关系（参见牛保义2011：119）。

Taylor也是认知语法研究的主要代表人物之一。他在自己2002年的专著《认知语法》中也详细论述了认知语法的构式观。Taylor（2002）将构式定义为“任何具有若干组成成分的语言结构形式”。这样一来，构式就包括音位构式、语义构式和象征构式。构式之间主要具有以下三种关系：图式－实例关系、部分－整体关系和基础关系（Taylor

2012: 123）。Langacker和Taylor对构式语法的探索虽然与Goldberg等的研究存在一定的分歧，但无疑都促进了构式语法理论的发展。

Croft是另外一位构式语法研究的杰出代表。他认为语言研究应该以语言多样性（特指类型学差异）为出发点，建立一个能够解释和分析所有语言类型的理论模型。此观点正好与认知语言学家信奉的"概括的承诺"不谋而合。在此基础上，Croft创立了激进构式语法，其思想集中体现在他的专著《激进构式语法——类型学视角的句法理论》（2001）中。

激进构式语法认为，构式是句法表征的基本单位，从词素、习语、词汇到句法规则和语义规则都可以看作构式。所有语法结构都可以用构式统一来表征，由此便形成了词汇－句法连续体（见表2）。

表2　词汇－句法连续体（Croft 2001: 17）

Construction type	Traditional name	Examples
Complex and (mostly) schematic	**syntax**	[SBJ *be*-TNS VERB-*en by* OBL]
Complex and (mostly) specific	**idiom**	[*pull*-TNS NP-'s *leg*]
Complex but bound	**morphology**	[NOUN-s], [VERB-TNS]
Atomic and schematic	**syntactic category**	[DEM], [ADJ]
Atomic and specific	**word/lexicon**	[*this*], [*green*]

Croft的构式语法理论之所以被称为激进构式语法理论主要和以下特征有关（参见Evans & Green 2006: 694—697）。

首先，激进构式语法摒弃"句法范畴是句法表征的基本单位"的假设，主张构式是句法表征的基本单位。构式的形式可以简单，也可以复杂；其意义可以具体，也可以抽象。一旦离开构式，句法范畴就失去了独立性。如此看来，构式是语法的原始单位，词汇则成了副现象。其次，激进构式语法分析模型剔除了构式的句法关系，即构式句法成分之间的关系。其唯一承认的句法关系是部分－整体关系。换言之，它不承认有独立于构式的语法关系（语法功能）存在。构式的形式和意义由象征关系连接。最后，Croft将类型学的概念空间和语义地图模型引入到句法研究之中，以探求概念系统跨语言的普遍性，认为现存跨语言的语法结构形式是以意义为理据的。

综上所述，尽管不同进路的构式语法理论在构式界定、构式与词项的互动及构式之间的关系等问题上有较大的差别。但是这些理论都被称为“语法的认知研究”，因为它们有着共同的工作假设和理论原则。首先，基于使用的构式语法理论都倡导语言的“象征观”，即是说，象征单位（形—义配对体，即构式）是语法的基本单位（见图3）。由此以来，构式兼顾词汇—语法连续体两端，词汇、形态和句法形成一个渐变的连续体。其次，语法是结构化象征单位的清单，而不是生成语法所倡导的一套规则或原则（Evans & Green 2006: 481）。语法知识由构式所表征。构式所构成的有组织、有理据的网络系统，就代表着语言知识的总和。最后，基于使用的构式语法理论之所以被称为基于使用的构式语法理论是因为它们都坚持“基于使用的语言观”（the usage-based thesis），即语言知识源于语言使用（Langacker 1987; Barlow & Kemmer 2000; Bybee 2006, 2010, 2013; Bybee & Beckner 2010; Diessel 2015; Perek 2015; Noël 2016; Green 2017）。因此，构式语法学家基本不区分语言知识和语言运用，而是倡导语言知识就是语言如何被使用的知识。虽然由不同的理论组成，基于使用的构式语法理论都遵守上述工作假设。

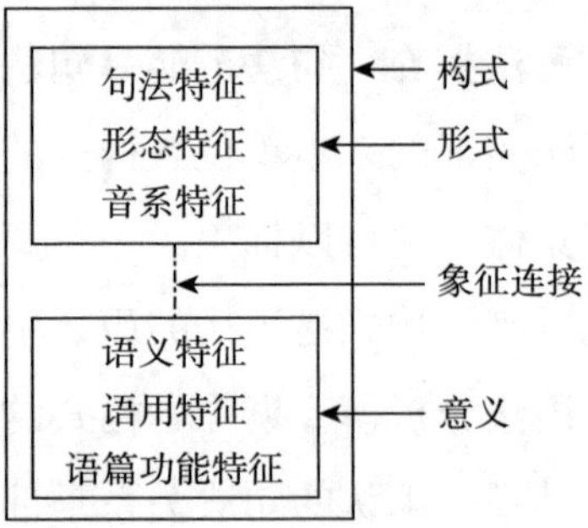

图3 构式的形—义内涵（Croft & Cruse 2004: 188）

除了上述主要构式语法流派外，构式语法理论体系还包括Bergen和Chang等的“具身构式语法”（见Bergen & Chang 2005, 2013）、Steels等的“流变构式语法”（见Steels 2011, 2012, 2013, 2017; Steels & van Trijp 2011; van Trijp 2014; Steels & Szathmáry 2016等）、Sag和Michaelis等的“基于符号的构式语法”（见Sag 2012; Boas & Sag 2012; van Trijp 2013; Michaelis 2015; Müller 2017等）、“互动构式语法”（见Imo 2015；施春宏 2018等）以及多模态构式语法（Hoffmann 2021）等。它们都是构式语法家族的一员（见图4）。

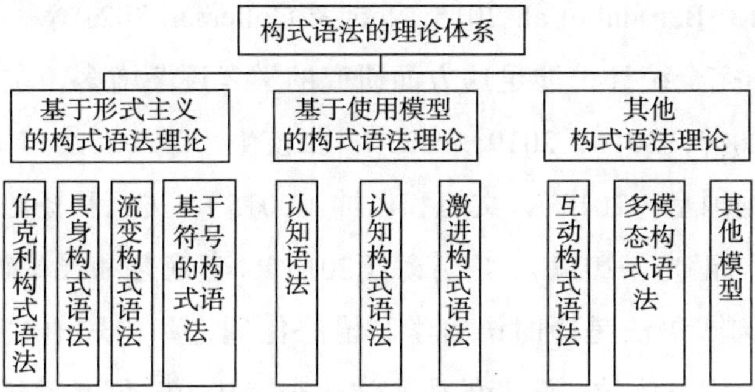

图4　构式语法的理论体系

目前，构式语法的理论研究已日趋成熟，呈现出百花齐放、百家争鸣的局面。构式语法理论研究除了聚焦构式的界定、构式关系及构式义的来源等原有课题和研究领域外，还继续深化和拓展其他研究领域和研究课题，包括构式语法与认知语言学其他理论，如隐喻、转喻、概念整合等理论的融合。

3. 发展趋势

近年来，在认知语言学出现“量化转向”和“社会转向”趋势（Croft 2016; Geeraerts 2016; Langacker 2016; Schmid 2016; Wen &

Taylor 2021）的大背景下，构式语法无论在理论研究，还是应用研究均呈现了新的发展态势。当前，构式语法共时维度的研究已经取得了有目共睹的成绩，形成了许多理论成果，而历时方面的研究成果相对较少，且缺乏系统性和全面性（文旭、杨坤 2015）。国际语法学界的一个研究趋势是从历时角度讨论构式内部的变化和新构式的产生，并提出了历时构式语法（Diachronic Construction Grammar）这一新的研究路径（如 Noël 2007, 2016; Traugott & Trousdale 2010, 2013, 2014; Barðdal 2011; Trousdale 2012; Trousdale & Norde 2013; Fried 2013; Hilpert 2013; Barðdal et al. 2015; Noël & Colleman 2021 等）。在国内，据 CNKI 不完全统计，涉足这方面研究的学者逐渐增多，主要成果包括彭睿（2009，2016，2019，2021）、张谊生（2010，2017）、杨永龙（2011）、龙国富（2013）、文旭和杨坤（2015）、文旭和杨旭（2016）、王雅刚和刘正光（2017）、詹芳琼（2017）、李艳芝和吴义诚（2018）等。历时构式语法是历时语言学、语法化理论和构式语法结合的产物，主张运用整体的、渐变的语言演化观，从历时角度考察构式的演化过程、途径及其动因，以发现构式形成和演化的一般规律，进而揭示人类的认知规律。

历时构式语法研究主要涉及四个中心课题：构式化、构式的组构性、构式的图式性、构式的多义性（参见文旭、杨坤 2015）。“语法的认知研究”还包括语言演化研究（如语法化、词汇化、语用化、习语化等）。构式语法框架下的语言演化研究已经成为历时研究的一种新趋势，得到越来越多的关注（Hilpert 2017, 2019）。构式语法重视对现实语言现象的描写与解释。语料的真实性便成了一个重要的问题。语料库驱动的构式语法研究也越发成为一种趋势（Yoon & Gries 2016）。语料库驱动的构式语法研究对证实或证伪构式语法的有关假设具有关键作用。

构式语法理论应用研究的广度和深度都在不断扩展和深化。主要体现在构式语法理论在二语习得、语言教学、翻译等领域的应用，以及对基于构式语法理论的跨学科、跨领域的探索（施春宏 2017；文旭、司卫国 2021），如构式语法在社会语言学、心理语言学、神经科学等领域的应用。一方面，应用研究可以证实或证伪构式语法理论的有关假设；另一方面，应用研究可以反哺于理论研究，进一步改进和完善构式语法理论。此外，汉语的构式语法研究也成为热点之一。越来越多的汉语界和外语界学者将构式语法理论应用到汉语的研究之中，以推动构式语法研究的本土化，为汉语研究提供一种新的研究视角和思路。

诚然，构式语法无论在理论研究，还是在应用研究方面均已经取得了丰硕成果。但是，构式语法的很多理论尚处于假设阶段，其科学性还需要更多语料和跨语言事实验证。构式语法在研究方法、研究内容、研究领域及其应用等方面仍要进一步深入挖掘和探索。

（编者：西南大学/司卫国）

参考文献

Barðdal, J. 2011. The rise of dative substitution in the history of Icelandic: A diachronic construction grammar account. *Lingua*, 121(1): 60－79.

Barðdal, J., Smirnova, E., Sommerer, L., & Gildea, S. 2015. *Diachronic Construction Grammar*. Amsterdam/Philadelphia: John Benjamins.

Barlow, M., & Kemmer, S. 2000. *Usage-based Models of Language*. Stanford: CSLI Publications.

Bergen, B., & Chang, N. 2005. Embodied construction grammar in simulation-based language understanding. In Östman, J., & Fried, M. (eds.), *Construction Grammars: Cognitive Grounding and Theoretical Extensions* (pp.147－190). Amsterdam/

Philadelphia: John Benjamins.

Bergen, B., & Chang, N. 2013. Embodied construction grammar. In Hoffmann, T., & Trousdale, G. (eds.), *The Oxford Handbook of Construction Grammar* (pp. 168—190). Oxford: Oxford University Press.

Boas, H. C., & Sag, I. 2012. *Sign-based Construction Grammar*. Stanford: CSLI publications.

Bybee, J. 2006. From usage to grammar: The mind's response to repetition. *Language*, 82(4): 711—733.

Bybee, J. 2010. *Language, Usage and Cognition*. Cambridge: Cambridge University Press.

Bybee, J. 2013. Usage-based theory and exemplar representations of constructions. In Hoffmann, T., & Trousdale, G. (eds.), *The Oxford Handbook of Construction Grammar* (pp. 49—69). Oxford: Oxford University Press.

Bybee, J., & Beckner, C. 2010. Usage-based theory. In Heine, B., & Narrog, H. (eds.), *The Oxford Handbook of Linguistic Analysis* (pp. 953—980). Oxford: Oxford University Press.

Croft, W. 2001. *Radical Construction Grammar: Syntactic Theory in Typological Perspective*. Oxford: Oxford University Press.

Croft, W. 2016. Typology and the future of cognitive linguistics. *Cognitive Linguistics*, 27(4): 587—602.

Croft, W., & Cruse, D. A. 2004. *Cognitive Linguistics*. Cambridge: Cambridge University Press.

Diessel, H. 2015. Usage-based construction grammar. In Dabrowska, E., & Divjak, D. (eds.), *Handbook of Cognitive Linguistics* (pp. 296—322). Berlin: Mouton de Gruyter.

Evans, V., & Green, M. 2006. *Cognitive Linguistics: An Introduction*. Edinburgh: Edinburgh University Press.

Fillmore, C. J., Kay, P., & O'Connor, M. C. 1988. Regularity and idiomaticity in grammatical constructions: The case of *let alone*. *Language*, 64(3): 501—538.

Fried, M. 2013. Principles of constructional change. In Hoffmann, T. & Trousdale, G. (eds.), *The Oxford Handbook of Construction Grammar* (pp. 418—437). Oxford: Oxford University Press.

Geeraerts, D. 2016. The sociosemiotic commitment. *Cognitive Linguistics*, 27(4): 527—542.

Goldberg, A. E. 1995. *Constructions: A Construction Grammar Approach to Argument Structure*. Chicago: The University of Chicago Press.

Goldberg, A. E. 2003. Constructions: A new theoretical approach to language. *Journal of Foreign Languages*, (3): 1—11.

Goldberg, A. E. 2006. *Constructions at Work: The Nature of Generalization in Language*. Oxford/New York: Oxford University Press.

Goldberg, A. E. 2013. Constructionist approaches. In Hoffmann, T., & Trousdale, G. (eds.), *The Oxford Handbook of Construction Grammar* (pp. 14—31). Oxford: Oxford University Press.

Goldberg, A. E. 2019. *Explain Me This: Creativity, Competition and the Partial Productivity of Constructions*. Princeton/Oxford: Princeton University Press.

Green, C. 2017. Usage-based linguistics and the magic number four. *Cognitive Linguistics*, 28(2): 209—237.

Hilpert, M. 2013. *Constructional Change in English: Developments in Allomorphy, Word Formation, and Syntax*. Cambridge: Cambridge University Press.

Hilpert, M. 2017. Historical sociolinguistics and construction grammar: From mutual challenges to mutual benefits. In Säily, T., Nurmi, A., Palander-Collin, M., & Auer, A. (eds.), *Exploring Future Paths for Historical Sociolinguistics* (pp. 217—237). Amsterdam/Philadelphia: John Benjamins.

Hilpert, M. 2019. *Construction Grammar and Its Application to English* (2nd ed.). Edinburgh: Edinburgh University Press.

Hoffmann, T. 2021. Multimodal construction grammar: From multimodal constructs to multimodal constructions. In Wen, X., & Taylor, J. R. (eds.), *The Routledge Handbook of Cognitive Linguistics* (pp. 78—92). London/New York: Routledge.

Hoffmann, T., & Trousdale, G. (eds.) 2013. *The Oxford Handbook of Construction Grammar*. Oxford: Oxford University Press.

Imo, W. 2015. Interactional construction grammar. *Linguistics Vanguard*, 1(1): 69—77.

Kay, P., & Fillmore, C. J. 1999. Grammatical constructions and linguistic generalizations: The *What's X doing Y?* construction. *Language*, 75(1): 1—33.

Lakoff, G. 1977. Linguistic gestalts. In *Papers from the Thirteenth Regional Meeting of the Chicago Linguistic Society* (pp. 236—287), April 14—16.

Lakoff, G. 1987. *Women, Fire, and Dangerous Things: What Categories Reveal about the Mind*. Chicago: The University of Chicago Press.

Langacker, R. W. 1987. *Foundations of Cognitive Grammar (Vol. I): Theoretical Prerequisites*. Stanford: Stanford University Press.

Langacker, R. W. 1991. *Foundations of Cognitive Grammar (Vol. II): Descriptive Application*. Stanford: Stanford University Press.

Langacker, R. W. 2005. Integration, grammaticization, and constructional meaning. In Fried, M., & Boas, H. C. (eds.), *Grammatical Constructions: Back to the Roots* (pp. 157—189). Amsterdam/Philadelphia: John Benjamins.

Langacker, R. W. 2007. Cognitive grammar. In Geeraerts, D., & Cuyckens, H. (eds.), *The Oxford Handbook of Cognitive Linguistics* (pp. 421—462). Oxford: Oxford University Press.

Langacker, R. W. 2016. Working toward a synthesis. *Cognitive Linguistics*, 27(4): 465—477.

Michaelis, L. A. 2004. Type shifting in construction grammar: An integrated approach to aspectual coercion. *Cognitive Linguistics*, 15(1): 1—67.

Michaelis, L. A. 2015. Sign-based construction grammar. In Heine, B., & Narrog, H. (eds.), *The Oxford Handbook of Linguistic Analysis* (pp. 147—166). Oxford: Oxford University Press.

Müller, S. 2017. Head-driven phrase structure grammar, sign-based construction grammar, and fluid construction grammar: Commonalities and differences. *Constructions and Frames*, 9(1): 139—173.

Noël, D. 2007. Diachronic construction grammar and grammaticalization theory. *Functions of Language*, 14(2): 177—202.

Noël, D. 2016. For a radically usage-based diachronic construction grammar. *Belgian Journal of Linguistics*, 30(1): 39—53.

Noël, D., & Colleman, T. 2021. Diachronic construction grammar. In Wen, X., & Taylor, J. R. (eds.), *The Routledge Handbook of Cognitive Linguistics* (pp. 662—675). London/New York: Routledge.

Panther, K., & Thornburg, L. 2004. The role of conceptual metonymy in meaning construction. *Metaphoric*, 6: 91—116.

Perek, F. 2015. *Argument Structure in Usage-based Construction Grammar: Experimental and Corpus-Based Perspectives*. Amsterdam/Philadelphia: John Benjamins.

Sag, I. A. 2012. Sign-based construction grammar: An informal synopsis. In Boas, H. C., & Sag, I. A. (eds.), *Sign-based Construction Grammar* (pp. 69—202). Stanford,

CA: CSLI Publications.

Schmid, H. 2016. Why cognitive linguistics must embrace the social and pragmatic dimensions of language and how it could do so more seriously. *Cognitive Linguistics*, 27(4): 543—557.

Steels, L. 2011. *Design Patterns in Fluid Construction Grammar*. Amsterdam/Philadelphia: John Benjamins.

Steels, L. 2012. Design methods for fluid construction grammar. In Steels, L. (ed.), *Computational Issues in Fluid Construction Grammar* (pp. 3—36). Berlin: Springer.

Steels, L. 2013. Fluid construction grammar. In Hoffmann, T., & Trousdale, G. (eds.), *The Oxford Handbook of Construction Grammar* (pp. 153—167). Oxford: Oxford University Press.

Steels, L. 2017. Basics of fluid construction grammar. *Constructions and Frames*, 9(2): 178—225.

Steels, L., & Szathmáry, E. 2016. Fluid construction grammar as a biological system. *Linguistics Vanguard*, 2(1): 63—81.

Steels, L., & van Trijp, R. 2011. How to make construction grammars fluid and robust. In Steels, L. (ed.), *Design Patterns in Fluid Construction Grammar* (pp. 301—330). Amsterdam: John Benjamins.

Taylor, J. 2002. *Cognitive Grammar*. Oxford: Oxford University Press.

Taylor, J. 2012. *The Mental Corpus: How Language Is Represented in the Mind*. Oxford: Oxford University Press.

Traugott, E. C., & Trousdale, G. 2010. *Gradience, Gradualness and Grammaticalization*. Amsterdam/Philadelphia: John Benjamins.

Traugott, E. C., & Trousdale, G. 2013. *Constructionalization and Constructional Changes*. Oxford: Oxford University Press.

Traugott, E. C., & Trousdale, G. 2014. Contentful constructionalization. *Journal of Historical Linguistics*, 4(2): 256—283.

Trousdale, G. 2012. Grammaticalization, constructions, and the grammaticalization of constructions. In Davidse, K., Breban, T., Brems, L., & Mortelmans, T. (eds.), *Grammaticalization and Language Change: New Reflections* (pp. 167—198). Amsterdam/Philadelphia: John Benjamins.

Trousdale, G., & Norde, M. 2013. Degrammaticalization and constructionalization: Two case studies. *Language Sciences*, 36: 32—46.

van Trijp, R. 2013. A comparison between fluid construction grammar and sign-based construction grammar. *Constructions and Frames*, 5(1): 88−116.

van Trijp, R. 2014. Long-distance dependencies without filler-gaps: A cognitive-functional alternative in fluid construction grammar. *Language and Cognition*, 6(2): 242−270.

Wen, X., & Taylor, J. 2021. *The Routledge Handbook of Cognitive Linguistics*. London/New York: Routledge.

Yoon, J., & Gries, S. T. 2016. *Corpus-based Approaches to Construction Grammar*. Amsterdam/Philadelphia: John Benjamins.

李艳芝、吴义诚. 2018. [V+非受事NP]表达式的构式演变. 现代外语,(2):147−160.

龙国富. 2013. "越来越……"构式的语法化——从语法化的视角看语法构式的显现. 中国语文,(1):25−34.

陆俭明. 2016. 构式语法理论有待深究的三个问题. 东北师大学报(哲学社会科学版),(4):2−7.

牛保义. 2011. 构式语法理论研究. 上海:上海外语教育出版社.

牛保义、李香玲、申少帅. 2020. 构式语法研究. 北京:外语教学与研究出版社.

彭睿. 2009. 共时关系和历时轨迹的对应——以动态助词"过"的演变为例. 中国语文,(3):212−224.

彭睿. 2016. 语法化·历时构式语法·构式化——历时形态句法理论方法的演进. 语言教学与研究,(2):14−29.

彭睿. 2019. 关于图式性构式历时扩展的理论思考. 语言教学与研究,(2):1−17.

彭睿. 2021. 构式变体和形式异变——"V($X_{无指}$)个VP"构式的产生. 当代语言学,(2):181−201.

施春宏. 2017. 构式语法的理论路径和应用空间. 汉语学报,(1):2−13.

施春宏. 2018. 形式和意义互动的句式系统研究——互动构式语法探索. 北京:商务印书馆.

王雅刚、刘正光. 2017. 构式化中的识解干预. 现代外语,(4):451−462.

王寅. 2011. 构式语法研究(上卷):理论思索. 上海:上海外语教育出版社.

文旭. 2011. 认知语言学事业. 外语与外语教学,(2):1−5.

文旭. 2017. 认知语言学读本. 上海:上海外语教育出版社.

文旭、司卫国. 2021. 中国构式语法研究20年:回顾与展望. 解放军外国语学院学报,(5):43−51.

文旭、杨坤. 2015. 构式语法研究的历时取向——历时构式语法论纲. 中国外语,(1):26−34.

文旭、杨旭. 2016. 构式化：历时构式语法研究的新路径. 现代外语，(6)：731－741.
杨永龙. 2011. 从“形+数量”到“数量+形”——汉语空间量构式的历时变化. 中国语文，(6)：499－513.
詹芳琼. 2017. 汉语连词的构式化进程. 中国语言学报，(1)：104－144.
张谊生. 2010. 试论骂詈语的词汇化、标记化与构式化——兼论演化中的骂詈语在当代汉语中的表达功用. 当代修辞学，(4)：1－13.
张谊生. 2017. 试论“有加”的附缀化与“X有加”的构式化. 中国语文，(3)：299－308.

基于使用的模型
（Usage-based Model）

1.引言

基于使用的模型由Langacker（1987: 46, 494）首先提出。将usage一词译为“使用”，是为了区别于“用法”，表达或然性，强调语言使用中的实例。基于使用的模型强调现实语料是语法系统建构的前提，所有语言结构都具有同等重要的地位。基于使用的模型是狭义认知语言学的重要理论基石，是体验哲学传承和发展的必然产物，也是维特根斯坦“语言游戏”中“意义即使用”思想的延伸和发展。维特根斯坦后期哲学思想的核心观点就是“语言游戏”，主张语言的意义存在于使用中，语词的意义就是它的使用。这一哲学思想的诞生为日常语言在语言学研究中的重要地位奠定了坚实的哲学基础。维特根斯坦的思想对认知语言学的理论发展具有不可磨灭的贡献。例如，维特根斯坦的家族相似性和语言游戏思想经过Rosch等认知心理学家的发展成为认知语言学中的典型范畴理论。体验哲学和认知语言学有着类似维特根斯坦的观点，一是强调客观现实对认识的决定性作用，二是作为现实存在的客观语料在语言研究中占有十分重要的地位。基于使用的模型就是在这样的哲学思想和理论背景下产生的。

2. 主要思想

基于使用的模型主张语法是对语言使用实例的抽象，语言知识是有关语言使用的知识，二者没有本质的区别。Langacker（1987）认为，语言系统的实际使用和语言使用者关于语言使用的知识至关重要，约定俗成的使用知识无论是否可以纳入某种概括原则，都是语法的组成部分。

作为认知语言学的理论基石，基于使用的模型具有与生成语法截然不同的特征。二者的区别具体体现在以下几个方面：

生成语法有三个核心原则。第一，语法具有经济性。生成语法将语言视为一个算术系统，严格遵守"经济"原则。语法是用最简洁、最必要的表达解释尽可能多的语言现象。语法越简单越好，繁冗的描述意味着缺乏恰当的理论抽象和概括。第二，语法具有生成性。语法用全面而明晰的方式解释语言表达如何被构建，并借此得出一套明确的表达式，根据此规则生成的只有合乎语法的表达。第三，语法具有还原性。如果特定结构可以通过语法规则生成，那么它就不能再被列入语法范畴，因为通过规则生成的表达式如果进入语法会造成语法的冗余。

与生成语法不同，基于使用的模型有三个特点：繁复性（maximalist）、自下而上（bottom-up）和非还原性（non-reductionism）（Langacker 1988: 127—133）。认知语法将语言视为"生物系统"，与精确性相比，经济性应退居其次，应该允许对繁复的语言结构做精确完整的描述。语法本就是一套繁复冗余的系统，是不能被剥离或精简的。语言系统是由约定俗成的语言单位构成的一个高度冗余的清单。这些语言单位形成一个从一般到特殊的连续体，在这一连续体上做任何严格的划分都没有太大意义（高航 2009：54）。认知语法在关注语言形式和规则的同时，也关注各种实例，自下而上的研究方法表明在语言习得和加工过程中具体的组成部分比一般的组成部分更具有优先权。约定俗成的不同实例代表了语言的不同侧面，具有“语法单位”的地位。从这个意义上讲，基于使用的方法是具有非还原性的。

基于使用的模型主要有以下基本假设：

一是语言结构与使用事件之间具有依存关系。在基于使用的模型中，语言系统与使用事件（usage events）密切相关。Kemmer和Barlow（2000）认为：（1）语言系统源于若干使用事件，使用事件是经验基础，语言系统是对使用事件的抽象；（2）语法中的抽象表征与使用事件之间有直接关系，使用事件有词汇内容，语言系统在此基础上建构，并通过重复逐渐抽象出更具概括性的表征，如音素、词素和句法型式等；（3）使用事件对语言系统的构建具有重要作用。语言产出不仅是语言系统的产物，也为它提供输入。因此，语言使用源于语言系统，同时也塑造语言系统，“是语言使用中的各种认知过程塑造了语言结构，决定了语言是这个样子而不是那个样子”（尹洪波2021：608）。

二是使用频率影响语言系统的构建。使用频率是语言系统形成的基础，也是结果。频率在任何语言的解释中都具有至关重要的作用（Bybee 1988; Haiman 1991, 1994）。例如，Langacker（1988）、Bybee和Hopper（2001）分析了频率在语言系统形成过程中的关键地位，Barlow论证了频率在语言系统组织中的重要作用。一个语言单位或型式的高频使用会导致更高程度的固化（entrenchment）。王天翼和王寅（2010：8）认为，刺激越多，印象越深。心理学认为，相同或相似刺激越多，在人们记忆中留下的印记就会越深。使用频率较高的构式通常在日常生活中是必需的，自然被给予更多的关注。此类常见表达通过范畴化，逐渐固化为一个“图式性构式”，并在心智中得以表征。

三是语言表征作为涌现（emergent）存在。基于使用的模型认为，语言在使用过程中会“涌现”出大量基于传统结构并发生微变的新结构。这种观点将语言的产生看作一个动态的过程，强调语言的交际和运用，认为语言形式和意义在对话语境中涌现。

四是语料库在语言描写和理论构建中具有重要作用。由于语言系统与使用密切相关，语言理论应建立在具体语言使用的观察数据之上。鉴于语言能力与语言使用的区别以及语言知识与语言使用的非直接关联性，语言学研究通常是建立在内省的基础之上，采用的例子也主要是内省的，一般不考虑实际语言使用的语境。但基于使用的模型则认为，语言研究的主要对象是具体的语言使用。语言的使用是决定语言系统本质和结构最好的证据。因此，基于使用的分析要对使用数据（语料库）进行全面观察，并与语言产出数据保持一致。

基于使用的模型不仅是认知语言学的核心概念，也是语言演化和语言习得研究的理论基础（参见Bybee & Slobin 1982; Tomasello 1992, 2003; Goldberg 1995, 2006; Haiman 1998; Bybee & Thompson 1997; Barlow & Kemmer 2000; Bybee & Hopper 2001; Taylor 2002; Croft & Cruse 2004; Evans & Green 2006等）。Tomasello（2003）提出基于使用的习得观，认为语言各个层面的习得，如语义、音系、词库、形态和句法，都源于语言使用。根据他的研究，儿童一岁左右就已具备意图解读（intention-reading）和型式发现（pattern-finding）两种认知能力，并开始语言的习得。意图解读能力（包括共同注意能力）是语言习得的社会语用方法论中的核心概念（参见Bruner 1985; Tomasello 1992），是符号习得的认知能力，也是语言的功能维度。型式发现能力是指儿童通过具体的语言使用创造性地建立抽象图式和构式的能力。这两种认知能力在习得任务中相互作用，产生出四种具体的习得过程：

（1）意图解读与文化学习：解释儿童如何学习约定俗成的形式－

功能配对体，包括单词到复杂的结构。

（2）图式化与类比：解释儿童如何从听到的具体话语中构建抽象的句法结构和句法角色。

（3）固化与先占（preemption）：解释儿童如何将抽象提取限制在语言社团里约定俗成的表达中。

（4）功能分布分析：解释儿童如何形成各种语言单位的聚合范畴（paradigmatic category），如名词和动词。

这四种认知过程共同解释了儿童如何通过具体的语言输入构建自己的语言知识，即结构化的构式库。换言之，语言输入型式是这些认知过程的基础，体现了它们的运行机制，如类频（type frequency）对类推的影响、例频（token frequency）对固化的影响、统计型式对聚合范畴、提示效度及基于典型的学习过程和范畴化过程的影响。基于使用的模型强调使用实例及认知固化在语言习得中的重要性。该模型重新审视了语言系统的本质，这样更容易看出语言是如何被习得的。基于使用的语言习得研究表明，习得是学习驱动的；儿童语言很少从语法结构开始，语法结构的习得建立在确定的词项之上，然后通过抽象和概括实现（Tomasello 1992；Pine & Lieven 1993）。Bates（1976）、Bowerman（1982）、Slobin（1985）、MacWhinney（1999）等关注儿童如何通过日常的身体和社会体验习得语言句式。

另外，基于使用的模型在语言演化研究中同样具有重要的地位。词项对于句法和音系都非常重要。句法在共时层面和历时变化之间存在一种相似的关系。例如，英语基础小句构式与动词的具体类型相关，更确切地说，构式的意义与出现在其中的高频动词的语义密切相关（Goldberg 1995）。构式与词项之间的互动使句法结构可以从共时和历时两个维度进行创造性扩展或延伸（Israel 1996）。

Langacker（1999）提出动态的基于使用的模型（dynamic

usage-based model)，并构建了一个合理的框架来解释语言变体与演化的动因和机制。语言习得、语言变体和历时演变都是语言使用动态性的表现。

不同的语言表达形式是语言系统中的一种选择。特定固化变体的激活和选择受复杂的理据因素（motivating factors）制约，包括系统内部因素及上下文和情景因素。Kemmer和Israel（1994: 167）认为，"说话者相互间的交流机会越多，他们的说话方式越相似。所以语言变体是在社会接触与互动中形成的"。Bybee等（1994）认为，单词词尾辅音群的语音弱化与其高频使用有关，指出语音弱化作为个体语言系统中的一种历时变化，是通过频繁地重复使用得以实现的。因此，语言使用是语言演化的起点。

Croft（2000）提出语言演化的话语选择理论（Theory of Utterance Selection)，从基于使用的角度研究语言演化。该理论的核心观点是，语言本身不会变，但是人可以通过自己的行为改变语言，即人类使用语言的方式会改变语言。语言系统的规约性在使用中不断创新和普及，从而在语言社区内建立新的语言规约。Evans和Green（2006: 124—125）用图1和图2总结了语言演化理论：

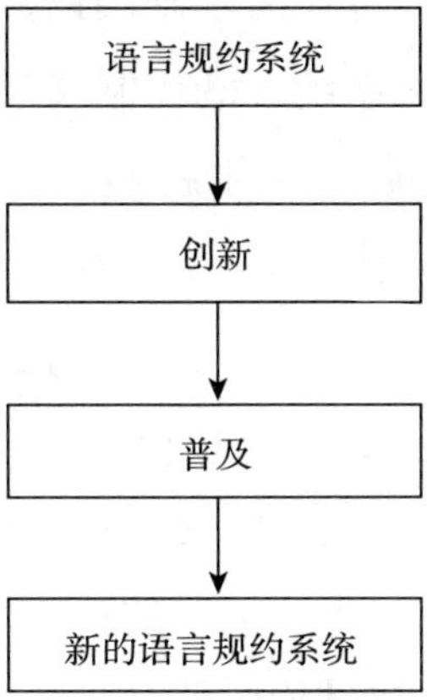

图1　语言变化的结构

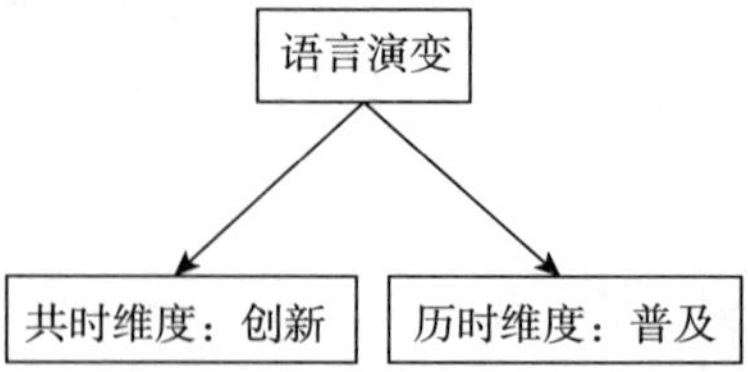

图2 语言演变的共时和历时维度

图1描述了语言演化的结构。当语言的规约用法被首次打破，语法的规约用法就发生了变化，这就是创新。如果这种创新在语言社区内普及，就会固化为一种新的规约用法，从而改变语言。图2表明语言演化涉及共时和历时两个维度。共时维度指的是语言特征在某一个时间点发生变化或创新；而历时维度关注的是语言特征在一段时间内的变化，语言创新的普及通常需要一定时间才能被完全规约化。

基于使用的模型不排斥常规的组合规则和概括，但它提醒人们语言中有许多不能用传统规则解释的特例和边缘现象（严辰松 2010）。汉语中许多语言单位都有多种不同层次的用法，很难找到"对内统一，对外排他"的规则进行描写和解释。一种可取的办法是借助其所在的构式进行理解。以构式为基础的语法系统是按照普通认知过程建立起来的范畴化网络系统，既控制又动态地受制于语言的使用过程（张韧 2006）。这里略举一例说明基于使用的模型在汉语研究中的具体应用。汉语中有一种"副+名"结构，如"很女人、很中国、很CCTV、很娘、很路痴、很生态、很文艺"（其中"很"可替换为"好""太"等程度副词）。按照汉语语法的要求，副词直接修饰名词是不合法的。但是，该结构仍被接受，且被广泛使用。究其原因，这种结构赋予名词"作为临时形容词"的功能，而这种功能的转换仅存在于这类结构中。出现在该结构中的名词大多处于基本层次范畴，而该层次中的成员在整个范畴体系中是最基本、最核心的，承载了较多的百科知识。因此，名词本身在一定语境下能转喻该名词所具有的特征，从而在名词与其特征之间形成映射关系，使名词临时承担了形容词的功能。这种结构因为使用频率较高而固化为一种构式。这个结构虽不“合法”，但却“合理”。语法规则是固定的，而语言使用是动态的。通过语言使用去揭示和解释语法规则所不能解释的“不合法”语言现象，正是基于使用的汉语研究的发展方向。

3.发展趋势

基于使用的模型不是一种语言学理论，而是一种研究思路，影响着语言学研究的走向。该模型以语料为驱动，通过语言结构的描写来分析语言，而非纯粹的内省，同等对待规则和不规则的语言现象，真正达成了描写充分性和解释充分性的目标。语言研究在定性研究基础上结合更多定量研究，将研究重心从寻找语言中最具概括性的规则转向对语言构式的描写，以一种更为科学的方式对语言进行更全面和完整的描写和解释。但是，基于使用的模型还存在进一步完善和发展的空间：

首先，基于使用的模型认为，语言使用的频率对语言结构的形成具有反拨作用。但是，多高的使用频率能使语言结构固化还是一个问题。解决这一问题，对语言教学及相关研究具有重要的意义。

其次，语料库虽然包含了大量的话语文本，但这样的语料库并不能反映真正的语言产出。语料库缺乏丰富的上下文语境信息，而上下文是基于使用的方法中不可或缺的内容。

最后，基于使用的模型对于聋哑儿童的语言习得问题的研究缺乏解释力。研究表明，聋哑儿童会自创一套语言系统，具有正常语言的一些基本词汇、语法和语义特征（Gold-Meadow 2003）。因此，如果将语言习得看成是人类普遍认知能力与语言输入互动的结果，还缺乏有力的证据。

（编者：西南大学/付正玲）

参考文献

Barlow, M., & Kemmer, S. (eds.) . 2000. *Usage-based Models of Language*. Stanford, CA: CSLI Publications.

Bates, E. 1976. *Language and Context: The Acquisition of Pragmatics*. New York: Academic Press.

Bowerman, M. 1982. Reorganizational processes in lexical and syntactic development. In Wanner, E., & Gleitman, L. (eds.), *Language Acquisition: The State of the Art* (pp. 319—345). Cambridge: Cambridge University Press.

Bruner, J. 1985. *Child's Talk: Learning to Use Language*. New York: Norton & Company.

Bybee, J. 1988. Morphology as lexical organization. In Hammond, M. T., & Noonan, M. P. (eds.), *Theoretical Morphology: Approaches in Modern Linguistics* (pp. 119—141). New York: Academic Press.

Bybee, J., & Hopper, P. 2001. *Frequency and the Emergence of Linguistic Structure*. Amsterdam/Philadelphia: John Benjamins.

Bybee, J., Perkins, R. D., & Pagliuca, W. 1994. *The Evolution of Grammar: Tense, Aspect, and Modality in the Languages of the World*. Chicago: The University of Chicago Press.

Bybee, J., & Slobin, D. 1982. Rules and schemas in the development and use of the English past tense. *Language*, 58(2): 265—289.

Bybee, J., & Thompson, S. 1997. Three frequency effects in syntax. *Berkeley Linguistics Society*, 23: 378—388.

Croft, W. 2000. *Explaining Language Change: An Evolutionary Approach*. London: Longman.

Croft, W., & Cruse, D. A. 2004. *Cognitive Linguistics*. Cambridge: Cambridge

University Press.

Evans, V., & Green, M. 2006. *Cognitive Linguistics: An Introduction*. Edinburgh: Edinburgh University Press.

Goldberg, A. 1995. *Constructions: A Construction Grammar Approach to Argument Structure*. Chicago: The University of Chicago Press.

Goldberg, A. 2006. *Constructions at Work: The Nature of Generalization in Language*. New York: Oxford University Press.

Goldin-Meadow, S. 2003. *The Resilience of Language: What Gesture Creation in Deaf Children Can Tell Us about How All Children Learn Language*. New York: Psychology Press.

Haiman, J. 1991. From V/2 to subject clitics: Evidence from Northern Italian. In Traugott, E. C., & Heine, B. (eds), *Approaches to Grammaticalization (Vol.II): Types of Grammatical Markers*, (pp. 135—157) Amsterdam: John Benjamins.

Haiman, J. 1994. Ritualization and the development of language. In Pagliuca, W. (ed.), *Perspectives on Grammaticalization* (pp. 3—28). Amsterdam/Philadelphia: John Benjamins.

Haiman, J. 1998. *Talk is Cheap: Sarcasm, Alienation, and the Evolution of Language*. New York: Oxford University Press.

Israel, M. 1996. The way constructions grow. In Goldberg, A. E. (ed), *Conceptual Structure, Discourse and Language* (pp. 217—230). Stanford: CSLI.

Kemmer, S., & Barlow, M. 2000. Introduction: A usage-based conception of language. In Barlow, M., & Kemmer, S. (eds.), *Usage-based Models of Language* (pp. 1—22). Stanford: CSLI Publications.

Kemmer, S., & Israel, M. 1994. Variation and the usage-based model. In *Proceedings of the Thirtieth Regional Meeting of the Chicago Linguistic Society* (pp. 165—179). Chicago: Chicago Linguistic Society.

Langacker, R. W. 1987. *Foundations of Cognitive Grammar (Vol. I): Theoretical Prerequisites*. Stanford: Stanford University Press.

Langacker, R. W. 1988. A usage-based model. In Rudzka-Ostyn, B. (ed.), *Topics in Cognitive Linguistics* (pp. 127—161). Amsterdam: John Benjamins.

Langacker, R. W. 1999. *Grammar and Conceptualization*. Berlin/New York: Mouton de Gruyter.

MacWhinney, B. 1999. *The Emergence of Language*. New York: Psychology Press.

Pine, J. M., & Lieven, E. 1993. Reanalysing rote learned phrases: Individual differences in the transition to multi-word speech. *Journal of Child Language*, 20: 551−571.

Slobin, D. 1985. Crosslinguistic evidence for the language-making capacity. In Slobin, D. (ed.), *The Crosslinguistic Study of Language Acquisition (Vol. 2): Theoretical Issues* (pp. 406−605). New Jersey: Lawrence Erlbaum Associates.

Taylor, J. 2002. *Cognitive Grammar*. New York: Oxford University Press.

Tomasello, M. 1992. *First Verbs: A Case Study of Early Grammatical Development*. New York: Cambridge University Press.

Tomasello, M. 2003. *Constructing a Language: A Usage-Based Theory of Language Acquisition*. Cambridge, MA: Harvard University Press.

高航. 2009. 认知语法的语用视角：基于用法的动态模式述评. 外语学刊，(5)：53−56.

王天翼、王寅. 2010. 从“意义用法论”到“基于用法的模型”. 外语教学，(6)：6−9.

严辰松. 2010. 语言使用建构语言知识——基于使用的语言观概述. 解放军外国语学院学报，(6)：1−7.

尹洪波. 2021. 基于使用的语言理论的新进展——《语法网络：语言使用如何塑造语言结构》评介. 当代语言学，(4)：608−618.

张韧. 2006. 构式与语法系统的认知心理属性. 中国外语，(1)：29−34.

交互主观化（Intersubjectification）

1. 引言

交互主观化作为与交互主观性相对应的一个历时概念，是Traugott基于历史语用学背景在研究语义变化的过程中提出来的，是语法化研究的重要课题。Traugott（1995, 2003, 2010）以及Traugott和Dasher（2002）从历时角度研究话语意义是如何越来越依赖说话人对所表达命题的态度、信念等问题，即主观化。主观化在很大程度上与早期语法化相关，语法化可以看作是一种语用加强的过程，具体来说就是说话人的主观立场得到了加强（Traugott 1995）。Traugott在Halliday和Hasan（1976）语言三大元功能（概念功能、语篇功能和人际功能）的基础上提出了这样的假设：早期语法化中的语义变化是单向的，意义是沿着从“命题性的”（propositional）到“表达性的”（expressive）的路径发展的（Traugott & Dasher 2002: 94）。也就是说，话语的意义越来越依赖说话人的态度、情感、信念等，即越来越主观化了。Traugott（2003, 2010, 2012）以及Traugott和Dasher（2002）的研究同时表明，在主观化基础之上有些表达式会进一步发展出表示说话人关注听话人认知立场和社会身份的交互主观性意义，即发生交互主观化过程。Traugott（2010）认为主观化与交互主观化涉及意义的重新分析，即在说话人与听话人意义协商语境下产生的语用意义被重新分析为编码意义。主观化（包括交互主观化）是语义变化的主要机制（Traugott & Dasher 2002: 279）。

2. 主要思想

基于语法化的研究，Traugott和Dasher（2002）指出一些表示相对中性意义的表达式在发展变化中会出现表示说话人观点的意义，即主观性意义，进而有可能发展出体现说话人对听话人“自我”关注的意义——社会或认识意义上的关注，即交互主观性意义。这种交互主观性意义被表达式编码的过程就是交互主观化。Traugott认为最能体现交互主观化的例子是日语社会指示语（social deictic）中的听话人敬语（addressee honorification）。López-Couso（2010）总结认为语言内的和跨语言的话语标记语（discourse markers）、认识情态词（epistemic modals）、社会指示语（social deictics）、小句连接词（clause connectives）等语言现象都表明主观化和交互主观化是语义变化的普遍规律。例如，英语中的actually一词，Traugott和Dasher（2002）总结了其意义发展的三个主要阶段：第一个阶段为方式副词用法，表示“积极地，有效地”之义；第二个阶段表示一种认识转折义；第三个阶段为话语标记用法，说话人用actually一词“缓和所说之事，目的在于承认听话人持有的反对意见或可能持有的反对意见”（Traugott & Dasher 2002: 174）。以下三个句子分别表示actually这三个发展阶段的意义变化：

（1）To cure it *actuale* whilez it is introduct but ys not confermed.

“To cure it effectively while it is in initial stages but is not yet confirmed."

（Traugott & Dasher 2002: 169）

（2）Mr. Perry had been to Mrs. Goddard's to attend a sick child, and ... found to his great surprise that Mr. Elton was *actually* on his road to London, and not meaning to return till the morrow.

（Traugott & Dasher 2002: 170）

（3）*Actually*, I will take you to school.

（Traugott & Dasher 2002: 22）

再如，汉语中的"不过"从否定结构到副词再到连词的词汇化过程实际上是说话人出于表达自我以及对听话人自我关注的需要，体现了主观性与交互主观性（高莉 2013：124）。"过"最早是谓词性成分，表示"时间、空间距离的经过"，突显其本身客观义。经过某一时间或空间意味着这一时间或空间只是"经过"这一行为过程中的一个参照点，也就是说，"经过"所表示的行为最终超出了这一时间或空间。由此一来，"过"引申出"超过"的意思。相应地，"不过"也就表示"不超过某个限制范围"，即原来行为过程中的参照点变成了限制点（高莉 2013：126）。之后，"不过"发生了词汇化，由承载客观义的状中关系发展为一个意义上独立的词汇单位——副词。当"不过"前后所跟成分语义方向不一致时，"不过"引申出转折义来，此时"不过"由副词转变为连词。"不过"的连词用法表示说话人认为基于共享的文化知识，听话人会根据"不过"之前的句子推断出某种结论，通过使用"不过"，说话人指导听话人修正这种推理，从而得出自己预期的结论，是与听话人之间的认知协作。例如"小时候的我就比别的孩子显得更忧郁、更多愁善感。不过，这样的性格却给我后来的演艺事业带来了莫大的帮助"（高莉 2013：127）中的"不过"一词。可以说，"不过"的语义发展经历了主观化和交互主观化过程。

Ghesquière等（2012）认为交互主观性在不同语言中的体现形式不同，甚至在同一语言的不同范畴如名词短语和动词短语中的编码形式也不同，单向性原则、线性原则和韵律原则可以作为识别交互主观性和交互主观化的标准。

第一，单向性原则（unidirectionality）。Traugott提出的单向性原则是交互主观化研究的一个重要内容。Traugott（2010）认为，一个表达式的语义变化遵循从“无/较少主观性”到“主观性”再到“交互主观性”的演化路径。这种单向性原则已得到跨语言的印证。例如，Traugott指出下面两句话中的情态副词surely分别表示主观认识情态义和寻求听话人理解与合作的交互主观性意义：

（4）The Lord said: ... *Surely* they shall not see the land which I sware vnto their fathers.

（Traugott 2012: 17）

（5）“But, you won’t take advantage of me, *surely*, Sir Arthur?” said Mr. Case.

（Traugott 2012: 18）

Degand和Fagard（2012）指出法语中的因果连词parce que也表明语义变化的单向性原则。他们认为（6）中的parce que（即中世纪法语por ce que）为主观性用法，出现在（7）的交互主观性用法之前，表示前后两小句所描述情状间的因果关系，而（7）中的parce que则表示说话人做出某种推理的原因。

（6）mort me fis en mi la voie *por ce que* trop grant fain avoie.

“I played dead in the middle of the road, because I was terribly hungry.”

（7）Bon, vous me racontez. Qui conduisait votre taxi?—Que je vous explique. J’ai un ami, Toni, enfin un copain. *Parce que*, vé, on est pas intimes, vous comprenez.

"Ok, you tell me. Who was driving your cab?—Let me explain. I have a friend, Toni, well, a buddy. Parce que (Because), y'see we aren't intimate, you understand."

（Degand & Fagard 2012: 161）

虽然语义变化的单向性原则已得到不少跨语言证据的支持，但Ghesquière等（2012: 141）指出，"单向性的主张关键取决于作者所采用的特定（交互）主观性定义"，即在不同的定义框架下单向性原则可能会受到挑战。Ghesquière和van de Velde（2011）对英语中such和荷兰语中同源词zulk的研究表明，交互主观性先于主观性出现，并且很有可能是引起主观性的原因。因此，基于Diessel的"共同关注焦点"（joint focus of attention），Ghesquière和van de Velde认为交互主观性不仅应该包括Traugott所说的说话人关注听话人社会自我和面子的意义维度，还涉及说话人与听话人协商追踪话语指称的语篇意义维度。Cornillie（2008）认为以往对语法化了的表达式的主观性和交互主观性研究较少关注情态词，他结合Nuyts和Traugott对主观性与交互主观性的研究探讨了西班牙语中言据动词parecer（seem）和resultar（turn out to）的语法化和主观化过程。结果表明，就言据表达而言，交互主观性的用法在时间上先于主观性的用法出现。因此，Ghesquière等（2012: 142）提出："最好把主观化用法与交互主观化用法之间的先后顺序描述为多方向性的。从主观性意义到交互主观性意义是缺省的发展路线，但与之相对的，从交互主观性意义到主观性意义的变化也同样存在"。通过对大量语言案例的分析，Narrog（2012）指出，通常被认为是处于语义变化（向主观性与交互主观性转变）中间阶段的语篇意义实际上有时是变化的终点，情态领域的语义变化就遵循从主观性到交互主观性再到语篇性的路线。句子Whatever one may think of Kenneth Williams, I thought he did a very good rendering 中的情态动词may除了具有交互主观性的礼貌功能外还具有建立语篇的功能，即在与不同语篇参与者相关联的命题间建立语篇连贯性（Narrog 2012: 35, 38）。因此，Narrog（2012: 45）建议区分三种不同的语义变化：越来越倾向于说话人的语义变化（increased orientation towards the speaker）、越来越倾向于听话人的语义变化（increased orientation towards the hearer）和越来越倾向于语篇本身的语义变化（increased orientation to discourse/text itself）。

第二，线性原则（linearization）。线性原则主要关注表达交互主观性意义的语言单位在句子中的位置问题。Degand和Fagard（2011）研究了法语话语标记语Alors在历时发展中的不同意义与其所处位置间的关系，即Alors的语义功能与句法位置关系，结果表明Alors从表示时间上的同时发生到表示因果、条件关系再到标记转换的交互主观性意义的变化对应于其在句中从中间到起始再到结尾的位置变化。“不同的句法位置为意义变化提供了可能，或者说句法变化是语义变化的前提条件”（Degand & Fagard 2011: 49）。Ghesquière等（2012: 139）将学者们的研究总结为：右侧边缘位置与交互主观性具有对应关系——即处在句子末尾的语言单位通常表达交互主观性意义，而且这种功能分工具有跨语言一致性，如他们指出的事实：汉语和日语虽然基本语序不同，但两种语言都利用句末位置表达交互主观性意义。Ghesquière等（2012）列举了英语中的“附加疑问句”、马库阿语中加强语内行为的小品词“vo”、汉语中的事实标记语或相关性标记语“的”、韩语中表示强调的句末小品词“tanikka”等语言实例来说明这一趋势具有跨语言一致性。例如（8）英语中的ins’t it 和（9）汉语中的de：

（8）It is the twenty fourth of September, *isn’t it*?

（9）tā nán-péngyou zhù zài nàr *de*

her friend lives PREP there DE

'her friend lives there, *you see*'

（Ghesquière et al. 2012: 139）

《历史语用学杂志》（*Journal of Historical Pragmatics*）2007年第8卷第2期中Shinzato、Suzuki、Onodera、Narrog等学者对日语中主观化、交互主观化与共时的词序相关性进行了论述。层级模型（layered model）描述了日语中语义功能与句法形态位置间的对应关系，即谓语中表达命题意义的语言单位出现在句子的核心位置，标记说话人评价、态度等的主观性表达出现在外层位置，标记交际、言语行为等的交互主观性表达出现在最外层。例如，Hoshi（2017）指出日语中出现在句子末尾的互动小品词ne的功能更多地是说话人明确邀请听话人的结盟和/或邀请会话参与者对当前言语事件所讨论话题进行共同评价。

但是，Traugott（2012）指出她对英语副词no doubt和surely的历时研究并不完全支持左右边缘位置分工与主观性、交互主观性意义间的对应关系。研究表明，不管no doubt是在句子左侧边缘还是右侧边缘，都表示主观性意义，而surely不管是在句子左侧边缘还是右侧边缘，都表示交互主观性意义（Traugott 2012: 7）。这一研究得到了跨语言证据的支持。Gao和Tao（2021）研究了中文普通话会话中"反正"（*fanzheng*）在由副词向话语语用小品词（discourse pragmatic particle）演进过程中伴随的韵律（完整统一、独立、松散依附）、句法特征（在话轮构建单位中出现的位置：左边、中间和右边）以及交互主观性用法（自我修正、限定先前的陈述、淡化与己相关的命题或陈述等）。Gao和Tao的研究再次表明：左右边缘位置与主观性和交互主观性之间并不存在一一对应关系，左右位置都可以既表主观性特征又表交互主观性特征。Traugott（2012）还指出判断表达式是否发生交互主观化的困难之一是大多数用于元话语的交互主观性标记语具有多种功能，且经历了指称意义逐渐减弱的多个发展阶段。现存英语附加问句的信息询问用法没有经历交互主观化过程，这是因为早期英语附加问句的主要功能就是信息询问，是需要“yes”或“no”回答的问句，即这种用法与它的来源结构在语义和语用上没有差异，都涉及信息询问，因此“它们从一开始就具有交互主观性”（Traugott 2012: 11）。

第三，韵律原则（prosody）。韵律特征是口语中识别交互主观性意义的一个标准。Wichmann等（2010）认为英语话语标记语of course的韵律特征反映了其语义变化。基于Pierrehumbert和Hirschberg的语调意义理论（the theory of intonational meaning），结合语料库，Wichmann等指出韵律显著性的逐渐消失伴随着of course的语义漂白化过程，即of course在最初表示命题意义时是重读的，到最终发展出主观性、交互主观性意义时是非重读的。Ghesquière等（2012）认为通常读作升调的英语附加问句是典型的标记交互主观性意义的形式。除了英语附加问句，他们还提到荷兰语中的升调或高音调，指出疑问语气或寻求听话人同意、认可等的交互主观性小品词一般都是通过升调或高音调来实现。Ghesquière等学者还分析了升调与交互主观性单位的听话人功能间的功能动因，将其追溯到动物世界使用语调的生物属性上。值得一提的是，他们还发现荷兰语中语法单位在句子中的左右位置与升降调之间存在某种关联，位于句子左侧的小品词读作降调，属于主观性用法，传递说话人的愤怒，位于句子右侧的小品词读作升调，属于交互主观性用法，是说话人寻求听话人同意的标记。

3. 发展趋势

交互主观化涉及发展、变化，而语言变化本身也是一个循序渐进的过程，中间一些发展阶段势必会有重叠、交替、反复等现象出现。因此，主观化与交互主观化之间的关系问题是交互主观化研究的重点。此外，因为发展变化必然会涉及变化的路线以及最终形式与来源形式在语法特征、语篇功能上的对比，交互主观化研究将持续在单向性特征、线性特征、韵律特征等领域开展更为细致的研究，需要更多的语料数据或验证或修改已有观点以及跨语言实例来探讨这些特征的语言特异性或跨语言一致性。已有学者在这些方面进行了有意义的探索。Traugott（2020）研究了一组表示话题转换的元语篇话语标记语（包括by the way、incidentally和parenthetically）从状语到话题转换标记语的发展过程（主观化过程）。在此基础上，她分析了by the way新近出现的一种用法（常与oh连用，作Oh, by the way, ...）：表示对他人的现实命题或假想命题的不赞同或戏仿之意，并指出这是一个“唤起社会准则的评价性交互主观化例子”（evaluative intersubjectification evoking social norms）（Traugott 2020: 127）。Traugott的研究再次表明表达式的语义变化遵循了从“无/较少主观性”到“主观性”再到“交互主观性”的演化路径。Ghesquière（2014）的专著《英语名词短语中（交互）主观化的方向性：变化的路径》研究了英语名词短语中前置词的主观化和交互主观化过程，主要是名词短语中前置词从识别功能到加强名词功能的发展变化。作者在引言中明确指出研究的目的是验证，如果有必要的话，完善和修改文献中有关英语名词短语主观化与交互主观化的发展路径。Ghesquière的研究结果表明，已有有关主观化与交互主观化的单向性假设以及名词短语中主观性意义的左向移动应当被看作是支配名词短语结构语义变化的普遍趋势而非严格的规则。Noora和Amouzadeh（2015）研究了波斯话语标记语yæni的语法化过程，他们发现虽然yæni的主观性意义在交互主观性意义之前出现，但无法确定它的语篇意义是否先于主观性和/或交互主观性意义出现。在此基础上，Noora和Amouzadeh认为不太可能建立一个唯一的单线语义变化过程，因为yæni的语法化实际上是一个循环的过程。

（编者：西北农林科技大学 / 高莉）

参考文献

Cornillie, B. 2008. On the grammaticalization and (inter)subjectivity of evidential (semi)auxiliaries in Spanish. In Seoane, E., & López-Couso, M. J. (eds.), *Theoretical and Empirical Issues in Grammaticalization* (pp. 55—76). Amsterdam/Philadelphia: John Benjamins.

Degand, L., & Fagard, B. 2011. *Alors* between discourse and grammar: The role of syntactic position. *Functions of Language*, 18(1): 29—56.

Degand, L., & Fagard, B. 2012. Competing connectives in the causal domain: French *car* and *parce que*. *Journal of Pragmatics*, 44(2): 154—168.

Gao, H., & Tao, H. 2021. *Fanzheng* 'anyway' as a discourse pragmatic particle in Mandarin conversation: Prosody, locus, and interactional function. *Journal of Pragmatics*, 173: 148—166.

Ghesquière, L. 2014. *The Diretionality of (Inter)Subjectification in the English Noun Phrase: Pathways of Change*. Berlin/Boston: Mouton de Gruyter.

Ghesquière, L., Brems, L., & van de Velde, F. 2012. Intersubjectivity and intersubjectification: Typology and operationalization. *English Text Construction*, 5(1): 128—152.

Ghesquière, L., & van de Velde, F. 2011. A corpus-based account of the development of English *such* and Dutch *zulk*: Identification, intensification and (inter)subjectification. *Cognitive Linguistics*, 22(4): 765—797.

Halliday, M. A. K., & Hasan, R. 1976. *Cohesion in English*. London: Longman.

Hoshi, S. 2017. 'That movie was so hilarious *ne*!' The development of Japanese interactional particles *ne*, *yo*, and *yone* in L2 classroom instruction. Ph.D. dissertation. Mānoa: University of Hawaii.

López-Couso, M. J. 2010. Subjectification and intersubjectification. In Jucker, A. H., & Taavitsainen, I. (eds.), *Historical Pragmatics* (pp. 127—164). Berlin/Boston: Mouton de Gruyter.

Narrog, H. 2012. Beyond intersubjectification: Textual uses of modality and mood in subordinate clauses as part of speech-act orientation. *English Text Construction*, 5(1): 29—52.

Noora, A., & Amouzadeh, M. 2015. Grammaticalization of *yæni* in Persian. *International Journal of Language Studies*, 9(1): 91—122.

Traugott, E. C. 1995. Subjectification in grammaticalistion. In Stein, D., & Wright, S. (eds.), *Subjectivity and Subjecivisation: Linguistic Perspectives* (pp. 31—54). Cambridge: Cambridge University Press.

Traugott, E. C. 2003. From subjectification to intersubjectification. In Hickey, R. (ed.), *Motives for Language Change* (pp. 124—140). Cambridge: Cambridge University Press.

Traugott, E. C. 2010. (Inter)subjectivity and (inter)subjectification: A reassessment. In Davidse, K., Vandelanotte, L., & Cuyckens, H. (eds.), *Subjectification, Intersubjectification and Grammaticalization* (pp. 29—74). Berlin/New York: Mouton de Gruyter.

Traugott, E. C. 2012. Intersubjectification and clause periphery. *English Text Construction*, 5(1): 7—28.

Traugott, E. C. 2020. The development of "digressive" discourse-topic shift markers in English. *Journal of Pragmatics*, 156: 121—135.

Traugott, E. C., & Dasher, R. B. 2002. *Regularity in Semantic Change*. Cambridge: Cambridge University Press.

Wichmann, A., Simon-Vandenbergen, A. M., & Aijmer, K. 2010. How prosody reflects semantic change: A synchronic case study of *of course*. In Davidse, K., Vandelanotte, L., & Cuyckens, H. (eds.), *Subjectification, Intersubjectification and Grammaticalization* (pp. 103—154). Berlin/Boston: Mouton de Gruyter.

高莉. 2013. "不过" 的主观性与交互主观性建构. 吉首大学学报（社会科学版），（1）：124—128.

交互主观性（Intersubjectivity）

1. 引言

“交互主观性”又译“交互主体性”或“主体间体”。这一概念源于哲学并在其不同发展阶段有着不同的意义。人的主体性是西方现代哲学从笛卡尔的“我思故我在”（Cogito ergo sum）之后致力于探索的问题。笛卡尔将人确立为认知活动的主体，人具有思考能力是主体性思想的核心，“实际上，笛卡尔的主体是一个单独的个体，被他或她思想的私有空间所包围”（Frie & Reis 2001: 300）。自此，哲学开始了向意识领域的探索，转向了主体性哲学。为了克服唯我论倾向，德国现象学家胡塞尔提出了“交互主观性”（Intersubjektivität）的概念。胡塞尔的交互主观性属于认识论的范畴，认为自我可以通过同感、类比、想象等形式意识到他我的存在，自我与他我构成了一个诸我的共同体，具有交互主观性，知识因此具有客观普遍性（胡塞尔 2008）。海德格尔则是在他的生存论（又称本体论）框架中探讨他人与自己的主体的关系的。海德格尔（2012）认为提出“存在”这一问题本身是一种发问，而发问本身是一种存在者的存在方式。他把这种存在方式称为“此在”（Dasein），把与“此在”相关的那个存在称为“存在”（Existenz）。在世界之中是此在的日常存在，即在世，它不能脱离世界而存在，这就意味着此在必然与他人交往。海德格尔认为他人是与此在共同在世的那些人，此在与他人共同存在。除了胡塞尔和海德格尔，哈贝马斯从社会学角度也探讨了交互主观性。哲学家们对交互主观性的探讨主要围绕对他人的意识以及与他人之间的关系问题，表现了人们相互依存，共同构成现实世界并通过社会的、历史的、文化的沉淀相互沟通和理解的事实。正如Frie（2013: 500）所说："从交互主观性的视角来看，人类不是孤立地存在，而是与他人共同存在于世。"存在就是自我意识和相互关联（Existence Is to Be Self-Aware and Relating）（Rodeheaver 2017: 53）。自我意识即是单独的个体为独一无二的"我"，且这个"我"与同样是独一无二的、与我相区别的"我"们相互关联（Rodeheaver 2017: 55）。

语言学领域的"交互主观性"与哲学领域对自我与他人关系的探讨有一定渊源。哲学领域的概念在不同语言研究范式下得到具体的、发展性阐释。语言学领域对除自我之外他人存在的意识可以追溯到Bühler对语言功能的阐释。Bühler（1990［1934］）所倡导的语言三大功能之一的"呼吁功能"（appell）将重心指向语言对信息接收者的作用。Benveniste（1971）除了论述语言主观性问题之外还提及了语言的交互主观性。在Benveniste看来，由"我"和"你"构成的交际本身就蕴含着主观性和交互主观性，在实际话语使用中，当说话人用*I*标示自我时他/她将自己确立为主体，交际成功的关键在于言语情景中说话人对听话人需求的关注。Schiffrin探讨了交际和会话中的交互主观性。"交互主观性贯穿于整个交际过程，因为交际目的——交互主观性的实现——是建立在说话人和听话人意义构建和推断的共有程序之上，而这一程序又是以有关语言代码和使用原则的先验知识为基础"（Schiffrin 1990: 138）。Schiffrin（1990: 143）指出交互主观性并不一定总是与会话相关，在交际的不同时刻交互主观性与会话的相关性是通过交际参与者的互动实现的。可以看出，Schiffrin的交互主观性以说话人与听话人的共识为特征，强调区分交互主观性在交际和会话中的不同作用。

2. 主要思想

除了Benveniste、Schiffrin等学者对交互主观性进行概括性论述外，Traugott、Nuyts，Verhagen等学者也从各自不同的理论视角出发对语言交互主观性进行了详细论述。

Traugott对语言主观性和交互主观性的研究是在历史语言学的背景下进行的，她关注的是语言变化中语义的编码问题，主要涉及表达式与说话人的相关性。Traugott（1995）认为主观化在很大程度上与早期语法化相关，语法化的过程可以看作是一种语用加强的过程，具体来说就是说话人的主观立场得到了加强。通过考察一些英语表达式的历时语义发展，Traugott（2010: 34—35）将表达式的意义变化总结为一个从“无/较少主观性”到“主观性”再到“交互主观性”的连续体，认为主观化了的表达式有可能进一步发展出交互主观性意义。即表达式在其发展的最初阶段体现Halliday和Hasan（1976）所说的概念功能，是对外部世界的“客观”描述，进一步的演变使得话语意义越来越依赖说话人对所表达命题的态度、信念等（主观性），在此基础上表达式有可能进一步语法化，从表达说话人自我态度、信念等到对听话人“自我”的关注（交互主观性），这两种语义变化就是Halliday和Hasan（1976）所说的人际功能。例如，Traugott认为actually一词从最初的表示“积极地，有效地”到表示认识上的“转折”，再到表示递进的“话语标记语”，最后到“模糊限制语”是体现她所说的语义变化路线的典型例子。需要注意的是，Traugott所说的对听话人的关注是指言语场景中作为交际参与者的听话人，而不是言语所描述情景中的听话人，这也就解释了为什么句子I'll follow what you say中虽然有第二人称指示代词“你”，但却不具有交互主观性特征。此外，Traugott认为交互主观性是以主观性为前提的，她（2003：130）认为："交互主观化在时间上晚于且来自于主观化。"

Nuyts（2001a, 2001b, 2014）主要是在情态领域探讨主观性与交互主观性的。他的主观性与交互主观性源于对Lyons等学者就情态表达式所做语义特征分析的思考。Nuyts（2014）认为Lyons（1977）从做出情态评价的来源证据质量入手区分主观情态动词和客观情态动词在直觉上是对的，但却没有具体操作标准。他则以评价源为视角，认为主观情态标记的是评价者（通常但未必是说话人本身）不清楚他人持有什么样的观点，或者在某些场合自己的观点很明显与他人（直接或间接参与会话的人）的观点对立，即评价者对所做出的情态判断完全负责，是评价信息的唯一来源；而交互主观情态标记的是评价者要么想要表明自己所做出的情态判断不是完全个人的，因此在立场上不是孤立的，要么想要表明自己认为听话人与自己有共识，即评价者不是评价信息的唯一来源（Nuyts 2014: 58）。可以看出，这种交互主观性强调信息的共有性，即共同主观性。因此，Nuyts的主观性既可以与客观性相对，也可以与交互主观性相对，前者与作出评价的证据质量有关，后者则与作出评价的证据状态有关（Nuyts 2001b）。"交互主观性的概念从形式上包含了、语义上暗示了与它相关或相对的一个基本概念——主观性"（Nuyts 2014: 53）。

因为关注的是评价的来源，Nuyts（2014）认为情态动词的（交互）主观性意义维度在语言形式上通常会通过谓语情态得以体现，毕竟诸如语法情态等其他情态表达形式是"不能引出或控制主语的"（Nuyts 2014: 60），这也就解释了为什么以下句子分别表达了主观性认识情态义、交互主观性认识情态义和中性认识情态义：

（1）*I think* they left already.

（2）*It is quite probable* that they left already.

（3）They *probably* left already.

（Nuyts 2014: 60）

Verhagen（1995, 2005, 2008）从人类交际的大背景出发，在Langacker认知语法理论的基础之上论述了语言系统中表达式的交互主观性本质，“突出了语言意义的交互主观性维度在话语交际中的重要性”（高莉 2012: 794）。Verhagen（2005）以Anscombre和Ducrot的论辩理论（the theory of argumentativity）为指导，认为人类语言除了有交换信息的功能外，还有对他人进行调控和评价的功能，而且这种功能是更为基本的、第一位的，而描述性功能则是第二位、衍生的，毕竟说话人/作者参与言语交流的目的归根结底是想要影响别人的思想或引起对方一个即刻行为反应，例如否定、小句补语成分（clausal complements）、连接词等都有这样的功能。可以看出，虽然都涉及识解问题，Langacker（1985, 1987, 1990, 1999）关注的是概念化主体（说话人/作者）如何对概念化客体进行识解，而Verhagen（2005）关注的是概念化主体间（说话人/作者与听话人/读者）如何进行认知协作以达到对概念化客体识解的平衡，这也分别对应于Verhagen（2005）提到的两种主观性，一种体现为概念化主体对客观世界的识解可能有别于客观世界本身，另一种体现为概念化主体之间关于客观世界的观点可能是不同的。

传统语法认为句子He knew something和He knew that he will pass the exam拥有相同的结构，都是对knowing事件的描述，但Verhagen（2005）认为这种解释无法说明为什么在有些情况下小句可以出现在补语位置而名词短语却不能；他同时指出这种把补语小句和主句间关系看作是一种附属关系的观点与来自语篇研究和儿童语言习得研究方面的结果不符。在Verhagen看来，补语小句在语篇结构中的作用不同于传统语法中的附属小句。由主句和补语小句构成的补足构式应当被看作是以其独特方式协调概念化主体间认知状态的构式家族成员。按照Verhagen对交互主观性的阐释，下面三个句子都是邀请听话人/读者与前台概念化者（主句中明确提及的概念化者）、最终与说话人/作者进行认知上的协作：

（4）He knew that he will pass the exam.

（5）I knew that he will pass the exam.

（6）He will pass the exam.

根据Verhagen的观点，这三个补足构式的论辩方向是一致的，但论辩力却是依次递加的，即前台概念化者为第三人称时补语小句与概念化主体间的关系最为间接，毕竟第三人称的视角可能有别于说话人/作者的视角，而说话人/作者的视角又有可能有别于客观世界，只有（6）非视角化的表达"直接将概念化客体引入到概念化主体共享的心理空间中"（Verhagen 2005: 133），因此，它的论辩力是最强的。

3.发展趋势

总的来说，虽然Traugott、Nuyts和Verhagen使用的都是同一术语，但由于理论基础不同，他们使用的"交互主观性"术语具有不同的含义，学者们越来越觉得有必要对其进行澄清，因此，研究的最新进展包括对交互主观性概念的辨析以及进一步的分类等。

与交互主观性相关的概念辨析包括两个方面：一方面是对交互主观性与主观性概念的辨析；另一方面是对不同学者的交互主观性概念的辨析。Traugott认为交互主观性蕴含一定程度的主观性，即表达式的主观性意义是其交互主观性意义发展的前提。"不可能存在没有一定程度主观化的交互主观化，因为是说话人/作者设计了话语并且吸收意义来实现社会指示性目的”（Traugott 2003: 134）。Ghesquière等（2012: 138）认为López-Couso在她2010年的综述性文章中频繁使用(inter)subjectivity的形式暗示主观性与交互主观性的概念在某种程度上可以合并，他们进而指出语言具有模糊性，非主观性、主观性和交互主观性相互融合，它们之间没有清晰的界线。由于学者们使用交互主观性这一术语的视角和目的不尽相同，不少学者强调区分这些“不同的”交互主观性。笼统地讲，与他人交际的事实本身蕴含交互主观性，但Traugott（2010: 32）明确指出这种交互主观性不是她关注的重点，她关注的是标记主观性与交互主观性的标记词和表达式以及它们的产生问题，即Traugott强调区分“语用交互主观性”和“语义交互主观性”。Traugott还指出她的交互主观性与Verhagen的有所不同、与Nuyts的完全不同。Nuyts（2014）将自己的（交互）主观性与Traugott和Langacker的相关概念进行了对比。“这些不同的概念完全不能互换……它们是在非常不同的背景下‘创造出来的’，从一开始就意味着做不同的事情，它们不是对同一现象做出的可供选择的解释（可能相互兼容或者不兼容）”（Nuyts 2014: 55）。有些学者（Carlier & Mulder 2010; Ghesquière 2014）认为对交互主观性的阐释可以更为灵活。在分析了后期拉丁语向法语过渡时期定冠词ille的出现后，Carlier和Mulder（2010: 269）强调了交互主观性“不应该只局限于态度方面，它还与实现说话人与听话人之间策略互动的语言形式有关，反映了说话人在他的阐释任务中为听话人提供方向和指导的积极作用”。

在交互主观性的分类方面，Traugott（1989）提到意义是沿着从“命题性的”到“语篇性的”再到“表达性的”路径发展变化的。对语篇意义与主观性、交互主观性关系的探讨使一些学者对交互主观性做出了进一步的分类（Breban 2010; Carlier & Mulder 2010; Narrog 2012; Ghesquière 2014）。例如，Ghesquière（2014: 63）认为Traugott（2012）提到的两类交互主观性语言功能分别与礼貌（编码说话人对听话人社会地位的欣赏与认可）和特定的元话语功能（例如话轮转换、应答的引出）有关，前者可以称为“态度交互主观性”（attitudinal intersubjectivity），后者可以称为“元话语或应答交互主观性”（metadiscursive or responsive intersubjectivity）。Ghesquière（2014: 63）以对话“‘I've seen your name in the paper ... that diplomat who's been sentenced to death, right?' ‘Yeah.'”为例，指出此对话中的right一词主要不是编码说话人对听话人“社会自我”的关注，而是引出听话人的一个特定行为，以推动会话的继续进行，因此属于元话语或应答交互主观性。除了这两种类型，Ghesquière（2010）认为还存在一种交互主观性，即“语篇交互主观性”（textual intersubjectivity），例如名词短语the main task中的修饰语main就属于此类型，因为“它帮助说话人创建清晰、连贯的语篇从而使听话人或者读者能够与所谈论的指称对象建立心理接触”（Ghesquière 2010: 280），即main主要起语篇功能的作用。

综上所述，Traugott的交互主观性关注的是表达式的意义变化，是一种语义取向，而Nuyts和Verhagen的交互主观性“从本质上讲是语用的，不是指意义本身而是指意义的修辞表征”（Ghesquière et al. 2012: 130）。包括这些学者在内的研究者越来越意识到辨析和澄清交互主观性概念的必要性和紧迫性，正如Nuyts（2014: 73—74）所指出的：“不同的概念使用同一术语必然会引起混乱……在以后的许多年里我们需要依靠科学意识将它们分开”。要实现这一目的，有必要进行以下方面的相关研究：对交互主观性的概念进行更为细致的辨析和分类；结合语料库探析交互主观性语言表达式的语义和语用特征，并建立与之相对应的结构识别标准；通过交互主观性的历时发展变化和跨语言研究更为深刻地理解其本质特征等。已有学者在这些方面展开了研究，例如，Zheng（2020）分析了中国龙溪羌语（Longxi Qiang language）自然会话中“第一人称单数代词+话题标记语”（qá mà）的多功能性，包括指称、主句话题和语用标记。Zheng认为这其中第一种用法是概念功能，具有非主观性特征；第二种用法是人际功能，具有（交互）主观性特征；第三种用法是语篇功能，具有（交互）主观性特征。从非主观性的第一人称话题到（交互）主观性的主句的话题再到（交互）主观性的语用标记，qá mà的语义变化支持了Traugott有关“主观化（包括交互主观化）是语义变化主要机制”（Traugott & Dasher 2002: 279）的假设，加深了我们从跨语言视角对交互主观性的理解。

（编者：西北农林科技大学/高莉）

参考文献

Benveniste, E. 1971. *Problems in General Linguistics* Meek, M. E. (Trans.). Coral Gables, FL: University of Miami Press.

Breban, T. 2010. *English Adjectives of Comparison: Lexical and Grammaticalized Uses*. Berlin/New York: Mouton de Gruyter .

Bühler, K. 1990. *Theory of Language: The Representational Function of Language*. Goodwin, D. F. (Trans.). Amsterdam: John Benjamins.

Carlier, A., & Mulder, W. D. 2010. The emergence of the definite article: *ille* in competition with *ipse* in late Latin. In Davidse, K., Vandelanotte, L., & Cuyckens, H. (eds.), *Subjectification, Intersubjectification and Grammaticalization* (pp. 241—275). Berlin/New York: Mouton de Gruyter.

Frie, R. 2013. Intersubjectivity. In Kaldis, B. (ed.), *Encyclopedia of Philosophy and the Social Sciences* (pp. 500—502). Los Angeles/London/New Delhi/Singapore/Washington DC: Sage.

Frie, R., & Reis, B. 2001. Understanding intersubjectivity. *Contemporary Psychoanalysis*, 37(2): 297—327.

Ghesquière, L. 2010. On the subjectification and intersubjectification paths followed by the adjectives of completeness. In Davidse, K., Vandelanotte, L., & Cuyckens, H. (eds.), *Subjectification, Intersubjectification and Grammaticalization* (pp. 277—314). Berlin/New York: Mouton de Gruyter.

Ghesquière, L. 2014. *The Directionality of (Inter)subjectification in the English Noun Phrase: Pathways of Change*. Berlin/Boston: De Gruyter Mouton.

Ghesquière, L., Brems, L., & van de Velde, F. 2012. Intersubjectivity and intersubjectification: Typology and operationalization. *English Text Construction*, 5(1): 128—152.

Halliday, M. A. K., & Hasan, R. 1976. *Cohesion in English*. London: Longman.

Langacker, R. W. 1985. Observations and speculations on subjectivity. In Haiman, J. (ed.), *Iconicity in Syntax* (pp. 109—150). Amsterdam/Philadelphia: John Benjamins.

Langacker, R. W. 1987. *Foudations of Cognitive Grammar (Vol. I): Theoretical Prerequisites*. Stanford: Stanford University Press.

Langacker, R. W. 1990. *Concept, Image, and Symbol: The Cognitive Basis of Grammar*. Berlin/New York: Mouton de Gruyter.

Langacker, R. W. 1999. *Grammar and Conceptualization*. Berlin/New York: Mouton de Gruyter.

López-Couso, M. J. 2010. Subjectification and intersubjectification. In Jucker, A. H., & Taavitsainen, I. (eds.), *Historical Pragmatics* (pp. 127—164). Berlin/Boston: Mouton de Gruyter.

Lyons, J. 1977. *Semantics*. Cambridge: Cambridge University Press.

Narrog, H. 2012. Beyond intersubjectification: Textual uses of modality and mood in subordinate clauses as part of *speech-act orientation*. *English Text Construction*, 5(1): 29—52.

Nuyts, J. 2001a. *Epistemic Modality, Language, and Conceptualization: A Cognitive-pragmatic Perspective*. Amsterdam: John Benjamins.

Nuyts, J. 2001b. Subjectivity as an evidential dimension in epistemic modal expressions. *Journal of Pragmatics*, 33(3): 383—400.

Nuyts, J. 2014. Notions of (inter)subjectivity. In Brems, L., Ghesquière, L., & van de Velde, F. (eds.), *Intersubjectivity and Intersubjectification in Grammar and Discourse: Theoretical and Descriptive Advances* (pp. 53—76). Philadelphia/Amsterdam: John Benjamins.

Rodeheaver, F. N. 2017. The meaning of being: The challenges of existential psychology for biblical counseling. Ph. D. dissertation. Louisville: The Southern Baptist Theological Seminary.

Schiffrin, D. 1990. The principle of intersubjectivity in communication and conversation. *Semiotica*, 80(1/2): 121—151.

Traugott, E. C. 1989. On the rise of epistemic meanings in English: An example of subjectification in semantic change. *Language*, 65(1): 31—55.

Traugott, E. C. 1995. Subjectification in grammaticalisation. In Stein, D., & Wright, S. (eds.), *Subjectivity and Subjectivisation: Linguistic Perspectives* (pp.31—54). Cambridge: Cambridge University Press.

Traugott, E. C. 2003. From subjectification to intersubjectification. In Hickey, R. (ed.), *Motives for Language Change* (pp. 124—140). Cambridge: Cambridge University Press.

Traugott, E. C. 2010. (Inter)subjectivity and (inter)subjectification: A reassessment. In Davidse, K., Vandelanotte, L., & Cuyckens, H. (eds.), *Subjectification, Intersubjectification and Grammaticalization* (pp. 29—74). Berlin/New York: Mouton de Gruyter.

Traugott, E. C. 2012. Intersubjectification and periphery. *English Text Construction*, 5(1): 7—28.

Traugott, E. C., & Dasher, R. B. 2002. *Regularity in Semantic Change*. New York: Cambridge University Press.

Verhagen, A. 1995. Subjectification, syntax, and communication. In Stein, D., & Wright, S. (eds.), *Subjectivity and Subjectivisation: Linguistic Perspectives* (pp. 103—128). Cambridge: Cambridge University Press.

Verhagen, A. 2005. *Constructions of Intersubjectivity: Discourse, Syntax, and Cognition*. Oxford: Oxford University Press.

Verhagen, A. 2008. Intersubjectivity in the architecture of language system. In Zlatev, J., Racine, T. P., Sinha, C., & Itkonen, E. (eds.), *The Shared Mind: Perspectives on Intersubjectivity* (pp. 307—331). Amsterdam/Philadelphia: John Benjamins.

Zheng, W. 2020. The first person singular pronoun topic as attention-getter in interaction: A study of *qá mà* in Longxi Qiang. *Journal of Pragmatics*, 156: 1—15.

埃德蒙德·胡塞尔. 2008. 笛卡尔沉思与巴黎讲演. 张宪（译）. 北京：人民出版社.

高莉. 2012.《交互主观性构式：话语、句法与认知》述评. 外语教学与研究,（5）: 794—798.

马丁·海德格尔. 2012. 存在与时间（修订译本）. 陈嘉映、王庆节（译）. 北京：生活·读书·新知三联书店.

具身认知与经验现实主义（Embodied Cognition and Experientialism）

1. 引言

在哲学界，心智的体验性观点始于康德和一些20世纪的哲学家，他们认为人的身体决定心智是一种自然属性，把认知的方方面面都看成是人的身体行为塑造产生的结果。现代具身认知和经验现实主义也是认知心理学和社会心理学的研究议题，认为人的运动体系会影响到认知，包括对生活互动和人们如何做决定和决策的过程研究、人的心智如何影响身体行为等。哲学的客观主义以及皮亚杰的发展心理学对儿童认知的感觉运动基础研究都与具身认知和经验现实主义相关。因此，具身认知与经验现实主义是哲学、认知心理学、认知语言学、社会心理学等多学科的共同研究议题。

哲学对心智的重新认识发现，对认知的研究如果脱离人的身体行为与现实世界的关系就很难解释认知现象。认知科学对具身概念的讨论颇为充分，延伸出具身心智（embodied mind）、具身行为（embodied action）、具身认知（embodied cognition）等概念，其中具身认知是目前普遍使用的概念，常常与情景行为（situated action）、情景认知（situated cognition）、分散认知（distributed cognition）或扩展心智假设（the extended mind hypothesis）等概念一起使用（Ziemke & Frank 2007: 1）。到20世纪90年代，这些研究和概念构成了具身认知科学，成为认知科学新的范式。

具身认知和经验现实主义也是认知语义学的中心议题（Sinha & Jensen De López 2001）。在对语义、心智和语言的研究中，把认知看成是具身体验的观点源自美国的实用主义哲学，并且得到第二代认知科学理论的支持和拓展（Johnson & Rohrer 2007: 47）。认知语言学在对具身认知概念的阐释中，同样把身体、心智、认知、语言与社会实践经历结合起来，认为它基于身体的感觉运动。在这个过程中，个体的心智和认知过程通过与社会结构和社会实践的互动得以塑造。因此，具身认知是一个心理学和哲学的命题，而语言的具身认知则是一个融合了二者的语言学命题。

2. 主要思想

具身认知与经验现实主义是认知语言学研究中的重要议题，也是建构许多认知语言学理论和假设的前提和基础。例如，Lakoff和Johnson（1980）的概念隐喻理论以全新的概念化视角诠释了人类认知的隐喻特质，在理论构建中，基于人类现实的经验主义被看成是诸多概念形成的基础，通过隐喻映射，它几乎涵盖了整个人类知识系统（Rakova 2002）。因此，认知语言学中的语义研究、概念隐喻、概念转喻等都是以具身认知和经验现实主义为基础的，相关研究正是始于经典著述《我们赖以生存的隐喻》（Lakoff & Johnson 1980）。在建构概念隐喻理论时，Lakoff和Johnson（1980: 19—21）首次使用“经验”，他们把经验解释为连接两个范畴的基础，并说明了不同的经验对理解和表达不同隐喻概念的作用。之后，隐喻的具身性和经验性在隐喻思维中的作用得到普遍认同，甚至认为我们多数的隐喻思维都源自具身经验的复现结构（Nilsson 2016）。例如，HAPPY IS UP与MORE IS

UP这样的隐喻表征就是由不同的经验所致。Lakoff 和Johnson（1980: 226—228）指出，西方传统的客观主义把真理和实际知识看成是物理世界和文化环境中成功行事的保障，并且保证其实现公正与客观性。“经验现实主义”在认同此观点的同时提出了两个疑问：一是关于绝对真理是否存在；二是绝对真理是否能够保障成功及其行事的客观公正。Lakoff和Johnson的经验现实主义对这两点持否定态度，认为真理和对真理的理解取决于非普遍性概念系统。例如，2014年7月17日一架马来西亚客机在乌俄边境坠毁，西方媒体认为是乌克兰民间武装和俄罗斯击毁的，而俄罗斯媒体则认为是乌克兰官方击毁的。尽管飞机坠毁这一客观事实是唯一的，但对导致客观事实的原因及过程的推断和认定无法摆脱主观性，因此经验主义在激发客观性的同时，也会激发主观性。

经验现实主义的精髓在于它解释了经验如何与概念起源和概念结构组织相联系，在经验现实主义框架内，它与隐喻在解释直接意义概念和人类拥有的所有概念之间的贯通有着重要意义（Rakova 2002）。但在学术争论中涉及经验现实主义时，人们往往使用经验主义（empiricism）和理性主义（rationalism）两个极端对立的术语，似乎非此即彼。而Johnson和Lakoff（2002）认为，他们在《我们赖以生存的隐喻》中使用的experientialism既不是被曲解的经验主义，也不是理性主义。因此他们在后来的研究中开始使用“具身”（embodied）取代经验现实主义（experientialism）的表述。在《心智中的身体——意义、想象和理性的身体基础》中使用的是“具身理解”（embodied understanding）（Johnson 1987: 205）。在《体验哲学——具身心智及其对西方思想的挑战》中使用“具身现实主义”（embodied realism）（Lakoff & Johnson 1999: 74），他们认为心智是具身体验，意义是具身体验，思想也是广泛意义上的具身体验，而这正是具身现实主义的实质（Johnson & Lakoff 2002: 249），在此之后，embodied realism成为普遍使用的术语。

2.1 代表人物

在认知语言学兴起之前，对经验主义的研究多是从哲学和认知心理学视角出发的。认知语言学在接受和吸收这些领域成果的同时，把具身认知和经验现实主义相关议题与语言认知、概念语义等结合起来，建构了更为坚实的认知语言学理论，代表人物有George Lakoff、Mark Johnson和Rafael E. Núñez。

Lakoff和Johnson（1999）从分析哲学中把具身现实主义与概念的形成结合起来，对经验现实主义（具身现实主义）的阐释成为认知语义学的基本原则，为认知语言学的基本理论如概念隐喻和意象图式理论等的建构提供了依据，也成为后来的研究者如Sinha和Jensen De López（2001）、Croft和Cruse（2004）、Rakova（2002）、Evans（2006, 2007）等的研究依据。这些研究者在理论探讨基础上，把隐喻映射、意象图式涉及的身体与经验基础与一些具体范畴的概念认知如时间、空间结合起来，致力于寻找具体概念认知与身体经验之间的关系。

Núñez和Sweetser（2006）对南美艾马拉人的研究通过实证方式观察时间和空间范畴的隐喻映射原理。他们的实验观察发现，在时间的空间识解方面，对时间构想的诸多方面都与经验相关。人类生活经历的很多相似性决定了认知的相似性，同时语言文化的独特性也造就了某些具体认知方式的独特性。他们的实验观察进一步证实了生活经验对认知的影响。

2.2 主要观点及内容

认知语言学的具身现实主义具有深厚的哲学基础，它从具身认知哲学中建构了认知原则：心智具有具身性、思想具有无意识性、抽象概念具有隐喻性（Lakoff & Johnson 1999）。具身现实主义认为，人的身体与环境的持续互动，使现实世界中物理互动的层面得到成功的发展和提升，概念系统中的重要部分都会协调促成实现这样的功能。Lakoff和Johnson在其著述中详细阐释了身体经验如何建构概念系统。

根据Lakoff和Johnson（1999: 102—103）的具身认知观，概念的具身认知至少包括神经层次、现象意识经历和认知无意识性三个层次。神经具身体验主要涉及神经层面中表征概念和认知运作特点的结构。现象层面是我们能够想到的有意识或者可以意识到的一切事物，特别是我们的心理状态、身体、环境与物理社会的互动。我们常谈论的“感觉”经历，事物呈现给我们的方式，经验的独特性状态等，使我们能够区分不同的事物。例如，分辨头疼与胃疼、辣椒与花椒的味道、二胡与小提琴声音、桔子未成熟与成熟的黄色程度等；认知无意识则是处于冰山底层的一角，其可视顶层则是意识。它包括建构并使所有有意识的活动成为可能的心理运作，其中包含理解和使用语言。认知的无意识活动能够使用并引领我们身体的感知及其运动特征，特别是那些进入基础层面和空间关系的概念，包括无意识的知识和思维过程，所有语言处理——语音学、音系学、型态学、语义学、语用学和语篇所涉及的议题都与该层次相关。例如，认知语言学基于使用的语言观把语言看成是来自生活中语言的使用；认知语义把语言中的词汇语义看成是对现实世界的再现。这些都是人的身体在现实中的体验和生活经验产生的结果。因此，Evans（2007: 66）认为，具身认知是认知语言学的核心内容，也是认知语义学的指导原则。关于身体、心智、概念、认知、语义的观点主要包括以下几个方面：

第一，认知与现实世界不可分离。人类的认知活动总是发生在现实世界的特定语境中，它包含了人的感知与行为。人作为思想者和行动者，始终生活在现实世界中，其认知活动也不能脱离现实世界，是“身体及其感觉运动与世界的互动塑造了认知”（Lindblom &

Ziemke 2007: 130）。Anderson（2003）认为，身体是促进认知互动的一个部分，我们虽然无法决定世界呈现给我们什么样的状态，但即使结局是怀疑或粗浅的信仰，我们也可以从表面入手，深入探索，进行思考与判断。那些没有表征的内部假设也是在推理的主导下受经验影响形成的。感知和表征不能脱离具体语境，具身认知的施事者在持续、有目的地与世界互动过程中建构起特定的感知与表征。例如，对于中国的南方人来说，柚子的概念表征与对其形状、颜色和味道认知是在现实经历中关联起来的，而北方人则很难把这个概念与所承载的内容联系起来。因此，表征是身体经验的升华，本身已经内容丰富，无须自动的思维赋予它形式与内容（Anderson 2003）。我们始终在通过具身行为和经验与世界“亲密接触”（Lakoff & Johnson 1980: 119—125, 177; Johnson & Lakoff 2002）。意义不只来自有机体的内部结构，也不仅仅来自外部输入，而是在有机体与环境之间不断交互作用中形成的。Wen 和 Jiang（2021: 150）也认为，是社会互动促进了语言概念化，语言在概念化和互动之间起着媒介的作用。不仅如此，身体思维和我们在现实世界的行为模式还会进一步塑造我们的理性与概念结构。因此，理性与概念结构不是先验的，也就是说，不是独立于身体的（Lakoff & Johnson 1999: 128）。

第二，身体与思想不可分离。传统的哲学观把思想和身体看成两个在本体上独立的实体，没有什么可以弥合二者之间的裂痕，也无法解释非体验的内部思想如何表征外部世界（Johnson & Rohrer 2007: 17）。但我们理解世界必须有身体经验、意义和思想的参与，任何概念的形成和理解都需要心智和身体的合作才能完成，它们始终不会分离。经验现实主义和具身现实主义的出发点都强调身体与心智的一体性，认为心智和身体之间没有断裂带，知识是与身体、大脑和环境的互动相关的（Svensson et al. 2007: 243）。Lindblom 和 Ziemke（2007: 132—133）把身体与心智的关系比作一枚硬币的两面，这好比人行走的技能，一方面是有机体所具备的部分功能，另一方面也是儿童在正常成长过程中与社会和现实世界互动的结果。在Lakoff和Johnson的具身认知哲学思想中，心智和身体是两个捆绑在一起的概念结构，是两个不可分的形而上学的实体。经验在身体的经历过程中自然产生，因此是具身的，而不是超凡的；它们组成了一个不可分离的整体，不能脱离彼此而存在（Lakoff & Johnson 1999: 96—97）。很多基础范畴概念和概念关系都可以直接解释身体与心智的关系。例如，对空间关系中的上、下、前、后的理解，对事件中的时间、地点等关系的理解，对液体中水的相关知识的理解等，都是身体经历过程中认知的概念实体，形成的相关知识是真实、稳定和永恒的。

第三，概念形成于身体经验。根据模拟理论，认知是基于身体的模拟。Svensson等（2007: 243）认为，高级别的认知过程更加深刻地根植于身体活动和经验，在这一点上神经生物学和认知语言学已经达成共识。从认知语言学视角看，有意义的概念结构都与身体经历相关。Lakoff和Johnson（1980, 1999）、Johnson（1987）把概念隐喻和概念转喻与思维及认知联系起来，指出概念隐喻在认识世界中的不可或缺性。从自身的身体经历中理解概念并形成了认识世界、解释世界的基本概念，人所拥有的各种概念都来自身体的经验和体验。

首先，概念在身体经验中形成。经验主义哲学认为，在身体与环境的日常互动中，个体的经验产生有意义的概念，因此所有的概念都最终可以简化为有意义的概念（Rakova 2002）。Lakoff（2005）认为，隐喻一定来自人在世界中的经验活动，特别是日常活动，每一个隐喻都有独特的推理模式，同一种类型的隐喻中，不同的隐喻形式一定有不同的推理形式。例如，我们认知中最基本的时间与空间概念的形成，在婴儿时期通过听声音来源和观察物体运动等体验方位概念，我们居住小房子和大房子的经历也是体验空间大小的经历；婴儿等待食物的经历也是体验时间的经历，在学校上一节课和一整天课是时间长短和多少的经历。其他概念的形成也与身体的经历直接相关，例如，对抽象概念“轻”“重”的认知是在一次次拿起或搬动物品中形成的。没有身体的参与显然无法理解这些概念，在身体的经历过程中通过推理形成概念。

另外，概念知识也是身体在生活中的体验并在我们的感觉－运动系统内映现。神经科学的发现证明，我们的想象力与现实世界的经历不能分开，想象看到什么东西和实际看到什么东西时使用的是大脑的同一部位。对概念的语义内容及其特征的理解都是身体在世界实现其功能的过程中实现的。例如，我们能够理解“吃饭”“走路”“摔倒”“迟到”“喝水”这些词汇语义，是因为从生命开始后就会有这些身体经历。因此，Gallese和Lakoff（2005: 456）认为，对动作类抽象概念的理解是在多次亲身经历某个动作后能够想象做该动作的基础上达成的。在来自不同源头的持续输入之后，我们对世界的实践定位会以其定位的方式把经验融合成一个单一意识体。它不是一个“我认为”的问题，而是身体与世界的参与互动问题（Anderson 2003）。比如，对方位的认识，我们一开始往往对东西南北的概念是模糊的，在无数次经历了太阳的东升西落后，形成这四个方位的概念及其延生知识：朝向东方的建筑物上午有太阳直射，温度更高；朝西的建筑物下午有太阳直射，温度更高，类似的概念和知识都源自身体经验。

第四，语义来自身体经验，经验和具身认知是意义产生的基础。根据Lakoff（1987）、Hampton（1989）的观点，意义是基于具体的身体经验。通过隐喻映射到具体范畴，抽象词获得意义，这些词义本身也来自具体的日常经历，在不同的经历中建构起一个概念或一个词的多种意义，因此概念和意义具有格式塔特征，它取决于图式心理模型，并在特定的身体经历中形成。例如，时间的各种意义，如商品意义、持续意义、事件意义等都是在现实体验中获得的。以商品意义为例，是对其价值的认知，“时间是金钱”“时间是生命”的语义是根据生活的经验对有价值实体认知而理解到的时间这个词的意义。我们往往把其抽象价值特征映射到较之具体的金钱和生命这样的概念上来理解。在现实世界的经历中，人们知道了金钱可以用来换取维持生命和生活的物质，生命的有限性也是可以用年月日这样的时间单位来计算的。其他几种概念意义也是在类似的经历中形成，这些意义一起构成了时间的格式塔特征。

Lakoff和Johnson（1980: 227—228）认为，一个人对语义的理解不仅依靠理性知识，也依靠过去的经历、价值观、直觉灵感等。因此，经验现实主义认为“理解”包含所有这些因素，它强调互动和意义对一个人意味着什么，通过经验格式塔，一个连贯的结构变得对个体有意义。通过隐喻，想象的主要源头赋予经验新的意义并创造新的现实（Lakoff & Johnson 1980: 228）。例如，婴儿对“吃”“喝水”的语义理解从一开始就是通过身体与外界互动习得概念意义，在持续的身体与现实互动中，以抽象方式延伸提炼出这些概念的词汇语义。

第五，先前和非语言的身体经历之间具有连续性和激励性。语言哲学通过对语义和语言如何反映客观世界的探讨，发现西方哲学中的客观主义不仅是一个哲学命题，也是一个语言命题，因为它涉及语言对客观世界的再现。认知语言学的“具身认知”观点认为先前和非语言的身体经历之间具有连续性和激励性，并可以从人的神经生物学内部构造中去探寻深层次的解释原则（Sinha & Jensen De López 2001）。例如，我们对“这里”和“那里”的认知和空间体验相关，对“现在”和“过去”的理解与时间经历相关。在现实生活中体验到了离我们较远的地方是“那里”，离身体较近的地方是“这里”；“昨天过中秋节”表达的是“过去”的时间，“此刻看见到处雾蒙蒙”描述的是“现在”的情景。

人类的认知是建立在现实的生活经历和祖先遗传下来的生活经历

基础上的。一方面，我们的日常生活经验为我们的认知提供了直接的素材，这些生活经历是身体的经历，也是心智的经历。另一方面，个体相对于人类丰富的生活经验来说永远无法穷尽所有，也无此必要，而人类积累的经验是已经抽象出的知识，不需要现实体验就可以内化为我们知识体系中的一部分。在这个意义上，具身认知和经验主义是一个微观和宏观的结合。由于“我们的身体既是一个物理结构，也是一个现实的经验结构”（Varela et al. 1992: xv），因此，人类在认知上能够做到把现实经验与先前经验结合起来。例如，对“飞行”的理解是建立在理解“天空”与“离开地面”相关知识之上的，亲自飞行或不飞行都可以理解其概念意义和词汇语义。

第六，具身认知具有社会文化维度。人类身体和身体经验的相似性使概念及概念认知具有普遍性。例如，人的身体都是直立的，面部朝前的，在空间体验中对“上”“下”和“前”“后”的隐喻认知几乎是相同的。同时，语言文化差异性也造就了认知差异性。Rohrer（2007: 350）认为，由于具身认知也用来指在社会文化实践中永久化的身体、认知和语言，在这个意义上，具身认知更加强调人类认知的个性。例如，中文和英文都有嘴、唇、舌头这些词汇和相应的隐喻，但中文有关嘴、唇、舌头的隐喻远比英语丰富（Johnson & Lakoff 2002）。以“口”为例，中文里像“口是心非”“百口难辩”“口蜜腹剑”“心直口快”等常用语多达几百个，而英文中be all mouth、live from hand to mouth等常用短语只有几十个。Núñez和Sweetser（2006）对南美艾马拉人的时间的空间识解进行研究时，在肯定时间参照（time-RP）与自我参照（ego-RP）两种认知模型具有语言文化普遍性的同时，也发现具体的时间识解方式所拥有的语言文化独特性。尽管艾马拉人的身体经验与其他民族一样，使用两种时间认知模型，但艾马拉人生活经历的独特性产生了构想未来和过去所在位置的独特方式。因此，他们认为，人类在日常生活中的许多抽象概念都源自于身体体验，并经由各自独特的语言文化塑造出自己概念表达的独特性。

3. 发展趋势

在宏大的认知语言学领域中，虽然“经验现实主义”或“具身现实主义”只是沧海一粟（Rakova 2002），但研究者们都认同具身认知与经验现实主义在认知中具有基础作用，是建构认知语言学基本理论的基础，如概念隐喻、概念转喻、意象图式等。很多关于语言与认知议题的讨论中都离不开现实与经验。研究者们（Hampton 1989; Sinha & Jensen De López 2001; Rakova 2002）纷纷以此为依据讨论语言、文化、认知与身体经验的关系。根据研究的发展历史和目前的研究现状看，一些基本范畴中的概念认知与具身认知的关系十分密切，这一点充分表现在对空间、时间和颜色等范畴的研究中。未来的研究需要把基于具身认知理论的概念隐喻、概念转喻、意象图式等概念和理论作为基础，在认知语义学框架内，从词汇语义的角度讨论各种具体议题，以进一步揭示身体经验、认知与语言之间的关系。

（编者：重庆师范大学/肖燕）

参考文献

Anderson, M. L. 2003. Embodied cognition: A field guide. *Artificial Intelligence*, 149(1): 91－130.

Croft, W., & Cruse, D. A. 2004. *Cognitive Linguistics*. Cambridge: Cambridge University Press.

Evans, V. 2006. *Cognitive Linguistics: An Introduction*. Edinburgh: Edinburgh University Press.

Evans, V. 2007. *A Glossary of Cognitive Linguistics*. Edinburgh: Edinburgh University Press.

Gallese, V., & Lakoff, G. 2005. The brain's concepts: The role of the sensory-motor system in conceptual knowledge. *Cognitive Neuropsychology*, 22(3—4): 455—479.

Hampton, J. 1989. A review of *Women, Fire, and Dangerous Things* by George Lakoff. *Mind & Language*, 4(1—2): 130—137.

Johnson, M. 1987. *The Body in the Mind: The Bodily Basis of Meaning, Imagination, and Reason*. Chicago The University of Chicago Press.

Johnson, M., & Lakoff, G. 2002. Why cognitive linguistics requires embodied realism. *Cognitive Linguistics*, 13: 245—263.

Johnson, M., & Rohrer, T. 2007. We are live creatures: Embodiment, American pragmatism and the cognitive organism. In Ziemke, T., Zlatev, J., & Frank, R. M. (eds.), *Body, Language and Mind (Vol. 1): Embodiment* (pp. 17—54). Berlin/New York: Mouton de Gruyter.

Lakoff, G. 1987. *Women, Fire, and Dangerous Things: What Categories Reveal about the Mind*. Chicago: The University of Chicago Press.

Lakoff, G. 2005. A cognitive scientist looks at daubert. *American Journal of Public Health*, 95(S1): S114—S120.

Lakoff, G., & Johnson, M. 1980. *Metaphors We Live By*. Chicago: The University of Chicago Press.

Lakoff, G., & Johnson, M. 1999. *Philosophy in the Flesh: The Embodied Mind and Its Challenge to Western Thought*. New York: Basic Books.

Lindblom, J., & Ziemke, T. 2007. Embodiment and social interaction: A cognitive science perspective. In Ziemke, T., Zlatev, J., & Frank, R. M. (eds.), *Body, Language and Mind (Vol. 1): Embodiment* (pp. 129—166). Berlin/New York: Mouton de Gruyter.

Nilsson, A., 2016. Embodying metaphors: Signed language interpreters at work. *Cognitive Linguistics*, 27(1): 35—65.

Núñez, R. E., & Sweetser, E. 2006. With the future behind them: Convergent evidence from Aymara language and gesture in the crosslinguistic comparison of spatial construals of time. *Cognitive Science*, 30(3): 401—450.

Rakova, M. 2002. The philosophy of embodied realism: A high price to pay?. *Cognitive*

Linguistics, 13(3): 215—244.

Rohrer, T. 2007. The body in space: Dimensions of embodiment. In Ziemke, T., Zlatev, J., & Frank, R. M. (eds.), *Body, Language and Mind (Vol. 1): Embodiment* (pp. 339—378). Berlin/New York: Mouton de Gruyter.

Sinha, C., & Jensen De López, K. 2001. Language, culture and the embodiment of spatial cognition. *Cognitive Linguistics*, 11(1—2): 17—41.

Svensson, H., Lindblom, J., & Ziemke, T. 2007. Making sense of embodied cognition: Simulation theories of shared neural mechanisms for sensorimotor and cognitive processes. In Ziemke, T., Zlatev, J., & Frank, R. M. (eds.), *Body, Language and Mind (Vol. 1): Embodiment* (pp. 241—270). Berlin/New York: Mouton de Gruyter.

Varela, F. J., Thompson, E. T., & Rosch, E. (eds.). 1992. *The Embodied Mind*. Cambridge, MA: The MIT Press.

Wen, X., & Jiang, C. 2021. Embodiment. In Wen, X., & Taylor, J. R. (eds.), *The Routledge Handbook of Cognitive Linguistics* (pp. 145—160). London: Routledge.

Ziemke, T., & Frank, R. M. 2007. Introduction: The body eclectic. In Ziemke, T., Zlatev, J., & Frank R. M. (eds.), *Body, Language and Mind (Vol. 1): Embodiment* (pp. 1—16). Berlin/New York: Mouton de Gruyter.

框架（Frame）

1. 引言

“框架”概念源于人们对知识系统表征的研究，主要指人脑中代表世界典型特征的知识结构。对于人类经验如何在大脑中形成、进入记忆、被表征以及在新情景识别中的作用等问题的关注，引起了心理学、社会学、人工智能以及语言学领域学者的研究兴趣，形成了框架概念及思想。这些领域的研究者认为，人们理解所观察到的世界时需要激活过去经验的记忆，或者要将所观察到的东西识解为信念和经验结构的实例或变体，以便利用这些经验结构来理解他们听到或看到的东西，人们头脑中的这些结构就是框架。

2. 框架思想的演化过程

2.1 心理学：框架概念的起源

心理学的框架思想源于对知识和概念的研究。心理学研究表明，知识的基本单位是概念，有关知识表征的理论就是要对人脑中可及的概念建立模型，包括概念间的关系以及人们利用概念进行的操作（Evans & Green 2006: 223）。早在20世纪30年代，心理学家Frederic

Bartlett就通过对记忆的实验研究，提出了概念的图式模型。他认为，“图式是对过去反应（或过去经验）的结构化，以及在合适的机体反应下的操作”（Bartlett 1932: 201）。也就是说，人们过去的经验总会不断累积在记忆里，形成有内在结构的概念形式，即图式。后来，认知心理学以及人工智能领域的研究者（如Barsalou 1992b; Minsky 1975等）用“框架”取代“图式”来表示知识的表征形式。

2.2 人工智能：框架的早期思想

人工智能专家Minsky（1975）首先关注如何让计算机具有百科知识，以便使它能够具有类似于人的思维，完成一些似乎不可能完成的任务（Minsky 1975: 215）。为了实现这一目标，他从心理学家Bartlett（1932）的图式理论出发，建立了框架理论。

> 框架理论的核心思想为：当人们遇到一个新的情景时，便会从记忆中搜索一个结构，即框架。这个结构存储于记忆中，需要时可通过细节修正以适应实际情景。框架是表征典型情景的数据结构，这些情景如在一个客厅里，或是去参加一个儿童生日聚会。每一个框架都附带各种信息，其中某些信息涉及人们对将要发生情况的预期（Minsky 1977: 355）。

Minsky对框架的定义成为后来诸多领域框架定义的基础。他认为框架是我们有关世界知识的心理表征，在我们记忆中以数据形式储存，在需要时可被提取。框架是一种结构，是由节点和关系组成的网络，由不同的层次建构而成（Minsky 1977: 355）。人们能很容易并快速地运用框架理解日常观察和其他经验的意义，比如以有限的视觉信息识别熟悉的事物，或者对具有多种解读的图画赋予不同的意义。他以Birthday Party框架为例来解释读者如何理解这两个句子的意义：

（1）Mary was invited to Jack's party.

（2）She wondered if he would like a kite.

原文中并没有任何有关这个聚会是儿童生日聚会的直接信息，但是读者从关于过去经验的记忆中激活儿童生日聚会框架，从而获得对原文的理解。Minsky利用框架概念来解释读者在理解语言意义时的认知作用，其理论体现出很强的应用性，是解释语言现象和进行话语分析的有效工具。

2.3 语言学：框架思想的深入发展

语言学领域的框架研究首推Fillmore。Fillmore（1975, 1976, 1977）的框架思想是在批判语义的经典理论和特征表理论基础上建立起来的。经典理论认为，每一个概念都与一系列充分必要条件相关，并由充分必要条件决定，这些条件可以通过概念分析得出。早些时候，一些哲学家（如Quine 1951）对概念分析与概念的充要条件提出了批评，认为概念分析并不能对任何一个重要的概念作出为人所认可的分析。维特根斯坦（Wittgenstein 1953）指出，某些概念的实例并不具有完全一致的特征，而是呈现家族相似性，因此概念分析并不能由此得出决定概念的充分必要条件。心理学家Rosch（1973）的典型范畴理论也认为，人类概念范畴的内部结构存在等级差异，有的范畴成员具有更多的特征，处于中心地位，成为典型成员；有的范畴成员具有该范畴较少的特征，处于边缘地位。因而，基于充要条件的经典理论并不能解释一个概念范畴内成员间的地位差异。特征表理论主张将与特定概念有关的所有不同特征或属性列出来。比如“汽车”概念的特征有：组成部分、需要燃料驱动、由有执照的人来驾驶等。心理学家Barsalou（1992b: 25－28）以心理学的实际证据说明特征表理论存在的问题。首先，特征表将概念的一系列特征看作处于同一层次的平行关系，忽略了特征间的层次差异。其次，特征表理论认为概念的成分间相互独立，忽略了概念成分间的联系。相关研究表明，人脑中具有大量有关概念成分间关系的知识。Malt和Smith（1984）发现，“鸟”的“声音”与“大小”有一定的内在联系。在此基础上，心理学家认为，框架理论能很好地解决经典理论和特征表理论在概念表征方面的缺陷（Barsalou 1992b: 27）。结合哲学家和心理学家对语义经典理论和特征表理论的批判，Fillmore发展了语言学中的框架思想。

Fillmore 的框架思想经历了三个阶段。第一阶段为格框架阶段。20世纪60年代，在格语法研究中，Fillmore（1968）用“格框架”和“格框架特征”分别描述动词的深层结构配价和规则特征。前者是包含某个动词的实际句子结构，后者有关哪类动词可进入某个格框架。由此，Fillmore形成了格语法理论中的框架概念，格框架是表达小的抽象场景或情景的语言形式，格框架识别场景的参与成分以及描述场景的句子谓词论元，要理解动词的语义结构，就必须首先理解这类图式化的场景特征。这就意味着，框架是与场景相关的一系列语言选择。在此阶段，Fillmore形成了场景－框架思想，框架是语言的表达方式，而场景是认知、概念或经验实体。

第二阶段为图式化框架阶段。从20世纪70年代中期开始，Fillmore逐渐放弃了“场景”这一术语，用“框架”取代。Fillmore（1976）引入心理学和人工智能领域的框架理论，对格语法理论中的框架概念进行修正。他认为：

> 在语法与词汇描写以外，还应该有一个认知与互动框架来描述语言使用者如何阐释其语境、构建自己的信息、理解别人的信息，积累或创建一个自身世界的内在模式。语言的演化过程必然包括对框架库的习得、对框架操作心理过程的习得以及创造新框

> 架、传递框架的能力发展等过程。……其中，语境、典型与范式案例、框架或图式、语义记忆等概念构成了我所要实现语言描写目标的背景（Fillmore 1976: 23）。

此时，框架已经不再被看作是语言选择的系统，而是人类经验的图式化结果。其基本思想是，“人们记忆中有一个图式库，用于对经验进行建构、分类和解释，同时还有不同的方法对这些图式进行提取，并且有不同的程序对这些图式进行操作”（Fillmore 1976: 25）。在这里，Fillmore将“框架”与“图式”作为等同概念使用，实现了框架的认知阐释，突破了框架作为语言表达形式的限制。

关于框架与语言意义理解的关系，Fillmore 进一步解释说：

> 框架并不依赖语言，但是在应用于语言加工时起到以下作用。特定的词汇、语言表达式或语法形式在记忆中与特定的框架相关。因此，语言使用者在一定的语境中接触到某个语言形式，就会在头脑中激活特定的框架。反过来，激活了特定的框架，也能促进语言使用者获得与该框架相关的其他语言材料的联系（Fillmore 1976: 23）。

第三阶段为认知语言学的框架思想。到了20世纪80年代，Fillmore（1985: 223）提出，框架就是“具体的知识系统，或经验的连贯性图式化”。他把框架概念作为一个笼统术语，来涵盖讨论自然语言理解的文献中提到的一系列概念，包括：图式（schema）、脚本（script）、情景（scenario）、观念架构（ideational scaffolding）、民俗理论（folk theory）等（Fillmore 1985）。后来，Fillmore 进一步将框架概念修订为“认知结构，词汇编码概念的知识前提”（Fillmore & Atkins 1992: 75），“概念结构，特定情境及其成分、大型制度性场景、对照模式、关系网络等的图式化”（Fillmore 2005: 612）。

至此，框架思想完全演化为认知语言学的语义理论，用于对“世界的知识结构在人的记忆中是如何组织的，在词语和话语理解过程中又是怎样激活的”等问题的解释（文旭 1999：37）。框架语义理论采用百科知识观，可以用于“揭示与词汇相关的有机知识库的基本特征，考察这种知识系统特征对于语义模式的影响”（Evans & Green 2006: 223）。有关框架语义学内容请参阅本书另外一个词条“框架语义学”。

3. 主要思想

3.1 框架概念

框架是心理学、社会学、语言学等多个领域的重要概念，不同领域的学者从各自的研究目标出发对框架的定义、结构、特征和类型给出不同的界定，几种主要界定如表1所示。

表1 框架的几种核心概念

提出者	Fillmore（1975; 1977）	Fillmore（1985）	Minsky（1975, 1977）	Tannen & Wallat（1993）	Barsalou（1992b）
定义	与场景的各种原型实例相关联的语言选择系统	涵盖“图式”“脚本”“情境”等概念的总术语	表征常规情景的数据结构	期望结构，指对当下参与活动和说话者表意方式的意识	表征所有类型范畴的复杂概念结构，知识表征的基本模式
结构	有空白的图式框架	有参与角色、目的和事件序列的期望抽象结构	高层和由默认值填充的底层终端（即空槽）	预期形式的有机知识，由语言和非语言互动构成	特征—值，结构常量，限制条件
特征	认知 / 心理结构	语言结构	认知 / 心理结构	认知 / 心理结构 互动 / 语用方式	动态认知结构，依赖语境变化

续表

提出者	Fillmore（1975; 1977）	Fillmore（1985）	Minsky（1975, 1977）	Tannen & Wallat（1993）	Barsalou（1992b）
类型	句法、语义、主题、叙述框架	词汇、语法和语言范畴集合	互动框架，认知框架	事件、物体、人、语境、交际活动、内容	典型与成员关系，从属于分类关系、概念组合、事件序列、规则、计划等

基于以上观点，认知语言学家所持的框架思想主要包含以下内容：

第一，框架是知识和经验在头脑中的表征，是一种认知和心理现象。作为一种认知现象，框架由人对客观世界的观察体验和文化感知（如阅读、交流等）获得经验，由经验的图式化形成知识结构，再概念化为框架。因此，框架是经验概念化的结果。作为一种心理现象，框架以概念化形式储存于长时记忆中，可随时通过某线索的刺激提取，并可在一定情景下根据新的经验修正补充。

第二，框架是为理解语言和情景意义提供参照的背景体系，具有内在层次和结构特征，框架成分对应于语言形式。框架可由语言激活或唤起，由语言形式（如词汇等）唤起的一个框架成分可以激活整个框架，由此获得一定情景下的意义。

第三，框架和框架系统呈层次性立体分布，即框架成分本身可成为次框架。从框架成分到框架，再到框架系统是人类经验从基本认知层次到更高层次的抽象化过程。框架系统与框架间具有特征传承性，即低层次的框架会自动获取高层次框架的特征。

第四，框架成分和框架系统具有典型效应，体现隐喻、转喻映射等认知机制。典型效应指框架成分地位不同，某些成分处于中心地位，某些成分处于边缘地位。框架成分地位呈级差分布，即某些成分比其他成分更接近中心，从中心逐渐过渡到边缘。

第五，框架可进行类型划分。从复杂性和细化程度来看，有的框架更为笼统和抽象，如“旅行”框架；有的更为具体，如“乘飞机”框架、“度假”框架、“潜水”框架等。Tannen（1993: 55）认为，框架可分为事件、物体、人、行为、地点、类别、角色等，“脚本”“情景”等就是对某一种框架的界定。

第六，框架即语境。不管是文本的语言语境，还是社会语境，都是读者理解具体语言表达所需的背景信息，这些信息以框架的形式存储于读者的长时记忆中，通过语言线索激活，为读者对语言意义的理解提供参考。

第七，框架具有动态性和文化性。框架并非天生而来，而是人在社会化过程中逐渐习得，并随着经验增加不断修正。框架依赖于文化语境，不同文化中的人们可能有对应的框架，但其成分不一定完全一致，也可能存在不同的框架。

综上所述，框架的定义可以概括为：框架是人类经验在概念层次上的图式化表征，反映知识系统的结构，由成分和关系构成，与人类经验中特定文化场景相关，与语言表达手段（词汇和语法）对应，可由语言激活，是意义理解的背景参照。框架成分、框架和框架系统呈立体性，具有典型效应，遵循隐喻和转喻等认知机制，具有文化性和动态性，在人的社会化过程中逐渐习得。

3.2 框架的构成

认知心理学将框架构成及内部关系进行细化，认为框架由特征—值（attribute-values）、结构常量（structural invariants）和限制条件（constraints）构成（Barsalou 1992a, 1992b）。

3.2.1 特征—值

框架的核心是一组共现特征。Barsalou（1992b: 30）认为，特征是“描述一些范畴成员一个方面的概念”，如“引擎”“驾驶员”描述

"汽车"范畴中的一个方面，"颜色"描述"鸟"这个范畴的色彩。框架成员的构成部分（如"卧室"框架中的"床"）、评价（如"音乐"框架中的"享受"）、数量（如数学中"族"框架中的"基数"）、成本（如"职业"框架中的"牺牲"）和益处（如"教育"框架中的"技能"）等都可以成为特征，人们也会根据具体情况创造出新的特征。

值是表征特征次类型的从属概念。作为从属概念，值从对应的特征概念继承属性。例如，在"汽车"框架中，特征"引擎"的值有"四缸""六缸"等，"四缸"从"引擎"继承"燃烧燃料""产生动力"等属性。

特征－值的结合产生范畴中的范例。每当人们看到一个具体的范例，就会从大脑中激活框架，并将范例的特征附加于特征－值之上。比如，看到一辆汽车，人们可能做出这样的指派，特征"驾驶员"的值为"张三"，"引擎"为"四缸"，"传动系统"为"手动"，"车轮"为"合金"等，这个范例就通过特征－值具体化为"张三开的四缸手动合金轮毂汽车"。不过这些特征和值并不总是出现在语言表达中，要么说话人不清楚，要么没有必要表达出来。这时，听话人常常激活"默认配置"。

3.2.2 结构常量

结构常量描述框架特征间的常规关系。Barsalou（1992b: 35）认为，"框架内的特征并不是独立的空槽，而是在概念上彼此相关。框架的核心特征彼此高度相关，在不同的语境中总是同时出现。"比如对于任何一辆车而言，"驾驶员"总是控制"引擎"的速度。同样，"引擎"转动带动"传动系统"转动，这些关系总是在概念层次上体现，并适用于"汽车"框架的大多数范例，这是相对不变的，因而称为"结构常量"。

3.2.3 限制条件

结构常量描述框架特征间的规定性事实，即框架特征一定要满足的结构关系，而限制条件描述框架特征的值之间的系统多样性。其基本思想为，框架成分的值并非彼此独立，而是处于复杂的相互制约中。Barsalou（1992b: 37）认为框架的限制条件有如下几种：特征限制、值限制、语境限制和优化。特征限制是指对特征－值进行总体限制的规则。特征限制并非始终如一，而是常规情景下的默认限制。值限制是值之间的具体限制规则。在Barsalou（1992b）看来，特征限制和值限制体现于具体语境中，他称之为语境限制，当一个情景中的某一方面限制另一方面时，就出现语境限制。优化是指参与者的目标和选择。

总的来说，框架由特征、值、结构常量和限制条件构成。特征反映框架内大部分范例某一方面的属性，特征在每一个具体范例上的属性则是值。不同的特征及值之间并非彼此孤立存在，而是存在概念上的相关性。规定性的关系称为结构常量，而具体情境下的关系则是限制条件。

4. 发展趋势

总的来说，框架理论是以心理学、社会学、语言学研究为基础，在多个学科和领域得到应用的一套理论体系。目前的框架研究主要呈现以下几个趋势。一是以语义网络为基础的框架网络（FrameNet）词典编撰。从20世纪90年代开始，Fillmore和同事改变了以词条为核心的词典编撰模式，编撰了以框架元素描述为核心的在线英语框架网（English FrameNet）。参照这一思路，其他学者陆续编撰了专门领域框架网（如足球知识库框架网kicktionary等）以及不同语言的框架网，包括：西班牙语框架网（Subirats 2009）、日语框架网（Ohara et al. 2004）和德语词典项目（Burchardt et al. 2009）等。二是框架理论在多个领域的应用研究。在翻译学领域被应用于研究译者的认知操作，如Snell-Hornby（1995）、汪立荣（2005）、Boas（2013）、肖开容（2017）等。在政治学领域，Lakoff（2004, 2006, 2008）基于语言学、社会学和传播学的框架思想，提出了政治传播的“框定”（framing）思想。三是理论研究以及跨学科融合不断深入。Fried和Nikiforidou（2016）编撰的论文集《框架语义学新进展》（*Advances in Frame Semantics*）集合了框架语义学与词典编撰、隐喻研究、构式语法研究相结合的最新成果。四是框架理论在自然语言处理和机器深度学习领域用于文本分析、歧义消解、机器翻译和机器问答等方面的研究（如Zechner & Borin 2020; Belinkov 2018等）。目前和未来的研究焦点包括：对框架理论发展脉络的系统化梳理，在话语和文本分析等领域的应用和拓展，以及跨学科、跨领域的整合与融合研究等。

（编者：西南大学/肖开容）

参考文献

Barsalou, L. 1992a. *Cognitive Psychology: An Overview for Cognitive Scientists*. Hillsdale, NJ: Erlbaum.

Barsalou, L. 1992b. Frames, concepts, and conceptual fields. In Kittay, E., & Lehrer, A. (eds.), *Frames, Fields, and Contrasts: New Essays in Semantic and Lexical Organization* (pp. 21—74). Hillsdale, NJ: Erlbaum.

Bartlett, F. 1932. *Remembering: A Study in Experimental and Social Psychology*. Cambridge: Cambridge University Press.

Belinkov, Y. 2018. On internal language representations in deep learning: An analysis of machine translation and speech recognition. Ph.D. dissertation. Cambridge: Massachusetts Institute of Technology.

Boas, H. 2013. Frame semantics and translation. In Rojo, A., & Ibarretxe-Antuñano, I.

(eds.), *Cognitive Linguistics and Translation: Advances in Some Theoretical Models and Applications* (pp. 125—158). Berlin: Mouton de Gruyter.

Burchardt, A., Erk, K., Frank, A., Kowalski, A., Padó, S., & Pinkal, M. 2009. Using FrameNet for the semantic analysis of German: Annotation, representation, and automation. In Boas, H. (ed.), *Multilingual FrameNets in Computational Lexicography: Methods and Applications* (pp. 209—244). Berlin: Mouton de Gruyter.

Evans, V., & Green, M. 2006. *Cognitive Linguistics: An Introduction*. Edinburgh: Edinburgh University Press.

Fillmore, C. J. 1968. The case for case. In Bach, E., & Harms, R. (eds.), *Universals in Linguistic Theory* (pp. 1—88). New York: Holt Rinehart and Winston.

Fillmore, C. J. 1975. An alternative to checklist theories of meaning. *BLS*, 1: 123—131.

Fillmore, C. J. 1976. Frame semantics and the nature of language, In Harnad, S., Steklis, H., & Lancaster, J. (eds.), *Origins and Evolution of Language and Speech* (pp. 20—32). New York: New York Academy of Sciences.

Fillmore, C. J. 1977. Scenes and frames semantics. In Zampolli, A. (ed.). *Linguistic Structure Processing* (pp. 55—88). Amsterdam: North-Holland Publishing Company.

Fillmore, C. J. 1982. Frame semantics. In Yang, I. (ed.), *Linguistics in the Morning Calm. Selected Papers from SICOL-1981* (pp. 111—137). Seoul: Hanshin.

Fillmore, C. J. 1985. Frames and the semantics of understanding. *Quaderni di Semantica*, 6(2): 222—254.

Fillmore, C. J. 2005. Frame semantics. In Anderson, A., Hirst, G., & Miller, J. (eds.), *Encyclopedia of Language and Linguistics* (Vol. 4) (pp. 612—620). Amsterdam: Elsevier.

Fillmore, C. J., & Atkins, B. 1992. Towards a frame-based lexicon: The semantics of RISK and its neighbors. In Lehrer, A., & Kittay, E. (eds.), *Frames, Fields, and Contrasts: New Essays in Semantic and Lexical Organization* (pp. 75—102). Hillsdale, N.J.: Erlbaum.

Fried, M., & Nikiforidou, K. (eds.) 2016. *Advances in Frame Semantics*. Amsterdam/Philadelphia: John Benjamins.

Lakoff, G. 2004. *Don't Think of An Elephant! Know Your Values and Frame the Debate*. Hartford: Chelsea Green Publishing.

Lakoff, G. 2006. *Whose Freedom: The Battle over America's Most Important Idea*. New York: Farrar, Straus and Giroux.

Lakoff, G. 2008. *The Political Mind: Why You Can't Understand 21st Century Politics with an 18th Century Brain*. New York: Viking.

Malt, B. C., & Smith., E. E. 1984. Correlated properties in natural categories. *Journal of Verbal Learning and Verbal Behaviour*, 23(2): 250—269.

Minsky, M. 1975. A framework for representing knowledge. In Winston, P. (ed.), *The Psychology of Computer Vision* (pp. 211—217). New York: McGraw-Hill.

Minsky, M. 1977. Frame theory. In Johnson-Laird, P. N., & Wason, P. C. (des.), *Thinking: Reasings in Cognitive Science* (pp.355—376). Cambridge: Cambridge University Press.

Ohara, K. et al. 2004. The Japanese FrameNet project: An introduction. In Fillmore, C. J. et al. (eds.), *Proceedings of the Fourth International Conference on Language Resources and Evaluation Post-Conference Workshop on Building Lexical Resources from Semantically Annotated Corpora* (pp. 9—11). Lisbon, Portugal.

Quine, W. V. 1951. Two dogmas of empiricism. *The Philosophical Review*, 60(1): 20—43.

Rosch, E. 1973. Natural categories. *Cognitive Psychology*, 4(3): 328—350.

Snell-Hornby, M. 1995. *Translation Studies: An Integrated Approach*. Amsterdam: John Benjamins.

Subirats, C. 2009. Spanish FrameNet: A frame-semantic analysis of the Spanish lexicon. In Boas, H. C. (ed.), *Multilingual FrameNets in Computational Lexicography: Methods and Applications* (pp. 135—162). Berlin: Mouton de Gruyter.

Tannen, D., & Wallat, C. 1993. Interactive frames and knowledge schemas in interaction: Examples from a medical examination/interview. In Tannen, D. (ed.), *Framing in Discourse* (pp. 57—76). Oxford: Oxford University Press.

Tannen, D. (ed.). 1993. *Framing in Discourse*. Oxford: Oxford University Press.

Wittgenstein, L. 1953. *Philosophical Investigation*. Oxford: Oxford University Press.

Zechner, Z., & Borin, L. 2020. Towards a Swedish Roget-style thesaurus for NLP. In *Proceedings of the Globalex Workshop on Linked Lexicography* (53—60). Language Resources and Evaluation Conference, Marseille, 11—16 May 2020.

汪立荣. 2005. 从框架理论看翻译. 中国翻译，(3)：27—32.

文旭. 1999. 国外认知语言学研究综观. 外国语，(1)：34—40.

肖开容. 2017. 诗歌翻译中的框架操作：中国古诗英译认知研究. 北京：科学出版社.

框架语义学（Frame Semantics）

1. 引言

框架语义学是美国语言学家Charles J. Fillmore在20世纪70年代开创的语言学研究领域。框架语义学是一种经验主义语义学，强调语言与经验之间的连续性，主张对语言意义的理解需要激活与该语言单位相关的概念系统——框架，而激活框架中的一个概念，也会激活整个框架。框架语义学认为，词汇表征的是经验范畴，语义学的研究就是要揭示人们创建词汇所表征经验范畴的背后原因，并将该原因纳入词汇意义的描绘中（Petruck 1997）。

框架语义学思想主要有三个来源：一是对语义经典理论和特征表理论的反叛，Fillmore（1975）提出了"框架"的概念，代替语义经典理论和特征表理论对语义的界定；二是认知心理学和人工智能有关记忆与知识表征的研究成果；三是语言学的格语法思想，即小句中的语义角色，后来Fillmore（1968, 1975）分别用"格框架"和"框架"代替语义角色，再后来又用框架指类似于图式的概念表征。关于框架思想请参阅本书另一个词条"框架"。

2. 主要思想

框架语义学旨在提供一个有关语义的经验主义阐释模式。

Fillmore（1982）指出，框架语义学指对自然语言意义进行系统描述的多个研究途径的总称，是一个经验主义语义学研究项目，强调语言与经验之间的连续性（continuity）。框架语义学提供了观察词语意义的一种特别的方式，同时也试图刻画一种语言产生新词和新短语，以及向已有的词语里增加新的意义，或将一段文章中各成分的意义组装到一起，从而形成整篇文章全部意义等所需要遵循的原则。

框架语义学的核心概念包括框架、典型、视角等。典型是框架语义学的核心概念，是语义决定和理解的重要背景参照。例如，某个词汇可能具有多个含义，在不同情景中，这些多个意义可能被不同程度地突显。比如，要理解“早餐”的具体含义，我们需要具有吃早餐的人群及其习惯的背景知识，包括人们一般每天吃三餐，三餐时间有一定规律分布等。在早晨起床后吃的餐，与其余两顿内容略有不同，这便是“早餐”。不过，在美国英语中，“早餐”（breakfast）可以表示以下任何一个情景中的餐：（1）睡了一个上午，在中午两点吃，吃的内容包括鸡蛋、面包、咖啡、橙汁；（2）熬了一个通宵，在早上七点吃，吃的内容包括鸡蛋、面包等；（3）睡了一夜，在早上七点吃，吃的内容包括花生酱、果酱三明治等。这三种早餐的特征并非完全一致，但是都可以被称为“早餐”，因为它们都具有“早餐”的典型特征。“早餐”框架是一个范畴，包括多个成员，可以用于不同的语境，这些语境由“早餐”的典型用法决定，即当情景条件符合早餐的界定特征时的用法（Fillmore 1982: 117－119）。将“框架”和“典型”结合来定义词汇，可以为语言范畴的边界问题提出较好的解释。

框架语义学的另一个重要概念是“视角”。框架作为背景参照，将一系列词汇对应的概念联起来，从不同的视角出发，便会激活不同的概念，因而不同词汇所指引的是框架的不同视角。比如：

（1）Carla bought the computer from Sally for $100.

（2）Sally sold Carla the computer for $100.

这两个句子对应的都是“商业交易事件”，而且也都激活了框架的所有元素：购买者、商品、销售者和钱。两句话的不同可以通过“视角”来区别。句（1）采用的是购买者的视角，因而购买者处于主语的位置，侧重于“商业交易事件”中的“购买”活动。句（2）采用的是销售者视角，因而销售者处于主语的位置，侧重于“商业交易事件”中的“卖出”活动。在这一组句子中，虽然“框架”和“框架元素”相同，但“视角”不同，其含义也就不尽相同。

3. 框架语义学的研究领域

框架语义学主要以语义为切入点，用于词汇、句法、语篇与话语分析、自然语言处理和语言习得等领域的研究。

3.1 词汇语义研究

Evans和Green（2006: 228）总结了框架语义模式下的词汇语义观，包括：（1）词汇的意义要依赖框架来理解。某词汇所依赖的框架消失了，该词汇也会从语言中消失，如Fillmore（1982）所举的phlogiston一词，该词意思是“某种易燃材料燃烧时发出的无色、无味、无重量的物质”，这个词所依赖的框架是17世纪末的一个燃烧理论，后来在18世纪末被实验证明并不准确，因而被放弃，与之相关的该词汇也相应消失。（2）框架为词汇意义提供了特定的视角。也就是说框架可以为相近词汇的意义差异做出更为详细的解释。如coast和shore这两个词都描述海边的一块陆地，但是它们所指向的框架不同，因而意义有差别。coast与“大陆”框架相关，描述的是从大陆位置出发来看靠近大海的那一片陆地。shore与“海上航行”框架相关，描述的是在海上航行的人看到的与海相连的那一片陆地。这种语义区别在跨语言的对等词和近似词之间尤为明显，通常表面看起来对等的词汇，其激活的框架并不相同，或者框架相同但所勾勒的侧面并不相同（Croft & Cruse 2004: 20）。

3.2 句法语义研究

框架语义学还可用于对一些句法现象的分析。文旭（1999：37）认为，框架语义学可以用于解释以下句子中定冠词the的使用。

（3）Sue caught a plane from London to Paris. After she had found her seat she checked whether *the* life vest was beneath it, but she could not find it. So she asked *the* flight attendant to find one for her.

根据英语语法规则，只有在指称前后文提到过的事物或说话双方都明确知道的事物时才能用定冠词。这里的life vest和flight attendant虽然并没有在前面提到，但是在“坐飞机”框架中，plane范畴激活了其他范畴，如pilot、flight attendant、life vest、safety belt等，成为听话人的已知信息，所以life vest、flight attendant前应用定冠词。

还有学者用框架理论解释一些同时受语义和语用影响的句法现象，如Lambrecht（1984）对德语双名词结构N und N的解释，认为只有当两个名词被识解为同一个框架时才被允准。Goldberg（1995）也在其理论中应用了框架理论，来解释与构式相关的背景信息。她（Goldberg 1995: 27—31）认为，论元结构构式激活表征事件类型的框架，构式的意义不仅来源于其中的动词，而且来源于构式本身的意义，而构式本身的意义则来源于与之相关的框架语义知识。

框架概念还经常与脚本等概念结合，用以解释语法现象。Ungerer

和Schmid（1996）总结了“脚本”概念在描述“乘飞机”“餐馆就餐”等事件框架方面的运用，并对不同语言中不同事件框架对叙述问题的影响做了描述。Talmy（1991）将框架概念推进到“普遍事件框架”概念，归纳出事件框架的五种类型。

3.3 语篇意义及其他研究

框架语义学也见于语篇语言学和话语分析研究。在语篇语言学领域，有学者（如Bednarek 2005；程琪龙 2009等）研究框架在语篇连贯中的功能。在话语分析领域，van Dijk（1977, 1980）等学者从框架语义理论视角对话语和语篇进行研究，形成了许多话语框架观，包括概念框架观、情景框架观和社会文化框架观（韩晓玲、陈中华 2003: 2）。

在自然语言处理领域，框架语义理论也得到大量应用。研究者们运用框架的语义表征模式开展语言自动识别与转写、信息提取、文本分析、语义标注、信息概括、问题回答、机器翻译以及人机对话的研究（Maybury 2005: 518－522）。

同时，框架语义学还可以为语言习得和外语教学研究提供理论视角。Fillmore（1975）认为框架语义理论有助于我们了解儿童对范畴和范畴标记的习得，并间接地提供了在外语课堂进行词汇教学的模式（Fillmore 1985: 223－224）。

4. 发展趋势

近年来，框架语义学的主要进展体现在框架网络词典编撰及应用。20世纪90年代初，Fillmore 和Atkins（1992, 1994）基于大规模语料对英语RISK框架相关的词汇进行研究，尝试构建基于“框架”

的词典。与传统纸质词典不同的是，框架词典提供词汇定义所依据的框架、概念上相关的框架以及与这些框架相关的概念范畴。

从20世纪90年代开始，Fillmore和同事们开始进行英语框架网FrameNet的建设（http://framenet.icsi.berkeley.edu）。作为框架语义学在计算词典学领域的应用项目，FrameNet是目前世界上应用框架语义学进行词典编撰最为成功的案例，其目标是为相当一部分当代英语词汇提供做了句法语义标注的句子实例，以便为词汇分析提供句法、语义、配价信息。据作者于2022年3月查FrameNet官方网站的介绍，这一框架网目前涵盖13685个词汇、1224个框架和20多万句经过人工标注的句子，可用于开展信息提取、机器翻译、事件识别、情感分析等应用。

自从建立以来，FrameNet就在自然语言处理领域激发了大量研究热情，引发了更多词汇框架网建设和计算语义学研究。计算机技术的进步和大型语料库的建立更进一步推动了包括英语在内多个语种的框架库建设（Boas 2009），已经比较成熟的有西班牙语框架库Spanish FrameNet（Subirats 2009）、日语框架库Japanese FrameNet（Ohara et al. 2004）和德语词典项目German SALSA（Burchardt et al. 2009）。

从2004年开始，由山西大学刘开瑛教授领衔的团队开始进行汉语框架语义网（Chinese FrameNet，CFN）的建设。该项工程参照英语框架网，针对汉语词汇，创建了适合汉语语义内容的框架，并基于汉语真实语料，对框架进行标注，显示框架语义在句子层面的表现形式。到2011年为止，已对3151个词元构建了309个框架，标注了2万多条句子（由丽萍 2006；刘开瑛 2011）。另外，巴西葡萄牙语（Salomão 2009）、意大利语（Johnson & Lenci 2013）、法语的框架网等已经建立，斯洛文尼亚语和希伯来语的框架网也在筹划之中（Petruck 2013）。近期开展较多的主要是跨语言的框架对比和框架对齐（如Sikos & Padó 2018），以及基于框架的机器翻译和机器翻译质量评估（如Czulo et al. 2019）。

各语种框架网的建设促进了自然语言处理和相关技术的进一步发展，包括语义角色自动识别与标注、语义分析、框架语义依存图提取、语篇深层语义分析、机器问答、自动推理技术（Boas 2009; Petruck 2013）等。正如Petruck（2013: 8）所总结的一样，框架语义学是一个活的理论，作为一个语言研究方法，还在不断发展之中，将在语言学、计算词典学、自然语言处理等领域产生更多研究成果。

（编者：西南大学/肖开容）

参考文献

Bednarek, M. 2005. Frames revisited: The coherence-inducing function of frames. *Journal of Pragmatics*, 37: 685—705.

Boas, H. C. (ed.). 2009. *Multilingual FrameNets in Computational Lexicography: Methods and Applications*. Berlin: Mouton de Gruyter.

Burchardt, A., Erk, K., Frank, A., Kowalski, A., Padó, S., & Pinkal, M. 2009. Using FrameNet for the semantic analysis of German: Annotation, representation, and automation. In Boas, H. C. (ed.). *Multilingual FrameNets in Computational Lexicography: Methods and Applications* (pp. 209—244). Berlin: Mouton de Gruyter.

Croft, W., & Cruse, D. 2004. *Cognitive Linguistics*. Cambridge: Cambridge University Press.

Czulo, O., Torrent, T. T., Edison da Silva Matos, E., Diniz da Costa, A., & Kar, D. 2019. Designing a frame-semantic machine translation evaluation metric. In *Proceedings of the Human-Informed Translation and Interpreting Technology Workshop* (pp. 28—35). Varna, Bulgaria, September.

Evans, V., & Green, M. 2006. *Cognitive Linguistics: An Introduction*. Edinburgh: Edinburgh University Press.

Fillmore, C. J. 1968. The case for case. In Bach, E., & Harms, R. (eds.), *Universals in Linguistic Theory* (pp. 1—88). New York: Holt Rinehart and Winston.

Fillmore, C. J. 1975. An alternative to checklist theories of meaning. *BLS*, 1: 123—131.

Fillmore, C. J. 1982. Frame semantics. In Yang, I. (ed.). *Linguistics in the Morning Calm. Selected Papers from SICOL-1981* (pp. 111—137). Seoul: Hanshin.

Fillmore, C. J. 1985. Frames and the semantics of understanding. *Quaderni di Semantica*, 6(2), 222—254.

Fillmore, C. J., & Atkins, B. 1992. Towards a frame-based lexicon: The semantics of RISK and its neighbors. In Lehrer, A., & Kittay, E. (eds.), *Frames, Fields, and Contrasts: New Essays in Semantic and Lexical Organization* (pp. 75—102). Hillsdale, NJ: Erlbaum.

Fillmore, C. J., & Atkins, B. 1994. Starting where the dictionaries stop: The challenge of corpus lexicography. In Atkins, B. T., & Zampolli, A. (eds.), *Computational Approaches to the Lexicon* (pp. 349—393). Oxford: OUP.

Goldberg, A. E. 1995. *Constructions: A construction Grammar Approach to Argument Structure*. Chicago: The University of Chicago Press.

Johnson, M., & Lenci, A. 2013. Verbs of visual perception in Italian FrameNet. In Fried, M., & Nikiforidou, K. (eds.), *Advances in Frame Semantics* (pp. 13—49). Amsterdam/Philadelphia: John Benjamins.

Lambrecht, K. 1984. Formulaicity, frame semantics, and pragmatics in a German binominal expressions. *Language*, 60(4): 753—796.

Maybury, M. 2005. Natural language processing: System evaluation. In Anderson, A., Hirst, G., & Miller, J. (eds.), *Encyclopedia of Language and Linguistics* (Vol. 4) (pp. 518—523). Amsterdam: Elsevier.

Ohara, K. et al. 2004. The Japanese FrameNet project: An introduction. In Fillmore, C. J. et al. (eds.), *Proceedings of the Fourth International Conference on Language Resources and Evaluation Post-conference Workshop on Building Lexical Resources from Semantically Annotated Corpora* (pp. 9—11). Lisbon, Portugal.

Petruck, M. 1997. Frame semantics. In Verschueren, J. et al. (eds.), *Handbook of Pragmatics: 1996 Installment* (pp. 1—13). Amsterdam/Philadelphia: John Benjamins.

Petruck, M. 2013. Advances in frame semantics. In Fried, M., & Nikiforidou, K. (eds.), *Advances in Frame Semantics* (pp. 1—12). Amsterdam/ Philadelphia: John Benjamins.

Salomão, M. M. M. 2009. FrameNet Brasil: um trabalho em progresso. *Calidoscópio*, 7: 171—182.

Sikos, J., & Padó, S. 2018. Using embeddings to compare FrameNet frames across languages. In *Proceedings of the First Workshop on Linguistic Resources for Natural Language Processing* (pp. 91—101). Association for Computational Linguistics. Collocated with COLING.

Subirats, C. 2009. Spanish FrameNet: A frame-semantic analysis of the Spanish lexicon. In Boas, H. C. (ed.), *Multilingual FrameNets in Computational Lexicography: Methods and Applications* (pp. 135—162). Berlin: Mouton de Gruyter.

Talmy, L. 1991. Path to realization: A typology of event conflation. In *Proceedings of the Seventeenth Annual Meeting of the Berkley Linguistics Society* (pp. 480—519). Berkley: Berkley Linguistic Society.

Ungerer, F., & Schmid, H. J. 1996. *An Introduction to Cognitive Linguistics*. London: Longman.

van Dijk, T. A. 1977. Semantic macro-structures and knowledge frames in discourse comprehension. In Just, M. A., & Carpenter, P. A. (eds.), *Cognitive Processes in Comprehension* (pp. 3—12). New York: John Wiley.

van Dijk, T. A. 1980. *Macrostructure: An Interdisciplinary Study of Global Structures in Discourse, Interaction and Cognition*. Hillsdale, NJ: Erlbaum.

程琪龙. 2009. 事件框架的语义连贯和连通——切刻小句的实例分析. 外国语，(3)：10—19.

韩晓玲、陈中华. 2003. 框架理论及其在话语分析中的应用. 外语与外语教学，(9)：1—3.

刘开瑛. 2011. 汉语框架语义网构建及其应用技术研究. 中文信息学报，(6)：46—52.

文旭. 1999. 国外认知语言学研究综观. 外国语，(1)：34—40.

由丽萍. 2006. 构建现代汉语框架语义知识库技术研究. 博士学位论文. 上海：上海师范大学.

理想化认知模型
（Idealized Cognitive Model）

1. 引言

人类的认知是一个对信息进行加工处理的复杂过程，是由表及里、由现象到本质地反映客观事物特征及其内在联系的心理活动。它由人的感觉、知觉、记忆、思维和想象等要素组成。这一过程离不开人对世界的感知体验、范畴化、概念化等。在与现实世界的互动体验中，我们建立了认知模型（Cognitive Model，简称CM）。多个具体的认知模型整合成一个抽象的理想化认知模型（Idealized Cognitive Model，简称ICM）。为了说明人类范畴化的问题，解释语义范畴和概念结构等，Lakoff（1987）基于范畴化的典型理论，参考和借鉴多位语言学家的研究成果，提出了理想化认知模型这一概念。主要参考成果包括Fillmore（1982）的框架语义学、Lakoff和Johnson（1980）的隐喻和转喻理论、Langacker（1987, 1991）的认知语法和Fauconnier（1985）的心理空间理论。

理想化认知模型是由一系列经验抽象而来的、相对稳定的心理表征，用于范畴化和推理等认知过程。我们把ICM理解为人们在认识事物与理解现实世界过程中对某领域中经验和知识所形成的抽象的、统一的、理想化的组织和表征结构（Evans & Green 2006: 270；李福印2008：203）。

通过概念的整合，我们可以推断出认知对象的结构模式和运作原理，掌握其规律，理解语言所蕴含的意义。人类范畴化最直接的对象是语义范畴。基于经典范畴理论的语义成分分析不可能完整地解释意义，也不能有效地解决人类的语义问题，因此必须借助典型理论、CM、ICM等对其重新进行阐释。

认知模型是人们在认识事物和理解世界过程中所形成的一种相对定型的心智结构，是组织和表征知识的模式，由概念及其相对固定的联系构成。在典型范畴理论的基础上，Lakoff（1987）提出：CM具有体验性，是在人类与外界互动的基础上形成的；CM具有完形性，不仅是由各构成部分组合而成，而且被视为一个整体的完形结构；CM具有内在性，是心智中认识事物的方式（王寅 2006：204）。

认知心理学认为，在范畴化过程中，人们会有意无意地借助头脑中已有的认知模型，即使在完全没有适当认知模型借用的陌生环境下，人们也会尽力从某些认知模型中提取相似的经验来认识新环境以及新事物并对其范畴化。人们无法回避认知模型的影响，没有头脑中的认知模型，人们就无法认识他们周围的环境。认知模型是储存在人脑中关于特定认知对象的所有认知表征，它具有开放性及网络构建倾向性的特征（Ungerer & Schmid 2001）。所谓开放性是指，尽管对某一特定范畴的认知描述具有高度选择性，但由于人类的认知能力逐步提高，认知手段不断丰富，因此相关概念范畴在结构上和内容上都会发生改变。所谓认知模型的网络构建倾向性是指认知模型本身并不是孤立的，而是相互关联形成的认知模型网络。认知模型具有两个主要作用：一是提供有关的情景作为理解的背景；二是激活相关的其他概念和知识（赵艳芳 2001：75）。

2. 主要思想

2.1 理想化认知模型的构建原则

Lakoff（1987: 68）认为每个理想化认知模型都是一个复杂的结构整体，即一个格式塔结构，涉及四种构建原则：

Fillmore框架语义学中的命题结构（propositional structure）；

Langacker认知语法中的意象图式结构（image-schematic structure）；

Lakoff和Johnson所描述的隐喻映射（metaphoric mappings）；

Lakoff和Johnson所描述的转喻映射（metonymic mappings）。

（1）命题原则。Lakoff将这个原则命名为“命题原则”，这种原则下的理想化认知模型与更需要想象力的隐喻和转喻机制不同，它包括了命题成分的内容、特征及其之间的相互关系，这是许多知识结构的存在方式。这样的理想化认知模型包括命题知识或事实性知识。比如说，我们关于在饭店预订座位和点餐的规则就来自于理想化认知模型的命题知识。我们的知识就是以命题的形式储存在大脑之中的。

（2）意象图式原则。“图式”是在具体社会文化语境下有关事件序列的广义知识，指事件发生的典型模式、格式或经过，它简化了对不完整或歧义信息的理解，意象图式在很多方面是构建概念的基础。Lakoff（1987）认为我们在构建关于空间的经验和概念时，依靠的是意象图式，如动觉意象图式、容器图式、部分—整体图式、链环图式、中心—边缘图式、来源—路径—目标图式等。这表明意象图式构建了我们关于空间的理想化认知模型。

（3）隐喻原则。隐喻理想化认知模型是从始发域向目标域的结构映射，其实质是通过一类事物来理解和体验另一类事物。比如，将爱情隐喻为旅程（如Their relationship has come a long way），有助于我们更好地理解“爱情”这个抽象概念。隐喻是根据始发域与目标域的相似性，用较为熟悉的、具体的概念来理解不太熟悉的、抽象的概念。隐喻是我们对抽象概念进行理解的重要方式之一。

（4）转喻原则。跟隐喻一样，转喻也是人们思维的一种方式，它以经验为基础，遵循一般和系统的原则，其过程也可解释为映射的过程。但是转喻是在同一认知域内由源元素（source element）向目标元素（target element）的映射，而隐喻则是在不同认知域之间的由始发域向目标域的结构映射（Ungerer & Schmid 2001: 128）。Lakoff（1987）将它作为一种代表关系（stands-for relations）。这种“代表关系”不只局限于事物名称上的简单替代，还反映了人们感知和认识世界的一种认知方式。

2.2 理想化认知模型基本特征

理想化认知模型是一种复杂的、统一的、抽象的概念结构。它具有如下基本特征：理想性、体验性、复杂性、典型结构性和社会文化性等（董成如 2003；李福印 2008：204—205）。

（1）理想性是在人类头脑中被理想化了的概念模型。ICM是人类创造的复杂的知识表征结构，客观世界中并不存在这种模型，但是人们可以根据理想化了的环境来界定它们。

（2）体验性是人们体验客观世界并与其互动的结果。从上文CM和ICM的关系中，我们可以得知ICM的产生是在多个CM基础上的抽象和整合，而CM的产生又是以人们在客观世界中的身体体验以及与其互动为基础的。因此，无论是CM还是ICM都具有人类的体验性。

（3）复杂性是指ICM不是简单的认知模型，而是在多个简单模式的基础上整合而成的复杂的完形结构。Lakoff（1987: 74）曾以“母亲”这一概念为例解释了ICM的复杂性。

（4）典型结构性主要体现为中心—边缘图式特征。典型指一个“范畴”具有的典型的或代表性意义的模型，其他成员是基于与原型相似而被纳入同一范畴的。组成ICM的各个CM的地位不相等，只有典型的中心CM才能充分体现或更能代表ICM，而其余的CM都是根据隐喻和转喻延伸而来的。

（5）社会文化性是指针对同一概念，不同的社会文化背景会孕育出不同的理想化认知模型。ICM是基于人们对客观世界的体验性及其互动性产生的，不同社会环境和文化背景下，人们对于同一事物的体验结果和互动模式肯定存在或多或少的差异，这就使得ICM势必带有不同社会和文化的烙印。

此外，王寅（2006）指出理想化认知模型除了具有以上五种基本特点之外，还具备互动性、完形性、开放性、选择性、内在性、稳定性和关联性等诸多特征。

2.3 典型效应的来源

Rosch（1978）认为范畴不能仅用一组充分必要的特征来定义。在范畴的内部结构中，一些成员比另一些成员更具有代表性并有着特殊的认知地位，因而具有典型效应。认知范畴中的典型就是该范畴的一个认知参照点，范畴成员根据其与典型的相似程度高低而被赋予不同的地位。典型效应与理想化认知模型有着密切的关系，没有头脑中的理想化认知模型，就没有典型效应的产生。这一点可以从典型效应的来源中得到证实。Lakoff认为，典型效应可以以多种方式产出，有着不同的来源，Evans和Green（2006: 270—277）将其归纳如下：（1）当概念理解与理想化认知模型不一致时产生典型效应；（2）集束模型引起典型效应；（3）转喻模型产生典型效应；（4）辐射范畴引起典型效应。下面就以上典型效应的四种来源进行分析：

（1）当概念理解与理想化认知模型不一致时产生典型效应（Evans & Green 2006: 270）。理想化认知模型是人们对世界的经验和知识表征方式抽象化的体现，是我们理解概念的基础。Lakoff认为范畴与理想化认知模型是相互联系的，理想化认知模型引导范畴化和推理等认知过程。比如，BACHELOR（单身汉）这个概念的理想化认知模型包括以下信息：一夫一妻的社会；婚姻制度；可以结婚的年龄。当我们对BACHELOR这个概念的理解与大脑中理想化认知模型不一致时就产生了典型效应。如POPE（教皇）被认为是BACHELOR范畴的非典型成员，因为对POPE这个概念的理解应该参照CATHOLIC CHURCH（天主教堂）这个理想化认知模型，因为天主教神父是不允许结婚的。很明显，对这两个概念的理解所参照的认知模型是不同的。所以当概念理解与我们头脑中理想化认知模型不一致时，典型效应就产生了。

（2）集束模型引起典型效应（Evans & Green 2006: 271）。集束模型（Cluster Models）由多个认知模型汇集而成。Lakoff以MOTHER这一范畴为例对集束模型进行了分析，认为MOTHER这一概念无法按照经典范畴理论所谓的必要充分条件来定义，它是由多个不同的MOTHER子范畴汇集构成的复杂模型，这一集束模型引发典型效应：

生育模型（the birth model）：生育孩子的人是母亲。

遗传模型（the genetic model）：提供遗传基因的女性是母亲。

养育模型（the nurturance model）：养育孩子的成年女性是母亲。

婚姻模型（the marital model）：父亲的妻子是母亲。

谱系模型（the genealogical model）：孩子最亲近的女性长辈是母亲。

（Lakoff 1987: 74）

完全符合以上五个认知模型的女性就是MOTHER这个范畴的典型，但总是存在某些偏离的情况。一般来讲，如有人说“She is my mother.”，听者会自然而然地认为这里的mother是生/养他、最亲近的女性长辈，是其父亲的妻子。而有些表达突显的是这个集束模型中不同的认知模型，如biological mother、real mother、surrogate mother突显的是生育模型；donor mother突显的是遗传模型；adoptive mother、foster mother、housewife mother突显的是养育模型；step mother突显的是婚姻模型等。当其中一个或几个模型汇集成为首要认知模型时，就产生了典型效应。

（3）转喻模型产生典型效应（Evans & Green 2006: 272）。人们常常通过范畴中的典型成员来认识和理解整个范畴。转喻模型就是通过某个认知上显著的、易理解的、具有代表性的部分来达到理解整个范畴的方式。如I love Shakespeare，这里我们用Shakespeare来指works written by Shakespeare，由于Shakespeare在认知上更为显著，我们就以它为认知参照点来代替其作品。范畴的转喻模式通常有以下七种（Lakoff 1987: 85—90; Evans & Green 2006: 273—275）：

社会定势或社会刻板印象（Social stereotypes）：转喻模型与社会定势密切相关，社会定势可用来表示某一范畴。如英国文化中典型的“单身汉”的社会定势形象是缺乏家务技能、沉溺于女色的男人。某一特定的单身汉与这一社会定势形象相比照，即产生典型效应。就以上单身汉社会定势形象而言，一个有性伴侣、热爱做家务的未婚男性则被认为是非典型的。

典型实例（Typical examples）：典型效应也来自于某个范畴相关的典型实例。比如，在某些文化背景下，知更鸟和麻雀是“鸟”这个范畴的典型实例，因为在这些地方它们更为常见。当我们用典型实例来指代整个范畴时，典型效应由此产生。

理想模型（Ideals）：范畴的理解也可以通过人们抽象的、理想化的构想来实现。如politician的理想模型是一个热爱公益、无私的、勤奋的人。这与我们对politician的定势看法形成对照：自私的、贪图权利、喜欢编造谎言的人。当这种理想模型用来转指整个范畴时就产生了典型效应。例如，在He is a great politician中，如果我们参照的是理想模型，可能是对他的一种褒扬；如果我们参照的是社会定势模式，可能是对他的一种贬损。

完美典范（Paragons）：人们还可以通过某个范畴的典范来理解整个范畴。比如，贝克汉姆可以说是世界上最著名、最成功的足球明星之一。对许多人而言，贝克汉姆就是足球运动的代表。同样，劳斯莱斯就是豪华车的代表。人们常常通过这种以点指面的方式对整个范畴进行转喻性的理解。

能产实例（Generators）：一些范畴成员是通过其核心成员生成而来的。比如自然数0到9通过组合可以生成更大的自然数，所以自然数这个范畴就是由0到9这些单个的数字衍生而成，而0到9则是整个自然数范畴的典型成员。

子模式（Submodels）：人们常常通过子模式来理解范畴。如常用的子模式"10的乘方"这一子范畴包括10、100、1000等，我们通常以该子模式中的数值为"认知参照点"来理解数的相对大小、判别近似值等。子模式的认知参照点表现出典型效应，如受试在判断"98接近100"与"100接近98"这样的陈述时，更容易判断前者是正确的。

突显性实例（Salient examples）：突显性实例也可以产生转喻认知模型。比如，牛津大学就是大学中的一个突显性实例，一方面是因为其悠久的历史，另一方面是由于其公认的教学科研成就。所以当人们在评价其他大学时，常常用牛津大学作为参照点来与其进行比较。当牛津大学被看成一种评价其他大学的方式时，典型效应就产生了。

（4）辐射范畴引起典型效应。范畴是一个由居于范畴中心的典型成员和根据与典型成员的相似性程度的高低而居于范畴边缘的成员组织起来的辐射范畴（Radial Categories）。比如，在MOTHER这个范畴中，完全符合那五个认知模型的女性就是MOTHER这个范畴的典型，即合成典型（composite prototype），它常常居于该范畴的中心位置，而adoptive mother、birth mother、foster mother、surrogate mother和step mother则居于范畴的边缘，从而形成以典型成员为中心的辐射范畴。辐射范畴成员与其合成典型之间的相似程度不同，进而表现出不同程度的典型性，这就是辐射范畴引起的典型效应。

可以看出，理想化认知模型与现实世界之间的差异能解释语义的典型效应。语义是基于主客观互动的概念化，是在心智中被激活的相关概念内容及其认知识解。语言表达式仅具有产生某种意义的潜势。只有当其与人们的百科知识、认知结构、情景和语境相互作用并进行整合处理后才能产生完整的意义，受话者才能理解话语的真正意义（王寅 2006）。理解语言时，大脑中相应的ICM被激活，并不断接受验证和调整，直至构建出与言语传达的ICM相似的ICM，即完成言语理解。ICM的产生过程指从具体人类经验到抽象概念的形成过程，ICM的运用过程则相反，即语言理解是激活ICM，重构人类经验的过程，受话者对大脑中已有的ICM进行认知加工处理，尽量构建发话者欲传递的ICM。

Fauconnier（1985）认为，理想化认知模型就是心理空间。解释理想化认知模型的最好方法就是通过例子来看待它们范畴化的过程。下面看看Fillmore关于框架概念的分析。首先，以“星期二”为例，“星期二”能被大家所理解是因为被放到了一个理想化认知模型里，它包括了“太阳运转的自然周期”“结束和开始一天的标准”和“一个以七天为一个周期的规则”。在这个理想模型中，这一周之中的七天是线性排列的；“星期二”是一周开始的第三天。同样地，“周末”的概念就是工作五天后休息的那两天，“七天”就是我们关于一个星期的周期模型。

Lakoff（1987）在《女人、火与危险事物——范畴显示的心智》一书中提出了理想化认知模型。Lakoff指出范畴与理想化认知模型有关，它们是相对稳定的心理表征。在这个方面，理想化认知模型与Fillmore的框架理论有异曲同工之处，两者都与相对复杂的知识结构有关。其中，理想化认知模型更注重细节，它们之所以是理想化的，是因为它们是建立在经验之上的抽象概念，而不是代表经验的一个具体实例。Lakoff认为，理想化认知模型指导着范畴化和推理等认知过程。

3. 发展趋势

自Lakoff提出理想化认知模型以来，国内外许多语言学家将其应用到各个领域。Langacker（1991：282）用理想化认知模型探讨及物性和语法的关系。国内学者也将该理论运用到语言各个层面的分析中，如：熊学亮（2001，2003）、刘正光和刘润清（2004）、王文斌和姚俊（2004）、王寅（2006）、文旭和叶狂（2006）、王文斌（2014）等。Lakoff提出理想化认知模型的多样化导致了典型结构与概念结构和组织不对等，进而引发了典型效应这个概念的出现。典型效应有三种来源：理想化认知模型之间的不匹配；集束模型中子范畴成为主体；转喻理想化认知模型。转喻理想化认知模型的类型也很多，有社会定势、典型事例、理想模型、模范、生成元、突显性事例等。理想化认知模型的主要建构方式有意象图式原则，命题原则，隐喻原则，转喻原则以及象征原则。如今转喻理想化认知模型已得到了广泛的验证，并在人类范畴化过程中发挥了较大作用，但其他方式的理想化认知模型研究却较少，比如隐喻理想化认知模型、意象图式理想化认知模型、命题理想化认知模型等。尽管理想化认知模型在国内外得到了广泛的认可和应用，但也有很多学者对其提出质疑，如Vervaeke和Green（1997）、姚岚（2005）等。这在很大程度上说明该领域的研究还有较大的拓展空间，值得国内外语言学者更进一步的探讨。

（编者：西南大学/匡芳涛）

参考文献

Evans, V., & Green, M. 2006. *Cognitive Linguistics: An Introduction*. Edinburgh: Edinburgh University Press.

Fauconnier, G. 1985. *Mental Spaces: Aspects of Meaning Construction in Natural Language*. Cambridge, MA: The MIT Press.

Fillmore, C. 1982. Frame semantics. In Linguistic Society of Korea (ed.), *Linguistics in the Morning Calm* (pp. 111—137). Seoul: Hanshin.

Lakoff, G. 1987. *Women, Fire, and Dangerous Things: What Categories Reveal about the Mind*. Chicago: The University of Chicago Press.

Lakoff, G., & Johnson, M. 1980. *Metaphors We Live By*. Chicago: The University of Chicago Press.

Langacker, R. W. 1987. *Foundations of Cognitive Grammar (Vol. 1): Theoretical Prerequisites*. Stanford: Stanford University Press.

Langacker, R. W. 1991. *Foundations of Cognitive Grammar (Vol. 2): Descriptive Application*. Stanford: Stanford University Press.

Rosch, E. 1978. Principles of categorization. In Rosch, E., & Lloyd, B. B. (eds.), *Cognition and Categorization* (pp. 27—48). Hillsdale, NJ: Lawrence Erlbaum.

Ungerer, F., & Schmid, H. J. 2001. *An Introduction to Cognitive Linguistics*. Beijing: Foreign Language Teaching and Research Press.

Vervaeke, J., & Green, C. D. 1997. Women, fire, and dangerous theories: A critique of Lakoff's theory of categorization. *Metaphor and Symbol*, 12(1): 59—80.

董成如. 2003. 所有构造的认知解释. 外语与外语教学，(4)：60—63.

李福印. 2008. 认知语言学概论. 北京：北京大学出版社.

刘正光、刘润清. 2004. N+N概念合成名词的认知发生机制. 外国语，(1)：26—32.

王文斌. 2014. 论理想化认知模型的本质、结构类型及其内在关系. 外语教学理论与实践，(3)：9—15.

王文斌、姚俊. 2004. 汉英隐喻习语ICM和CB的认知对比考察——以汉语的四字格隐喻习语为重点. 外语与外语教学，(5)：36—40.

王寅. 2006. 认知语言学. 上海：上海外语教育出版社.

文旭、叶狂. 2006. 转喻的类型及其认知理据. 解放军外国语学院学报，(6)：1—7.

熊学亮. 2001. 第一人称零主语的ICM分析. 现代外语，(1)：34—43.

熊学亮. 2003. 语言的ICM和语言研究的ICM. 复旦学报（社会科学版），(3)：134—140.

姚岚. 2005. ICM对借代认知研究的消极影响. 外语学刊，(5)：86—90.

赵艳芳. 2001. 认知语言学概论. 上海：上海外语教育出版社.

力动态理论
（Force Dynamics Theory）

1. 引言

力动态（force dynamics）是由Talmy（2000: 400）提出来的。他认为力动态是一个语义范畴，在语言结构中扮演着十分重要的角色。Talmy运用“力”的概念来分析语言意义的组织建构，认为力动态在语言的不同层面扮演着语义建构的角色。力动态模型中的“力”包括：物理力（physical force），心理力（psychological force）和社会力（social force）等。

2. 主要思想

2.1 力动态模型

2.1.1 基本概念

认知语言学家认为，人们在物质世界中最有意义的经验是“力动态”，包括肌肉施力、受力、对力的克服、执行物理性的动作等。Talmy的力动态模型很好地阐述了这些基本概念之间的关系。其主要观点是：语言表达式中通常蕴涵着两个力量实体（force-exerting entities），分别叫作原力实体（Agonist）和对抗力实体（Antagonist），简写为Ago和Ant。这两个力量实体之间是一种相互作用的关系：原力实体是注意的焦点，它具有自己的力量趋势（force tendency），这种力量趋势或者能够显示出来，或者被相反的力所克服；而对抗力实体能够发出与原力实体力量相反的力，对于对抗力实体的描述要依赖于它的作用力对原力实体产生的影响，即要么克服原力实体的力，要么不能克服原力实体的力，这要取决于原力实体和对抗力实体力量的大小。Talmy（2000: 414）用图表示如下：

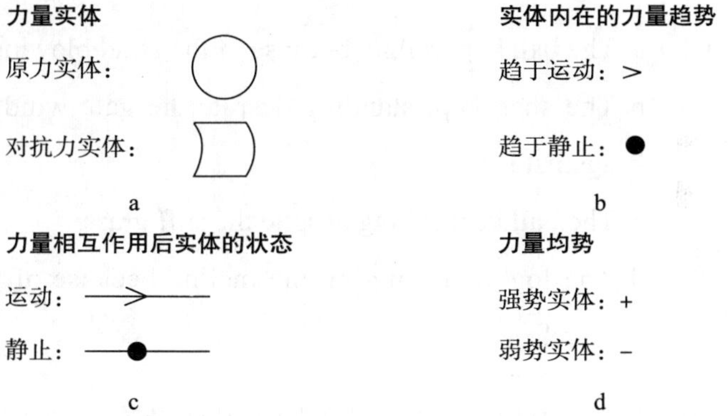

图1 力动态模型的基本元素

图1a显示的是两个力量实体：原力实体和对抗力实体。图1b显示的是两种内在的力量趋势：趋向于运动还是趋向于静止。图1c显示的是力量相互作用后实体的两种状态：运动和静止。图1d显示的是两个力之间的强弱均势：强势实体和弱势实体。

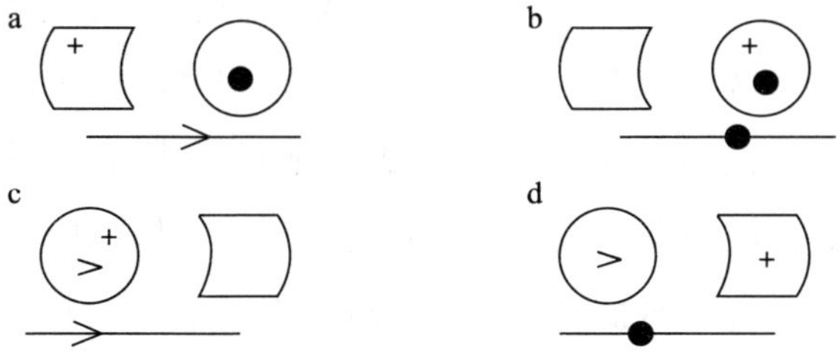

图2 力动态模型

原力实体的力量趋势	（a，b）：趋于静止
	（c，d）：趋于运动
原力实体的最终状态	（a，c）：运动
	（b，d）：静止
原力实体与对抗力实体的力量对比	（a，d）：更小
	（b，c）：更大

图2（Talmy 2000: 415）中的a、b、c和d四幅图分别代表了四种最基本的力动态模型。它们可以分别用以下句式来表达：

（1）a. The ball kept rolling because of the wind blowing on it.
b. The shed kept standing despite the gale wind blowing against it.
c. The ball kept rolling despite the stiff grass.
d. The log kept lying on the incline because of the ridge there.

在图2的力动态模型中，上一排的图2a和图2b有一个相同点：原力实体的内在力量趋势都是趋向于静止；下一排的图2c和图2d有一个相同点：原力实体的内在力量趋势都是趋向于运动；左边一栏的图2a和图2c有一个相同点：力量对抗的结果是原力实体处于运动的状态；右边一栏的图2b和图2d有一个相同点：力量对抗的结果是原力实体处于静止的状态。对角线方向的图2a和图2d代表的情况是，对抗力实体的力量更强大，因此横线所代表的结果状态和原力实体的内在力量趋势刚好相反，这种结果是由于对抗力实体的出现，在句中用because of来表达；对角线方向的图2b和图2c代表的情况是，原力实体的力量更强大，因此横线所代表的结果状态和原力实体的内在力量趋势刚好是一致的，尽管有对抗力实体的出现，但是结果没有变化，句中用despite来表达。

2.1.2 力动态模型中力的类型

对力动态模型中“力”的分析是Talmy的认知语义学的一个重要内容。Talmy认为“力”是我们概念结构的一部分，在语言结构中力动态是普遍存在的，可以通过语法结构表达出来。Talmy（2000: 409—440）把语言表达式中（主要是单句）蕴含的“力”分为三类：物理力、心理力和社会力。物理力是人类身体经验中最基本的类型，而心理力和社会力是基于物理力的隐喻扩展。

2.1.2.1 物理力

物理力是Talmy力动态模型中最基本的一类。在此模型中，原力实体和对抗力实体是物理世界中的两个具体物体或实体。例如，在（1a）句中，ball和wind这两个物理实体是力的来源，wind发出的力导致ball的运动；在（1b）句中，shed和gale wind这两个物理实体是力的来源，他们发出的是一对相反的力。

图2中的a、b、c、d四幅图分别代表着物理力动态的四种最基本的模型。图2中的a，即（1a）句所显示的模型是：原力实体ball原本趋向于静止，但对抗力实体wind具有更大的力量，所以使得球保持运动的状态；这种结构就是英语中的致使结构（causative）。图2中的b，即（1b）句所显示的模型是：原力实体shed原本趋向于静止，并且现在这种力量大于来自于gale的相反的力量，因此shed能够显示其内在的力量趋势而保持原地不动；这种结构就是英语中的让步结构范畴（“despite” category）。图2中的c，即（1c）句所显示的模型是：原力实体ball内在的力量趋向于运动，虽然有对抗力实体stiff grass的阻挠，但原力实体的力量更强大，因此ball运动的力量趋势得以实现；这种结构也是英语中的让步结构。图2中的d，即（1d）句所显示的模型是：原力实体log内在的力量是趋向于运动，但是对抗力实体ridge的力量大于log的力量，因此阻止了log的运动，使得log原地不动；这种结构也是英语中的致使结构。通过对物理力力动态模型的

讨论，Talmy为传统语言学中致使结构的分析提供了一套精确的分析手段。

Talmy认为，力动态的概念都有相应的语法结构表征：在（1）这组句子所代表的力动态模型中，原力实体在句子中通常是主语；力量强大的对抗力实体通常用连词because或介词短语because of等引导出来；力量弱小的对抗力实体通常用连词although或介词despite等引导出来。力动态结构中相反的力量趋势一般可以用介词against来表达。例如：

（2）a. She braced herself against the wind.

b. They drove the ram against the barricade.

（1）这组句子所代表的力动态模型，被Talmy称作稳定状态的力动态模型（steady-state force-dynamic patterns）。

除了稳定状态的力动态模型，Talmy还讨论了变化的力动态模型（shifting force-dynamic patterns）：冲击变化模型（impingement-shift patterns）和平衡变化模型（balance-shift patterns）。

第一种变化模型是对抗力实体对原力实体的冲击状态的变化。在这种情况下，对抗力实体对原力实体有某种冲击，但这种冲击不是稳定不变的，而是变化的，即进入冲击状态或者离开冲击状态。其图形和句子表征如下（Talmy 2000: 418）：

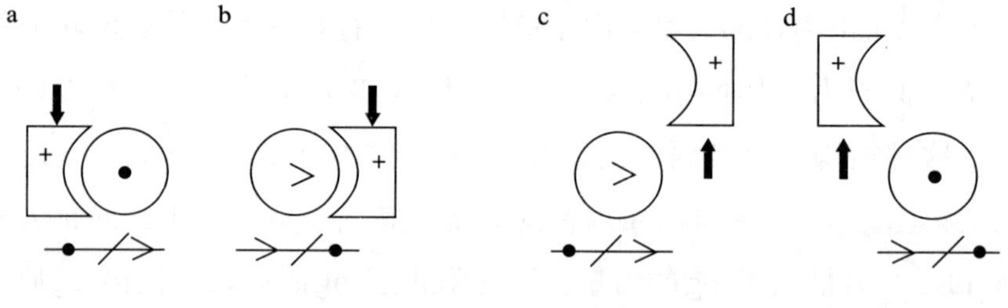

图3　冲击变化的力动态模型

原力实体的力量趋势	（a，d）：趋于静止	
	（b，c）：趋于运动	
对抗力实体的作用	（a，b）：致使	
	（c，d）：使让	
原力实体的最终状态	（a，c）：开始	
	（b，d）：终止	

（3）a. The ball's hitting it made the lamp topple from the table.

b. The water's dripping on it made the fire die down.

c. The plug's coming loose let the water flow from the tank.

d. The stirring rod's breaking let the particle settle.

在（3）中，句子a到d表达的是对抗力实体对原力实体的冲击状态变化情况。在这组句子中，对抗力实体做句子的主语。

（3a）代表的情况是，对抗力实体的力量大于原力实体，对抗力实体对原力实体产生撞击，使得原力实体从静止的状态变为运动，Talmy把这个句子所代表的致使结构叫作发生致使（onset causation），特别指导致运动的致使。

而（3b）代表的是导致静止的致使，在这种情况下，对抗力实体的力量大于原力实体，对抗力实体对原力实体产生撞击，使得原力实体从运动的状态变为静止。（3a）和（3b），以及前面的（1a）和（1d）都属于常见的致使结构范畴。

在（3c）的结构中，“使让”（letting）的概念出现了。在这种情况下，对抗力实体的力量大于原力实体，原力实体原本是趋向于运动的，但是被力量更强大的对抗力实体所阻止，现在对抗力实体与原力实体分离开来，这使得原力实体运动的力量趋势被释放出来，这是一种典型的使运动发生的使让结构。

（3d）是一种非典型的使静止状态发生的使让结构。在这种情况下，对抗力实体的力量大于原力实体，原力实体原本是趋向于静止的，但是在力量更强大的对抗力实体的作用下，被迫运动，现在对抗力实体停止对原力实体的冲击作用，这使得原力实体恢复了静止。因此，与（3a）和（3b）所代表的致使结构相比，（3c）和（3d）所代表的使让结构涉及到了冲击的停止。

第二种变化模型是原力实体和对抗力实体之间力量平衡的变化。在这种模型中，对抗力实体和原力实体之间相互冲击，而且这种相互冲击会持续一定的时间而达到一定的平衡。但是，这种平衡会随着其中一个实体的力量的减弱或增强而发生改变。我们可以借助于（3）这组冲击变化模型来理解现在的平衡变化模型。在冲击变化模型中，力量相对更为强大的对抗力实体到达或离开，因此引起或结束了某种必然的后果；而在平衡变化模型中，对抗力实体并没有到达或离开，它一直在那里，会变得越来越强或越来越弱，但结果和冲击变化模型是一样的。其图形和句子表征如下（Talmy 2000: 420）:

（4）The enemy overcame us as we stood defending the border.

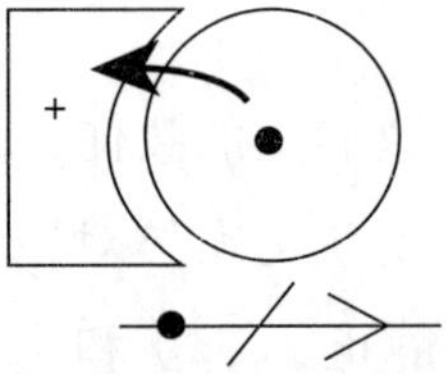

[enemy=Ant, us=Ago]

图4　平衡变化的力动态模型

与例（1）中句子所代表的稳定状态力动态模型相对应的，是次要的稳定状态力动态模型。在这种模型中，对抗力实体的力量大于原力实体，对抗力实体与原力实体分离开来，但这种分离的状态一直稳定地持续着。与此相对应的有两种扩展的使让结构，其图形和句子表征如下（Talmy 2000: 420）:

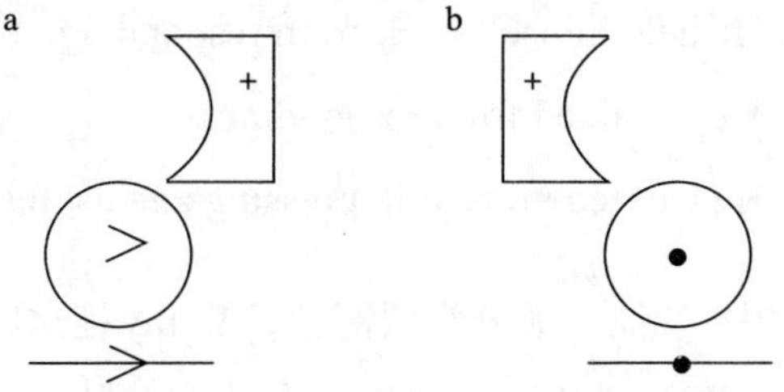

图5　次要的稳定状态的力动态模型

（5）a. The plug's staying loose let the water drain from the tank.

b. The fan's being broken let the smoke hang still in the chamber.

（5a）是扩展的导致运动的使让结构，（5b）是扩展的导致静止状态的使让结构。（5a）和（5b），以及前面的（3c）和（3d）所代表的结构，都属于使让结构范畴。可见，致使结构涉及明确的冲击，而使让结构却不涉及冲击。

2.1.2.2　心理力

Talmy把心理力量的相互作用叫作心理力动态（psychodynamics）。心理力是物理力的一种隐喻扩展，即在人类的概念结构中，把物理领域中的推（pushing）、阻碍（blocking）等概念扩展到心理领域的想（wanting）、抑制（refraining）等概念，是有生命的实体自己内在心理力量的相互作用。其图形和句子表征如下（Talmy 2000: 431）：

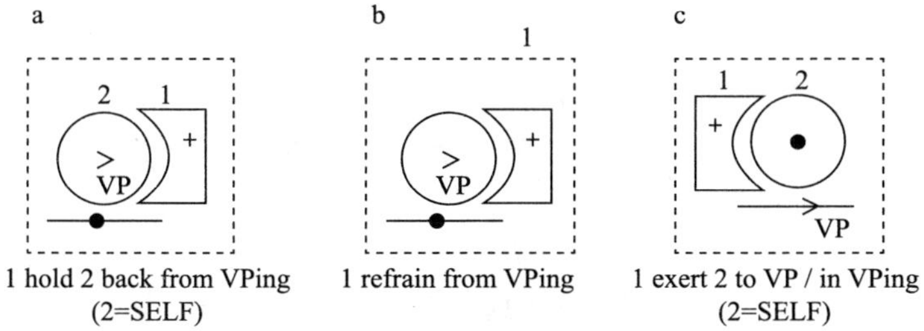

图6　心理力动态模型 1

（6）a. He held himself back from responding.

b. He refrained from responding.

c. He exerted himself in pressing against the jammed door.

在例（6a）中，“他”被分为两部分，Talmy把这叫作分裂的自我（divided self）；一部分“他”想实施某个动作，另外一部分“他”不想这个动作发生。句子的主语He可以被看作是心理领域中实施阻碍的部分，是对抗力实体；句子的宾语himself是心理领域中意欲实施行动的部分，是原力实体；在（6a）这个例子中，对抗力实体的力量大于原力实体的力量，因此阻止了responding这个行为的发生。Talmy（2000: 432）认为，这类表达式中的原力实体代表着人的自我欲望，反映着一种内在的心理状态；而对抗力实体代表的是一种责任感或他不得不优先考虑的事情，是外在的社会价值的一种内化。在例（6b）中，所有的成分都一样，唯一不同的是，整个结构被简化，作为主语的“他”没有被分裂，而是一个精神整体。例（6c）中，“他”被分为两部分，一部分是原力实体，它不想活动，其力量趋势是想静止；而另外一部分是对抗力实体，它克服了原力实体的这种抵抗状态，因此导致一个行为的产生。

当我们在力动态模型下讨论有生命的实体和无生命的实体时，心理力量这种概念就有其特殊的意义。其图形和句子表征如下（Talmy 2000: 434）：

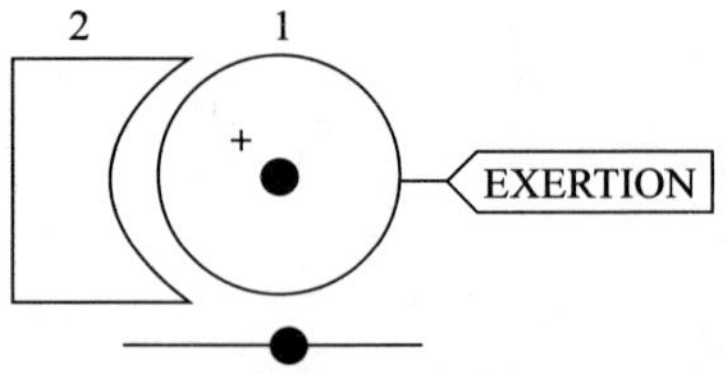

图7　心理力动态模型2

（7）a. The new dam resisted the pressure of the water against it.

b. The man resisted the pressure of the crowd against him.

在（7a）句中，the new dam是无生命的实体，它之所以能够保持其力量趋势，是因为其内在的物理坚固性。但在（7b）句中，man是有生命的实体，如果只考虑其物理特性，那么与crowd相比，man就是一个非常弱小的，能轻易被crowd推倒的原力实体。这里人的心理力量使man成为一个足够强大而能克服公众压力的原力实体。

2.1.2.3 社会力

Talmy把社会力量的相互作用叫作社会力动态（sociodynamics）。社会力是物理力的一种隐喻扩展，即在人类的概念结构中，把社会领域中的责任、义务等概念看作是一种动力或约束力。其图形和句子表征如下（Talmy 2000: 439）：

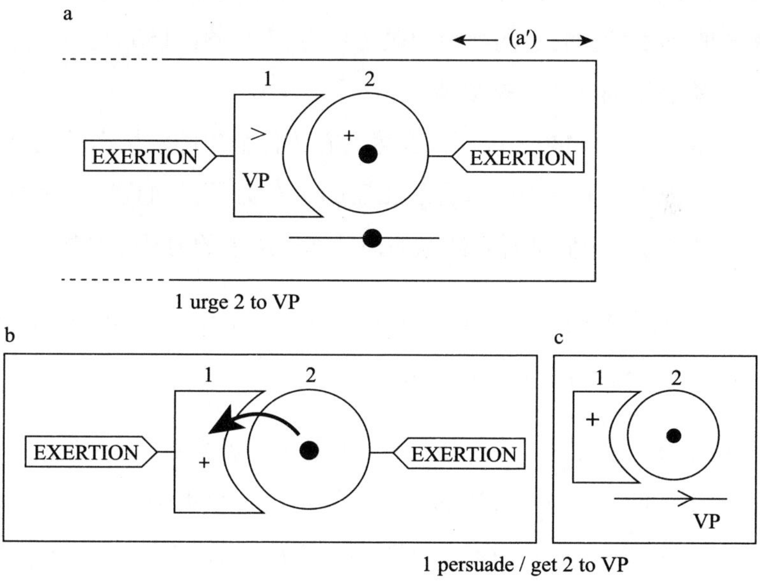

图8 社会力动态模型

（8）a. She urged him to leave.（He was reluctant to leave.）

b. She persuaded him to leave.

（He relented. / He gave in to her on leaving.）

在（8）的a和b这两组例子中，she是对抗力实体，he是原力实体。对抗力实体向原力实体施加压力（urged / persuaded）使得原力实体产生某个行动（to leave）。对抗力实体向原力实体施加的压力就是一种社会力量。再如：

（9）a. She's got to go to the park.

b. She gets to go to the park.

在（9a）中，got to VP这一语法结构表示主语不想行动的愿望被一种外部的力量所克服，因此她必须行动；在（9b）句中，get to VP表达的是主语要行动的愿望没有受到外界的阻挡，因此她可以行动。这两个句子都表达了同样的结果状态，但它们不同的语法结构隐含着导致这种最终状态的不同社会力量（束定芳2008：150）。

2.1.3 情态动词的力动态模型

Talmy（2000: 440）认为，虽然人们从各个角度对情态动词进行了研究，但却忽略了其中所蕴含的相反的一对力量，而且这一对力量是其意义的核心。我们来看看情态动词基本用法中的力动态结构。

（10）John can / may / must / should / ought / would / need / dare / had better not to leave the house.

在力动态模型下，当can与not连用时，就意味着句子的主语想要实施句子谓语动词所表达的动作，但是被一个更强大的反作用力给阻止了；当may与not连用时，句子的主语是原力实体，有着实施句子谓语动词所表达的动作的欲望，而对抗力实体是实施反对的权威力量；must和had better与not连用时，就意味着一种社会压力作用于句子主语，使其保持着某种状态；should和ought的作用相似，在它们所在的句子中，主语所持的相反的信仰和价值观蕴含着一对相反的力量；would not暗示着句子主语拒绝外来的要其实施某个行为的压力；当need与not连用时，就意味着，本来句子的谓语是句子的主语所应该承担的一种社会责任，它阻止着主语的欲望，但此时句子的主语可以不用实施句子谓语动词所表达的动作；dare所蕴含的相反的力量是句子主语的勇气和外界的危险。

在带有这些情态动词的句子中，通常情况下，句子主语代表着原力实体，而对抗力实体往往暗含在句子中，不会被明确表达出来。

在情态动词的力动态模型中，原力实体是有知觉的实体，相互作用的力量属于心理和社会的力量，而不是物理的力量。当然，在英语里，和情态动词连用，也有主语不是有知觉的实体的情况。例如：

（11）The cake can / may / must / should / need not / had better stay in the box.

但是，在这样的结构里，句子的主语不是真正的原力实体，真正的原力实体被隐含在句子中，而且是具有知觉的实体。这个隐含的原力实体是句子的施事，它控制着作为句子主语的受事。在这里，受事被前景化了，而有知觉的施事被背景化了。Talmy把这叫作原力实体降级（agonist demotion）。因此，The cake must stay in the box可以更准确地被阐述为People / You must make / let / have the cake stay in the box。

2.1.4 语篇中的力动态模型

Talmy（2000: 452—453）认为，力动态模型也广泛存在于语篇当中，特别是在论述性文体中。这是一种劝诫的辩论方法，包括试图规劝、说服对方。其过程包括组织观点来支持自己的立场或反驳对方的立场。如果在力动态模型的框架下来理解辩论空间，那么每个论点的作用就是依次地反对或支持另外的论点，要么打败另外的观点、要么被另外的观点打败；每次交锋的结果都可以使现在的论述更接近或者更远离对方的结论。

在语篇中，有一些常用的含有力动态特征的话语标记语。例如：yes but, besides, nevertheless, moreover, granted, instead, all the more so, whereas, on the contrary, after all, even so, okay, well等。在论述性的语篇中，yes but的意义有可能是这样的：你的最后一个论点，从某个特别的角度支持了结论，到目前为止也是正确的；但是，你还有另外一个更重要的观点站不住脚，它正把你的观点导向相反的结论。因此，我用现在的观点来取代你的观点。moreover的意义是：我现在的观点正好进一步证明了前面的观点，因此共同支持着最后的结论。granted的意义是：虽然在这之前我反对你的观点，但是我得承认，你最后一个论点部分驳倒了我的论述；即便如此，不过，我剩余的论述还是能站得住脚，因此总体来说，我的论述还是胜了你的论述，如Despite my prior objection, I concede that your last point refutes part of my total argument, but the remainder of my argument still holds and still prevails over your total argument。Talmy（2000: 453）在解释granted的含义时所使用的一系列词语包括despite、concede、refute以及prevail等，都蕴含力动态的特征。

2.2 言语行为的语力–动态模型

段芸（2014）将力动态理论拓展到言语行为的语力研究中，并基于Talmy的力动态模型构建了一个言语行为的语力–动态模型。

首先，在此模型中，要考虑讲话者和听话者两个力量实体。听话者是原力实体，讲话者是对抗力实体，这两个力量实体之间是相反的，原力实体在受力前后有状态的变化。作为原力实体的听话者在听到讲话者的话语之前，他是处于某种状态下的，并且呈现出某种内在的力量趋势。这里需要说明的是，Talmy的力动态模型主要用于语义分析，其中的原力实体的内在力量趋势以及原力实体受力后的状态被描述为运动（>）和静止（●）两种，而言语行为由于要涉及语用因素，因此不能简单地使用运动和静止两个概念来概括听话者内在的力量趋势以及所呈现出来的状态，这种内在的力量趋势和状态要随语境而定，比如：西方国家信奉基督教的新人在牧师说出“我宣布你们为合法夫妻”之前，他们是来自不同家庭的独身男女，这是他们人生的一种状态；但在牧师的话语说完之后，他们就变为一家人了，这是他们人生的另外一种状态。

其次，段芸（2014：97）把“语力”重新定义为：“在言语交互活动中，讲话者通过使用话语向听话者实施的以试图克服听话者内在的力量趋势（多体现为听话者的心境、情绪、行为取向、习惯等）并在通常情况下因此而改变了听话者状态（包括思想、情感、行为等）的力量。”这里，“听话者内在的力量趋势被讲话者的语力所克服从而发生了状态的变化”，这就是取效行为。

那么，讲话者的语力究竟是由什么组成的？讲话者的语力为什么能改变听话者的状态呢？听话者的状态和原来相比究竟发生了怎样的变化？如何去描述这种状态的变化？这些是构建言语行为的语力－动态模型需要进一步思考的问题。

显然，在构建言语行为的语力－动态模型时，只考虑讲话者和听话者两个力量实体是不够的。除此之外，还要考虑其他语用因素，因为言语行为是发生在社会文化环境中的言语交互活动，脱离了社会文化环境是没有意义的。因此，影响语力的因素除了讲话者和听话者两个力量实体以外，还有讲话者的意图和社会文化因素。首先，讲话者的意图（在图9中用F1表示）是一个重要因素，因为，语言的使用不仅是讲话者和听话者之间的一种交互活动，而且还具有很强的目的性，即有交际意图，“语言使用的交互性和目的性”被认为“是认知模型关注的焦点”（Evans & Green 2006: 112），交际意图可以包括获取信息、提供信息、建立人际关系等等很多方面，不胜枚举。塞尔对话语的交际意图也做了论述，他认为，“就讲话者而言，话语以及话语的意义与讲话者想在听话者身上制造某种效果的意图是紧密相关的；就听话者而言，要理解讲话者的话语就一定要意识到讲话者的意图”（Searle 1969: 48）。其次，社会文化因素也非常关键，它指双方的社会地位、传统习俗、心理趋势、生活态度（包括人生观和价值观等）、利益、礼貌、情感等（在图9中用F2表示，它是一个变量，它随不同的语境而定）。F1和F2构成了讲话者的语力，表示为FAnt (F1+F2)。听话者内在的力量趋势（多体现为听话者的心境、情绪、行为取向、习惯等）表示为FAgo。见下图：

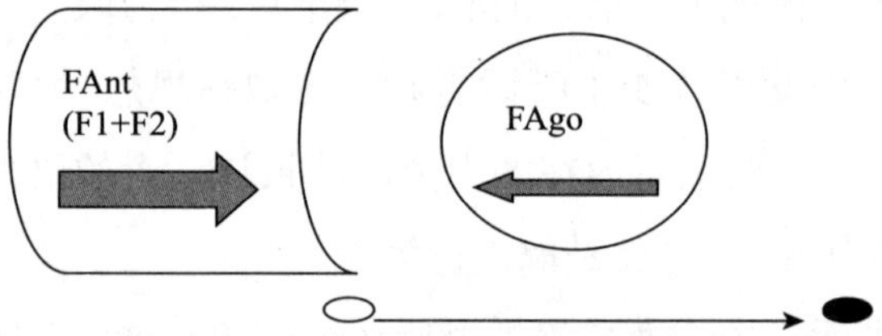

图9　语力—动态模型

图中方向相反的一大一小的两个箭头代表相对抗的两个力，即FAnt (F1+F2)和FAgo，箭头的大小代表了力的大小（此图主要基于Talmy的力动态模型图2中的a图和d图）。在言语行为的语力—动态模型的构建中，必须要论证为什么FAnt能克服FAgo，从而使听话者的状态发生改变。FAnt之所以能克服FAgo，在很大程度上是因为F2的力量，因为言语行为是在一定的社会文化环境中发生的，作为其参与者的讲话者和听话者是社会的人，他们充当着不同的社会角色，因此其行为必然要遵守一定的社会规约，受到某种社会力量的影响。例如，政治家讲话往往会考虑留有余地，上司的话对下属具有约束力，餐厅服务人员的话语往往需要考虑礼貌因素，对性格逆反的儿童讲话要顾及其自尊心，等等。Marmaridou（2000: 208）借助经验主义语用观在体验认知框架内把言语行为定义为一种“以语言和社会文化惯例改变现实的力量”。可见，社会文化因素是具有力量的，而且这种力量能够改变现实。Marmaridou（2000: 213－214）还借用Lakoff（1993）的隐喻，把言语行为比作是一种“自我驱动的向某一目的地前进的运动”，而导致这种运动的力量来自于讲话者的话语（locution）和社会机构赋予的讲话者的角色；这里社会机构赋予的讲话者的角色就涉及社会文化因素。在通常情况下，由F1和F2构成的语力作用于听话者，听话者首先明白讲话者的意图，然后在社会文化因素的影响下，听话者往往会做出相应的反应，即在思想、行为、情感等方面发生改变，也就是说发生了状态的改变。在语力－动态模型图中，代表听话者的椭圆下方的箭头及其两边的两个小椭圆用来表示听话者状态的变化情况，左边的空心椭圆表示听话者在听到话语之前本来的状态，右边的实心椭圆表示听话者受到语力影响后发生了变化的状态（取效行为）。这一点和Talmy的力动态模型图有所不同。正如我们不能简单地使用运动和静止两个概念来概括听话者内在的力量趋势和状态一样，我们也不可能仅仅依靠Talmy的运动和静止两个概念来概括听话者受力后所呈现出来的状态，而是应该考虑到这种变化后的状态也会因为语境的不同而呈现出多样性，对这种多样性要在具体的语境中进行描述。例如：一个本来很沮丧的癌症病人在听到医生说“你这种病有很大的希望被治愈”后，情绪会好转并且和医生积极配合进行治疗；一句“弼马温也想参加蟠桃会？”可以让孙悟空勃然大怒；父母的“宝贝你真行！”可以让孩子变得自信快乐等等。因此，在图形当中把这种状态的变化过程表示为由一根箭头连接的空心椭圆和实心椭圆，这两个椭圆是被抽象出来的两个变量，它们会随语用情境的变化而变化。话语或话语使用事件总是发生在一定的语境中的，对于这种语境的关注也是认知识解的中心（Evans & Green 2006: 112）。因此，对语境和社会文化因素的重视突显了言语行为语力—动态模型的语用特点。

3. 发展趋势

Talmy（2000: 461—468）认为，在未来的研究中，还可以进一步探索以下问题：继续补充、细化、完善现有研究的参数，语言的力动态系统的限制因素研究，力动态系统和其他语义范畴之间的关系研究，语言中的概念组织建构和其他认知域中的概念组织建构的关系研究。

同时，言语行为语力—动态模型的构建将力动态理论的研究从认知语义范畴拓展到了认知语用范畴（段芸 2014），得到了学界同行的认可（李成陈、江桂英 2017；吴淑琼 2019；刘龙根等 2020；李水 2021）。未来可以考虑将力动态理论与语用学的其他研究议题相结合，进一步推动认知语言学与语用学的跨学科融合研究；将力动态理论与汉语和中国社会文化相结合、研究具有中国特色的语用现象，让西方学者了解中国语言文化思想。

（编者：西南大学/段芸）

参考文献

Evans, V., & Green, M. 2006. *Cognitive Linguistics: An Introduction*. Edinburgh:

Edinburgh University Press.

Lakoff, G. 1993. The contemporary theory of metaphor. In Ortony, A. (ed.), *Metaphor and Thought* (2nd ed.) (pp. 202—251). Cambridge: Cambridge University Press.

Marmaridou, S. S. A. 2000. *Pragmatic Meaning and Cognition*. Amsterdam: John Benjamins.

Searle, J. R. 1969. *Speech Acts: An Essay in the Philosophy of Language.* Cambridge: Cambridge University Press.

Talmy, L. 2000. *Toward a Cognitive Semantics (Vol. I): Concept Structuring Systems.* Cambridge, MA: The MIT Press.

段芸. 2014. 言语行为语力的认知语言学研究. 北京：科学出版社.

李成陈、江桂英. 2017. 力动态意象图式视阈中“笑哭”表情符号语用意义的认知阐释. 外语学刊，（5）：63—68.

李水. 2021. 力动态理论视阈下策略的取效行为研究. 外语学刊，（2）：28—34.

刘龙根、朱晓真、王晓飞. 2020.“可取消性检验”可否取消?. 中国外语，（2）：34—43.

束定芳. 2008. 认知语义学. 上海：上海外语教育出版社.

吴淑琼. 2019. 立法文本中禁止类言语行为的力动态研究. 外国语文，（3）：88—95.

历时构式语法
（Diachronic Construction Grammar）

1. 引言

近年来，构式语法作为一种研究语言的新方法，引起学界的广泛关注。当前的构式语法研究主要是共时的，主要通过静态描写来挖掘构式的形式和功能特征，已取得丰硕的成果。构式语法共时研究的迅猛发展，促使一些学者开始思考如何运用构式语法理论来解决语言演化的问题。在这样的背景下历时构式语法应运而生了。一般认为，历时构式语法研究始于上世纪末，Israel（1996）对英语WAY构式的研究是早期研究中比较成功的案例。后来相继出现了一些研究成果，如：Leino & Östman（2005），Noël（2007），Barðdal（2001, 2009），Hilpert（2008, 2013, 2017, 2021），Bergs & Diewald（2008），Fried（2008, 2009），Eckhoff（2009），Traugott（2007, 2008a, 2008b, 2008c），Traugott & Trousdale（2010），Trousdale（2008a, 2008b, 2010），Bisang（2010），Patten（2012），Peng（2013, 2016），Barðdal等（2015），Sommerer & Smirnova（2020），Yang & He（2022），等等。在国内，也有学者涉足这方面的研究：张谊生（2010，2016，2017），杨永龙（2011），龙国富（2013，2014），李艳芝（2015），文旭、杨坤（2015），文旭、杨旭（2016）等。总体而言，已有的历时构式语法的研究成果主要散见于一些期刊或论文集，并且大多数是针对某一方面的个案调查，还缺乏全面而系统的研究。

2. 主要思想

究竟什么是历时构式语法？Noël（2007）发表的《历时构式语法与语法化理论》一文是历时构式语法研究的一个纲领性文件。在此文中Noël论及历时构式语法的概念及其与语法化研究的关系。Noël（2007: 178）认为，历时构式语法要研究的是“语言如何获得构式”，即构式如何形成，并成为语言知识的一个部分。受此影响，近年来有关历时构式语法的研究成果主要集中于构式语法视域下的语法化研究（Trousdale 2010），这使得有些人可能误认为历时构式语法仅限于语法化研究。Barðdal和Gildea（2015）认为，历时构式语法就是构式的历时研究，其初衷是借助构式语法理论处理历时句法学研究中一些不能解决的问题。文旭和杨坤（2015）对历时构式语法如此定义：构式语法、历史语言学和语言演化理论的结合，是构式语法研究的一种新思路，旨在探讨构式的演化过程、途径及其动因，以发现构式形成和演化的一般规律，进而揭示人类的认知规律和人类的语言能力。

历时构式语法研究主要围绕两条线索展开：一是构式语法视域下的历时研究，其特征是以构式语法理论为工具，研究词汇化、语法化等语言演化问题。可以说，历时构式语法研究的大多数成果都是以此为导向的。二是历时研究推动下的构式语法研究，即从历时的角度研究构式语法的问题，以揭示构式的形－义特征、内部组织及其本质。而这条线索是历时构式语法研究的重点。历时构式语法主张把以往语言演化（如词汇化、语法化等）的问题都看成是构式的问题，这样自然地把以上两方面的内容融为一体了。

为何需要开展历时构式语法研究？构式语法研究从根本上讲是一

项解释性的研究，但从已有的研究不难看出，构式语法也十分注重对语言现象的描写。这种思路正好兑现了Goldberg等对语言研究的“描写充分性”和“解释充分性”的承诺。构式语法力求解释“自然语言的句子是怎么来的、形成这样的语法形式有什么动因、人们的语言能力是怎样来的，等等”（牛保义 2011：v）。要解释句子的来源及其形成的动因，仅仅依靠共时研究恐怕很难达到理想的效果，它需要共时和历时研究的结合。沈家煊（1999：17）指出，“如果共时研究的目标不仅是描写语言现象，还要解释语言现象，那就不能不把共时研究跟历时研究结合起来。”此外，当今构式语法的共时研究已形成林林总总的理论假设，其中许多理论假设已经找到较为可靠的心理学、二语习得以及跨语言的证据，但更多的理论假设还有待证明。那么我们应该从哪些方面去寻找证据呢？历时研究的证据自然是最可靠的证据来源之一。所以，历时构式语法研究的一个重要目标是运用历时语料来证实或证伪构式语法的有关理论假设，并进一步建立起新的、更加符合历史事实的理论假设。

历时构式语法的提出不仅是构式语法自身理论发展的需要，也是认知历时语言学发展的必然要求（文旭 2011，2014）。构式语法理论与语言演化研究的结合体现出以下优越性：

第一，构式语法把构式看作语言研究的基本单位，它包括从词素、单词、短语、习语、小句、复杂句子到语篇的各种形式（Goldberg 2006）。由此，“一个相同的框架，可以解释一系列的现象，因为大小不同的语言表达都是构式”（Traugott & Trousdale 2010: 13）。所以，语言演化（如语法化、词汇化、语用化、习语化等）研究都可以置于构式语法理论框架下进行统一处理。

第二，构式是“形－义”配对，而“形－义”又可以细化为句法、形态、语音、语义、语用和语篇等维度（Croft 2001）。由此我们可以多维度、整体地观察一个构式细微的、渐进的变化。例如，

Heine（2003: 579）概括了语法化的主要机制，即去语义化、扩展、去范畴化和磨蚀。这四种机制强调分别从语义、语用、形态句法和语音等层面对语法化进行研究，其弊端是需要对这些要素进行分别考察，因此难免对某些方面有遗漏。构式语法有关构式的整体观可以有效地弥补这一不足。

第三，构式为语言演化提供语境。这里所说的“语境”，是指形态句法变化的语法环境。构式作为一个整体，可以对置于其中的某些词项进行“压制”（coerce），使其衍生出新的功能。不及物动词的及物化就是一个很好的例子。比如，在“王冕死了父亲”中，原来作为不及物动词的“死”后接宾语，是因为受及物构式的压制而具有及物性。在语法化中，“构式作为整体改变意义”（Croft 2001: 261）。Traugott（2008a）也认为，一个词项自身不会发生语法化，只有在特定构式的语境中才会发生。

第四，“构式具有图式性”的假设为语言演化研究提供了新的视野（参见 Goldberg 1995; Croft 2001）。例如，“图式性”可以为语法化和词汇化研究提供一个统一的视角。语法化和词汇化都是“固化”的过程，只是固化方式不同。语法化固化的是图式性较强的构式，而词汇化固化的是图式性较弱的具体构式（Trousdale 2010）。此外，“构式的图式具有层级性”的观点为语言演化研究提出了新的要求，即如何在历时研究中关照不同层级的语言结构之间的相互影响。

第五，构式语法认为“构式对频率及其对应的‘语内’和‘语外’环境（co-texts & con-texts）高度敏感”（Bergs & Diewald 2008: 2）。构式语法坚持“基于使用的模型”，因此对“频率”“语境”等要素十分关注，这使得构式语法与语言演化研究有了更多的契合点。

综上所述，历时构式语法的诞生不是历史的偶然，而是构式语法理论发展的必然要求。构式语法历时研究的兴起，不仅可以弥补构式语法共时研究带来的一些不足，而且有利于构式语法理论的进一步完善与发展。历时构式语法所关注的几个核心问题，如构式的形－义配对（构式化）、构式的组构性、构式的图式性、构式的继承性等问题，都是构式语法赖以存在及其发展的重大问题，对这些问题的解决在很大程度上决定着构式语法理论的前途。

3. 主要研究课题

从研究内容上看，历时构式语法的研究课题主要涉及以下几个方面：构式化、构式的组构性、构式的图式性和构式的多义性。

3.1 构式化

构式化是历时构式语法研究的核心问题。关于构式，一个广为接受的定义是，构式是形式和意义/功能的规约性配对，其中“形式”包括语音和形态句法，而“意义”则包括语义、语用和语篇功能（Langacker 1987; Goldberg 1995; Croft 2001）。Traugott和Trousdale（2013: 22）认为，构式化是产生“新形式”和“新意义”的配对，并且在构式网络中产生新的节点，伴随新的句法形态，编码新的意义。Fried（2008, 2013）认为，构式化有两种途径：一是从语言中衍生出新的语法形式；二是已有构式的重组，使该构式的意义变得更加不透明。结合Fried的分析，文旭和杨坤（2015）归纳出构式化最重要的两种实现形式：一种实现形式是语法中某些“形式”与“意义”的配对构成了新的规约化表达。这种形式的构式化主要是共时的，它是一种语言的创新活动。比如，在汉语中人们用“树”这一形式来指称“树的概念”（意义），使“树”的形式负载了特定的意义/功能，从而构成一种规约关系而被社会群体所接受，这就是构式化。此外，像What's X doing Y、the X-er、the Y-er等惯用表达，约定俗成地用以表达一定的意义/功能也是构式化。另一种实现形式是一个构式的“形式”和“意义”在一定语境下发生一系列的、渐进的变化，导致新形式的产生，并且行使新的功能，编码新的意义。这就是历时维度的构式化。一些语法化现象，如be going to从表“运动”的动词短语到表“目的/将来”的助词gonna的演化和a lot /lots of从量词到程度修饰语的演化，是比较典型的构式化，因为在演化过程中它们的形式和意义都发生了变化。与之相反的去语法化现象，如保加利亚语的nešto从不定代词到名词的演化和北瑞典语bö从前缀到实义词的演化，发生了去范畴化，因而也是构式化（杨坤、文旭 2011）。Traugott和Trousdale（2013）认为，构式化一般会导致图式性和能产性的增强，相反组构性减弱（详见“构式化”词条）。

需要注意的是，构式化需要同构式演化区分开来。Traugott（2012）认为，构式化是构式形式和意义的渐进发展和重新分析，最终导致新的构式进入语言，此过程伴随着能产性、图式性和组构性的变化；而构式演化通常是构式的形式或意义某一方面的变化，没有新的构式进入语言。历时的构式化往往是由构式演化触发的，但构式演化并不一定会引起构式化。语法化、词汇化、去词汇化（delexicalization）、语用化以及习语化只有涉及“形式”和“意义”的共同演化，才是构式化。这样一来，构式化和构式演化两个概念把以上几种看似不同的语言演化形式统一纳入构式语法理论框架之中。

总的说来，构式化研究涉及以下课题：构式是如何演化的？有何机制？构式化背后的动因（主要探讨认知动因和语言动因）是什么？类比思维、象似性、语义压制、概念误配（mismatch）、类型转移（type-shifting）、过渡性（gradience）和渐进性（gradualness）等是如何对构式的演化产生影响的？

3.2 组构性问题

“组构性”一直是语言学研究中一个十分重要的问题，尽管认知语言学和生成语法在此问题上各持己见，但它们都无一例外地把“组构性”置于其理论的重要位置。认知语言学持温和的组构观，认为语言具有“部分组构性”，而不是生成语法所说的“完全组构性”。可以说，构式语法始终贯彻了“部分组构”的思想。对于意义的组构，构式语法认为，一个具体构式的意义是词汇义和构式义的整合。例如，Goldberg（2006）在分析“A dozen roses, Nina sent her mother!”这样的表达式时，就认为它是由双及物构式、话题化构式、动词短语构式等11个构式组合而成。此时，我们不禁要问：如此众多的构式是如何相互作用，产生整体构式义的呢？Goldberg（2006: 22）用一句话概括，“构式可以自由地组合构成具体的表达，只要这些构成成分不是相互冲突的。”而事实并不是那么简单。原因有两点：一方面，整合的过程可能导致新质的涌现（如习语等）。但涌现的意义又是如何产生的呢？这个问题需要说明；另一方面，一个构式的产生通常不是一次性整合而成的，许多构式都要经历漫长的、渐进的演化过程。

对于第一个问题，国内已有学者进行过相关讨论。例如，沈家煊（2006）运用概念整合理论讨论“王冕死了父亲”这一句式的产生过程。他指出，该句式是由“王冕父亲死了”和“王冕丢了某物”糅合而成的，由此产生了涌现意义“因此而丧失”。毋庸讳言，概念整合理论在解释语言结构的意义组构方面很有说服力，但它始终不能有效地说明这种“涌现”的构式义源于何处。是隐喻、转喻的机制在起作用，还是受文化、语篇等因素的影响？这既是个共时问题，也是个历时问题。因为共时的假设也需要历时的考证提供证据支撑。石毓智（2007）从历时的角度考察了“王冕死了父亲”的历史起源，提出与沈家煊迥然不同的观点。他认为，“王冕死了父亲”和“他来了两个客户”都属于存现句，在历时演化过程中受到动补结构和结构赋义规律的影响，从而产生了不及物动词带宾语的情况。这里我们不讨论孰是孰非，但可以看到，运用历时研究来验证假设不失为一种好的方法。

结合大量的历时语料，历时构式语法要探讨以下问题：一个构式，特别是一些复杂的和特殊的构式（如习语）是如何整合而成的？其形式和意义经历了什么样的历时发展过程才变成现在这个样子的？

3.3 图式性问题

构式语法认为，构式知识的组织不是无序的，而是构成一个复杂的、结构化的、分类层级网络（taxonomic hierarchy）（Langacker 1987; Goldberg 2006）。在此层级中不同构式处于不同的位置，习语等具有特殊性的实体构式作为一个独立的节点得以表征。Traugott（2007: 525）根据构式的不同抽象程度（图式性）把构式分为：宏观构式（macro-constructions）、中观构式（meso-constructions）、微观构式（micro-constructions）和构式实例（constructs）。以英语动词短语构式为例，请看图1：

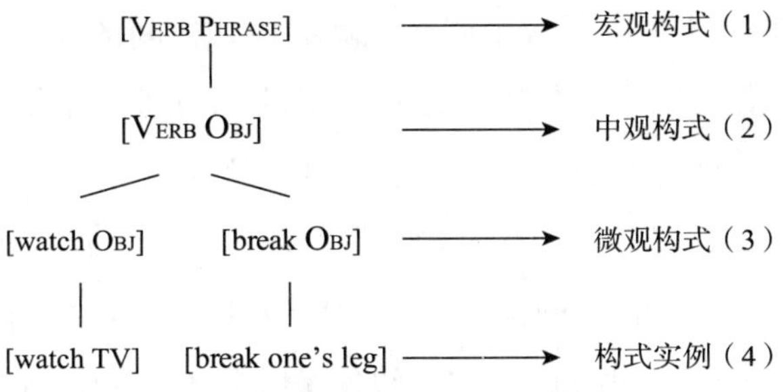

图1 动词短语构式的分类层级

以上四个构式层级的关系是：（1）—（4）从上到下图式性、能产度逐渐降低。上层构式是对下层构式的抽象化或图式化

（schematization）。构式的图式化也属于构式化，它标志着具有更高图式性的构式的形成。从理论上讲，构式化可以发生在以上四个层级中的任何一个层级。但一般情况下，常见于第（3）（4）层级，因为构式化在具体使用中产生，与使用频率密切相关。层级（3）的构式含有“词汇空位”（slots），具有部分图式性，如it-分裂构式和wh-分裂构式的构式化就发生在这一层级。一些习语或固定表达，如kick the bucket、spill the beans的构式化，则发生在第（4）层级。

在整个构式层级网络中，不同层级的构式、同一层级的不同构式之间都可能存在相互影响、相互制约的关系（Traugott 2010）。因此，历时构式语法要研究的是，在构式演化过程中，下层构式是如何对上层构式产生影响的？上层构式又是如何对下层构式进行制约的？同一层级的不同构式之间是否存在历时关联？对以上三个问题的探讨至关重要，因为它们有助于验证构式语法有关“自下而上”的概括性和“基于使用”的假设。

3.4 多义性问题

构式语法认为，构式和词素一样具有多义性（Goldberg 1995; Croft 2001）。既然构式具有多义性，其义项之间的关系如何呢？Lakoff（1987）认为，语言中同一范畴的构式之间的关系可以看作是由一个核心构式与一些非核心构式构成的辐射型的组织结构。构式的中心义（典型义）处于核心位置，其他义项是基于中心义的多义延伸（牛保义 2011）。以双及物构式为例，Goldberg（1995: 75—76）讨论了双及物构式的六种构式义：a. X 致使Y收到Z（He gave Sally the ball）；b. 条件的满足蕴含“X致使Y收到Z”（Joe promised Bob a car）；c. X致使Y能收到Z（He permitted Chris an apple）；d. X致使Y收不到Z（Joe refused Bob a cookie）；e. X有意致使Y收到Z（Joe baked Bob a cake）；f. X做出动作致使Y在未来的某个时间收到Z

（Joe bequeathed Bob a fortune）。Goldberg（1995）认为，以上义项中“X致使Y收到Z”是双及物构式的中心义，其他义项是基于该构式义的隐喻延伸。

由此产生的一个问题是：构式的中心义是如何而来的？对此，Goldberg提出了“场景编码假设”（Scene Encoding Hypothesis），认为“与基本句子类型相对应的构式把与人类经验有关的基本事件类型编码为这些构式的中心意义”（Goldberg 1995: 39）。这一假设有一定说服力，Goldberg也找到了一些心理学和二语习得方面的证据。但是，事实是否如此还需要更多的证据支撑。例如，张伯江（1999）提出，汉语双及物结构的典型义是“施事者有意地把受事转移给接受者，这个过程是在发生的现场成功完成的”。邓云华和石毓智（2007：328）基于历时语料，认为张伯江的说法有失偏颇，他们指出“一些单纯的基于共时现象对语法结构意义（多义性）的推测，似乎与历时事实不符”。由此不难看出，历时研究是证伪共时假设的一个重要手段。因此，历时构式语法研究需要回答：构式的中心义/典型义是什么？它是如何而来的？构式的非中心义是如何在中心义的基础上实现语义扩展的？其语义扩展的机制和动因是什么？

4. 研究方法

历时构式语法是多种理论的融合，因此研究方法也具有多样性。总的说来，历时构式语法研究体现了三个“结合”：共时和历时的结合、描写与解释的结合、内省分析与语料库方法的结合。

一是共时和历时的结合。20世纪初，索绪尔开拓性地把语言学研究划分为“共时”和“历时”两个维度。前者指研究在某一特定状态中的语言系统，不考虑时间因素；后者研究语言的历史演变（文旭

2009）。在索氏看来，要达到科学地研究语言的目的，就必须区分共时和历时。因此，二者的对立是绝对的，不容许有任何妥协。但事实上，语言的产生不是一蹴而就的，而是在长期使用的过程中逐渐形成的，"任何的共时状态都是历史发展的产物，因此，要对一个语言结构提供充分的解释，就必须把握它的历时演化情况"（Bybee 2007: 945）。Givón（1979: 12）甚至认为，"如果不考虑历时演化过程，就不能理解共时的句法结构"。由此可见，语言的共时和历时研究不是截然分开的，而是对立统一、相辅相成的。历时构式语法研究主要以历时为取向，通过大量的历时语料来研究"构式如何变，为什么变"。与构式语法的共时研究相比，历时构式语法要研究构式的演化过程、演化途径、演化机制以及演化的动因。但这里所讲的"历时"只不过是若干个共时状态的连续体，许多历时的规律都在共时中有所体现。因此，要研究构式的历时演化过程，对每一个共时系统的描写同样不可缺少。总之，共时寓于历时之中，离开共时谈历时或离开历时谈共时都是不合理的。

二是描写与解释的结合。描写和解释是语言学研究最重要的两条路子。乔姆斯基所倡导的形式主义认为，语言研究应具备三个充分性：观察的充分性、描写的充分性和解释的充分性。"观察—描写—解释"的三位一体揭示了语言研究由简入繁，从感性到理性的认识过程。的确，如果没有对语言现象进行细致入微的观察，如何谈得上描写。没有充分的描写，对现象的解释便无从谈起。但遗憾的是，乔姆斯基并没有一致地兑现自己许下的承诺。比如生成语法强调对常规语言结构的"规则推导"，对习语等"不规则"的现象却置之不理，违背了"描写的充分性"的承诺。相反，构式语法学家声称，要描写语言中所有类型的结构，而不仅限于核心结构；并承诺对语言中的规则和不规则表达做出统一的解释（Goldberg 1995）。构式语法作为一项解释性的研究，一直十分注重对语言结构"充分的描写"和"合理的解释"。对语言现象的描写是语言研究的基础，而对语言现象的解释才是语言研究的最终目的。历时构式语法研究的首要任务是对构式不同发展阶段的形式和意义进行尽可能充分的描写，然后寻找其形成的理据及其认知动因，发现语言演化背后的一般规律。

三是内省分析和语料库方法的结合。语言解释性研究的一个特点是，内省法占主导地位。内省的研究方法主要依靠直觉和生造语料进行理论构建，这使得越来越多的研究者开始意识到“有必要运用其他的方法来验证内省的发现或弥补理论的不足”（Talmy 2007: xvii）。近年来，心理学实验研究和基于语料库的研究明显增多，研究者也逐渐意识到了研究方法之间的互补性（束定芳 2009）。历时构式语法是一种基于语料库的历时研究方法，它通过英汉共时和历时语料库（如COHA、HCET、ARCHER、BNC、BROWN和CCL等）提取真实的、使用中的语料作为研究素材，有效地避免了以往单一的横向研究带来的种种不足。比如要说明“动结构式是使动构式中心义的隐喻延伸”（Goldberg 1995: 109）和“一些复杂的、具有特殊性的构式是如何形成的”的问题，如果没有一些历时证据作为支撑，恐怕只能停留在假设的层面，其说服力就会大打折扣。因为“任何共时的语法组织都必须与语言演化研究所观察到的事实一致”（Israel 1996: 227）。没有大量的证据作为支撑，一切假设只不过是空中楼阁。当然，对于历时构式语法研究而言，语料库只是获取共时、历时语料的一个重要手段，如果要进行系统的分析、建构理论和提出假设仍然离不开内省分析。倘若内省分析有大量的真实语料作支撑，其说服力就会大大增强。因此，内省分析和语料库的方法在历时构式语法研究中具有互补性。

5. 发展趋势

作为构式语法和语言演化理论的结合体，历时构式语法自诞生之日起便肩负双重使命。一是运用语言演化研究来发展和完善构式语法理论；二是将构式语法理论应用于语言演化研究。具体来讲，一方面，历时构式语法可为从事构式语法的研究者所用，作为构式语法研究的一个部分，与共时研究一起构成构式语法研究的主要内容。构式语法研究所关心的核心问题，如构式化、图式性、多义性、组构性等，也成为历时构式语法关心的问题。在这一视野下开展的历时构式语法研究，其主要任务之一是通过历时研究来解决构式语法的理论问题。另一方面，历时构式语法可为从事语言演化的研究者所用，作为语言演化研究的一个部分，其核心内容——构式化理论，与词汇化和语法化等语言演化理论处于同等地位。当然，以上两条研究思路并不是截然分开的，只是侧重点不同而已。当涉及对某种具体语言现象的研究时，两种研究思路可能都会采用。

总的来说，历时构式语法研究目前还处于起步阶段，今后还要继续聚焦历时构式语法的几个核心问题，包括构式化、组构性、多义性和图式性，对其进行纵深的理论挖掘和方法论方面的突破。比如，在构式化研究方面，Traugott和Trousdale（2013）为构式化设定的图式性、能产性和组构性三个维度能够有效地检验图式性构式的构式化。对于词汇性构式，比如“打酱油”，其图式性和能产性很难衡量，此时使用频率可能作为一个重要维度。但是，达到什么样的使用频率才标志着构式化的发生？这可能还需要借助更多历史语言学和计量语言学的相关理论和方法。在图式性方面，通过构式层级网络来考察构式的演化情况确实具有方法论的意义，但是，目前对构式层级网络的描述还比较“随意”，不同的学者对于同一构式在特定构式层级网络中的位置或者“节点”的确定可能存在差异。因此，仅仅依靠“形”或“义”某个方面的特征作为标准显然是不够的，还需要更精细的标准，如形式包括哪些方面，意义又包括哪些方面。否则，构式层级网络对语言演化的意义，最终会流于形式，而无实质内容可言。Hilpert

（2021）提出，构式网络上的节点包含什么样的知识，且这些节点知识又是以何种方式进行连接的，都是历时构式语法研究中悬而未决的问题。另外，历时构式语法所采用的理论都是基于使用的构式语法理论，尚未涉及形式主义的构式语法理论。形式主义讲求形式描写的"精细化"，倘若能在"伯克利构式语法"或"基于符号的构式语法"视野下开展历时构式语法研究，相信一定能达到意想不到的效果。

（编者：西南大学/文旭、杨坤）

参考文献

Barðdal, J. 2001. The perplexity of Dat-Nom verbs in Icelandic. *Nordic Journal of Linguistics*, 24: 47—70.

Barðdal, J. 2009. The development of case in Germanic. In Barðdal, J., & Chelliah, S. L. (eds.) *The Role of Semantic, Pragmatic, and Discourse Factors in the Development of Case* (pp. 123—159). Amsterdam/Philadelphia: John Benjamins.

Barðdal, J., & Gildea, S. 2015. Diachronic construction grammar: Epistemological context, basic assumptions and historical implications. In Barðdal, J., Smirnova, E., Sommerer, L., & Gildea, S. (eds.), *Diachronic Construction Grammar* (pp. 1—50). Amsterdam: John Benjamins.

Barðdal, J., Smirnova, E., Sommerer, L., & Gildea, S. (eds.). 2015. *Diachronic Construction Grammar*. Amsterdam: John Benjamins.

Bergs, A., & Diewald, G. (eds.). 2008. *Constructions and Language Change* (Vol. 194). Berlin/New York: Mouton de Gruyter.

Bisang, W. 2010. Grammaticalization in Chinese: A construction-based account. In Traugott, E. C., & Trousdale, G. (eds.), *Gradience, Gradualness, and Grammaticalization* (pp. 245—277). Amsterdam/Philadelphia: John Benjamins.

Bybee, J. L. 2007. Diachronic linguistics. In Geeraerts, D., & Cuyckens, H. *The Oxford Handbook of Cognitive Linguistics* (pp. 945—987). Oxford: Oxford University Press.

Croft, W. 2001. *Radical Construction Grammar: Syntactic Theory in Typological Perspective*. Oxford: Oxford University Press.

Eckhoff, H. M. 2009. A usage-based approach to change: Old Russian possessive constructions. In Barðdal, J., & Chelliah, S. L. (eds.), *The Role of Semantic, Pragmatic, and Discourse Factors in the Development of Case* (pp. 161—180). Amsterdam: John Benjamins.

Fried, M. 2008. Constructions and constructs: Mapping a shift between predication and attribution. In Bergs, A., & Diewald, G. (eds.), *Constructions and Language Change*, (pp. 47—80). Berlin/New York: Mouton de Gruyter.

Fried, M. 2009. Construction grammar as a tool for diachronic analysis. *Constructions and Frames*, 1(2): 261—290.

Fried, M. 2013. Principles of constructional change. In Hoffmann, T., & Trousdale, G. (eds.). *The Oxford Handbook of Construction Grammar* (pp. 418—437). Oxford: Oxford University Press.

Givón, T. 1979. *On Understanding Grammar*. New York: Academic Press.

Goldberg, A. E. 1995. *Constructions: A Construction Grammar Approach to Argument Structure*. Chicago: The University of Chicago Press.

Goldberg, A. E. 2006. *Constructions at Work: The Nature of Generalization in Language*. Oxford/New York: Oxford University Press.

Heine, B. 2003. Grammaticalization. In Joseph, B., & Janda, R. (eds.), *The Handbook of Historical Linguistics* (pp. 573—601). Oxford: Blackwell.

Hilpert, M. 2008. *Germanic Future Constructions: A Usage-based Approach to Language Change* (Vol. 7). Amsterdam/Philadelphia: John Benjamins.

Hilpert, M. 2013. *Constructional Change in English: Developments in Allomorphy, Word Formation, and Syntax*. Cambridge: Cambridge University Press.

Hilpert, M. 2017. Historical sociolinguistics and construction grammar: From mutual challenges to mutual benefits. In Säily, T., Nurmi, A., Palander-Collin, M., & Auer, A. (eds.), *Exploring Future Paths for Historical Sociolinguistics* (pp. 217—237). Amsterdam: John Benjamins.

Hilpert, M. 2021. *Ten Lectures on Diachronic Construction Grammar*. Boston: Brill.

Israel, M. 1996. The way constructions grow. In Goldberg, A. E. (ed.), *Conceptual Structure, Discourse and Language* (pp. 217—230). Stanford CA: CSLI Publications.

Lakoff, G. 1987. *Women, Fire, and Dangerous Things: What Categories Reveal about the Mind*. Chicago: The University of Chicago Press.

Langacker, R. W. 1987. *Foundations of Cognitive Grammar (Vol. I): Theoretical Prerequisites*. Stanford: Stanford University Press.

Leino, J., & Östman, J. 2005. Constructions and variability. In Fried, M., & Boas, H. C. (eds.), *Grammatical Constructions: Back to the Roots* (pp. 191—213). Amsterdam: John Benjamins.

Noël, D. 2007. Diachronic construction grammar and grammaticalization theory. *Functions of Language*, 14(2): 177—202.

Patten, A. L. 2012. *The English It-cleft: A Constructional Account and a Diachronic Investigation*. Berlin: Mouton de Gruyter.

Peng, R. 2013. A diachronic construction grammar account of the Chinese cause-complement pivotal construction. *Language Sciences*, 40: 53—79.

Peng, R. 2016. The integration of exemplars and prior knowledge in the extension of schematic constructions: Evidence from Chinese emerge-hide construction. *Language Sciences*, 56: 1—29.

Sommerer, L., & Smirnova, E. (eds.). 2020. *Nodes and Networks in Diachronic Construction Grammar*. Amsterdam: John Benjamins.

Talmy, L. 2007. Forward. In Gonzalez-Marquez, M., Mittelberg, I., Coulson, S., & Spivey, M. (eds.), *Methods in Cognitive Linguistics* (pp. xi—xxi). Amsterdam/Philadelphia: John Benjamins.

Traugott, E. C. 2007. The concepts of constructional mismatch and type-shifting from the perspective of grammaticalization. *Cognitive Linguistics*, 18(4): 523—557.

Traugott, E. C. 2008a. The grammaticalization of NP of NP patterns. In Bergs, A., & Diewald, G. (eds.), *Constructions and Language Change* (pp. 23—46). Berlin/New York: Mouton de Gruyter.

Traugott, E. C. 2008b. "All that he endeavoured to prove was…": On the emergence of grammatical constructions in dialogual and dialogic contexts. In Kempson, R., & Cooper, R. (eds.), *Language in Flux: Variation, Change and Evolution* (pp. 143—177). London: Kings College Publications.

Traugott, E. C. 2008c. Grammaticalization, constructions and the incremental development of language: Suggestions from the development of degree modifiers in English. In Eckardt, R., Jäger, G., & Veenstra, T. (eds.), *Variation, Selection, Development: Probing the Evolutionary Model of Language Change* (pp. 219—252). Berlin/New York: Mouton de Gruyter.

Traugott, E. C. 2010. Ten lectures on constructionalization and grammaticalization

(Manuscript) [OL]. Presented at Southwest University. http://foreign.swu.edu.cn/lcs. (Accessed 11/10/2010).

Traugott, E. C. 2012. Constructionalization contrasted with constructional change. Paper presented at the Workshop of Constructional Change in the Languages of Europe, NIAS, Wassenaar, Netherlands, January, 11－15.

Traugott, E. C., & Trousdale, G. (eds.). 2010.*Gradience, Gradualness and Grammaticalization*. Amsterdam/Philadelphia: John Benjamins.

Traugott, E. C., & Trousdale, G. 2013. *Constructionalization and Constructional Changes* (Vol. 6). Oxford: Oxford University Press.

Trousdale, G. 2008a. Constructions in grammaticalization and lexicalization: Evidence from the history of a composite predicate in English. In Trousdale, G., & Gisborne, N. (eds.), *Constructional Approaches to English Grammar* (pp. 33－70). Berlin/New York: Mouton de Gruyter.

Trousdale, G. 2008b. A constructional approach to lexicalization processes in the history of English: Evidence from possessive constructions. *Word Structure*, 1(2): 156－177.

Trousdale, G. 2010. Issues in constructional approaches to grammaticalization in English. In Stathi, K., Gehweiler, E., & Köig, E. (eds.), *Grammaticalization: Current Views and Issues* (pp. 51－72). Amsterdam/Philadelphia: John Benjamins.

Yang, K., & He, Q. 2022. The development of V*de*O clefts in Chinese: A diachronic constructionist approach. *Lingua*, (270): 1－17.

邓云华、石毓智 . 2007. 论构式语法理论的进步与局限 . 外语教学与研究，(5): 323－330.

李艳芝．2015．汉语中的构式化现象与构式宾语研究．博士学位论文．杭州：浙江大学 .

龙国富．2013．“越来越……”构式的语法化——从语法化的视角看语法构式的显现．中国语文，(1)：25－34+95－96.

龙国富．2014．试论汉语“为”字被动式的构式语法化．古汉语研究，(3)：9－15.

牛保义 . 2011. 构式语法理论研究 . 上海：上海外语教育出版社 .

沈家煊 . 1999. 不对称和标记论 . 南昌：江西教育出版社 .

沈家煊 . 2006.“王冕死了父亲”的生成方式——兼说汉语“糅合”造句 . 中国语文，(4)：291－300.

石毓智 . 2007. 语言学假设中的证据问题——论“王冕死了父亲”之类句子产生的历史条件 . 语言科学，(4)：39－51.

束定芳. 2009. 中国认知语言学二十年——回顾与反思. 现代外语,（3）: 248—256.
文旭. 2009. 以认知为基础的英汉对比研究——关于对比认知语言学的一些构想. 中国外语,（3）: 25—30.
文旭. 2011. 认知语言学事业. 外语与外语教学,（2）: 1—5.
文旭. 2014. 语言的认知基础. 北京：科学出版社.
文旭、杨坤. 2015. 构式语法研究的历时取向——历时构式语法论纲. 中国外语,（1）: 26—34.
文旭、杨旭. 2016. 构式化：历时构式语法研究的新路径. 现代外语,（6）: 731—741.
杨坤、文旭. 2011.《去语法化》评介. 外语教学与研究,（3）: 469—473.
杨永龙. 2011. 从"形+数量"到"数量+形"——汉语空间量构式的历时变化. 中国语文,（6）: 499—513.
张伯江. 1999. 现代汉语的双及物结构式. 中国语文,（3）: 175—184.
张谊生. 2010. 试论骂詈语的词汇化、标记化与构式化——兼论演化中的骂詈语在当代汉语中的表达功用. 当代修辞学,（4）: 1—13.
张谊生. 2016. 从性状化到构式化：当代汉语"拼、扯、拽"的形容词化探究. 江西师范大学学报（哲学社会科学版）,（3）: 98—108.
张谊生. 2017. 试论"有加"的附缀化与"X有加"的构式化. 中国语文,（3）: 299—308.

论元结构构式
（Argument Structure Construction）

1. 引言

人类学习语言获得语言知识，在社会活动中又运用这些知识实现各种交际活动。那么，语言知识是如何获得的，在大脑中又是以什么方式存在的呢？构式语法为了回答这些问题，提出了构式语法的理论假设。语言构式观认为，人类对自身的语言体验进行抽象与概括，形成的认识就是语言知识。这种知识以构式的形式存储于大脑中，各种构式构成了一个相互关联的知识网络，其中，论元结构构式是语言对人类典型的基本行为模式的抽象与概括，体现了作为行为、事件参与者的论元在句法上实现的基本模式（Fillmore et al. 1988; Goldberg 1995, 2013; Lakoff 1987; Michaelis & Lambrecht 1996）。

然而，这一认识却是从语言学家对特殊的不规则现象的研究中获得的启发。一般认为，Fillmore等（1988）发表的《语法构式中的规则化和习语化：以let alone为例》一文代表了语言构式观的萌芽，标志着构式语法的诞生。构式语法虽然始于习语这类不具有规则性的“边缘”语言现象的研究，但随着研究的不断深入，人们开始从构式主义的视角考察基本句式（basic sentences）这样的核心语言现象。其中影响最大的是Goldberg（1995）在英语单句研究的基础上提出的论元结构构式理论。

所谓论元结构构式，是一种具有高度概括性的构式——“形—意”配对，它有独立于特定词语的意义或功能；基础句是论元结构构式的实例化，其语义结构及形式表达主要是独立于其构成词项的构式造成的。

在传统的语法研究中，尤其是在配价语法、依存语法、格语法等传统语法理论体系中，论元结构是句法研究的核心话题。按照句法理论的传统，论元（argument）指的是带有论旨角色的名词短语，比如动词的主语、宾语。论旨角色（thematic role / theta-role /θ-role）又称为语义角色、论元角色，表达的是谓语与相关名词短语的语义关系。一般认为，谓语动词有固定的论旨角色，这些角色表示其所涉及的主、客体或状态、处所以及动作的起点、方向、终点、原因、结果、工具等。比如，施事（agent）指论元为“执行者/发起者”（doer/initiator）的论旨角色，受事（patient）指论元为动作“承受者”（do-ee）或受影响的客体，主题（theme）则是经历变化的论元。其他论旨角色如“受益者”（beneficiary / benefactive）、“感事”（experiencer）、“处所”（location）、“起点”（source）、“终点”（goal）、“工具”（instrument）、“使致者”（Causer）等各自代表一种明显的语义关系。而所谓论元结构（argument structure）则是指一个词项，通常为动词，所拥有的论旨角色的组合配置。

论元角色及论元结构的研究在传统句法学中具有重要的意义。通过刻画动词与相关名词性成分之间的语义关系及其句法配置，可以较好地解释句法结构的合格条件，还能找出句法结构与语义结构之间的一一对应的映射关系。很显然，这是一种奉行“动词中心论”的研究范式，其核心思想是：动词决定与之共现的论元的数量及类型。例如：

（1）Chris gave Pat a ball.

（2）Pat put the ball on the table.

（1）中give是三元动词或三价动词，可指派三个论元角色："施事""接受者""客体"，在句法上分别实现为主语（Chris）、间接宾语（Pat）、直接宾语（a ball）。（2）中put同样也是三元动词，但其次范畴特征不同，指派的是"施事""客体""处所"三个论元角色，在句法上分别实现为主语（Pat）、宾语（the ball）、补语（on the table）。

但是，双及物构式中的动词并不仅限于三价动词。例如：

（3）Chris baked Mary a cake.

（4）Pat kicked Tom a ball.

动词bake和kick均为两价动词，包含两个论元角色——"施事"与"受事"。但（3）和（4）中分别都多了一个论元角色——"接受者"。这种论元角色增容现象难以通过动词语义投射原则做出预测，是"动词中心论"所面临的一个重大理论难题。

有鉴于此，Goldberg（1995）采取了一条"自上而下"的构式中心路径，提出论元结构构式的理论主张，将句子结构视为一个整体。论元结构构式是语言中基本句式的句法概括，不同的论元结构构式有不同的论元结构配置和语义表达。构式的论元结构配置决定句法实现的语法关系，与动词的论元角色关系甚微。例如：

（5）a. Pat sneezed.

b. Pat sneezed the napkin off the table.

根据论元结构构式理论，以上两句分别是不及物构式（intransitive construction）和使动构式（caused-motion construction）的例示。（5a）可解释为不及物构式只能提供一个论元角色（argument role），即致使者论元，而动词sneeze是典型的不及物动词，只能提供一个参与者角色（participant role），即sneezer，此时参与者角色恰好与论元角色一一对应（详见下节）。（5b）句可做出如下解释：使动构式表达“X causes Y to undergo a movement from/to Z”的构式义，可提供三个论元角色（致使者、目标与客体），即便sneeze为不及物动词，照样可进入该构式中。动词缺省的目标与客体的角色由使动构式提供。由此可见，两个句子结构的差异并非是因为动词sneeze具有两个不同的语义，而在于它们分别用在不同的论元结构构式中。对句子语义的解读，构式提供了基本的语义框架（Bencini & Goldberg 2000）。

2. 主要思想

2.1 动词与构式的角色互动

构式语法虽然在论元结构研究中采取“整体观”，认为论元结构并不是由句子核心动词投射而来，而是由独立于动词的构式决定，但这并不意味对动词在句子中所起的重要作用的否认。构式语法认为，一个句子的意义不仅与其中的动词紧密相关，更取决于宏观层面上的论元构式。也就是说，一个句子的意义取决于句中动词义与构式义的互动。Goldberg（1995）区分了动词提供的参与者角色和构式提供的论元角色。动词的参与者角色是具体语义框架中特有的角色，指某个事件发生过程中涉及的那些参与者；而构式的论元角色是指一般意义上的、抽象出的语义角色，如施事、受事等。这样，动词与构式的互动就是动词参与者角色与构式论元角色之间的互动。Goldberg指出“如果一个动词是某构式允准的某类动词的成员，那么该动词的参与者角色在语义上可与论元角色相融合”（Goldberg 1995: 50）。“参与者角色”与“论元角色”的融合由以下两个原则决定：

（1）语义连贯原则（The Semantic Coherence Principle）：动词的参与者角色与构式的论元角色在语义上相兼容。

（2）对应原则（The Correspondence Principle）：动词所侧显的参与者角色必须能与构式所侧显的论元角色相融合。

例如：

（6）Joe sent Mary a letter.

此句属于双及物构式。双及物构式提供三个论元角色：施事，受事与接受物，表达“X causes Y to receive Z”的构式义。句中Joe表示与动词sent相关的参与者角色“发送者”（sender），可被视作双及物构式中“施事”角色的一个例示。动词sent侧显的三个参与者角色分别与双及物构式侧显的三个论元角色（施事、受事、接受物）对应。这种动词参与者角色与构式论元角色之间一一对应的关系是典型的动词与构式的融合关系，即动词与构式之间呈现平衡和谐的状态，动词只为构式表示的事件提供细节信息，使抽象的构式具体化。此时构式表达的意义是最具典型性的核心意义。

然而，这种最典型、最理想的一一对应的关系并不多见。大多数情况下，进入具体构式的动词的参与者角色与论元角色并不完全对应，两者之间存在相互矛盾、相互冲突的地方。Goldberg（1995）强调，动词的参与者角色与构式的论元角色不能完全对应时，构式要发挥其对动词参与者角色的限制与选择作用，给动词增添或压制一些参与者角色。主要表现为如下六个方面：

第一，动词的参与者角色与构式的论元角色侧显不一致时，动词侧显的角色可以与未被侧显的论元角色相融合。例如：

（7）He put the bottle on the desk.

动词put提供三个侧显的参与者角色（放置者、放置物和放置地），而使动构式虽然可提供三个论元角色（致使者、目标和客体），但只侧显致使者和客体两个论元角色。此时，动词的“放置地”角色便与使动构式中未被侧显的目标角色相融合。

第二，构式的论元数目多于动词的参与者角色时，构式便对动词进行增容，即构式可以为动词增添缺失的参与者角色。以（5b）为例，相对使动构式的论元角色（致使者，目标和客体）而言，动词sneeze的参与者角色中缺省了“打喷嚏行为作用的对象”和“目标”两个角色。在与构式的整合过程中，这两个角色只能由使动构式提供。

第三，构式可通过遮蔽（shading）将某些动词参与者角色置于阴影中，从而使该参与者角色不被侧显。英语中的被动构式可以遮蔽动词最为侧显的参与者角色（Goldberg 1995）。例如：

（8）Tom was hit by Pat.

施事Pat以附加语的形式被边缘化（deprofiled），从而将受施事影响的受事Tom置于焦点位置。

第四，动词的参与者角色数目多于构式的论元数目时，构式可以对动词参与者角色进行剪切（cutting），只保留与构式相兼容的参与者角色。以英语的中动构式为例。中动构式表示客体在动作过程中所表现的“易发性、便捷性和适意性”等属性，并不侧显施事对受事的作用。因此，中动构式只要求出现一个论元，即“受事”，而与其共现的动词中表示“施事”的参与者角色被剪切。例如：

（9）The pen writes easily.

动词write涉及“书写者”与“书写工具”两个参与者角色，但中动构式只侧显书写工具The pen，而“书写者”被剪切，如by Joe。

第五，某些构式可以将动词的一个参与者角色与另一个参与者合并（role merging），只与一个论元角色融合，这主要体现在反身构式中。例如：

（10）Peter dressed himself, washed himself, and shaved himself.

动词前后两个参与者角色可以经过合并变为Peter dressed, washed and shaved，此时两个参与者角色在形式上只与“施事”角色融合，但在语义上则同时表现为“施事”与“受事”。

第六，动词的参与者角色在句法上不表达，这种现象称为“补语空缺”（Goldberg 1995），可细分为：

（1）不定指补语空缺（indefinite null complements）：受事有很多不确定的解释。例如：After the operation, Pat ate and drank all evening中动词eat与drink省略宾语，其后宾语指称是不确定的或是与话题无关的，因此不予以表达。

（2）定指补语空缺（definite null complements）：根据上下文语境受事做确定性的解释。例如：Lee found out在某一特定场合中，found out后可以省略宾语，交谈双方在此特定语境下能够还原未被表达的论元。

不定指补语空缺是一种语法性的规约，而定指补语空缺则是语用上的省略。

2.2 构式与构式的关系

构式是语言中的基本单位。论元结构构式之间的关系并不是杂乱无序的，而是一个有组织的、系统化的语言知识网络。Goldberg（1995: 5）指出，“语言知识也是知识，语法构式不仅展现出各具特色的典型结构，而且共同形成一个语义相互关联具有层级性的构式网络。构式网络在组织其他类型的知识时有十分重要的作用。”这种承继一方面是有理可据的，理据是构式之间存在承继关系的客观依据；另一方面构式承继表现出强烈的纠缠态（tangled），而非单向的简单循环。

Goldberg（1995）在谈论构式间的承继关系时指出，构式继承关系主要涵盖以下四种类型：多义连接、部整连接、实例连接和隐喻扩展连接。

多义连接：多义连接描述了构式的某个特定意义和以该意义为基础的扩展意义之间的语义关系。每个特定的扩展意义都是由构式的中心意义继承而来，与中心意义有着密切关联。以双及物构式的多义连接为例，双及物构式的中心意义是“X致使Y收到Z”。双及物构式有五种不同的扩展意义，每种意义与特定语义类型的动词搭配：

第一，施事条件得到满足后致使接受者收到受事，动词表示施事承担某种义务（如promise, guarantee, owe）。（条件满足时“X致使Y收到Z”）例如：

（11）Joe promised Bob a car.

第二，施事使接受者能收到受事，动词含有允许义（如permit, allow）。（“X致使Y能收到Z”）例如：

（12）Joe permitted Chris an apple.

第三，施事致使接受者收不到受事，动词含有拒绝义（如refuse, deny）。（“X致使Y收不到Z”）例如：

（13）Joe refused Bob a cookie.

第四，施事有意致使接受者收到受事，动词含有制造义或获得义（如bake、make、build、get、win、earn）。（“X有意致使Y收到Z”）例如：

（14）Joe baked Bob a cake.

第五，施事做出动作致使接受者在未来某个时间收到受事，动词含有未来领有义（如bequeath, leave, allocate, assign）。（“X做出动作致使Y在未来的某个时间收到Z”）例如：

（15）Joe bequeathed Bob a fortune.

部整连接：当构式A是构式B固有的一部分并且可独立存在时，我们把该连接称为部整连接（Goldberg 1995）。比如，非及物移动构式可以看作使动构式的固有部分。使动构式表达“X causes Y to move Z”的意义。例如：

（16）They sprayed the paint onto the wall.

此句表示外力作用导致人或物体（the paint）发生位置改变（onto the wall）。而非及物移动构式表达“Y moves to Z”的意义，例如：

（17）They walked into the classroom.

此句表示，在没有外力作用的情况下，人或物体（they）发生位置改变（into the classroom）。以上两个构式均包含“人或物体发生位置改变”的语义成分，且前者能够独立存在于语法系统中。因此，这两个构式之间的连接为部整连接。

实例连接：实例连接是指一个具体构式是另一个构式的实例。也就是说，当且仅当一个构式是另一个构式的更完整的表述时，这两个构式之间存在一个实例连接。仅出现在一个特定构式中的特定词项是该构式的实例，因为这些词项的词汇意义继承与构式相关的句法和语义（Goldberg 1995）。例如，动词drive只有出现在动结构式（如Chris drove Pat mad.）中时才承袭与构式相关的“致使”意义，从而使其结果—目标论元“发疯”。

隐喻扩展连接：当两个构式通过隐喻映射相关联时，该连接称为隐喻扩展连接（Goldberg 1995）。动结构式可以看作是使动构式的隐喻扩展，因为动结构式中的“结果－目标”论元可以看作使动构式中“目标”论元的隐喻。例如：

（18）a. Pat hammered the metal flat.（动结构式）
b. Pat threw the metal off the table.（使动构式）

动结构式中的“结果－目标”只表达动作/行为致使事件呈现出的最终状态，并不一定是客观真实的“目标”论元表示的具体方位。因此，两者之间存在隐喻关系。

3. 发展趋势

构式语法是一种以认知语言学为理论背景的语法理论，其产生与发展壮大是对生成语法反动和扬弃的结果。Goldberg的论元结构构式观为“心智的体验性”“句法的象似性”等认知语言学所坚持的基本原则提供了新的佐证，进一步印证了“语法形式和意义之间存在着一一映射关系”这一认知语言学基本主张。论元结构构式理论强调构式是对语言经验的抽象和概括。这不仅为语法研究开辟了新的研究领域，而且为语言习得提供了全新的视角。

构式语法坚持基于使用的语言习得观，主张包括论元结构构式在内的各种语言知识都是学习的结果。近年来的有关语言习得的实验也发现，不论是高度能产的语法构式，还是高度受限的语法构式，人们只有依赖具体语言经验样本的累积才能真正掌握其形式和意义之间的关系，由量变到质变，抽象并概括出各种语法构式并内化为丰富的语言知识（Bybee 2013）。这些知识不是天生就有的，也不是依靠一些规则推导而出的，而是在使用中对语言经验的抽象和概括（Perek &

Patten 2018)。显然，这种以使用为基础的语法理论更能合理地反映语言习得的过程，对语言教学也将产生深远的影响。

（编者：西南大学/成军）

参考文献

Bencini, G., & Goldberg, A. E. 2000. The contribution of argument structure constructions to sentence meaning. *Journal of Memory and Language*, 43(4): 640—651.

Bybee, J. L. 2013. Usage-based theory and exemplar representations of constructions. In Hoffman, T., & Trousdale G. (eds.), *The Oxford Handbook of Construction Grammar* (pp. 49—69). New York: Oxford University Press.

Fillmore, C. J., Kay, P., & O'Connor, M. C. 1988. Regularity and idiomaticity in grammatical constructions: The case of let alone. *Language*, 64(3): 501—538.

Goldberg, A. E. 1995. *Constructions: A Construction Grammar Approach to Argument Structure*. Chicago: The University of Chicago Press.

Goldberg, A. E. 2013. Argument structure constructions versus lexical rules or derivational verb templates. *Mind & Language*, 28(4): 435—465.

Lakoff, G. 1987. *Women, Fire, and Dangerous Things: What Categories Reveal about the Mind.* Chicago: The University of Chicago Press.

Michaelis, L. A., & Lambrecht, K. 1996. Toward a construction-based theory of language function: The case of nominal extraposition. *Language*, 72(2): 215—247.

Perek, F., & Patten, A. 2018. Creating a construction from the COBUILD grammar patterns and FrameNet. In: ICCG-10, Paris, 16—20 July 2018.

批评隐喻分析
（Critical Metaphor Analysis）

1. 引言

认知隐喻学的代表人物是George Lakoff和Mark Johnson。他们在《我们赖以生存的隐喻》（1980）一书中提出概念隐喻理论，认为隐喻的本质就是通过一种事物来理解和体验另一种事物的认知手段。在概念隐喻理论框架中，隐喻把一个始发域的意象图式结构系统地映射到目标域。Lakoff和Johnson开启了隐喻研究的新篇章，把人们对隐喻研究的视线从传统的修辞手段转到了隐喻的概念思维、认知作用等一些新的领域。Kövecses的著作《隐喻——实用导论》（2002）是隐喻研究的又一个里程碑，但也承载了Lakoff概念隐喻理论的一些问题。其中，Charteris-Black（2004）认为以Lakoff为代表的学者在阐述论证隐喻理论的过程中使用的语料多是内省式的，并非来自真实的语言实践，这些语料本身是不可靠的。因此，我们无从得知隐喻的使用者是谁，受话者是谁，使用这些隐喻的目的何在。这些问题得不到回答，读者只能自己去想象这些隐喻的使用情景。

于是，Charteris-Black（2004）将语料库的方法引入隐喻研究之中，并且把批评话语分析与认知隐喻学结合起来，在《基于语料库方法的批评隐喻分析》一书中提出了一种新的批评性话语分析的研究方法：批评隐喻分析。批评隐喻分析是批评话语分析的一种补充方法，提倡综合运用话语批评分析、语料库分析、语用学和认知语言学的研究方法来分析和阐释隐喻，从而揭示隐喻背后隐藏的语言使用者意图，探索隐喻和社会文化形态之间含而不露的权势关系，此外，批评隐喻分析也是概念隐喻理论的一种补充。批评隐喻分析接受概念隐喻理论的前提：隐喻是一种思维方式。在此基础上，批评隐喻分析将隐喻置于社会情景当中，在具体的文本体裁中检验若干隐喻表达的实例。

2. 主要思想

Charteris-Black认为隐喻是个相对的概念，单独用一个标准无法去定义隐喻，因此隐喻应该同时包含语言、语用和认知这三个标准。（1）语言标准：隐喻是通过具体化、拟人化和去拟人化引起语义张力的词或短语。（2）语用标准：隐喻是不一致的语言表征，其隐含的目的是通过劝说来影响读者或者听众的意见与判断，这种目的通常是隐晦的，反映了说话人在特定使用环境中的意图。（3）认知标准：隐喻是由或可能是由概念系统的转移造成的。一个语言表达式的所指在其源语境的属性，与新奇目标语境中所指的属性的相关性或者心理联想，构成了概念转移的基础。这种相关性或者心理联想通常基于两种指示物之间之前未被发现的相似性之上。

基于以上阐述的语言、语用、认知标准，Charteris-Black将批评隐喻分析中的关键词定为：（1）隐喻：隐喻是语言表征，通过某一单词或短语从其常规使用的语境或领域，向非常规的语境或领域转移导致语义张力的产生。它可能包含上面提到的某一种或全部的语言、语用、认知方面的特点。（2）概念隐喻：通过找出一组隐喻之间的联系来解决它们之间的语义张力，这样的表述我们称之为概念隐喻。（3）概念键（conceptual key）：通过找出一组概念隐喻之间的联系来解决它们之间的语义张力，这样的表述我们称之为概念键。

Charteris-Black将批评隐喻分析分为隐喻识别、隐喻阐释和隐喻说明三个步骤，具体阐述如下：

隐喻分析的语料库研究方法的一个重要问题是如何识别隐喻。隐喻识别可以分为两步：（1）首先要仔细阅读文本，找出候选隐喻（candidate metaphor），然后根据上面讲到的语言、语用和认知的标准来遴选这些候选隐喻，判断它们是否在语言、语用、认知方面存在不一致或者语义张力。不符合这些标准的候选隐喻被剔除。通常带有隐喻意义的词被划分为隐喻关键词，这样就可以对这些隐喻关键词进行计量统计。（2）在语料语境中，关键词的使用究竟是隐喻性的还是字面性的，需要进一步进行定性分析。用定性分析对潜在隐喻关键词进行识别之后，可以用电脑检索统计在特定语料库中某一隐喻关键词出现的频率。潜在隐喻关键词只能被看作是候选隐喻或者假设隐喻（hypothetical metaphor），是否是真正的隐喻，需要通过语料分析来证实。利用语料库分析法可以统计词的隐喻用法所占的比例，并且可以把字面意义用法排除在统计范围之外。

隐喻阐释即在隐喻与决定隐喻的认知、语用因素之间建立联系，这个过程会涉及对概念隐喻和隐喻键的识别。隐喻阐释过程中，可以考虑在建构重要的社会表征方面，隐喻选择的前摄作用有多大。

隐喻说明涉及导致隐喻产生的社会因素以及隐喻的劝说功能。推断出概念隐喻和概念键，以及对隐喻典型评价的说明可以解释隐喻之所以具有劝说力的原因。从某种意义上说，正因为识别隐喻的语篇功能，才使我们得以证实这些隐喻背后的意识形态和修辞动机。其证据来自隐喻语料库，而非分析者的直觉。

Charteris-Black进而用语料库方法来识别、量化和讨论诸多隐喻。这些隐喻包括三种政治语篇隐喻，即新工党宣言、英国政党宣言、美国总统就职演说，还有新闻报道（体育报道和财经报道）中的隐喻，以及宗教语篇《圣经》和《可兰经》中的隐喻。下面我们以美国总统就职演说为例来详述Charteris-Black的批评隐喻分析方法。

政治演讲是一种特殊的政治语篇，因为政治演讲的目的是为社会建造一个理想"视野"（vision）。因此，隐喻的选择可能是有意识的，因为其使用目的是为了传输这些"视野"。在这里，隐喻最重要的语篇功能是通过探索社会的发展潜力，来指明社会发展方向以及提供更优秀的领导艺术。演讲不同于其他类型的文本，它是一种口语语篇，但之前经过不同程度的书写准备，比一般即兴演讲更具有策划性。隐喻可以在以下方面帮助实现政治演讲的语篇功能。隐喻可帮助演讲者运用恰当的情感来表达自己的政治抱负。隐喻可促进探索政治发展的潜力，同时演讲者不必承诺一定会实现。总统就职演说是在选举获胜后举行，不同于政党宣言，不可能被当作正式的政策陈述，其目的是要尽可能地使听众沉浸在政治幻想当中。政治演讲的目的是要增强演讲者的魅力，隐喻的功能就是要塑造演讲者的美好形象，与选民抱有同样的希望与梦想，具有高尚的道德节操，从而为选民所爱戴拥护。听众也可从隐喻中推断意义，不知不觉地在其中发现自己的希望与信仰。很明显，隐喻在政治语篇中具有社会意识形态的影响力。

Howe（1988）曾完成一项基于《纽约时报》以及其他杂志的美国政治语篇的研究。该研究发现报纸中最普遍的隐喻源于体育运动和战争。体育运动隐喻的例子如team leader、carry the ball，战争隐喻的例子包括guerrilla war、search and destroy等。Howe（1988：89）认为这样的隐喻可帮助演讲者辨别与选民享有的共同经验区域。由于Howe的例子都来自于记者招待会的报道，在语域方面同正式的政治语篇之间还存在差别。这提醒我们由于语境的影响，在政治语篇中隐喻的选择可能会有所不同，但是其潜在的劝说功能应该是不变的。Charteris-Black（2004）分析了从乔治·华盛顿到比尔·克林顿的51篇美国总统就职演说语料库，该语料库大小为33,252个单词，时间跨越了近200年。Charteris-Black把这个语料库称之为美国就职演说语料库，首先对其进行定性分析，从中识别出以下隐喻：（1）冲突隐喻（Conflict Metaphors）；（2）旅行隐喻（Journey Metaphors）；（3）建筑隐喻（Building Metaphors）；（4）光与火的隐喻（Light and Fire Metaphors）；（5）物理环境隐喻（Physical Environment Metaphors）；（6）宗教隐喻（Religious Metaphors）；（7）身体隐喻（Body Part Metaphors）。

从对美国就职演说语料库中隐喻的分析表明，这些隐喻的始发域都与日常生活有关，如斗争、动作、感官经验、与自然界的互动、身体意识等。这似乎印证了Howe（1988）的观点：隐喻选择潜在的动机是通过运用诸如个人经验与社会活动等熟悉的领域来建立与选民的共同立场。例如，每天都向目标前进的概念可以由旅行隐喻来表达。旅行隐喻是基于这样的概念隐喻：有目的的社会活动就是沿着路径向目的地行进（PURPOSEFUL SOCIAL ACTIVITY IS TRAVELLING ALONG A PATH TO A DESTINATION）。利他主义和抱负可以由光和热这样的源领域表达，其蕴含的概念隐喻如：希望是光（HOPE IS LIGHT）以及净化是热（PURIFICATION IS HEAT）。与进步相关的概念可以由家和建筑这样的隐喻表达，其蕴含的概念隐喻如：有价值的活动是建筑（A WORTHWHILE ACTIVITY IS A BUILDING）。从语言的角度来说，这些隐喻都是通过具体化和拟人化引起语义张力而形成的。

表1 美国就职演说语料库中源领域和总鸣值汇总
（Charteris-Black 2004: 90）

源领域	隐喻关键词总数	隐喻出现总次数	共鸣值	占总共鸣值的百分比
冲突	18	116	2088	36
旅行	12	76	912	16
建筑	12	66	792	14
光与火	15	51	765	13
自然	16	35	560	9
宗教	6	72	432	7
身体	4	76	304	5
总计	83①	492	5853	

①原文数据是77，可能是计算失误。

表1第四栏共鸣值是隐喻关键词总数与隐喻出现总次数的乘积，是判定某类隐喻在语篇中使用率高低的重要参数。第五栏是该隐喻共鸣值占总共鸣值的比例。从上表可看出，美国就职演说语料库中，冲突隐喻、旅行隐喻和建筑隐喻占的共鸣值都比较高。其中冲突隐喻的共鸣值最高，并且语料库中所有冲突隐喻都有一个共同的修辞模式：从语用的角度来说，冲突隐喻的选择决定说话者评价的性质。冲突要么是支持给予正面评价的抽象社会目标，如权利、自由、信仰等，要么是反对给予负面评价的社会现象，如贫穷、疾病、不公等。在此，批评隐喻分析为概念隐喻政治是冲突（POLITICS IS CONFLICT）提供了证据，这个概念隐喻强调了政治域和战争域的同构关系（isomorphic relationships）。

另外，Charteris-Black还对同一种语篇中的隐喻进行了比较研究。他对比新旧工党宣言发现概念隐喻政治是宗教（POLITICS IS RELIGION）的数量在急剧增加。Charteris-Black将隐喻向宗教领域转移趋势的原因概括如下：首先，日益世俗的西方社会需要领导人在政治当中加入原本属于宗教的伦理道德价值观；另外，将宗教领域的概念映射到政治领域，使得政治领袖变成了像神一样的领导人，他们推崇的政策也像宗教文本一样无可挑剔。对比《圣经》和《可兰经》发现两者有共同的始发域，如旅行隐喻、天气隐喻、火和光的隐喻、植物隐喻等。《可兰经》相比《圣经》始发域和隐喻数量都较少，例如食物、饮品和动物等的隐喻在《圣经》中使用频率比较高，但是在《可兰经》中大多用其字面意义，这要归结于《可兰经》的说教功能，《可兰经》宣扬一些神赋予的法则来规范人类的行为，这涉及饮食等一系列关乎日常生活的行为法则。清楚的法则决定在活动域中哪些行为能被接受，哪些行为不能被接受，相应地也就限制了一些词汇场的词的隐喻用法。但是，这些词也可被用来描绘天堂的场景，在这种情况下，可被不同的读者阐释为隐喻用法或者字面用法。Charteris-Black（2004：239）最后强调，“没有任何文本会像宗教文本这样，隐喻在其中的认知和情感功能会如此明显”。

Koller（2006）考察了有关市场营销和企业并购的商业杂志语篇。该研究基于1997年到2000年之间在《商业周刊》《经济学人》《财富》和《金融时报》上发表的相关文章，语料库大小为164,509个单词。该研究发现，这些有关市场营销和企业并购的媒体语篇中高频使用的隐喻簇包括战斗（FIGHTING）隐喻、交配（MATING）隐喻和喂食（FEEDING）隐喻，这几种隐喻簇构成了进化斗争（evolutionary struggle）隐喻脚本。进化斗争隐喻模式在一些特定语篇中使用频率比较高，其原因是该隐喻模式承载一定的意识形态，这也就揭示了一些语篇集中使用进化斗争隐喻的隐含动机。

López和Llopis（2010）对比分析了2007年到2008年间英语版《经济学人》和西班牙语版《经济学家报》对全球系统危机进行描述的不同概念隐喻，发现由于社会政治因素和历史因素，同样的经济现状可能会以不同的方式进行概念化。该研究显示了隐喻对架构经济问题、为政治利益服务的重要作用。

Lee（2015）运用批评隐喻分析方法分析了新加坡政府领导人就国民教育这一话题进行的58次演讲。该分析总结出了八种隐喻主题：容器（CONTAINER）、建筑（BUILDING）、旅行（JOURNEY）、记忆（REMEMBERING）、观看（SEEING）、道德（MORALITY）、耕作（CULTIVATION）和劳动（LABOR），并着重分析了四种突显隐喻：容器、建筑、记忆和道德。该研究揭示了政府在国民教育语篇中的概念主导性，再一次证明了批评隐喻分析对公共关系实践者和研究者在自然语篇中挖掘隐藏命题的实用价值。

3. 发展趋势

隐喻选择是人类自由的一种根本表现，不同的隐喻让我们可以用不同的方式来理解和感知这个世界。如果语言中缺乏隐喻，我们就只能依赖他人给我们提供理解和讨论社会问题的认知和情感框架。我们劝说他人接受我们理解世界的方式也会非常有限。没有批评隐喻分析，我们只能被动地接受他人的隐喻。正如Charteris-Black（2004: 252）所说："通过对隐喻的综合研究，批评隐喻分析作为语篇研究方法，使得我们可以挑战现存的理解和感知人类行为的方式，以及感知人类行为与语言关系的方式。它也能够使我们创造出不同的理解和感知人类行为的方式，并将这种方式传递给他人。"批评隐喻分析旨在综合运用话语批评分析、语料库分析、语用学和认知语言学的研究方法来分析和阐释隐喻，是一种具有开创意义的语言分析方法。

作为一项跨学科研究，批评隐喻分析发展至今，成果颇丰。目前，大部分批评隐喻分析研究都集中在分析隐喻的意识形态和修辞基础，以及隐喻激发情感和影响读者或者听众价值判断的语篇功能。未来的批评隐喻分析研究有待在以下方面进行发展深化：第一，批评隐喻分析的语料应该多样化，目前的研究多集中在政治语篇、经济语篇、宗教语篇，涉猎其他类型的语篇可以检验批评隐喻分析理论的适用维度；第二，借鉴其他研究如语用学、社会语言学的理论成果，进一步探索完善批评隐喻分析的理论和研究方法，以期批评隐喻分析的应用价值，即可以帮助我们更客观地揭示话语中含而不露的意识形态、动机、态度和信仰等。

（编者：西南大学/李炜）

参考文献

Charteris-Black, J. 2004. *Corpus Approaches to Critical Metaphor Analysis*. Basingstoke/New York: Palgrave MacMillan.

Howe, N. 1988. Metaphor in contemporary American political discourse. *Metaphor and Symbolic Activity*, 3(2): 87—104.

Koller, V. 2006. Of critical importance: Using electronic text corpora to study metaphor in business media discourse. In Stefanowitsch, A., & Gries, S. (eds.), *Corpus-based Approaches to Metaphor and Metonymy* (pp. 237—266). Berlin: Mouton de Gruyter.

Kövecses, Z. 2002. *Metaphor: A Practical Introduction*. Oxford/New York: Oxford University Press.

Lakoff, G., & Johnson, M. 1980. *Metaphors We Live By*. Chicago: The University of Chicago Press.

Lee, M. 2015. Critical metaphor analysis of citizenship education discourse. *Public Relations Inquiry*, 4(1): 99—123.

López, A. M. R., & Llopis, M. Á. O. 2010. Metaphorical pattern analysis in financial texts: Framing the crisis in positive or negative metaphorical terms. *Journal of Pragmatics*, 42(12): 3300—3313.

去语法化（Degrammaticalization）

1. 引言

“去语法化”是在方向上与语法化相反的一种演化形式。按照“单向性”原则，语法化是沿“词汇成分>语法成分”或“语法成分较少>语法成分较多”的方向进行演化的。具体而言，单向性描述的演化趋势如下：

实义词>语法词>附着形式>屈折词缀>（零形式）

——（Hopper & Traugott 2003）

单向性是检验语法化的核心标准（Lehmann 1995; Heine & Reh 1984; Bybee 1985; Heine et al. 1991; Traugott & Heine 1991; Hopper & Traugott 2003; Bybee et al. 1994）。为了证明单向性假设的存在，Lehmann（1995）专门提出了一种跟语法化演化方向相反，但他认为事实上并不存在的现象，由此创造了“去语法化”这一术语。如上所述，语法化是沿“词汇成分>语法成分”或“语法成分较少>语法成分较多”从左到右的演化，而去语法化则是沿该“斜坡”（cline）从右到左的反向演化。这一原本出于否认单向性反例而创造的术语，后来引起了学界的关注，并成为语言演化研究的一个重要内容（如Ramat 1992, 2010; Newmeyer 1998; Heine 2003; Haspelmath 2004; Willis 2007; Norde 2009, 2010；Traugott & Trousdale 2013; Trousdale

& Norde 2013；Traugott 2022；杨坤、文旭 2011；罗耀华、周晨磊 2013；张秀松 2014；杨文江 2015；吴福祥 2017等）。

2. 主要思想

2.1 相关参数和主要类型

自“去语法化”的概念提出以来，不同学者对它进行了不同的定义。一些学者（如Janda 2000; Heine 2003）认为，去语法化就是一个语法词素沿语法化的演化路径从右到左的逆向演化。按照这一定义，所有违背单向性原则的演化现象都是广义上的“去语法化”。Heine（2003: 163－171）对去语法化现象做如下归纳：

（1）a. $G_2 > G_0$ 语法意义丢失

b. $L < G_1 < G_2$ 镜像逆转（沿单向性路径的逆向演化）

c. $L < G_1, G_0$ 词汇化

d. $L < G_1$ 委婉语

e. $G_1 < G_0(G_2)$ 扩展适应（exaptation）

f. $G_1 < G_2$ 顺应

g. $G_1 < G_2$ 演替（replacement）

h. $(L) < (G_2) < (G_2)$ 升格

（2）语法化路径：$L > G_2 > G_1 > G_0$

备注：L=词汇形式，G_1=语法形式，G_2=语法性更强的形式，G_0=不再有语法意义的语法形式，“>”=“从左向右演化”，“<”=“从右向左演化”。

例（2）是语法化的演化路径，例（1）则是“去语法化”可能的演化路径。可以看出，按照Heine（2003）的划分，就连词汇化、升格等现象都属于去语法化的范畴。Norde（2009）旗帜鲜明地指出，不是所有违背单向性原则的演化形式都可以叫作“去语法化”。她（2009：120）把去语法化界定为：

> 去语法化是语法要素在特定语境下的一种“综合”变化，即在不止一个语言层面（语义、形态、句法或语音上）增加自主性或发生语义特质的变化。

以上定义可以看成是狭义的“去语法化”，它把去语法化跟如例（1）所示的诸多语言现象区分开来，如词缀与功能词的词汇化、语法单位的历时演替等均被排除在去语法化的研究范围之外。Norde（2009）参照 Lehmann（1995）为语法化设定的六个参数，构建了去语法化的相关参数（Norde 2009: 130－131）：

（3）a. 完整性（Integrity）：一个去语法化的单位会增加语义特质（即“再语义化”）和语音特质（即“语音强化”），同时还可能涉及“再范畴化”，即获得主要词类（如名词、动词）的某些形态句法特征。

b. 聚合性（Paradigmaticity）：与这个参数相关的去语法化参数叫作“去聚合化”，即从一个封闭词类向开放词类转化或从一个屈折聚合体中分离。

c. 聚合可变性（Paradigmatic Variability）：去语法化导致聚合可变性的增加或一个语法单位在具体的形态句法环境中变得具有可选择性。

d. 结构范围（Structural Scope）：去语法化会导致一个语法单位使用范围的扩大。

e. 黏合性（Bondedness）：去语法化引起黏合性的减弱或断裂，

比如粘着词素变成自由词素，并可能伴随意义或功能的变化。

f. 组合可变性（Syntagmatic Variability）：也称“灵活化”，是指句法自由度的增加，受到语序和其他句法制约减少，可灵活地用于多种句法环境。

据此，Norde（2009）从句法形态特征入手界定了去语法化的三大类型：去语法性（Degrammation）、去屈折性（Deinflectionalization）和去黏合性（Debonding）。“去语法性”主要是从语法性到词汇性的变化，“去屈折性”则是语法性由强到弱的变化，而“去黏合性”则体现为从粘着词素到自由词素的变化。

“去语法性”是指一个功能词在特定的语境下被重新分析为主要词类，并获得该词类典型的形态句法特征，语义特质增强（Norde 2009）。例如，从情态动词到词汇动词的演化，这是去语法性中最常见的一种形式，如宾夕法尼亚德语中的wotte从情态动词“应该”到动词“想要”的演化；从介词到完全动词的演化，如现代威尔士语中的实义动词nôl表“取来”由中世纪威尔士语介词ynol“在……之后”演化而来；从不定代词到名词的演化，如保加利亚语nešto从表抽象意义的不定代词“某物”到表具体意义的名词“事物”的演化等。

“去屈折性”是指屈折词缀在特定的语境下获得新的功能，成为粘附性较弱的粘着词素（Norde 2009）。与去语法性相同，去屈折性也涉及“形式”与“功能”的变化，但不同的是，经过去屈折性变化后的词素同样是粘着词素。去屈折性最典型的一个例子是-s所有格的屈折性变化，如瑞典语-s所有格“单词屈折标记形式＞短语屈折标记形式＞附着形式”的演化。例如，瑞典语中er从格标记到名物化后缀的演化，瑞典语中on从数词后缀到“草莓名”后缀的演化以及巴西夸扎语（Kwaza）nĩ从表“劝告”的屈折词素到表“致使”的派生形素的演化。

“去黏合性”是指一个粘着词素在特定的语境下变成一个自由

词素（Norde 2009）。去黏合性是去语法化研究中讨论最多的一种类型，主要有三种形式：（1）附着形式的去黏合性，如英语不定词to和挪威语不定词å由不定式标志词（附着形式）向自由词素的演变；（2）屈折词缀的去黏合性，如爱尔兰语muid从动词后缀到代词的演化以及胡帕语动词复合词的去词缀化，而胡帕语的去词缀化实例进一步证实了去语法化现象在多式综合语中的存在；（3）派生词缀的去黏合性，如荷兰语tig、弗里斯兰语tich、德语zig从后缀到数量修饰语的演化。总的说来，在去黏合过程中，附着形式和屈折词缀不会获得新的意义或功能，但可能引起派生词缀的语义或形态句法功能的增强。

虽然去语法性、去屈折性和去黏合性三者定义和侧重点不同，但是它们都具有“逆单向性”“非常规性”“稀有性”和“不连续性”等基本特征。“逆单向性”是指去语法化沿Hopper和Traugott（2003）提出的语法化斜坡（实义词＞语法词＞附着形式＞屈折词缀＞（零形式））从右到左的反向演化，其演化方向正好与语法化的方向相反。“非常规性”指的是去语法化必然导致新的或非常规的语法词素产生，换句话说，语法功能“少”的词素必须源自语法功能“多”的词素，这也是判断是否发生去语法化的诊断性标准之一。所谓“稀有性”，主要是从数量上来讲的，和语法化相比，去语法化的实例要少得多。“不连续性”是指去语法化在“单向性”的连续体方面往往具有选择性，它可能只经历连续体中的一个步骤或跨越中间的一些步骤，通常具有“跳跃性”，很难形成连续的“斜坡”。“斜坡”描述的是一个语言单位从实义词到屈折词缀的渐进过渡，是一维的，与“循环”（cycles）相对；“循环”则是从多个角度考察语言演化，强调历时变化的协同性，如语法化中主要语法化（词类变化）和次要语法化（形态、语音等变化）的同时发生。“斜坡”和“循环”都是语言演化中的重要概念。

2.2 机制与动因

去语法化的机制和动因是什么？Norde（2009）认为，与语法化相同去语法化的机制也是“重新分析”和“类推”。“重新分析”发生在语言组合层面，指的是表层相同的结构其内部构造因语用或其他原因被重新划分边界，从而从底层上改变了音位、词法、句法的结合方式。重新分析会导致结构成分之间的边界改变、弱化以及融合。例如，一个可分析为“（A，B）、C”的结构，经过重新分析后变成了“A、（B，C）”的结构。“类推”则发生在语言聚合层面，指的是原有的结构没有发生变化，但因套用某一规则，类推出不同于原有结构的新结构。在去语法化过程中，功能词项在特定语境下可能被重新分析为实义项，其随后的语境扩展则是基于类推的，因为新的词项将获得所在新词类对应的形态和句法特征。重新分析和类推机制在不同的去语法化类型中发挥的作用不尽相同。在去屈折化过程中，重新分析起主要作用。比如，瑞典语-s属格首先被重新分析为一个短语标记的词缀，随后其限定词的“槽位”（slot）发生扩展，并通过类推的方式接受更多限定词，最终成为表示“属格”的附着形式。然而，在去黏合性过程中，重新分析和类推均可能起主导作用。比如，爱尔兰语-muid从动词后缀到代词muid的演化，其主要机制就是类推，因为爱尔兰语中已有一些人称代词从动词或动词相关的词缀演化而来的情况。而北萨米语（Northern Saami）-haga从表示离格（abessive）的后缀到介词义“没有”（without）的演化，则主要是重新分析在起作用。

去语法化的动因是什么？吴福祥（2003）提出，因为去语法化这类现象属于不规则的变化，所以其动因也往往相对复杂。事实上，虽然去语法化的动因具有一定的个体性，但它与其他语言演化现象并无实质区别。去语法化的主要动因包括：

一是类比思维。类比思维是指语言使用者根据业已存在的构式建立新的形式/语义关联的认知能力。Traugott和Trousdale（2013）认为，大多数的语言演化现象都受到类比思维的影响，因为语义类似的词项容易发生类比。例如，张秀松（2014）对汉语“究竟”的去语法化研究表明，“端的”和“究竟”用作疑问语气副词时，二者存在历时兴替关系。由于“端的”的“疑问语气副词”和“原因，真相”的意义之间关系密切，因此“究竟”可能通过类推的方式发展出“原因，真相”之义，从而实现了从疑问语气副词到名词用法的去语法化。

二是语境促发的语用推理。一切语言演化都是在语境中发生的，语法化和去语法化都是在一定语境下触发的，一系列的、渐进的变化（Traugott & Trousdale 2013）。Ramat（2010）提出，无论是语法化还是去语法化都是由“搭桥语境”（bridging contexts）促发的历时演化，都涉及一个新的意义B与先前的意义A共存，最终B通过语用推理等方式成为词项的主要意义，并可能导致先前的意义A的消亡。

三是语言接触。例如，所罗门（Solomon）洋泾浜语中fastaem“在……之前”一词最早只能用以表示“时间”，后来才发展出表示“空间”的意义，这显然违背了语义演化“空间义>时间义”这一普遍规则。Keesing（1991）提出，这是因为fastaem属于外来语，它是英语first time的变体。因此其本义就是表示“时间”，后来才逐渐演化出“空间”的意义。

四是社会文化因素（参见吴福祥 2003）。例如，宾夕法尼亚德语情态助动词wotte演化出“想要”的词汇意义，即语法化的词素再次获得实义，这就是去语法化中的“去语法性”。Burridge（1995）的研究表明，宾夕法尼亚德语的情态助动词之所以经历了这样的演化轨迹，主要是因为持这种语言的当地人，经历过多次迁移，他们具有独特的世界观、宗教信仰和生活方式，其语言既具有混杂性，又具有保守性。

此外，Carlotta（2015）还提到“矫枉过正”（hypercorrection）、语言禁忌语、形态的废弃（obsolescence）或扩展（exaptation）等因素也可能引发去语法化。

3. 发展趋势

总体而言，去语法化研究已取得了阶段性成果，相关研究方法和理论体系基本确立。近年来历时构式语法的兴起为去语法化研究注入了新的活力。历时构式语法主张将语言演化研究纳入构式语法理论框架，从历时角度考察构式“形式”和“意义”形成和演化的一般规律，以克服传统语法化研究只重视形式或意义某一方面的弊端（Bybee 2010; Hilpert 2013, 2014; Traugott & Trousdale 2013; Trousdale & Norde 2013；文旭、杨坤 2015；文旭、杨旭 2016）。Traugott和Trousdale（2013）认为，去语法化所涉及的去屈折性和去黏合性与语法构式化密切相关。倘若将历时构式语法与去语法化研究相结合，可以把一些小的、细微的甚至局部的变化置于整个构式网络层级中，从“整体”和“局部”两个方面观察一个语言单位（构式）的产生及其发展变化的“始末”。例如，英语中附着词素属格-s的演化被视为典型的去语法化现象，它是一个从“表示单数的、属格的后缀”到“附着于名词短语之后的所有格附着形式”的演化过程，即“屈折词缀>附着形式”的发展变化。从构式语法角度来看，附着词素属格-s是一个限定词构式（形式：位于名词成分之前；意义：名词设景功能），其演化过程是典型的语法构式化的过程。在整个演化过程中，该结构产生了新的形式和新的意义，并引起了图式性和能产性的增强；从构式层级来看，限定词构式是“异构的”（heterogenous），因为每一个新的构式进入该层级网络，都会一定程度地引发构式网络的调整（Traugott & Trousdale 2013）。由此可见，从构式的角度重新审视一些传统语法化或去语法化问题，其优点是，一方面可以更全面地观察该结构作为一个局部现象在整个构式网络中所处的位置，另一方面可以更好地考察该结构形式和意义的来源和发展情况。

总的说来，未来有关去语法化的研究还需要进一步厘清以下几种关系：

一是语法化、去语法化和词汇化的关系。语法化、去语法化和词汇化属于不同语言现象，但三者相互联系。语法化与去语法化的可比性更强，二者都是基于语篇的渐变过程，都是类比和重新分析两种机制共同作用的结果。基于这种相似性，去语法化理论框架的构建主要是以语法化的相关体系为参照的。Norde（2010）认为“去语法化”与“语法化”是一种镜像关系，但事实上两者的关系远比镜像复杂得多，因为两者既有区别，又有联系。两者的联系主要体现在：（1）去语法化和语法化都属于复合变化，不同于原始变化，如音系学中的单元音化或形态学中的类比调平；（2）去语法化和语法化都是渐变的过程，一个新的语法形式出现后，旧形式并不会立即消失，新旧形式并存，即一个词由A义演化为B义，一般总能找出一个“既有A义，又有B义”的中间阶段；（3）去语法化和语法化都会导致新的词素产生；（4）去语法化和语法化通常都是发生在模糊语境（语义和词态句法）下的变化。但是，二者的区别也是显而易见的：（1）两者演化方向不同，语法化是沿“词汇成分＞语法成分”或“语法成分较少＞语法成分较多”从左向右演化，而去语法化则是沿该模式从右到左的逆向演化；（2）出现频率和跨语言规律性不同，与语法化不同，去语法化的案例相对少见，通常仅限于单一语言，或一组密切相关的语言；（3）语法化的演化过程是连续的，而去语法化的演化过程往往是不连续的，很难形成连续的“斜坡”。

对于去语法化和词汇化的关系主要有两种观点（参见Brinton &

Traugott 2005；刘红妮2010）。一种观点是，词汇化就是去语法化，都可以看成是与语法化相反的过程。Ramat（1992）认为，去语法化和词汇化可以看成是等同或主次类的关系。van der Auwera（2002）认为去语法化和词汇化具有一定相似之处，但二者各从一端发生，并且在范围、内容、过程等方面有所不同，因此词汇化是广义上的去语法化（参见刘红妮 2010）。另一种观点是，词汇化和去语法化并不等同。二者是两个不同的演化过程，去语法化是渐变的，而语法项的词汇化则是突变的。这一观点的问题在于，不是所有的词汇化都是突变的，比如“词缀＞名词：-ism＞ism”的演化（Norde 2002；刘红妮 2010）。两种观点各执一端，未来的研究还需要进一步明晰标准。

二是去语法化、再语法化（Regrammaticalization）和逆语法化（Antigrammaticalization）的关系。“再语法化”是由Greenberg（1991）提出来的，主要是指语法化后期词素语法功能的变化。与去语法化不同的是，再语法化不一定遵循单向性原则，即是说，再语法化后词素的语法功能并不一定比再语法化之前少，这里的功能转变更多的是用一种语法功能“代替”另外一种语法功能，是语法功能的横向移位（Lateral Shift）。“逆语法化”是Haspelmath（2004）创造的一个新术语，指的是从一个可能的语法化终点返回到一个可能的语法化起点，而且同样具有演变的中间阶段。比如从一个格后缀变为一个自由的后置词，并具有“后置附着词”（postpositional clitic）这一中间阶段。Norde（2009）认为Haspelmath所言的“逆语法化”仅仅包含“次要去语法化”阶段。

时至今日，仍有不少学者对去语法化的存在持怀疑态度。Kiparsky（2012）认为，所谓“去语法化”根本不存在，因为语法化绝对是“单向性”的演化。尽管如此，越来越多的跨语言研究证实了“去语法化”现象的存在，人们逐渐认识到单向性只不过是一种强烈的倾向，而非绝对的原则。Norde（2010）的总结一语中的，对“去语法化”存在与否的争论在很大程度上是一个概念界定的问题，标准不同，其定义存在差异也是很自然的事情。

（编者：西南大学 / 杨坤）

参考文献

Brinton, L. J., & Traugott, E. C. 2005. *Lexicalization and Language Change*. Cambridge: Cambridge University Press.

Burridge, K. 1995. From modal auxiliary to lexical verb: The curious case of Pennsylvania German *wotte*. In Hogg, R. M., & van Bergen, L. (eds.), *Historical Linguistics 1995: Selected Papers from the 12th International Conference on Historical Linguistics*, Manchester, August 1995 (Vol. 162) (pp. 19—33). Amsterdam/Philadelphia: John Benjamins.

Bybee, J. L. 1985. *Morphology: A Study of the Relation Between Meaning and Form* (Vol. 9). Amsterdam: John Benjamins.

Bybee, J. L. 2010. *Language, Usage and Cognition*. Cambridge: Cambridge University Press.

Bybee, J. L., Perkins, R. D., & Pagliuca, W. 1994. *The Evolution of Grammar: Tense, Aspect, and Modality in the Languages of the World* (Vol. 196). Chicago: The University of Chicago Press.

Carlotta, V. 2015. On degrammaticalization: Controversial points and possible explanations. *Folia Linguistica*, 49(2): 381—419.

Greenberg, J. H. 1991. The last stages of grammatical elements: Contractive and expansive desemanticization. In Traugott, E. C., & Heine, B. (eds.), *Approaches to Grammaticalization (Vol. I): Theoretical and Methodological Issues*, (pp. 301—314). Amsterdam: John Benjamins.

Haspelmath, M. 2004. On directionality in language change with particular reference to grammaticalization. In Fischer, O., Norde, M., & Perridon, H. (eds.), *Up and*

Down the Cline: The Nature of Grammaticalization (pp. 17—44). Amsterdam: John Benjamins.

Heine, B. 2003. On degrammaticalization. In Blake, B. J., & Burridge, K. (eds.), *Historical Linguistics 2001: Selected Papers from the 15th International Conference on Historical Linguistics*, Melbourne, 13-17 August 2001 (Vol. 237) (p. 163—179). Amsterdam/Philadelphia: John Benjamins.

Heine, B., & Reh, M. 1984. *Grammaticalization and Reanalysis in African Languages*. Hamburg: Buske Helmet Verlag Gmbh.

Heine, B., Claudi, U., & Hünnemeyer, F. 1991. *Grammaticalization: A Conceptual Framework*. Chicago: The University of Chicago Press.

Hilpert, M. 2013. *Constructional Change in English: Developments in Allomorphy, Word Formation, and Syntax*. Cambridge: Cambridge University Press.

Hilpert, M. 2014. *Construction Grammar and Its Application to English*. Edinburgh: Edinburgh University Press.

Hopper, P. J., & Traugott, E. C. 2003. *Grammaticalization*. Cambridge: Cambridge University Press.

Janda, R. D. 2000. Beyond "pathways" and "unidirectionality": On the discontinuity of language transmission and the counterability of grammaticalization. *Language Sciences*, 23(2—3): 265—340.

Keesing, R. M. 1991. Substrates, calquing and grammaticalization in Melanesian pidgin. In Traugott, E. C., & Heine, B. (eds.), *Approaches to Grammaticalization (Vol. I.): Theoretical and Methodological Issues* (pp. 315—342). Amsterdam: John Benjamins.

Kiparsky, P. 2012. Grammaticalization as optimization. In Jonas, D., Whitman, J., & Garrett, A. (eds.), *Grammatical Change: Origins, Nature, Outcomes* (pp. 14—51). Oxford: Oxford University Press.

Lehmann, C. 1995. *Thoughts on Grammaticalization.* München: Lincom Europa.

Newmeyer, F. J. 1998. *Language Form and Language Function*. Cambridge: Massachusetts Institute of Technology Press.

Norde, M. 2002. The final stages of grammaticalization: Affixhood and beyond. In Wischer, I., & Diewald, G. (eds.), *New Reflections on Grammaticalization* (pp. 45—65). Amsterdam: John Benjamins.

Norde, M. 2009. *Degrammaticalization*. Oxford: Oxford University Press.

Norde, M. 2010. Degrammaticalization: Three common controversies. In Stathi, K.,

Gehweiler, E., & König, E. (eds.), *Grammaticalization: Current Views and Issues* (pp. 123—150). Amsterdam: John Benjamins.

Ramat, P. 1992. Thoughts on degrammaticalization. *Linguistics*, 30(3): 549—560.

Ramat, P. 2010. Degrammaticalization (review). *Language*, 86(4): 979—982.

Traugott, E. C., & Heine, B. (eds.). 1991. *Approaches to Grammaticalization (Vol. II): Types of Grammatical Markers*. Amsterdam: John Benjamins.

Traugott, E. C., & Trousdale, G. 2013. *Constructionalization and Constructional Changes*. Oxford: Oxford University Press.

Traugott, E. C. 2022. *Discourse Structuring Markers in English*. Amsterdam: John Benjamins.

Trousdale, G., & Norde, M. 2013. Degrammaticalization and constructionalization: Two case studies. *Language Sciences*, 36: 32—46.

van der Auwera, J. 2002. More thoughts on degrammaticalization. In Wischer, I., & Diewald, G. (eds.), *New Reflections on Grammaticalization* (pp. 19—29). Amsterdam: John Benjamins.

Willis, D. 2007. Syntactic lexicalization as a new type of degrammaticalization. *Linguistics*, 45(2): 271—310.

刘红妮. 2010. 词汇化与语法化. 当代语言学,(1): 53—61.

罗耀华、周晨磊. 2013. "抑"的去语法化. 语言教学与研究,(4): 83—90.

文旭、杨坤. 2015. 构式语法研究的历时取向——历时构式语法论纲. 中国外语,(1): 26—34.

文旭、杨旭. 2016. 构式化: 历时构式语法研究的新路径. 现代外语,(6): 731—741.

吴福祥. 2003. 关于语法化的单向性问题. 当代语言学,(4): 307—322.

吴福祥. 2017. 汉语方言中的若干逆语法化现象. 中国语文,(3): 259—276.

杨坤、文旭. 2011.《去语法化》评介. 外语教学与研究,(3): 469—473.

杨文江. 2015. 日语示证标记的去语法化现象. 解放军外国语学院学报,(1): 107—114.

张秀松. 2014. 疑问语气副词"究竟"向名词"究竟"的去语法化. 语言科学,(4): 379—395.

认知参照点结构
（Cognitive Reference Point Construction）

1. 引言

认知参照点结构在认知语言学理论体系中占有重要地位，它不仅本身是重要的认知语言学理论，而且其思想在许多其他认知语言学理论中均有体现。认知参照点理论的产生与其所属的认知语法理论在理念上一脉相承，较为典型地体现了认知语言学理论的语言观，并在其他相关理论不断成熟的基础上逐渐趋于完善。

认知语法理论源于20世纪70年代美国语言学界进行的一场生成语义学（Generative Semantics）和解释语义学（Interpretive Semantics）之争。Langacker在充分考量二者的利弊之后，针对其中的困惑，另辟蹊径，提出了空间语法（Space Grammar）理论（Langacker 1981, 1982），1986年更名为认知语法。其核心观点是，语法乃至语言是经由认知主体参与的对世界的表征，而语言表征的世界始于物理空间世界，随着人类认知动机的需要，逐渐向非物理空间领域延伸。认知语法属于广义的功能主义阵营，注重语言的符号功能和互动功能，即主张声音和手势符号均为表达意义的手段，语言使用与语境存在互动。作为认知语言学理论的一个研究取向，认知语法继承了认知语言学的语言非自足观、句法非自足观和语义百科知识观，也秉承认知语言学的两大承诺：概括的承诺和认知的承诺（Lakoff 1990）。

认知参照点结构蕴含了认知语法乃至认知语言学的语言观，主张语言具有非自足性，即语言能力依附于人类认识世界的一般认知能力。反言之，人类认识世界的规律在语言形态上有相应的表征。另一方面，人类在认知新的事物时，总是会借助已知的事物，即参照已知去认识未知，也就是说参照是人类受认知需求和省力驱动，与周围世界互动的一种基本认知能力。这一认识可以追溯到Wertheimer（1912），即按照格式塔心理学（Gestalt Psychology）（又称完形心理学）的说法，人们会通过选择感知中理想的锚定点（anchoring point in perception）来感知其他事物。这种对事物感知规律的认识引起了认知科学的关注。认知心理学家Rosch（1975）提出了“认知参照点”（Cognitive Reference Points）的概念，认为在知觉刺激中，有的事物会在人的感知中充当理想的锚定点作用。可以发现，这些说法本质上都把感知上理想的锚定点视为认知参照点。另一方面，汉语界对方位词的研究，虽然没有明确指出参照是一种认知结构，但其本质确实体现了人认识世界的能力（孙文选 2020）。不论孰先孰后，有一点是肯定的，关于认知参照点的认识都反映了认知语法的语言观，体现了人与世界互动的规律。因此可以说，参照点结构从一开始就伴随着认知语言学理论的产生和发展。概念系统中的典型和基本层次范畴、认知模式中的理想化认知模型、概念隐喻的映射过程和转喻的激活机制以及图形—背景（figure-ground）理论中的背景等都体现了参照这一认知能力。换言之，这些理论的发展和完善过程也是认知参照点结构产生和发展的过程。Langacker（1993）系统地阐释了这一理论，并论述了它在语言研究中的解释力。自此，认知参照点结构的研究逐渐走向成熟。

2. 主要思想

参照是人类的一种基本认知能力，在人与人交流中扮演着重要的角色。在物理空间内，人们总会参照某一个言语交际双方都知晓的或在认知上突显程度较高的物体去指称和识别（referring and identifying）另一个认知上未知或突显程度较低的物体。譬如，当一个人说“我说的是他爱人去吉林支援抗疫的那个老师”时，“爱人去吉林支援抗疫”是言语交际双方都知晓的事情，说话人以此为参照去指称“那个老师”，进而为谈话人去识别说话人的所指服务。再比如，在迎接新生时，工作人员也许会说“看到前方那个顶部像蒙古包的楼了吧？那个楼右面约200米就是你们的宿舍楼”。此处“顶部像蒙古包的楼”就是一个参照点，它在言语交际双方的认知上处于突显地位，起到了帮助言语交际双方指别宿舍楼的作用。心理空间亦如此。人们在构建或解读一个抽象概念时总是倾向于借助另一个在认知上突显的概念。譬如，在“某名牌大学的造假行为”中，“某名牌大学”就充当了参照点的作用。换句话说，人们倾向于借助可及度较高的事物去认知可及度较低的事物，借助已知的去认知未知的事物，借助具象的去认知抽象的事物，借助有形的去认知无形的事物，不一而足。这正好体现了认知参照点的作用。一言以蔽之，参照是人的一种极其普遍的认知能力，充当参照的事物或概念就是认知参照点。

按照认知语言学的观点，语言不是自足的系统，而是内嵌于或依附于人类全部认知能力中的一种现象，是人的一般认知能力的一部分，所以语言描写和解释必须参照认知过程（文旭2001，2002，2008，2009，2014）。认知参照点不仅仅是一种人们认知世界的普遍能力，也是人类的一种基本的语言能力。认知语言学家以认知能力在语言中的现实化为工作假设，在诸如范畴化（Lakoff 1987）、象似性

（Haiman 1985）、图形－背景（Talmy 1978）、识解（Langacker 1985, 1990, 2008, 2013）、意象图式（Johnson 1987; Lakoff 1987）、力动态（Talmy 1988）、心理空间（Fauconnier 1985; Fauconnier & Turner 2002）、基于家族相似性的语义链、概念系统中的典型和基本层次范畴、理想化认知模型、心理扫描、概念隐喻和转喻等方面进行了探讨，可谓成果丰硕。Langacker（1993: 5; 1999a: 173）在阐释认知参照点结构及其在语言研究中的应用时指出，认知参照点现象在日常生活中非常普遍，所以我们很多时候容易忽视。事实上，参照点对于语言结构和认知结构来说都是一个必要的存在要素（Langacker 1993: 1; 1999a: 171）。

具体而言，认知参照点就是"一种认知能力，即把一个实体概念激活，并以此与另一个实体概念建立心理接触（mental contact），使后者成为注意的焦点"（Langacker 1993: 5; 1999a: 173）。参照点能力主要涉及概念化主体、参照点、目标、辖域和心理路径这几个概念，如图1所示：

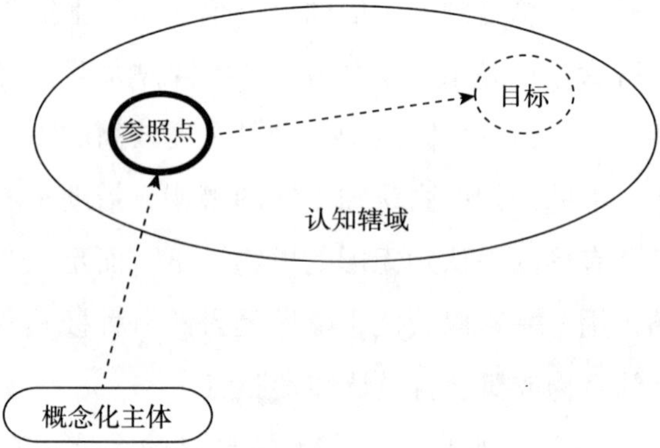

图1 参照点关系（改编自Langacker 1993: 6）

图中的概念化主体或者概念处理者（conceptualizer），主要指说话人和听话人，也叫认知主体。参照点在认知主体的认知中处于突显地位，用实线圆圈表示；目标概念处于相对不突显地位，用虚线圆圈表示。认知主体通过参照点与目标概念或实体建立心理接触。图中虚线箭头表示概念化主体到达目标实体的心理路径。椭圆表示一个认知辖域，是一个抽象的概念区域（conceptual region），是通过参照点接近的、由所有潜在目标概念实体组成的集合。运用认知参照点认知事物的大致过程为：概念化主体为了对目标实体进行概念化，首先运用参照点能力选取在认知上处于突显地位的实体作为参照点，以此在参照点所属的认知域内沿着心理路径，完成对既定目标的概念化或识解。

Langacker（1991: 170）在讲到认知参照点时打了一个比方：世界上存在无数事物，特征各异。对观察者而言，这些特征各异的事物具有不同的突显程度，就像夜空中的星星一样。有的比较明亮，容易看到，有的不太明显，需要付出更大的努力才能看到。前者可作为寻找后者的参照点，即先把注意力投向较明亮的星星，借此寻找那个不太明亮的星星，此时较明亮的星星充当认知参照点。由于认知参照点是人类的一种基本认知能力，因此在语言中也十分常见。例如：

（1）还记得那次一起打篮球的电子系的那个男生吗？就是他教我画的插图。

（2）他们班有个贵州的女孩当时和他走得比较近，那个女孩这几天在内蒙，他今天向那个女孩求婚成功了。

例（1）想表达的是电子系的那个男生教“我”画的插图，但由于这个男生对于听话人不太熟悉，所以说话人选取言语交际双方比较熟悉的“一起打篮球”这一事件作为参照，进而实现交际目的。在例（2）中，说话人意欲表达“他”向贵州的那个女孩求婚成功，但由于贵州的女孩在听话人的认知中处于非突显地位，所以通过“他们班”和“走得比较近”这些信息的铺垫，让这个女孩的概念在听话人的认知当中得以突显，进而实现交际目的。

需要指出，认知参照点的选取不是任意的，它需要遵循一定的认知规律。一般认为，由于受到概念的认知突显特征制约，适合做认知参照点的对象大致遵循以下顺序：人类>非人类；整体>部分；具象>抽象；可见的>不可见的（Langacker 1993: 30; Langacker 1999a: 199—200；文旭 2014：215）。认知参照点的认知突显属性也许是内在固有的，也可能是特定语境赋予的（Langacker 1993: 6）。总之，参照点在认知上的可及度要高于目标概念或实体。例如：

（3）我在琢磨买车，你觉得帕萨特和迈腾，哪个更好些？

（4）我发现公司里又多了不少新面孔。

“帕萨特”和“迈腾”本来都是汽车的品牌名称。譬如，我们可以问某辆汽车是什么品牌的，答案可以是“帕萨特”或“迈腾”。而在例（3）中，这两个品牌指的是相应的汽车。也就是说，汽车的品牌为汽车的概念提供了心理通道，充当了汽车的认知参照点。这样的参照点功能既有内在的特质，又受一定的语境驱动。例（4）中的“新面孔”充当“新员工”的参照点，有内在属性使然的因素，因为脸在人体中具有特殊地位。通过脸去激活人是一种常见的情形，当然这里也要考虑语境的因素。以上两个例子的共同点是在既定语境下汽车的品牌和面孔的认知可及度都高于目标概念——汽车和员工。

另一方面，认知参照点具有动态性。在认知主体选择参照点的时候，参照点在认知上处于突显地位，而目标实体在认知上并不突显，这也是选取参照点的动因。但是，这种突显在人的认知活动和语言交际活动中不是一成不变的，如图2所示：

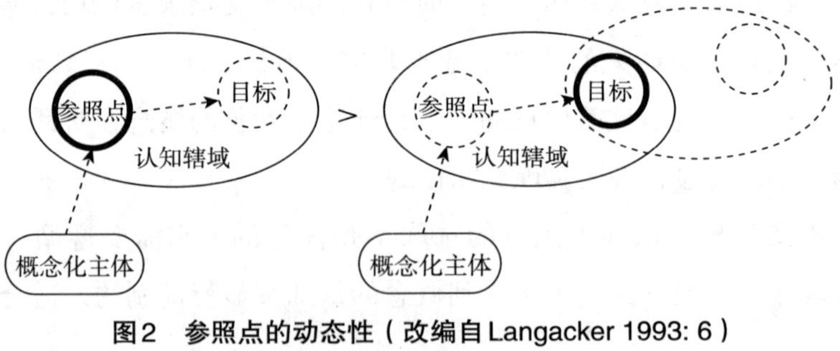

图2　参照点的动态性（改编自Langacker 1993: 6）

从图2可以看出，当认知主体通过参照点与目标实体建立了心理接触，对其进行概念化以后，参照点不再突显，而此时的目标实体得以突显。这个得以突显的目标实体可能在下一次认知活动中充当参照点，因此认知参照点这种认知能力具有动态性。Langacker（1993: 6）这样论述参照点的动态性：

> 在第一阶段，参照点突显为概念化主体的概念焦点，这样就具备了在参照点所在辖域激活任何目标概念的可能。然而，当这一可能得以实现，即参照点发挥了激活其他目标概念的作用，那么在概念化主体的概念中，处于突显地位的不再是原来的参照点，而是原来的目标概念。此时，原来的参照点退居为目标概念的背景，而目标概念可以作为参照点去激活另一个目标概念。

这种动态的概念化过程使得最初的参照点和后来相继形成的参照点构成了参照点链条关系（chains reference point）（Langacker 1999a: 364）。这种动态性体现在语言中就是话语或语篇的动态推进过程。

3. 解释力

认知参照点结构的解释力首先表现在其他语言学理论中。譬如，范畴往往被认为是以典型为参照、向边缘延伸的结构。也就是说，典型可以视为判断一个成员是否属于某个范畴的认知参照点。象似性理论讲的是语言结构与经验结构的一致性，其实就是以经验结构为参照判断语言结构的一种理论。图形－背景、意象图式、力动态、心理空间、基于家族相似性的语义链、概念系统中的典型和基本层次范畴、理想化认知模型、心理扫描、概念隐喻和转喻等理论都体现了认知参照点的作用（Langacker 1993）。马辰庭、王义娜（2021）认为狭义的转喻研究本体观和广义的转喻研究语法观都体现了认知参照点的作用。如Evans等（2007: 5）所言，受认知语言学秉持的认知承诺影响，所有语言学模型和解释背后都应有认知现实性的证据。因此，我们认为认知参照点结构对于其他语言学理论也有解释力。

另一方面，认知参照点本身也是认知语言学理论体系中的重要成员。认知参照点结构作为人类认知能力中的一种基本能力，在语言知识结构方面有着非常普遍的印记，并在语言结构的理据性探讨方面表现出较强的解释力，如回指现象、所有格构式、话题构式、认知转喻等语言现象，其实都是认知参照点在起作用，这方面的研究包括van Hoek（1995）运用参照点结构对代词回指限制因素进行的统一解释，Taylor（1996）对所有格构式的研究，等等。另一方面，自Langacker（1993）系统地阐释认知参照点结构及其在语言研究中的应用以来，认知参照点结构的应用范围出现了跨语言的态势。譬如，Langacker（1999b）运用认知参照点结构解释了不止一种语言中双主语现象的认知理据，其中包括与他人合作对日语中的双主语结构进行了全面分析（Toshiyuki & Langacker 2003）。

有的学者将认知参照点结构用于汉语现象的相关研究，取得了重要成果。沈家煊、王冬梅（2000）运用参照点结构探讨了诸如“敌人的破坏”“母亲的回忆”和“普通话的推广”这类被称作“N的V”的结构。文旭（2008）运用认知参照点结构解释了汉语双主语构式的认知理据。汉语中有一种较为常见的现象是句首出现两个短语，如“天上云很多”和“我脑子不够用”等。以往研究这类现象有不同解释，其中就包括句首的第一个成分的定位问题，有的认为是话题，有的认为是主语。文旭（2008）运用认知参照点结构对这类现象进行了解释，认为句首的NP_2与VP构成一个内在小句（inner clause），整个［NP_1［NP_2 VP］］构成一个完整小句。NP_1是外主语（outer subject），

NP_2是内主语（inner subject）。整个小句是一种双主语结构，NP_1是整个小句的认知参照点，为目标实体的概念化过程提供心理通道。文旭、熊荣敏（2010）借助认知参照点构造理论讨论了空间方位的认知过程。杨庆云（2013）运用认知参照点结构理论分析了反讽话语，提出了四种反讽话语模式：悖论式认知参照点模式、类比式认知参照点模式、鸟巢式认知参照点模式和递进式认知参照点模式，为反讽话语研究提供了新的视角。杜小红（2018）运用认知参照点理论为话题与主语间的复杂关系提供了统一解释。刘云飞等（2021）运用认知参照点结构解释了汉语准定语构式的认知加工过程。

总而言之，不论在阐释其他相关理论方面，还是在解释语言现象方面，认知参照点结构都具有较强的解释力。

4. 发展趋势

未来有关认知参照点结构的研究可以从理论和实践两个方面进行突破。在理论方面，由于认知参照点结构作为一个重要的认知语言学理论，其思想在许多其他认知语言学理论中也有所体现，因此我们既要避免理论泛化，同时也有必要加深对其理论本质的认识，并进一步细化和丰富其理论内涵。譬如，认知参照点在我们认知事物以及解释语言现象中的作用，给我们这样一个启示：认知事物也好，解释语言也罢，往往不可一蹴而就，而是要分步骤进行，要借助其他实体或概念逐步缩小认知辖域，最终到达目标概念实体。换个角度讲，言语交际的成功实现要依赖言语交际双方在言语背景之内，采取相应的视角，分步骤对目标概念进行概念化，最终言语交际双方在认知上达成协调（Tomasello 2008: 344）。如此一来，认知参照点结构中的参照对象可能就不再限于实体。这种理解有助于加深对参照点结构的认识，进而抓住其理论本质。同时，按照Evans et al.（2007: 5）关于认知承诺对语言学研究的影响，认知参照点结构对于其他流派语言学理论的解释潜力也值得探讨。

在实践方面，认知参照点理论的应用前景仍然值得期待。就语言本体研究而言，不断有新的探索。譬如，莫启扬、文旭（2018）认为英语分词倒装构式受概念参照点配置的制约，文旭（2020）运用认知参照点理论，对右移位构式进行了新的思考，认为右移位构式是一种特殊的认知参照点构式，是说话人对同一情景或事件进行不同识解的结果，等等。另一方面，认知参照点的动态性特征使得该理论在语篇分析和语用学研究等领域有较好的应用前景。譬如，文旭（2004）阐述了参照点结构在语用和语篇研究中的前景，杨彬（2019）运用认知参照点结构分析了文学中的超常规组配现象，这方面的应用研究前景值得深入探讨。同时，在深化和丰富参照点理论内涵的基础上，可以把该理论的应用范围拓展到新的领域。譬如，Langacker（2008: 266）在讲到入景（grounding）理论时说，背景充当参照点作用，借此话语交际双方通过共有话语知识互动，获得进入语言符号所指事物或过程的心理通道，吴吉东（2019: 27，50）运用认知参照点结构解释了英语复合句入景的认知机制和路径，邢晓宇（2015）运用该理论对汉语名词短语中的语序问题进行了探讨，这些都是有益的尝试。

（编者：内蒙古大学/邢晓宇）

参考文献

Evans, V., Bergen, B. K., & Zinken, J. 2007. *The Cognitive Linguistics Reader*. London: Equinox.

Fauconnier, G.1985. *Mental Spaces: Aspects of Meaning Construction in Natural Language*. Cambridge, MA: The MIT Press.

Fauconnier, G., & Turner, M. 2002. *The Way We Think: Conceptual Blending and the Mind's Hidden Complexities*. New York: Basic Books.

Haiman, J. 1985. *Iconicity in Syntax*. Amsterdam: John Benjamins.

Johnson, M.1987. *The Body in the Mind: The Bodily Basis of Meaning, Imagination, and Reason*. Chicago: The University of Chicago Press.

Lakoff, G. 1987. *Women, Fire, and Dangerous Things: What Categories Reveal about the Mind*. Chicago: The University of Chicago Press.

Lakoff, G. 1990. The invariance hypothesis: Is abstract reason based on image-schema?. *Cognitive Linguistics*, 1(1): 39—74.

Langacker, R. W. 1981. The integration of grammar and grammatical change. *Indian Linguistics*, 42: 82—135.

Langacker, R. W. 1982. Space grammar, analysability, and the English passive. *Language*, 58(1): 22—80.

Langacker, R. W. 1985. Observations and speculations on subjectivity. In Haiman, J. (ed.), *Iconicity in Syntax* (pp.109—150). Amsterdam and Philadelphia: John Benjamins.

Langacker, R. W. 1990. Subjectification. *Cognitive Linguistics*, 1(1): 5—38.

Langacker, R. W. 1991. *Foundations of Cognitive Grammar (Vol. II): Descriptive Application*. Stanford: Stanford University Press.

Langacker, R. W. 1993. Reference-point constructions. *Cognitive Linguistics*, 4(1): 1—38.

Langacker, R. W. 1999a. *Grammar and Conceptualization*. Berlin: Mouton de Gruyer.

Langacker, R. W. 1999b. Double-subject constructions. In Bak, S.-Y. (ed.), *Linguistics in the Morning Calm* (pp.83—104). Seoul: Hanshin.

Langacker, R. W. 2008. *Cognitive Grammar: A Basic Introduction*. New York: Oxford University Press.

Langacker, R. W. 2013. *Essentials of Cognitive Grammar*. New York: Oxford University Press.

Rosch, E. 1975. Cognitive reference points. *Cognitive Psychology*, 7(4): 532—547.

Talmy, L. 1978. Figure and ground in complex sentences. In Greenberg, J. H. (ed.), *Universals of Human Language (Vol. 4): Syntax*. (pp. 625—649). Standford: Standford University Press.

Talmy, L. 1988. Force dynamics in language and cognition. *Cognitive Science*, 12(1): 49－100.

Taylor, J. 1996. *Possessives in English: An Exploration in Cognitive Grammar*. Oxford: Oxford University Press.

Tomasello, M. 2008. *Origins of Human Communication*. Cambridge, MA: The MIT Press.

Toshiyuki, K., & Langacker, R. W. 2003. Double-subject and complex-predicate constructions. *Cognitive Linguistics*, 14(1): 1－45.

van Hoek, K. 1995. Conceptual reference points: A cognitive grammar account of pronominal anaphora constraints. *Language*, 71(2): 310－340.

Wertheimer, M. 1912. Experimental studies of the perception of motion. *Zeitschrift für Psychologie*, 61: 161－265.

杜小红. 2018. 认知参照点视角下的话题与主语关系. 现代外语，(6)：781－792.

刘云飞、屈琼、陈琪、李悦华. 2021. 准定语句式：认知参照点关系和转喻的视角. 外国语，(2)：31－40.

马辰庭、王义娜. 2021. 概念转喻的认知研究："广义"与"狭义"之辩. 外语学刊，(5)：30－37.

莫启扬、文旭. 2018. 英语分词倒装构式的认知语法分析. 外语研究，(2)：11－16.

沈家煊、王冬梅. 2000. "N的V"和"参照体—目标"构式. 世界汉语教学，(4)：25－32.

孙文选. 2020. 论Langacker的CRPM图的合理性与解释力. 外国语文，(5)：84－95.

文旭. 2001. 认知语言学：诠释与思考. 外国语，(2)：29－36.

文旭. 2002. 认知语言学的研究目标、原则和方法. 外语教学与研究，(2)：90－97.

文旭. 2004. 搭桥参照：以图景为基础的解释方法. 外语学刊，(4)：11－16.

文旭. 2008. 汉语双主语构式的认知语法观. 外语教学，(4)：6－11.

文旭. 2009. 以认知为基础的英汉对比研究——关于对比认知语言学的一些构想. 中国外语，(3)：25－30.

文旭. 2014. 语言的认知基础. 北京：科学出版社.

文旭. 2020. 右移位构式：句法、语义与认知. 现代外语，(5)：641－653.

文旭、熊荣敏. 2010. 参照点与空间指示. 外语学刊，(1)：24－30.

吴吉东. 2019. 英语复句认知机制与路径研究：入场理论视角. 上海：上海交通大

学出版社.

邢晓宇. 2015. 认知入景视角下现代汉语名词的修饰语研究：功能与语序漂移. 博士学位论文. 重庆：西南大学.

杨彬. 2019. 基于认知参照视域的超常规组配研究. 当代修辞学，（4）：84—93.

杨庆云. 2013. 认知参照点与反讽的识解. 外语与外语教学，（1）：14—17.

认知词义学
（Cognitive Lexical Semantics）

1. 引言

认知词义学，也称作“认知词汇语义学”。作为认知语义学（Cognitive Semantics）的一个分支，认知词义学主要通过认知语言学理论以及认知语义学理论研究词汇语义。20世纪80年代，认知词义学引入认知心理学的研究成果，主要是典型理论和家族相似性理论，进行词义描写和解释。认知词义学逐渐得到国内外学者们的重视，研究日益成熟。Cuyckens等（2003）主编的《词义的认知研究》集合了认知词汇语义领域的多方面研究，包括词的多义现象、典型理论、隐喻和转喻以及意象图式转换等。

2. 主要思想

认知词义学领域的研究主要围绕以下四个方面展开（束定芳、唐树华 2008；周启强、谢晓明 2009；卢卫中 2015；吴淑琼 2019）：词义的内部结构；一词多义现象、词义的历时演变以及语法化产生的认知机制；对认知机制，如范畴化、认知模型、隐喻和意象图式等的研究；对词义本质的探讨。详细介绍如下：

首先，在对词义范畴的内部结构进行考察之后发现，范畴化需要以相关知识结构为背景。Lakoff以bachelor为例进行说明："单身汉"的范畴成员的定义不只涉及"成年"与"未婚"两个条件，还包括婚姻制度和习惯、宗教信仰等社会文化因素。这些背景知识被Lakoff（1987）称为"理想化认知模型"，而范畴结构和典型效应是其副产品。Fillmore（1982, 1985, 2006）提出的框架和Langacker（1987）提出的认知域等同样作为认知背景理论，在词义的阐释方面也发挥着重要作用。

Lakoff（1987）分析了there构式，认为它们是以中心指示词为典型形成的自然范畴。例如，（1）相对于（2）是更典型的范畴成员：

（1）There is Henry!

（2）There will stand the new stadium for the 1996 Olympics.

Fillmore（1982）分析了climb：

（3）The boy climbed the tree.

（4）The locomotive climbed the mountainside.

（5）Prices are climbing day by day.

（6）The boy climbed down the tree and over the wall.

例（3）中的climb意为"上升的行为"和"用手抓住往上爬"；例（4）包含上升的行为与"用手爬"的隐喻理解；例（5）只涉及隐喻理解上的"向上"；例（6）更多地是指下行而非上升。由此，climb这个词形成了一个有着中心意义和边缘意义的范畴。

Langacker（2006）阐释了形容词范畴和介词范畴间的变换情况。两个范畴都有中心成员和边缘成员，并且边缘成员的相似度高于各自典型成员间的相似度。例如：

（7）Ellen is proud {of/*Ø} her roses.（典型形容词）

（8）The drugstore is opposite {from/?Ø} the bank.（更像形容词而非介词）

（9）The shed is near {?to/Ø} the barn.（既是形容词又是介词）

（10）Sarah is like {Ø/??unto} a bumblebee.（更像介词而非形容词）

（11）The shed is beside {Ø/*to} the barn.（典型介词）

其次，意义构建和扩展的认知机制主要是典型理论、隐喻、转喻和概念整合。在典型理论作用下，典型范畴结构从词的所指层扩展到了义项层（Geeraerts 1998）。认知词义学提出词义的扩展也是一个范畴化的过程，多义词的不同义项构成一个典型范畴。多义词词义的自然范畴由不同义项构成，包括一个核心义，以及其他直接或间接派生于核心义的义项。认知词义学深入探讨了词的多义结构，尤其是词的多个义项之间的关系。Geeraerts（2006）认为典型理论是词的多义研究的有效模式。词义的扩展通常是以意象图式，隐喻转喻以及概念整合为认知机制。

（1）意象图式。Lakoff 和 Johnson（1980）在概念隐喻理论的论述中提出概念表征形式的意象图式（Image Schema）。Johnson（1987）与 Lakoff（1987）对其进行了进一步的论述。意象图式是认知语言学，特别是词汇语义研究的重要理论。Johnson（1987: xiv）将意象图式定义为“感知互动及感觉运动活动中的不断再现的动态结构，这种结构使我们的经验得以连贯和结构化”。Lakoff 和 Turner（1989）概括了意象图式的要点：

首先，意象图式源于人类的身体经验，强调了经验的生理和空间基础。

其次，意象图式早在概念生成前就已存在，不依附于概念，突出了语言的认知基础。

再次，意象图式为我们提供了理解抽象经验和概念的结构。

意象图式能解释一个词或词组等多义现象背后的认知动因，更好地解释语义构建和扩展的理据，为理解和认知复杂的概念提供了一致的结构和关系框架。意象图式理论被广泛应用于多义词、词义历时变化以及语法化的研究中，如空间小品词，表移动或传递的动词，表达空间位置和空间形状的形容词以及情态动词等（Lindner 1981; Brugman 1988; Taylor 2003; Lakoff 1987等）。Lindner（1981）对600个verb + out（如：take out, spread out, throw out, pick out, leave out, shout out, draw out, pass out），以及1100多个verb + up（如：raise up, break up, give up, wake up, shake up, think up）动词短语进行语义分析，发现这些意义都能够用几个意象图式系统地描述。例如，三个最基本的意象图式就可以描述verb + out结构：

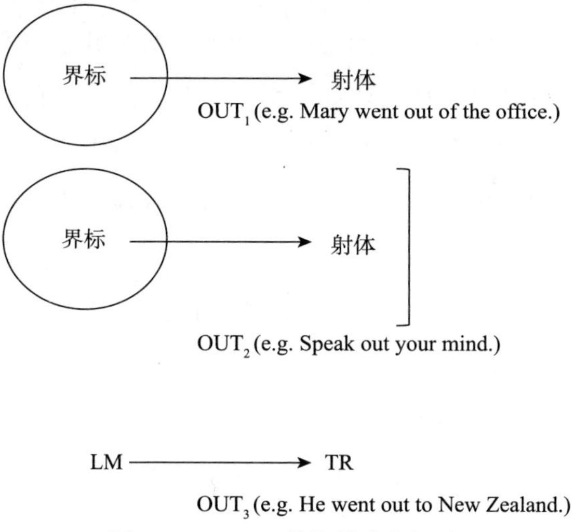

图1　verb+out 结构的意象图式

用意象图式来表征词的概念，其优势在于意象图式是形成隐喻及转喻等复杂概念的基础，它的相关原则对词义的扩展或多义词不同义项之间的关系的解释具有心理现实性。意象图式转换原则可以解释一个空间意义如何扩展到另一个空间意义；而恒定原则（Invariance Principle）能够说明空间隐喻产生的基础及限制——始发域的意象图式对目标域的影响及限制（Lakoff 1987）。

（2）隐喻和转喻。Lakoff和Johnson（1980）认为，隐喻是借助对一个概念——隐喻的始发域的已有认识来理解另一个概念，即隐喻的目标域。隐喻的始发域和目标域之间是相似性关系，这种相似性主要是语言使用者的心理相似性，而非仅仅是现实相似性，语言使用者通过比较两域的共同属性，可以实现以一域理解另一域。当词汇意义以隐喻思维延伸的时候，其义项之间的关系特征是"相似性"，它们的意义不在同一个域中，属于不同域之间的映射，这就是隐喻，是人类联想思维的结果（李瑛、文旭 2006）。隐喻产生的基础是相似性。以John is a lion为例，我们可以发现如果按照其字面义来理解这句话，它所包含的语义是冲突或偏离的。在这个表达式中，始发域是lion，目标域是John，两者分属不同的认知域，而两个域之间实现映射的基础是人和狮子的共享特征，比如"勇敢""有毛发""食肉"等。这一表达式突显的是"勇敢"的特点，而它在始发域中比在目标域中更加显著，所以可以经由始发域来理解目标域的相应特点，而反向的解释却行不通。

自20世纪90年代以来，转喻的认知价值逐步得到承认，很多学者，如Croft（1993）、Dirven（1993）、Goossens（1996）、Radden和Kövecses（1999）、Koch（1999）、Barcelona（2000）等，把转喻提升到与隐喻相同的地位，认为转喻也是一种形成概念和正确理解的重要思维方式。Gibbs（1994）指出，转喻推理是一种普遍现象。Taylor（1995）认为，在意义扩展方面，转喻较之隐喻可以说是一种更基本的模式。Dirven（1999）论及了转喻的普遍性："转喻可能在语言的各个层面起作用"。转喻具有普遍性特征（Barcelona 2003），是人类重要的思维方式和认知机制（Radden 2005），作为概念系统组织和运作的重要手段存在于包括音位、词义、词法、形态、语法和语用等语言的各个层面。当词义以转喻思维延伸的时候，各义项之间的关系特征是“邻近性”，处于同一个域中时，属于同一域中的映射，体现出人类更加注意事物突显性的思维特征。

词汇义项大致可分为本义和引申义。词义的引申过程是再次对事物进行范畴化或概念化的过程，即从单义词的一个中心结构变为多义词的多中心结构（Taylor 2001）。例如，对head概念的改变是从两方面进行的，一是从本义的邻近性关系考虑，在本概念域内进行拓展，这是认知转喻的思维结构；二是从本义的相似性关系考虑，向不同概念域映射、拓展，即不仅把它看成是一个有生命、有思维能力、圆圆的、最上部或最前端的身体部位，而且把它看成是无生命、圆圆物体的大的一端或源头部分，这就是认知隐喻的思维结构。重新概念化保持了事物内在的相关性特征和外在的相似性特征，使更多不同类型的事物可用相同的词汇表示。重新概念化的过程与人类的认知过程密切相关，并且人们一般是通过客观和主观两方面去认识事物。当head被重新概念化后，它所能涵盖的事物就更多更广，不仅包括事物的外部特征，而且还包括事物的内在属性，如“有思维能力、大脑神经控制身体的各部位”，这些特征和属性会让人产生联想，意义拓展的空间就更大、更广。

（3）概念整合。概念整合是探索意义构建、信息整合的理论框架（Fauconnier & Turner 1998, 2002）。概念整合理论可以解释大量的语言现象与意义构建过程：虚拟事实、范畴扩展、事件整合、语法结构、概念变化、文学与修辞创新等。

在词汇语义领域，概念整合理论对分析新隐喻、诗歌、一词多义、词义变化等有着重要的影响。Fauconnier和Turner（2003）认为，整合是词汇向多义发展的重要机制。Grygiel（2004）提出了一种研究语义变化的新思路，意义的改变被认为是概念整合过程的副产品，历时语义结构与其对应的共时语义结构具有相同的特征。概念整合在考察复合词时与隐喻和转喻呈互补关系。Benczes（2005: 264）认为“借助隐喻和概念整合理论，就可以突出复合词意义的多样性和复杂性”。同时，概念整合理论可以用来分析动结式（Broccias 2004）、劝说语篇（Coulson & Pascual 2006）、哲学文本（Slingerland 2005）和诗歌（Quindós 2005）等。Brandt和Brandt（2005）还尝试从符号学角度分析了概念隐喻理论与概念整合理论进行深入隔合的可行性。

传统语言学持一种词典意义观（Evans & Green 2006: 207），认为词汇的意义由词典意义和百科意义构成，词典意义才是语言意义的核心，属于语言知识，百科意义是语言以外的意义，属于非语言知识。语言知识单独存储于我们的大脑中，可以依此定义词汇意义。定义词汇意义的一种常见方法就是成分分析法（Componential Analysis）（如Katz & Postal 1964；Katz 1972等），比如bachelor一词的语义成分为［+MALE，+ADULT，+MARRIED］，于是该词在词典上可定义为“unmarried adult male”（未婚成年男性），这个定义被认为是该词的核心意义。与该词相关的社会文化意义和读者阅读中产生的联想意义（如有关单身汉的生活习惯、社会特征等）则与语义学研究无关，被归入语用研究范畴。Evans和Green（2006: 208）认为，词典意义观将词汇意义与指称意义（客观世界的具体事物，属于百科知识）割裂开来，虽然区分了语义与语用问题，但将词汇意义与文化知识、社会知识和有关物质世界的知识分离，并不符合我们使用和理解语言的实际情况，因为它存在以下问题：

第一，对于核心意义和非核心意义的区分过于任意。因而词典上有关词汇的定义在数量和排列方式上显得随意，与具体语言使用中的意义总有出入。

第二，忽略了语言使用的语境对意义确定的重要性。认知语言学家（如Fillmore 1975, 1982, 1985; Langacker 1987等）认为，所有人类语言的词汇都不可能脱离语境进行表达，相反，词汇的意义总是要靠我们的知识和经验结构来加以理解。

第三，将词汇意义与指称对立起来。指称是对应于词汇的客观存在，而词汇意义则是词典上所定义的抽象概念。传统语言学将语言意义限定于词汇意义，认为语言意义是自足的，本原的，意义决定如何使用。认知语言学持语言使用观，认为词汇的意义即使用中的意义。因而不能把语言意义人为地划分为语义与语用，毕竟语境是词汇意义确定的关键所在，有的语言现象并不能单独从语义或语用的角度进行解释。例如，Saeed（2003）认为，指示语bring与take，today与tomorrow等的意义，便不能脱离语境进行理解。Levinson（1983: 55）用下面这个例子来说明语境对于意义理解的重要性。假如某人某天在一个孤岛的沙滩上拾到一个瓶子，里面有一个纸条写着这样一句话：Meet me here a week from now with a stick about this big. 如果不知道这句话是谁写的、写的时间、写的地点，便无法理解me、here、a week from now的具体意义，没有看到说这句话的人的手势和比划，便不清楚到底应该持多大一根棍子。这说明，脱离了语言使用的环境，语言的意义是无法确定的。

因此，在语言意义的理解中，语言知识与百科知识不能绝对分开，所谓的语义知识与语用知识也无法绝对分离。以词典意义为基础的语言知识和百科知识，以及语义和语用知识形成一个连续体，在确定语言表达的意义时只有程度之分，是规约化的结果，而且是变化的，具体变化的程度取决于所使用的语境。与传统语言学的词典意义观相对照，认知语言学所持的百科意义观认为，“在语言意义的背后存在一个概念知识系统”（Evans & Green 2006: 215），这个概念知识系统不仅包含语言知识，还包括语言以外有关客观世界、社会文化、语境等方面的知识。百科意义观有以下五点理论假设（Evans & Green 2006: 215）：

> 第一，语义学与语用学之间并没有本质的区别，不需要对核心意义和语用、社会、文化意义进行区别。有关语言意义和语言使用的知识都是语义知识的重要部分。我们对语言意义的理解需要同时激活这两种知识。因此，百科知识作为一个总称，包含了所有有关意义理解的知识系统。
>
> 第二，百科知识系统是有机组成部分，有其内在的结构。
>
> 第三，百科意义与语境意义不一样，百科意义来源于知识系统内部各种知识间的互动，但是对多种意义的选择取决于语境因素。比如，框架是意义选择与确定的一种语境因素，同一词汇在不同框架里所表达的意义不一样。
>
> 第四，词汇是联系百科知识的通道。也就是说，词汇并不是包含各种意义的容器，而是提供意义获取的线索，为语言使用者理解意义提供通向百科知识的路径。
>
> 第五，百科知识是动态的。虽然与词汇相关的主要意义是相对固定的，但是该词汇作为线索通向的百科知识却是动态变化的。

“理想化认知模型”“认知域”以及“框架”都是普遍用于词义分析的认知背景假设。Lakoff 提出了理想化认知模型，包括命题模型、意象图式模型、隐喻模型、转喻模型，是特定的文化背景中说话人对某领域中的经验和知识所作出的抽象的、统一的、理想化的理解，是建立在许多认知模型上的一种复杂完形结构。

Langacker（2002: 61）、Croft & Cruse（2004: 15）和 Taylor（1989:

84）都认为，“任何一个认知结构——新的概念化，已有的概念，感性经验或是整个知识系统——都可以作为一个表述的域”。Langacker（1987: 147）将认知域定义为“对语义单位进行特征描写的语境”。

“框架”这一术语“涵盖那些讨论自然语言理解问题的文献中提到过的一系列概念，诸如图式、脚本、情景、观念框架、认知模式、民俗理论等”（Fillmore 2006: 373）。Fillmore（1982）认为框架是一个认知概念系统，是具体统一的知识构架或经验的系统图式化（Fillmore 1985），也是一种认知结构（Fillmore & Atkins 1992），在人类长期生活经验过程中形成并用于组织和解释经验的知识系统与概念工具；框架即是概念知识结构，也是研究这些结构的分析工具（Ziem 2014）。Fillmore（1985）将认知框架称为语义框架，并用其探究语言的意义及其理解，“一个词的意义只有参照包含经验、信仰或惯例的结构化背景才能被理解”（Fillmore & Atkins 1992: 76—77）。

3. 发展趋势

认知语言学家一直在探索词汇语义研究的新领域。Grondelaers和Geeraerts（2003）认为，认知语言学的特征在于将词义学的研究成果应用到语法领域。Michaelis（2003）则提出，整体的意义在许多情况下不是其部分含义的功能组合。语法结构本身具有意义，不限于词项。此外，语法结构可能有优先权，因为结构可能会“限制”其成分的含义（Taylor et al. 2003）。已有研究除了寻找词汇形成和词汇间关系的认知机制之外，还开始探求主导语法结构形成的机制，以及词汇对语法结构以及结构间的关系的影响。Taylor等（2003: 2—3）指出了认知词义研究的新趋势：认知语言学视角下，词项的多义性是普遍存在的，这一观点重新点燃了词义多义表征与单义表征之间的辩论；词项各个共时义之间的关系，以及语法化意义的历时演变都可以通过隐喻和转喻等认知机制来解释；习得数据影响词义描写；有关典型效应的观点需要进一步加工、提炼；认知词义学需探究词汇义与构式义之间的关系，以及词义与词语使用的语境之间的关系。

（编者：四川农业大学 / 丁芳芳）

参考文献

Barcelona, A. 2000. *Metaphor and Metonymy at the Crossroads*. Berlin/New York: Moulton de Gruyter.

Barcelona, A. 2003. Metonymy in cognitive linguistics: An analysis and a few modest proposals. In Cuyckens, H., Berg, T., Dirven, R., & Panther, K.-U. (eds.), *Motivation in Language: Studies in Honor of Günter Radden* (pp. 223—255). Amsterdam/Philadelphia: John Benjamins.

Benczes, R. 2005. Creative noun-noun compounds. *Annual Review of Cognitive Linguistics*, 3(1): 250—268.

Brandt, L., & Brandt, P. A. 2005. Making sense of a blend: A cognitive-semiotic approach to metaphor. *Annual Review of Cognitive Linguistics*, 3(1): 216—249.

Broccias, C. 2004. The cognitive basis of adjectival and adverbial resultative constructions. *Annual Review of Cognitive Linguistics*, 2(1): 103—126.

Brugman, C. 1988. *The Story of Over: Polysemy, Semantics, and the Structure of the Lexicon*. New York: Garland Publishing.

Coulson, S., & Pascual, E. 2006. For the sake of argument: Mourning the unborn and reviving the dead through conceptual blending. *Annual Review of Cognitive Linguistics*, 4(1): 153—181.

Croft, W. 1993. The role of domains in the interpretation of metaphors and metonymies. *Cognitive Linguistics*, 4(4): 335—370.

Croft，W., & Cruse, D. 2004. *Cognitive Linguistics*. Cambridge: Cambridge University Press.

Cuyckens, H., Dirven, R., & Taylor, J. (eds.) 2003. *Cognitive Approaches to Lexical*

Semantics. Berlin: Mouton de Gruyter.

Dirven, D. 1993. Metonymy and metaphor: Different mental strategies of conceptualization. *Leuvense Bijdragen*, (82), 1—28.

Dirven, D. 1999. Conversion as a conceptual metonymy of event schemata. In Panther, K.-U., & Radden, G. (eds.), *Metonymy in Language and Thought* (pp. 275—289). Amsterdam/Philadelphia: John Benjamins.

Evans, V., & Green, M. 2006. *Cognitive Linguistics*：*An Introduction*. Edinburgh: Edinburgh University Press.

Fauconnier, G., & Turner, M. 1998. Conceptual integration networks. *Cognitive Science*, 22(2): 133—187.

Fauconnier, G., & Turner, M. 2002. *The Way We Think: Conceptual Blending and the Mind's Hidden Complexities*. New York: Basic Books.

Fauconnier, G., & Turner, M. 2003. Polysemy and conceptual blending. In Nerlich, B., Todd, Z., Herman, V., & Clarke, D. D. (eds.), *Polysemy: Flexible Patterns of Meaning in Mind and Language* (pp.79—94). Berlin: Mouton de Gruyter.

Fillmore, C. 1975. An alternative to checklist theories of meaning. *BLS*, 1: 123—131.

Fillmore, C. 1982. Frame semantics. In the Linguistic Society of Korea. (ed.), *Linguistics in the Morning Calm* (pp. 111—137). Seoul: Hanshin.

Fillmore, C. 1985. Frames and the semantics of understanding. *Quaderni di Semantica*, 6(2): 222—254.

Fillmore, C. 2006. Frame semantics. In Geeraerts, D. (ed.), *Cognitive Linguistics: Basic Readings* (pp. 373—400). Berlin/New York: Monton de Gruyter.

Fillmore, C., & Atkins, B. 1992. Towards a frame-based lexicon: The semantics of RISK and its neighbors. In Lehrer, A., & Kittay, E. (eds.), *Frames, Fields, and Contrast: New Essays in Semantic and Lexical Organization* (pp.75—102). Hillsdale: Lawrence Erlbaum Associates.

Geeraerts, D. 1998. *Diachronic Prototype Semantics: A Contribution to Historical Lexicology*. Oxford: Clarendon Press.

Geeraerts, D. 2006. *Words and Other Wonders: Papers on Lexical and Semantic Topics*. Berlin/New York: Mouton de Gruyter.

Gibbs, R. 1994. *The Poetics of Mind: Figurative Thought, Language and Understanding*. Cambridge: Cambridge University Press.

Goossens, L. 1996. Metaphtonymy: The interaction of metaphor and metonymy in expressions for linguistic action. *Cognitive Linguistics*, 1(3): 323—342.

Grondelaers, S., & Geeraerts, D. 2003. Towards a pragmatic model of cognitive onomasiology. In Cuyckens, H., Dirven, R., & Taylor, J. (eds.), *Cognitive Approaches to Lexical Semantics* (pp. 67—92). Berlin: Mouton de Gruyter.

Grygiel, M. 2004. Semantic change as a process of conceptual blending. *Annual Review of Cognitive Linguistics*, 2(1): 285—304.

Johnson, M. 1987. *The Body in the Mind: The Bodily Basis of Meaning, Imagination, and Reason*. Chicago: The University of Chicago Press.

Katz, J. 1972. *Semantic Theory*. New York: Harper & Row.

Katz, J., & Postal, P. 1964. *An Integrated Theory of Linguistic Descriptions*. Cambridge, MA: The MIT Press.

Koch, P. 1999. Frame and contiguity: On the cognitive bases of metonymy and certain types of word formation. In Panther, K.-U., & Radden, G. (eds.), *Metonymy in Language and Thought* (pp. 139—167). Amsterdam/Philadelphia: John Benjamins Publishing Company.

Lakoff, G. 1987. *Women, Fire, and Dangerous Things: What Categories Reveal about the Mind.* Chicago: The University of Chicago Press.

Lakoff, G., & Johnson, M. 1980. *Metaphors We Live By*. Chicago: The Chicago University Press.

Lakoff, G., & Turner, M. 1989. *More Than Cool Reason: A Field Guide to Poetic Metaphor*. Chicago/London: University of Chicago Press.

Langacker, R. 1987. *Foundations of Cognitive Grammar (Vol. 1): Theoretical Prerequisites.* Stanford: Stanford University Press.

Langacker, R. W. 2002. *Concept, Image and Symbol: The Cognitive Basis of Grammar*. New York: Mouton de Gruyter.

Langacker, R. W. 2006. On the continuous debate about discreteness. *Cognitive Linguistics*, 17(1): 107—151.

Levinson, S. C. 1983. *Pragmatics*. Cambridge: Cambridge University Press.

Lindner, S. 1981. A lexico-semantic analysis of English verb-particle constructions with UP and OUT. Ph.D. dissertation. San Diego: University of California.

Michaelis, L. A. 2003. Word meaning, sentence meaning, and syntactic meaning. In Cuyckens, H., Dirven, R., & Taylor, J. (eds.), *Cognitive Approaches to Lexical Semantics* (pp. 163—210). Berlin: Mouton de Gruyter.

Quindós, M. T. C. 2005. Blending as a theoretical tool for poetic analysis: Presenting an integrational methodology. *Annual Review of Cognitive Linguistics*, 3(1): 269—299.

Radden, G. 2005. The ubiquity of metonymy. In Campo, J. L. O., Navarro i Ferrando, I., & Fortuno, B. B. (eds.), *Cognitive and Discourse Approaches to Metaphor and Metonymy* (pp. 17—28). Publications de la Universitat Jaume I.

Radden, G., & Kövecses, Z. 1999. Towards a theory of metonymy. In Panther, K.-U., & Radden, G. (eds.), *Metonymy in Language and Thought* (pp. 17—59). Amsterdam/Philadelphia: John Benjamins.

Saeed, J. 2003. *Semantics*. Oxford: Blackwell.

Slingerland, E. G. 2005. Conceptual blending, somatic marking, and normativity: A case example from ancient Chinese. *Cognitive Linguistics*, 16(3): 557—584.

Taylor, J. 1989. *Linguistic Categorization: Prototypes in Linguistic Theory*. Oxford: Oxford University Press.

Taylor, J. 1995. *Linguistic Categorization: Prototypes in Linguistic Theory*. Oxford: Oxford University Press.

Taylor, J. 2001. *Linguistic Categorization: Prototypes in Linguistic Theory*. Beijing: Foreign Language Teaching and Research Press.

Taylor, J. 2003. Near synonyms as co-extensive categories: 'High' and 'tall' revisited. *Language Sciences*, 25(3): 263—284.

Taylor, J., Cuyckens, H., & Dirven, R. 2003. Introduction: New directions in cognitive lexical semantic research. In Cuyckens H., Dirven, R., & Taylor, J. (eds.), *Cognitive Approaches to Lexical Semantics* (pp. 1—28). Berlin/New York: Mouton de Gruyter.

Ziem, A. 2014. *Frames of Understanding in Text and Discourse: Theoretical Foundations and Descrptive Applications*. Amsterdam/Philadelphia: John Benjamins.

李瑛、文旭．2006．从“头”认知——转喻、隐喻与一词多义现象研究．外语教学，（3）：1—5.

卢卫中．2015．基于认知的英汉词义对比研究——关于对比认知词义学的构想．外国语，（3）：33—40.

束定芳、唐树华．2008．认知词汇语义学回眸．载于束定芳（编）．语言研究的语用和认知视角（115—145）．上海：上海外语教育出版社．

吴淑琼．2019．国外认知词汇语义学研究的最新发展．外语教学，（3）：19—25.

周启强、谢晓明．2009．认知词汇语义学的主要理论及其运用．外语学刊，（3）：52—55.

认知的承诺
（Cognitive Commitment）

1. 引言

认知的承诺是认知语言学秉承的两个基本承诺之一。认知的承诺强调对语言和语言组织描写与解释的原则必须与其他学科（如哲学、心理学、脑科学、人工智能和神经科学等）关于大脑和心智的已有认识相一致（Lakoff 1990; Evans & Green 2006）。换言之，语言和语言组织应当反映一般的，而非语言特有的认知原则（Evans & Green 2006: 41）。如果幸运的话，概括的承诺和认知的承诺应该彼此吻合，即一般原则在认知上应该是真实的；倘若不吻合，认知的承诺则应居于首要地位（Lakoff 1990；文旭 2014：13）。在语言学理论中，一条概括性原则的确定将视一个人是否遵循认知的承诺而定。

2. 主要思想及应用

同概括的承诺一样，认知语言学家提出认知的承诺也是源于对生成语言学“模块论”的批评与反思。“模块论”认为人的大脑和心智由不同知识模块组成，语言模块便是其中之一。认知语言学家否认语言模块的存在，认为语言和语言组织与认知的其他方面并无不同。相反，认知语言学家认为，语言和语言组织应该反映一般的认知原则。

许下认知的承诺要求认知语言学研究者在对语言现象和理论进行描写与解释时，重视来自认知心理学、发展心理学、心理语言学、人类学以及神经科学等学科对人类大脑和心智的研究成果。认知的承诺贯穿于认知语言学研究，下文将从范畴化、图形一背景和隐喻这三个角度进一步阐释认知的承诺在认知语言学研究中的具体体现（参见 Evans & Green 2006）。

范畴化能力是人类最重要的认知能力之一。认知心理学等学科通过实验研究证实，范畴边界是模糊的，不同范畴根据家族相似性确定成员地位。认知语言学家借鉴这些学科对范畴化的研究成果，将其应用到语言学研究中。认知语言学家认为，语言自身的结构范畴在许多方面与非语言世界中的范畴是类似的。研究范畴化的过程对于深刻理解语言形式所表达的意义具有重要的价值。范畴化的典型理论认为，范畴界定没有充分必要的标准，且范畴边界具有模糊性，不同范畴根据家族相似性确定成员地位（文旭、司卫国 2018）。典型成员具有特殊的地位，被视为该范畴的正式成员，而非典型成员则根据其与典型成员的相似程度被赋予不同程度的非正式成员地位。典型理论对认知科学最有价值的贡献在于它把注意力集中在范畴的内部结构上，集中在范畴具有“核心”和“边缘”这个事实上。该理论对于解决语言学中的诸多问题都有启示。目前，它已应用于语音、句法、词义、语用、语言习得、失语症等方面的研究，并取得了可喜的成绩。以典型理论对语义的模糊性解释为例：典型理论允许不同成员之间没有明确的临界值，即范畴概念的边界范围可以具有一定的弹性。例如，“蔬菜”范畴通常包括豌豆、胡萝卜、花椰菜、洋葱、马铃薯、蘑菇等成员。Rosch（1975）通过实验研究表明，在美国，“豌豆”通常被认为是蔬菜范畴的最佳实例（中国人可能认为“白菜”“油菜”最典型），而“胡萝卜”“花椰菜”的范畴隶属度也比“洋葱”“马铃薯”“蘑菇”高（Aitchison 1987: 55）。这说明“蔬菜”的语义是模糊的。

自然语言中“否定”概念的语义范畴同样也具有模糊性。英语中检验否定的两个最基本的标准是：与any共现；加肯定的附加问句（Frawley 1992）。例如：

（1）The senator did not take any bribe, did he/she?

尽管英语中的许多现象符合这两个标准，但仍有不少例外。例如：

（2）The senator seldom took any bribe, did/didn’t he/she?

（3）The senator rarely took any bribe, did/didn’t he/she?

这里的seldom和rarely都不是显性否定，但由于它们带有any，其语义解释是否定的，相当于not frequently。它们既可跟肯定附加问句，也可跟否定附加问句（规定语法只许跟肯定附加问句），这更说明seldom和rarely在某种意义上是否定的，但它们不表示全部否定。下面三种情况更为复杂：

（4）Rather than take any bribes, the senator resigned.

（5）Before the senator took any bribes, s/he covered his/her tracks.

（6）Did the senator take any bribes?

以上三句虽都带有any，但从表层结构来看，它们是肯定的。然而，仔细分析会发现，rather是一个“隐含否定”，表示so as not to（为了不……）；before也是如此，表示一种“未实现的行为”；第三句是带有any的一般问句，用来表示“不确定性”，严格来说，也是一种否定形式。这些实例表明，“否定”这个概念所表示的语义是模糊的。它的“中心否定”词是not，因为它完全适合检验否定的两个标准；seldom和rarely属于“弱化否定”，因为它们完全适合第一个标准，但对第二个标准却并非绝对符合；rather than、before以及问句中的any

是“不确定性”和“未实现”的标志，属于一种“微弱否定”，即不否认，但在表示期望时，它们具有否定含义。典型理论对语义模糊性的解释表明，适用于一般范畴化的原则同样适用于语言范畴化。“图形－背景分离原则”在语言中的应用同样证实了这一说法。

图形－背景分离原则首先是由心理学家提出的，后被格式塔心理学家借鉴来研究知觉和空间组织方式。他们认为，知觉场总是被分为图形和背景两部分。图形部分结构性较强，易引起人们的注意，而背景则是与图形相对的、细节模糊的、未分化的部分。人们在观看某一客体时，总是在未分化的背景中看到图形。确定图形需遵循“普雷格朗茨原则”（Principle of Prägnanz），即通常是具有完形特征的物体、小的物体、容易移动或运动的物体用作图形。例如，当描述桌子上有一本书这样的情景时，总是会把书当作图形，把桌子当作参照点即背景，因为相对于桌子来说，书的体积更小。

（7）a. The book is on the table.
b. There is a book on the table.
c. #The table is under the book.

正因为如此，（7a）和（7b）是符合英语表达习惯的，而在英语中很少有（7c）这样的句子。退一步讲，如果（7c）成立，table就成了图形，book却成了背景，这显然违背了普雷格朗茨原则。上述例子说明，table与book之间存在一种具体的方位关系，也就是说，图形与背景之间的关系可以看成是由介词under表达的一种方位关系，或者说，方位介词的意义可以理解为一种图形－背景关系。图形－背景分离原则不仅可以解释句子中介词表达的方位关系，也可以用来描述语言中句子的组织方式。

Ungerer和Schmid（1996：177）认为，在英语S—V—O结构中，主语位置通常是图形，宾语对应背景，谓语动词则描述图形与背景之间的关系，例如：

（8）a. Susan resembles my sister.

b. My sister resembles Susan.

例（8）中的两个句子都表示Susan和my sister这两个人长得像，但并非等同关系，其意义是有很大差别的。（8a）中，主语Susan是图形，是句子突显的对象，my sister是背景，是确定图形的参照点；（8b）则相反，my sister是图形，成了句子突显的对象，而Susan成了背景，需依据其来确定图形。由此可见，图形－背景分离原则不仅是空间组织的一个基本认知原则，也是语言组织概念内容的一个基本认知原则（匡芳涛、文旭 2003；匡芳涛、司卫国 2020）。当然，语言中的图形和背景与视觉场中的图形和背景是有差别的。视觉场中的图形和背景往往是具体的实体，而语言中的图形和背景既可以是空间中运动事件或方位事件中两个彼此相关的实体，也可以是在时间上、因果关系上或其他情况中彼此相关的两个事件。

隐喻同样也可以反映人的一般认知原则。认知语言学认为隐喻不仅仅是一种语言现象，更是一种思维和认知方式（陶玫 2017）。Lakoff和Johnson（1980）认为人类思维本质上是隐喻的。隐喻的经验基础就是人的认知基础。这个认知基础就是动觉意象图式（文旭 2014），即是说，隐喻以人的直觉和动觉经验为基础。动觉意象图式有多种类型，如容器图式、部分－整体图式、系联图式、中心－边缘图式、来源－路径－目标图式、上－下图式、前－后图式、线型顺序图式和力动态图式等（Johnson 1987; Lakoff 1987）。在实际语言运用中，范畴是以容器图式理解的，等级是以上－下图式理解的，关系是以系联图式理解的。首先以容器图式为例：

（9）The ship is coming *into view*.

（10）I have him *in sight*.

（11）He is *out of sight* now.

（12）That is *in the center of my field of vision*.

（13）她从我的**视野中消失了**。

（14）他突然**闯入了我的视线**。

（15）他在我的**眼皮下跑掉了**。

上述例句都涉及“容器隐喻”的语言隐喻或隐喻表达式。容器图式的经验基础是把人类的身体看成一个容器或者置身于其他容器中（如在房间里）。身体这个容器有内、外和边缘。这样的隐喻被称为“容器隐喻”，如概念隐喻“视野是容器”（VISUAL FIELDS ARE CONTAINERS）等。再如：

（16）a. He is the *head* of this department.

b. Mary is *under* Tom's control.

c. 在公司，我俩是**上下级关系**。

日常生活中，人们通常将政府、学校和公司等机构概念化为等级。这一理解同样也是基于概念隐喻实现的。上述例子就是CONTROL IS UP / LACK OF CONTROL IS DOWN的语言隐喻。人们常用始发域“高度”来映射目标域“权力”或者“控制力”，位高权重的人通常处在顶端（头部），级别或职位较低的人则处在尾端（底部）等。

总之，语言是人类心智的产物，其组织原则与其他认知域中的组织原则没有太多差别。通过上述分析可以发现，语言和语言组织反映了人类范畴化、图形－背景及隐喻等一般原则，而这些原则并非为语言所特有。认知语言学家将范畴化、图形－背景分离原则和概念隐喻等理论模型应用到语言研究中正是吸收和借鉴其他学科对认知研究的结果。认知的承诺强调语言研究应该吸收其他学科的大量材料，这促使认知语言学研究呈现出多学科、跨学科和超学科的发展趋势。

认知语言学是一种研究范式，由多种不同的理论组成。认知的承诺和概括的承诺对这些理论原则具有牵制和导向作用，贯穿于认知语言学的发展历程，是衡量一项研究是否为认知语言学研究的标准。基于这两个承诺，认知语言学理论得以延伸和扩展，研究范围和研究领域得以不断扩大，研究方法也趋于实证化和多元化。

（编者：贵州师范大学／刘瑾；西南大学／文旭）

参考文献

Aitchison, J. 1987. *Words in the Mind: An Introduction to the Mental Lexicon.* Oxford: Basil Blackwell.

Evans, V., & Green, M. 2006. *Cognitive Linguistics: An Introduction*. Edinburgh: Edinburgh University Press.

Frawley, W. 1992. *Linguistic Semantics*. London: Lawrence Erlbaum.

Johnson, M. 1987. *The Body in the Mind: The Bodily Basis of Meaning, Imagination, and Reason*. Chicago: The University of Chicago Press.

Lakoff, G. 1987. *Women, Fire, and Dangerous Things: What Categories Reveal about the Mind*. Chicago: The University of Chicago Press.

Lakoff, G. 1990. The invariance hypothesis: Is abstract reason based on image-schemas?. *Cognitive Linguistics*, 1(1): 39—74.

Lakoff, G., & Johnson, M. 1980. *Metaphors We Live By*. Chicago: The University of Chicago Press.

Rosch, E. 1975. Cognitive representations of semantic categories. *Journal of Experimental Psychology: General*, 104(3): 192—233.

Ungerer, F., & Schmid, H. J. 1996. *An Introduction to Cognitive Linguistics*. London/New York: Longman.

匡芳涛、司卫国. 2020. 英汉隐喻型断定构式的句法语义特征及其理据性探索. 外语教学，(5)：16—21.
匡芳涛、文旭. 2003. 图形—背景的现实化. 外国语，(4)：24—31.
陶玫. 2017. 英汉教育隐喻的文化认知研究. 外语研究，(4)：31—35.
文旭. 2014. 语言的认知基础. 北京：科学出版社.
文旭、司卫国. 2018. 认知语言学：反思与展望. 中国社会科学评价，(3)：23—36.

认知社会语言学
（Cognitive Sociolinguistics）①

1. 引言

认知语言学坚持基于使用的路径研究语言，而语言的使用必定依赖特定社会语境，因此关注语言的社会性是认知语言学学科发展的内在要求（Langacker 1999; Harder 1999; Croft & Cruse 2004；王寅 2011；文旭 2011，2019；赵永峰 2015，2019，2020a，2020b；Kristiansen et al. 2021）。基于这一学科背景，认知社会语言学（cognitive sociolinguistics）于21世纪初应运而生。

Langacker（1999）强调，研究者在探究概念结构和语法结构动态性等问题时，必然会涉及话语动态性及社会交际动态性的相关内容，因此认知语言学家应着力拓展该学科的研究范围，使其延展到话语分析和社会交际等领域。Lakoff于2000年就主张将认知语言学与社会语言学结合起来，建立一门新学科"认知社会语言学"（Pires de Oliveira 2001: 43－44）。Geeraerts和Cuykens（2007）在讨论认知语言学未来发展方向时也指出，应从社会维度的视角进行语言研究，语言认知研究的基本要素应包括文化环境的内容，应考虑语言的社会交互性。认

① 本研究主要内容以"后现代哲学思潮中的认知社会语言学研究"为题，发表在《外语学刊》2015年第4期，特此说明。

知社会语言学的主要倡导者Dirk Geeraerts、Gitte Kristiansen、Hans Georg Wolf、René Dirven、Farzad Sharifian、Stefan Grondelaers等把认知语言学的基本理论如典型范畴理论、认知语法、构式语法、理想化认知模型、概念隐喻、转喻理论和概念整合理论等应用于语言的社会研究，探究概念层面和语言层面的变异问题（Kristiansen & Dirven 2008: 4）。以上学者的智慧和努力充实了认知语言学研究范域，同时也催生了认知社会语言学的诞生。

社会语言学重视社会文化制约下的语言变异。认知语言学强调语言的体验性；认知社会语言学则同时关注语言变异和认知体验两方面，整合了社会语言学和认知语言学的研究理念，既秉承了认知语言学的基本框架，又融合了社会语言学的基本视角和研究方法，强调从语言的社会性（外部）和认知性（内部）两个维度进行语言研究，使语言研究更加全面和深入，为语言学研究开辟出一片新天地。虽说不同学者对认知社会语言学有不同理解，但其基本理念趋于一致，可将认知社会语言学描述为：

> 基于后现代哲学思潮，运用认知语言学和社会学的基本研究方法，考察语言的社会属性，强调认知主体间互动时形成的社会性和主体间性在语言认知中的核心地位，力图为包括网络语言在内的所有言语，特别是语言变体提供一种社会认知视角的解释，从而揭示语言的社会属性。

近年来，认知社会语言学的研究已取得一定成果，其学科结构日趋成型，学科地位得到巩固和提升。2007年在波兰克拉科尔（Kraków）召开了“第十届国际认知语言学大会”（ICLC10），正式确立了认知社会语言学为认知语言学的重要分支，明确了认知社会语言学学科地位。2008年，在英国布莱顿大学举行的“语言、交际与认知”大会上，首次鲜明提出了“认知语言学社会转向”的议题。同年，由

Gitte Kristiansen和René Dirven主编的《认知社会语言学：语言变异、文化模型、社会制度》一书出版，标志着认知社会语言学正式诞生。2010年由Geeraerts、Kristiansen和Peirsman编著的《认知社会语言学的进展》一书的面世标志着认知社会语言学逐渐走向成熟，2021年由Gitte Kristiansen、Karlien Franco、Stefano De Pascale、Laura Rosseel和Weiwei Zhang编著的《认知社会语言学再续》则呈现了认知社会语言学最新研究成果。

2011年，在中国西安召开的第十一届国际认知语言学大会将会议主题明确定为"语言、认知与语境"，再次提升了其学科地位。2018年3月12—16日在西南大学举办了第十届国际认知语言学系列讲座，其主题是认知语言学的社会转向，2019年12月13—15日在四川外国语大学召开的中国社会语言学会第二届高峰论坛，专家们围绕社会语言学与认知语言学的界面研究开展了有益探讨，这些学术活动都极大地推动了认知社会语言学发展。

2. 主要思想

Robins（1967）指出，哲学是语言学的摇篮。王寅（2017）进一步认为，是哲学的，定能为语言研究所用；是语言的，必然关涉哲学理论，这两个学科唇齿相依，同生共长，它们具有"互为摇篮"的紧密关系。基于认知社会语言学基本观点、成长过程和当前社会语境，可将后现代哲学视为其哲学基础，因此认知社会语言学与后现代哲学"互为摇篮"，共同推动人们对相关问题的认识。

后现代主要不是指"时代化"意义上的一个历史时期，而是一种思维方式。后现代和诸多哲学思潮一样，关注的仍然是思维与存在的关系问题，也就是人与现实的关系，它在思维方式上坚持一种流浪者的思维，一种专事摧毁的否定性思维，坚持对统一划一思维和二元对立思维为特征的现代性思维方式的否定（王治河 2006：i）。在过去半个多世纪中，后现代思潮在不断批评现代性中诞生，获取养分，不断成长，它反对现代性思潮试图建立的乌托邦式的“中心”和“权威”，提倡“多元化”，从而消解“中心”和“权威”。如上文所述，后现代是一种思潮，它已经浸入了人文社科研究的各个角落。据王治河（2006）和王寅（2012）的观点，后现代思潮经历了三大阶段：（1）人本性、批判性后现代；（2）解构性后现代；（3）建设性后现代。王寅（2013）、廖巧云（2013）、刘玉梅（2013）、赵秀凤和黄洁（2013）已经尝试将后现代理论运用于认知语言学学科建设研究。后现代思潮之核心观点直接为认知社会语言学的诞生和发展提供了学理支撑和营养钵。具体列表如下：

表1　后现代哲学思潮否定、摧毁的对象和主张的观点及其为认知社会语言学提供的营养钵

序号	否定、摧毁的对象	主张的观点	认知社会语言学营养钵
1	个体理性和主体性	主体间性	认知方式
2	中心	去中心化思潮	研究对象
3	唯一正确的方法	多元主义方法论	研究方法

认知社会语言学基本观点可以大致概括如下：

2.1　认知方式的主体间性

后现代思潮强调主体间性（intersubjectivity）为语言的社会认知解读提供了学理基础（详见赵永峰 2015）。认知语言学强调认知的共性和个性，正是有了认知的共性，才使得人们的语言交际得以顺利进行，但这种共性如何建立一直困扰着哲学家们。现象学大师胡塞尔（2002）曾经问过这样一个哲学问题：

> 我怎么能够把在我之中构造出来的东西恰好经验为他人的东西；同时，确实与此不可分的还有，我怎么能够对在我之中构造出来的自然与由他人构造出来的自然做出认同？
>
> ——胡塞尔（2002：190）

后现代哲学家哈贝马斯认为唯有主体间性可以回答胡塞尔这一问题。这也使得哲学从主体性走向了主体间性，其核心观点是：如果某物的存在既非独立于人类心灵（纯客观的），也非取决于单个心灵或主体（纯主观的），而是有赖于不同心灵的共同特征，那么它就是主体间的（贝宁、余纪元 2001：518）。正是通过主体间性，我们才能构建一个共享世界，使得我们的交际得以进行。这一点也可在哈贝马斯交往行为理论那里找到佐证：有了主体间性，个体之间才能自由交往，个体才能通过与自我进行自由交流而找到自己的认同，才可在没有强制的情况下实现社会化（陈嘉明 2006：312）。

主体间性是认知主体间互动时形成的，主体与主体的交往必定要形成社会或社团，这也就为主体间性打上了社会性的烙印。认知语言学强调语言的体认性（王寅 2009，2012），践行“现实－认知－语言”这一基本理念。依据后现代理论，唯有主体间性才可能使两个或两个以上的心灵可以彼此相互交流，才使得交际成为可能，那么这个过程本身就具有社会性。因此可以说，认知的主体是人在带着自己的视角从自身出发对外部世界进行识解，最终形成各种构式的认知机制并形成概念，然后语码化为语言。这一过程有两个地方离不开人，一是，现实世界本身就具有社会烙印，比如我们认知人与人形成的各种社会关系时，认知的对象本身就具有社会性。二是，我们每个人都不能置身于社会之外，都是社会的人，那么我们带着社会性对世界进行识解时，必定打上社会烙印，在认知过程中会形成主体间性。因此，认知语言学自身就要求我们关注语言的社会性和现实世界的社会性，而过去的认知语言学家（Lakoff & Johnson 1980; Croft 2001; Taylor 1989; Goldberg 2006; Langacker 1987, 2008；刘玉梅 2010；赵永峰 2013）则更多强调普遍的认知能力和认知机制，如隐喻、转喻、意象图式、ICM等在认知世界时发挥的作用，而忽略了社会性，正是因应这一态势，认知社会语言学走到了认知语言学和社会语言学研究的前台。

以上阐述了认知社会语言学视角下的话语产生过程。这里需要指出的是，话语的理解也离不开社会语境下的主体间性。美国语言哲学家亨普尔（1998）在《关于认知意义的经验主义标准：问题与变化》中论证了一个表达式有意义，必须满足两个条件：

（1）该表达式所属的语言框架：表达式符合特定时期特定语言的语法规则。

（2）该表达式所在的理论语境：也就是语言表达式所发生的社会、文化和具体的语言环境。

比如说Earth Day，如果在1970年4月22日之前，这个表达缺少具体的所指，而在盖洛德·尼尔森和丹尼斯·海斯两位学者发起号召将4月22日定为Earth Day之后，特别是2009年第63届联合国大会决议将每年的4月22日定为“世界地球日”之后，“地球日”在当下的社会语境中的所指就可以是4月22日。也就是说，社会文化要素为语言理解所依赖的语境也做出了具体的贡献，是语言赖以生存和理解的基础。

因此，不管是话语的产生过程和理解过程都需要依赖社会语境，并且一定都要受到社会机制的制约与影响，正如福柯（1969）所说的那样：我猜想在任何一个社会中话语的生产都会根据一定数量的程序被迅速地加以控制、选择、组织和再分配（瑞泽尔2003：62—63）。

拉康（2001）也认为，只有当我们进入人类社会才有的符号秩序的时候，人类才开始得以作为人类而存在。在符号秩序中，字词所表达的任何一种意义都不是来自主体，而是来自社会秩序。在符号秩序中，起控制作用的是主体间性，而不是主体性（瑞泽尔2003：189）。照此推理，认知必须是置于特定社会秩序下主体间产生的，那么社会性是其必不可少的要素。也就是说，忽视语言社会性的语言研究理论是不健全的。

2.2 研究对象去中心化

认知语言学坚持基于使用的语言观，那么语言的使用是在现实社会的使用中发生的，如果要全面地揭示语言，必须探析社会因素对语言的影响，即语言的社会变异（张辉、周红英 2010：38）。这一语言观也要求人们在进行认知社会语言学研究时需要更多地考虑语言的社会性。另据张辉、周红英（2010：38），认知语言学越来越关注语言的社会性（Grondelaers et al. 2007: 1006），主要表现在以下三方面：

（1）关注不同文化模式及其在同一语言社团内的竞争。

（2）关注语言变异：语言的认知—功能解释既受语言内部因素制约，也受同言语变异有关的外部因素制约。

（3）强调语言和认知的社会性。

下面我们看一则来自《重庆时报》2011年11月12日的报道：

> 昨日是2011年11月11日，单身的叫“光棍”，结婚的叫“脱光”，初婚的叫“开光”，二婚的叫“反光”，离婚的叫“抛光”，闪婚闪离叫“借光”，四处相亲叫“走光”，电视征婚叫“曝光”。光棍节，不管你“光”没“光”，让你也来沾沾“光”，相信生活总有灿烂的阳光！

我们对这则报道的理解都是基于11月11日光棍节这一社会情境而展开的。首先，汉语中的“光”有“光线”“一点儿不剩”“景物”“荣誉”等多个义项，这名记者是交替应用了“光”的不同义项。

其次，这一情境与婚姻紧密相关，并且随着社会生活的变化，与婚姻相关的认知域也不断发生共变。例如，结婚成本不断增加，男女性别比例失调带来的婚姻困难等等，都是认知主体在当前社会语境下建立的主体间性所涵盖的内容，正是这些主体间性才使得与结婚相关的表达如此丰富多彩。从中可得出，以上主体间性也需要一套词汇和修辞来表达人们的理念。

从以上论述来看，后现代思潮的主体间性认为交往行为是主体间性行为，提倡交往行为，以建立互相理解、沟通的交往理性是和谐社会的基础，主体间性既是人类社会性产生的理据和基础，也为认知社会语言学提供了学理基础和养分（赵永峰 2015）。

自现代语言学诞生以来，索绪尔的结构主义语言学强调区分语言（langue）和言语（parole），强调在结构系统中重点研究前者，无形中忽视了后者；乔姆斯基的转换生成语言学区分语言能力（competence）和语言运用（performance），主要研究前者而忽视后者，乃至于造出了一个人们在日常交际中根本不会使用到的英文句子，并成为了转换生成语言学研究的一个"经典"例句：

（1）Colorless green ideas sleep furiously.

而认知社会语言学自诞生以来，就提倡将所谓的语言"外部"要素（包含文化准则、社会规范、社会情境）对语言运用的影响纳入语言研究的中心，力主关注社会差别要素对语言的影响，如社团、族群、地域、宗教、地位、性别、教育程度、年龄等要素。具体来说，其研究范域大致可分为四大方面：

（1）语言的社会性与语言变异：社会方言、地域方言，语言的性别、年龄差异，语言与阶级、阶层、行业、职业的关系，口语书面语构型变异的社会因素等。

（2）语言的文化变异：语言与文化的关系，称谓与文化，宗教与语言，禁忌语与委婉语。

（3）语言接触与语言演变：双语及双语制（主要涵盖语言社会化、双语制、双语能力、语码转换、混合语码），多语制（主要关注语言忠贞性与语言更替、语言和种族、语言与政治、语言权力、皮钦语和克里奥尔语、多语体现象），语言演变机制和语言濒危等。

（4）社会语言学的应用问题：社会语言学和教育，语言规划和语言改革等问题。

认知社会语言学从一开始就践行后现代思潮强调个人在社会中发挥的主导作用，强调人的主体性，大至每个种族、每个国家、每个群体，小至每个个体的语言都是合理的研究对象，这样就远离了结构主义和转换生成语言学所主张的只研究理想说话者的语言。这也符合语言研究对象的现实，以英语为例，Moag（1982）通过对世界上英语使用情况的调查后发现，英语已经“遍布全球”，他从26个维度出发，以104个特征为指标，将英语的使用国分为四类：

（1）将英语作为母语（English as a Native Language）
（2）将英语作为外语（English as a Foreign Language）
（3）将英语作为二语（English as a Second Language）
（4）将英语作为基础语（English as a Basal Language）

而目前的现实是，英语正在经历一个全球化的过程，以英语为母语的人数已经远不及其他三类人，目前的英语不再是单一国家的语言，而是已走向了世界各个角落，这种全球化的过程必定为英语打上区域的文化、社会特征，那么认知社会语言学研究的一项重要历史任务就是研究各种英语变体（Englishes），而不再只是研究英国或美国所谓的“纯正英语”。据Morgan编写的《牛津英国史》和Fennell的《英语史》之观点，英语事实上就没有纯正过，英语从一开始在其发展中就受到了包括外部和内部社会历史事件的直接影响，从其他语言或者社会变迁中吸收了大量的养分，不断发展至今，如表2所示：

表2　英语发展阶段及其受到社会历史事件的影响

序号	历史阶段	社会历史事件	主要影响	例示
1	古英语：5世纪到11世纪	盎格鲁、撒克逊、朱特人占据英格兰	奠定了英语的基础	pig, dog
		597年基督教在英国取得合法地位	大量基督教词汇进入英语	disciple, priest
2	中古英语：11世纪到16世纪	1066年诺曼征服	大量法语词汇进入英语	judge, parliament
3	现代英语：16世纪到今天	文艺复兴	大量古希腊语和拉丁语进入英语	drama, education
		工业革命	借用和新造了大量的工业类词汇	nickel, ampere
		殖民扩张	借用了许多其他语言中的词汇	kangaroo, tycoon
		科学技术的巨大进步	英语中出现了大量的科技词汇	sputnik, computer
		社会生活的变迁	社会生活方面的词汇大量涌现	supermarket, feminism

概而言之，认知社会语言学的研究对象更加关注使用中的语言，并将其置于特定的社会语境中考察，而不只是关注语言学家自造的、脱离语境的语言表达。

就认知社会语言学研究对象的去中心化而言，另有两类现象值得重视：

（1）旧形式、新内容（New "Senses" of Old Words）

事实上，随着全球化的发展，我们自己每天都在创造新表达，只是有些表达昙花一现，有些会持续下去，并且慢慢进入我们的词汇系统，不管是哪一种现象，认知社会语言学都应该将其纳入研究的范域，并从中追寻其后的社会背景及其认知机制。下面看一组案例，自世界地球日1970年设立以来，大量的环保词汇进入了英语，也就是说国际大事件对包括英语在内的语言会产生重要影响。据全球语言监测机构[1]的数据，以下28个单词在所有环境相关的表达中位居前列，为了更清晰阐释这一点，现列表如下：

表3 2012年和2013年最流行的环境词汇排名

序号	词汇	2013年排名	2012年排名
1	Green	1	1
2	Renewable energy	2	2
3	Sustainable	3	3
4	Climate change	4	4
5	Eco- (as a prefix)	5	5
6	Emissions	6	6
7	Ecology	7	7
8	Recycle	8	8
9	Vegan	9	9
10	Locavore	10	新
11	Global warming	11	10
12	Solar power	12	11
13	Biomass	13	12
14	Xeriscape	14	新
15	Biodegradable	15	13
16	Greenhouse gas (GHG)	16	14
17	Wind power	17	15
18	Organic food	18	16
19	Carbon footprint	19	17
20	Post-consumer (waste)	20	18
21	Natural (food)	21	19
22	Hybrid (car)	22	20
23	Greenhouse Effect	23	21
24	Biofuels	24	新
25	Greenwash	25	22
26	Carbon trading	26	23
27	Free-range	27	24
28	Save a Tree	28	25

① 全球语言监测机构（Global Language Monitor，简写GLM），总部位于美国得克萨斯州，一直在关注语言的发展变化。

表3所示的28个词汇中，有25个原来就在英语中存在，只不过新近成为流行的环境用语，而且这些词中，绝大多数都与早前的几十年或者几百年前的意义相差甚远。例如，Green一词，在特定的语境中，不再只是表示“物理颜色”，而更多地表示“主张保护环境的，环境保护的，赞成环境保护的”，并随着环境问题日益突出，人们对环保的关注也会越来越多，它的使用频率就会更加频繁，这就是它之所以高频的社会意义上的认知基础。

（2）新形式、新内容（New Words）

随着社会的发展，特别是网络交流的更加有效和频繁，人们在日常语言的使用中，为了交际的需要，根据一定的认知理据，会创造一些新表达，而这些表达，有些昙花一现，有些会慢慢进入我们的词库。如表3中的Locavore（土食者，本土膳食主义者）、Xeriscape（节水型园艺，节水型花园）、Biofuels（生物燃料）都是最近几十年英语中出现的新词汇，另据全球语言监测机构发布的数据，它们的使用频率在2013年突然骤升，出现这种情况并非偶然，而是与当前社会的生态问题日益严重和生态意识的强化息息相关。

事实上，随着全球化的持续发展，时代要求英语全球化，认知社会语言学家更应关注我们身边的语言。例如，英语的BRICs表达在经济学家吉姆·奥尼尔2001年11月20日发表《全球需要更好的经济之砖》（*The World Needs Better Economic BRICs*）之前，乃至于在后来的金砖国家领导人开始定期会晤之前，该表达依然没有现在所指的意义。

需要指出的是，随着全球化的持续深入发展和中国的崛起，汉语给英语也带去了不小的影响。据全球语言监测机构的报告显示，自1994年以来，国际英语增加的词汇中，中式英语贡献了5%到20%，超过任何其他来源。专家认为，随着中国国力的提升，中国文化正对世界文化形成重要补充。据《中国青年报》2012年2月17

日的报道：回顾过去一年外媒的涉华报道，我们会发现，“中式英语”增多，甚至外媒在报道一些中国新闻时，创造了中国专属的英文词汇。比如，英国广播公司（BBC）特意用了一个在英语中极不常见的词汇“领头龙”（leading dragon），来表述中国经济在全球的地位。而中国顾客超强的消费能力，让英国媒体基于“英镑”概念创造了一个新名词“北京镑”（Peking Pound），意为中国人所花的英镑。英国《每日邮报》称，“北京镑”所消费的大牌奢侈品，预计将会占整个奢侈品行业销售额的三分之一。最近BBC和《华尔街日报》分别用了tuhao（土豪）和dama（大妈）两个表达，可以预计，随着中国影响力的不断增加，像这种拼音式的英语表达即使可能“昙花一现”，但还会不断涌现。

从以上可得出，这些“旧形式、新内容”表达和“新形式、新内容”表达脱离了原有的“中心”，它们的出现离不开特定的社会文化环境，都极具后现代“去中心化”特征，它们必然处于认知社会语言学研究范域之内。

2.3 研究方法多元化

从研究方法来看，人类语言具有主体间性，主体间性必然为语言注入社会性，而社会性是复杂的，那么研究语言不能再依靠单一的方法。后现代认为多元主义方法论允许采用一切方法，容纳一切思想，反对传统方法论原则的唯一性、普遍性，反对传统方法论对其他方法的排斥和打击。因此，认知社会语言学在研究方法论上汲取后现代多元方法论，提倡“既继承，又创新”的理念，既运用传统的田野调查①、问卷调查等渠道收集原始资料，又提倡语料收集的多元化，比如

① 认知社会语言学的田野调查已不是传统意义上的田野调查，更多依赖互联网，但基本理念应该是一致的：尊重每一个语言个体的语言。这也是研究方法和理念所发生的重大改变。

网络媒体的信息、语料库（如中国国家语委语料库、北京大学语言研究中心语料库、英国国家语料库、美国当代英语语料库），也使用各类搜索引擎提供的语料，以及社会生活中的新媒体广告乃至于一些小广告所提供的语料。总之，它力主的语料收集方式是“存在的就是合理的”，践行尊重并将每个社会个体的语言都纳入研究范域之内。

3. 发展趋势

认知社会语言学认为语言在很大程度上以人类的身体经验为理据，因此人类的语言应该具有一定共性。认知社会语言学的主要目标就是要通过研究纷杂的语言现象揭示其背后能够反映人类认知的普遍规律并构建相关的理论模式。认知社会语言学在未来需要关注三大发展趋势：

3.1 语义变异和言语变异研究

20世纪60年代末，美国社会语言学家拉波夫（Labov）正式提出“语言变异”理论。“变异”是相对于“常规”而言的，语言变异主要指语言使用过程中随社会因素或其他因素的变化而产生的差异。由于认知语言学强调“基于使用的模型”，其研究范围必然涉及社会语言学的相关领域以及社会语言变体。传统的认知语言学对语法和词汇的研究主要集中在语言符号的概念功能及指称功能的探讨上，认为词的意义范畴具有典型范畴特征，从典型范畴意义可引申出其他意义。认知社会语言学强调语言的社会性，关注不同地区及社会群体的认知范式，这些传统领域无疑是认知社会语言学研究未来关注的重点。

例如，Geeraerts（2005）指出，典型范畴理论研究有助于人们理解词汇意义之间的相关性，但忽略了语义的社会性。其实，典型意义是逐渐扩展的，不同的意义关系构成了多维度的、非原子性的网络结构。基于Putnam的社会语义机制和Bartsch的交际语言规范性理论，Geeraerts（2005）认为社会语义关系模式有三种基本形式：权威的语义模式、合作关系模式和居于二者间的冲突与竞争模式。从社会学的角度看，这三种基本的社会语义力分别对应权利、合作和竞争，不同的社会语义关系模式促使意义范畴指向不同的方向。权威语义模式提倡比日常用法有更多限制性的权威意义；合作关系语义模式强调语义的模糊性和灵活性；而竞争语义模式二者兼有（Geeraerts 2005: 219）。这是对传统典型范畴理论的完善和充实，值得继续关注。

3.2 语言及语言政策的文化模式研究

认知社会语言学重视语言及语言政策的认知文化模式研究。这些研究以认知文化模式为落脚点和着眼点，以各国的语言政策或语言变体为研究对象。张辉和周红英（2010）指出，随着认知语言学对社会因素的重视，关注由不同的社会语境、交际者、社会群体导致的隐喻变异成为认知语言学研究的必然趋势。语言、认知和文化的关系决定隐喻话语理解的关键不仅仅是隐喻本身，还有隐喻幕后的社会、文化认知模式。因此，结合语言类型学，分析不同语言特征，解析不同语言使用者的文化认知模式是认知社会语言学发展的另一趋势。

学界在这一方面已有尝试，Sharifian（2008）认为人类最基本的行为、思想和情感可以通过超越个体认知的、社会和文化层级的概念化识解。文化概念化反映在语言的词汇、句法和语用等特征上。Hans-Georg Wolf和Frank Polzenhagen于2009年合著的《世界英语变体的认知社会语言学研究》通过考察第二语言变体的研究，关注文化概念化，验证了语言的文化适应性。

Berthele（2008）以英语在美国和瑞士的使用和教学现状为研究对象，通过认知语言学的理想化认知模型和隐喻、转喻机制透视不同民俗文化模式对语言的识解，揭示西方社会的不同文化模式。随着全球化进程的推进以及（以英语为全球性语言的）国际交流的需要，反映独特文化模式的英语变体研究刻不容缓。

3.3 语言与意识形态研究

语言与意识形态之间存在着紧密的联系，意识形态贯穿整个符号学领域或全部表义系统："意识形态领域与符号领域相重合，凡是有符号的地方就有意识形态存在。"[①]认知社会语言学采用认知科学研究与心理语言学实验相结合的研究方法进行研究，这样充分发挥了两种研究方法的优势：以语料库的定量分析确定相关变量，再通过心理学实验方法有针对性地考察各变量对在线加工的影响。这也是认知社会语言学研究的新领地。

例如，Polzenhagen和Dirven结合当今全球化进程对语言自身及语言环境的影响，从元理论视角出发，运用话语分析的方法，探讨了理性主义和浪漫主义及其政治–哲学立场和概念化，特别是英语中特定的隐喻和转喻概念化问题，并分析了这两种认知文化模式中隐含的意识形态问题（Kristiansen & Dirven 2008）。

Morgan（2007）通过研究美国英语中主流公共话语（例如商业、政治和战争的隐喻话语）考察有关社会体制隐喻中的始发域和目标域的关系。他发现，一个认知域既存在常规的识解方式，又可通过一个以上的隐喻家族来识解。例如，商业机构之间的关系看似竞争的，从内部结构看又是合作的；政治在选举场合是竞争的，在为取得共同目标而结成联盟时又是合作的（张辉、周红英 2010）。多个隐喻家族

① 出版巴赫金的《马克思主义与语言哲学》。

的多重识解创造出新的认知框架，并使其有常规化的可能，进而改变人的思想和行为，促成社会风气和社会体制的变革（Kristiansen & Dirven 2008）。

另外，Janicki（2008）从基于典型理论的词义观或词义辐射网络理论，通过讨论政治事件的争论或冲突，分析政治领域中的意识形态，进而针对性地解决政治问题。他分析了发生在美国的三起政治事件（克林顿性丑闻事件，佛罗里达州选举事件和关于干细胞研究的争论）的新闻报道语料，发现在语言层面上，政治事件中的冲突主要是由冲突双方对某一核心概念（如sex relations）的定义问题产生分歧引起的，冲突的双方就核心概念的定义各持己见，并都相信词的正确定义的唯一性。而Janicki认为，词的定义并不能阐释词代表的事物的本质，理解政治话语应该把典型理论的词义观和政治问题结合起来，合理评判社会现象，进而解决政治问题。

综上所述，认知社会语言学基于后现代哲学思潮，坚持主体间性在人类交往中发挥的关键作用，运用认知语言学和社会学基本研究方法，以语言表达及其变体为研究对象，以探讨语言的社会性为历史使命，深入解析语言的社会性与语言变异、语言的文化变异、语言接触与语言演变、社会语言学的应用等四大议题，力图消解相关学科壁垒，为语言和社会研究提出新视角。需要强调的是，认知社会语言学是认知语言学对生成语言学革命的继续，也是认知语言学新使命在新历史时期的突显，它必将促进人们对语言、社会和大脑的认知。

（编者：四川外国语大学/赵永峰）

参考文献

Berthele, R. 2008. A nation is a territory with one culture and one language: The role of metaphorical folk models in language policy debates. In Kristiansen, G., & Dirven, R. (eds.), *Cognitive Sociolinguistics: Language Variation, Cultural Models, Social Systems* (pp. 301—332). Berlin/New: Mouton de Gruyter.

Croft, W. 2001. *Radical Construction Grammar: Syntactic Theory in Typological Perspective*. Oxford/New York: Oxford University Press.

Croft, W., & Cruse, D. A. 2004. *Cognitive Linguistics*. Cambridge: Cambridge University Press.

Geeraerts, D. 2005. Lectal variation and empirical data in cognitive linguistics. In Ruiz de Mendoza, F., & Cervel, M. S. P. (eds.), *Cognitive Linguistics: Internal Dynamics and Interdisciplinary Interaction* (pp. 182—183). Berlin & New York: Mouton de Gruyter.

Geeraerts, D., & Cuyckens, H. 2007. *The Oxford Handbook of Cognitive Linguistics*. Oxford: Oxford University Press.

Geeraerts, D., Kristiansen, G., & Peirsman, Y. 2010. Introduction. Advances in cognigive sociolinguistics. In Geeraerts, D., Kristiansen, G., & Peirsman, Y. (eds.), *Advances in Cognitive Sociolinguistics* (pp. 1—20). Berlin/New York: Mouton de Gruyter.

Goldberg, A. E. 2006. *Constructions at Work: The Nature of Generalization in Language*. Oxford/New York: Oxford University Press.

Grondelaers, S., Speelman, D., & Geeraerts, D. 2007. Lexical variation and change. In Geeraerts, D., & Cuyckens, H. (eds.), *The Oxford Handbook of Cognitive Linguistics* (pp. 988—1011). Oxford/New York: Oxford University Press.

Harder, P. 1999. Partial Autonomy. Ontology and methodology in cognitive linguistics. In Janssen, T., & Redeker, G. (eds.), *Cognitive Linguistics: Foundations, Scope, and Methodology* (pp. 195—222). Berlin: Mouton de Gruyter.

Janicki, K. 2008. How cognitive linguists can help to solve political problems. In Kristiansen, G., & Dirven, R. (eds.), *Cognitive Sociolinguistics: Language Variation, Cultural Models, Social Systems* (pp. 517—542). Berlin/New: Mouton de Gruyter.

Kristiansen, G., & Dirven, D. 2008. *Cognitive Sociolinguistics: Language Variation, Cultural Models, Social Systems*. Berlin/New York: Mouton de Gruyter.

Kristiansen, G., Franco, K., De Pascale, S., Rosseel, L., & Zhang, W. 2021. *Cognitive Sociolinguistics Revisited*. Berlin/Boston: Mouton de Gruyter.

Lakoff, G., & Johnson, M. 1980. *Metaphors We Live By*. Chicago: University of Chicago Press.

Langacker, R. W. 1987. *Foundations of Cognitive Grammar (Vol. I): Theoretical*

Prerequisites. Stanford: Stanford University Press.

Langacker, R. W. 1999. *Grammar and Conceptualization*. Berlin/New York: Mouton de Gruyter.

Langacker, R. W. 2008. *Cognitive Grammar: A Basic Introduction*. Oxford/New York: Oxford University Press.

Moag, R. F. 1982. English as a foreign, second, native, and basal language: A new taxonomy of English-using societies. In Pride, J. B. (ed.), *New Englishes* (pp.11—50). Rowley, Mass.: Newbury House.

Morgan, K. O. 2007. *The Oxford History of Britain*. Beijing: Foreign Language Teaching and Research Press.

Pires de Oliveira, R. 2001. Language and ideology: An interview with George Lakoff. In Dirven, R., Hawkins, B., & Sandikcioglu, E. (eds.), *Language and Ideology Volume 1: Theoretical Cognitive Approaches* (pp. 23—47). Amsterdam: John Benjamins.

Robins, R. H. 1967. *A Short History of Linguistics*. London: Longman.

Sharifian, F. 2008. Distributed, emergent cultural cognition, conceptualisation and language. In Frank, R. M., Frank, R. M., Dirven, R., Ziemke, T., & Bernárdez, E. (eds.), *Body, Language and Mind: Sociocultural Situatedness* (pp. 109—136). Berlin/New York: Mouton de Gruyter.

Taylor, J. 1989. *Linguistic Categorization: Prototypes in Linguistic Theory*. Oxford: Oxford University Press.

Wolf, H.-G., & Polzenhagen, F. 2009. *World Englishes: A Cognitive Sociolinguistic Approach*. Berlin/New York: Mouton de Gruyter.

埃德蒙德·胡塞尔. 2002. 生活世界现象学. 倪梁康、张廷国（译）. 上海：上海译文出版社.

陈嘉明. 2006. 现代性与后现代性十五讲. 北京：北京大学出版社.

卡尔·亨普尔. 1998. 关于认知意义的经验主义标准：问题和变化. 载于A. P. 马蒂尼奇（编）. 牟博、杨音莱、韩林合等（译）. 语言哲学（16—38）. 北京：商务印书馆.

廖巧云. 2013. 后现代哲学视域中的认知神经语言学进路. 外语学刊，（5）：8—13.

刘玉梅. 2010. Goldberg认知构式语法的基本观点——反思与前瞻. 现代外语，（2）：202—209.

刘玉梅. 2013. 后现代哲学视野中的构式语法研究. 外语学刊，（5）：20—25.

米歇尔·福柯. 1993. 知识的考据. 王德威（译）. 台北：麦田出版公司.

尼古拉斯·布宁、余纪元（编）. 2001. 王柯平等（译）. 西方哲学英汉对照辞典.

北京：人民出版社.
乔治·瑞泽尔.2003.谢立中等（译）.后现代社会理论.北京：华夏出版社.
王寅.2009.从后现代哲学的人本观看语言象似性——语言学研究新增长点之六：象似性的哲学基础与教学应用.外语学刊，（6）：32—37.
王寅.2011.什么是认知语言学.上海：上海外语教育出版社.
王寅.2012.哲学的第四转向：后现代主义.外国语文，（2）：9—15.
王寅.2013.后现代哲学视野中的认知语言学——哲学第四转向后的语言学新论（上）.外语学刊，（5）：1—7.
王寅.2017.哲学与语言学互为摇篮.外语学刊，（2）：1—6.
王治河.2006.后现代哲学思潮研究.北京：北京大学出版社.
文旭.2011.认知语言学事业.外语与外语教学，（2）：1—5.
文旭.2019.基于"社会认知"的社会认知语言学.现代外语，（3）：293—305.
雅克·拉康.2001.拉康选集.褚孝泉（译）.上海：上海三联出版社.
张辉、周红英.2010.认知语言学的新进展——认知社会语言学——兼评Kristianse & Dirven（2008）的《认知社会语言学》.外语学刊，（3）：36—42.
赵秀凤、黄洁.2013.后现代语境中的认知诗学学科定位和发展前景.外语学刊，（5）：26—30.
赵永峰.2013.基于RAB的现代汉语动前构式和动谓构式的认知研究.博士学位论文.成都：四川大学.
赵永峰.2015.后现代思潮中的认知社会语言学研究.外语学刊，（4）：65—70.
赵永峰.2019.福柯话语权力观解析——以美国历届总统候选人电视辩论话题为例.外语研究，（6）：9—14+112.
赵永峰.2020a.福柯话语权力观视域下政治术语建构研究——以neo*和new^{+}为例.解放军外国语学院学报，（6）：10—17+157.
赵永峰.2020b.法兰克福学派论争：从阿多诺主体性到哈贝马斯主体间性——以哈贝马斯普遍语用学为例.重庆社会科学，（7）：121—130.

认知诗学（Cognitive Poetics）

1. 引言

认知诗学，又被称之为认知文体学，作为一支新兴的交叉学科，兴起于20世纪70年代。1983年，以色列学者Reuven Tsur的研究成果《什么是认知诗学？》的面世拉开了认知诗学研究热潮的序幕。

根据研究内容、研究方法和研究对象不同，认知诗学可分为狭义和广义的认知诗学。狭义的认知诗学把认知诗学仅仅视为一种与认知语言学密切相关的文学研究方法。如Tsur（1992）认为，认知诗学致力于对诗歌的语言和形式如何影响读者对作品的解读认知机制的研究，是借助认知科学这一研究工具来研究文学的跨学科分析方法。而广义的认知诗学以Stockwell为代表的学者则认为Tsur等对“诗学”这一概念的理解或界定过于保守，他们认为认知诗学不只是认知科学的一个分支，而应当作为一个系统的文学研究理论。

不管是广义的认知诗学，还是狭义的认知诗学，这一领域的学者们都是在一系列与认知相关的语言结构和理论基础之上，将认知科学相关的理论应用于文学文本研究，从而寻找到连接文学研究与语言和心智研究的界面（interface）。认知诗学虽然能为具体文本的分析和阐释提供新方法，但其主要目的在于探究用于语言研究的认知框架如何与文学理论之间建立起更密切的互动关系。从根本上讲，认知诗学作为研究文学文本或话语的一种跨学科的研究方法，反对把文学话语看作是专属于少数人群的文化表达方式，而是认定文学话语是根植于人类普遍认知能力基础之上的感知世界的方式。

1.1 认知诗学与文体学

前文提到认知诗学又被某些学者称为“认知文体学”，由此可见认知诗学与文体学的联系之密切。

Semino和Culpeper（2002）指出认知诗学和文体学存在很大程度的重合，因为两者都关注对文学文本的阅读、理解与加工。申丹（2009）认为尽管认知诗学和文体学都以文本语言为研究重心，但文体学是在非文化语境中借助语言学中的方法和框架对文学文本语言的语言特征进行的非评价性描述。而认知诗学是在文学语境中运用人们的基本的认知能力从阅读、阐释和评价等方面对文学文本进行理解。因此“诗学”比“文体”的含义更广。Freeman（2006, 2012）也认为认知语言学为认知诗学提供了理论支撑，而认知文体学则扩展了认知诗学的研究领域，使认知诗学的研究对象可以包含所有的文学语料及理论。因此，认知诗学是一门借鉴文体学研究成果但又独立于文体学范畴的认知文学研究。

1.2 认知诗学与认知语言学和认知心理学

提及认知诗学，很多人认为认知诗学就是借助认知语言学的相关理论来对文学文本进行解读和研究，然而，Stockwell（2002）对此偏见进行了批评，认为仅仅借用认知语言学和认知心理学的一些观点而把文学作品视作一种语料来进行认知诗学研究是一种狭隘的做法；认知诗学的研究者不仅仅需要掌握认知语言学的理论，更需要考虑文学语境，掌握文学批评的方法。

因此，认知语言学和认知心理学的研究能够给认知诗学的研究提供技术支持和理论依据，但研究者不仅仅运用认知诗学及认知心理学等认知科学理论和方法来分析文本，而且在文本分析之外探讨和文学有关的问题，比如，文本肌理（texture）、话语（discourse）及意识形态（ideology）等（熊沐清 2008）。Gavins和Steen（2003）也认为认知诗学和认知语言学是一种互补而非统属的关系。

鉴于此，认知诗学的研究不仅仅需要依靠认知语言学及认知心理学的研究理论和成果，更需要考虑文学语境，掌握文学研究方法，从而更好地促进文学研究的发展。

1.3 认知诗学与文学

顾名思义，认知诗学根本上是一种“诗学”，而不仅仅是借助于语言学理论框架的文学分析方法，其诗学的主要目的是为了探讨文学相关的基本问题。认知诗学从根本上认为文学是一种特殊的认知和交际形式，同时它对于发展人的认知能力具有特殊作用。认知诗学的研究目的在于探讨文学与人类交际和思维的关系。同时，认知科学家通过长期探索发现文学其实是人类心灵的产物，即，文学作品的创作过程或者读者对作品的接受过程本质上都是认知活动。文学研究与认知科学一样都采用交叉研究的方法，试图从一系列不同的理论与方法中探寻新的研究手段。由此可以得出，认知诗学的发展一定程度上提升了文学及文学研究的地位。同时，认知诗学借助文学及文学作品可以对人类认知与思维关系的探索做出贡献。

2. 主要思想

2.1 Tsur的认知诗学观点

Tusr自20世纪70年代起，就一直致力于在分析哲学及结构主义的基础之上借助认知语言学等认知科学的研究成果，来探讨文学作品的结构以及其对读者和作品的解读所产生的影响。Tsur（1992）特别指出，他本人借助认知科学对文学作品的研究不是要颠覆其他的传统文学研究，而只是去解释那些传统文学理论无法解决的问题。也就是说Tsur的出发点不是为了发展理论，而是为了解决问题（蒋勇军 2009）。

1992年，Tsur的专著《走向认知诗学理论》的出版，标志着Tsur认知诗学理论的初步系统化。该书以诗歌为主要分析语料，运用早期的认知科学相关的理论及成果，分别从语音层面、语义层面、想象层面及意识层面研究人们在创造及解读诗歌过程中的信息处理过程，以及究竟是什么制约了人们对诗歌的解读，并为探讨审美效果和非审美元素之间的关系提供了认知理论和模型。

Tsur（1983, 1992, 1998）进一步指出，文学的主要目的就是使我们的认知处理进行陌生化或者非自动化。当然，他也致力于研究读者认知陌生化及非自动化的内在认知机制。Tsur对认知科学的运用不仅深化了文学作品的创作和解读，同时扩展了对认知科学理论本身的认识。

当然，Tsur的认知诗学理论也受到了外界的质疑，如有人认为Tsur的认知诗学过于强调诗性语言和日常语言的不同（Bizup & Kintgen 1993）。也就是说Tsur几乎没有把普通的非文学类语言纳入认知诗学的研究范畴之中。前文也提到，Stockwell（2002）和Gavins（2007）也不赞成Tsur仅仅把认知诗学视为一种文学研究方法的论断，而是认为诗学是对文学的基本参考方式，并非认知诗学的一个分支。

2.2 Stockwell的认知诗学观点

Stockwell的《认知诗学导论》（2002）将认知诗学视作一门运用认知语言学和认知心理学等认知学科研究文学文本的一门学科。他特别强调这里的文学包括所有非诗歌的文体。Stockwell对诗歌、小说等多种文学体裁进行了分析和研究，这些领域涉及典型理论、图形–背景理论、指示语理论、认知语法理论、脚本和图式理论以及心理空间理论等。近年来Stockwell（2020）进一步梳理了身体、心智和文学的关系，他指出文学由语言构成，而认知语言学既是对心智和语言的最佳理解方式，也是理解文学的最佳方式。认知诗学基本原则包括语言和具身心智都具有连续性，认知包括情感和经验，文本与阅读不可分离等。

Stockwell并没有把自己的研究局限在传统语言学理论之内，而是把认知语言学最新的研究成果引进到了文学研究中。Stockwell重视文学阅读中的认知机制，强调应对特定环境下的文本信息做处理分析。Stockwell提出了很多创新的研究模式。他认为，可以针对一种文学体裁开发一个具有普遍性的语言学模型来对比分析，比如他针对“指示语”提出了一个极具总括性的认知诗学模型，通过运用指示转换理论来对叙事话语中视角的建立，维护以及转换机制进行概括总结。

针对Stockwell的观点，有学者批评他提出的文本分析理论框架过于冗杂，没能把众多理论框架整合成一个统一的整体理论。同时有学者认为Stockwell过于重视对文本意义的阐释和解读，忽视了情感和审美，不过Stockwell（2002, 2009, 2020）认为，情感主要是在计划执行过程中被打断时才会出现，这种态度就使情感处于次要地位。情感应该是在对文本有了全新的认知解读之后才产生的效果。

尽管批评众多，但Stockwell通过自己对认知科学理论的运用，拓宽了认知诗学的研究范围，明确了认知诗学的研究目的和理论，为认知诗学的长远发展提供了坚实的理论基础。

2.3 Werth和文本世界理论

阿姆斯特丹大学Paul Werth教授是最早主张将认知语言学研究从词汇、句法层面转向语篇层面的代表人物之一，其代表理论则是文本世界理论（Text World Theory）。Werth在《文本世界：表征话语中的概念空间》（1999）中详细阐述了该理论的基本框架。

Werth（1999）认为一个命题只有被读者相信为真实可靠的时候，才会增加到共同的知识背景之中，而这个过程往往建立在接受者对说话者权威感知的基础上。此外，他认为对文本前后关系的正确衔接，是能够完全理解文本的基础。假设某人的研究数据是取自现实生活，那么扩展的文本就是走向正确理解的第一步。

根据Werth（1999）的文本世界理论，"世界"可被划分为三个层次：语篇世界（Discourse World）、文本世界（Text World）和次级世界（Sub-world）。第一个层次语篇世界是指人们交际时的现实情境，其中包括交际的时间、地点等。语篇世界必须具有两个以上的参与者，比如说话者和听话者，作者和读者。同时，交际双方须遵守交际性及合作性等原话语原则（Werth 1999）。随着语言活动的发展，参与者会在大脑中根据语篇信息及具备的百科知识建立一个心理表征，这就是文本世界理论的第二个层次——文本世界。"文本世界"是一个指示空间，起初由话语本身来确定，后期由话语中的指示部分来确定（Werth 1999）。次级世界作为第三层次是由文本世界的时空维度发生变化而产生的新世界，是存在于文本世界内部的心理世界。因此语篇世界是文本世界产生的基础，次级世界是由于文本世界中时空变化而衍生的新世界。Gavins（2007）认为，文本世界之所以独特是因为Werth把认知主义原理广泛运用于分析实践中。

为了纪念Paul Werth，谢菲尔德大学学者Joanna Gavins于2007年出版了《文本世界理论导论》，该著作在继承Werth的理论框架基础之上丰富了新的研究领域和内容，也产出了很多新的研究成果。Gavins（2007）对"次级世界"进行了重新界定，并用"世界转换"（World Switch）来代替这个概念。她认为，文本世界是参与者根据语篇信息以及具身体验所构建的世界，记忆和意象在这一层次起着重要作用。

文本世界中指示参数的变化则会导致“世界转换”的产生。

3. 发展趋势

随着多媒体技术、网络技术及数码技术的迅速发展，多模态语篇逐渐成为学术研究的热点。多模态又称作多符号，多模态语篇是指包括语言、图像、声音色彩，空间布置及肢体语言等在内的多种符号参与文学表达，能够表达出文学意义和美学意义的文学作品（Kress & van Leeuwen 1996）。赵秀凤（2013）认为，“多模态文学利用多模态符合的非限制性组构，挖掘创造立体表征空间，彰显符号能指的质料性层面，创造一种崭新的文学阅读体验”。

Gibbons的《多模态认知诗学和实验文学》（2012）创造性地整合了跨学科的研究成果，集认知诗学、多模态研究及文体学等为一体，初步建立了多模态认知诗学的分析框架，并针对颇具代表性的四部多模态小说进行了实例分析。在对多模态文学作品的分析过程中，Gibbons（2008, 2011, 2012）并没有摒弃认知诗学研究的基本理论框架，他合理利用了认知科学及认知语言学的基本理论，如概念隐喻、图形–背景理论、概念整合理论及认知语法，来更好地解读文学意义以及探究读者感知多模态文学作品时的加工过程。

多模态文学作品涉及多个符号领域的交互作用，多模态文学研究具有与生俱来的“跨学科性”。因此，当语言研究者针对他们不太熟悉的模态类型（比如电影、插图和网络媒体等）进行认知诗学分析时，容易产生错误的解读与阐释。同时，前文提到多模态语篇的解读和普通文学语篇一样仍然难以逃脱应用语言学学者对其“解读主观性太强”的诟病。

对于针对多模态尤其是非语言符号的解读易造成过度主观内

省化的质疑，部分国内外学者开始采用自定步速、眼动实验（eye-tracking）、事件相关电位（ERP）、功能性磁共振成像（fMRI）等手段探究文学阅读中的认知机制，以及文学如何对认知能力产生影响，如思维风格、移情、叙述等文学活动对认知的作用（俞珏 2021）。Gibbons（2011, 2012）借助神经认知科学领域的研究成果，进行了内省分析与实证研究的有机结合。陈庆荣和杨亦鸣（2017）采用眼动技术考察了中国古代诗歌阅读过程中押韵和诗意理解的认知机制，发现中国古代诗歌阅读具有全时程的押韵效应，该研究可为中国传统文化语境下语篇加工机制的探索提供科学路径。

针对上述问题，在未来的认知诗学研究中，研究者可以深入了解所分析的多模态文本中的多种模态类型，做到多学科的融合及相互利用，如加强对漫画小说、多媒体电子书等多模态形式的了解及研究，从而更好地完善现有的理论框架。此外，针对多模态分析容易过分主观内省化的批评，研究者应充分考虑到读者在多模态语篇的感知和认知过程中，认知能力和背景知识的个体差异，充分利用神经认知科学的研究方法及理论，运用先进的仪器设备监控读者在多模态文本阅读过程中的大脑活动，如利用眼动实验、ERP或fMRI去验证并修正所得出的内省理论，从而推动认知诗学的完善和发展，最终有助于完善并充实认知语言学和其他认知科学的相关理论。

（编者：重庆交通大学/黄健平、王兴龙）

参考文献

Bizup, J. M., & Kintgen, E. 1993. The cognitive paradigm in literary studies. *College English*, 55(8): 841－857.

Freeman, M. 2006. The fall of the wall between literary studies and linguistics: Cognitive poetics. In Kristiansen, G., Achard, M., Dirven, R., & Ruiz de Mendoza, F. (eds.), *Cognitive Linguistics: Current Applications and Future Perspectives* (pp. 403—428). Berlin: Mouton de Cruyter.

Freeman, M. 2012. Blending and beyond: Form and feeling in poetic iconicity. In Jaén, I., & Simon, J. (eds.), *Cognitive Literary Studies, Current Themes and New Directions* (pp. 127—143). Austin: University of Texas Press.

Gavins, J. 2007. *Text World Theory: An Introduction*. Edinburgh: Edinburgh University Press.

Gavins, J., & Steen, G. 2003. *Cognitive Poetics in Practice*. London: Routledge.

Gibbons, A. 2008. Multimodal literature 'moves' us: Dynamic movement and embodiment in VAS: An opera in Flatland. *Journal of Language and Communication in Business*, 21(41): 107—127.

Gibbons, A. 2011. Multimodal metaphor. *Language and Literature*, 20(1): 78—81.

Gibbons, A. 2012. *Multimodality*, *Cognition*, *and Experimental Literature*. London: Routledge.

Kress, G., & van Leeuwen, T. 1996. *Reading Images: The Grammar of Visual Design*. London: Routledge.

Semino, E., & Culpeper, J. 2002. *Cognitive Stylistics: Language and Cognition in Text Analysis*. Amsterdam: John Benjamins.

Stockwell, P. 2002. *Cognitive Poetics: An Introduction*. London: Routledge.

Stockwell, P. 2009. *Texture: A Cognitive Aesthetics of Reading*. Edinburgh: Edinburgh University Press.

Stockwell, P. 2020. *Cognitive Poetics: An Introduction* (2nd ed.). New York, NY: Routledge.

Tsur, R. 1983. *What Is Cognitive Poetics*?. Tel Aviv：The Katz Research Institute for Hebrew Literature.

Tsur, R. 1992. *Toward a Theory of Cognitive Poetics*. Amsterdam: North Holland.

Tsur, R. 1998. *Poetic Rhythm—Structure and Performance: An Empirical Study in Cognitive Poetics*. Berne: Peter Lang.

Werth, P. 1999. *Text Worlds: Representing Conceptual Space in Discourse*. London: Longman.

陈庆荣、杨亦鸣. 2017. 古诗阅读的认知机制：来自眼动的证据. 中国社会科学,（3）：48—76.

蒋勇军. 2009. 试论认知诗学研究的演进、现状与前景. 外国语文,（2）: 23−27.
申丹. 2009. 谈关于认知文体学的几个问题. 外国语文,（1）: 1−5.
熊沐清. 2008. 语言学与文学研究的新接面——两本认知诗学著作述评. 外语教学与研究,（4）: 299−305.
俞珏. 2021. 国内认知诗学的科学实证研究概况. 中国社会科学报，2021−11−24（007）.
赵秀凤. 2013. 多模态认知诗学研究——认知诗学研究的新进展. 外国语文,（6）: 43−51.

认知文体学（Cognitive Stylistics）

1. 引言

认知文体学主要研究读者在阅读过程中的假设推理活动，以及它们如何影响读者对语篇的意义阐释，其基本假设是，阅读是一个积极的过程，作者在建构语篇意义时起到了积极作用，语篇意义不仅存在于形式结构中，从某种意义上来讲，也是读者借用已有的背景知识进行协调的结果（Jeffries & McIntyre 2010: 126）。

2. 主要思想

传统的文体学研究关注文学的语篇解读，即语言形式同文学效果的关联。但从分析到阐释语言特征，不可避免地涉及作者与读者的认知。20世纪30年代，捷克美学家Jan Mukařovský发展了布拉格学派B. Havránek提出的"前景化理论"（Foregrounding Theory），提出文学语言的特点在于从审美角度对标准语进行有意扭曲。Mukařovský（2014: 44）认为"文体是前景化，是使人们注意，使其新颖，是系统地违背标准常规"。文学语言的前景化将交际淡化为背景，而将言语行为突出作为前景，其目的在于吸引读者注意，从而更加贴近前景化的主题。前景化理论植根于认知心理学的格式塔效应（Gestalt Effect），即人在组织视觉时区分图形与背景，类比到文学语篇，前景化的语言成分便充当图形。由于在视觉上更为突显，读者便更倾向于关注前景化的文本。任何前景化的概念均具有广阔阐释空间，令读者印象深刻。前景化理论将认知心理学成果运用到文体分析，可以说是认知文体学的开端。

美国文体学家Stanley Fish（1970）倡导的“感受文体学”（Affective Stylistics）是认知文体学的另一源头。Fish是“读者反应批评”（reader response criticism）的代表人物，对文学语篇具有较为激进的态度，认为语篇依赖读者而存在，文体效果源于读者。Fish（1980）坚信语篇是读者阅读的产物，其本质是一个过程。由于阅读产生意义，而读者的禀性决定语篇的意义，故同类读者会对同一语篇做出类似反应。Mary L. Pratt（1982）批判该观点“主客体颠倒”，并指出Fish本人在实际语篇分析中并未遵循所谓的读者反应范式（即逐字记录读者反应），而是逐行阐释读者对特定字词的反应。荷兰文体学家Michael Burke（2006a: 127）指出感受文体学并非关注读者的真实阅读感受，而是语篇在文学阐释过程中的作用。感受文体学虽存在诸多弊端，但对读者反应的关注逐步发展为认知文体学的关键议题，可将其视作另一先驱（申丹 2009: 2）。

认知文学研究是一项跨学科研究，包括认知诗学、认知修辞学、认知文体学、认知叙事学等范式或流派，是一种文学文本的批评分析模式（Salisbury 2011: 530）。文学认知研究领域最早的具有影响力的学者是以色列学者Reuven Tsur，他于1983年明确提出“认知诗学”（Cognitive Poetics）术语，并运用了认知心理学理论，阐述了知觉、图式和脚本等认知科学概念。Tsur“自20世纪80年代以来一直在发展他的认知诗学”（Richardson & Steen 2002: 1），在1992年的专著《走向认知诗学理论》中探究了阅读过程对诗歌形式的制约，并尝试解释文学文本结构同感知效果之间的关联，在该著作第二版（2008）中强调认知诗学目的在于运用认知理论去阐释文学，而不是使用文学作品去证明认知理论。Tsur具有宽泛的跨学科视角，从认知方面为诗学的研究提供了一个全新的视角（熊沐清 2016: 59）。

20世纪末，认知语言学家开始将文学语言纳入研究范畴，运用认知机制阐释文学作品（Lakoff & Turner 1989），并解释阅读文学作品的认知方式（Turner 1996）。George Lakoff和Mark Turner合著的《超越理性思索：诗歌隐喻实践指南》讨论了生与死的隐喻，提出了大链条隐喻，并具体分析了六位诗人的诗作。Lakoff和Turner（1989: xi）认为，隐喻是各种各样的思考，在想象和推理活动中必不可少，它能以某种不能替代的方式帮助我们理解自我和世界。Turner的1996年专著《文学心智》将心理空间和概念整合理论运用于文体学研究，集中讨论了故事和寓言在文学和日常生活中的作用，认为故事是心智的基本原则，寓言是基本的认知准则。张辉和杨波（2008）评价概念整合理论结合意义构建的认知过程，特别适用于解释文体学等富有创造性的机制和过程。然而这些对文学作品的研究仅侧重认知机制和认知方式等认知层次，甚少关注和分析实际文学文体，并非真正意义上的认知文体学研究。文体学家Donald Freeman（1993, 1995）通过对莎剧《李尔王》与《麦克白》中概念隐喻的探讨（Burke 2010: 41），弥补了此类不足。

"认知文体学"作为术语的正式提出最早出现在Weber于1996年主编的《文体学读本：从诺曼·雅克布森至今》，第八部分的标题便是认知文体学。Elena Semino和Jonathan Culpeper合编的论文集《认知文体学：语篇分析中的语言与认知》奠定了认知文体学地位，是最有影响力的认知文体学著作之一。Semino和Culpeper（2002: ix）将认知文体学定义为建立在语言学、文学研究和认知科学界面上的新文体学流派，融合了对文学作品进行明晰、严格和细致分析的文体学传统，以及关于认知结构与认知过程的理论考察，从而对语篇和读者反应以及阐释提供更系统和明晰的解释。认知文体学有新、旧两方面，既关注语言选择同语言效果的关系，又强调语言选择与认知结构和过程之间的关系（张辉、杨波 2008: 10）。

文体学是一种阐释语篇的方法（Simpson 2004: 2），认知文体学是一种运用信息加工的语言风格研究范式（Burke 2010: 40）。Burke（2006b: 218）对比了传统文体学、现代文体学以及认知文体学的研究范式。传统文体学（文学文体学）主要研究文学语言和体裁，对文学语篇进行清晰、严谨而详尽的语言分析；现代文体学受20世纪俄国形式主义和布拉格学派结构主义的影响，侧重文学语篇的形式研究，主要采取“自下而上”的研究范式，即细读文本、归纳数据、阐释文本效应；认知文体学则追求“自上而下”的研究范式，将认知的、情感的因素纳入语篇分析中，思考语篇生产和接收的认知结构和认知过程，其关注重点是认知和情感在阅读步骤中描写、界定和解释的作用。除了认知的因素，情感的因素也是认知文体学研究的重点。除了认知的因素，情感的因素也是认知文体学研究的重点。情绪对认知的影响是广泛普遍的，语篇内容反映作者的经验世界，在某种程度上是情绪影响认知的结果（文旭、段红 2014）。我们的行为和思维无处不涉及情感，情感对语篇的认知同样重要（张松松、胡晋阳 2018）。Burke（2006a）在梳理了各类有关情感的研究后，指出Langacker（1991）“意义即概念化”高度依赖于人类情感，有关情感的认知文体研究始于Semino（1997）运用图式理论对诗歌与其他文学体裁的分析，而图式理论的广泛运用同另一范畴更为宽广的学科即认知诗学有关。

胡壮麟（2012）指出，认知文体学与认知诗学联系紧密，二者具有趋同性，甚至存在混用情况。从基本概念看，文体学通常是文学语言研究，而诗学即文学研究，诗学的涵盖面更宽；从研究目标看，认知文体学仅追求认知效应与思维过程的相似处，而认知诗学关注信息加工过程中的个体性、独特性和创造性；从理论基础看，前者运用认知心理学和话语心理学理论，而后者则依赖概念隐喻和概念整合理论等。由此可见，二者主要存在理论上的细微差异，对于实际运用而言差别不大（Burke 2006b: 219; Burke 2010: 42）。

认知文体学自诞生至今，主要存在两类研究范式（Burke 2010: 43）。最初从认知语言学获得启发的学者采取“单一概念”的研究范式，主要运用概念隐喻、意象图式和概念整合等，虽然间或采用两种概念分析语篇，但总体上仅将认知语言学视为一项研究工具，主要研究停留在单一概念上，如Hamilton（2003）从认知语法角度探究了维尔浮莱德·欧文的诗歌《医务船》，Tobin（2006）运用心理空间和概念整合分析了《夏洛克·福尔摩斯》等。第二种研究范式被称为综合法，正如Semino和Culpeper（2002: ix）所言，认知文体学是文学语篇阐释与认知结构分析的结合体，应在已有的文学文体分析中融入认知的工具，换言之，综合性认知文体分析实为传统文体阐释的补充。Burke（2010: 45）强调认知文体学研究应重点关注读者在阅读中有意识和无意识的认知与情感过程，并对该过程同语篇的互动作出阐释，并列举了前景化理论、其他文体学理论以及认知文体学理论等三类研究工具，旨在为文体分析提供综合性视角。苏晓军（2008）评述了认知文体学三类常用的理论框架，即图式理论、前景化理论和语篇世界理论。张德禄等（2015：130）则细分出三种研究模式，一为基本理论研究，二为认知诗学框架内的相关理论研究，三为广义认知科学理论和方法研究；并归纳出两种阐释路径，一条是从语言特征透视认知结构，另一条则是根据语言特征解释认知过程。申丹（2008: 4）归纳了认知文体学研究的四大特点，包括着眼点的转移、模式的更新、关注规约性读者反应，以及为现存阐释提供认知解释，其中关注规约型读者反应是指，认知文体学不仅关注某个群体中读者所共享的基本阅读机制，也探究个体读者因身份和经历等因素导致的独特阅读反应。

认知文体学的研究目的并非为文学作品提供全新阐释，而只是从认知角度解释以往研究。

Semino和Culpeper合编的《认知文体学：语篇分析中的语言与认知》是最具影响力的认知文体学论文集。全书十二篇文章，刘国辉（2004）将其分为四个部分：前三章探讨了认知语言学的核心概念，如运用概念整合理论解释克里斯蒂娜·德·皮桑《妇女城》中的隐喻、类比和讽喻，根据具身认知假设解读埃米莉·狄更生两首诗歌手稿中的思维风格，以及使用典型理论探究亨利·詹姆斯《地毯上的图案》中的歧义解读。第四到第八章介绍了语言学理论和其他理论方法的应用，如从指示语、句法结构、否定及概念隐喻分析弥尔顿的四首商籁体诗，用图式理论、概念隐喻和概念整合理论阐释路易·德·伯尔尼埃《战地情人》中的思维风格，以认知文体学假设为基础揭示斯蒂芬·金《它》中的空间概念与概念隐喻，借容器隐喻诠释虚构类与非虚构类语篇中自我分裂现象，以及鲍勃·迪伦《飓风》中隐喻变体同文体风格的关系。第九至十一章用认知语言学理论处理特定语言现象，如诗歌修辞结构、语言幽默框架和人物塑造特别是社会图式等。第十二章Tsur对诗歌韵律感知进行了认知分析。上述十二份研究均从认知语言学获得启发，而从其具体运用看，既存在不同的研究范式，又涉及不同种类的文学语篇（刘国辉 2004: 400）。

Lambrou和Stockwell合编的《现代文体学》是另一部认知文体学论文集。该论文集共20篇论文，分为散文、诗、对话与戏剧三部分，展示了现代文体学一些热门的研究范式及其成果，从认知诗学到语料库语言学，从心智风格探讨和口语叙事语篇分析，到韵体诗视点探究，以及从词汇意义考察到篇章世界意义和情感研究等等。Lambrou和Stockwell（2007: 2—3）认为该论文集有两大创新：其一，认知诗学框架被重新运用于诗歌分析；其二，对话与戏剧语篇得到认知文体学研究者的关注。

Burke（2005）将认知维度加入菲利普·拉金《离去》的诗歌阐释中，主要运用图形/背景区分、意象图式和认知隐喻说明该诗的前景化手段。Burke（2005: 190）提出了三个研究问题：该诗开头主要的关注点是什么？该诗头两节的图形和背景分别是哪些？基于前两个问题，何人正在离去？该诗开头着眼于离去一词，形成一个路径图式，离去一词仅暗示了起点与轨迹，并未提示目的地，可视为前景化手段之一；在第一节，黄昏为图形，原野为背景，诗中的黄昏“走来”与整首诗“离去”的图式相反；第二节，黄昏由远及近、沿着膝盖和胸膛蔓延，这种上升的方式偏离了读者对“上为好”隐喻的认知；第三节包含消极的认知结构“下为坏”隐喻结尾，偏离了读者在读此诗开头时的预期。诗人通过省略和颠倒图式结构以及偏离隐喻认知以达到前景化效果。该诗被命名为离去，而包含的意象图式却是走来，全诗描绘的很可能是作为黄昏的死亡正在临近，言者的生命正在离去。Burke（2005: 194）认为，诗人用词语提示诗歌主题，而其潜在的认知却暗示另一个主题，将认知维度加入文体分析的工具箱，能够把握诗歌的隐含思想，从而为传统文体研究增添价值、拓展深度，并提高质量。

Burke（2007）做了类似研究，他运用认知工具发现爱德华·埃斯特林·卡明斯的诗集《郁金香与烟囱》中存在大量路径图式。Burke首先从偏离、排比和重复、对偶和半押韵三个传统文体分析角度佐证了部分文学评论家的观点，再解析诗集中独特概念隐喻如“城市是女性/城市是空间”“灯光是男性/灯光是旅者”等，最后归纳其上位隐喻为“生命是旅行”及其变体“生命是循环”。Burke（2007: 155）认为，将语言和文体延伸至认知领域是一个拓展文体分析框架的机会。

概念整合是目前认知文体学的热门议题之一。Margaret Freeman（2005）对西尔维亚·普拉斯的诗作《申请人》的概念整合分析被誉为《语言和文学》期刊最受欢迎的论文之一（申丹 2008: 5）。Freeman试图描述读者阐释该诗的策略和步骤，认为概念整合不仅是基础的概念化手段，更是基本的诗歌建构与识解的认知过程。Freeman评价了语篇理论、可能世界理论及图式理论，认为概念整合理论具有更强阐释力，因为“最优限制”将帮助读者探索看似反常的一系列概念隐喻的内在连贯。随后，Freeman借助理想化认知模型，通过对诗作的社会历史语境的回顾，从手、身体和头三类主要意象中分离出若干复合心理空间，如采访空间、婚礼空间、套装空间等。分析发现，诗人通过对婚姻和销售框架的整合，形成“婚姻是商品”“女人是玩偶”等概念隐喻，用以讽刺消费社会的虚假价值，折射出诗人的婚姻观。

Dancygier（2005）选取乔纳森·雷班的几部旅行叙事作品进行概念整合分析，以游记的语篇形式和词汇特征为线索，详细分析了视点建构的各种心理空间操作。Dancygier分类讨论了概念整合中的视点压缩类型如角色，空间、时间与变化等，指出作者常用自身经验和他者故事构建独特的心理空间，并用图表达了三种基本的视点压缩情形。Dancygier（2005: 122—124）总结说，小说家利用概念整合这一文体工具创造了复杂意象，引发了多层阐释，并产生了美学价值，表现出心理空间结构和视角选择策略的紧密联系。整合与压缩操作拓展了叙事研究空间，这些空间不仅产生全新意义，还表征不同视点，进而丰富作者个人体验。

无论是概念隐喻还是概念整合，上述研究都是为了从认知角度说明文学作品的前景化手段。除了基于图式理论和前景化理论框架的研究，还有一类有关文本世界理论的研究，以2007年由Gavins撰写的《文本世界理论导论》为代表。认知语言学研究已将研究重点从词句层面转向语篇层面，其中最具代表性理论之一是由Paul Werth于20世纪末提出的“文本世界理论”（Text World Theory），其基本前提是话语的加工和理解离不开人类大脑的心理表征，交际双方用其构建共同背景，即文本世界，可分为指示性次世界、态度性次世界和认识性次世界三个概念层次。Gavins结合自然发生的真实情境，对该理论进行了分析和阐述，探究了记叙文和隐喻的文本世界，并在话语层面重新审视了隐喻。该书结合了理论及其实用性分析，提供了有效的研究方法（张松松 2010: 60；张松松 2016: 94）。

3. 发展趋势

认知文体学是文体学与广义认知科学的结合，认知语言学、心理学和神经科学的发展为文体学研究带来新的研究范式，即实验方法。张德禄等（2015: 100）总结了三种主要的实验方法，即语篇变化检测法、阅读时间实验和眼动追踪与延续实验等，其研究重点是叙述文本中文体特征的认知，除此之外还涉及体裁、文学性判断、情感研究以及语音感知等多个领域。

前景化手段的实证研究为文体学和心理学的交叉应用。Emmott等（2006）在深度加工的心理学研究基础上，采用语篇变化检测法探究了句片和微型段落与读者反应的关系。Emmott等（2006）讨论了这两类语篇碎片的文体功用，假设语篇碎片化能吸引读者注意，并通过心理实验考察语篇碎片是否会改变读者对文本细节的敏感度。心理学研究表明，特定句法结构能突显或掩盖反常语义现象，如分裂结构使读者聚焦错误信息进而提升识别概率，主从复合句因结构复杂，故难以发觉反常语义成分，而上述两类句法结构均为读者更关注语篇的特定部分。实验准备了36段短文，根据语篇碎片化程度将其改写为三种版本，每种12段；24位受试分为3组，每组8人。受试每次阅读一段语篇，然后用之前一半的时间再读一次，或阅读仅有一字之差的语篇。如果读者注意到了某个词项的差异，便会意识到这类差异在不注意时可能出现得更为频繁。实验结果显示读者对三种语篇碎片的敏感程度具有可靠性差异，当语篇以句片或非常短的句子结尾时，读者差异识别率升高。可以推测，对于短小的独立成分，受试会有更谨慎、更深入的心智加工，验证了之前有关碎片化的假设。从文体角度分析，句片能吸引读者注意，非常短的句子也具有类似效果。Emmott等（2006）的发现不仅补充了现有心理学关于嵌套信息与加工深度的研究，对文体学也有所启示。读者浅层加工现象意味着复杂句法结构能掩藏嵌套信息，而语篇碎片研究能挖掘政治语篇中的隐藏信息，揭示作者在广告、新闻中的前景化手段，还能体现语篇可读性等。

神经科学的文体学应用是认知文体学的一大发展趋势。Gallese和Wojciehowski（2011）用镜像神经理论解释读者对文学人物的移情，提出基于具身模仿能力的神经叙事学研究范式。镜像机制在语义理解中起到关键作用，是从运动行为的视觉描述到执行该行为的直接映现，换言之，从感知觉到执行，不需任何推测，读者便在此基础上进行具身移情，对各种非语言表达进行模拟。具身模拟可分为视觉意象与运动意象，与之相关的认知活动依赖并取决于大脑感知运动区域的激活，如视觉意象相当于模拟真实的视觉体验，同理运动意象在某种程度上相当于模拟真实的运动体验。Gallese和Wojciehowski（2011）根据具身模拟理论讨论了弗吉尼亚·伍尔夫的长篇意识流小说《达洛维夫人》和但丁1295年的早期代表诗作《新生》，发现具身模拟不仅帮助读者识别文学人物身份，截然不同的模拟体验更能提供多种镜像反应解读。具身模拟为读者联结感知体验、记忆和抽象概念，产生独一无二的心理表征，是文学叙事的关键机制。Burke（2011）提出意象图式的神经基础。读者基于感知觉反应产生的身体经验被固化下来，由于语篇中的意象图式与读者的同构，读者用意象图式关联以往的具身体验，继而产生情感和认知。张德禄等（2015: 172）认为，认知文体学的很多理论都以意象图式理论为基础，意象图式的神经学发现能帮助揭示认知文体学其他理论的认知理据。

Harrison等（2014）将认知语法的基本概念和理论运用到文学作品阐释中，代表了认知文体学的另一发展趋势。认知语法的文体学应用更关注主观性、个性、人物理解与感受，以及同一阅读群体和同类文学作品的共性，这点同文学情绪反应研究一致。Harrison等（2014: 13－15）阐述了认知语法为文体学研究带来的五方面启示，即虚拟模仿、基调、主旨与意识性、陌生化与再熟悉化，以及责任与归属。虚拟模仿指读者对外部世界的具身经验作为百科知识的一部分储存在心智中，为理解文学语言表达，读者须在一定程度上模拟作者的心理体验，激活可比性经验。具身经验随时间不断减弱，其丰富程度依赖于作者的文体选择和读者的个人经验与性格。语篇基调和作者语气共同决定了文学体验，读者通过指示投射、移位、视角和视点安排等方式构建虚拟心智，认知语法能对阅读体验中有意识、无意识，以及从无意识到有意识的过程作出合理解释，其总体原则是心智的无意识性。认知语法还能解释文学作品的典型效应，比如读者一方面对虚构类作品有陌生化需求，另一方面又试图基于体验建立熟悉的世界观。Harrison（2017）进一步探究了当代文学小说的风格和不同读者的反应。作者选取了五篇英美后现代文学作品作为研究对象，除了文本分析外，还创造性地提取网站评论进行分析，以识解这一重要的认知能力为纽带，既考察了读者反应、认知和文本的互动，又描写了认知结构和认知过程。作者将文学形式和读者感受纳入一个分析框架，展现了认知语法对文学研究的可扩展性，并以此为基础，对有关概念和范畴进行了重新评价，构建出一种系统的文学理论，即认知篇章语法。

认知文体学隶属广义的认知文学研究，但由于起步较晚，尚未有一本学科层面的理论专著对其进行明确定位与指导，其研究范式和内容与认知诗学、认知叙事学、认知修辞学等有所重叠，制约了其独立发展，因此认知文体学尚未定型，甚至有被认知诗学取代之势（熊沐清2016: 60）。申丹（2009: 3—4）认为，认知文体学、认知诗学研究需要再往前走一步。Freeman（2007: 1193）提出认知诗学面临的挑战是，将文学形式和读者感受结合为一套有效、能产并可行的美学创造与反应的理论。熊沐清（2008: 299）强调认知诗学研究者们要考虑文学语境，掌握文学批评的方法，进行有价值的文学研究，从认知的角度对有关概念和范畴进行重新评价，构建一种系统的文学理论。蒋勇军（2009: 24）认为认知诗学除了关注文学文本的阅读过程和探讨阅读理解的心智运作或认知机制外，还应该探讨诗学的基本理论，如文学概念、性质、原理、功能及价值等等。尚必武（2011: 107）呼吁当下认知诗学所面临的首要任务是进一步发展广义的认知诗学，使得两种类型的认知诗学得到平衡协调的发展。张德禄等（2015: 141）提倡认知诗学研究应该纳入研究身体体验的神经学等学科，更加全面地分析人物的认知方式或者读者阅读文学作品的过程。

（编者：金陵科技学院/张松松；上海海事大学/胡晋阳）

参考文献

Burke, M. 2005. How cognition can augment stylistic analysis. *European Journal of English Studies*, 9(2): 185—195.

Burke, M. 2006a. Emotion: Stylistic approaches. In Brown, K. (ed.), *Encyclopedia of Language and Linguistics* (pp. 127—129). Amsterdam: Elsevier.

Burke, M. 2006b. Stylistics, cognitive. In Brown, K. (ed.), *Encyclopedia of Language and Linguistics* (pp. 218—221). Amsterdam: Elsevier.

Burke, M. 2007. Progress is a comfortable disease: Cognition in a stylistic analysis of e. e. cummings. In Lambrou, M., & Stockwell, P. (eds.), *Contemporary Stylistics* (pp. 144—155). London: Continuum.

Burke, M. 2010. Cognitive stylistics: History, development and current applications.

Journal of Foreign Languages, 33(1): 40—46.

Burke, M. 2011. *Literary Reading, Cognition and Emotion: An Exploration of the Oceanic Mind*. New York: Routledge.

Dancygier, B. 2005. Blending and narrative viewpoint: Jonathan Raban's travels through mental spaces. *Language and Literature*, 14(2): 99—127.

Emmott, C., Sanford, A. J., & Morrow, L. I. 2006. Capturing the attention of readers? Stylistic and psychological perspectives on the use and effect of text fragmentation in narratives. *Journal of Literary Semantics*, 35(1): 1—30.

Fish, S. 1970. Literature in the reader: Affective stylistics. *New Literary History*, 2(1): 123—162.

Fish, S. 1980. *Is There a Text in This Class? The Authority of Interpretive Communities*. Cambridge: Harvard University Press.

Freeman, D. 1993. 'According to my bond': *King Lear* and re-cognition. *Language and Literature*, 2(1): 1—18.

Freeman, D. 1995. 'Catch[ing] the nearest way': *Macbeth* and cognitive metaphor. *Journal of Pragmatics*, 24(6): 689—708.

Freeman, M. 2005. The poem as complex blend: Conceptual mappings of metaphor in Sylvia Plath's 'The applicant'. *Language and Literature*, 14(1): 25—44.

Freeman, M. 2007. Cognitive linguistic approaches to literary studies: State of the art in cognitive poetics. In Geeraerts, D., & Cuyckens, H. (eds.), *The Oxford Handbook of Cognitive Linguistics* (pp. 1175—1202). New York: Oxford University Press.

Gallese, V., & Wojciehowski, H. 2011. How stories make us feel: Toward an embodied narratology. *California Italian Studies*, 2(1): 1—35.

Gavins, J. 2007. *Text world theory: An introduction*. Edinburgh: Edinburgh University Press.

Hamilton, C. 2003. A cognitive grammar of 'Hospital Barge' by Wilfred Owen. In Gavins, J., & Steen, G. (eds.), *Cognitive Poetics in Practice* (pp.55—65). London: Routledge.

Harrison. C. 2017. *Cognitive Grammar in Contemporary Fiction*. Amsterdam/Philadelphia: John Benjamins.

Harrison, C., Nuttall, L., Stockwell, P., & Yuan, W. (eds.). 2014. *Cognitive Grammar in Literature*. Amsterdam/Philadelphia: John Benjamins.

Jeffries, L., & McIntyre, D. 2010. *Stylistics*. Cambridge: Cambridge University Press.

Lakoff, G., & Turner, M. 1989. *More than Cool Reason: A Field Guide to Poetic*

Metaphor. Chicago/London: The University of Chicago Press.

Lambrou, M., & Stockwell, P. 2007. *Contemporary Stylistics*. London: Continuum.

Langacker, R. 1991. *Foundation of Cognitive Grammar (Vol. II): Descriptive Application*. Standford: Stanford University Press.

Mukařovský, J. 2014. Standard language and poetic language. In Chovanec, J. (ed.), *Chapters from the History of Czech Functional Linguistics* (pp. 41—53). Brno: Masaryk University.

Pratt, M. L. 1982. Interpretive strategies/strategic interpretations: On Anglo-American reader response criticism. *Boundary*, 11(1/2): 201—231.

Richardson, A., & Steen, F. 2002. Literature and the cognitive revolution: An introduction. *Poetics Today*, 23(1): 1—8.

Salisbury, L. 2011. Cognitive studies. In Ryan, M. (ed.), *The Encyclopedia of Literary and Cultural Theory* (pp. 530—536). West Sussex: Wiley-Blackwell.

Semino, E. 1997. *Language and World Creation in Poems and Other Texts*. London: Longman.

Semino, E., & Culpeper, J. (eds.). 2002. *Cognitive Stylistics: Language and Cognition in Text Analysis*. Amsterdam/Philadelphia: John Benjamins.

Simpson, P. 2004. *Stylistics: A Resource Book for Students*. London/New York: Routledge.

Tobin, V. 2006. Ways of reading Sherlock Holmes: The entrenchment of discourse blends. *Language and Literature*, 15(1): 73—90.

Tsur, R. 2008. *Toward a Theory of Cognitive Poetics* (2nd ed.). Brighton: Sussex Academic Press.

Turner, M. 1996. *The Literary Mind: The Origins of Thought and Language*. Oxford: Oxford University Press.

Weber, J. 1996. *The Stylistics Reader: From Roman Jakobson to the Present*. London: Arnold.

胡壮麟. 2012. 认知文体学及其与相邻学科的异同. 外语教学与研究，(2)：163—172.

蒋勇军. 2009. 试论认知诗学研究的演进、现状与前景. 外国语文，25(2)：23—27.

刘国辉. 2004.《认知文体学——语篇分析中的语言与认知》介绍. 外语教学与研究，(5)：398—400.

尚必武. 2011.《认知诗学——目标、成就与空白》评介. 现代外语，(1)：105—

107.
申丹. 2008. 西方文体学的新发展. 上海：上海外语教育出版社.
申丹. 2009. 谈关于认知文体学的几个问题. 外国语文，(1)：1—5.
苏晓军. 2008. 认知文体学研究. 选择性述评. 重庆大学学报(社会科学版)，14 (1)：114—118.
文旭、段红. 2014. 情绪表达与叙事理解：基于概念整合的分析. 外语研究，(4)：12—17.
熊沐清. 2008. 语言学与文学研究的新接面——两本认知诗学著作述评. 外语教学与研究，(4)：299—305.
熊沐清. 2016. 认知文学批评的生成与发展——认知文学研究系列之二. 外国语文，(1)：57—68.
张德禄、贾晓庆、雷茜. 2015. 英语文体学重点问题研究. 北京：外语教学与研究出版社.
张辉、杨波. 2008. 心理空间与概念整合：理论发展及其应用. 解放军外国语学院学报，(1)：7—14.
张松松. 2010. 认知诗学的新进展——兼评Joanna Gavins的《篇章世界理论导论》. 当代外语研究，(11)：58—60.
张松松. 2016. 关于隐喻理论最新发展的若干问题. 外语与外语教学，(1)：90—97.
张松松. 胡晋阳. 2018.《语言和认知导论：心智地图》评介. 外语教学与研究，(4)：634—638.

认知语法（Cognitive Grammar）

1. 引言

20世纪70年代末以前，主流的结构主义语言学和转换生成语言学主要注重抽象语言系统及其规则，忽略了语义的研究，也忽略了在语义形成过程中认识主体的主观性和具身识解。为寻求语言研究的新进路，恢复语义在语言研究中的中心地位，功能主义应运而生。认知语法就是在这样的背景下由美国加州大学圣地亚哥分校Ronald W. Langacker教授自1976年开始创建、并经过过去四十多年不断完善和发展的一个语言学理论体系。Langacker（1982）最初把这个语法体系称为“空间语法”，1986年更名为“认知语法”。期间他调整了一些术语，也澄清了一些概念，在广度和深度上进行了拓展，但认知语法最初的框架和基本观点并没有较大的改变（Maldonado 2004: 306）。

认知语法属于功能主义传统（Nuyts 2007; Langacker 2007; Broccias 2021），注重语言的符号功能（即通过声音和手势表达意义）和互动功能（即通过文化语境中的语言使用来实现社会互动）。同时，认知语法是认知语言学研究范式中的一个研究取向，在其框架中不仅融入了认知语言学的各种理论构件，如范畴化、完型结构、隐喻、转喻、意象图式、力动态、象似性、主观化等，也认同认知语言学的一些研究假设，例如：（1）语言不是自足的系统，而是人的认知能力的一部分，与人类其他认知能力密不可分。对语言的表述必须参照人的一般认知规律，不参照认知处理过程就无法对语言进行描述。（2）句法不是自足的，不是独立于语义和词汇的模块。认知语法还更进一步认为，语法在本质上是象征性的（symbolic），即音系层（语言形式）象征语义层（概念内容）。词汇（lexicon）、形态（morphology）和句法构成一个象征单位的连续体，从词汇到句法，结构的复杂性和图式性逐渐增强。（3）语义具有百科知识的特征，语义结构是相对于开放的知识系统来定义的，不能单靠基于真值条件的形式逻辑来描写，而要参照开放的、无限度的知识系统。语义值不仅反映所构拟情境的内容，还取决于概念化者对它的识解（construal）。

认知语法在解释语言现象时也同样秉承认知语言学的两个承诺：（1）概括的承诺，即致力于寻找能概括多个语言层面的、具有最大普适性的一般原则。（2）认知的承诺，即从其他认知科学的研究中寻找对这些概括的佐证，使其符合已经得到验证的认知心理规律。

2. 主要代表人物

认知语法的主要研究者是Langacker教授。Langacker（1986, 1988, 2006, 2007, 2009a, 2015a, 2016a, b, c, d, 2017a, b等）在一系列的论文中介绍了认知语法的主要概念、观点和理论主张，并于1987年和1991年出版了《认知语法基础（I）：理论前提》和《认知语法基础（II）：描写应用》，对认知语法的主要理论框架进行了详尽而系统的论述，奠定了认知语法的理论基石。因为这两卷书比较艰深难懂，Langacker（2008a, 2013）后来又编写了两本简化和介绍性的专著。他将认知语法的理论应用于英语语法的体系构建以及诸多语言问题的分析，详见他的一系列论文和三本论文集（Langacker 1990, 1999, 2009b）。

Langacker（1995）对提升（raising）现象的研究，van Hoek（1995）对代词回指限制的研究以及Taylor（1996）对所有格构式的研究等，均充分展示了认知语法强大的解释力，是有代表性的认知语法经典之作。Lakoff（1987）以及Lakoff和Johnson（1999）也对认知语法做出了重要论述。Taylor（2002）出版了教科书性质的《认知语法》一书，对Langacker的认知语法做了较为全面的分析和总结，给予了高度评价并回答了人们对认知语法的一些疑问。

其他的一些认知语法研究者主要是Langacker的学生。代表性著作有Tuggy（1981, 1993）对纳瓦特尔语中的构词、及物性和致使结构和多义性的研究，Kumashiro（2016）对日语小句结构的研究等。据Langacker（2009a）的介绍，运用认知语法进行研究的专著主要有：Vandeloise（1986）和Casad（1982）对法语和科拉语（Cora）方位结构的研究，Rice（1987）对英语及物性的研究，Cook（1988）对萨摩亚语（Samoan）小句结构的研究，Smith（1987）和Janda（1993）对德语和斯拉夫语格语义的研究，Rubba（1993）对阿拉姆语（Aramaic）构词法的研究，van Hoek（1997）对英语代词回指的研究，Maldonado（1999）和Manney（2000）对西班牙语和希腊语中动结构的研究等。还有一些论文，如van Huyssteen（2004）对南非荷兰语拟声词重叠的研究以及Duffley（2018）对英语中全倒装和存在构式的研究等。

在国内，沈家煊（1994）较早对认知语法进行了介绍。王寅（2006）撰写了《认知语法概论》，是国内介绍认知语法的入门书。牛保义等2013年翻译了Langacker的《认知语法基础（I）：理论前提》（北京大学出版社），2017年翻译了《认知语法基础（II）：描写应用》（北京大学出版社）；黄蓓2016年翻译了Langacker的《认知语法导论》（商务印书馆）。2018年11月9—11日在南阳师范学院举行了首届全国认知语法专题论坛。近些年，运用认知语法进行研究的专著主要有高原（2003）、高航（2009）、席留生（2014）、完权（2016）、莫启扬（2016）等。董成如（2014）、张翼（2018）、庞加光（2019，2020）、莫启扬和文旭（2018）、刘辰诞（2021）、马辰庭和王义娜（2021），庞加光和张韧（2021）等学者也运用认知语法对汉语的相关语言现象进行了深入的分析。张翼（2019）、贾光茂（2020）等学者还运用认知语法对英汉相关语言现象进行了对比分析。

3. 主要思想

认知语法是一个宏大的理论体系，下面仅择几个要点进行介绍。

3.1 从人的认知能力出发才能对语言进行统一和概括的描写

认知语法认为，真实世界与概念化的世界不同，语言只能反映映射的世界，即反映的并不是客观世界本身，而是人对客观世界的识解；语言和客观世界之间存在着人的概念化这个中介。因此，认知语法是在概念层次分析意义的，关心的是世界是怎样被概念化的，着眼于概念化的过程和结果。

认知语法的“认知”并不仅仅是指语言是人类心智活动的产物，而是指语言深深植根于其他认知能力，如建立心理联系的能力，以及注意、心理模拟、自动化、抽象、范畴化等（Broccias 2013: 192）。对概念化过程中涉及的认知能力和基本认知规律的刻画有助于对语言全貌和语言背后的动因的认识。事实上，认知语法的一个核心观点就是，基本的语法范畴都是人类基本认知能力的体现，也都具有认知上的典型效应。例如，名词这个语法范畴涉及的是人类组聚（grouping）和重塑（reification）的能力；动词涉及的是人类追溯随着时间而演变的事件的能力；主语这个范畴涉及的是人类将注意力聚焦于事件参与者的能力；所有格体现的是人类的概念参照点能力（Langacker 2011: 80），等等。

形式规则是不可穷尽的，从有限的认知能力出发才能达到对语言一致的描写。正是基于以上认识，认知语法追求用一套有限的基本概念（如象征、认知域、突显、活跃区和背景设置等）力图对语言结构进行统一、概括的描写。正因如此，认知语法能够打破不同词类范畴的界限，对不同词类的并行现象做出概括，也能同时对句法、语义、语用三个平面上的并行现象做出概括的解释（沈家煊 1994）。

3.2 语法是有意义的

认知语法认为，语言是由规约性的象征单位（音义配对体）组成的结构化清单。这蕴含三点：（1）对于语言的符号功能而言，语言中只需三类结构：语义结构，音位结构，以及这两者组成的象征结构。（2）词汇和语法结构都是象征单位，都有语义极和音位极，差别仅在复杂性、图式性和规约性上。因此，词汇、词法、句法构成一个连续体，很多语法现象都是一个程度的问题，具有非离散性。例如，on a X day这个结构语义既未足够具体到可以划分为词项，也未足够抽象到可以归类为语法，而是介于二者之间。（3）语法是有意义的。即便是介词、助词、限定词这样抽象的语法词/功能词也是有意义的，见Langacker（2015b）和Duffley（2016）对助动词do的分析等。传统语法所说的“语法规则”，其实是将象征结构组合成更复杂象征单位的图式性范型。

一般的词汇音位极和语义极都是具体的，其语义由侧面（profile）和基底（base）共同决定。例如，“斜边”勾勒的是直角三角形的一个次结构，其意义的确定离不开直角三角形这个基底。即一个表达式的意义不单独存在于基底，也不单独存在于侧面，而是存在于二者之间的相互关系。再如，图1中的四个表达式其基底都是一样的，差别在于：（a）和（b）勾勒的分别是同一关系所涉及的两个事体；（c）和（d）勾勒的虽是同一关系，但射体（trajector）与界标（landmark）的选择和安排不同。

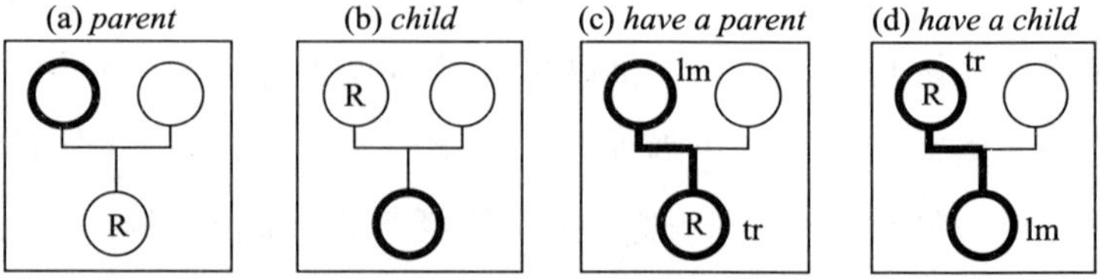

图1　侧面/基底与射体/界标对语义的影响（Langacker 2013: 68）

语法标记、助词、主谓一致标记、词缀等，其音位结构相对具体，但语义结构是抽象的。而像“词类”这样高度抽象的语法范畴，认知语法也将其视为象征单位，只不过其语义极和音位极都是图式性的。决定词项词类归属的是侧面、时间性以及关系参与者的数量和性质等概念。名词的侧面是事体；代词用于指代名词，也勾勒事体。冠词、指示词和数量词是限定词，是名词短语的背景设置成分或入场成分（grounding element），勾勒的也是事体。只不过它们的侧面在概念上是依存性的，而名词勾勒的是一个在概念上独立的侧面。动词的侧面是时间性的关系。不管是在名词短语还是在动词短语中，背景设置成分的侧面与受其背景设置的成分侧面是一致的。如，在this dog中，this和dog都勾勒事体，在She jumped中，过去时词素-ed与动词jump都勾勒过程，其区别在图式性或抽象性的程度上。

形容词和副词因其界标隐藏在语义结构中，只突显射体，勾勒的都是只有一个焦点参与者的非时间性关系，其区别是：形容词的参与者是事体，副词的参与者是关系。介词和连词勾勒的是有两个焦点参与者的非时间性关系，射体和界标都是显性的（Taylor 2002: 221）。其区别是：介词的参与者是事体，连词的参与者是关系。标补词、不定式标记to、-ing、过去分词词素-ed等勾勒的是高度图式性的非时间性关系，它们是所附结构的侧面决定体，可以把其所附加的动词词干的侧面由时间性关系转化为非时间性关系，即通过总体扫描的方式将一个过程去时间化。

把语义视为约定俗成的主观意象，从概念上对词类进行定义，这就打破了词法和句法的界限，把二者统一到一个连续体上。这是从真值条件出发难以做到的（沈家煊 1994）。也只有从概念出发对语言范畴进行界定，才能满足认知语言学概括的承诺和认知的承诺（见Lakoff 1991）。

3.3 意义就是概念化

认知语法以观察活动类比概念化活动，将意义等同于概念化，即认知主体对客观场景的识解。这包含三点认识：（1）概念化强调了认知主体的主观能动性。语言反映的是人的概念化，而不是镜像地反映客观现实。语言活动总是带有认知主体的主观色彩，这就有别于传统的真值语义观。每一个认知主体都可以从不同角度对同一个情景进行识解，从而产生不同的表达式。同一表达式也可能会因解读视角的差异而得到不同的理解。构式只不过是对识解方式的一种规约性符号化。（2）概念化强调了语义产生的动态性。语义产生于认知主体对客观场景的动态识解，带有过程性。识解是一个认知活动，要受到人类认知能力的制约。因此，语言能力和其他认知能力是密不可分的。（3）概念化强调了背景知识对识解的影响。认知主体是从个体的角度，根据自己的经验和认识来识解客观世界的，要受到百科知识的影响。

概念化不是命题性的，而是意象性的（imagistic），涉及的是构型性的概念（如“接触”等）和概念原型（conceptual archetype，如“物体在空中移动”等）。所以，词项不仅仅是“盖房子的砖块”，仅用于组合成表述复杂意义的构式，而是提供或激活了达及相关开放性知识域的通道（Langacker 2008a: 42）。例如，The beach is safe和The child is safe结构相同，但意义迥异：前者中主语the beach类似施事，后者中主语the child却是受事。这个意义上的差别不是仅仅通过语法结构的解码就能得到的，而是要激活我们相关的涉及“海岸”“小孩”“危险性”等概念的知识域。知识域类似“心理空间”（mental space）或“框架”，对某一特定概念而言体现出不同的突显性和被激活的潜在性，呈现出相互交叉的网络分布。类比于舞台模型的话，有些知识域与所聚焦的事体或事件直接相关，处于直接辖域（immediate scope，也叫舞台表演区，onstage region）之内，其他的则处于最大辖域（maximal scope）甚至舞台之下。对于这些知识域的安排涉及的是概念化者的识解。

一个语言表达式的意义包含两方面的内容：一是概念内容；二是理解与建构这一概念内容的识解方式。包含相同概念内容的语言表达式也会因为对事物的识解方式不同而导致语义上的差别。识解包括六个维度：基底与侧面；情景识解的详略程度（level of specificity）；比例（scale）和述义的辖域（scope of predication）；述义结构的相对突显度；背景假设与期待；视角（perspective）。识解在这些方面的差异会引起意义上的差异。例如，在词语层面，cross和across述义的基底相同，但侧面不同，即前者的侧面是时间性的关系，后者的侧面是非时间性的关系；move和walk对情景描写的详略度不同；island和peninsula激活的辖域不同；close和quite close表达的比例不同；stingy和thrifty所持的背景假设不同；pork和pig meat的组合方式（或突显度）不同；above和below的视角定位不同等。在短语层面，假设“一个杯子中有半杯牛奶”，这是相同的客观场景和概念内涵，但识解方式不同便会产生不同的表达：可以说It's half empty，也可以说It's half full；可以说“只有半杯”，也可以说“还有半杯”；可以说“喝了半杯”，也可以说“剩了半杯”。

3.4 名词短语和动词短语具有平行的背景设置

对事物的认识，首要关注的不是其存在，而是其识别，所以讨论事物时需要把注意力指向合格候选者中的特定所指。但光杆名词表述的仅是一类事物，要使其所指成为话语双方能够共同识别的对象，需要将其与“认知场景”建立起联系，即进行“背景设置”。认知语法中的认知场景，包括言语事件的参与者（即说话者和受话者）、言语事件本身、发生的时间地点、当时的情景语境、先前的话语以及参与者双方共有的知识等（Langacker 1999: 218—219; Taylor 2002: 346）。

谈论一个事件时，因事件的本质是发生，所以首要的问题是存在，而不是识别确认。事件的存在离不开其所发生的时间，因为事件总是在一定的时间点或时间段内发生的。对事件存在状态的描述也离不开说话者对其发生与否及发生潜在性的评估，即需要对其进行认识性（epistemic）的判别，将其置于说话者当前对现实的感知中（Langacker 2008a）。但一个骨干小句（skeletal clause）所勾勒的只是一类过程，要对其进行时间和认识性的确定，也需要将其与认知场景建立起联系，即进行背景设置。

可见，一般简单名词和动词都仅仅是明确事物或事件的类，具有虚拟的（fictive）性质，即其表述的只是一个虚拟的在想象空间中存在的事物或事件。类是对与其对应的所有例示（instance）的抽象和概括，向处于例示层面（例示域）的例示进行投射，但不占有例示域的任何位置。一个简单名词和动词只有经过背景设置才能表述该类中的一个或一些例示。例如，简单名词dog与完全名词短语a dog, this dog, the dog的差别不在于其侧面，它们的侧面都是一样的，都勾勒一个事体。它们之间的差异在于，前者表述一个类，而后者表述的是这一类中的一个例示。

名词和动词的背景设置都包括“有定”和“量化”两个维度，具有平行的结构。在英语中，名词的有定背景设置成分包括指示词（this, that, these, those）和冠词（a, an, the，弱读的some）；量化背景设置成分包括相对量化词（relative quantifier，如：all, most, some, no, every，each, any）和绝对量化词（absolute quantifier，如：many, few, little, a few, a little，以及数词等）。需要注意的是，只有处于整个名词短语的最左边时绝对量化词才成为背景设置成分（Langacker 2016b）。

小句表述的时间性过程通常需要明确三个成分：参与者、事件类、事件的存在情况。这三个方面的明确分别叫作类具体化（type specification，明确动词的内容）、类精细化（type elaboration，明确过程的参与者）和背景设置（明确动作的实现情况）（见Langacker 2015b）。对这些成分的明确往往通过词汇语法的手段。例如，在John broke the vase中，类具体化由动词break实现，类精细化由主语和宾语实现，背景设置由过去时词素和缺场的情态实现。所以，动词的背景设置成分是时态和情态。小句的有定性由无情态动词的谓语表示，并具有近指和远指的对立，体现为现在时和过去时的选择。小句量化背景设置成分是情态，也具有近距离和远距离的对立。只有通过时态和情态的背景设置，才能将其具体化为这一类中的某个例示，这样受话者才能够明确说话者谈论的到底是哪一个具体的过程。

背景设置成分也是背景中的成分，但并不是背景中的所有成分都能成为背景设置成分。背景设置成分必须具有以下特征（Langacker 1987, 1991；莫启扬 2016）：

（1）直指性。一个背景设置成分必须能够明确所表述事体或过程与背景某一方面之间的关系，必须参照话语参与者的知识系统，所以具有直指性。

（2）主观性。一个背景设置成分只能是处于舞台之下的隐含的参照点，不能登上舞台表演区成为表述的焦点。也就是说，尽管背景设置成分以某种方式调用认知场景，但所调用的背景成分（如说话者和受话者、说话的时间等）是被高度主观识解的，不能被言表或突显。这是因为，背景设置成分只突显受背景设置的成分所勾勒的实体，并未突显“背景设置”这一过程/关系本身。因此，虽然下例中的this和near me都可以表示“离说话者近”这一相同的概念内涵，并且都调动了说话者这一背景作为参照，但因为near必须将me作为界标显表，所以不能成为背景设置成分；而this可以。

（1）a. *The culprit is *this*.

b. The culprit is *near me*.

（3）拓扑性。背景设置建立起语言成分所表述的事体和过程与背景之间的联系。这种联系是拓扑性质的，具有相对性，这样才能确保每一个听者都能够得到相同的字面理解。

（4）图式性。背景设置成分的语义是高度抽象的，具有图式性。名词的背景设置成分本身就勾勒一个抽象的事体。动词的背景设置成分其侧面本来就是一个时间性的关系。所以，背景设置成分的侧面要么是事体，要么是时间性的关系，不能是非时间性的关系。因此，形容词、介词和分词都不能充当背景设置成分。

背景设置成分语义高度抽象体现在两个方面：其一，可以充当代词形式。代词的语义基本为空，需要参照所指代的词项或小句进行理解。其二，不能出现在动词be后面充当表语。这是由于be表示的也是抽象的关系，需要其后的词项对其语义空位进行精细化，而语义同样高度抽象的背景设置成分显然不能满足这一要求：

（2）a. That they will ultimately prevail is *possible* (**may*).

b. Probably the filing deadline was *before now* (*-*ed*).

（Langacker 2002: 12）

绝对量化词可以充当表语，但作为背景设置成分的相对量化词不可以：

（3）a. His problems are {few/many/three/several}.

b. *His problems are {all/most/some/each/every/any/no}.

（5）低灵活性。非背景设置成分虽然也可能会以背景中的某些方面作为参照，但这些方面是可变换的。例如，短语across the street在（4a）中以说话者为参照，而在（4b）中则是以句子主语Jennifer为参照的。相比之下，背景设置成分所参照的背景成分一般是固定的、缺省的，不能随意更换。例如（4c）中的this始终是以说话者为参照的。

（4）a. The shop *across the street* is going to close immediately.

b. Jennifer noticed that the shop *across the street* was going to close immediately.

c. Jennifer noticed that *this* wall needs a new coat of paint.

（6）不可或缺性。要构成一个完全名词短语或一个限定小句，背景设置成分是不可或缺的。因此，像dog near me and known to us all还不是完全名词短语，还需要进行背景设置，否则不能单独充当句子成分。

3.5 构式组成成分的组合顺序具有灵活性

认知语法与构式语法（Goldberg 1995; Fillmore 1998; Croft 2001）具有较高的相似度（Langacker 2007: 421），也可以说认知语法就是一种构式语法。它们在以下观点上是一致的：语言描写的首要对象不是规则，而是构式（Andor 2005: 343）；词汇和语法不是孤立的，而是构成了一个构式连续体；构式之间通过继承网络和范畴化关系连接。但二者之间也有很大的差别。除所使用的理论机制和描写构件不一样以外，还有以下差异：构式语法在语义表征方面并不重视人的识解因素（Andor 2005: 344），也不如认知语法那样激进地声称所有的语法构件都可以从概念的角度进行刻画。另外，认知语法认为，构式必须是由两个或者两个以上的元素构成的结构体（Langacker 1987: 409），而不是语言中任何意义和形式的结合体。例如，boys是两个象征结构（名词boy和复数词素-s）的组合，所以也是一个构式。相比之下，构式语法则把构式等同于语言单位，把复杂的语法结构、词、甚至词素一视同仁。

根据认知语法，构式组成成分之间的组合顺序是灵活的，没有严格固定的顺序。以the cat under the table为例，如果忽略定冠词与名词的组合不计，其构式组合顺序的一种可能性可见图2：

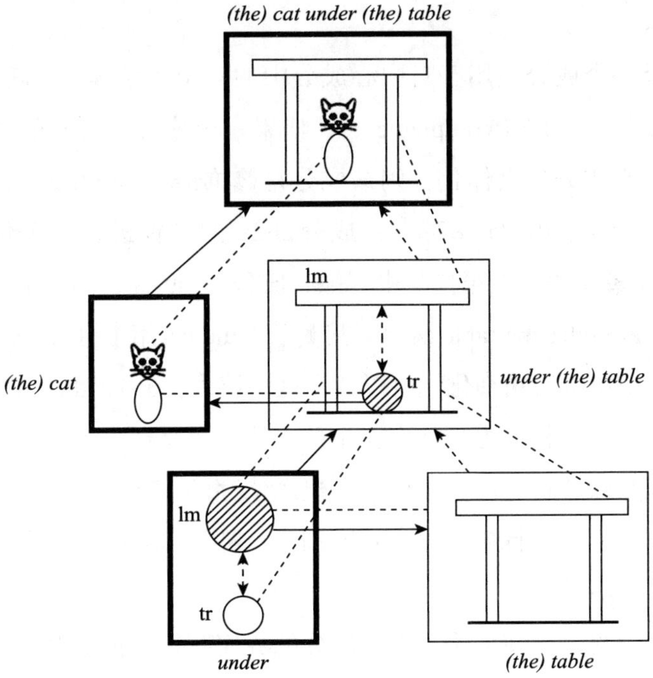

图2 ***the cat under the table*的组合路径之一（Broccias 2013: 197）**

成分的组合是以概念重叠（conceptual overlap）为基础的，体现为一种对应（correspondence）关系，图示中用虚线标示。如果一个结构本身未含有精细化空位（elaboration site，即其中一个组合成分还没有被具体化，图示中用阴影标示），这个结构就是自主的，否则便是依存性的。从半抽象构式under X发展为under the table，这是精细化或范畴化（图示中用实线箭头标示），从table变为under the table，这是拓展（extension，图示中用虚线箭头标示）。

在图2的底层，under勾勒的是有两个参与者的空间关系，其界标由the table精细化。二者组合成介词短语，图示为第二层右边的方框。under the table也是勾勒一个非时间性的空间关系，即合成结构的侧面继承了底层中介词under的侧面。把侧面继承给合成结构的成分是侧面决定体（profile determinant），也是合成结构的中心（head），用粗线框标示。

如果一个成分是用于对中心成分中的一个次结构进行精细化的，则该成分是补足语（complement）。如果一个成分中含有的精细化空位需要中心成分来具体化，则该成分是修饰语（modifier）。以图2为例，在底层中，the table对中心成分under的界标进行精细化，所以the table是补足语。在第二层中，中心成分是the cat，因为上层的合成结构the cat under the table继承了其侧面。the cat用于对under the table中的射体空位进行精细化，所以，在这一层中，under the table是一个修饰语。可见，补足语是概念自主的，修饰语是概念依存的，中心语则既可能是概念自主的，也可能是概念依存的。补足语和中心语都对修饰语中的空位进行精细化，其区别是：补足语和中心语是侧面决定体，修饰语不是。

由上可见，认知语法对中心成分的界定有别于传统语法。传统语法是根据一个成分是否与它所构成的结构同属一个语法类别来判断该成分是否是中心成分的。例如，在名词短语the beautiful girl和动词词串has been being beaten中，传统语法将girl和beaten分别认定为中心，其他成分都是通过附着于中心成分而得到扩展的。但根据认知语法，背景设置成分才是侧面决定体，所以在上面两个短语中，冠词the及时态所附着的第一个助词has才是中心成分。在所有格结构John's中，中心成分是's而不是John。另外，在传统语法中，动宾结构、主谓短语、介词短语，如beat the bush、he jumped、under the table等，都是离心结构，没有中心成分。但根据认知语法，这些结构是有中心成分的，分别是beat、jumped和under。

当认定成分组合是一种概念组合（conceptual grouping）时，其顺序就可以是灵活的。不管是主谓结构还是动宾结构，侧面中心成分都是动词，所以先和主语组合还是先和宾语组合都是可以的。前者符合语言线性加工的顺序，后者符合整体或模块加工的特点。同样在"NP_1+介词+NP_2"中，介词可以先和NP_2组合构成介宾短语再用来修饰NP_1，如图2所示，也可以先和NP_1组合再和NP_2组合，或者三者在一个层次上同时组合（见Broccias 2013）。

认知语法用侧面决定体界定结构中心，认为组合的顺序是灵活的，这有几点好处。第一，无须另外设置转换和移位的规则。像The claim was dismissed that she was a spy这样的句子，不需要再认为是通过句子The claim that she was a spy was dismissed中的that从句向右移位生成，这只不过是体现了语言概念组合的灵活性而已。第二，这能够解释包含多个助词的复杂谓语中侧面的交替和组合情况。如在I may very well have been being followed这个句子中，侧面的交替和组合可以抽象为：$(have(PERF_4\ (be_1(-ing(be_2(PERF_3(V)))))))$。第三，可以解释主从句侧面的竞争，体现为渐进性和可逆性。以（5）为例：

（5）a. Is evolution only conjecture? Well, the president has definitely decided *that it is*.

b. Bush has conclusively demonstrated *that evolution is only conjecture.*

c. I suspect *that evolution is only conjecture.*

d. *Evolution is only conjecture*, I think. (Langacker 2009b: 337)

（5a）中的第二句是我们常见的包含谓补分句的复合句，谓补分句that it is的内容在上文中已经出现过，属于旧信息，其信息度不高。整个谓补分句就像是主句的一个论元，其侧面被主句侧面所压倒（override）。从句发生了较高程度的去时间化。这对应于图3（a）。

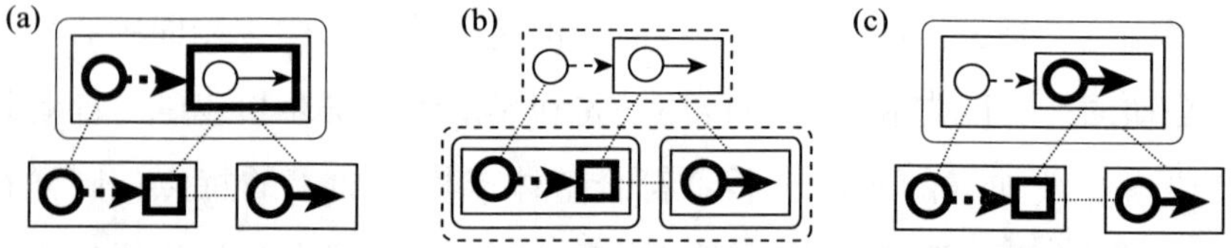

图3　谓补从句和主句的三种侧面关系（Langacker 2009b: 338）

（5b）中的主句和从句在侧面突显度上平分秋色，都表述具有一定信息度的命题。它们分属两个不同的注意视窗。这对应于图3（b）。自（5c）起，主句侧面的突显度开始下降，谓补分句的侧面突显度开始增加。到了（5d），主句I think已经发生了较高程度的去时间化，think表述的动作过程已不再突显，整个主句仅用于传达背景信息，表达谓补分句的信息来源等。这时，主句的侧面已经被从句侧面所压倒，语法化为一个认识性插入语，所以可以移到句子的中间或末尾。即整个句子只有一个侧面，而侧面决定体是从句，见图3（c）。可见，主从句的侧面是相对突显的，主从句的关系以及主句从句的地位都不是一成不变的。

3.6　主观化是客观轴和主观轴上的关系交替淡化和突显的过程

与Traugott不同，Langacker的主观化并不是指原先不具有主观意义的表达式在历时的过程中由于语用蕴含规约化而获得主观性，即表述说话者主观认识、情感和态度的用法通过语义化而固定为表达式的义项，而是指语言表达式所涉及的客观轴和主观轴上的关系交替淡化和突显的过程。

根据认知语法，每一个小句都涉及两个关系或过程，分别对应于图4中的X和Y，以句（6）为例：

（6）The boy kicked the ball across the street.

Y是表述射体the boy和界标the ball之间能量互动的关系，也即得到语言表述的以主语为参照点并受其控制的关系；X是由概念化者的主观心理扫描建立起来的概念参照点关系，隐匿于被客观识解的关系Y中，以射体为参照点，以界标为目标。它们之间的区别是：Y是句子主语控制的物理运动，X是概念化者控制的心理扫描活动；Y在客观轴上，是客观存在的关系，X可在客观轴上也可在主观轴上（在客观轴上时与Y重叠，以主语为参照点；在主观轴上时与Y分离，以概念化者为参照点）；Y是具有具体概念内涵的客观关系，X是抽象的、类化的主观关系；Y是小句主要勾勒的显性的时间性关系，X表述概念化者的识解活动，是隐性的非时间性关系，不是小句主要勾勒的关系。在特定语境下，伴随着主语控制力的弱化，客观轴上的关系不断淡化直至完全缺场，主观轴上的关系便不断得到突显，主观化程度也不断增加。

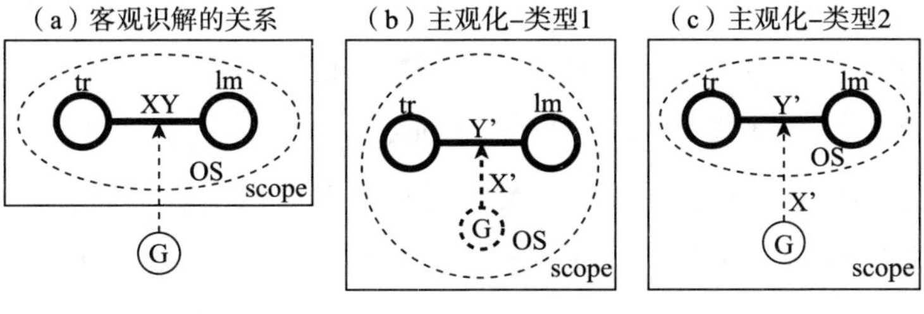

图4　主观化的过程（Langacker 1991: 216）

这两个关系有着密切的联系：Y是X的基础和动因，正是因为Y的客观存在，概念化者才能对其进行感知并建立起概念参照点关系，而正是因为概念化者从自己的角度出发进行了识解，Y才得以言表和锚定。两者通常是重合的：小孩从街道这边移动到对面的路径，也是概念化者心理扫描的路径。

通常所说的主观化是图4（b）对应的主观化，即概念化者通过主观心理扫描产生的概念参照点关系突显性逐渐增强并最终成为小句勾画的主要关系的过程。主观化引起了关系Y和关系X的变化：从重合变为分离；小句勾勒的时间性关系从关系Y换为关系X。这是Langacker所讨论的第一种主观化。但这并不是主观化的终点。主观轴上的概念参照点关系还可以继续去时间化，新的客观轴上的关系成为小句勾勒的主要关系，概念化者退出舞台区域，见图4（c）。这是Langacker所讨论的第二种主观化。这两种主观化对应于语法化的两个阶段，语法化的极致是相关成分演变为背景设置成分，具有完全的透明性（transparency）。下面以have为例进行说明（见Langacker 1990）：

（7）a. He *has* a knife!

b. We *have* a lot of skunks in Chicago.

实义动词have表示“拥有”，由于拥有者和拥有物之间的不对称性，总是把拥有者确定为射体和参照点，把拥有物确定为界标和目标。这时对拥有关系的识解是最为客观的，关系Y和X重叠。但在（7b）中，这样的不对称性已基本上消失，也不再有能量的互动。have构式现在的意义在于将主语/射体确定为空间参照点，用于对目标进行定位，体现于两点（见Langacker 1991: 213）：首先，主语we指的是居住在Chicago的全体人（因此，也可以用表示通称的you或they来代替we，见例（8）），而不是具体的某一个人，因此，不能用（9）表示相同的意义。（9）表示的是一种具体的物理意义上的控制关系。其次，表示处所的介词短语或地点状语从句是不可或缺的，见（7b）和（8）。如果没有了这些成分，have表述的将是一种具体的物理意义上的控制或拥有关系。介词短语或地点状语从句是用于明确以主语为参照点的空间辖域（dominion）的。

（8）Do you/they have skunks *where you/they live*?

（9）Peggy and I have a lot of skunks *around here*.

这样，主语被识解为一个空间性的实体，用于建立起一个以该实体为参照点的辖域，目标潜在地可能出现在该辖域之内。这就是潜在关联（potential relevance）。可见，实义动词have有两个功能。一是空间定位：以射体为空间参照点，对目标进行定位，目标为实体。二是表示潜在关联：目标/界标对射体具有潜在关联。伴随着have获得小句时间性侧面，其意象图式从空间域映射到时间域，用于对过去分词所表述的非时间性关系进行时间定位，见例（10）：

（10）He *has* finished his homework.

可见，由于语义滞留，助动词have继承了实义动词have的两个功能。一是（由空间定位变为）时间定位：射体并非时间参照点，目标为一个非时间性关系，由过去分词表达。二是（由潜在关联变为）现时关联（current relevance）：现时关联的对象不一定是射体。这个过程就是have语法化为完成体助词的过程。

就例（10）而言，have将“完成作业”这一关系进行时间定位。它激活了一个参照点，并将界标中的关系定位在这个时间参照点领地中，但却未指示该关系是先于还是后于参照点。完成该指示的是过去分词词素和不定式符号to：前者将事件定位于参照点之前，后者将事件定位于参照点之后，比较：have *left*与have *to leave*。这个参照时间是概念化者G的说话时间，即定位于说话之前。同时蕴含的是该动作与现在存在现实关联。所以，概念化者虽然没有被言表而成为被客观识解的对象，但也不像例（7）中一样完全处于背景之中得到最大程度的主观识解，见图4（b）。可见，在这个过程中概念化主体得到进一步突显，具体表现是：将自身（所处的时间）作为参照点关系的参照点，也作为现时关联关系的对象。而在空间域时，主语才既是概念参照点关系的参照点，也是潜在关联关系的射体。

进一步的主观化与这一主观轴上的概念参照点关系被继续去时间化有关。其结果是：完成体构式在有些语言中演变为背景设置成分。完成体构式要演变为背景设置成分，需要满足三个条件：第一，现实关联关系完全消失，只剩下参照点的时间定位关系。第二，概念参照点必须和概念化主体G的说话时间等同。第三，由于第二点，概念参照点关系以及概念参照点的选择被规约化，成为该构式的一种规约会话隐含。规约化促使概念参照点关系被背景化，隐退到基体之中，见图4（c）。背景化使概念参照点关系逐渐去时间化，并将时间性侧面转移到界标中的关系（即原来过去分词表述的关系）上。也就是说，界标中原来被去时间化的关系现在重新获得了小句时间性关系侧面，成为小句勾勒的关系。

英语完成体构式上述三个条件均不能满足，所以还停留在图4（b）所示阶段。法语、西班牙语和德语满足了条件1，但没有满足条件2和3，所以也都还没有演变为背景设置成分。具体分析请见Langacker（1987, 1991）。

由上可见，Langacker和Traugott的主观化是有区别的。Traugott的主观化与语言使用过程有关，主要关心语言历时使用过程中的语义和语法变化；Langacker的主观化与识解操作过程有关，主要从人类识解的角度根据共时语料推导语言的演变。Traugott的主观化是概念内涵的问题，与所描述的情景所在的域有关；Langacker的主观化是识解的问题，与视点有关。Traugott从历时的角度来看待主观化，认为主观化是一种语义–语用的演变，即"意义变得越来越依赖于说话人对命题内容的主观信念和态度"，强调说话人的语用推理过程；Langacker主要从共时的角度来探讨主观化，认为主观化主要涉及主语和主体控制力的弱化，即客观轴和主观轴上的关系依次逐渐弱化和交替突显，强调概念化者识解操作的灵活性。对于Traugott而言，主观化意味着说话者参与程度的增加；而对于Langacker而言，说话者是一直都参与其中的。所谓客观识解还是主观识解，就看说话者在多大程度上成为概念化的对象而被语言表征。不管是Langacker的主观识解还是客观识解，都与说话者有关，所以在Traugott看来都是主观性的。所以，Langacker的主观化是从小到大的问题，只要是语言表述都涉及主体的识解，主观性便不可缺少，只是在不同的语境下程度有区别。Traugott的主观化是从无到有的问题，即一些语言成分从开始时未表述说话者的主观态度、情感和认识逐渐发展为表述这些语义的过程。

4. 发展趋势

当前的认知语言学研究有两大转向：社会转向和定量转向。Langacker（2016d）认为，认知语法基于使用的推定（usage-based thesis）早就预示并迎合了这两个转向。认知语法认为，语言表达来自于对用法事件的抽象，而用法事件势必涉及听说双方，所以说话者和听话者的互动是内在于语言表达的。换言之，认知语法一直重视听说双方的互动，注重语言结构及语言使用中的社会属性。同样，基于使用的推定，以及认为语义就是概念化、语言结构是对特定认知加工活动的规约化等观点，也表明认知语法与定量研究或心理实验研究是契合的。对语言的理解既需要实验的方法，也需要基本的描写，既需要对语言结构详尽的分析，也需要理论的整合（Langacker 2016a）。Langacker本人主要进行定性的研究，致力于构建一个能够对多门语言中的众多语言现象进行一致描述的理论框架。这些研究虽不是定量的，但却是实证性的，并且也和其他的实证研究方法趋合（Langacker 2016a）。这在方法论上为今后的研究指明了方向。

当前的认知语法研究主要呈现出以下几种趋势：

首先，对语言现象的解释向纵深发展。纵的方面体现在其被应用于对更多语言和更多语言现象的分析，如本文第二节提到的各项研究。深的方面体现在Langacker最近的一些努力上。他（2016a）把过去40年的研究分为两个阶段。2000年前为第一阶段，主要致力于证明词汇和句法的符号性质，论证语法是有意义的，寻求语言结构内部解释的一致性。2000年后为第二阶段，主要寻求对语言结构、认知加工和语篇进行更广泛的整合解释，用相同的理论构件对这些方面进行统一的分析，寻求语言结构外部解释的一致性（Langacker 2012, 2016a, 2016d, 2019）。

其次，与文学研究相结合。作为一种高度概括性的理论框架，认知语法不仅可用于心理语言学实验、语料库研究、神经意象和语言习得研究，还可用于文学研究（Langacker 2014）。认知诗学的研究关注人类经验、认知与文本的互动；而认知语法主张意义是一种认知现象，描写意义须参照一般认知能力，这有助于阐释文学阅读中的认知加工和情感体验。因此，认知语法理应成为认知文体分析中的一个"工具包"（Wales 2014）。

事实上，将认知语法中的相关理论和观点应用到文学分析中与认知语法基于使用的推定和认知语言学的两大承诺也是相呼应的。首先，文学本身就是"使用中的语言"（language in use）。作者创作时所做的选择本身就是语言编码的，因此，对文学语篇的分析本身就是对使用中的语言的分析，是基于使用的（Harrison 2017）。其次，认知语言学概括的承诺致力于寻找能概括多个语言层面的、具有最大普适性的一般原则。认知语法在文学分析中的运用也是对这一点的体现和佐证。另外，从广义上讲，将认知语法应用于文学分析也是一种实证研究（Langacker 2014），这与认知语言学研究的定量转向一致。

Hamilton（2003）最早将认知语法应用于文学分析。近年来又有一系列以认知语法为工具的文体分析著作问世，如：Harrison et al.（2014），Harrison（2017），Nuttall（2018），Giovanelli和Harrison（2018），以及Giovanelli等（2021）。Harrison et al.（2014）将认知语法的识解、注意视窗、动作链、虚拟运动、背景设置等基本概念和理论运用到文学作品的阐释中。Harrison（2017）以一系列当代小说为文本，借鉴当代认知文体学研究成果，如文本世界理论（text world theory）、图式理论（schema theory）、指示转换理论（deictic shift theory）及心智建模（mind-modelling）等，结合认知语法中的识解、背景设置、参照点模型以及动作链等核心概念，尝试将认知语法扩展为适用于文学文体分析的认知篇章语法（cognitive discourse grammar），展现了认知语法作为一个具有可测量性的文体分析模型的潜势。Nuttall（2018）则将认知语法应用于揭示推理小说中独特的思维风格，丰富了认知语法对语言人际意义和语篇功能的阐释。Giovanelli和Harrison（2018）探索了认知语法和文体学之间的理论界面，从词汇、小句及语篇层面对不同类型和体裁的语篇进行了系统的分析，展示了认知语法在文体学研究中的巨大潜力。Giovanelli等（2021）分析了大量非文学文本，如政治语篇（Browse 2018），与教学语境（pedagogical contexts）有关的文本（Giovanelli 2014; Cushing 2019）等，体现了认知语法理论框架的灵活性。

在文学研究领域，系统功能语法始终占据统治地位，但这些分析忽略了词汇－语法选择的心理现实性等问题（Stockwell 2014: 21; Harrison 2017），而认知语法可以提供一个立足于读者及其心理的文体分析框架，弥补了系统功能语法在文学分析中的不足，与之形成互补的态势。

最后，与语言教学研究相结合。Langacker（2008b: 8）认为，认知语法的三个基本特征，即语义的中心地位、语法是有意义的和语言的基于使用的性质，决定了其可以成为语言教学的基础。Achard和Niemeier（2004: 7）也提出认知语法可以为语法教学提供一个良好的起点。一些学者业已探讨了认知语法的相关概念在教学中的应用，这些研究是认知语言学研究定量转向最好的证明。Cadierno和Robinson（2009）使用基于教学任务的方法（task-based approach）来探讨对移动事件的识解。Bielak和Pawlak（2013）基于认知语法中的参照点模型，对英语主动语态和被动语态的语义进行了简化描述。该研究比较了基于认知语法的以特征为中心的语法教学与基于标准教学语法规则的教学的效果。

Kermer（2016）探索了认知语法理论对二语学习中后进生英语时体形式学习的有效性。与传统的基于描述的教学相比，认知语法教学在促进参与者使用目标结构方面更有效。Jaconsen（2018）从认知语法的角度对英语条件句的任务型教学进行了实验，结果表明，基于认知的教学方法比基于任务的教学方法本身更成功，但这两种教学方法都比传统方法更有效。总之，任务型教学与认知语法之间的联系显然是卓有成效的。Niemeier（2017）认为语法是有意义的，教语法就是教意义，这与认知语法基于使用的观点一致。因此，他将认知语法与基于任务的教学方法结合起来形成基于任务的语法教学法。

在国内，贾光茂（2021）基于认知语法中词汇和语法结构都是象征单位这一思想，提出英语概念型教学法实施方案。他认为，以认知语法框架下的英汉对比研究成果为指导，可以将看似没有规律的语块清单进行归类，并以简单的几个图式让学生了解各类语块的特征，举一反三，进而让学生主动归类总结，增强对地道英语表达方式的敏感性。

总而言之，认知语法研究已经呈现出蓬勃的生机和活力。正如Taylor（2002: 36）所言，认知语法已经得到了认知语言学家们的广泛接受，正成为主流语言学理论的一部分。

（编者：重庆大学/莫启扬）

参考文献

Achard, M., & Niemeier, S. 2004. Introduction: Cognitive linguistics, language acquisition, and pedagogy. In Achard, M., & Niemeier, S. (eds.), *Cognitive Linguistics, Second Language Acquisition, and Foreign Language Teaching* (pp.1—12). Berlin: Mouton de Gruyter.

Andor, J. 2005. Cognitive grammar: The state of the art and related issues: An interview with Ronald M. Langacker. *Acta Linguistica Hungarica*, 52(4): 341—366.

Bielak, J., & Pawlak, M. 2013. *Applying Cognitive Grammar in the Foreign Language Classroom: Teaching English Tense and Aspect*. Berlin: Springer.

Broccias, C. 2013. Cognitive grammar. In Hoffmann, T., & Trousdale, G. (eds.), *The Oxford Handbook of Construction Grammar* (pp. 191—210). Oxford: Oxford University Press.

Broccias, C. 2021. Cognitive grammar. In Wen, X., & Taylor, J. (eds.), *The Routledge Handbook of Cognitive Linguistics* (pp. 30—42). New York: Routledge.

Browse, S. 2018, *Cognitive Rhetoric: The Cognitive Poetics of Political Discourse*. Amsterdam: John Benjamins.

Cadierno, T., & Robinson, P. 2009. Language typology, task complexity and the development of L2 lexicalization patterns for describing motion events. *Annual Review of Cognitive Linguistics*, 7: 245—276.

Casad, E. H. 1982. Cora locationals and structured imagery, Ph.D. dissertation. San Diego: University of California.

Cook, K. W. 1988. A cognitive analysis of grammatical relations, case, and transitivity in samoan. Ph.D. dissertation. San Diego: University of California.

Croft, W. 2001. *Radical Construction Grammar: Syntactic Theory in Typological Perspective*. Oxford: Oxford University Press.

Cushing, I. 2019, A textured and sensory grammar for the experience of reading. *English in Education*, 54(2): 131—145.

Duffley, P. 2016. The role of DO-auxiliary in subject-auxiliary inversion: Developing Langacker's notion of existential negotiation. *Cognitive Linguistics*, 27(2): 269—287.

Duffley, P. 2018. The cognitive structure of full-verb inversion and existential structures in English. *Cognitive Semantics*, 4(2): 184—229.

Fillmore, C. J. 1988. The mechanisms of "construction grammar". In *Proceedings of the Fourteenth Annual Meeting of the Berkeley Linguistics Society*, 35—55.

Giovanelli, M. 2014. *Teaching Grammar, Structure and Meaning*. London: Routledge.

Giovanelli, M., & Harrison, C. 2018. *Cognitive Grammar in Stylistics: A Practical Guide*. London: Bloomsbury Academic.

Giovanelli, M., Harrison, C., & Nuttall, L. 2021. *New Directions in Cognitive Grammar and Style*. London: Bloomsbury Academic.

Goldberg, A. E. 1995. *Constructions: A Construction Grammar Approach to Argument Structure*. Chicago: The University of Chicago Press.

Hamilton, C. 2003. A cognitive grammar of 'Hospital Barge' by Wilfred Owen. In Gavins, J., & Steen, G. (eds.), *Cognitive Poetics in Practice* (pp. 55—65). London: Routledge.

Harrison, C. 2017. *Cognitive Grammar in Contemporary Fiction*. Amsterdam: John Benjamins.

Harrison, C., Nuttall, L., Stockwell, P., & Yuan, W. (eds.). 2014. *Cognitive Grammar in Literature*. Amsterdam/Philadelphia: John Benjamins.

Jaconsen, N. D. 2018. The best of both worlds: Combining cognitive linguistics and pedagogic tasks to teach English conditionals. *Applied Linguistics*, 39(5): 668—693.

Janda, L. A. 1993. *A Geography of Case Semantics: The Czech Dative and the Russian Instrumental*. Berlin: Mouton de Gruyter.

Kermer, F. 2016. *A Cognitive Grammar Approach to Teaching Tense and Aspect in the L2 Context*. Newcastle: Cambridge Scholars Publishing.

Kumashiro, T. 2016. *A Cognitive Grammar of Japanese Clause Structure*. New York: John Benjamins.

Lakoff, G. 1987. *Women, Fire, and Dangerous Things: What Categories Reveal about the Mind*. Chicago: The University of Chicago Press.

Lakoff, G. 1991. Cognitive versus generative linguistics: How commitments influence results. *Language & Communication*, 11(1—2): 53—62.

Lakoff, G., & Johnson, M. 1999. *Philosophy in the Flesh: The Embodied Mind and Its Challenge to Western Thought*. New York: Basic Books.

Langacker, R. W. 1976. Semantic representations and the linguistic relativity hypothesis. *Foundations of Language*, 14(3): 307—357.

Langacker, R. W. 1982. Space grammar, analysability, and the English passive. *Language*, 58(1): 22—80.

Langacker, R. W. 1986. An introduction to cognitive grammar. *Cognitive Science*, 10(1): 1—40.

Langacker, R. W. 1987. *Foundations of Cognitive Grammar (Vol. 1): Theoretical Prerequisites*. Stanford: Stanford University Press.

Langacker, R. W. 1988. An overview of cognitive grammar. In Rudzka-Ostyn, B. (ed.), *Topics in Cognitive Linguistics* (pp. 3—48). Amsterdam: John Benjamins.

Langacker, R. W. 1990. *Concept, Image, and Symbol: The Cognitive Basis of Grammar*. Berlin: Mouton de Gruyter.

Langacker, R. W. 1991. *Foundations of Cognitive Grammar (Vol. II): Descriptive Application*. Stanford: Stanford University Press.

Langacker, R. W. 1995. Raising and transparency. *Language*, 71(1): 1—62.

Langacker, R. W. 1999. *Grammar and Conceptualization*. Berlin: Mouton de Gruyter.

Langacker, R. W. 2002. Deixis and subjectivity. In Brisard, F. (ed.), *Grounding: The Epistemic Footing of Deixis and Reference* (pp. 1—28). Berlin: Mouton de Gruyter.

Langacker, R. W. 2006. Introduction to concept, image, and symbol. In Geeraerts, D. (ed.), *Cognitive Linguistics: Basic Readings* (pp. 29—67). Berlin: Mouton de Gruyter.

Langacker, R. W. 2007. Cognitive grammar. In Geeraerts, D., & Cuyckens, H. (eds.), *The Oxford Handbook of Cognitive Linguistics* (pp. 421—462). New York: Oxford University Press.

Langacker, R. W. 2008a. *Cognitive Grammar: A Basic Introduction*. Oxford: Oxford University Press.

Langacker, R. W. 2008b. The relevance of cognitive grammar for language pedagogy. In De Knop, S., & De Rycker, T. (eds.), *Cognitive Approaches to Pedagogical*

Grammar: A Volume in Honor of René Dirven (pp. 7—36). Berlin: Mouton de Gruyter.

Langacker, R. W. 2009a. Cognitive grammar. In Sandra, D., Östman, J. O., & Verschueren, J. (eds.), *Cognition and Pragmatics* (pp. 78—85). Armstedam: John Benjamins.

Langacker, R. W. 2009b. *Investigations in Cognitive Grammar*. Berlin: Mouton de Gruyter.

Langacker, R. W. 2011. Grammaticalization and cognitive grammar. In Heine, B., & Narrog, H. (eds.), *The Oxford Handbook of Grammaticalization* (pp. 79—91). Oxford: Oxford University Press.

Langacker, R. W. 2012. Interactive cognition: Toward a unified account of structure, processing, and discourse. *International Journal of Cognitive Linguistics*, 3(2): 95—125.

Langacker, R. W. 2013. *Essentials of Cognitive Grammar*. Oxford: Oxford University Press.

Langacker, R. W. 2014. Foreword. In Harrison, C., Nuttall, L., Stockwell, P., & Yuan, W. (eds.), *Cognitive Grammar in Literature* (pp. xiii—xiv). Amsterdam/Philadelphia: John Benjamins.

Langacker, R. W. 2015a. Cognitive grammar. In Heine, B., & Narrog, H. (eds.), *The Oxford Handbook of Linguistic Analysis* (pp. 99—120). Oxford: Oxford University Press.

Langacker, R. W. 2015b. How to build an English clause. *Journal of Foreign Language Teaching and Applied Linguistics*, 2(2): 1—45.

Langacker, R. W. 2016a. Toward an integrated view of structure, processing and discourse. In Drożdż, G. (ed.), *Studies in Lexicogrammar: Theory and Applications* (pp. 23—53). Amsterdam: John Benjamins.

Langacker, R. W. 2016b. Nominal grounding and English quantifiers. *Cognitive Linguistic Studies*, 3(1): 1—31.

Langacker, R. W. 2016c. Baseline and elaboration. *Cognitive Linguistics*, 27(3): 405—439.

Langacker, R. W. 2016d. Working toward a synthesis. *Cognitive Linguistics*, 27(4): 465—477.

Langacker, R. W. 2017a. Cognitive grammar. In Dancygier, B. (ed.), *The Cambridge Handbook of Cognitive Linguistics* (pp. 262—283). Cambridge: Cambridge

University Press.

Langacker, R. W. 2017b. *Ten Lectures on the Basics of Cognitive Grammar*. Boston: Brill.

Langacker, R. W. 2019. Morphology in cognitive grammar. In Audring, J., & Masini, F. (eds.), *The Oxford Handbook of Morphological Theory* (pp. 346—364). Oxford: Oxford University Press.

Maldonado, R. 1999. *A Media Voz: Problemas Conceptuales Del ClÍTico Se*. México: Universidad Nacional Autónoma de México.

Maldonado, R. 2004. Ronald Langacker: A visit to cognitive grammar. *Annual Review of Cognitive Linguistics*, 2(1): 305—319.

Manney, L. J. 2000. *Middle Voice in Modern Greek: Meaning and Function of an Inflectional Category*. Amsterdam/Philadelphia: John Benjamins.

Niemeier, S. 2017. *Task-based Grammar Teaching of English: Where Cognitive Grammar and Task-Based Language Teaching Meet*. Germany: Narr Francke Attempto Verlag.

Nuttall, L. 2018. *Mind Style and Cognitive Grammar: Language and Worldview in Speculative Fiction*. London: Bloomsbury.

Nuyts, J. 2007. Cognitive linguistics and functional linguistics. In Geeraerts, D., & Cuyckens, H. (eds.), *The Oxford Handbook of Cognitive Linguistics* (pp. 543—565). Oxford: Oxford University Press.

Rice, S. 1987. Toward a cognitive model of transitivity. Ph.D. dissertation. San Diego: University of California.

Rubba, J. E. 1993. Discontinuous morphology in modern Aramaic, Ph.D. dissertation. San Diego: University of California.

Smith, M. B. 1987. The semantics of dative and accusative in German, Ph.D. dissertation. San Diego: University of California.

Stockwell, P. 2014. War, worlds and cognitive grammar. In Harrison, C., Nuttall, L., Stockwell, P., & Yuan, W. (eds.), *Cognitive Grammar in Literature* (pp. 17—34). Amsterdam/Philadelphia: John Benjamins.

Taylor, J. 1996. *Possessives in English: An Exploration in Cognitive Grammar*. Oxford: Oxford University Press.

Taylor, J. 2002. *Cognitive Grammar*. Oxford: Oxford University Press.

Tuggy, D. 1981. The transitivity-related morphology of Tetelcingo Nahuatl: An exploration in space grammar. Ph.D. dissertation. San Diego: University of

California.

Tuggy, D. 1993. Ambiguity, polysemy, and vagueness. *Cognitive Linguistics*, 4(3): 273—290.

Vandeloise, C. 1986. *L'espace en Français*. Paris: Seuil.

van Hoek, K. 1995. Conceptual reference points: A cognitive grammar account of pronominal anaphora constraints. *Language*, 71(2): 310—340.

van Hoek, K. 1997. *Anaphora and Conceptual Structure*. Chicago: The University of Chicago Press.

van Huyssteen, G. B. 2004. Motivating the composition of Afrikaans reduplications: A cognitive grammar analysis. In Radden, G., & Panther, K.-U. (eds.), *Studies in Linguistic Motivation* (pp. 269—292). Berlin: Mouton de Gruyter.

Wales, K. 2014. The stylistics tool-kit: Methods and sub-disciplines. In Stockwell, P., & Whiteley, S. (eds.), *The Cambridge Handbook of Stylistics* (pp. 32—45). Cambridge: Cambridge University Press.

董成如. 2014. 认知语法框架下动结式的形成和论元实现. 现代外语，(5)：608—617.

高航. 2009. 认知语法与汉语转类问题. 上海：上海交通大学出版社.

高原. 2003. 照应词的认知分析. 北京：外语教学与研究出版社.

贾光茂. 2020. 英汉语量词辖域歧义的认知语法研究. 现代外语，(4)：451—462.

贾光茂. 2021. 基于认知语法的英语概念型教学法：理论与实践. 外语教学理论与实践，(2)：76—85.

刘辰诞. 2021. 从认知语法理论看汉语"名含动"的可能性. 天津外国语大学学报，(5)：25—37+158.

马辰庭、王义娜. 2021. 基线/阐释视角下类指"一量名"结构的语义构建. 现代外语，(2)：157—169.

莫启扬. 2016. 语言中的去时间化研究. 北京：科学出版社.

莫启扬、文旭. 2018. 英语分词倒装构式的认知语法分析. 外语研究，(2)：11—16.

庞加光. 2019. 控制循环模型下被动句的论元实现研究. 现代外语，(2)：182—193.

庞加光. 2020. 论汉语语法的动态属性——以离合词和伪定语句为例. 外国语，(3)：25—34.

庞加光、张韧. 2021. 动词的概念结构与概念观照——以主宾倒置句为例. 外语教学，(2)：18—22.

沈家煊. 1994. R. W. Langacker 的“认知语法”. 国外语言学，（1）：12—20.
完权. 2016.“的”的性质与功能. 北京：商务印书馆.
王寅. 2006. 认知语法概论. 上海：上海外语教育出版社.
席留生. 2014.“把”字句的认知语法研究. 北京：高等教育出版社.
张翼. 2018.“他的老师当得好”句式：认知语法视角. 外国语，（2）：23—30.
张翼. 2019. 汉英无空位关系结构：基于认知语法的对比. 外语教学与研究，（5）：689—698+800.

认知语言学（Cognitive Linguistics）

1. 引言

认知语言学，也称认知语言学事业，目前有广义和狭义两种理解。任何语言学理论，只要承认语言知识存在于心智之中，就属于广义的认知语言学，如Chomsky的生成语法，Jackendoff的概念语义学以及Hudson的词语法等。狭义的认知语言学并不把语言看作是心智的自治部分，而主张语言能力和人的其他认知能力没有本质上的差别。狭义的认知语言学（以下简称“认知语言学”）肇始于20世纪70年代末，是近40年以来国际理论语言学界新兴的一种语言学研究范式（paradigm）。其诞生一方面得益于六七十年代认知科学、心理学等相关学科的发展，另一方面源于对以生成语言学为首的形式语言学的批评。自诞生之日起，认知语言学在研究目标、哲学基础、工作假设、理论原则和研究内容等方面都与之前的主流语言学大相径庭。

2. 认知语言学的研究目标

语言是人类表达观念和思想的主要方式。从“表达观念和思想”的角度来研究人类语言的这种观点就是通常所说的“认知观”。该观点认为，语言是认知系统的一部分，认知系统由感知、情感、范畴化、抽象化以及推理等认知能力组成。这些认知能力与语言相互作用并受语言的影响，因此从某种意义上来说，研究语言实际上就是研究人类表达观念和思想的方式。

认知语言学主要包括Lakoff、Langacker、Fillmore、Goldberg、Fauconnier和Talmy等的语言学理论和研究方法。他们认为自然语言是人类心智的产物，其组织原则与其他认知领域中的组织原则没有差别。语言作为人类认知的一个领域，与其他认知领域密切相关，并且语言本身也是心理、文化、社会、生态、生物等因素相互作用的结果。语言结构依赖并反映概念的形成过程，即概念化，而概念化又以人类自身的经验为基础，即是说，语言不是一个由任意符号组成的系统，其结构与人类的概念知识、身体经验以及话语的功能相关，并以它们为理据。语言单位（如词、短语、句子）是通过范畴化来实现的，而范畴化通常以典型为基础，并且涉及隐喻和转喻过程。语言单位的意义以身体经验为基础，其描写需参照相关认知结构，如通俗模型、文化模型以及认知模型。把语言使用置于人类经验基础之上的最重要结果之一，就是首先要强调意义的研究。因此，认知语言学“发展了一套人类理解的生态理论”（Fesmire 1994: 150；文旭 2002: 91）。简言之，认知语言学明确地承诺要把意义的身体维度、文化维度以及想象维度（imaginative dimension）结合起来。很明显，意义是认知语言学研究的重要内容，而隐喻就成了认知语言学研究的焦点。语言学便不再是对语言内部特征的一种自足的解释，而是揭示和解释人类认知的一种有力工具。

根据以上所述，大致可明确认知语言学的研究目标：寻找不能脱离身体的概念知识的经验证据，探索概念系统、身体经验与语言结构之间的关系以及语言、意义和认知之间的关系，即所谓的“关系问题”，发现人类认知或概念知识的实际内容，从而最终揭示人类语言的共性和人类认知的奥秘。显然，认知语言学的这一宏伟目标与当今人类最感兴趣的四大课题之一“揭示人类智能的奥秘”不谋而合。

3. 认知语言学的哲学基础和工作假设

从研究派别来看，当前语言学理论大致可分为形式主义和功能主义两大阵营，其根本目标都是对人类语言的普遍现象及其机制做出解释。它们之间最明显的分歧体现在方法和原则上，而较为隐蔽且具深刻含义的差异则植根于它们的认识论及本体论中。可以说，生成语言学和认知语言学分别是这两大阵营中的最好代表，它们对自己的哲学背景都有长篇大论，如Chomsky（1966）、Lakoff（1987）以及Johnson（1987）等。生成语法的客观主义认知观在学术界引起了较大的反响，而认知语言学的哲学观还未引起充分注意。因此，厘清认知语言学的哲学基础及其工作假设对于正确认识该流派有着重要的意义。

认知语言学以体验哲学为基础，其体验主义认知观体现在以下几个方面（参见Lakoff 1987; Johnson 1987; Casad 1996）:（1）思维是具身的，即用来连接概念系统的结构来自于身体经验，并依据身体经验而有意义；（2）思维是想象的，那些不是直接来源于经验的概念是运用隐喻、转喻和心理意象的结果，这种想象力也是不能脱离身体的，因为隐喻、转喻和意象都是以经验（通常是身体经验）为基础的；（3）思维具有完形特征（gestalt properties），因此不是原子的；（4）思维具有生态结构，就像在学习和记忆中一样，认知加工的效率取决于概念系统的总结构以及概念的意义；（5）概念结构和推理不可能用形式逻辑来精确描述，但可以用具有上述特征的认知模型来描写；（6）认知模型理论在说明有关范畴化的实际材料时，吸收了有关范畴化、意义等传统观点中的正确方面。这种经验主义认知观也代表了第二代认知科学的基本观点。

在对语言的根本看法上，认知语言学持有与生成语法针锋相对的工作假设：（1）语言能力是人的一般认知能力的一部分，故语言不是一个自足的系统，其描写必须参照认知过程；（2）语言结构与人类的概念知识、身体经验以及话语的功能有关，并以他们为理据；（3）句法不是一个自足的组成部分，而是与语义、词汇密不可分，即是说，词汇、形态和句法形成一个符号单位的连续体，这个连续体只是任意地被分成了单独的成分；（4）语义不只是客观的真值条件，还与人的主观认识息息相关。尽管认知语言学家内部在具体方法、感兴趣的课题、研究的切入点等方面存在一些分歧，但他们在很大程度上都持有上述观点和立场。

4. 认知语言学的理论原则

认知语言学虽有不同的理论方法，但它们在很大程度上是相互一致的，具有共同的理论原则。Langacker（1987: 2）曾对认知语言学的理论原则做如下概括：（1）语义结构并不是普遍的，在很大程度上因语言而异。语义结构建立在约定俗成的意象基础之上，其描写与知识结构有关。（2）语法或句法并不构成一个自主的表征形式层次，相反，语法实际上具有符号性，存在于语义结构的规约符号化中。（3）语法与词汇之间没有意义上的区别，词汇、形态和句法形成一个符号结构的连续体。

Lakoff（1990）从更基本的层次阐述了认知语言学的理论原则。不过，他是用“承诺”（commitments）来谈的。他认为，认知语言学秉承了两大根本承诺：概括的承诺和认知的承诺。前者强调在对语言现象的理论描写和解释中寻求支配人类语言各个层面的普适性原则，后者强调对语言和语言组织描写与解释的原则必须与其他学科（如哲学、心理学、脑科学和神经科学等）关于大脑和心智的已有认识相一致。当然，Langacker和Lakoff提出的理论原则只代表两家之言，并未囊括认知范式中所有的基本原则。事实上，至少有六个基本原则可以把认知语言学中的不同理论方法联系起来（文旭 2014: 15）：

（1）概念语义原则。意义等同于概念化，即心理经验的各种结构或过程，而不是可能世界中的真值条件。一个表达式的意义就是在说话人或听话人的大脑里激活的概念。更为具体地说，意义存在于人类对世界的识解中，它具有主观性，体现了以人类为宇宙中心的思想，反映了主导文化的内涵、具体文化的交往方式以及世界的特征。

（2）百科语义原则。词和更大的语言单位是进入无限知识网络的入口。对一个语言表达式的意义要进行全面的解释，通常需要考虑意象（包括视觉的和非视觉的）、隐喻、认知模型以及对世界的朴素理解等。因此，一般来说，一个词的意义单靠孤立的词典似的定义是不能解决问题的，必须依赖百科知识。

（3）典型范畴原则。范畴并不是由标准－属性模型（criteria-attribute models）定义的，也不是由必要和充分特征定义的（Lakoff 1987; Taylor 1989）；相反，范畴是围绕典型、家族成员相似性及范畴中各成员之间的主观关系组织起来的。

（4）语法性判断的渐进原则。语法性判断涉及范畴化。一个话语的语法性或可接受性并不是二分的，而是渐进的。因此，语法性判断是渐进的，并且同语境、语义以及语法规则密切相关。

（5）语言与其他认知机制相关原则。认知语言学之所以为认知语言学，是因为它要在一般的认知中寻找语言现象的类似物。认知语言学家积极吸收心理学关于人类范畴化、注意以及记忆等方面的研究成果来丰富自己的理论，从而使认知语言学更具活力。由此可见，语言与其他认知机制有着密切的关系。

（6）句法的非自主性原则。句法是约定俗成的模式，声音（或符号）通过这种模式传达意义，因此，句法并不需要自己特殊的元素（primitives）和理论结构。约定俗成的符号模式是说话人通过实际话语获得的，而获得语法知识只有通过这样的符号模式才能实现。

认知范式中虽有不同的理论方法，但以上六条基本原则足以把这些理论方法紧密联系起来。它们界定了认知语言学的内涵和研究范围，并使认知语言学与其他“认知”学科区别开来。

5. 认知语言学的研究内容

认知语言学理论体系主要由认知语义学和语法的认知研究两部分组成（Evans & Green 2006）。认知语义学重点关注经验、具身认知和语言之间的关系，其研究内容包括了范畴和范畴化、概念隐喻和概念转喻、意象图式、框架语义学、心理空间、理想化的认知模型、概念合成理论、象似性、力动态、主观性/主观化等；语法的认知研究聚焦语言象征单位的研究，主要研究课题包括Langacker的认知语法、Goldberg等的构式语法及语言演化相关理论等。认知语言学把语言看成是内嵌于人类的全部认知能力之中，因此，它感兴趣的研究课题可进一步划分为：概念结构以及自然语言范畴化的结构特征，如概念隐喻、典型性、认知模型、心理空间、意象、多义性等；语言构造的功能原则，如象似性、自然性、标记性等；句法—语义界面研究，如Langacker的认知语法、Fillmore的框架语义学以及构式语法等；语言与思维的关系等。其中概念隐喻、概念转喻、意象图式、象似性、主观性/主观化、语法化、历时构式语法、构式化等课题为近年来研究的热点，并取得了丰硕的成果。例如，有关历时构式语法研究的成果有Traugott & Trousdale（2013）、Trousdale & Norde（2013）、Traugott（2014）、Perek（2015）、Hilpert（2017）、Sommerer & Smirnova（2020）等，有关概念隐喻的研究有Kövecses（2015, 2017, 2020）、Gibbs（2017）、Olney（2017）等。

目前，认知语言学研究在语言学研究领域异常活跃。认知语言学在美国的两个研究中心已形成了两个派别：一是以Lakoff、Fillmore、Kay、Goldberg和Sweetser为首的“伯克利学派”（Berkeley School）；二是以Langacker和Fauconnier为首的“圣地亚哥学派”（San Diego School）。这两个学派的理论包括Langacker的认知语法、Fauconnier的心理空间理论或概念整合理论、Lakoff的认知语义学、Fillmore的框架语义学、Goldberg的构式语法等。此外，认知语言学还与语言类型学、功能语言学、语篇分析、语用学、语言习得、语言教学、翻译学、神经语言学等学科的研究结下了不解之缘，取得了丰硕的研究成果。

6. 认知语言学反思与批评

纵观认知语言学近40年的发展历程，无论是在理论上，还是在实践上，均已取得了辉煌的成绩，但仍有不少值得完善和改进之处，具体表现在以下几个方面（参见文旭、司卫国 2018）：

（1）理论框架庞杂，术语不统一，有些界定不清晰。尽管认知语言学理论有着共同的承诺、工作假设和理论原则，但一些术语的使用并不统一，而且部分术语的界定不够清晰。以domain, frame, space, cognitive model为例。domain主要是Lakoff和Johnson、Langacker等分别在概念隐喻理论和认知语法的范畴内使用的，他们认为概念域是概念系统中包含和组织相关联的思想和经验的知识集合；Ungerer和

Schmid（1996）认为domain过于模糊，便使用了cognitive model这一概念；Fillmore等在框架语义学的范畴内使用frame这个术语，用以表示源于日常经验的详细的知识结构或图式；Fauconnier等在心理空间理论和概念整合理论的框架内使用space，认为它是一种临时性的知识结构，是语言使用者分派和处理指称关系的概念框架。通过以上界定可知，四个术语都是在谈知识结构的问题，只是角度不同罢了。再如figure/ground和trajector/landmark，这两对术语描写的几乎是相同的认知现象，前者源于完形心理学，后者始创于Langacker。通过以上对比可见，不同的理论框架对基本相同概念的界定以及术语的使用是截然不同的，这也在一定程度上造成了认知语言学理论内部的不统一性。

（2）认知语义学的一些理论解释力不足，其经验主义立场受到质疑。认知语言学中语义分析理论多样，但也存在不少问题，如不同范式自身面临的挑战及其之间的同一性问题。以范畴化理论为例，Evans和Green（2006）指出，并非所有的词汇范畴都有典型，某些范畴存在典型空缺的现象；而且无法通过“典型”来确立一个范畴的边界，这就涉及范畴容忍度的问题了。此外，尽管典型理论对基本层次的范畴有较强的解释力，但对抽象层级的解释力明显不足。是否所有的语言结构都通过典型结构互为连接，这也是一个值得商榷的问题。

认知语义学理论作为一个整体，也有许多值得反思的地方。首先，认知语言学的语义研究有一个重要工作假设：意义就是概念化，而概念化是一种心理状态或过程。但是，目前认知科学对心理状态，特别是无意识心理状态的精确描述十分匮乏，这也是其哲学基础面临的问题。然后是语义分析上的极端性，Geeraerts（1999）认为，认知语义学在方法论上有两个极端：“经验主义”倾向，如语料库分析、心理语言学分析、神经生理学建模等；“理想化”倾向，如以Wierzbicka及其同事为代表，通过哲学和柏拉图主义观念对语义基元（Semantic Prime）的分析。另外，语义研究还有“极端一词多义”“极端经验主义”等立场的嫌疑。

（3）认知语法和构式语法片面强调与生成语言学的对立，但其理论的自洽性有待加强。对语法的认知研究的批判首先是构式的界定问题。尽管不同路径的语法认知研究都认为构式是形－义的配对体，但是它具体包含哪些内容，学界仍然存在争议。Goldberg（1995, 2006, 2013, 2019）认为构式是从词素到句子乃至语篇的连续体，如此一来语言中的构式数量就变得十分庞大，这与构式的有限性相悖，此乃其一。其二是过度强调意义与形式的直接关联性，忽视了结构之间的联系。其三是对构式关系网络的研究不够深入。尽管大多数语法的认知研究成果都主张从“分类分层”的视角对构式关系做系统描述，但到目前为止，也只是对语言中小部分构式及其之间的关系做了初步探析，距离构式整体网络系统的建立还相去甚远。其四是过分强调语言的具体分析，对其概括性的探索不足等。此外，认知语法和构式语法也有其自身的局限性。Langacker的认知语法过分强调意义，从Chomsky“重形轻义”这一极端走向了“重义轻形”的另一个极端；认知语法术语使用不统一，如Langacker在分析“自主－依存关系”与“详述位－精细化关系”“射体－界标”“图式－例示”时，多套术语交叠使用。同时，王寅（2011）认为Langacker虽指出了“自主－依存关系”的相对性，但未能详述他们之间的转用情况和规律。构式语法的问题包括过分强调构式的单层性，牺牲了语言的简约性和生成性。

（4）认知语言学历时方面的研究成果比较零散，不成体系。语言演化是语言学研究的一个重要方面。认知语言学历来十分关注历时方面的研究，但迄今为止语言演化的认知研究仍然不成体系，历时认知语言学的提法仍只存在于概念层面，并未形成与认知语义学、认知语法、构式语法并驾齐驱的理论体系。现有研究大多借助认知语言学相关理论，如概念隐喻、概念转喻、主观性与主观化、构式语法等讨论语言演化的问题，但这些研究相对零散、不成体系。另外，一些概念在界定上还比较模糊，在一定程度上影响了相关研究的开展。以语法化为例，一直困扰语法化研究的一个热点问题是“单向性”问题。语法化理论认为语法化过程是单向的，即语言演化一般是沿“实义词>语法词>附着形式>屈折词缀>（零形式）”（Hopper & Traugott 2003）这一特定方向从左至右进行的。但一些学者（如Ramat 1992, 2010; Newmeyer 1998; Heine 2003; Haspelmath 2004; Willis 2007; Norde 2009, 2010；Traugott & Trousdale 2013; Trousdale & Norde 2013；杨坤、文旭 2011；罗耀华、周晨磊 2013；张秀松 2014；吴福祥 2017等）对此持保留意见，并探讨了与之相反的演化过程：去语法化和词汇化现象。再如，基于构式语法的语言演化研究（如Noël 2007; Traugott & Trousdale 2013）期望从构式化和构式演化的角度出发以消解语法化和词汇化之间的冲突，规避“单向性”问题，但他们至今未能对三者之间的关系进行一个清晰的界定和说明。

7. 发展趋势

任何语言学理论的发展都不会是一帆风顺的，而是一个波浪式前进、螺旋式上升的过程。针对上述问题，未来的认知语言学研究应在现有研究的基础上，重点关注以下几个方面：

一是重视认知语言学理论反思与批评，继续深化和拓展原有研究领域和研究课题。认知语言学理论体系庞大，对认知语言学理论进行全面反思和整体批评势在必行。未来认知语言学研究，应在深化原有研究领域和研究课题的基础上，更加注意各种理论模型之间的自洽性，注重相关术语和概念的统一性。此外，应加强跨语言的类型学研究，以解决以英语为基础的认知语言学理论体系在不同语言中可能存在普适性差异的问题。汉语的认知研究就是很好的例子，不仅有利于推动认知语言学理论体系的本土化，还可以最大程度地体现认知语言学理论的解释力。另外，针对语言演化存在的问题，很有必要把认知语言学的相关理论同语言演化理论和历史语言学的理论结合起来，以碰撞或整合出新的、基于认知的语言演化理论等。

二是倡导内省与实证并重的研究方法，重视量化分析。早期的认知语言学研究（如隐喻、转喻等）主要是基于内省法。内省法在认知语言学理论建构和假设的提出阶段发挥了举足轻重的作用。但是，随着研究的深入，内省法被越来越多的学者所诟病（Divjak et al. 2016; Dąbrowska 2016），一方面因为来源于研究者的直觉或观察的语言事实具有很强的主观性；另一方面基于内省的研究可重复性和可证伪性较弱。近年来，认知语言学在研究方法上越发具有实证转向或量化转向的趋势（Geeraerts & Cuyckens 2007; Janda 2013）。认知语言学研究者越发依赖语料库、神经实验（如ERP、fMRI）及心理实验等进行数据收集和量化分析。实证研究是对认知语言学内省研究的必要补充，对证实和证伪认知语言学相关理论假设起着重要的作用，有利于实现认知语言学研究方法的多元化。因此，未来的认知语言学研究将会更加重视实证研究和量化分析，倡导内省法与实证研究并重的研究方法。

三是关注语言的社会维度和文化因素。当前认知语言学内部已经出现“社会转向”的趋势。所谓“社会转向”是指在重视语言与认知研究的同时，还要兼顾考察语言的社会维度，强调文化环境和语言社会交互性的重要作用。具体表现为提出认知社会语言学和社会认知语言学（Croft 2009; Geeraerts et al. 2010；文旭 2019）。虽然两者在基本主张上略有差异，但是二者都认为，认知语言学研究应当更加注意语言的社会、文化因素。这就要求认知语言学研究者关注语言变异，探索语言内部变化和跨文化差异性，未来认知语言学研究也将继续深化这一研究趋势。

四是强化交叉学科、跨学科及应用研究。大多数认知语言学理论的诞生都以与心理学、人类学等学科的交叉为基础。经过近40年的发展，认知语言学的内涵和外延不断得以深化和扩展，并逐步建立了跨领域、跨学科、超学科的研究体系，涵盖认知语义学、认知语法、构式语法、认知语用学、认知音系学、认知诗学/文体学、认知翻译学、认知心理语言学、认知神经语言学、认知历史语言学、认知修辞学、认知词典学、认知文化语言学、认知社会语言学、应用认知语言学等许多研究领域。未来认知语言学将进一步强化对语言、心智、文化、社会等领域进行多学科、跨学科、超学科的认知研究，并将更多的研究成果应用到语言教学、翻译研究、二语习得、跨文化交际等研究领域，突出认知语言学研究的学科交叉性和应用性。

（编者：西南大学/文旭）

参考文献

Casad, E. H. 1996. *Cognitive Linguistics in the Redwoods: The Expansion of a New Paradigm in Linguistics*. Berlin: Mouton de Gruyter.

Chomsky, N. 1966. *Topics in the Theory of Generative Grammar.* Berlin: Mouton de Gruyter.

Croft, W. 2009. Toward a social cognitive linguistics. In Evans, V., & Pourcel, S. (eds.), *New directions in Cognitive Linguistics* (pp. 395—420). Amsterdam/Philadelphia: John Benjamins.

Dąbrowska, E. 2016. Cognitive linguistics' seven deadly sins. *Cognitive Linguistics*, (4), 479—491.

Divjak, D., Levshina, N., & Klavan, J. 2016. Cognitive linguistics: Looking back, looking forward. *Cognitive Linguistics*, 27(4): 447—463.

Evans, V., & Green, M. 2006. *Cognitive Linguistics: An Introduction*. Edinburgh: Edinburgh University Press.

Fesmire, S. A. 1994. What is 'cognitive' about cognitive linguistics?. *Metaphor and Symbolic Activity*, 9: 149—154.

Geeraerts, D. 1999. Diachronic prototype semantics. A. digest. In Blank, A., & Koch, P. (eds.), *Historical Semantics and Cognition* (pp. 91—108). Berlin: Mouton de Gruyter.

Geeraerts, D., & Cuyckens, H. 2007. *The Oxford Handbook of Cognitive Linguistics*. Oxford: Oxford University Press.

Geeraerts, D., Kristiansen, G., & Peirsman, Y. 2010. *Advances in Cognitive Sociolinguistics*. Berlin/New York: Mouton de Gruyter.

Gibbs, R. W., Jr. 2017. *Metaphor Wars: Conceptual Metaphors in Human Life*. Cambridge: Cambridge University Press.

Goldberg, A. E. 1995. *Constructions: A Construction Grammar Approach to Argument Structure*. Chicago: The University of Chicago Press.

Goldberg, A. E. 2006. *Constructions at Work: The Nature of Generalization in Language*. Oxford: Oxford University Press.

Goldberg, A. E. 2013. Constructionist approaches. In Hoffmann, T., & Trousdale, G. (eds.), *The Oxford Handbook of Construction Grammar* (pp. 14—31). Oxford: Oxford University Press.

Goldberg, A. E. 2019. *Explain Me This: Creativity, Competition, and the Partial Productivity of Constructions*. Princeton/Oxford: Princeton University Press.

Haspelmath, M. 2004. On directionality in language change with particular reference to grammaticalization. In Fischer, O., Norde, M., & Perridon, H. (eds.), *Up and down the Cline: The Nature of Grammaticalization* (pp. 17—44). Amsterdam/Philadelphia: John Benjamins.

Heine, B. 2003. On degrammaticalization. In Barry, J., & Burridge, K. (eds.), *Historical Linguistics* 2001 (pp. 163—179). Amsterdam/Philadelphia: John Benjamins.

Hilpert, M. 2017. Historical sociolinguistics and construction grammar: From mutual challenges to mutual benefits. In Säily, T., Nurmi, A., Palander-Collin, M., & Auer, A. (eds.), *Exploring Future Paths for Historical Sociolinguistics* (pp. 217—237). Amsterdam/Philadelphia: John Benjamins.

Hopper, P. J., & Traugott, E. C. 2003. *Grammaticalization*. Cambridge: Cambridge University Press.

Janda, L. A. 2013. *Cognitive Linguistics: The Quantitative Turn: The Essential Reader*. Berlin: Mouton de Gruyter.

Johnson, M. 1987. *The Body in the Mind: The Bodily Basis of Meaning, Imagination, and Reason*. Chicago: The University of Chicago Press.

Kövecses, Z. 2015. *Where Metaphors Come from: Reconsidering Context in Metaphor.* Oxford: Oxford University Press.

Kövecses, Z. 2017. Levels of metaphor. *Cognitive Linguistics*, 2: 321—347.

Kövecses, Z. 2020. *Extended Conceptual Metaphor Theory*. Cambridge: Cambridge University Press.

Lakoff, G. 1987. *Women, Fire, and Dangerous Things: What Categories Reveal about the Mind*. Chicago: The University of Chicago Press.

Lakoff, G. 1990. The invariance hypothesis: Is abstract reason based on image-schemas?. Cognitive Linguistics, 1(1): 39—74.

Langacker, R. W. 1987. *Foundations of Cognitive Grammar (Vol. I): Theoretical Prerequisites*. Stanford: Stanford University Press.

Newmeyer, F. J. 1998. *Language Form and Language Function*. Cambridge: Massachusetts Institute of Technology Press.

Noël, D. 2007. Diachronic construction grammar and grammaticalization theory. *Functions of Language*, (2): 177—202.

Norde, M. 2009. *Degrammaticalization*. Oxford: Oxford University Press.

Norde, M. 2010. Degrammaticalization: Three common controversies. In Stathi, K., Gehweiler, E., & König, E. (eds.), *Grammaticalization: Current Views and Issues* (pp. 123—150). Armstedam/Philodelphia: John Benjamins.

Olney, J. 2017. *Metaphors of Self: The Meaning of Autobiography.* Princeton: Princeton University Press.

Perek, F. 2015. *Argument Structure in Usage-Based Construction Grammar: Experimental and Corpus-Based Perspectives*. Amsterdam/Philadelphia: John Benjamins.

Ramat, P. 1992. Thoughts on degrammaticalization. *Linguistics*, 30(3): 549—560.

Ramat, P. 2010. Degrammaticalization (review). *Language*, 86(4), 979—982.

Sommerer, L., & Smirnova, E. 2020. *Nodes and Networks in Diachronic Construction Grammar*. Amsterdam/Philadelphia: John Benjamins.

Taylor, J. 1989. *Linguistic Categorization*. Oxford: Clarendon Press.

Traugott, E. C. 2014. Toward a constructional framework for research on language change. *Cognitive Linguistic Studies*, 1(1): 3—21.

Traugott, E. C., & Trousdale, G. 2013. *Constructionalization and Constructional Changes*. Oxford: Oxford University Press.

Trousdale, G., & Norde, M. 2013. Degrammaticalization and constructionalization: Two case studies. *Language Sciences*, 36: 32—46.

Ungerer, F., & Schmid, H. J. 1996. *An Introduction to Cognitive Linguistics*. London: Longman.

Willis, D. 2007. Syntactic lexicalization as a new type of degrammaticalization. *Linguistics*, 45(2): 271—310.

罗耀华、周晨磊. 2013.“抑”的去语法化. 语言教学与研究，(4)：83—90.

王寅. 2011. 构式语法研究：理论思索. 上海：上海外语教育出版社.

文旭. 2002. 认知语言学的研究目标、原则和方法. 外语教学与研究，(2)：90—97.

文旭. 2014. 语言的认知基础. 北京：科学出版社.

文旭. 2019. 基于“社会认知”的社会认知语言学. 现代外语，(3)：293—305.

文旭、司卫国. 2018. 认知语言学：反思与展望. 中国社会科学评价，(3)：23—36.

吴福祥. 2017. 汉语方言中的若干逆语法化现象. 中国语文，(3)：259—276.

杨坤、文旭. 2011.《去语法化》评介. 外语教学与研究，(3)：469—473.

张秀松. 2014. 疑问语气副词“究竟”向名词“究竟”的去语法化. 语言科学，13(4)：379—395.

认知语义学（Cognitive Semantics）

1. 引言

语义学是研究意义的学科，关注的是语言表达与其意义之间的关系，即语义关系。语义学家们关心的问题有："什么是意义？""意义的本质是什么？""意义是如何获得的？"，等等。关于意义的本质，不同流派的语义学家提出了不同的理论，如：指称论、意念论、真值条件论、反映论、言语行为论等。传统的语义学属于客观主义语义学，认为语言的意义就是语言符号与客观世界之间的对应关系。

认知语义学兴起于20世纪70年代，它是认知语言学的重要组成部分，是在反对客观主义语义学和形式语义学的基础上产生的。认知语义学与形式语义学有以下几点区别：（1）二者在看待意义的本质上持有不同的观点。形式语义学认为意义可以通过逻辑形式的真值条件加以描述，认为语言符号只有通过与世界上的事物相联系才能产生意义，即意义是语言表达与外部世界的直接关联。认知语义学认为意义并不是存在于客观世界中的一种事物或关系（如"季节"并不存在于客观世界），意义来自人与环境相互作用的体验。（2）二者在看待语言的本质上各不相同。认知语言学这样评价客观主义语义学：真值条件语义学将意义看作是语言符号与客观世界之间的关系，将认知排除在语言系统之外（Sweetser 1990: 4）。认知语义学从认知的视角研究语义，在本质上是认知的。认知语义学家把语言看作是人类的一种认知活动，我们通过研究语言来考察人类的认知活动。（3）二者在看待语法和语义的关系上观点不同。形式语义学将语义和语法看作是独立的语言模块，分别对其进行研究。认知语义学以研究“意义”为中心，Langacker（1987）指出，语言的象征性决定了意义的中心地位，语法仅仅是语义内容的组织和象征。（4）认知语义学与形式语义学对范畴的解释也是不同的。形式语义学运用经典范畴理论来解释范畴和词汇意义，而认知语义学运用典型理论和家族相似性来解释范畴系统。

认知语义学建立在体验哲学的基础之上，强调语言意义的体验性，Lakoff 指出认知语义学是应体验哲学的需求而产生的。认知语义学关注的是体验、概念和语言所蕴含的语义结构三者之间的关系，主要考察概念结构和意义的构建过程。意义不仅与人们头脑中的概念有关，而且与人们对世界的体验有关。认知语义学将语义结构等同于概念结构，认为意义构建是一个动态的概念化过程，它强调的是语义与头脑中的概念之间的密切关系。

认知语义学的发展经历了一个漫长的过程。1983年，Jackendoff在《语义学与认知》一书中，首次论述了语义和认知的关系，认为概念结构是把语言和认知联系起来的中间层次，他是第一位试图将语义理论和认知理论联系起来的语言学家。1987年，Johnson在《心智中的身体——意义、想象和理性的身体基础》一书中对传统的客观主义进行了批判，阐述了非客观主义（也称经验主义）语义观。同年，Lakoff出版了《女人、火与危险事物——范畴显示的心智》的专著，该书最早使用了“认知语义学”这一术语，并有专门的章节论述认知语义学，该著作的出版标志着认知语义学的形成（Lakoff 1987: 269）。1988年，Lakoff发表《认知语义学》一文，向语言学界详细介绍了认知语义学的主要内容。1991年，法国认知语言学家Rastier出版了《语义学与认知研究》一书。1999年，Allwood和Gärdenfors编辑出版了论文集《认知语义学——意义与认知》，书中收集了认知语义学的相关论文。2000年，Talmy出版了两卷本《认知语义学导论》，对认知语义学进行了系统的介绍。除了上述提及的认知语义学研究成果之外，还有Langacker、Givón、Taylor、Geeraerts、Fauconnier、Fillmore、Evans、Green、Croft、Cruse、Sweetser、Goldberg、Ungerer、Schmid等语言学家，为认知语义学的确立和发展做出了杰出的贡献。

认知语义学倾向于通过模仿人类的心智来研究语义。Evans（2007: 26）指出：致力于认知语义学研究的学者主要是从概念结构（或知识表征）和概念化（或意义构建）两大方面进行的。Lakoff和Johnson（1999: 497）指出：认知语义学主要研究人类的概念系统、意义和推理。Lakoff（1987: 269）探讨了“概念是怎样获得意义的”的基本问题。他认为，我们首先通过体验理解基本层次和意象图式的概念结构，然后通过隐喻映射或转喻映射形成复杂的认知模式，即理想化认知模式，它是一种复杂的概念完型结构。Talmy（2000a: 4）认为，“认知语义学的研究就是对概念内容及其在语言中的组织形式的研究”。认知语义学与认知语言学一样，也包括几个不同的流派，如Jackendoff的概念语义学、Fillmore 的框架语义学、Talmy的认知语义学、Lakoff等的概念隐喻理论、Fauconnier和Turner的心理空间和概念整合理论等。认知语义学不是一个单一的理论，其涉及的研究范围可以包括体验性、范畴化理论、理想化认知模型、意象图式、概念隐喻和转喻理论、心理空间理论、概念整合理论、框架语义学、一词多义、空间关系、象似性等。

2. 主要思想

虽然认知语义学家从不同的维度来研究语义，但他们都遵循认知语义学的基本原则，其基本观点是相同的。认知语义学的主要观点包括：（1）在语言和客观世界之间存在着一个中间层次，即认知；（2）主体和客观世界的互动在头脑中形成认知世界和认知结构；（3）意义和意义结构来源于日常的生活体验，包括身体体验、社会体验和文化体验；（4）意义首先来源于概念之先的经验结构，包括基本层次范畴和意象图式结构，这些经验结构在概念形成之前就存在着；（5）人类思维是想象的，具有抽象化的思维能力，通过图式化、隐喻、转喻和范畴化等过程将基本层次范畴和意象图式结构抽象化为更复杂的概念系统；（6）意义是概念化的结果，语义结构等同于概念结构；（7）人类思维具有将复杂知识组织成格式塔的概括化能力，在头脑中形成理想化认知模型、认知域、框架、心理空间等知识表征结构；（8）语言是基于使用的，语言知识和百科知识之间没有明显的区别，获取意义既要运用语言知识，也要运用百科知识；（9）范畴是通过范畴成员之间的家族相似性建立起来的，范畴具有典型效应，不同范畴之间的边界是模糊的；（10）语境中的任何语言形式可以激活人们大脑中的认知结构。

根据Evans和Green（2006: 157）对认知语义学的归纳，认知语义学包括以下四个方面的内容：（1）概念结构的体验性；（2）语义结构等同于概念结构；（3）语义百科观；（4）意义即概念化。

2.1　概念结构的体验性

认知语义学认为，概念结构从本质上看来自人类和世界之间的互动，即体验，体验是概念结构形成的基础，因此概念结构具有体验性。Lakoff和Johnson在《体验哲学——具身心智及其对西方思想的挑战》（1999）一书中详细阐述了体验哲学的核心思想，将其概括为三条基本原则，第一条原则是：心智的体验性。Johnson和Lakoff（2002）再次强调这一原则：从最深层意义上说，心智是基于身体经验的，意义是基于身体经验的，思维也是基于身体经验的。在Lakoff和Johnson的体验哲学基础上，认知语言学家Rohrer（2007: 5）提出体验性假说，并把它定义为：人的身体的、认知的、社会的体验是形成概念系统和语言系统的基础。

概念结构不是符号结构，它的形成方式和我们体验世界的方式是一致的，概念是通过体验而获得的。认知语义学要解决的主要问题是：概念是怎样获得意义的？意义从何而来？ Lakoff（1987: 266—268）认为，意义源于"概念之先的结构"，这个概念之先的结构包括基本层次范畴和意象图式结构。

基本层次范畴是一种概念结构，其典型范畴的概念就具有体验性。比如"鸟"这一范畴，大多数西方人认为知更鸟是最典型的鸟，是鸟范畴成员中的典型；但在很多中国人的眼中，却把麻雀看作是鸟的典型。再如："早餐"这一范畴，西方人认为牛奶加面包是典型的西式早餐；中国的北方人认为稀饭加馒头是典型的中式早餐，而中国的南方人则认为是米粉或面条才是真正的早餐。由此可见，人类头脑中的范畴概念具有体验性。

意象图式也是一种概念结构，它是人类身体和客观世界互动的结果，具有体验性。意象图式有两个作用：一是其本身是可以被理解的概念结构，二是通过隐喻映射形成其他复杂而抽象的概念结构。容器图式是最直观的意象图式之一，和我们生活中的体验息息相关。一方面，我们把自己的身体想象成一个容器，我们把水"喝进肚子里"，把饭"吃进胃里"，饥饿的时候说"肚子空了"，吃饱了的时候说"肚子没地儿了"。除了身体之外，我们生活的空间也类似一个个容器，如我们"住在房间里""走出银行""走进超市""钻进车里"等等。我们经过无数次的"容器"体验之后，便在头脑中形成了容器图式，从而形成了"里""外""进""出"等概念。另一方面，容器图式还可以进一步被隐喻投射到抽象的事件概念域上，形成概念隐喻，描述抽象的概念结构。例如：

（1）a. He’s in love.

b. We’re out of trouble now.

上述例子中，（1a）句的意思是“他在恋爱中”，这里把“爱情”比作容器，他沉浸在幸福的爱情之中；（1b）句的意思是“我们脱离了困境”，这里把“困境”比作成容器，我们从困境之中逃离出来。两个例句都属于“事件是容器”这一概念隐喻的典型例子。由此可见，来自体验的意象图式不仅可以描述基本概念，还可以组织更多的抽象概念，因此，我们说意象图式是人类组织概念结构的基本方式。

综上所述，不仅具体概念（基本层次范畴和意象图式）来自日常生活中的体验，抽象概念也是基于具体概念的体验性而形成的。一言以蔽之，概念结构是体验性的。

2.2 语义结构等同于概念结构

认知语义学的研究重点是概念结构。概念结构就是我们头脑中存在的对客观事物的相对稳固的知识体系。语义结构是我们赋予语言表达式的意义，或者说是和语言表达式相联系的意义。

语义结构等同于概念结构，意思是说语言所表达的语义内容是说话人头脑中的概念而不是外在的客观物体。“语义结构等同于概念结构”并不意味着两者是完全等同的，严格地说，二者是包含与被包含的关系。认知语义学家强调与词汇相联系的意义（语义结构）只是概念结构的一个子集而已，换句话说，概念结构包含语义结构。一方面，我们的认识、思想、观点和感情是可以用词汇概念来表达的。例如：在男人的脸上，“鼻子以下、嘴巴以上”的地方长着毛发，我们首先获得这一概念知识，然后为这一概念赋予“胡须”的语言表达式，于是，“胡须”的语义内容就和“鼻子以下、嘴巴以上”的毛发的概念内容等同了，这个意义上，我们可以说“语义结构等同于概念结构”。然而，有很多概念在语言中找不到对应的词汇，由此形成词汇空缺。例如：英语词汇中，“看不见”可以用blind来表达，“听不见”可以用deaf来表达，但是“闻不到气味”和“尝不出味道”就没有相应的词汇表达形式。此外，日常生活中，也常常有“可意会不可言传”的情况，这些情况说明，我们头脑中的概念结构比语言中的词汇概念要丰富得多，也就是说，词汇表达的语义结构只是人们头脑中的概念系统中的一个子集，二者不能完全等同。

语义结构不仅仅与词汇概念有关，还与语法概念有关，语法范畴既是语义结构，也是概念结构。根据构式语法的观点，构式是一个形义配对体，可以是任何大小的语法单位（Langacker 2007: 122），包括词素、短语、句子等语法概念。构式本身是具有意义的，且独立于句子中的词而存在（Goldberg 1995: 1）。例如：“S+V+O”及物构式，其意义就是“X作用于Y”；“S+V+O+C”动结构式，其意义就是“X使Y成为Z”。此外，还有更小的语法单位，如定冠词“the”、过去式的屈折词素-ed等，它们都有其自身的意义。由此可见，语法范畴或语法构式在本质上是概念性的，但它们是有意义的概念结构。因此，语义结构等同于概念结构不仅适用于词汇概念，还适用于语法概念。认知语义学的目标是为词汇和语法提供一个统一的描写框架，而不是将其作为两个独立的模块分别来阐释。

语义结构等同于概念结构，这一原则需要做以下两点说明：

第一，认知语义学家并没有声称：语言只与说话人头脑中的内在概念有关，除此之外，没有别的。这种观点会导致极端的主观主义，使得概念结构与外在世界完全分离。认知语义学在极端的主观主义和客观主义（真值条件语义学）之间开辟了中间道路，强调认知是连接概念结构和客观世界的中间层次，从本质上讲，概念结构来自人类和世界之间的互动，来自我们对生活的体验和认知。例如："单身汉"（bachelor）这一概念，传统的定义是"未结婚的成年男子"。但是，这一定义与日常经验不完全符合，因为我们无法将这个概念应用到所有未结婚的成年男子身上。生活中有些成年男性不适合结婚，比如教皇和同性恋者，虽然他们符合"未结婚的成年男子"的定义，但是，如果把他们称之为"单身汉"就不妥当了。认知语义学在概念结构和外在世界之间架起了认知的桥梁，用"理想化认知模型"这一认知机制来解释"单身汉"的特殊情况，克服了主观主义和客观主义的不足之处。

第二，概念的语义结构不等同于词典的意义。传统的语义观认为与词汇有关的语义是可以被定义的，就像单身汉被定义为"未结婚的成年男子"一样。然而，认知语义学认为词汇意义（或词汇概念），是不能直接定义的，如"未结婚的成年男子"这一定义就不能完全包括"单身汉"这一词汇概念的所有意义。认知语义学家反对语义词典观，支持语义百科观，接下来我们阐述什么是语义百科观。

2.3 意义的表征是百科全书式的

认知语义学认为语义结构从本质上讲是百科全书式的，这与语义词典观的"意义就是词典上列出的义项"的观点是相对的。首先，我们看看语义词典观存在的问题。语义词典观认为词汇意义有一个"核心意义"或者说"基本意义"，这一意义就是词典中列出的义项。但在语言的实际运用中，除了核心意义，还涉及其他非核心意义，是词典中无法一一列举出来的。我们以"单身汉"为例：

（2）Watch out, Jane, your husband's a right bachelor!

我们知道，词典中“单身汉”的字面意义是“未结婚的成年男性”，而例句中Jane的丈夫是已婚的男性，与“未结婚的成年男性”的词典意义相矛盾，因此，“单身汉”的字面意义无法解释例句中bachelor一词。例句中的bachelor的言外之意是“性行为不忠者”，这一隐含义需要结合听者的社会文化背景知识才能推理出来。如果我们只知道其字面意义，而不知道与社会文化知识有关的隐含意义，就无法正确理解上述例句的真正含义。由此可见，语言的理解不仅依赖于语言知识，还依赖于百科知识。

认知语义学认为语义结构的意义可以分为两部分：一是语言表达的规约性意义，即词典意义或语言知识；二是语言表达相关的百科知识（Evans & Green 2006: 207, 215）。认知语义学家认为语言知识和百科知识之间没有明确的界限。今日词汇化了的语言知识，有可能是昨日的百科知识，反过来，今日的百科知识在适当的语境中有可能变成语言词汇，并逐步转化为语言知识。一定程度上，语言知识是百科知识的子集。

语义百科观有两个方面的含义：一方面，一个词汇的意义不能脱离与该词汇相关的百科知识而被理解；另一方面，百科知识根植于人与人之间的互动（社会体验）和人与客观世界的互动（身体体验）。语义百科观认为语义根植于语言使用者的百科知识，坚持语义分析应从语言使用者的认知结构、背景知识等多个方面来加以描写。Wierzbicka（1988: 2）与语义百科观持相似的观点：“在自然语言中，意义存在于人们对世界的解释之中”，而“对世界的解释”依赖于人类的知识系统。因此，意义与人们的主观认识、背景知识、社会文化等百科知识密切相关。美国社会学家Garfinkel（1999）指出自然语言和实践活动具有无穷的“索引性”。具体地说，日常交谈依赖于无穷尽的未经言明的共享背景知识，任何一项孤立的表达或行为都是一条无穷无尽的“索引链”上的一环，其意义必须诉诸其他表达或行为的意义才可被理解，由此可见，Garfinkel也和语义百科观持有相似的观点。

语义百科观认为语言词汇本身并不是对意义进行“打包”的容器，它更像是一个“触发器”，语言表达起到“引子”的作用，为我们提供与该词汇表达相关的概念知识域相连接的通道。这一论点与百科知识的结构性有关，语义百科观认为百科知识是有一定结构的。Fillmore的框架语义学和Langacker的认知域理论为语义百科观提供了理论依据。框架和认知域都是一种知识结构的组织方式，也就是说，百科知识和语言知识都可以按框架和认知域的结构方式进行组织。当一个框架或认知域中的某个元素被激活时，整个框架或认知域也由此被激活，百科知识的结构性再次说明了词汇表达的“引子”或“触发器”的功能和作用。

值得注意的是，语义百科观并不否认词汇的规约意义，它认为词典意义是我们理解话语的出发点，在此基础上，我们依据语境和百科知识，选择其合适的意义来解释话语。以“安全”（safe）一词为例：

（3）a. The child is safe.
b. The beach is safe.
c. The shovel is safe.

上述三个例句中的“安全”一词，在不同的语境下，其涵义是不同的。我们结合“安全”的词典意义和生活的百科知识，对“安全”一词至少有两种理解：一是“免于伤害”，如（3a）句中“小孩是安全的”，意即小孩没有受到任何伤害；二是“不可能引起伤害”，如（3b）句“沙滩是安全的”和（3c）句“铁铲是安全的”，意即不会给人造成伤害。上述例子说明了两点：一是语义学和语用学之间没有原则上的区别，词典意义、会话含义（语境相关）和其他隐含义（百科相关）之间没有根本性的区别；二是百科知识是动态的，意义建构是一个动态的概念化过程。

2.4 意义构建等同于概念化

意义建构等同于概念化。依据第二条假设“语义结构等同于概念结构”，我们不难理解“语义的构建过程即是一个概念化的过程”这一观点。Evans和Green（2006: 363）指出，认知语言学家认为意义构建主要是概念上的，而不是语言结构上的。Langacker（1999: 2）认为“意义等同于概念化”，并指出概念化既包括新奇的概念和固定的概念，也包括感觉、肌肉运动和情感的体验，还包括即时情景的认识（社会的、物质的及语言的），等等。van Hoek《认知语言学》（2000: 135）再次明确“意义可以被描述为概念化”的观点：语言表达式的意义是它在说话人或听话人的心智中被激活的概念（van Hoek 2000: 135）。简言之，概念化既指人们头脑中已经约定俗成的概念，也包括即时形成的概念，因此，概念化既是结果又是过程。Taylor（1996: 21）指出：假定语言是一个心智现象，语言知识和语言应用的所有方面最终可归结为心智加工，特别是意义可被视为心智加工。Langacker指出意义等同于概念化，通俗地说，意义构建或概念化就是一个“心智加工”的过程。

根据Langacker的概念语义学，概念结构（或语义结构）是人们的各种认知能力（或“识解”）作用于语义内容的结果。概念结构等同于概念化，对概念化的考察也应从语义内容和识解能力两方面进行。语义内容是概念化的对象和材料，用认知域来描述。识解指的是人们的认知能力，不同的认知方式作用于同一情景，导致了不同的语言表达和意义。

Langacker还一再强调概念化的动态性本质，意义构建等同于概念化，意味着意义构建也是一个动态的过程，认知语义学坚持的是意义动态观。概念化的动态性被定义为“概念结构需要经过加工时间来产生和发展，概念化的动态性就在于加工活动中所需的加工时间”（Langacker 1999: 361）。根据Langacker的定义，我们可以这样理解概念化的动态性：概念化是人们的心理活动，是大脑对外界产生反应后并在一定的加工时间内，出于语言表达或理解的需要而进行的心智加工活动。

Fauconnier和Turner（2002）提出的概念整合理论是概念化的具体表现，它描述的就是一个动态的意义构建过程。首先，人们在进行思考、交流时为了达到局部理解与行动之目的，临时构建“心理空间”（或称为小概念包）；然后，心理空间之间相互连接并形成映射；最后，输入空间的相关元素被投射到整合空间，在整合的过程中，产生新创意义，这个过程生动地描述了动态的意义构建过程和概念化过程。因此，概念整合理论被广泛应用到意义阐释中，如阐释语篇、反事实、反讽语、歇后语、隐喻等背后的意义。例如：

（4）In France, Bill Clinton wouldn’t have been harmed by his relationship with Monica Lewinsky.

根据概念整合理论，我们对上述例句的理解过程如下：首先，我们建立第一个输入心理空间，即事实空间一：美国的总统克林顿和实习生莱温斯基之间有暧昧关系，他们的丑闻被媒体曝光；然后，建立另一个输入心理空间，即事实空间二：根据法国的文化背景，法国总统如果有外遇，不管是公开的还是秘密的，都可被公众所接受；最后，将两个输入空间的信息投射到整合空间，如果克林顿是法国的总统，即使他和莱温斯基有暧昧关系，公众认为这一行为是可以接受的，算不上什么丑闻。由此得出以下新创意义：美国和法国的文化背景和道德标准是不同的，因此，对待政治官员和下属之间的暧昧关系的态度也是不同的，美国人眼中的丑闻在法国人眼里却是正常现象，不足为怪。以上反事实的解释过程反映了意义的动态构建过程，即概念化过程。

3. 发展趋势

认知语义学作为认知语言学的分支，代表的是一种语义研究方法，而不是某个单一的理论。其研究空间和发展前景是比较广阔的，一方面，可以丰富和深入研究前人的理论，另一方面，也可以原创性地提出新的理论和研究视角。

就研究趋势而言，认知语义学的未来研究可着眼于以下几个方面：第一，认知语义学和认知科学的前沿成果相结合，特别是结合认知神经科学的最新成果，为认知语义学现有的理论提供更多的科学证据和更广阔的发展前景。第二，认知语义学和其他学科结合起来进行跨学科研究，如与数学相结合的认知拓扑研究、与人工神经网络相结合的认知语义网络研究等。第三，认知语义学通过采用更新的研究方法和技术手段，如ERP实验方法、语料库描写方法，可以揭示更多的与心智相关的语言学奥秘。第四，认知语义学可以成为研究意义的一种新方法，这种新方法被人们称之为“认知语义法”，该方法将多个认知语义学理论结合起来使用，分析更复杂的语言意义。例如：Hartman和Paradis（2021）运用认知语义分析方法，将隐喻和转喻相结合，对艺术作品的多模态意义进行解析。认知语义学将会随着心理语言学、神经语言学、计算语言学、数理语言学、信息技术和认知科学的发展，产生更多新的研究成果。

（编者：海南师范大学/赵耿林）

参考文献

Allwood, J., & Gärdenfors, P. 1999. *Cognitive Semantics: Meaning and Cognition*. Amsterdam: John Benjamins.

Evans, V. 2007. *A Glossary of Cognitive Linguistics.* Edinburgh: Edinburgh University Press.

Evans, V., & Green, M. 2006. *Cognitive Linguistics: An Introduction*. Edinburgh: Edinburgh University Press.

Fauconnier, G., & Turner, M. 2002. *The Way We Think: Conceptual Blending and the Mind's Hidden Complexities*. New York: Basic Books.

Garfinkel, H. 1999. *Studies in Ethnomethodology*. Cambridge: Polity Press.

Goldberg, A. E. 1995. *Constructions: A Construction Grammar Approach to Argument Structure*. Chicago: The University of Chicago Press.

Hartman, J. & Paradis, C. 2021. Figurative meaning in multimodal work by an autistic artist: A cognitive semantic approach. *Language and Cognition*, 13(1): 1—33.

Jackendoff, R. S. 1983. *Semantics and Cognition*. Cambridge, MA: The MIT Press.

Johnson, M. 1987. *The Body in the Mind: The Bodily Basis of Meaning, Imagination, and Reason*. Chicago: The University of Chicago Press.

Johnson, M., & Lakoff, G. 2002. Why cognitive linguistics requires embodied realism. *Cognitive Linguistics*, 13(3): 245—263.

Lakoff, G. 1987. *Woman, Fire, and Dangerous Things: What Categories Reveal about the Mind.* Chicago: The University of Chicago Press.

Lakoff, G. 1988. Cognitive semantics. In Eco, U., Santambrogio, M., & Violi, P. (eds.), *Meaning and Mental Representation* (pp. 119—154). Bloomington: Indiana University Press.

Lakoff, G., & Johnson, M. 1999. *Philosophy in the Flesh: The Embodied Mind and Its Challenge to Western Thought*. New York: Basic Books.

Langacker, R. 1987. *Foundations of Cognitive Grammar (Vol. I): Theoretical Prerequisites*. Stanford: Stanford University Press.

Langacker, R. 1999. *Grammar and Conceptualization*. Berlin: Mouton de Gruyter.

Langacker, R. 2007. *Ten Lectures on Cognitive Grammar*. Gao, Y., & Li, F. (eds.). Beijing: Foreign Language Teaching and Research Press.

Rastier, F. 1991. *Semantique et Recherches Cognitives*. Paris: Presses Universitaires de France.

Rohrer, T. 2007. Embodiment and experientialism. In Geeraerts, H., & Cuyckens, H. (eds.), *The Oxford Handbook of Cognitive Linguistics* (pp. 25—47). Oxford: Oxford University Press.

Sweetser, E. E. 1990. *From Etymology to Pragmatics: Metaphorical and Cultural Aspects of Semantic Structure*. Cambridge: Cambridge University Press.

Talmy, L. 2000a. *Toward a Cognitive Semantics (Vol. I): Concept Structuring Systems*. Cambridge, MA: The MIT Press.

Talmy, L. 2000b. *Toward a Cognitive Semantics (Vol. II): Typology and Process in Concept Structuring*. Cambridge, MA: The MIT Press.

Taylor, J. 1996. *Possessives in English: An Exploration in Cognitive Grammar*. Oxford: Clarendon Press.

van Hoek, K. 2000. Cognitive linguistics. In Wilson, R. A., & Keil, F. C. (eds.), *The MIT Encyclopaedia of the Cognitive Sciences* (pp. 134—135). Cambridge, MA: The MIT Press.

Wierzbicka, A. 1988. *The Semantics of Grammar*. Amsterdam: John Benjamins.

认知语用学（Cognitive Pragmatics）

1. 引言

自20世纪80年代以来，由于认知科学在语言学研究领域得到不断重视，研究范围逐渐扩展，言语交际的认知研究成为其重要内容之一。“认知语用学”这一术语最早出现于20世纪80年代。随着语言学家、哲学家和心理学家等对语言使用中所涉认知问题关注的深入，并开始探寻能对人类认知模式加以描述的理论体系，认知语用学研究在很大程度上得到促进与发展（Kasher 1988）。认知语用学可以定义为在认知科学方法和理论框架下对语言使用的研究，其关注语言使用知识系统，是语言认知研究的必然组成部分。其研究的核心论题涉及交际语境中语言使用所关涉的心智结构和过程。该理论将语用学研究，尤其是言语交际的研究转移到认知领域，不仅给传统语用学带来了新的研究视角，也为认知语言学对语言结构与意义背后的一般性认知能力探究注入了新鲜血液。

正如语言学的其他分支，认知语用学也有自己的哲学基础。但是对认知语用学哲学渊源的探究似乎并未受到足够的重视，这也可以从语言学界对于认知语用学这一术语的疑惑中窥见一斑。例如，Schmid（2012）就提到，一方面认知语用学这一术语还未在语言研究领域中被牢固确立，另一方面该术语本身就是一种赘述（tautology），因为语用学本身就应该有较深的认知基础。换句话说，对认知语用学或者语用学哲学渊源的探究是不能忽视其认知基础的。语用学的哲学渊源最早可追溯至亚里士多德的《修辞学》，再到近代欧洲出现的“原型语用学”。而与现代意义上的语用学最具关联的哲学基础则存在于Peirce与Morris等的思想中。Peirce作为心智主义（mentalism）的主要代表人物，认为语言是一种起到指代作用的形式，涉及语符、客观世界中的事物和语言使用者对该事物的心理表征这三者之间的关系。这一观点显然将语符与客观世界中事物之间的关系建立在语言使用者的心智表征中。Peirce的思想在Morris的《符号的理论基础》（1938: 6）中得以继承和发扬，最为突出的就是后者提出了符号学（semiotics）的三分法，并首次在正式意义上提出了“语用学”这一概念。Morris的三分法可以概括为：

句法学：研究符号与符号之间的形式关系；
语义学：研究符号与所指对象之间的关系；
语用学：研究符号与解释者（或理解者）之间的关系。

可见在Morris的哲学思考中，语用学以语言使用者（理解者或解释者）为核心。隐含在这一思想中的，则是对语言使用过程中使用者所具有的主观能动性的突显。这一思想在本质上与Perice的思想一脉相承。换句话说，语言符号的使用、理解绝非客观、不变的，而应受制于一定的社会、心理等因素。在Morris之后，德国哲学家Rudolf Carnap在其著作《逻辑的形式化》（1943: 10）中对三分法做了进一步阐释：

如果一项研究明确涉及说话者或者语言使用者等因素，我们就将它归入语用学的研究范畴。如果我们脱离对语言使用者的关注，仅分析语言表达式及其意义，那么我们仍然在语义学研究范畴中。最后，如果我们的研究忽略了意义，而只分析语言表达式之间的关系，则是句法学的范畴。

遗憾的是，Morris等学者对“人”这一因素的重视在语用学后来的发展中逐渐被忽略。语用学研究更多是在“哲学”传统下进行，而人们关注的重点更多地放在了诸如语境、指称、预设等源自传统语义学的问题上。语用学研究领域迫切需要一种统一的理论，能对语言运用的哲学和语言学因素都做出解释。庆幸的是，自20世纪70年代，尤其是80年代以来，语言学，甚至是哲学，开始出现对人类言语交际活动的认知探讨和关注，这可视为Morris语用思想的回归，也使得认知语用学哲学渊源的探究可以回归正轨。

2. 主要思想

自20世纪30年代语用学由Morris首次正式提出，到20世纪60年代逐渐兴起的Austin（1962）和Searle（1975）的言语行为理论、间接言语行为理论，再到Grice（1975, 1989）的合作原则和会话含义理论，都可以纳入认知语用学的范围，甚至有的语言学或者语言哲学领域的研究就是运用认知、心理学的框架去研究语言的使用（参见Kasher 1988: xiii）。这也解释了为何Schmid（2012）认为认知语用学这一术语本身是一个赘述。例如，对于指示、前指、会话含义等的研究，都已经超越了语句本身所编码的字面意义，其理解需要通过认知、心理努力和加工，并经过推理得到意义，且这一意义与说话者的交际目的和元语用意识都具有紧密联系。这些理论或探究，虽具有认知倾向，但缺乏概括性，未能形成完整的理论体系。

尽管直到今天，认知语用学还没有一个受到广泛认同的定义，但这一术语的正式提出是在20世纪80年代，代表理论是由Sperber和

Wilson在《关联性：交际与认知》（1986）这一专著中提出的关联理论（relevance theory）。传统的语用学往往被看成是语义学研究的附属品，是用于解决语义学中疑难的方法（Carston 2002）。正是关联理论的出现，语用学研究实现了“认知转向”。该理论认为语用作为大脑的一种能力，是信息加工的系统，该系统主要用于理解人类交际行为（Sperber & Wilson 1986, 2015; Wilson & Sperber 2012; Wilson & Carston 2019）。这一理论针对话语构建所体现的社会因素、维度等的研究与传统语言学有着明显的区别（如Leech 1983; Chafe 1987; Brown & Levinson 1986等），并包含有“在线认知过程，输入和输出表征，处理努力，认知效果”等成分（Carston 2002: 129），因此具有明显的认知倾向。Sperber和Wilson（1986：封底）在书中也明确提出，关联理论就是“为了给认知科学打下统一的理论基础”，“以找出所需要的所有有关语言交际的理论”。

Grice在合作原则和会话含义理论中指出，自然语言使用中隐含义的推导，需要依赖合作原则及其四条准则（数量、质量、关系和方式）。Sperber和Wilson提出的关联理论将Grice四准则缩减为一条原则，即关联原则。他们认为，交际参与者仅需依靠一个单一的标准去理解话语——关联（relevance）。关联是话语输入相对于认知加工的特征，即说话人话语在受众的语境假设中可产生的认知效果。输入的关联性是通过积极的认知效果来衡量的。也就是说，积极认知效果越强，关联度越高；反之，付出的认知加工越多，则关联度越低。试比较下面的例子：

（1）We're serving meat.

（2）We're serving chicken.

例（2）对于听者明显需要更低的认知加工努力，因而具有更高的关联度。关联作为“最佳的认知模式”可以合理地解释为：为何交际参与者能识别对方的谈话意图；为何交际过程能够如此自然、顺畅地进行等问题。关联理论认为，言语交际行为是一种“明示－推理行为”：交际者通过明示行为（ostensive behavior）使自己的交际意图得以传递，此时交际双方都受到寻求最佳关联的引导，即话语理解时，听者在付出有效的努力之后可获得足够的语境效果（contextual effect）。“具有语境效果”可以理解为，听者的知识体系中不仅仅有新信息的加入，更为重要的是，新信息与已知信息之间在语用推理过程中产生互动。语境效果可以看作是听者在话语加工过程中通过付出努力所获得的实惠。换句话说，关联也可以理解为在话语理解过程中，由所获得语境效果与所付出的加工努力共同决定：话语的关联性与语境效果成正比，与所付出的加工努力成反比。“明示”就是说话人“明确地向听话人表示意图的一种行为”（Sperber & Wilson 1986: 49）。例如，有人问：

（3）你准备怎么回家？

“你”可以用肢体语言演示骑自行车（如：脚蹬踏板等）的动作，这就是一种明示行为，其传递出说话者的交际意图。听者据此可推导出“你”是骑自行车回家。为了保证听者语用推导的顺利进行，以上例子还需要满足一系列的基本前提：例（3）中的“你”需假定听者知道“骑车”需要依靠脚蹬踏板的动作，且听者能够辨认出“你”的动作，这就是Sperber与Wilson所称的相互认知环境（mutual cognitive environment）。再看另一例子：

（4）希望从聚会回去，你抬起手，对着你的同伴轻拍手表。

这也是一种明示行为。与之对比，例（5）则属于非明示行为：

（5）当你独自一人的时候，抬起手，用手轻拍手表。

对于话语理解过程，关联理论抛弃了Grice（1975: 55）提出的“言语交际是推理交际”（inferential communication）的观点，即听者识别说话人意图的过程，认为言语交际无须考虑合作与否，进而从认知的角度提出人类对于信息加工是有选择性的，依据就是语境效果。Sperber和Wilson在1986年的专著中首次提出了交际的关联原则（Principle of Relevance），继而在1995年该书第二版中，将原有关联原则扩充为两条：关联认知原则和关联交际原则。

> 关联认知原则：人类认知倾向于同最大关联相吻合。
>
> 关联交际原则：每一个明示的交际行为都应设想它具有最佳关联。

关联交际原则基于认知原则，而认知原则可通过预测人的认知行为，对交际进行导向。

Sperber和Wilson还提出了“明说”（explicature）与“暗含”（implicature）这一对概念。明说除了表示话语命题，还包括指示、言语行为类型和命题态度等信息；关联理论认为，话语的明说成分也需要通过语用推导，且同样受制于交际原则。例如，对例（6）的理解：

（6）The child left the straw in the glass.

此处，要得到“The child left a ‘drinking tube’ in the glass”这一明说部分，就需要一定的推理工作，因为straw在语义上具有歧义性。因此，听者要想解歧，需要借助自己的百科全书知识（即：什么样的场景会同时出现a straw和a glass），进而推导出以上明说内容。暗含这一概念则借自Grice，与话语交际中的隐含一样，需要借助具体语境信息加以推导而得出，近似于传统的“语用意义”（pragmatic meaning）。如例（7）

（7）June: Has Jack paid back the money he owes you?

Mike: No. He forgot to go to the bank.

June如何理解Mike的回答呢？June首先有一个基本假定：Mike的回答具有最佳关联。其次，预见假设是Mike的回答能提供其所需的相关信息，这包括假设1：bank是指银行，he指称Jack而非他人；假设2：忘记去银行可能是未还钱的原因（隐含前提）。进而推导出隐含结论：Jack未能还钱是因为他忘记去银行了。

尽管关联理论有着明显的语言生成观烙印（Evans & Green 2006: 459），但该理论将语用学的研究重点转移到了认知领域，或者说是对语用学的认知根源的回归，为认知语用学作为独立学科的形成做出了重要贡献。但是随着研究的深入，关联理论显然无法再独立扛起认知语用学的大旗，也无法为一些言语交际或语言使用现象做出充分或完全的解释，如具体语境中语句差异形成的认知动因、所造成的认知效果等。同时，认知语用学研究的视野还需不断扩展，例如，如何从认知视角更好地理解语用能力的发展，语言使用与神经认知结构的关系等等。因此，言语交际的认知研究迫切需要新的理论或视角的加入。

随着研究的深入，认知语用学的研究对象不再局限于理解交际者话语体现的交际意图所必需的推理链，或者是理解各种不同交际现象所涉心理表征，研究范畴还扩展到诸如某一特定交际功能从婴儿时期到成年时期的发展（Bara 1995）。Airenti等（1993a, b）就提出了一种新的思路用于解释人类交际背后的认知过程，旨在为"各种不同的交际行为提供统一的理论框架"（参见Bara 2005, 2010）。这一理论（本文称之为"新认知语用理论"）认为话语的字面意义对于理解会话参与者的意义是必要但非充分条件。笔者认为这一观点较之关联理论是一种进步。传统关联理论认为话语理解中无须依赖字面意义，交际是以寻求关联性为导向，对话语加以理解。这一观点虽然在对高频且常规的话语进行理解的时候适用，但过于激进，有以偏概全之嫌。心理语言学实验可以证实，在对一些不常用的语块进行理解时，听者的话语加工时间、所付出的努力要明显长于、多于熟悉的语块。

Bara和Bucciarelli早在1998年就通过实证研究发现，两岁半以上的婴儿在理解规约性间接言语行为（如例（8））和直接言语行为（如例（9））上是一样容易的。

（8）Can you pass me the salt?

（9）Pass me the salt please.

研究还表明，对于两岁半以上的婴儿，对直接言语行为和规约性间接言语行为的理解要易于非规约性间接言语行为。此处，非规约性间接言语行为是指那些需要听者依据话语产生的具体语境进行一定的语用推导过程才能正确理解的言语行为。如果按照Levinson（2000）一般性会话含义理论的分类，规约性间接言语行为涉及一般性会话含义（generalized conversational implicature）这类设定的（presumptive）或默认（default）意义，而非常规间接言语行为则涉及特殊性会话含义（particularized conversational implicature）。Bucciarell 等（2003）在此基础上，提出对不同语用现象的理解过程造成影响的认知因素包括推理负荷（inferential load）与心理表征的复杂性（complexity of mental representations）。根据这一新理论，我们可以对Searle（1975）的间接言语行为理论进行重新审视。Searle认为，间接言语行为存在字面意义与话语意义的差异；传统语用研究则以“直接语力假设”（Literal Force Hypothesis，简称LFH）为基础，这一观点存在诸多弊端（参见Levinson 1983）。而推理负荷的引入，抛弃直接言语行为和间接言语行为这一对有争议的概念，进而可避免这一问题。推理负荷是指交际行为理解过程中所涉推理过程的复杂程度。据此，言语行为可以分为简单言语行为和复杂言语行为。这样一来，直接言语行为和规约性间接言语行为可归于简单言语行为，非规约性间接言语行为则属于复杂言语行为。简单与复杂言语行为之分除了适用于以上标准交际行为之外，还可用于解释反讽和欺骗性话语等（Bara, Bucciarelli & Geminiani 2000）。当然，这一分类绝非固定不变的，它会随着文化背景、语境、甚至是个人而发生改变，这也符合人类的认知特性。心理表征的复杂性主要用来解释造成不同交际行为理解困难的原因。根据这一理论，直接、规约性的和非规约性的言语行为均属于标准交际行为，对这一类行为的理解，听者可以采用默认的语用推导规则来理解说话者的心理状态。而非标准交际行为则包括反讽、谎言等话语。对于谎言的理解，听者需要注意到话语所表达的心理状态与说话者实际的心理状态之间的差异。在新认知语用学理论框架下，学者们还可借助推理负荷和心理表征复杂性来研究儿童语用能力发展的过程（如Bara, Bosco & Bucciarelli 1999; Bosco et al. 2013 等）和交际能力习得的先后顺序。例如，儿童往往先习得对真诚交际行为的理解能力，等到稍晚阶段才习得对欺骗、反讽等非标准交际行为的理解能力（同上）。

同一阶段，具有代表性的认知语用学理论视角还有“等级突显义假设”（the Graded Salience Hypothesis）（Giora 1997, 2003）。这一理论主要关注字面意义和修辞语言（如隐喻、惯用语等）所涉不同的推理机制等心智过程。该假设认为词义的提取由该意义的突显程度决定，即突显性等级越高，意义就越容易被提取。而突显性又取决于以下四个因素：规约性、熟悉度、使用频率及典型性。综合以上分析可见，在关联理论之后，认知语用学研究范围和认知机制等均有了显著的扩展。研究话题不仅有传统的言语交际过程，还包括了对儿童语用能力发展、顺序等的关注；理论所涉认知机制除了关联理论提出的认知加工、认知效果、认知语境等，还有推理负荷、心理表征复杂度、意义突显等。

3. 发展趋势

随着21世纪跨学科研究趋势的迅速发展，各学科为取得真正的科学突破，都争先向临近的学科渗透、寻求合作。这一趋势对自然科学还是人文社会科学都将产生深远影响。在这一趋势中，认知语用学研究，因其前瞻的视野、丰富成果所带来的深远影响，也加入到跨学科研究中。学者们开始思考诸如以下问题：如何将普通语用学研究同更广泛的认知科学结合？如何将语言使用的诸多现象（甚至包括语用失误、语用能力的损伤等）与神经科学、脑科学等领域相结合，并将这一成果运用到实际工作中，如帮助大脑损伤患者的治疗和恢复等等。在这一新趋势中，认知语用学跨学科研究最具代表性的就是神经语用学（neuropragmatics）。神经语用学主要研究对象为交际过程所涉的心智过程与大脑中负责这些过程的相关区域之间的内在联系（Bara 2010: 260）。虽然这一研究领域还是处于起步阶段，但是“在方法论上却具有重要意义”（同上）。当前，对大脑损伤患者的神经科学，尤其是神经心理学研究为认知语用学理论提供了优秀的实证研究素材。有了一个强大的语用交际理论为基础，研究者们还需要对所调查的神经综合征进行客观的描述，才能准确地预测患者实际语言使用所受的影响，这也正是神经语用学逐渐兴起的基础。当然，这样的跨学科结合，对于神经心理学来讲也是受益匪浅的。它使得研究者能够在相关语言理论支撑下，更为准确地发现患者的交际能力发生了怎样的变化，为何会发生这样的变化等（Bara 2010: 263）。学者们在认知语用学与神经科学跨学科研究框架下展开的相关语用能力调查研究包括：对创伤性头部损伤患者语言运用能力的调查（如Cutica et al. 2006；Gabbatore et al. 2015），对阿尔茨海默症（老年痴呆）患者的研究（Bara, Bucciarelli & Geminiani 2000），对儿童自闭症的研究（Bucciarelli et al. 2003），对先天性心脏病患者大脑的研究（Chiavarino et al. 2013），对精神分裂症患者的研究（Agostoni et al. 2021），对老年人语用能力的研究（Bambini et al. 2021），等等。这些研究旨在发现这些患者身上不同的神经心理损伤会对其交际能力造成怎样的影响。认知语用学与神经科学、神经心理学的跨学科研究也在临床语用学研究中得到了体现，尤其是在对语用障碍（pragmatic disorders）的研究中（参见Cummings 2009, 2014; Panther 2022等）。

（编者：西南大学/唐瑞梁）

参考文献

Agostoni, G. Bambini, V., Bechi, M., Buonocore, M., Spangaro, M., Repaci, F., Cocchi, F., Bianchi, L., Guglielmino, C., Sapienza, J., Cavallaro, R., & Bosia, M. 2021. Communicative-pragmatic abilities mediate the relationship between cognition and daily functioning in schizophrenia. *Neuropsychology*, 35(1): 42—56.

Airenti, G., Bara, B. G., & Colombetti, M. 1993a. Conversation and behavior games in the pragmatics of dialogue. *Cognitive Science*,17(2): 197—256.

Airenti, G., Bara, B. G., & Colombetti, M. 1993b. Failures, exploitations and deceits in communication. *Journal of Pragmatics*, 20(4): 303—326.

Austin, J. L. 1962. *How to Do Things with Words*. London: Oxford University Press.

Bambini, V., Van Looy, L., Demiddele, K., & Schaeken, W. 2021. What is the contribution of executive functions to communicative-pragmatic skills? Insights from aging and different types of pragmatic inference. *Cognitive Process*, 22: 435—452.

Bara, B. G. 1995. *Cognitive Science: A Developmental Approach to the Simulation of the Mind*. Hillsdale, NJ: Erlbaum.

Bara, B. G. 2005. *Cognitive Pragmatics: The Mental Processes of Communication*. Cambridge, MA: The MIT Press.

Bara, B. G. 2010. *Cognitive Pragmatics: The Mental Processes of Communication*. Douthwaite, J. (Trans.). Cambridge, MA: The MIT Press.

Bara, B. G., Bosco, F. M., & Bucciarelli, M. 1999. Simple and complex speech acts: What makes the difference within a developmental perspective. In Hahn, M., & Stoness, S. C. (eds.), *Proceedings of the XXI Annual Conference of the Cognitive Science Society* (pp. 55—60). Mahwah, NJ: Lawrence. Erlbaum Associates.

Bara, B. G., & Bucciarelli, M. 1998. Language in Cotext: The emergence of pragmatic competence. In Quelhas, A. C., & Pereira, F. (eds.), *Cognition and Context* (pp. 317—345). Lisbon: Istituto Superior de Psicologia Aplicada.

Bara, B. G., Bucciarelli, M., & Geminiani, G. C. 2000. Development and decay of extra-linguistic communication. *Brain and Cognition*, 43(1—3): 21—27.

Bosco, F. M., Angeleri, R., Colle, L., Sacco, K., & Bara, B. G. 2013. Communicative abilities in children: An assessment through different phenomena and expressive means. *Journal of Child Language*, 40(4): 741—778.

Brown, P., & Levinson, S. C. 1986. *Politeness: Some Universals in Language Use*. Cambridge: Cambridge University Press.

Bucciarelli, M., Colle, L., & Bara., G. B. 2003. How children comprehend speech acts and communicative gestures. *Journal of Pragmatics*, 35(2): 207—241.

Carnap, R. 1943. *Formalization of Logic*. Cambridge: Harvard University Press.

Carston, R. 2002. Linguistic meaning, communicated meaning and cognitive pragmatics. *Mind & Language*, 17(1—2): 127—148.

Chafe, W. L. 1987. Cognitive constraints on information flow. In Tomlin, R. S. (ed.), *Coherence and Grounding in Discourse* (pp. 21—51). Amsterdam: John Benjamins.

Chiavarino C., Bianchino, C., Brach-Prever, S., Riggi, C., Palumbo, L., Bara, B. G., & Bosco, F. M. 2013. Theory of mind deficit in adult patients with congenital heart disease. *Journal of Health Psychology*, 40(4): 741—778.

Cummings, L. 2009. *Clinical Pragmatics*. Cambridge: Cambridge University Press.

Cummings, L. 2014. *Pragmatic Disorders*. Netherlands: Springer.

Cutica, I., Bucciarelli, M., & Bara, B. G. 2006. Neuropragmatics: Extralinguistic pragmatic ability is better preserved in left-hemisphere-damaged patients than in right-hemisphere-damaged patients. *Brain and Language*, 98(1): 12—25.

Evans, V., & Green, M. 2006. *Cognitive Lingusitics: An Introduction*. Edinburgh: Edinburgh University Press.

Gabbatore, I., Sacco, K., Angeleri, R., Zettin, M., Bara, B. G., & Bosco, F. M. 2015. Cognitive pragmatic treatment: A rehabilitative program for traumatic brain injury individuals. *The Journal of Head Trauma Rehabilitation*, 30(5): 14—28.

Giora, R. 1997. Understanding figurative and literal language: The graded salience hypothesis. *Cognitive Linguistics*, 8(3): 183—206.

Giora, R. 2003. *On Our Mind: Salience, Context, and Figurative Language*. New York: Oxford University Press.

Grice, P. 1975. Logic and conversation. In Cole, P., & Morgan, J. (eds.), *Syntax and Semantics (Vol. 3): Speech Acts* (pp. 41—58). New York: Academic Press.

Grice, P. 1989. *Studies in the Way of Words*. Cambridge, MA: Harvard University Press.

Kasher, A. (ed.). 1988. Cognitive Aspects of Language Use. Special issue of *Journal of Pragmatics*, 12.

Leech, G. N. 1983. *Principles of Pragmatics*. London: Longman House.

Levinson, S. C. 1983. *Pragmatics*. Cambridge: Cambridge University Press.

Levinson, S. C. 2000. *Presumptive Meanings: The Theory of Generalized Conversational Implicature*. Cambridge, MA: The MIT Press.

Morris, C. W. 1938. *Foundations of the Theory of Signs*. Chicago: The University of Chicago Press.

Panther, K. 2022. *Introduction to Cognitive Pragmatics*. Amsterdam: John Benjamins Publishing Company.

Schmid, H. (ed.). 2012. *Cognitive Pragmatics*. New York: Mouton de Gruyter.

Searle, J. R. 1975. A Taxonomy of illocutionary acts. In Gunderson, K. (ed.), *Language, Mind, and Knowledge* (pp. 344—369). Minneapolis: University of Minnesota Press.

Sperber, D., & Wilson, D. 1986. *Relevance: Communication and Cognition*. Oxford/Cambridge: Blackwell Publishers.

Sperber, D., & Wilson, D. 2015. Beyond speaker's meaning. *Croatian Journal of Philosophy*, 15(44): 117—149.

Wilson, D., & Sperber, D. 2012. *Meaning and Relevance*. Cambridge: Cambridge University Press.

Wilson, D., & Carston, R. 2019. Pragmatics and the challenge of 'non-propositional' effects. *Journal of Pragmatics*, 145: 31—38.

入景理论（Grounding Theory）

1. 引言

入景（grounding）[①]是认知语言学理论中的一个重要概念。入景理论最早由Langacker（1987a, 1991）提出，随着研究的不断深入（Langacker 1990, 1999, 2002a, 2002b, 2004, 2008, 2009, 2016, 2019），逐步趋于成熟。按照认知语法的观点，动词勾勒过程/关系[②]，即按照时间顺序对世界进行扫描的语言表征（Langacker 1987b）。因此，“入景”作为一个动词，其语义属性就勾勒了一种过程/关系，这就必然牵涉语义参与者。换言之，入景的认知过程预设了两个实体：入景的参照和入景的主体。顾名思义，入景的参照是背景。那么，背景从何而来？入景的主体又是什么？

背景是相对于言语事件而言的，包括言语事件所涉及的方方面面（Langacker 1990: 318, 2008: 259; Taylor 2002: 346; Evans & Green 2006: 575）。这里的背景与图形—背景理论中的背景存在渊源关系，也来自完

---

① grounding目前尚无统一汉译，其他译法包括“语境定位”“背景设置”“情景植入”“入场”等，我们暂采取“入景”的译法，详见邢晓宇（2015）。

② 这里采取学界普遍的提法。大多数文献称动词勾勒“过程”（如Langacker 1987a, 1987b, 2008: 104, 112），但有的文献对动词的勾勒对象交替使用“过程”和“关系”（如Langacker 2008: 259）。事实上，按照认知语法范畴观，动词的典型语法属性为勾勒关系，“关系”可进一步范畴化为“过程性关系”和“非过程性关系”，或“时间性关系”和“非时间性关系”。也就是说，“过程”其实包孕于“关系”之中，二者并非排他性并列关系。

形心理学，其区别在于入景理论丰富并拓展了图形－背景理论的应用范围，这种理解既符合理论发展的一般规律，也可以满足对具体语言现象分析的需要（Driven & Ruiz de Mendoza 2010: 19—22；邢晓宇 2015）。

既然入景理论是图形－背景理论的发展，那么入景主体便是图形，其语言表征形态就是入景这一认知过程的载体。入景的参照是背景，而入景的另一端为实体、语言表达式、名词短语和限定小句表达的事物或关系/过程（Langacker 1991: 98, 2008: 259, 2009: 149; Taylor 2002: 346; Evans & Green 2006: 575）。认知语法把所有的语言单位及其语义简化为两类概念实体：事物和关系/过程（Langacker 1987a, 1987b, 1995）。其中，名词勾勒事物，动词勾勒关系/过程。不论事物，还是关系或过程，都是一种实体，也就是名词短语和限定小句所表达的内容。因此，入景的主体在语言形态表征上包括名词和动词，从语义或概念上包括名词和动词所勾勒的实体，分别为事物和关系/过程。可见，入景其实包括两个部分，一是语言表达式与背景建立心理联系，成为交际概念；二是言语交际双方通过共有话语知识互动，对概念进行指称和识别（referring and identifying）。

2. 主要思想

入景理论的主要观点包括两个方面：一方面，入景是型概念（type）到例概念（instance）转化的认知过程，是型概念获得交际资格的认知过程。另一方面，入景是说话人对语言表达式的所指进行识解的主观化过程（邢晓宇 2015）。以下做具体阐释。

第一，入景是型概念到例概念转化并获得交际资格的认知过程。一般而言，自然语言符号本身对应的是一个型概念。由于时空等参照的多样化，型概念对应的例概念是一个由事物或关系/过程组成的开放范畴集合，这些事物或关系/过程可能是具象的，也可能是抽象的。按照认知语法的观点，光杆名词往往勾勒某种类型事物，光杆动词勾勒某种类型的过程/关系。譬如，book（书）可以勾勒任何可以称作“书”的事物，like（喜欢）可以勾勒任何两个实体之间在任何时间维度和现实维度下的“喜欢”关系。可是，如果没有手势等非语言手段的参与，仅就语言层面而言，光杆名词和光杆动词以及相应的型概念往往不具备交际资格。正如Langacker（2008: 264）所言，在言语交际中我们往往更感兴趣的是事物或关系/过程的个体。也就是说，人与人之间在进行言语交际时往往想谈论具体的事物和关系/过程。型概念虽然在我们认知世界的过程中，可以把混沌变得有序，但往往需要把型概念转化为例概念，以满足交际的需要，而入景手段有助于完成这种转化。

自然语言要想承载交际意义，例概念的突显最终要为言语交际双方所指别，而这要靠入景来完成。我们说入景是型概念向例概念转化的过程，是因为入景手段或策略[①]可以使型概念转化为例概念。同时，我们说入景是型例概念转化的认知过程，一方面因为转化的过程涉及人的认知主观性，另一方面因为入景的最终功能是语言表达式具备交际资格，也就是言语交际双方可以把注意力投向同一个语篇所指（discourse referent）之上，从而形成协同心理指称（coordinated mental reference）。这一指称所对应的事物可能存在于客观世界，也可能是心智世界中的概念。例如，在this book（这本书）中，book只代表了一个类型，包括各种被称作“书”的事物，是对该事物的客观识解，linguistic book（语言学书）对该事物进行了例示化，但是在语言层面仍然无法让言语交际双方形成协同心理指称。那么，this book或者this linguistic book就从众多的book或linguistic book中挑选出来一

① Langacker（2008）没有明确区分“入景要素”与“入景策略”，而是把入景等同于入景要素，把入景策略视为修饰语，我们认为这值得商榷。

个特定的例示，并通过言语交际双方的共有话语知识互动，将听话人的注意力指向特定的事物上，从而实现交际，如图1所示：

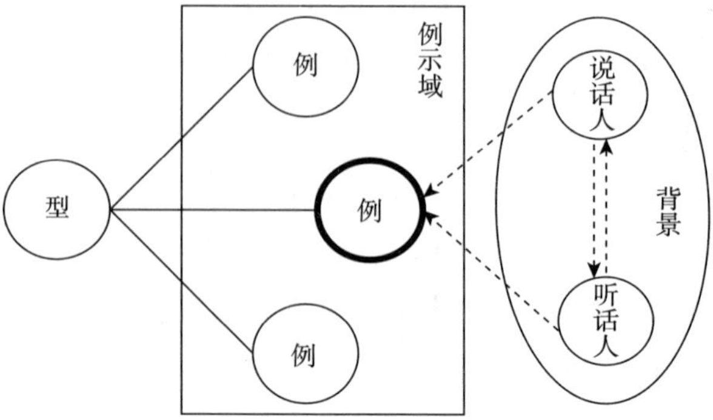

图1　型—例概念转化的入景过程（改编自Langacker 2004: 87）

图1显示，一个型概念对应若干个例概念，这些例概念可以通过例示化手段或策略进行呈现，进而为言语交际双方所指别，也可以直接由入景要素（grounding elements）达成这一目标。我们可以看到，例概念共享一个例示域，说话人通过调用入景要素，把听话人的注意力引向特定的例概念上，然后言语交际双方基于共有话语知识互动，形成协同心理指称，从而完成对型概念的入景过程。此外，图1中说话人和听话人作为背景中的核心要素，其知识互动以及注意力指向均采用了虚线箭头标识，是因为共有话语知识的互动以及对意向目标的指别均需要在一定语境下完成，而且话语语境未必属于即时物理空间范畴，很多时候对应的是心智范畴中的概念。

需要指出，图1所示的模式不仅适用于名词的入景过程，动词入景也符合这一模式。总之，型概念是语言对世界进行范畴化的产物，例概念是型概念具体所指进行例示化的产物。型概念要想承载交际意义，必须与背景建立联系，从众多的例示中突显出来成为一个特定的事物和关系/过程，通过言语交际双方进行指别，形成协同心理指称，从而实现交际。

第二，入景是语言表达式所指识解的主观化过程。认知语言学认为，语言并非对世界的镜像反映，而是在语言与世界之间有一个中间层次，即人的认知。由于不同的时空参照或不同的交际目的，人们对某一个情景或事件会形成不同的认知和概念。用Langacker（2007: 41）的话说这种认知能力就是识解。不同的识解方式在语言上就会形成不同的表达式。语言表达式由客观性较强转为主观性较强的过程就是主观化。

之所以说入景是语言表达式所指识解的主观化过程，主要基于以下原因。光杆名词和光杆动词尚未入景时，勾勒的事物和关系/过程没有任何参照，所以此时对相应实体的识解具有最大的客观性。入景要素在把语言表达式勾勒的事物或关系/过程与背景联系的过程中，所涉及的界标其本身往往不出现在显性位置或台上区域。譬如，this作为入景要素，指示一个事物在物理空间或心理空间内离说话人较近，但是并不像close to me或near me这样的非入景表达明确把说话人当作界标，而是把说话人置于隐性位置。因此，光杆名词和光杆动词通过入景，变成完整的名词短语和限定小句后，对事物和关系/过程的识解就降低了客观性，增强了主观性。Langacker（2008: 260－264）对此进行了详细描述。

综上所述，识解是一种重要的认知能力，其产物是不同的语言表达式或语法形式。识解具有主观性和客观性之分，但二者并非泾渭分明，而是可以实现互动和转化的，入景理论正是体现了这种互动。具体而言，入景要素使得对概念化客体识解的客观性减弱，主观性增强。这也体现了入景的实质，即自然语言符号实现交际的一种手段，而交际则会带有主观印记。

3. 入景类别

入景不是一种语法范畴，而是一种语义功能；它是一种概念组织方式，是一个语言表达式成为合格的名词短语和限定小句的过程（Langacker 2002a: 12, 2008: 272）。入景的主体是名词和动词。完整名词短语和限定小句则分别是名词和动词入景后的形态呈现和表征。因此，入景的认知过程包括名词入景和动词入景两大类别。下面分别予以介绍。

名词入景。名词的主要功能是指称，通过把名词勾勒的事物与所属范畴内其他成员区分开来，使言语交际双方的注意力聚焦于特定的事物（Langacker 2008: 264）。把名词由未入景状态转变为入景地位的关键语法要素就是名词的入景要素。也就是说，入景要素的作用是使光杆名词或不具备交际资格的名词或名词短语变为完整名词短语，即具备交际资格的名词短语。通俗地讲，具备交际资格是指名词的概念内容完整，其形态又合乎语法。

需要说明的是，上述名词入景的例子均为显性入景（overt grounding）。Langacker（2008: 273）指出，英语名词的入景要素主要体现在显性的语法属性上，主要包括冠词、指示词和部分量化词（如相对量化词all、most、some、no、every、each、any和绝对量化词many、few、little、a few、a little）。这些入景要素体现了典型的语义特征：可以挑选名词所指、体现名词所指与背景的联系、背景本身受到主观识解。这些语义特征进一步表现为如下语法属性（Langacker 2002a: 12—14, 2008: 273）：（1）入景要素不直接或明确提到背景，背景被主观识解；（2）大多数入景要素可以代替整个名词短语充当论元[①]；（3）入景要素可以直接与名词构成完整名词短语，即直接使名词入景。

① 冠词不能代替名词短语充当论元是由于冠词的语法化过程使其在语音极和语义极都经历了逐渐弱化现象，在语音极上逐渐表现出高度依存和弱读的特征，在语义极上逐渐丧失指向力（directive force），最终按照规约固化为语法要素，丧失了单独充当论元的资格（Hopper & Traugott 2003: 119; Taylor 2002: 350; Langacker 2008: 273, 286）。

Langacker（2008: 272）认为，英语名词的入景要素主要是显性的，但也有隐性（covert）表现。英语名词的隐性入景要素体现在以下三个方面。第一种情况是零入景（zero grounding），不可数名词经常体现这一属性，如They drank beer（他们喝了啤酒）中的不可数名词beer。第二种是固有入景（intrinsic grounding），即语言表达式本身已经蕴含了对其指称的识别，如人称代词和专有名词。第三种是间接入景（indirect grounding），如所有格中的名词。在Bill's book（比尔的书）中，book的例概念勾勒并未直接与背景相联系，而是通过Bill的固有入景实现的。

动词入景。由名词和动词分别勾勒的事物和事件是赋予我们心智宇宙最基本的概念原型（Langacker 2008: 296）。在入景理论视角下，这两个概念原型分别对应名词入景和动词入景。与名词入景关注事物的指别不同，动词入景主要关注事件的发生情况，所以动词入景的主要作用是勾勒事件相对于背景的状态。因此，背景以及说话人通过入景要素对现实性的判断是事件的参照点（Langacker 2008: 297）。在很多情况下，我们已知的信息往往不能满足表达的需要，必须对所言和所听内容的时间性和现实性等维度进行评估，这是动词入景和非限定小句入景的主要认知动因。

Langacker（2008: 299）认为，尽管存在一些模糊的边缘现象，英语限定小句的入景系统基本上由时态和情态动词构成，具体包括两个基本时态（现在时和过去时）和五个基本情态动词（may，can，will，shall，must）。时态标明事件的时间性，情态动词体现事件发生的可能性或现实性。英语的入景系统呈二元特点，即形式上的零标记和显性标记。从象似性的角度看，零标记体现认知的及时性或者与概念化主体的接近性，显性标记体现相对更大的认知距离。具体而言，现在时态表示所突显的关系/过程相对于概念化主体而言是即时的，过去时态体现的是非即时的。没有情态动词突显的关系/过程在认知上是真实的，概念化客体是构想现实（conceived reality）的一部分，而加上情态动词就会把突显的关系或过程置于非现实地位。例如：

（1）They love mountain climbing.

（2）They loved mountain climbing.

（3）They may love mountain climbing.

（4）He might love mountain climbing.

以上例子的概念内容是“他们喜欢爬山”。例（1）用现在时表示这一内容是概念化主体即说话人的即时知识，没有用情态动词表示这一内容是说话人构想现实的一部分，也就是说例（1）突显的是直接的事实，表示说话人认为“他们喜欢爬山”是即时的现实知识。例（2）增加了过去时标记-ed，表示该命题内容是非即时的，曾经是说话人构想现实的一部分。所以，例（2）突显的是非直接的事实，表示说话人认为“他们曾经喜欢爬山”。例（3）带有情态动词的现在时标记，突显的是直接的非事实，表示该命题内容不是说话人即时构想现实的一部分，即“他们目前喜欢爬山”不是事实，只是一种可能。例（4）用了情态动词突显了说话人的非构想现实知识，且有过去时标记表示这一非现实知识是非即时的，所以突显了一个非直接的非事实，表示说话人认为“他们曾经可能喜欢爬山”。由此可见，从例（1）到例（4），概念化主体对命题内容识解的主观性不断增强。总之，通过时态和情态这两种入景策略，限定小句所突显的关系/过程与概念化主体之间建立起了心理联系。

4. 发展趋势

入景理论的研究目前尚处于起步阶段，今后至少在以下两个方面可以进行拓展。第一，理论方面。Taylor（2002: 344）从细化（specification）、例示化（instantiation）和数量化（quantification）等层面分析了入景的步骤。这其实涉及入景的层级性，反映了人认识世界的复杂过程，我们可以从这个角度深入探讨入景理论的理论内涵和本质，分析入景理论与认知语言学其他理论的关系。譬如，王义娜和李银美（2019）运用入景理论探讨了汉英主题结构的主观性，具有启发性。同时，入景理论是基于英语而发展起来的一套理论，而入景理论具有跨语言普遍性，因此入景理论的类型学研究具有拓展空间。譬如，Langacker（1987a, 1991）指出，入景要素必须具备直指性、最大限度的主观性、拓扑性、图式性、低灵活性、不可或缺性等特征。可是，这些特征是相当于英语而言的，在其他语言中的表现如何，仍值得进一步探讨。入景理论的类型学研究已有一些成果（如Nobuko 2001; Achard 2002; Kochańska 2002; Mortelmans 2002; Nuyts 2002; Cornillie 2005）。这些研究运用入景理论探讨了日语、法语、波兰语、德语、荷兰语和西班牙语。就汉语而言，虽已引起关注（如完权 2009，2012a，2012b；卢鑫莹 2012；文旭、邢晓宇 2014；邢晓宇、文旭 2015；邢晓宇 2015；付正玲 2017；杜小红 2019；段红 2020；吴吉东 2020a，2020b，2021），但大多聚焦语言现象，对入景理论在汉语背景下的本土化建设尚未给予足够重视或讨论有待深入。其中，卢鑫莹（2012）探讨了现代汉语名词的隐性入景特征，邢晓宇（2015）从修饰语的角度，讨论了现代汉语名词入景的显性规律。可以说，鉴于汉语名词的复杂性、时体范畴的独特性以及汉语众多的方言，汉语的入景理论研究在理论建设方面仍有较大空间。第二，应用方面。入景理论涉及名词和动词，而名词和小句等方面的很多话题都可以在此理论下进行解释和探讨。文旭、邢晓宇（2014）在梳理汉语名词入景特征的基础上，探讨了汉语名词的修饰语研究中长期争议的现象，但这方面的研究尚处于起步阶段，入景理论的应用研究前景值得期待。

（编者：内蒙古大学/邢晓宇）

参考文献

Achard, M. 2002. The meaning and distribution of French mood inflections. In Brisard, F. (ed.), *Grounding: The Epistemic Footing of Deixis and Reference* (pp. 197—250). Berlin: Mouton de Gruyter.

Cornillie, B. 2005. On modal grounding, reference points, and subjectification: The case of the Spanish epistemic modals. *Annual Review of Cognitive Linguistics*, 3(1): 56—77.

Driven, R., & Ruiz De Mendoza, F. 2010. Looking back at 30 years of Cognitive Linguistics. In Tabakowska, F., Choinski, M., & Wiraszka, L. (eds.), *Cognitive Linguistics in Action: From Theory to Application and Back* (pp. 13—70). Berlin: Mouton de Gruyter.

Evans, V., & Green, M. 2006. *Cognitive Linguistics: An Introduction*. Edinburgh: Edinburgh University Press.

Hopper, P. J., & Traugott, E. 2003. *Grammaticalization* (2nd ed.). Cambridge: Cambridge University Press.

Kochańska, A. 2002. A cognitive grammar analysis of Polish nonpast perfectives and imperfectives: How virtual events differ from actual ones. In Brisard, F. (ed.), *Grounding: The Epistemic Footing of Deixis and Reference* (pp. 349—390). Berlin: Mouton de Gruyter.

Langacker, R. W.1987a. *Foundations of Cognitive Grammar (Vol I): Theoretical Prerequisites*. Stanford: Stanford University Press.

Langacker, R. W. 1987b. Nouns and verbs. *Language*, 63(1): 53—94.

Langacker, R. W. 1990. *Concept, Image and Symbol: The Cognitive Basis of Grammar*. Berlin: Mouton de Gruyter.

Langacker, R. W. 1991. *Foundations of Cognitive Grammar (Vol II): Descriptive Application*. Stanford: Stanford University Press.

Langacker, R. W. 1995. The symbolic alternative. In Georges, L., & Zuber, C. (eds.), *Linguistique et Modèles Cognitifs* (pp. 51—76). Basel: Romanishces Seminar der Universität Basel.

Langacker, R. W. 1999. *Grammar and Conceptualization*. Berlin: Mouton de Gruyer.

Langacker, R. W. 2002a. Deixis and subjectivity. In Brisard, F. (ed.), *Grounding: The Epistemic Footing of Deixis and Reference* (pp. 1—28). Berlin: Mouton de Gruyter.

Langacker, R. W. 2002b. Remarks on the English grounding systems. In Brisard, F. (ed.), *Grounding: The Epistemic Footing of Deixis and Reference* (pp. 29—38). Berlin: Mouton de Gruyter.

Langacker, R. W. 2004. Remarks on nominal grounding. *Functions of Language*, 11(1): 77—113.

Langacker, R. W. 2007. *Ten Lectures on Cognitive Grammar.* Gao, Y., & Li, F. (eds.). Beijing: Foreign Language Teaching and Research Press.

Langacker, R. W. 2008. *Cognitive Grammar: A Basic Introduction*. New York: Oxford University Press.

Langacker, R. W. 2009. *Investigations in Cognitive Grammar*. Berlin/New York: Mouton de Gruyter.

Langacker, R. W. 2016. Nominal grounding and English quantifiers. *Cognitive Linguistic Studies*, 3(1): 1—31.

Langacker, R. W. 2019. Levels of reality. *Languages*, 4(2): 1—20.

Mortelmans, T. 2002. A study of the German modals *sollen* and *müssen* as "grounding predictions" in interrogatives. In Brisard, F. (ed.), *Grounding: The Epistemic Footing of Deixis and Reference* (pp. 391—432). Berlin: Mouton de Gruyter.

Nobuko K.-M. 2001.Grounding and deixis: A study of Japanese first-person narrative. Ph.D. dissertation. Honolulu: The University of Hawaii.

Nuyts, J. 2002. Grounding and the system of epistemic expressions in Dutch: A cognitive-functional view. In Brisard, F. (ed.), *Grounding: The Epistemic Footing of Deixis and Reference* (pp. 433—466). Berlin: Mouton de Gruyter.

Taylor, J. 2002. *Cognitive Grammar*. Oxford: Oxford University Press.

杜小红. 2019. 名词性独语句的认知语法研究. 博士学位论文. 开封：河南大学.

段红. 2020. 入场理论视域下指宾状语句语义异指认知机制研究. 当代语言学，（4）：587—600.

付正玲．2017．汉语类指句的入场研究．博士学位论文．重庆：西南大学．
卢鑫莹．2012．现代汉语光杆名词语义的认知语法研究：情景植入视角．博士学位论文．开封：河南大学．
完权．2009．入场理论：认知语法的新进展．外国语，(6)：27—34．
完权．2012a．超越区别于描写之争："的"的认知入场作用．世界汉语教学，(2)：175—187．
完权．2012b．指示词定语漂移的篇章认知因素．当代语言学，(4)：343—353．
王义娜、李银美．2019．汉英主题结构的主观性：述题的情景植入视角．外语教学与研究，(2)：189—201．
文旭、邢晓宇．2014．"限制"与"描写/非限制"之争的破与立：汉语名词修饰语研究新视角．外语与外语教学，(4)：21—25．
吴吉东．2020a．英语关系分句认知工作机制研究——认知与教学语法整合性视角．外语教学，(1)：70—75．
吴吉东．2020b．英语复句入场：连续统假说．中国外语，(2)：51—58．
吴吉东．2021．基于入场的名词性分句允准条件与认知机制．西安外国语大学学报，(4)：1—6．
邢晓宇．2015．认知入景视角下现代汉语名词的修饰语研究：功能与语序漂移．博士学位论文．重庆：西南大学．
邢晓宇、文旭．2015．现代汉语"名+数+量"结构的形态表征及认知理据．西安外国语大学学报，(3)：13—16．

射体–界标（Trajector-Landmark）

1. 引言

射体–界标概念来源于完形心理学中的图形–背景概念。图形–背景在视觉上最典型的体现是心理学家Edgar Rubin提出的人脸–花瓶图片，如图1所示。在人脸–花瓶图片中，如果图片左右两侧白色部分被突显为图形，中间黑色部分隐退为背景，我们看到的是两张侧面面对面的人脸；颠倒一下，如果图片中间黑色部分被突显为图形，左右两侧白色部分被隐退为背景，我们看到的是一个曲线形花瓶。图形–背景是完形心理学家提出的知觉经验组织的原则之一，它有助于解释知觉主体如何把知觉经验组织成有意义的整体。

图1　人脸–花瓶图（Ungerer & Schmid 2006: 164）

2. 主要思想

Langacker（1982, 1987）将心理学的图形－背景概念引入到语言学，提出射体－界标概念，并将其应用于分析和解释各类语言现象，阐释说话者组织语言成分遵循的原则。

射体－界标是Langacker认知语法理论的核心概念之一。Langacker先后在《认知语法基础（I）：理论前提》（1987）、《概念，图像和符号：语法的认知基础》（1990）、《语法和概念化》（1999）、《认知语法导论》（2008）、《认知语法探索》（2009）等代表性专著中系统阐释了射体－界标。

Langacker在早期的论文《空间语法、可分析性和英语被动句》（1982）中，详细描述了射体－界标概念。根据Langacker（1982: 47）的定义，在每个关系性描述中，关系的参与者地位不同，射体指关系中被突显的图形，界标指具有发挥参照作用、定位射体的参与者。当一种关系被突显时，关系涉及的参与者突显的程度存在差异。突显的关系中最突显的参与者是射体，突显的关系中突显度仅次于射体的参与者是界标。

Langacker（1982: 47）以above、red、with、of为例，讨论射体和界标的关系，如图2所示。具体而言，above涉及两个实体之间的垂直关系，位置在上的实体是突显的射体，位置在下的实体是界标，它发挥定位射体的参照作用，如图2（a）所示。red涉及一个实体和一个有界颜色区域的关系，在这个关系中，最突显的是射体，如图2（b）中圆圈所示，界标是有界的红色色区，如图2（b）中加粗的黑色竖线所示。with涉及一个有界区域中射体和界标之间未被具体化的邻近关系，如图2（c）所示。of涉及作为整体的界标和作为其组成部分的射体之间的所属关系，如图2（d）所示。

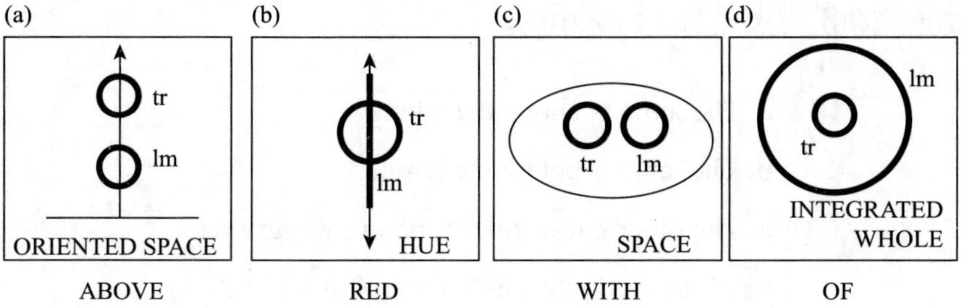

图2　above、red、with、of涉及的射体—界标关系
（Langacker 1982：47）

Langacker（2008：67）用射体—界标阐释突显（profiling）。对于相同的概念内容，突显不同的部分就会产生不同的结果。例如，wheel（车轮）的概念内容是hub（毂）、spoke（轮辐）、rim（轮缘）、wheel等的共同基础，突显车轮的不同部分，分别产生不同的语言表达，如图3所示。

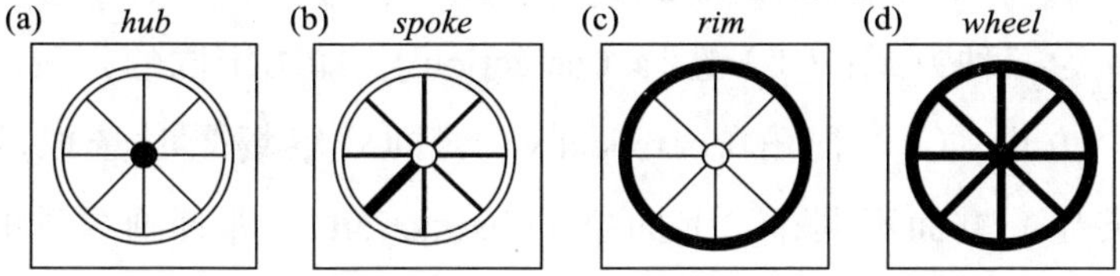

图3　hub、spoke、rim、wheel 涉及的射体—界标关系
（Langacker 2008: 67）

不仅事物涉及突显，关系也涉及突显。例如，根据Langacker（2008: 71—72）的论述，above和below，before和after都涉及相同的参与者，但参与者的突显度不同。例如，在下例（1）和（2）中，（a）和（b）是突显同一个情境的不同参与者的结果。（1a）和（1b）描述的都是灯和桌子的空间关系。不同的是，（1a）的首要焦点（primary focus，即射体）是lamp，次要焦点（secondary focus，即界标）是table。（1b）的首要焦点和次要焦点与（1a）相反。（2a）和（2b）描述的都是两个事件之间的时间关系。不同的是，（2a）的首要焦点是事件$_1$ the other guests all left，次要焦点是事件$_2$ we arrived。（2b）的首要焦点和次要焦点与（2a）相反。

（1）a. The lamp is above the table.

b. The table is below the lamp.

（2）a. The other guests all left before we arrived.

b. We arrived after the other guests all left.

图形—背景、射体—界标概念的提出是对传统语义观的颠覆和突破。客观语义观将一个句子的意义等同于它成真的条件。认知语义观认为意义来自具身经验。

从本质上讲，图形—背景、射体—界标这两组概念反映的是意义的主观性。认知语言学派主张"意义就是概念化"（Langacker 2008: 43）。Langacker（2008）提到"调焦"（focal adjustments），即我们会使用不同意象建构想象的场景。Langacker（1987: 117）将调焦分为三种方式：（1）选择（selection），即决定取的是一个场景的哪个方面；（2）视角（perspective），即观察场景时选取的位置决定突显的方面不同；（3）抽象（abstraction），即刻画场景的详细度。Talmy（1978, 2000）认为，对同一个场景可以用不同的表达方式表征，不同表达方式体现不同图形—背景组织原则。例如，句子Building A is in front of Building B是以Building A为图形，Building B为背景。与之相反，句子Building B is behind Building A是以Building B为图形，Building A为背景。Talmy（2000：315）认为，图形—背景的选择遵循一定的规律，例如，图形多为动态、体积小、特征更突显，背景多为静态、体积大、特征不明显。

射体—界标概念被广泛应用于方位词的语义研究。例如，Brugman（1981）、Lindner（1981）、Lakoff（1987）、Tyler和Evans（2003）等的研究。这类研究的基本思路是，首先运用意象图式分析方位词的基本空间义，然后用概念隐喻分析方位词的拓展性非空间义，并在此基础上建立方位词语义的网络。其中，以Lakoff（1987）对over的语义分析最为经典。他运用射体—界标概念，描述over基本空间义，包括above-across、above、covering等，以此为基础，over的空间义被拓展到非空间隐喻义，涉及“控制是上”“失控是下”等概念隐喻。

具体而言，Lakoff（1987）研究方位词语义的复杂性。例如，在walk over the hill、live over the hill、turn over、fall over、over a hundred errors等例子中，over涉及介词、小品词、副词、前缀等多个语法范畴，描述over语义拓展的理据是Lakoff（1987）研究的内容。

Lakoff（1987）提出，over的核心义是above-across，并用包含射体—界标的意象图式描述这一核心义，如图4所示。例如，句子The plane flew over描述的是射体plane和没有明示的界标（over后面没有出现的名词）之间的两种空间关系：一是above，即射体位于界标之上，二者之间没有接触；二是across，即射体经历从界标左边到右边的运动路径。在此基础上，over的语义被拓展，生成The bird flew over the yard、The plane flew over the hill、The bird flew over the wall等表达。它们与The plane flew over有同有异，相似点是都涉及above-across的空间义，不同点是这三个句子分别涉及明示的界标yard、hill和wall；虽然三个界标的属性不同，但是射体—界标的above-across空间关系一样，射体的运动路径也一样，如图5、图6和图7所示。

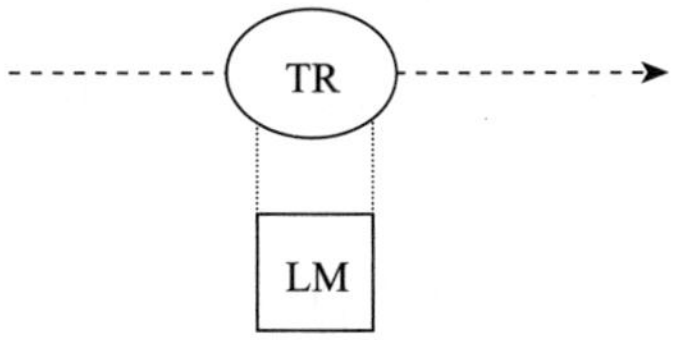

The plane flew over.

图4　OVER$_1$ (Lakoff 1987: 419)

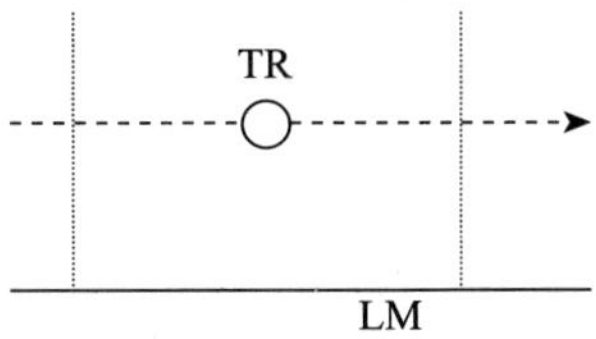

The bird flew over the yard.

图5　OVER$_2$ (Lakoff 1987: 421)

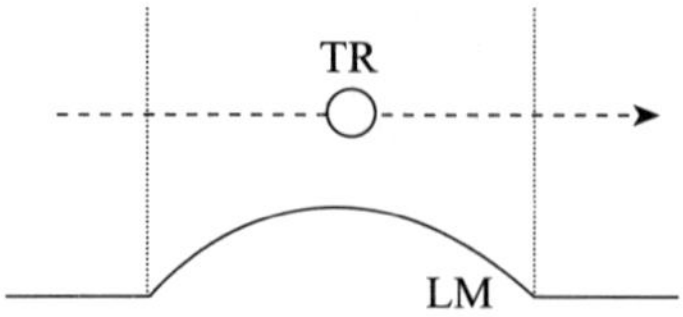

The plane flew over the hill.

图6 OVER$_3$ (Lakoff 1987: 421)

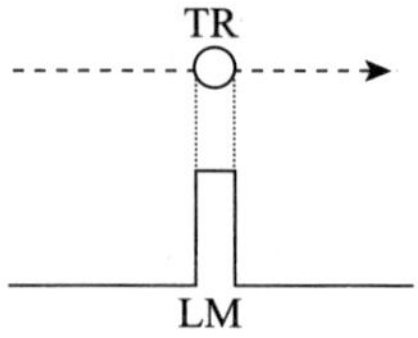

The bird flew over the wall.

图7 OVER$_4$ (Lakoff 1987: 421)

图8表示over的另一个空间义above，此时不涉及路径，而是表示静态的"在……之上"的空间关系。例如，句子The power line stretches over the yard描述射体power line和界标yard之间"在……之上"的关系。在图9中，over涉及covering的空间义。在句子The board is over the hole中，射体board和界标hole是覆盖关系。同样涉及覆盖关系的例子还有He has freckles over most of his body、There are specks of paint all over the rug、There is sagebrush over the entire valley floor等。

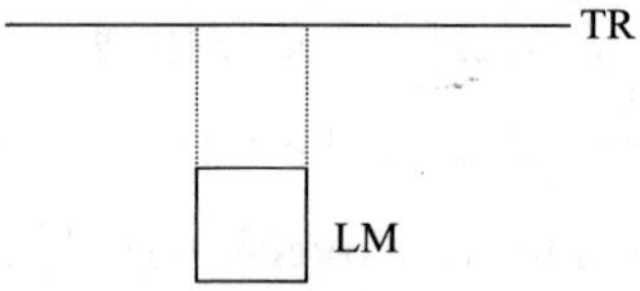

The power line stretches over the yard.

图8 OVER$_5$ (Lakoff 1987: 426)

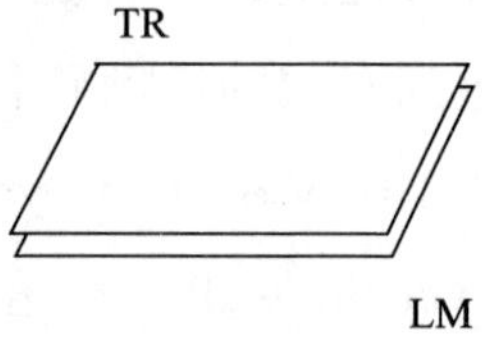

The board is over the hole.

图9 OVER$_6$ (Lakoff 1987: 427)

采用同样的思路，Lakoff（1987）等还讨论了Roll the log over、The dog jumped over the fence、Do it over等句子，其中的over分别涉及反身（reflexive）图式、超越（excess）图式、重复（repetition）图式等。

Lakoff（1987）以上述基于射体和界标之间不同关系而产生的多个意象图式为基础，运用概念隐喻，进一步分析了over的非空间义，并展示了非空间义与空间义之间的关联，即非空间义的体验基础，由此形成了over的多义网络。

3. 发展趋势

射体—界标的研究主要集中在以下几个方面：（1）词汇语义研究，例如，蓝纯（1999）、刘平（2009）、Lewandowski（2018）、Ioannou（2020）等；（2）句式的研究，例如，陶文好（1998）、杜鹃（2010）、Ioannou（2018）等；（3）语言习得和语言教学研究，例如，李佳和蔡金亭（2008）、姚秀梅（2011）等。与射体—界标概念类似，图形—背景概念也被广泛应用于解释倒装句（Chen 2003）、空间关系的语言表征（沈家煊 1985；匡芳涛、文旭 2003）、受事主语句（邱贤、刘正光 2009）等。射体—界标概念不仅很好地解释了一些语言现象，也为翻译实践（陈娟、乐秀华 2009）和文学赏析（梁丽、陈蕊 2008）等领域的应用研究提供了新思路和方法。总体而言，射体—界标概念可被用于具体的词汇语义、多义网络等研究，解释词义的认知理据；也可被用于句式、语篇等研究，解释语言表征的信息结构等。

（编者：华中科技大学/黄洁）

参考文献

Brugman, C. 1981. *Story of Over*. Berkeley: University of California.

Chen, R. 2003. *English Inversion: A Ground-before-figure Construction*. Berlin: Mouton de Gruyter.

Ioannou, G. 2018. Constructions and image-schema preservation. A historical-comparative analysis of PAY in Greek and English. *Lingua*, 206: 85—111.

Ioannou, G. 2020. Image schemas as prototypes in the diachronic evolution of *kámnō* and *eutheiázō* in Greek: A behavioural-profile analysis. *Lingua*, 245: 102938.

Lakoff, G. 1987. *Women, Fire, and Dangerous Things: What Categories Reveal about the Mind*. Chicago: The University of Chicago Press.

Langacker, R. W. 1982. Space grammar, analysability, and the English passive, *Language*, 58(1): 22—80.

Langacker, R. W. 1987. *Foundations of Cognitive Grammar (Vol. I): Theoretical prerequisites*. Stanford: Stanford University Press.

Langacker, R. W. 1990. *Concept, Image, and Symbol: The Cognitive Basis of Grammar.* Berlin: Mouton de Gruyter.

Langacker, R. W. 1999. *Grammar and Conceptualization*. Berlin & New York: Mouton de Gruyter.

Langacker, R. W. 2008. *Cognitive Grammar: A Basic Introduction*. New York: Oxford University Press.

Langacker, R. W. 2009. *Investigations in Cognitive Grammar*. Berlin & New York: Mouton de Gruyter.

Lewandowski, W. 2018. Exploring vagueness: Preposition alternation in Spanish. *Language Sciences*, 66: 1—14.

Lindner, S. 1981. A lexico-semantic analysis of English verb-particle constructions with UP and OUT. Ph.D. dissertation. San Diego: University of California.

Talmy, L. 1978. Figure and ground in complex sentences. In Greenberg, J., Ferguson, C., & Moravcsik, E. (eds.), *Universals of Human Language (Vol. 4): Syntax* (pp. 625—649). Stanford: Stanford University Press.

Talmy, L. 2000. *Toward a Cognitive Semantics (Vol. I): Concept Structuring Systems*. Cambridge, MA: The MIT Press.

Tyler, A., & Evans, V. 2003. *The Semantics of English Prepositions: Spatial Scenes, Embodied Meaning and Cognition*. Cambridge: Cambridge University Press.

Ungerer, F., & Schmid, H. J. 2006. *An Introduction to Cognitive Linguistics.* London / New York: Longman.

陈娟、乐秀华. 2009. 射体—界标理论及其在文学翻译中的应用. 东华理工大学学报（社会科学版），(4)：337—340.

杜娟. 2010. 用射体—界标关系解读英语带施事被动结构，西安外国语大学学报，

（4）：12—15.
匡芳涛、文旭. 2003. 图形—背景的现实化. 外国语，（4）：24—31.
蓝纯. 1999. 从认知角度看汉语的空间隐喻. 外语教学与研究，（4）：7—15.
李佳、蔡金亭. 2008. 认知语言学角度的英语空间介词习得研究. 现代外语，（2）：185—193.
梁丽、陈蕊. 2008. 图形/背景理论在唐诗中的现实化及其对意境的作用. 外国语，（4）：31—37.
刘平. 2009. 英语介词界标的隐显机制研究（一）. 外国语文，（3）：71—78.
邱贤、刘正光. 2009. 现代汉语受事主语句研究中的几个根本问题. 外语学刊，（6）：38—43.
沈家煊. 1985. 英汉空间概念的表达形式. 外国语文教学，（4）：33—40.
陶文好. 1998. LM（界标）的种类以及它和TR（射体）的关系. 四川外语学院学报，（3）：84—87.
姚秀梅. 2011. 英语空间性介词多义习得特性研究——以above和over为例. 东华理工大学学报（社会科学版），（4）：359—363.

识解（Construal）

1. 引言

认知语言学的指导原则之一为“意义即概念化”：表达式的意义并不囿于它所激活的概念内容，同等重要的是这一内容以何种方式被识解（construe）；内容可比作一个场景，识解则可比作观察这一场景的特定方式；内容不仅涉及真值条件或客观情景，许多语言成分的意义还在于其所施加的识解，而非具体内容。换言之，词汇和语法意义存在于对内容的特定识解中（Langacker 2017: 263）。

认知语法认为，语法不是一个自足的形式表征，语法在本质上是象征性的，是语义结构的象征化，语法体现规约性意象（imagery），它描述的是我们为了思考或表达的需要，以多种方式，即通过不同意象，识解某一情境的能力，除非另有说明（Langacker 1987: 39, 110）。后来，Langacker（2008: 43）特别指出，为避免混淆，用识解一词代替意象。

识解是认知语法的核心概念，用于描写语义结构与语法范畴，呈现概念主客体之间的关系，并表征主体的认知能力。狭义的识解特指认知语法理论中的一种认知能力和认知操作，即说话人或听话人透过一定视角选择突显事体，采取特定方式对某一情景进行动态构建。

框架语义学对识解这一概念的提出产生了较大影响。人们在激活的概念框架中理解词义，透过不同视角，突显特定语义关系，进而产生各类句法表达式。而语义和句法存在映现关系。Fillmore（1977）分析了BUY框架中不同句法角色的指派，发现同一框架内部的视角变化与框架成分的选择性突显可产生不同的语言表达式。视角的基础是指导我们的认知能力，而我们观察情境的视角取决于吸引我们注意力的东西（Ungerer & Schmid 2006: 210）。

图形－背景组织是完形心理学的重要法则，也是基本的概念化方式（Talmy 2000）。图形在认知中占优势，是最为明显的成分，成为注意的焦点。由于图形比背景更具突显性，人们通过聚焦情景中的不同部分，分别对其范畴化，从而取得多种视觉效果。基于语言对空间进行区分即图形－背景分离这一特点，认知语义学进一步提出，图式化在空间的语言表征中扮演重要角色，语言系统地选择指示情景中的特定方面以表示整体。这一视觉体验反映到语言表达中的一个典型是，当主动句表示动态的行为事件时，SVO主动语态可转换为被动语态，在一定条件下，被动句可还原为主动句，主动语态的宾语可转换为被动态的主语，主动态的主语也可转换为被动态的旁格或宾语。图形－背景分离原则对基本语法范畴的认识具有一定启发作用：语法是有意义的，应对其概念内容进行语义识解。认知语法细化了视角与图形－背景排列等概念，将它们纳入识解这一上位概念，将概念情景转化为语言描写，以阐释所有层面的语言结构，从而解释各种语言现象。

2. 主要思想

识解是认知互动的产物，反映到语言上便是认知与社交活动的工具，它又是语义的基础，语法意义主要包含在词汇内容的识解中（Langacker 2016a: 50）。识解可从多个维度进行概括，包含一系列与词汇和语义相关联的因素。Talmy（2000: 40）提出构型结构（configurational structure）、视角（perspective）、注意力分布（distribution of attention）以及力动态（force dynamics）等四大图式系统；Croft和Cruse（2004: 46）将识解操作分为四类，即注意/突出（attention/salience）、判断/比较（judgement/comparison）、视角/处所（perspective/situatedness）以及组织/完形（constitution/gestalt）；Langacker（2015）的识解包括视角（perspective）、选择（selection）、突显（prominence）、动态性（dynamicity）以及想象（imagination）等五个方面。下面简单介绍一下Langacker关于识解所提出的五个维度。

视角是整个识解的核心。尽管对识解维度存在不同观点，但学者们普遍将“视角”单独列出，由此可见其重要性。对识解类型的描写可参照视觉感知的基本方面，概念化过程可联系视觉表征理解。概念化涉及对某一场景的观察，视角构成观察格局（viewing arrangement），即概念化主体与语言表达式之间的关系，观察格局中最为突显的成分即视点（vantage point）。在日常交谈中，人们往往根据自身实际所处位置预设默认格局，同一情景可从多个不同视点加以观察和描述，且视点本身也能成为表达式意义的一部分。Langacker（1987）用舞台模型（stage model）隐喻性地描绘概念化活动的内在视角。台下（offstage）概念化主体识解台上（onstage）概念内容，台下主体对台上客体的观察视角构成了认知语法中一个微妙而重要的识解维度，即主观性。设想整个情景呈现出一种极性对立：台下主体被识解为具有最大主观性，台上客体则被识解为具有最大客观性。台上客体作为注意焦点（focus），其直接辖域（immediate scope）便是舞台区域，其最大辖域（maximal scope）为整个表达式的内容。表达式的侧面由于概念化主体注意焦点的集中从而得到最大程度的突显，也可描述为表达式的概念所指。一个表达式选择一定范围的概念内容，并将其意义嵌套于一个详述的概念基底（conceptual substrate）中，该基底还包含预设的和与其相关联的知识。台下主体定义表达式的指示中心，并作为概念基底同言语事件以及即时情景组成背景，可作为参照点帮助概念化主体理解情景。与视点不同，参照点通常作为背景的一部分，并为通达台上目标而激活。

选择这一识解维度的理据在于心智的复杂性与认知加工的有限性，两者之间的矛盾不可调和。认知对象纷繁复杂，因此概念化主体必须做出抉择。具体涉及详略程度（level of specificity）和侧显选择（choice of profile）两个因素。详略程度是指对情景描述的具体程度，可用精度（granularity）及解析度（resolution）代替，与之相对的是图式性。一个图式性的描述可允准众多例示对其加以详述。图式具有范畴化功能。词汇层面的详略程度可用金字塔结构理解，如这样的一个序列：thing > creature > person > female > girl，每个单词相对于前一个单词而言都更加精细化，解析度也更高，每一个单词相对于后一个单词而言都更加图式化；具体到上述词汇序列，处于顶层的thing图式性最大，允准众多例示对其进行概念详述，处于下一层的creature详略程度更高，而更下一层的下位范畴person将其概念表示得更为具体。语法层面的详略程度则表现在距离表达式中心成分越近的详略程度越高，距离中心越远的图式性越大。侧显指直接辖域中注意力焦点的选取，在直接辖域内部，表达式挑选出特定次结构作为其突显或所指。以toe为例说明台上区域（直接辖域）对侧显的限制。台上客体toe的直接辖域是foot，同时最大辖域leg和body也得到了不同程度的激活，而台下主体对toe的识解不能越过直接辖域foot而跨越到最大辖域leg或body，我们可以自然地对toe的位置进行描述：There are five toes on my foot，而※There are five toes on my leg/body不符合语义。表达式的意义并不仅局限于其外显内容，反之，外显内容嵌套于概念基底，并为其提供连贯解释的基础。外显内容的表达方式多种多样，概念化主体有时不必侧显所有事体，可通过侧显与该事体有关的另一事体来达到目的，这便是转喻的语法解读。转喻实为选择性突显，是词汇多义性的主要来源，如park一词本表达短暂的停车事件，但说话人可选择突显车停稳后的状态，由此转喻地表达“存放”含义，经过规约固化，形成park的新词义。转喻反映了认知加工的一般策略，即通过关注显著的或易于通达的事体，降低加工难度，提高编码效率。

突显源于概念不对称，体现某种内在的不一致性，具体表现形式有侧显和射体－界标联结（trajector-landmark alignment），两者均涉及注意力聚焦。在某个被侧显的关系中，参与者具有不同的突显度，最为突显的首要焦点（primary focus）被称为射体，次要焦点（secondary focus）即界标。侧显和射体－界标联结可用于解释语义差异，试比较above和below，二者概念内容相同，识解方式的差别仅在于射体的位置：对于垂直轴的一上一下两个事体，二者皆被概念化主体侧显，但存在两种识解。若将位置较高的事体识解为射体，将位置较低的事体识解为界标，那么相对于界标而言，射体在上，整个情景便识解为above；反之，射体和界标位置互换，界标在上而射体在下，这时情景便识解为below。Langacker（2008: 364）进一步提出，射体－界标为语法概念提供概念基础，如形容词和副词的区别在于射体性质，形容词的射体为事体，而副词的射体是关系。再如，介词则没有这类分别，但可搭配不同名词作其射体。

动态性涉及概念化的时间展开方式，语言和认知具有动态性。概念化活动离不开时间。但不同于对时间的概念化，Langacker（1987: 167）区别了加工时间（processing time）与构想时间（conceived time）：加工时间充当概念媒介（medium），构想时间指时间作为概念化的对象被观察和描写。为提高认知加工效率，识解需遵循自然的心理通达路径（natural paths of mental access），如致使链、动作路径、事件序列、联系链、突显度层级或其他特征。顺序加工行为意味着加工时间和构想时间具有象似性，但在对事件进行理解和加工时，事件的发生顺序与其被概念化和描述的顺序不一定一致，对某一事件加以概念化的时间与事件实际发生所需的时间完全是两回事。试比较I quit my job, got married, and had a baby和I had a baby, got married, and quit my job—in reverse order, of course。通常对前句一系列事件的识解为“辞职在结婚之前，结婚又在生孩子之前”，而后句中的三个事件可呈反方向进行识解，体现了说话者对所描述事件的重新概念化（reconceptualization）。Langacker（1987: 145）进一步区分了两种心智扫描能力。成分状态在加工时间时是有序通达的，当事件随着时间展开，说话人沿着时间轴对事件进行有序扫描，这种扫描方式可称为顺序扫描（sequential scanning）；当事件中只有一个成分状态被聚焦时，各状态在心理上被叠加，被同时激活，这种扫描方式被称为总体扫描（summary scanning）。顺序扫描和总体扫描“是对事物的常态观察的两个方面，我们既可以突显其内在的有序性，又可施加某种整体性识解”（Langacker 2013: 111—112）。动态性包括实际运动和虚构运动。在虚构运动中，台上客体的物理运动被台下主体的心智扫描所取代，心智扫描和实际运动相分离。比如，对于Jill ran from the cottage to the lake，说话人按照Jill的空间运动路径对奔跑事件进行扫描。而对于The trail runs from the cottage to the lake，说话人按照铁轨的路径追踪，进而构建出铁轨的意象。说话人甚至还可以在没有任何运动发生的情况下描述空间构型，无论是The hill gently rises from the bank of the river（河岸微微仰望着山峰），还是The hill gently falls to the bank of the river（山峰微微俯瞰着河岸），仰望和俯瞰的语义均涉及空间移动，此处却用于描述客观静止不动的情况。

想象是由心智的体验性所决定的，心智并非被动而镜像地反映事实。我们通过对物理实体的直接观察这一基线（baseline）建立起具有丰富层级性阐释的心智世界。基线和概念想象依赖于四种基本心智能力，即引申（extensionality）、整合（integration）、分离（disengagement）和抽象（abstraction）。引申是将多种事体考虑为单一经验的一部分的能力，即表征空间（representational space）或加工窗口（processing window），可类比于心理空间、隐喻和整合等常见而基础的现象。Langacker（2013: 50）认为，任何心理空间都可看作域，所以隐喻可看作是概念整合的一种情况，因为始发域和目标域的激活催生了带有双域特征的新概念，而任何类型的概念都可看作某种域，所以隐喻存在于始发域空间（source space）、目标域空间（target space）及合成空间（blended space）的一系列连接之中。分离指源于特定语境的、被从语境中分离出来的过程，如感觉和动觉意象（sensory and motor imagery）。分离过程可表征为心理模拟（mental simulation），并为记忆和非事实视点（non-actual vantage point）提供理据。抽象即保留概念的特定方面的特征，图式化是抽象的一种情况。

3. 发展趋势

识解除了以上五个维度之外，识解概念之后还发展出两个重要的理论：主观性和入景。

主观性是指说话人在描述一个场景时，将自己的一些主观因素融入语言表达中，从而留下自我的表现成分。语义存在于人类对世界的识解中，在本质上具有主观性。人们倾向于调用以往经验解释后续经验，其过程涉及两事体的比较，涉及主体客体概念的不对称性。Langacker的主观性理论描述的是概念化活动中，实体间的关系从客观轴到主观轴的调整，这个过程即主观化，其实质为语义淡化。

Langacker的主观化侧重共时研究，关涉说话人是否将自己的主观因素编码进话语中，而Traugott（1989）的主观化侧重历时演变，指语言形式的内在语义特征的变化。

Langacker的识解理论关注说话人对客观情景识解时的视角问题。Verhagen（2007）细化并发展了识解理论，将概念化主体区分为说话人与听话人，关注概念化主体间的认知协作，提出交互主观性。除了研究概念化主体对客体的识解关系和概念化主体间的识解关系，情境本身也可作为研究对象。Langacker的主观性理论不仅强调概念化主体在概念化活动中的核心地位，还主张语法成分本质上是主观识解的，其作用在于将概念内容"锚定"于言语情境中，折射出我们的基本日常经验，对客观世界的识解已成为概念语义的重要组成部分。Iwasaki（2009）运用主观/客观识解分析了英语和日语的时间隐喻，根据情境介入识解关系的情况对其分类。对于观察者移动（moving observer）隐喻，当情境上台，该隐喻表现为自我在动（moving ego，如We are in summer），当情境处于台下，观察者为静态（static observer，如There is a bright future）；对于时间移动（moving time）隐喻，当情境上台，表达式有指示系统（deitic，如Summer is coming），当情境处于台下，表达式无指示系统（non-deitic，如the following week, the preceding year）。Iwasaki的研究表明，主观识解能捕捉时间表达的一些特征（如情境的视点选择），从识解维度区分近义表达，可作为传统隐喻研究的补充。

与主观识解紧密联系的概念还有入景，这是认知语法研究的新发展。入景成分指示名词短语侧显的事体或限定小句侧显的关系或过程，反映的是概念主体和概念客体之间的不对称性（Langacker 2008: 259—260）。作为一种语法行为和认知方式，我们以情境成分引发的情境为参照点（reference-point），突显被情境化的事物或过程，这一活动的本质是主观化。Cornillie（2005）研究了西班牙语道义情态和认识情态的入景，尽管它们并非真正的入景述义，却有着和英语入景述义相同的功能与概念内容。通过区分两类主观性，作者发现，认识情态的时间性入景比其道义情态的时间性入景更严格，由此推论，两类主观性的差别也许不仅在于侧面，还在于概念内容。

John Taylor和Robert MacLaury于1995年合编论文集《语言和世界的认知识解》，主张“世界”并非某种客观存在，而是由人类认知识解出的。语义研究的对象应当是“对世界的识解”，“识解”这一概念体现了语言使用者在组织和建构其世界过程中的积极角色。该文集共收录14篇论文，各自聚焦于识解关系的不同方面，重点讨论概念化、参照点、范畴化等认知能力，分别探究了致使概念的本质、复杂表达的组构理据、“愤怒”隐喻与幽默理论，介绍用于颜色范畴研究的“视点理论”及其语言学应用等。该文集拓展了识解的外延，将其视为表达语言意义的一项重要参数。有的学者关注认知事件，有的聚焦识解类型，有的考虑社会文化因素的影响，还有的探讨识解的一些普遍共性。Martin Pütz和René Dirven于1996年合编的文集《语言与思维中的空间识解》共收集了30篇来自不同国家认知语言学家的论文，他们分别从不同角度、就不同语言重点论述了空间是人类形成其他认知域的基础。Carita Paradis等于2013年主编的文集《空间意义的识解——通向概念空间的窗口》是对空间概念识解的跨学科实证研究，实验方法包括眼动与指向、手势与绘图、口述与写作等，旨在说明物理空间的表征可作为了解心理空间的窗口。该文集体现认知语言学的实证转向（Divjak et al. 2016），展示了实证研究方法的优势。Langacker（2016b）指出，认知语法的“基于使用的模型”早已预示了认知语言学的社会转向与实证转向——语言结构寓于认知活动，说话人与听话人的交流互动与其语言表达具有内在一致性。

由识解概念发展而来的主观性理论和入景理论，已成为认知语法理论体系的重要组成部分。但如何将这两个理论应用于语言及语言学研究的其他方面还需要进一步探索。

（编者：金陵科技学院/张松松；上海海事大学/胡晋阳）

参考文献

Cornillie, B. 2005. On modal grounding, reference points, and subjectification: The case of the Spanish epistemic modals. *Annual Review of Cognitive Linguistics*, 3(1): 56—77.

Croft, W., & Cruse, D. 2004. *Cognitive Linguistics*. New York: Cambridge University Press.

Divjak, D., Levshina, N., & Klavan, J. 2016. Cognitive linguistics: Looking back, looking forward. *Cognitive Linguistics*, 27(4): 447—463.

Fillmore, C. 1977. Topics in lexical semantics. In Cole, R. (ed.), *Current Issues in Linguistic Theory* (pp.76—138). Bloomington: Indiana University Press.

Iwasaki, S. 2009. A cognitive grammar account of time motion 'metaphors': A view from Japanese. *Cognitive Linguistics*, 20(2): 341—366.

Langacker, R. 1987. *Foundations of Cognitive Grammar (Vol.1): Theoretical Prerequisites*. Stanford: Stanford University Press.

Langacker, R. 2008. *Cognitive Grammar: A Basic Introduction*. New York: Oxford University Press.

Langacker, R. 2013. *Essentials of Cognitive Grammar*. Oxford: Oxford University Press.

Langacker, R. 2015. Construal. In Dabrowska, E., & Divjak, D. (eds.), *Handbook of Cognitive Linguistics* (pp. 120—142). Berlin: Mouton de Gruyter.

Langacker, R. 2016a. *Ten Lectures on Cognitive Grammar*. Beijing: Foreign Language Teaching and Research Press.

Langacker, R. 2016b. Working toward a synthesis. *Cognitive Linguistics*, 27(4): 465—477.

Langacker, R. 2017. Cognitive grammar. In Dancygier, B. (ed.), *The Cambridge*

Handbook of Cognitive Linguistics (pp. 262—283). Cambridge: Cambridge University Press.

Paradis, C., Hudson, J., & Magnusson, V. 2013. *The Construal of Spatial Meaning: Windows into Conceptual Space*. Oxford: Oxford University Press.

Pütz, M., & Dirven, R. 1996. *The Construal of Space in Language and Thought*. Berlin: Mouton de Gruyter.

Talmy, L. 2000. *Toward a Cognitive Semantics (Vol. 1): Concept Structuring System*. Cambridge, MA: The MIT Press.

Taylor, J., & MacLaury, R. 1995. *Language and the Cognitive Construal of the World*. Berlin: Mouton de Gruyter.

Traugott, E. 1989. On the rise of epistemic meanings in English: An example of subjectification in semantic change. *Language*, 65(1): 31—55.

Ungerer, F., & Schmid, H. J. 2006. *An Introduction to Cognitive Linguistics*. New York: Pearson Education.

Verhagen, A. 2007. Construal and perspectivization. In Geeraerts, D., & Cuyckens, H. (eds.), *The Oxford Handbook of Cognitive Linguistics* (pp. 48—81). New York: Oxford University Press.

他心语境（Other-mind Context）

1.引言

他心语境是认知语言学研究中的一个新术语。它最早由T. Givón在其《他心语境：语用学中的社会性、认知与交际》（2005）著作中提出，并从哲学、心理学、认知科学和语用学的视角，进行了相应的概念界定。然而，Givón这一著作自出版至今，十多年来在学术界并未引起足够的重视。尽管如此，他心语境作为概念本身所涉及的内容在语言哲学、心智哲学、认知语用学、社会心理学等研究领域中却无法回避。实际上，他心语境所涉及的核心成分享有悠久的研究历史。

他心语境是一个复合概念，所涉及的概念成分包括他心、语境和认知。他心问题是语言哲学中的老问题，而语境一直是社会语言学、语用学和话语分析等研究领域的核心概念。正是在认知科学蓬勃发展，跨学科研究日趋重要的21世纪，Givón以认知为总背景，把他心问题和语境整合起来研究，进而提出了“他心语境”这一概念。

他心语境这一概念的产生存在两方面的研究动因：第一，关于他心问题的哲学探讨；第二，关于语境的认知研究。

2. 他心问题

他人与我们一样拥有一样的心灵，这是一个普遍认同的信念，但问题是我们如何证明我心与他心一样呢？从哲学渊源上讲，他心问题可以追溯到笛卡尔和洛克那里去。笛卡尔的二元论把身心分离开来，并认为只有人和动物具有心灵，这本身就暗示除我之外他人也有心灵。同样，洛克认为他人的心灵是看不见的，这一论断也预设了他心的存在。

对心灵的认知从笛卡尔那里看是一个私人领域的认知，只有心灵的拥有者才能直接认知。应该说，笛卡尔的身心分离二元论直接道出了心灵认知的不对称性，即对我心的认知与对他心的认知二者之间存在着不对称性。这种不对称性表现为，对我心的认知远远大于对他心的认知。这种不对称性正是他心问题之所以成为问题的重要原因。

他心问题作为正式的哲学问题是在19世纪由John Stuart Mill提出。Mill的他心问题现在被广泛认为是一种类比推理。不过，早在Mill之前，Thomas Reid就注意到了他心问题，而且他心问题的英文名称problem of other minds首先在Reid那里使用，并且出现很多次（Somerville 1989: 249）。在Reid看来，他心无法被直接观察到，只有通过推理才能触及；他心是内在的，正如我们自己的心是内在的一样。

Mill关于他心存在的类比推理法具有重要意义。关于他心问题，Mill提出了这样的问题："我根据什么证据知道，或者我基于何种考虑竟至相信，存在其他有知觉能力的生物；我所看到或听到的那些正在行走或讲话的人有思想或感情，或者换句话说，有心灵！"（转引自Malcolm 2002: 893－894）。Mill的说明如下：

我之所以断定，他人也像你我一样拥有情感，首先是因为，他与你我一样拥有身体，就我自己而言，我知道我的身体是拥有情感的前提条件；其次是因为，他们表现出动作以及其他外在的标记。就我自己而言，我根据经验知道，它们是由情感引起的。我意识到，在我的身体中有一个由统一次序所联结的事实系列。在该系列中，我体内的变化是开端，中间是情感，终端是外向行为。就他人的情况来说，我有关于这个系列首尾两个环节的直接的感觉证据，但是没有中间环的证据。然而，我却发现，其他人的首尾两个环节之间的次序如同我自身中的次序一样都是有规律的、恒常的。就我自己来说，我知道，第一个环节通过中间环节产生了终端环节，没有中间环节就不能产生终端环节。因此，经验使得我得出必然有中间环节的结论；这个中间环节在他人身上和在我身上或者相同，或者不相同。我必须或者相信他们是有生命的，或者相信他们是自动机。由于相信他们是有生命的，即由于设想这一环节与我对之有经验的本质是相同的，而且这一本质在所有其他方面也相似，因此，我就将作为现象的他人归入下述同样的普遍原则之下，这些原则是我看过经验所知道的关于我自身存在的真实理论。

简单地说，Mill关于他心问题的类比论证的大意是：他人拥有与我一样的心，因为他人拥有与我一样的身体、一样的身体组成、一样的组成材料；在相似或相同情况下，他人与我表现一样，有一样的行为举止；火烧到我的身体时，我哭我叫；火烧到他人时，他人也会像我一样哭、一样叫；于是，我可以推论出他人与我一样因烧伤而疼痛；以痛为例，我们有一样的痛；其实，我与他人还有许多相似性、共同点；说得直截了当点，我直接知道自己有信念、情感、感情、感觉等心灵活动；我完全可以说，他人之心与我心一样。

Mill的类比论证在其拥护者那里得到了不断的修正，并且把科学论证和假说论证纳入研究中来。然而，不管怎样修正，对他心问题进行论证研究存在一个共同点，就是我们与他人之间存在的相似性，以及论证者自身的经验仍然起着至关重要的作用，这就在认知上形成了不对称性：我们对自己心灵的认识是直截了当的，而对他心的认识却是间接的。

正因为这种不对称性，类比论证的结论就无法得到核实，甚至在逻辑上都无法检验。正是在这一点上，Ryle就类比论证进行了批判（Ryle 1949: 15）。不过Ryle的批判并未切中要害。Malcolm认为，类比法把对他心的认识建立在对自己心灵认识的基础上，但实际上二者之间并不存在逻辑上的一致性，其结果反而会导致人们对他心的存在产生怀疑。

罗素站在Mill的立场，企图为类比论证建立一个公设。罗素的公设如下：

> 如果每当我们能够观察A和B是否出现（或不出现）时，我们发现B的每个实例都有一个A作为原因上的先行事件，那么大多数B有A作为原因上的先行事件这一点就具有概然性，即使在观察不能使我们知道A出现（或不出现）的情况下也是这样。
>
> ——（Russell 1983: 580）

罗素的公设有点理想化，他想在他心论证上建立起一种具有"A引起B"的形式因果律。这里的A是一种思想活动，B是一个物理事件。比如，"妈妈生气了"是A，那么与A相联系的必然有一个物理事件B。然而，在现实生活中，"妈妈生气了"这个A往往不会只引起一个物理事件B，那么我们该怎样来确定"A与B"之间的因果关系呢？实际上，类比法大有可疑，罗素本人也这么认为。

自Mill正式提出他心问题以来，他心问题连带Mill的类比论证就成了哲学争论的焦点。围绕对Mill的类比论证的批判，哲学界出现了对他心问题的新思考与新方法。他心问题不是一个单一的问题，而是一个复合问题。在我们看来，它既是一个认识论问题，又是一个概念问题，更是一个话语分析问题。

他心问题之所以是认识论问题，是因为我们对自己的经验的了解完全不同于我们对他人经验的了解（Teoh et al. 2017）。这两者间的巨大差异给我们带来了认识论问题，恐怕还得包括生活上的某些问题。我们处于哪种心理状态，往往只有我自己知道，而且很直接。我的肚子疼不疼，身体痒不痒，面前的桂花香不香，情绪低落还是高涨，等等，我自己清楚得很。我相信2040年地球不会爆炸，足球世界杯将会在中国举办，等等，我实实在在有这些信念。然而，我永远无法直接知道他人的心灵状态，无法直接知道他有无和我同样的想法，对他人的心灵状态或想法我只能间接地了解，我只能加以推测。

这种认知上的不对称性直接导致了他心问题在认识论上难以解答。这种不对称性是一种介于直接知道与间接知道同具体知识之间的不对称，而不是介于能观察到的或感觉到的或感知到的，同无法观察到的或感觉到的或感知到的之间的不对称。

当你抱怨没人懂你心时，你已经在遭受心与心之间难以理解的困扰。其实，我毫无根据这么说，因为就算你明言无人懂你心时，我也无法直接知道你的心是不是在遭受困扰。至于他人在想什么，我一直处于猜测或相信中，但我无法处于知道中。我常把相信当成知道。我渴望具备洞悉他心的能力，但这似乎无法做到。要知道，杨修如果真的知道曹操之心，那么杨修将另有死法。

洞悉他心的能力究竟可以用来干什么呢？难道就是为了直接获取他人的心理状态？难道就是为了直接经验他人的心灵？我们从自己的心灵直接得知心灵毕竟只是心灵。如果没有心灵的外在表象，难道不可以说心灵就是我们直接拥有的同时也是我们直接缺乏的？

我们依据他人的外在表现，可以间接获得有关他心的知识。凭着这种认识，作为认识论问题的他心问题有三种传统解答方法：科学论证法、类比论证法和基准法。

科学论证法的指导思想就是人类的心灵是行为的原因，人的内心活动是行为的最好解释。因此，他心存在的论证基础恰恰就是他人行为的最佳解释。科学论证法是哲学家们喜欢采用、讨论、甚至批判的方法。

对于普通人而言，凭常识多倾向于传统的类比论证法，诉求于我们与他人之间的相似性。根据类比论证法，相似性是确信他心存在的基础。这种方法我们前面已有所叙述，在此做几点补充说明。

类比论证法倾向于把他心问题简单化，其中包括行为主义倾向和功能主义倾向。在行为主义看来，行为表现就是心灵状态。心灵注定是行为，我们能直接观察到行为，那么我们也就没有观察心灵的困难。功能主义承认他心问题是个问题，但这个问题不太难。功能主义认为，心灵状态是内部状态，而内部状态是生命体对外部环境的反映。心灵状态的特征就是外部表现出来的各种作用、各种因果关系。烧伤在心灵内部会引起烧伤的疼痛感，而烧伤的疼痛感的典型表现包括大叫、哭喊等相关行为。因此，对他人心理的认识就在于仔细观察他心在具体场合下的各种表现。

基准法（criteria solution）认为心灵与行为之间的联系（link）不是演绎推理，也不是蕴涵关系，而是以基准为特征的概念关系。他心问题是一个概念问题。根据基准法，行为是心灵呈现状况的基准。

然而，基准法遇到的问题之一是，如果没有推理性联系，那么我们关于他人经验的概念又从哪里来呢？基准法的基本出发点是要避免推理，避免类比论证那种个案性问题。在基准法视角下，非推理性联系属于概念本身的联系。如痒与抓痒并不是推理性联系，而是二者同属于一个概念体系。我们关于痒的概念已经把痒与抓痒联系在一起。

基准法面临的另外一个问题就是，没有推理、没有蕴涵，那么在观察到的行为和未观察到的内心之间会出现鸿沟，而要跨越这鸿沟仅凭概念联系是不够的。不过，无论存在什么样的问题，基准法从概念联系的角度来考察他心问题并非不可取。在基准法的视角下，他心问题是一个概念问题。

作为概念问题的他心问题在人类认知问题上也没什么大的差异，但在提问方式上却有所不同。如果我们每个人都有自己经验的直接知识，那么我们可以通过什么途径来获得我们心灵状态的概念呢？

我们获得的关于心灵状态的概念应该是人类普遍的，而不仅仅是我们个人的。呈现在我们面前的经验必须是我们个人的经验，但问题并不在于我们无法观察别人的疼痛，而是我们怎么认定别人的经验疼痛。

我们可以从另外的途径来追问他心这个概念问题：我怎样才能把我关于疼痛的概念延伸到我个人的疼痛之外？换句话说，疼痛这个概念不应该只是我个人的，它应该还是他人的。我有了疼痛这个概念，那么我如何把这个概念用到他人呢？这样的提问方法把问题的焦点放在概念的传递上了，仿若他人已经与我一样确定有疼痛。沿着这个路子，我们不由得想起维特根斯坦的话来：

> “但若我假设某人有疼痛，那我干脆就假设他有的和我经常有的是一样的东西。”——这却没有领我们多走一步。就像我说：“你知道什么叫‘这里是五点钟’；而且你也知道什么叫‘太阳上是五点钟’。这就是说：这里五点钟的时候，那里的钟点和这里的钟点一样”——用一样来解释在这里行不通。因为，我虽然知道可以把这里的五点钟和那里的五点钟称为“一样的事

件”，但我却不知道在任何情况下人们会讲到这里和那里有一样的时间。

——（Wittgenstein 2001: 170）

对于这个问题，克里普克认为维特根斯坦的观点与休谟及其错误颇有关联，从自我内部去寻找别的自我这是行不通的。如果根本没有一个自我来承受疼痛，那么根本就不存在把我的疼痛转移到别人的疼痛上这样的问题。

概念视角下的他心问题直接与话语联系起来。Price（1938: 429）说：“人们关于他心存在的证据主要来自对话语的理解。”Givón对他心的理解，正是从话语分析入手，旨在考察他心的语境问题。

3. 语境问题

自从Austin的《怎样以言行事》于1962年问世以来，语用学作为一门学科发展至今忧喜参半。可喜的是我们建构现实的方方面面，诸如文化、社会性和人际交往等领域越来越重视对语境的考察与研究，这使得语用学日益成为一门不可或缺的重要学科。

然而，在这可喜的背后令人堪忧的却是我们与语境的每次接触都会遭遇相对主义那滑不溜秋、难以立足的斜坡。于是，绝对主义者不无幸灾乐祸地欢呼说：既然无物不在语境之中，一切都100%地依赖语境，一切都由语境决定，那么对心灵、文化以及语言，做系统性考察也就成了无望之为、盲从之举。

语用学要完成的神圣使命似乎就是对生命有机体那令人惊羡的、自身框架保持稳定不变的倾向做出解释，而且必须以原理的方式解释：为什么流变中总是有稳定的现实显现。这是一个最高秩序的演化问题，是生命有机体顺应与生存的核心所在。

流变的语境具有非客观性的本质属性，在流变图景的周围具有稳定的框架，这框架被解释为无处不在随处可用的甚至仍然神秘的“关联”判断，这一事实在上自老子、亚里士多德以降，到康德以至下到近年来的斯颇博与威尔森等的论述里都有所认可。

然而，断言“语境是心理结构”（Sperber & Wilson 1986: 15）仅仅是开启了一个浩大的研究工程——如何描述生命有机体顺应现实而又出现成功的框定，即怎样解释选择了某些特定框架的一些有机体能够得到繁育，而坚持通过在原则上“合法”或“有效”的其他框架来看待现实的另外一些有机体却反而消亡。时至今日，要求详细叙述语境框定是怎样通过神经－认知机制而对“我们看来是真”的进行无所不在的控制这一挑战，仍未得到回应。

就在《心灵、代码和语境》（1989）一书问世那一刻，Givón就惋惜地发觉，该书其实未能实现他的期望。书中缺乏至为重要的轴心式的东西，以致其研究无法从个人认知语用学，推而广之到语用学的社会性及人际交流。Givón认为在这两者之间需要找到桥梁过渡式的原理，用来连接第一位的“外在”现实的框定，第二位的自己心灵的框定和第三位的他人心灵的框定。有了这种原理，就可以根据对话者的心理模式来重新构建社会性及人际交流语用学。这种重新构建，在Givón看来肯定隐含在格莱斯的“原则”中。

Givón企图对语用学重新定位，主要是把文化、社会性及人际交流置于神经－认知、生物顺应、演化的语境中进行考虑。这无疑是一个浩大的工程。

Givón的语用学属于社会性及人际交流语用学。语境是语用学的核心概念，但Givón不是从交际者的外在物理环境去考察语境，而是从人心的角度来研究语境。在Givón看来，语境就是动态的，是通过关联判断而运行的框定。

虽然这种认识早在亚里士多德、康德和皮尔斯那里就已成为宏论，但是，Givón却把语境同社会性及交流联系起来，认为语境是一个极为具体的心灵运作，是关于对话者的现状、快速转换的信念与意向状态的心理模式。话语互动与人际交流赖以运行的语境，就是关于他人心理的心理表征。

基于这种认识，Givón的主要论点就是要说明说话者总是顾及听话者的心理模式。Givón从演化论角度试图阐明：在对话中不断监控他人的心理状态具有实质性的意义，因为通过这种办法他人的行为才得以预见，对话才有顺应价值。Givón在这里预设的是正因为我知我心所以才知他心，而心与心相知的基础在于特征联系和语法。

于是，Givón提出，语法具有预想或影响他人心灵的作用，语法是演化而成的一种顺应，它能促成人们在话语互动中心领神会。Givón把他心问题和语境问题联系起来探讨，这在学理上做出了重要贡献，并且，Givón以语境为基础为他心问题的理解提供了语法检验法。

他心语境目前在学术界仍处于接受阶段，虽然其发起者是Givón，但是，与他心语境密切相关的研究并不鲜见。他心语境，在Givón看来，是动态的心理结构，是一个系统的在线建构过程，是关于对话者的信念和意向状态的心理模式的建构。在他心语境内，语法是轴心，是自动、高速信息处理的轴心工具。在他心语境内，关于对话者的认识和道义状态的心理模式，是在交际过程中通过语法编码形成的，是以在线形式迅速建构起来的。这是Givón关于他心语境的核心观点。围绕上述观点，Givón做了以下研究。

第一，关于“语境是心理结构”的论证。在Givón看来，语境其实是一难解之题。语境这一概念所涉及的问题争论，可以追溯到古希腊哲学家和中国古代思想家那里去。语境所涉及的概念包括关联、类比和隐喻等，Givón由此简略地上溯到老子、苏格拉底、柏拉图、亚里士多德，经康德，再到罗素、皮尔斯、维特根斯坦和卡尔纳普，来启发性地说明语境与范畴的概念关系。Givón明确指出，他考察语境的路径是“从物理现实的阐释到心理现实的阐释”，并认为“社会现实并不是客观的现象，而是带有意向的、带有目的的、框定而成的结构”（Givón 2005: 8）。Givón认为语用学首先表现为对生活、行为、认知和交际进行整合理解，但其最终目的是对“有感觉的社会存在物”的演化的生物限制进行理解（Givón 2005: 36）。

第二，他心语境与普遍心理范畴形成的关系。Givón探讨了心理范畴的典型特征，指明心理范畴作为典型特征是在冲突和效用间折中。为此，Givón表达了三个重要观点：

（1）有机体为了生存而需要以同样的方式来表征类型相同的大多数记号（token），并且把变异的记号当成例外（Givón 2005: 39—40）。这就是说，生命有机体需要养成一种对语境具有敏感性的顺应反应。Givón说，典型例子与例外现象之间存在着张力，它反映在核心与外围之分、离散与渐变之分、生成语法与浮现语法之分以及逻辑人工智能与语义网络的区分上。这种张力还对应为“快速、重复、坚定的批量处理”与“缓慢、容易出错的语境分辨”之间的张力。

（2）语境离不开溯因推理的特征联想机制。语境是一个复合型概念，由若干个活性程度不同的语境成分组成。这些语境成分正是溯因推理赖以进行的特征，而溯因推理建立在对这些特征的联想上。

（3）交际中他心可以通过我心来在线建构。从演化角度看，直到现在我们主要是生活在亲属社会里，在亲属社会里我们与对话者共享文化、情景、个人背景信息等。通过特征联想，我们把他人心理当成我们自己的一样来建构，把它当成典型范畴。

第三，隐喻对语境具有依存性。Givón把认知表征系统分为词汇、命题和话语，把交际代码分为感觉动作码和语法代码。感觉动作码由语音学、音位学和神经学方面的成分组成，在感觉动作码里语音和音位对词汇进行编码。原则上语法代码也由音位来编码，语法代码主要对话语连贯进行编码，这就等于交际意图。以此为基础，交际中的隐喻是由语境决定，隐喻对语境具有依存性。Givón回顾了Lakoff的隐喻概念后指出，人们倾向于把隐喻从语境中剥离出来单独谈论，然而隐喻的适切性关键却在于对语境的依赖。Givón证明了概念隐喻是怎样在话语中被激活的。

第四，他心具有语法特征的联想机制。Givón揭示了他人之心是怎样通过特征联想而从自己的心中建构出来。关于他心的考察，离不开三个认知表征系统：语义/词汇、语法和话语。Givón在这里所说的词汇对应的是普遍文化上所共享的东西。语法代表的是对话者在具体时间的心理模式。这些模式构成规约化（语法化）、常见的、反复出现的以及顺应相关的各类语境。

在Givón看来，关于他心的三类认知表征对应三种记忆（Givón 2005: 101）：共享的普遍性语词（类指词汇）对应永久的语义记忆；共享的言语情景对应短期工作记忆/注意；共享的现实文本对应先前的情景记忆。

这三类表征实质上是意识与认知活动，意识是表征他心时所必需的。对他人行为的预见是社交主体最重要的顺应能力，而就对话者现实认知状态的心理模式进行系统的在线构建，是语法演化的中心顺应动因。

第五，他心语境的经验研究法。经验科学的演绎法和归纳法适用于他心语境研究。在这一前提下，Givón建立起“经验科学的语用学”这一概念。通过这一概念，Givón来理解语境中的溯因推理。溯因推理的基本步骤如下：

（1）令人困惑的事实F同理论T不相容；

（2）但是F却与假说H完全相容；

（3）H的真值尚待确定；

（4）于是，如果H为真，

（5）那么，F就可以得到解释；

（6）因此，H必须为真。

溯因推理是语境性的，因为它总是把“先前异类事实置于更大的语境里”。Givón关于他心语境的论点可以理解为一种溯因推理：

（1）社交行为中存在着有关交际任务和语法功能的令人困惑的事实F；

（2）F完全与假说H相容，说话者下意识地塑造交际伙伴的心理状态；

（3）H的真值有待于确定；

（4）那就是说，如果H为真；

（5）那么，F就会解释成当然事实；

（6）因而，H，即说话者下意识塑造交际伙伴心理状态，必须为真。

他心语境具有启发意义，它所涉及的问题属于哲学上的真正问题，符合“问题之所以是问题”的三大检验标准：是否涉及人或世界；是否具有普遍性；是否在语言中产生。他心语境究竟是不是由他人心理的表征所组成，要回答这个问题我们必须寻求证据来说明说话者是否真的在构建这样的表征，这样的表征由什么组成，尤其是当说话者并不能从自己心理状态推断他人心理状态的时候，我们要弄清在什么条件下利用这些表征（McClung & Reicher 2018; Puusepp 2018; Zillekens & Schilbach 2018）。

近来，关于说话者是否建构对话者的心理模式这样的问题有不少论著。应该说他心语境的研究可以从许多其他相关著述中找到相关信息。下面简略介绍几项相关研究。

（1）我心理解与他心理解的理论与实践研究。Nichols和Stich在其《读心》（2003）一书中从自我意识观察出发，以人类假装为研究对象，揭示了我心理解与他心理解的关系。他们注意到关于心灵理解的理论需要进一步完善，尤其是需要从人类行为的外在特征来寻找证据，那么他心语境与话语分析密不可分（Nichols & Stich 2003）。

（2）“私人语言不可能存在”与他心的语言检验。Hyslop在其《他心》（1995）一书中，探讨了维特根斯坦关于私人语言不可能存在的含义，认为私人语言不可能存在正好说明，语言属于共有，而共有的语言本质上是我心与他心的共有。那么，如何检验他心的存在？如何理解他心呢？回答这两个问题势必会涉及对语言及其使用环境的考察，他心与我心之间的关系的考察。

（3）他心与我心具有语境反射关系。Bogdan在其《心心相顾》（2000）中认为，人类的思维具有反射性，原因在于人类在话语交际中需要顾及他心，而对他心的及时理解与交际的语境相关，语境不单单是社会文化语境，而更重要的是心与心之间的及时阐释。然而，Bogdan的研究多属于思辨性质，尚需证据。

（4）联合注意与他心交流。心智理论研究发现（Perez-Osorio, Wiese & Wykowska 2021: 313—348），话语交流实质上是我心与他心的交流，交流的心智基础就是“联合注意”（joint attention），而联合注意是他心语境的主要内容（Roessler 2005: 230—259）。通过联合注意来研究他心语境的构成，这是认知神经心理学和脑科学的重要课题。

他心语境作为一个术语，虽然是21世纪初才正式提出来，但是，关于他心语境的研究，我们可以从中国古代典籍中寻求思想源泉和语用材料，做好有关他心语境的理论本土化研究。例如《庄子·秋水》里庄、惠二人在嬉戏中的濠梁之辩，提出的问题正是严肃的哲学问题：“子非我，安知我不知鱼之乐？”这话直接把西方哲学中的“他心问题”提了出来。扬雄在《法言·问神》中说：“故言，心声也”（扬雄 1998：37）。刘熙载在《艺概》中明确断言道：“言语亦心学也”（刘熙载 1978：37）。

话语交际实质上是心与心的互动。因此，就话语交际规律的研究势必要揭示心与心的互动规律。他心问题是话语交际不可回避的问题。尽管这个问题早在庄子那里提了出来，在汉代扬雄、清代刘熙载等那里有所提及，然而，这仍是现代语言学界极少论及的问题。

古代思想诚然是他心语境研究的重要对象，现代汉语在实际生活中的运用，也是他心语境研究的重要对象。

若干年前，台湾歌手苏芮的一首流行歌曲《牵手》声称：“因为爱着你的爱，因为梦着你的梦，所以悲伤着你的悲伤，幸福着你的幸福。因为路过你的路，因为苦过你的苦，所以快乐着你的快乐……”很明显，这是在说我的悲伤与你的悲伤一样，我的快乐与你的快乐一样。

歌曲《牵手》中的这些话在哲学家看来过于武断，我们如何证明你我的悲伤和快乐是一样的呢？日常话语中，我们凭着信念认为我们将心比心，我们能够以己之心度他人之心；甚至我们会说，你在想什么我心里太清楚了。哲学家虽不否认你我都有心，你我的心都思考问题，但哲学家苦苦追问的是，我凭什么断定我心之外还有他心，比如你的心？日常话语互动中，我们也常常听到“明明白白我的心，渴望一份真感情”“其实你不懂我的心”等话语。虽然话语交流是心的交流，那么我们有必要对他心问题进行研究。在英美，他心问题虽然首先是从哲学界提出来，但是他心问题至今已经演变成认知语言学研究的新问题。

我们断定他心问题属于认知语言学研究的新问题，并非没有根据。Ryle、Austin、Strawson 以及维特根斯坦等的考察正是把他心问题纳入到了语言分析的范畴。Ryle 通过考察日常语言用法，将描述心理的概念归属于趋向、动机和能力等逻辑类型，然后又还原为对行为、表现的描述，从而将心化解为行为或活动，他心问题随之轻易化解了。

Austin从考察“知道”的用法入手，瞄向“怎么知道他心”，拓宽了对日常用语、情感以及感觉语词等的考察之路。Strawson紧紧抓住“人”的概念，清算了二元论对人的理解所带来的错误，为理解他心问题提供了新的范式。

维特根斯坦关于私人语言不可能的论证彻底批判了传统的心灵观念，为我们展开了认识个人心灵的图景；不存在隐秘的、只为个人所私有的心灵实体；内在的过程应该有外在的标准，心理与行为紧密相联。不过，值得注意的是，私人语言不可能的论证并非直接为他心存在提供辩护。

上述语言哲学家关于他心问题的探讨尚待深入，也正是我们就他心语境进行深入研究的出发点。

Givón的“他心语境”观点，为我们所说的“认知语言学中的他心问题”，在思想上开辟了认识他心存在的道路。Givón（2005: 221）说：语境是被他人解读的他人心理；语法与他心构建关系紧密；对他人行为的预见是社交主体最重要的社会适应能力，而对话语参与者现实认知状态的心理模式进行系统的在线构建，是语法演化的主要适应动因。话语互动的语境实际就是双方进行在线构建他心的动态过程，在这个过程中语法是轴心，是自动、高速的信息处理的轴心工具。

怎样验证他心确实存在呢？根据Givón的观点，如果话语互动中双方共有的语法预料同时生效，那么我们可以根据表层结构与深层结构的一致性来断定，对方与我拥有共同的语法机制，能构建出同样的话语。更重要的是对方与我一样具有顺应话语交流的动因。从这点看，Givón预设的观点是乔姆斯基的普遍语法。在乔姆斯基的普遍语法理论基础上，Givón完全可以说我与他人拥有共同的深层语法。由于我们共有的深层语法结构，我们可以构建出互相可以理解的话语来。

然而，Givón的观点似乎有点武断，甚至有点幼稚。但是，他认定我与他人拥有共同的语法结构，并以此作为论证他心构建的基础并不是没有根据。在学理渊源上，我们可以追溯到乔姆斯基、维特根斯坦，乃至康德那里去。对于这一点，T. C. Williams在《康德式语言哲学——乔姆斯基语言学及其康德哲学根源》一书中做了一些论证。总之，Givón的他心语境及其主要研究内容都需要进一步论证。

（编者：西南大学/杜世洪）

参考文献

Austin, J. L. 1962. *How to Do Things with Words*. London: Oxford University Press.

Bogdan, R. J. 2000. *Minding Minds: Evolving a Reflexive Mind by Interpreting Others*. Cambridge, MA: The MIT Press.

Givón, T. 1989. *Mind, Code and Context: Essays in Pragmatics*. Hillsdale: Lawrence Erlbaum Associates.

Givón, T. 2005. *Context as Other Minds: The Pragmatics of Sociality, Cognition and Communication*. Amsterdam: John Benjamins.

Hyslop, A. 1995. *Other Minds*. Dordrent: Kluwer Academic Publishers.

Malcolm, N. 2002. 关于他心的知识．高新民（译）．载于高新民、储昭华（编）．心灵哲学（893—905）．北京：商务印书馆．

McClung, J. S., & Reicher, S. D. 2018. Representing other minds: Mental state reference is moderated by group membership. *Journal of Experimental Social Psychology*, 76: 385—392.

Nichols, S., & Stich, S. P. 2003. *Mindreading: An Integrated Account of Pretence, Self-awareness, and Understanding Other Minds*. Oxford: Clarendon Press.

Perez-Osorio, J., Wiese, E., & Wykowska, A. 2021. Theory of mind and joint attention. In Lugrin, B., Pelachaud, C., & Traum, D. (eds.), *The Handbook on Socially Interactive Agents* (pp. 313—348). New York: ACM Books.

Price, H. H. 1938. Our evidence for the existence of other minds. *Philosophy*, 13(527): 425－456.

Puusepp, V. 2018. Can the problem of the observability of other minds be solved in the lab?: Comment on "Seeing mental states: An experimental strategy for measuring the observability of other minds" by Cristina Becchio et al. *Physics of Life Reviews*, 24: 81－83.

Roessler, J. 2005. Joint attention and the problem of other minds. In Eilan, N., Hoerl, C., McCormack, T., & Roessler, J. (eds.), *Joint Attention: Communication and Other Minds* (pp. 230－259). Oxford: Clarendon Press.

Russell, B. 1983. 人类的知识——其范围与限度. 张金言（译）. 北京：商务印书馆.

Ryle, G. 1949. *The Concept of Mind*. London: Hutchinson's University Library.

Somerville, J. 1989. Making out the signatures: Reid's account of the knowledge of other minds. In Dalgarno, M., & Matthews, E. (eds.), *The Philosophy of Thomas Reid* (pp. 249－273). Dordrent: Kluwer Academic Publishers.

Sperber, D., & Wilson, D. 1986. *Relevance: Communication and Cognition*. Cambridge: Harvard University Press.

Teoh, Y., Wallis, E., Stephen, I. D., & Mitchell P. 2017. Seeing the world through others' minds: Inferring social context from behaviour. *Cognition*, 159: 48－60.

Wittgenstein, L. 2001. 哲学研究. 陈嘉映（译）. 上海：上海人民出版社.

Zillekens, I. C., & Schilbach, L. 2018. A measuring stick for other minds: Comment on "Seeing mental states: An experimental strategy for measuring the observability of other minds" by Cristina Becchio et al. *Physics of Life Reviews*, 24: 101－103.

刘熙载. 1978. 艺概. 上海：上海古籍出版社.

扬雄. 1998. 扬子法言. 黄寿成（校点）. 沈阳：辽宁教育出版社.

图形－背景（Figure-Ground）

1.引言

图形－背景论首先是由丹麦心理学家Rubin提出来的（Ungerer & Schmid 1996: 157），后被格式塔心理学家借鉴来研究知觉（主要指视觉和听觉）及描写空间组织的方式。格式塔心理学家对视觉和听觉输入是如何根据突显原则来组织的这一问题很感兴趣。按照他们的观点，知觉场总是被分为图形和背景两部分。图形部分结构性较强，是人们所注意的那一部分，而背景则是与图形相对的、细节模糊的、未分化的部分。人们观看某一客体时，总是在未分化的背景中看到图形。图形和背景的感知是人类体验的直接结果，因为在日常生活中人们总是会用一个物体或概念作为认知参照点去说明或解释另一个物体或概念，这里的"背景"就是"图形"的认知参照点（Langacker 1993）。

根据格式塔心理学的观点，确定图形须遵循普雷格朗茨原则（Principle of Pragnanz），即通常具有完形特征的物体（不可分割的整体）、小的物体、容易移动或运动的物体成为图形。例如，当描述桌子上有一本书这样的情景时，总是会把书当作图形，把桌子当作参照点即背景，因为相对于桌子来说，书的体积要小些，正因为如此，英语只会说The book is on the table或There is a book on the table，而不会或很少说The table is under the book。如果说The table is under the book，table就成了图形，book成了背景，这显然违背了普雷格朗茨原则。上述例子说明，table与book之间存在一种具体的方位关系，也就是说，图形与背景之间的关系可以看成是由介词under表达的一种方位关系，或者说，方位介词的意义可以理解为一种图形－背景关系。正是由于像介词这样的语言表达式可以用图形－背景分离原则来解释，它才引起了认知语言学家的极大关注。

2. 主要思想

自Talmy（1978）率先把图形－背景用于语言研究以来，认知语言学家就把图形－背景分离原则看成是语言组织信息的一个基本认知原则（匡芳涛、文旭2003；文旭2014）。Langacker（1987: 120）根据感知突显的程度对图形和背景进行过如下论述："从印象上来看，一个情景中的图形是一个次结构，它在感知上比其余部分（背景）要'显眼'些，并且作为一个中心实体具有特殊的突显作用，情景围绕它组织，并为它提供一个环境"。他还揭示了图形与背景区别的一种自然体现："与环境形成鲜明对比的一个相对密集的区域，具有被选作图形的强烈倾向。"Langacker的这番话实际上道出了一个实质性的问题，那就是"内包"这一概念：图形必须恰当地包含在背景之中，因此它比背景小。

当然，语言中的图形和背景与视觉场中的图形和背景是有差别的。视觉场中的图形和背景往往是具体的实体，而语言中的图形和背景既可以是空间中运动事件或方位事件中两个彼此相关的实体，也可以是在时间上、因果关系上或其他情况中彼此相关的两个事件。在研究语言中的图形和背景时，最关键的问题就是如何确定它们。根据普雷格朗茨原则，下列句子中的图形和背景是很容易判定的：

（1）The diamond is in the box.

（2）河上有条小船。

显然，diamond和“船”是图形，box和“河”是背景。这里的图形和背景的关系是不对称的，即一般不能反过来说The box is outside the diamond或“小船下面有条河”。但是，有时在现实生活中会遇到下列表示方位的句子：

（3）a. 自行车在房子附近。

b. 房子在自行车附近。

从对称关系来看，例（3）两个句子似乎表达的是相同的命题，但事实上，它们却不具有相同的意义，因为“自行车”和“房子”在描写可变点和参照点的语义功能时有所不同，（3a）把房子当作固定的位置（背景），是确定自行车（图形）方位的参照点，而（3b）则正好相反。但是根据“简明原则”，（3b）是不可接受的，因为相对说来，房子要比自行车大。但是，在特定的语境中（3b）并非不可接受。此外，还有像例（4）这样的句子：

（4）a. Peter is near Mary.

b. Mary is near Peter.

显然，这两个句子完全可以接受，但它们表达的意思是不同的，因为（4a）是把Mary作为参照点即背景去确定Peter的方位，而（4b）正好相反。如果只根据普雷格朗茨原则，这是没法解释的。此外，要解释像例（5）这样表示“时间事件”结构句子中的图形和背景，普雷格朗茨原则也无能为力：

（5）a. He dreamt while he slept.

b. *He slept while he dreamt.

由此可见，要确定语言中的图形和背景，必须首先分析图形和背景的基本特征。有了这些基本特征，就可以找到支配图形和背景选择的因素。

Talmy（2000）列举了语言中图形和背景的定义特征和联想特征。笔者在其基础上进行了修改和补充（见表1）。图形没有可确定的已知空间或时间特征；背景具有已知的空间或时间特征，可以作为参照点来描写、确定图形的未知特征。这就是图形和背景的定义特征。联想特征可以从不同的维度进行描写，如空间大小、时间长短、动态性、可及性、依赖性、突显性、关联性以及预料性等。

表1　图形与背景特征之比较

特征		图形	背景
定义特征		无可确定的已知空间（或时间）特征	作为参照点，有描述图形未知方面的已知特征
联想特征	空间大小	面积或体积较小	面积或体积较大
	时间长短	时间较短	时间较长
	动态性	运动的或在概念上可移动	位置较固定，不易移动
	突显性	突显程度高	突显程度低
	关联性	更关联：在情景或意识中更近	不太关联
	可及性	不可立即被感知	更能立即被感知
	复杂性	几何图形较简单（通常像个点）	几何图形较复杂
	依赖性	较依赖	较独立
	熟悉程度	不太熟悉	较熟悉
	预料性	不易预料	更易预料

定义特征在确定图形和背景时起着决定性作用，而联想特征只起辅助作用。当用它们来确定图形和背景时，如发生冲突，联想特征应服从于定义特征。因此，例（3b）虽然违背了许多联想特征，但它在特定的语境中并非不可接受。此外，在确定图形和背景时，也许有几个联想特征同时起作用。根据上表中的这些特征，就可以解释语言

中图形和背景的许多现象。接下来，将分别探讨“语言空间”结构和“时间事件”结构中的图形和背景。

空间是一个基本的认知域。由于空间位于概念化的中心，而心理概念是认知语言学的基本语义单位，因此，空间也就位于认知语言学的中心，是认知语言学研究的重要内容。空间是一种关系，其理解必须以朴素的概念为背景。如果把牛顿的空间概念——空间是一个连续的、固定的三维容器，即是一个立方体——看成是这个关系的理想化形式，那么，就可以为一个几何图形确定八个空间方位：上、下、前、后、里、外、旁边和附着。在这八个方位中，“里”“外”和“附着”属于拓扑性质的空间方位，即是说它们不随观察者视角的变化而变化，其他五个空间方位属于投影性质的空间方位，即它们会随观察者视角的变化而变化。上述八个空间方位是人类对空间感知的结果，自然会反映到语言中来。既然图形—背景分离原则是空间组织的一个基本认知原则，那么，空间结构的语言表征（或“语言空间”）必然会被打上这一认知原则的烙印。下文将从拓扑空间方位和投影空间方位两个方面讨论“语言空间”结构中的图形和背景问题。

拓扑性质的空间方位包括“里”“外”和“附着”，其图形与背景的关系是不对称的，其中一个物体只能用作图形，另一个物体只能用作背景。拓扑空间方位中图形和背景的选择通常是根据定义特征以及空间大小、突显性、复杂性、依赖性和预料性等联想特征决定的。

空间方位“里”可以用汉语“（在）……里/中/内/间”等来表示，英语可用in或inside等来表示，这是典型的内包关系，形状小的必须作图形，大的必须作背景。例如：

（6）铅笔在文具盒里。

（7）He is in the car.

在例（6）和（7）中，“文具盒”和car是背景，“铅笔”和he是图形。图形与背景之间的方位关系不会因背景形状的变化或观察者视角的变化而改变。如例（6），无论文具盒是什么样的形状，无论从什么角度去看，铅笔总是在文具盒里。图形与背景的关系也是不对称的，即不能反过来说“文具盒在笔外”。

空间方位“外”可用汉语“(在)……外”表示，英语中用outside等表示。介词短语中的名词通常为背景，而另一个名词则为图形。图形与背景的关系也不是对称关系。例如：

（8）村外有一个尼姑庵，最后的一个尼姑死于前年。(余秋雨《牌坊》)

（9）A car was standing outside the house.

（10）一枝红杏出墙来。(叶绍翁《游园不值》)

在例（8）和（9）中，“村”和house是背景，“尼姑庵”和car是图形。图形和背景的选择主要依据定义特征确定，这在例（9）中表现得最为明显，house前用的是定冠词，而car前用的是不定冠词。有时，一些特殊结构也暗含着“外”这样的空间方位。例（10）虽然没有用“(在)……外”这样的结构来表示，但其涵义却能使人们领悟到“红杏”在墙之外。句子突出的是“一枝红杏”。它在句中被用作图形，主要有以下原因：体积或面积小、几何图形较简单（像个点）、不易预料以及突显程度高。正是由于这些因素，所以在唐人吴融《途中见杏花》中有“一枝红杏出墙头，墙外行人正独愁”；陆游的《马上作》中也有“杨柳不遮春色断，一枝红杏出墙头”。这里的“红杏”都是图形，“墙”是背景。

“附着”这一拓扑空间方位在汉语中通常用“(在)……上”表示，而英语则用on等表示。有时，汉语的“名+前”和“名+后”结构，英语的介词behind和in也可以表示“附着”这一拓扑空间方位。在这种方位关系中，图形始终是附着在背景上的，不随观察者视角的变化而变化。图形和背景的选择主要依据复杂性、依赖性、动态性以及预料性等因素确定。例如：

（11）瞧，她脸上长了颗美人痣。

（12）A fly is walking on the ceiling.

（13）她胸前戴着一朵大红花。

（14）There is a peg behind the door.

在例（11）—（14）中，无论从什么角度看，“美人痣”都附着在她的脸上，fly（苍蝇）总是附着在天花板上，大红花总附着在她的胸前，peg（衣帽钉）总附着在门的背面。就复杂性而言，“美人痣”和“苍蝇”的几何图形更像是一个点，而“脸”和“天花板”相当于一个面；就依赖性而言，前者都依赖后者；就动态性而言，前者较后者更易移动，从预料性的角度看，美人痣并非人人都有，天花板上也并非时时都有苍蝇，因此它们是不易预料的。所有这些因素都确定“美人痣”和“苍蝇”必须用作图形，而“脸”和“天花板”须用作背景。

投影空间方位包括以下五个：上、下、前、后和旁边。其中“旁边”包括“左”“右”和“间”三个方位。投影空间会随观察者视角的变化而变化，具有相对性，参照点不同，空间方位就会变化。投影空间方位中图形和背景的选择往往需根据定义特征以及空间大小、熟悉程度、动态性等联想特征决定。

“上”和“下”这对投影空间方位可以分别用汉语“（在）……上（面／方／边）”和“（在）……下（面／方／边）”等表示，英语则分别用above/over和under/below等表示。例如：

（15）桌下有一支笔。

（16）The TV antenna was above the house.

笔的体积一般比桌子小，因此“笔”作图形，“桌子”为背景，这是最自然的。如果把图形与背景交换，即说“桌子在笔上”，就很不自然，因此也就难以接受。例（16）中电视天线要比房子小得多，较容易移动，电视天线应作为图形，房子作为背景。

“前”和“后”这对拓扑空间方位在汉语中分别用“(在)……前(方/面/边/头)”和“(在)……后(方/面/边/头)”等表示，英语则用before/in (the) front of和after/behind等表示。例如：

（17）小王坐在小李的后边，你怎么没有看见。

（18）A dog was lying asleep in front of the fire.

在例（17）和（18）中，确定图形和背景的因素主要是定义特征。在例（17）中，对于说话人和听话人来说，小李的位置是已知的，但小王的位置只有说话人知道，因此说话人以小李的位置为参照点即背景来确定小王的位置，即把小王作为图形，这就显得非常自然。如果把例（17）改成“小李坐在小王的后边，你怎么没有看见”，其话语意义就相去甚远，因为句中的图形和背景发生了变化。对例（18）的分析可如法炮制，fire显然是已知的，dog是未知的，因为fire前是一个定冠词，而dog前是不定冠词，把已知的当作背景，未知的当作图形，这符合图形和背景的定义特征。

接下来分析“旁边”这一投影空间方位。汉语可以用“(在)……旁（边）/附近”等表示，英语可以用besides、nearby或by等表示。例如：

（19）a. 我家在峨眉山附近。

b. 峨眉山在我家附近。

例（19）中图形和背景的选择是以定义特征和熟悉程度来定的。就（19a）来说，说话人和听话人都熟知峨眉山，因此说话人“我”

以峨眉山为背景来说明“我家”的方位，这既符合图形背景的定义特征，也符合联想特征中的“熟悉程度”。但在（19b）中，图形与背景正好交换了位置，说话人以“我家”为背景，这说明听话人熟知“我家”，但对峨眉山还不熟悉，因此，说话人以“我家”为背景来说明峨眉山的位置，这也是完全可以接受的。但是，（19a）和（19b）的意思是不一样的，因为二者突显的成分不同。再如：

（20）a. 坐在你的旁边深感荣幸。

b. 你坐在我的旁边应该感到荣幸。

例（20a）是以“你”为背景的，图形是说话人“我”（句中没有表达出来）。该例中，图形和背景的确定是以依赖性为根据的。图形依赖背景，所以深感荣幸的是说话人“我”，这个句子移情于听话人“你”，故有抬高对方的意思。（20b）则是以说话人“我”为背景的，听话人“你”是图形，图形依赖背景，所以应该感到荣幸的是图形“你”，这个句子显然是以自我为中心，故有抬高自己的意思。

图形—背景分离原则不仅可以用于分析多维的“空间结构”，还可以用来解释一维时间轴上的事件结构。前文曾提到“内包”这一概念，它实际上是把事件中图形与背景区别开来的一个最重要特征。“内包”实质上蕴涵着“有界”（boundedness）：图形倾向于构成一个有界的封闭物，它越封闭，其作为图形的突出程度就越高。对于一维的时间轴来说，“有界”可能是由一个点或者一个有起点和终点的时段来实现的。缺乏有界的东西倾向于作为背景，因此，在时间轴上，无限度的时间最有可能作为背景。

根据图形和背景的这一特征，便可讨论概念范畴中图形与背景的区别是如何反映在语言“时间事件”结构中的。这种内包关系很清楚地体现在复句的对比中，如上文的例（5），这里用例（21）表示：

（21）a. He dreamt while he slept.

b. *He slept while he dreamt.

做梦是在睡觉期间，因此在时间上应该包含在睡觉里，做梦是睡觉的图形。此外，在while分句组成的复句里，只有当有界的、像图形一样的表达式出现在主句的位置时，这个复句才是可以接受的。故（21a）是可以接受的句子，而（21b）不可接受。因此可以说，从句具有背景的功能，主句具有图形的功能。也就是说，图形与背景的区别也反映在复句表达的事件结构层次上。通过图形与背景的区别同语言中“时间事件”结构之间的对应关系，可以抽象出一个基本的认知原则（见表2）：

表2 “时间事件”结构中图形与背景的认知原则

“时间事件”结构中图形与背景的认知原则
A. 较大的、在时间上可包容的事件作为背景（通常出现在从句中）
B. 较小的、在时间上被包容的事件作为图形（通常出现在主句中）

根据这一认知原则，基本上就可以判断下列句子的可接受性问题：

（22）a. 我正在专心看书时，突然听到门外一声巨响。

b.? 我突然听到门外一声巨响时，正在专心看书。

这里，“看书”是一个长时间的过程，因此把它用作背景放在从句中，而“一声巨响”是一个短暂的行为，故放在主句里作图形。（22b）正好违背上述“时间事件”结构中图形与背景的认知原则，因此其可接受性值得怀疑。除了主从复句外，英语中的伴随动词（converbs）也表现出了这种倾向，例如：

（23）a. Walking along the street, I came across a strange group of musicians.

b. #Coming across a strange group of musicians, I walked along the street.

（24）a. Attending the lecture on logic, he fell asleep.

b. #Falling asleep, he attended the lecture on logic.

直观上看，这些对比来自于动词的时、体特征：一个是进行体，一个是过去时。与walk和attend相比，come across和fall asleep所描写的是有界的事件。“有界性”是图形的一个特征，有界的事件最容易用作图形。因此，（23）至（24）中came across之类的谓语动词最可能与图形相联系，而walk之类的动词则与背景相联系。值得注意的是，只有当有界的、像图形一样的表达式出现在主句中时，这样的句子才可接受。这与上述“时间事件”结构中图形与背景的认知原则是一致的。

例（21）—（24）说明，“时间事件”结构中图形与背景的认知原则可以用来解释英语中的伴随动词。但是，这并不意味着就可以用这一原则去解释任何一对分句，其中一个分句必然注定要用作主句，另一个分句只能用作-ing形式伴随动词。例如：

（25）a. Thinking about Jane, he offered a prayer.

b. Offering a prayer, he thought about Jane.

（26）a. Singing an aria, her costume ripped open.

b. Her costume ripping open, she sang an aria.

例（25a）的可接受性说明，thinking这一伴随动词所描写的事件是背景，它在时间上一定内包主句所描写的事件。但（25a）中的图形和背景在（25b）中正好相反，offering这一伴随动词在时间上内包主句所描写的事件。如果thinking事件和offering事件在两种情况中都是相同的话，那么，（25a）与（25b）就产生了矛盾，因为内包关系是不对称的。因此，根据“时间事件”结构中图形与背景的认知原则进行分析，就会得出这样的结论：由于（25a）和（25b）都可接受，因此它们之间一定存在意义上的差别。（25a）中的thinking分句描写的是一个正在进行的活动，而（25b）中主句描写的却是think过程的开始。例（26）也可进行同样的分析，（26a）中的ripped事件表示一种或多或少的突然性，而（26b）所描写的ripping事件却表示一种渐进性。这些例子说明，决定图形和背景组合的因素并不是动词本身，而是Langacker所说的事件的识解方式，如认知域、视角和显著度的变化等。图形－背景分离原则会导致Croft所说的“压制”(coercion)。压制是一种解释策略，来源于概念化的内在灵活性：一个语言表达式，如其“缺省意义”（default meaning）不相容时，就会被迫采纳另外一种解释去满足当前情景的迫切需要。例如：

（27）a. Max is dying.（对比 Max died.）

b. And then I suddenly knew!（对比 I knew the answer.）

c. The light is flashing.（对比 The light flashed.）

例（27a）和（27c）中的现在进行体以及（27b）中的suddenly一词“压制”动词die、know和flash，迫使其采取另外的解释。实际上，这些表达式在识解方面经历了三种转移。在（27a）中，die用一般过去时形式，通常指一个短暂的事件（像一个点），但用进行体时，则是指“由于身体的自然功能逐渐衰退，生命终止了”（Vlach 1981: 589－590）。这种识解方式的变化被称为“视角转移”（perspective shift）。视角转移可以用视觉隐喻来说明：如果一个人的视角离物体非常遥远，那这一物体就可能像一个点，而一个视角离同一物体非常近，该物体就可能具有很大的、甚至不确定的范围。在（27a）中，进行体迫使视角必须特写放大。（27b）描写的是一种“侧面转移”

（profile shift），因为动词的体侧面发生了改变，状态动词know与副词suddenly不相容，所以该动词表示一种开始的行为，即进入“知道”的心理状态。在（27c）中，动词flash的意义经历了“复杂转移”（complexity shift），所以动词具有一种“重复”的解释。压制会影响图形和背景的识别。可见，图形—背景分离原则和建立于以语义转移为基础的识解方式均可用来解释伴随动词结构之间的意义差异。由于压制的作用，可以说，决定图形背景分离的因素不是动词本身，而是事件描写的识解方式。很显然，这与认知语言学的语义观是一致的，即意义并不是客观编码的东西，而等同于概念化，是概念化的产物。

3. 发展趋势

图形—背景分离原则不仅是空间组织的一个基本认知原则，也是语言组织概念内容的一个基本认知原则。图形—背景理论已被广泛应用于句法、语义、语用、翻译、语言教学、诗学、修辞学等方面的研究，具有较强的解释力，并取得了可喜的成就（De Weerdt 2020；缪海涛、陈龙宇 2020）。当前，在认知语言学已呈现“实证转向”和“社会转向”的大趋势下，图形—背景理论在其研究方法、研究内容、研究领域及其应用等方面仍有进一步深入挖掘和探索的空间。

（编者：西南大学/文旭）

参考文献

De Weerdt, D. 2020. Figure-ground spatial relationships in Finnish sign language discourse. *Open Linguistics*, 6(1): 723—746.

Langacker, R. W. 1987. *Foundations of Cognitive Grammar (Vol. I): Theoretical Prerequisites*. Stanford: University of Stanford Press.

Langacker, R. W. 1993. Reference-point constructions. *Cognitive Linguistics*, 4 (1): 1—38.

Talmy, L. 1978. Figure and ground in complex sentences. In Greenberg, J. H. (ed.), *Universals in Human Language* (Vol. 4) (pp. 627—649). Stanford: Stanford University Press.

Talmy, L. 2000. *Toward a Cognitive Semantics* (Vol. 2). Cambridge, MA: The MIT Press.

Ungerer, F., & Schmid, H. J. 1996. *An Introduction to Cognitive Linguistics*. London: Longman.

Vlach, F. 1981. The semantics of the progressive. In Tedeschi, P. J., & Zaenen, A. (eds.), *Tense and Aspect* (pp. 271—292). New York: Academic Press.

匡芳涛、文旭 . 2003. 图形—背景的现实化 . 外国语，(4)：24—31.

缪海涛、陈龙宇 . 2020. 基于图形—背景理论的中国山水诗歌意象的认知功能解析 . 外国语文，(6)：80—84.

文旭 . 2014. 语言的认知基础 . 北京：科学出版社 .

象似性（Iconicity）

1. 引言

象似性，也称拟象性、临摹性、类象性，指符号与符号所表达内容之间的自然联系。符号的象似性与任意性很早以来就是两个相对的概念，在互相竞争与对抗中存在。索绪尔提出的“任意性”（arbitrariness）概念在20世纪上半叶几乎居于统治地位。在这之后，符号学、认知语言学、语言类型学对语言符号的理据性展开研究，探讨语言与符号的象似性依据，对语言的“任意性”原则构成挑战。

符号的能指与所指之间的关系到底是什么？符号与意义之间究竟是如何联系的？这些问题一直是哲学家和语言学家讨论的焦点。在古希腊，哲学家们就语言与现实之间的关系展开了辩论。《柏拉图对话录》中的《克拉提鲁斯篇》提到，赫莫根涅斯认为“自然没有给事物一个名称，名称只是约定，是使用者的习惯”（Hamilton & Cairns 1963: 423）。苏格拉底一开始也赞同赫莫根涅斯的观点，不过最后他对自己的立场也有所保留，认为“语言与对象之间应当有相似（likeliness），不然不够完美”（Hamilton & Cairns 1963: 469）。而柏拉图则认为，语言用来表达现实的前提，就是语言必须在某种程度上与现实相似，语言符号和语言行为的许多方面在本质上打上了自然限制的烙印（赵亮 2006：19）。19世纪，德国语言学家洪堡特在《论人类语言结构的差异及其对人类精神发展的影响》中指出：语言结构的规律与自然界的规律相似，语言通过其结构激发人的最高级、最合乎人性的力量投入活动，从而帮助人深入认识自然界的形式特征（洪堡特 1997：72）。

20世纪结构主义语言学家索绪尔是“任意性”的最主要倡导者，这与他的“语言是一个自足系统”的主张有着紧密的关系。索绪尔认为，符号与意义之间不存在理据性，语言符号通过语言系统内部符号之间的关系表达意义，因此不必考虑语言外因素。在索绪尔看来，符号的能指与所指之间的关系是约定俗成的，任意性不是取决于个体的“自由抉择”这一意义上的任意性。相对于概念来说，能指与所指之间的关系是任意的，因为它本来与概念毫无特定的关联。整个社会都不能改变符号，因为演化的现象强制它继承过去（索绪尔 2007：87）。

虽然索绪尔坚持认为符号与意义之间是没有理据的，不过他也承认，任意性原则，哪怕在语言的词汇层面上也并不是绝对的。比如象声词、感叹词具有语音理据性，而复合词则具有排列方式的理据性（即前一词与后一词的搭配并不是任意的）。

2. 主要思想

符号学家Charles S. Peirce对象似性进行了较为系统的论述，并对语言学界产生了重要影响。他从符号的功能和与符号对象之间的关系出发，把符号分成三种：指示符号（indexical sign）、象征符号（symbolic sign）和象似符号（iconic sign）。

指示符号指向附近的某物。例如，道路上的交通标志会指向某目的地的方向，脸上的表情则指向人的内在情绪（如高兴、惊讶或生气等）。这样的例子还包括风向标、敲门声、手指指点、喊人、名字、专有名词、指示代词、物主代词、关系代词等等。这些符号的共同特点是具有“指向性”，即表明“某物在哪儿”。

象征符号与所表达的对象之间没有直接的自然联系，而是通过社会约定与客观事物发生联系，因此也被称为“规约符号”。象征符号形成的依据是使用该符号的人群（比如讲某种语言的人）共同约定将某个意义赋予某一种形式。象征符号是与对象之间没有理据性联系的符号，也就是索绪尔所说的任意性符号。规约性是象征符号最重要的特征，表达者和接受者需要通过社会规约来搭建符号与意义之间的关系，比如道路上放置的三角形标志，表明前方有紧急停车。

象似符号为表达对象提供一个视觉、听觉或其他感官形象。也就是说，象似符号与表达对象之间具有相似性。比如道路上提醒司机注意儿童的符号就会画上两三个正在穿过马路的儿童。不过，象似符号的意象与表达对象之间也只是大致相似，比如告知路上有危险动物的标志会选择性地画上牛、鹿、马等动物，而非所有的动物，图画上的动物与真实动物也有一定的区别。

符号的象似不一定是图像的象似，可以是其他任何感觉的象似，如音乐里模仿动物的声音。因此，Peirce从具体到抽象，把符号的象似性分为三种：意象象似（imaginal iconicity）、图表象似（diagrammatic iconicity）和隐喻象似（metaphorical iconicity）。

意象象似符号与表达对象有部分相似，可能是图像、声音、视觉、感官、心理或语言上的相似。意象象似符号与对象的关系直接、清楚而自然。语言中的拟声词便是一种声音意象象似。

图表象似符号通过构造相似来表征对象的部分象似。Peirce指出（Hartshorne & Weiss 1933: 531）：“它与对象的象似，不是在其外形上，而是在各个部分之间的关系上。”比如代数公式、化学方程式等，其内部关系与对象形成所谓“结构同型”。各种“图表”就是把符号之间的关系（如各种排名、榜单等）变成图表的位置关系。语言中的复合词、词组等也具有图表象似性。另外还包括词汇变化（如英语形容词的比较级、最高级变化）等。随着词汇长度和词素的增加，意义程度也加强，这被称为语言的“构造象似”（赵毅衡 2011：80）。

隐喻象似符号与另外一个事物具有某种象似性。符号只是表征了表达对象的某种特质，有时候是某种模糊的特质。这种隐喻象似是一种思维上的象似。某些词组在形式上的相似会让人想起意义的相似。比如，英语中以sl-开头的单词（slip、slide、slush、sleaze等）都带有“滑动”的意思。

语言作为一种符号，也具有象似性。语言中的象似性是指在语言形式和其指代的对象或表达的内容之间存在相似之处。比如某种鸟的名称会让人想起鸟的叫声，英语单词cuckoo（布谷鸟）的发音与布谷鸟的叫声具有象似性。语言结构中的象似性研究，在近20多年来，引起了语言学界的广泛关注，尤其是认知和功能语言学家们，主要代表人物有John Haiman、Talmy Givón、William Croft和Anna Wierzbicka。一些有影响力的专著和论文集有《自然句法》《句法中的象似性》《语言的自然性和象似性》等。Haiman（1980）将句法象似性分为成分象似（isomorphism）和关系象似（motivation）两大类。成分象似指语言成分与经验结构成分相对应，主要指每一个语言形式对应一个意义；关系象似指语言成分之间的关系与经验结构成分之间的关系相对应，如复杂的概念用复杂的结构表达。Givón（1995）总结了句法中主要存在的象似性原则，包括数量原则（the quantity principle）、邻近原则（the proximity principle）、顺序序列原则（sequential order principles），其中顺序序列原则包括线性顺序语义原则（semantic principle of linear order）和顺序序列与话题原则（sequential order and topicality），前者指连贯的语篇中小句顺序反映所描写事件的发生顺序，后者指重要的信息通常被置于句首。国内也有不少专家学者对语言结构的象似性等话题进行了具体论述，如沈家煊（1993）、文旭（2000，2001）、朱永生（2002）等。下面通过具体实例阐明三个主要的象似性原则，分别是顺序象似性（iconicity of sequential order）、距离象似性（iconicity of distance）和数量象似性（iconicity of quantity）。

第一，顺序象似性是指语言成分的线性顺序与所表达事件范畴发生的时间顺序具有象似性。最经典的例子就是凯撒的名句“Veni, vidi, vici”（我到，我见，我征服），还有广告语“Eye it, try it, buy it”（看一看，试一试，买下来）。如果改变两句话的表达顺序，则会显得荒谬而难以理解，因为原句三个组成部分的顺序正好与事件发生顺序吻合。语言中的顺序象似性与连接手段以及客观世界所发生事件的逻辑顺序有密切关系，如下例：

（1）a. He opened the bottle and poured himself a glass of wine.
　　b. *He poured himself a glass of wine and opened the bottle.
　　c. Virginia got married and had a baby.
　　d. Virginia had a baby and got married.

这一组前两个句子（1a）和（1b）中and 所连接的事件具有明显的逻辑顺序。现实中，我们只能先开瓶后倒酒，（1a）临摹了客观现实，因而可接受。（1b）颠倒了事件顺序，与客观现实不符，因此不被接受。不过，后面两句（1c）和（1d）中and所连接的事件孰先孰后皆有可能，因而两句话都可以接受，只不过分别表达了不同的客观现实，（1c）表明先结婚后生子，而（1d）则表明先生子后结婚。

顺序象似性还体现在句子结构上。相同词汇组成的句子，词汇顺序不同，其含义也不同。如：

（2）a. Bill painted the green door.
　　b. Bill painted the door green.
　　c. John believed the untrue report.
　　d. John believed the report untrue.

（2a）表明给绿色的门刷了漆，但是漆成了什么颜色，不得而知。（2b）表示把门漆成了绿色，但原来有无颜色，或是什么颜色并不知道。（2c）表示该报道不真实，但是约翰信了，而（2d）则表示约翰认为该报道不真实。两句话的意思几乎相反。

人的经验结构会体现在语言表达的顺序上，这是顺序象似性的核心。这一点在很多对称性短语中有明显体现，如：

（3）a. now and then, now or later, sooner or later, day and night

b. cause and effect, hit and run, trial and error, give and take, wait and see, pick and mix, cash and carry, park and ride

以上这些表达式要么体现了时间先后顺序（如now and then，day and night等），要么体现了逻辑先后顺序（如cause and effect, cash and carry等），因此这些表达式的顺序是不可颠倒的，不能说*then and now、*effect and cause。同样，在汉语里我们说：今明两天、因果关系、一手交钱一手交货，等等。

第二，距离象似原则相当于Givón的邻近象似原则（Iconicity of Proximity），指在概念上接近的事物对应在语言表达上也会靠得更近。Haiman（1985: 118）指出，词语之间的距离反映概念距离，概念距离随语言距离的变化而变化。也就是说，语言距离越小，概念距离就越小（文旭 2001：93）。例如：

（4）a. We can do it *quickly*, and we can do it *well*.

b. We can do it *quickly* and *well*.

c. *John Smith* and *Mary Smith* are employees of the CDC company.

d. *John* and *Mary Smith* are employees of the CDC company.

（4a）的斜体部分由于分开表达，表明在不同场合实现；而（4b）则表明斜体部分的概念在同一个场合实现，（4b）中的概念距离要比（4a）中的概念距离小。（4d）中John和Mary是家庭成员，概念距离更小，因此，John和Mary两个并列成分之间的形式距离更小，他们组成一个整体；而（4c）中John和Mary是分开的，形式距离更大，并形成两个独立的个体，相应的概念距离也更大。距离象似性也体现在邻近语言单位的相互影响。例如：

（5）a. A noisy group *was* hanging around the bar.

b. A group of noisy youngsters *were* hanging around the bar.

（5a）中，做主语的单数名词group紧靠谓语动词，因而动词用单数形式，以保持一致。（5b）中靠近谓语动词的是复数名词youngsters，而单数名词group靠得更远，因此谓语动词的一致要参照复数名词youngsters采用复数形式were。

距离象似性反映概念的心理距离，在语言结构中与中心词关系越紧密的词就越靠近中心词，如：

（6）a. the famous delicious Italian pepperoni pizza

b. *the Italian delicious famous pepperoni pizza

c. *the famous pepperoni delicious Italian pizza

d. *the pepperoni delicious famous Italian pizza

中心词pizza前面有四个修饰语，按表达顺序只有（6a）可以接受，因为它遵循了邻近象似性原则。Pepperoni是披萨的内在成分，因此必须放在离pizza最近的位置，其次是产地Italian。而表示其特点的delicious和对其评价的famous则应远离中心语（文旭 1999：38）。

第三，数量象似性指语言表达形式的长度与所表达意义或内容的数量或复杂程度具有对应关系。也就是说，表达的意义或内容越多、越复杂，语言表达形式就越长，所使用的语言单位就越多。相反，表达的意义越少、越简单，语言表达形式就越短、所使用的语言单位就越少。例如，我们会增加英语单词long中元音字母o的数量，来表明那个故事非常长，如That’s a loooong story。

很多语言会采用重复手段来增加所表达概念的数量之多。如汉语中的“男男女女，世世代代，风风雨雨，日日夜夜”和南非语里的plek-plek（place-place）相当于“多处”（in various places）。另外，语言表达形式的长短与所表达对象的复杂程度和详细程度对应。例如：

（7）a. This guy is getting on my nerves.

b. This aggressively impertinent egg-head is getting on my nerves.

（7a）和（7b）的主语所指对象相同，但是两句话采用不同数量的表达单位来表达，（7b）对所指对象的描述则更加详细，也更复杂。

有时，数量象似性原则与表达的礼貌策略有关，即礼貌就是用更多的语言单位进行表达。因此，表达使用的单位越多，表明对听话者越尊敬，如：

（8）a. No smoking.

b. Don’t smoke, will you?

c. Would you mind not smoking here, please.

d. Customers are requested to refrain from smoking if they can.

以上（8a）至（8d）句的表达单位数量依次增多，其表达的礼貌程度也随之增大。

总之，象似性不仅是语言表达的规律，而且是描述语言与客观世界关系的根本性哲学问题。语言作为一种符号，其与表达对象之间的联系究竟是任意的、规约化的结果，还是有内在理据性和象似性的？

关于这个问题，自古希腊以来，不同时代的哲学家、符号学家、语言学家对此提出了不同的解释。到目前为止，大部分符号学家和语言学家比较赞同语言和符号与表达对象之间的对应主要以规约化的任意性为主，但是也存在大量的象似性及其他理据性。

3. 发展趋势

语言学家通过不断的研究，发现了越来越多语言理据性的案例，因此象似性的范畴和类别也在不断扩大。比如，文旭（2001）在顺序、距离、数量象似性基础上，提出了“与说话人接近”“文化规约”等象似性原则；陆丙甫和陈平（2020）考察了距离象似原则在语言形式上的塑造和制约作用；王文斌和宋聚磊（2020）以象似性为参照对比英汉名词重叠现象；De Cuypere（2008）则从语音、形态、句法三个层次系统梳理了象似性的体现。象似性的研究也从语言的具体层面进入更加宏观的层面，如语篇、事件结构中的象似性（如Sardo 2005; Kuhn 2005等）、隐喻的象似性基础（如Sadowski 2009：180）、手语中的象似性（Demey et al. 2008）等，还有学者从界面理论探讨象似性（李亚非 2022）。象似性研究还体现出与其他领域（如语言习得、翻译研究、心理学等）相结合的趋势，比如，文旭和司卫国（2020）基于象似性等原则探讨翻译的范畴转换；Hodges 等（2018）指出象似性可能会影响儿童对手势语的理解。总之，随着人类对语言机制，特别是对语言与所表达概念之间联系的理解不断加深，对象似性的认识也会更加丰富和深入。

（编者：西南大学/王惠静）

参考文献

De Cuypere, L. 2008. *Limiting the Iconic: From the Metatheoretical Foundations to the Creative Possibilities of Iconicity in Language*. Amsterdam/Philadelphia: John Benjamins.

Demey, E., Van Herreweghe, M., & Vermeerbergen, M. 2008. Iconicity in sign language. In Willems, K., & Cuypere, L. (eds.), *Naturalness and Iconicity in Language* (pp. 189—214). Amsterdam/Philadelphia: John Benjamins.

Givón, T. 1995. Isomorphism in the grammatical code: Cognitive and biological considerations. In Simone, R. (ed.), *Iconicity in Language* (pp. 47—76). Amsterdam/Philadelphia: John Benjamins.

Haiman, J. 1980. The iconicity of grammar: Isomorphism and motivation. *Language*, 56(3): 515—540.

Haiman, J. 1985. *Natural Syntax*. Cambridge: Cambridge University Press.

Hamilton, E., & Cairns, H. 1963. *The Collected Dialogues of Plato*. Princeton: Princeton University Press.

Hartshorne, C., & Weiss, P. 1933. *Collected Papers of Charles Sanders Peirce*. Cambridge, MA: Harvard University Press.

Hodges, L. E., Özçalişkana, Ş., & Williamson, R. 2018. Type of iconicity influence children's comprehension of gesture. *Journal of Experimental Child Psychology*, 166: 327—339.

Kuhn, B. 2005. Narrative structures and iconicity in Yasmina Reza's Une désolation. In Maeder, C., Fischer, O., & Herlofsky, W. J. (eds.), *Outside-In—Inside-Out* (pp. 359—374). Amsterdam/Philadelphia: John Benjamins.

Sadowski, P. 2009. *From Interaction to Symbol: A System View of the Evolution of Signs and Communication*. Amsterdam/Philadelphia: John Benjamins.

Sardo, I. 2005. Pirandello's Si Gira: Iconicity and titles. In Maeder, C., Fischer, O., & Herlofsky, W. J. (eds.), *Outside-In—Inside-Out*, (pp. 349—358). Amsterdam/Philadelphia: John Benjamins.

费尔迪南·德·索绪尔. 2007. 索绪尔第三次普通语言学教程. 屠友祥（译）. 上海：上海人民出版社.

李亚非. 2022. 普遍语法与象似性的界面：理论概述. 现代外语，(3)：418—429.

陆丙甫、陈平. 2020. 距离象似性——句法结构最基本的性质. 中国语文，(6)：643—661.
沈家煊. 1993. 句法的象似性问题. 外语教学与研究，(1)：2—8.
王文斌、宋聚磊. 2020. 象似性视野下的英汉名词重叠对比. 外语与外语教学，(1)：1—10.
威廉·冯·洪堡特. 1997. 论人类语言结构的差异及其对人类精神发展的影响. 姚小平（译）. 北京：商务印书馆.
文旭. 1999. 国外认知语言学研究综观. 外国语，(1)：34—40.
文旭. 2000. 论语言符号的距离拟象性. 外语学刊，(2)：71—74.
文旭. 2001. 词序的拟象性探索. 外语学刊，(3)：90—96.
文旭、司卫国. 2020. 具身认知、象似性与翻译的范畴转换. 上海翻译，(3)：1—6.
赵亮. 2006. 语言象似性的符号学分析. 外语教学，(5)：19—23.
赵毅衡. 2011. 符号学原理与推演. 南京：南京大学出版社.
朱永生. 2002. 论语言符号的任意性与象似性. 外语教学与研究，(1)：2—7.

心理空间理论
（Mental Space Theory）

1. 引言

20世纪70年代，语言研究逐渐由客观主义、形式主义向非客观主义、功能主义过渡。在广泛借鉴哲学、心理学、神经学、人类学等自然科学和社会科学研究成果的基础上，认知语言学逐渐发展成为一种语言研究的崭新范式，且硕果累累。Gilles Fauconnier和Mark Turner正是在这样的大背景下创立了心理空间理论。心理空间这一专业术语首次出现在1978年佛罗伦斯的学术会议上，当时就引起了语义学家Hans Kamp和Franz Guenthner 的关注。自此，该术语一直被用于语义分析，并在内涵方面区别于可能世界、认知域等概念。Jackendoff（1983）的概念语义学中也提出了虚拟空间或心理空间的概念，用来区分现实和表征两个层面。1984年，Fauconnier在其法语著作《心理空间：自然语言意义建构面面观》中首度正式提出心理空间理论，并于次年由麻省理工学院出版社出版了其英文版。随着该著作的问世，由Gilles Fauconnier、Mark Turner等创建的心理空间理论从此成为认知科学和认知语言学研究中一个炙手可热的话题（文旭 2017: 579）。

2. 主要思想

Fauconnier（1985: 16）将心理空间定义为在意义构建过程中语言表达作为局部指令引导话语交流双方建构的临时认知域。Turner（1991: 206）指出语言表达本身并没有意义，只是通过我们已知的过程进行运作从而引导我们的大脑构建出话语意义，话语意义并非存在于句里行间。理解一句话的话语意义不仅仅是理解每个字词的意思，而是在大脑所储备的丰富百科知识和复杂认知机制的帮助下构建出该句的话语意义。心理空间理论认为在语境中语言直接引导意义的建构。句子不能独立于其所处的语篇而进行分析。语言并没有对“意义”进行编码，只是提示听话人形成形式更加多样的概念化。语义学和语用学之间并没有泾渭分明的界限，概念化生成于具体语境中语言的使用，语用信息和知识为意义建构过程提供信息并引导意义建构过程。意义建构包括两个过程：一是形成心理空间；二是在这些心理空间之间建立起映射。映射关系的建立受具体语境的影响，即意义建构依赖于语境。Fauconnier（1997: 11）补充认为“心理空间是局部结构，随着我们的思考和交谈而扩展，使得我们的话语和知识结构的细密切分成为可能”，即心理空间把意义划分成为不同的概念区域或“概念包”。之后，Fauconnier等就心理空间的定义做出了以下修补：

（1）心理空间是储存某特定域语言信息的临时性容器（Coulson & Fauconnier 1999: 144）；

（2）心理空间是人们进行思考、交谈时为了达到局部理解与行动之目的而构建的小概念包（Fauconnier & Turner 2002: 87）。

心理空间是随着话语展开不断得到构建的临时性信息集合。由于心理空间理论可以用来模拟思维和语言中的动态映射，国内外专家学者将其应用于解释大量的语言和非语言现象，如：概念隐喻、转喻、虚拟、分类、概念变化、假设机制、语法结构、话语指称、文学语言、电影美学、新闻叙事、语境转换等（Turner & Fauconnier 1995; Fauconnier & Turner 1996; Turner 1996；王义娜 2003；谢建平 2012；马冬 2016；吕春媚 2017；李天鹏 2019；张辉、纪晓丽 2021）。根据Fauconnier（1985: 29—34）所述，心理空间可以分为以下五种：

（1）时间空间（*In 1929*, the president was a baby.）

（2）地理空间（*In Moldavia*, the president is a tyrant.）

（3）域空间（*In this new California religion*, the devil is an angel.）

（4）假设空间（*If he had listened to his mother*, the criminal would be a saint.）

（5）时态和语态空间（In 1929, she married someone who *was* a friend of mine.）

以上例句中，斜体部分被称为空间构造语（space-builders），即"那些可以建立新的空间或回指话语中已介绍的空间的语言表达式"（Fauconnier 1997: 40；文旭 2014: 24）。空间构造语建构了一个和基础空间（base space）相关的心理空间。

心理空间是通过空间构造语建立的，而空间构造语是一些语言单位，起到促成新的心理空间形成或在之前业已形成的心理空间之间不断转移注意力。空间构造语可以是介词短语（如in 2016, on the playground, in Langacker's mind's eye, from his point of view），副词（如really, probably, possibly, theoretically），连词（如either...or..., if...then...），或是带有宾语从句的主谓结构（如Mary hopes..., Chomsky believes...）。空间构造语的特别之处在于能引导听话者超越时空条件的限制，建立一个情景，这个情景的时间、空间、真值条件等不受当时条件的限制。空间构造语明确了每个成分所具有的属性以及心理空间中各成分之间的关系。

2.1 心理空间的成分

心理空间是在语篇中临时构建起来的概念域。心理空间中所包含的成分有的是在线建构的，有的是在概念系统中业已存在的。表征这些成分的语言表达式是名词短语，包括人名（如Shakespeare, Johnson, Beckham）、描述性名词短语（如the Prime Minister, the President, a beautiful girl）、以及代词（如he, she, they, it）等。

名词短语可以有确定的或不确定的所指。有明确所指的名词短语包括带有定冠词the的词，人名或名称（the squeaking bird）。有不确定所指的名词短语包括带有不定冠词a或an的词（a squeaking bird），或复数名词（squeaking birds）。具有不定所指的名词短语一般把新的成分引入语篇中，即在谈话中不熟悉或没有提及的成分。具有确定所指的名词短语被认为在预设的模式中起作用，因为它们预设了业已存在的知识。在心理空间理论中，预设模式中被引出的成分具有传播能力，即它们可以传播到邻近的空间。这种传播过程由优化原则所控制。根据优化原则，心理空间的成分及其属性和关系遍布于心理空间网络或“心理空间格”。但随着语篇的展开，当引出的一些新信息与传播的旧信息出现明显相悖的情况时，优化原则将不再适用。

2.2 属性和关系

意义建构过程不仅包括心理空间的建构以及空间内新旧成分之间的建构，还包括心理空间中各种成分关系的信息处理。通过空间构造语，各成分被赋予属性，空间内成分间的关系也得以明确。例如：

（1）In that picture, a witch is riding a unicorn.

在例（1）中，通过空间构造语in that picture，建构出PICTURE的心理空间（图1的圆圈），而不定冠词a引出了名词witch和unicorn，分别是成分a和成分b。

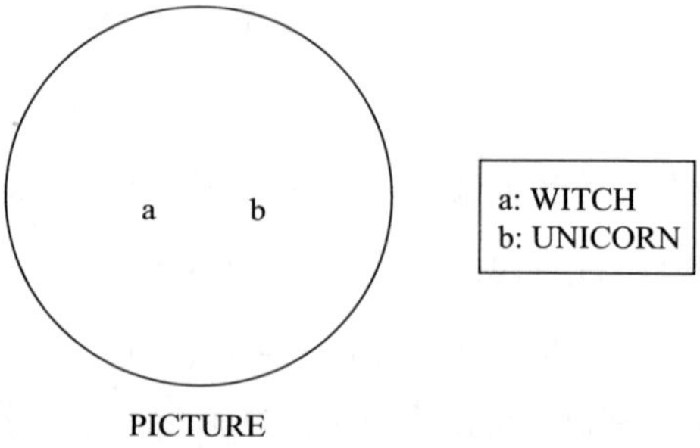

图1 In that picture, a witch is riding a unicorn.
（Evans & Green 2006: 373）

图1仅展现了句子的部分意义建构过程，即图中的“女巫”和“独角兽”，但此时两者间的关系及其本质并未得以明确。心理空间的意义建构过程实际上就是通过空间构造语和心理空间成分及其属性与关系，触发已经存在的知识体系的图式归纳过程。在例（1）中，空间构造语in that picture引出了PICTURE的概念，成分a和成分b（WITCH和UNICORN）引出女巫、巫术和神物独角兽的概念，谓语is riding明确了成分a、b的属性及关系，即引出了“骑”的概念体系，包括骑者与被骑者两个角色，使得心理空间中的两个成分之间建立起关联。

2.3 心理空间

一旦某个心理空间建构起来，它就与语篇中其他心理空间产生联系。在语篇中的任何一个给定点上，这个空间成为基础，即作为建构新的心理空间的起点。随着语篇的展开，在一个网络或心理空间格中，涉及更多的图式以及更多的心理空间之间建立起来联系，心理空间的数量激增。如图2所示：

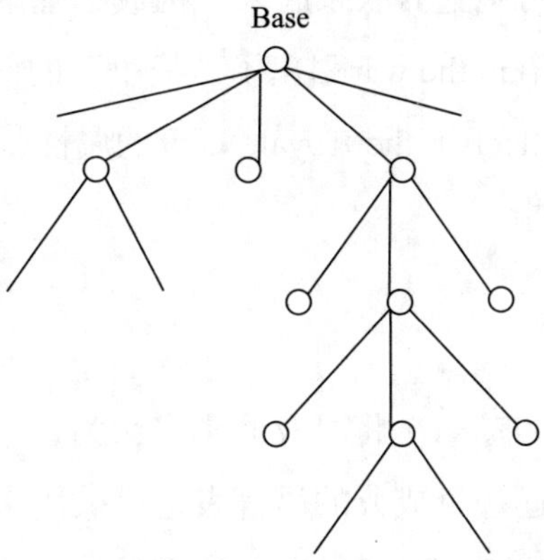

图2 心理空间格（Evans & Green 2006: 374）

图2中的圆圈代表心理空间，圆圈之间的连线代表不同心理空间之间的联系，基础是处于心理空间格最上端的空间。

2.4 对应成分和连接成分

处于不同心理空间的成分由连接成分联系起来，连接成分在对应成分之间建立起映射关系。对应成分之间的关系是基于语用功能而建立起来，即在不同的心理空间中，两个或多个有相关语用功能的成分，形成了对应成分。例如：

（2）James Bond is a top British spy. In the war, he was an officer in the Royal Navy.

例（2）中构建了两个不同的心理空间，但并不是每个心理空间都具有明确的空间构造语。第一个句子通过对James Bond这个电影中的虚拟人物的背景知识引出了基础心理空间，在这里背景知识具备隐形空间构造语的作用。当然，也可以在句首加上in the movie从而使构造语显化。

第一个心理空间赋予了James Bond名词短语a top British spy所具

有的属性，两个成分通过is联系起来，构成了基础空间。第二个心理空间通过空间构造语in the war引出了“战争”的概念框架。同样代词he也被赋予了an officer in the Royal Navy的属性，第二句的he与第一句的James Bond同指。

2.5 可及原则

Fauconnier（1997: 41）将可及原则定义为，“在一个心理空间中，命名一个成分或描述一个成分的语言表达可被用来指称另外一个心理空间中这一成分的对应成分”。这意味着连接成分是一种概念投射，连接成分跨越概念结构建立起关系或映射。

与概念隐喻中映射方向的单向性不同，可及原则可以使映射关系成为双向性的，即连接成分可以使不同的心理空间之间来回进行映射，因此连接成分被认为是开放性的。可及原则还可以使多重对应成分成为可能。例如：

（3）In the movie Orson Welles played Hitchcock, who played a man at the bus stop.

如图3所示，例（3）的in the movie是一个空间构造语，它建立起一个包含Hitchcock和the man at the bus stop的“电影”空间。一个心理空间要么代表基础空间，要么与基础空间相关而得以建构起来。基础空间包含了缺省信息，包括在语境上相关的背景框架。例子中的基础空间与电影背景相关，包括导演、演员等。在例句中，这些信息没有通过特定的语言表达形式表现出来，而是借助我们关于MOVIE框架的知识。

基础空间代表了现实空间，由Orson Welles所引导的成分以及Hitchcock所引导的成分都得以展现。这是缺省信息：两者在现实空间中都作为演员而存在。在“电影”空间中，基于我们关于电影框架的知识，由played所提供的信息指导我们把演员Orson Welles（存在于基础空间中）与Hitchcock这个人物（存在于电影空间中）作为对应成分。

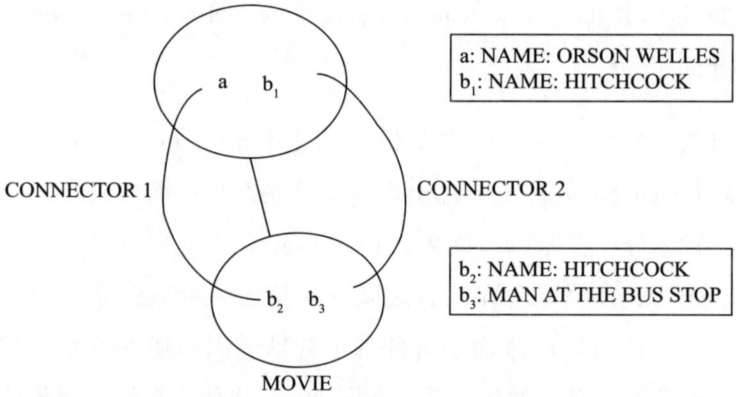

图3 Hitchcock and the movie（Evans & Green 2006: 379）

在“电影”空间中，根据演员—角色连接成分，Hitchcock被识别为一个角色，他在句子的后面部分被辨别为演员：who played a man at the bus stop。Hitchcock作为角色（建立在电影空间中）与Hitchcock作为演员（建立在基础空间中）之间的关系通过语言表达式who而得以确立。在这两个对应成分之间，who作为指令建立起连接关系。这通过上图中的CONNECTOR 2得以表征。

2.6 角色与价值

Evans & Green（2006: 381）指出，心理空间理论认为即使是有定冠词the限定的名词短语或人名、地名之类的专有名词同样存在潜在的歧义性。也就是说这类特指的名词短语并不具有固定的指称对象，可能是唯一所指，也可能不是。Fauconnier用“角色解读”或“价值解读”来处理这种定冠词修饰的名词短语的歧义问题。如下面例（4）中the President的角色解读只与总统的职位相关，而并不关心总统是谁；而其价值解读则与担任总统的那个人相关。角色和价值都向心理空间中引入了相关成分，但引发了不同映射的可能性。例如：

（4）Tony Blair is the Prime Minister. Margaret Thatcher thinks she is still the Prime Minister and Tony Blair is the Leader of the Opposition.

如图4所示，例（4）中基础空间里Tony Blair、Prime Minister、Margaret Thatcher这些成分都出现了，这些都是语篇或百科知识所形成的缺省成分。在基础空间中，Tony Blair是价值成分，与角色成分Prime Minister相联系。在两者之间存在角色—价值关系，两者是共指的。第一句明显地体现了这种基于背景知识构建的关系。在第一句中，明显地体现了这种关系。在图4中，这种关系是通过价值成分Tony Blair和角色成分Prime Minister之间带有箭头的虚线体现出来。第二句话由空间构造语Margaret Thatcher thinks构建了一个新的空间。在Margaret Thatcher的BELIEF空间中，通过身份确定与Margaret Thatcher相连接的she与价值成分相对应，而这一价值成分与角色成分Prime Minister相联系。Tony Blair与角色成分the Leader of the Opposition相联系的价值成分相对应。图4阐释了例（4）中关于“角色”和“价值”的解读。

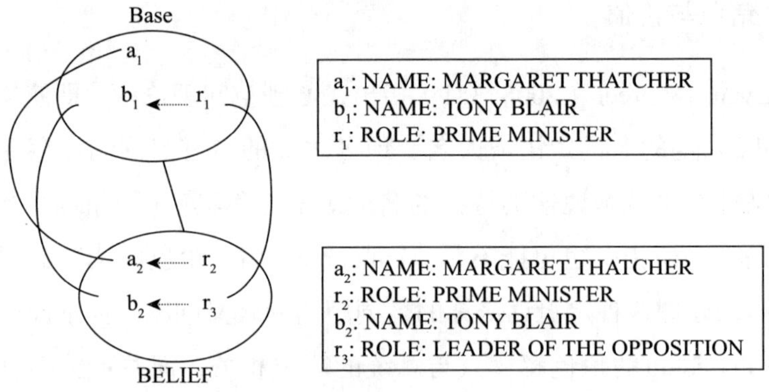

图4　角色和价值（Evans & Green 2006: 382）

话语建构过程是一个流动的、动态的过程，因此话语和思维的执行者必须通过心理空间（包括基础空间、视点空间、焦点空间和事件空间），以及空间之间的连接路径进行意义建构，而这种视点之间的转换可以通过语法系统中的时－体、情态及其他认知操作来实现。

心理空间理论对语篇具有较强的解释力。Fauconnier（1997: 38—39）曾指出，语篇意义构建的过程其实就是心理空间持续构建的过程。心理空间理论认为，时－体系统参与了语篇管理。基础空间是在语篇中某个阶段的出发点，语篇可以返回到这个空间。视点空间（viewpoint space），语篇通过这个空间得以观察，其他空间基于该空间而形成。焦点空间（focus space）是新内容正在被添加的空间。事件空间（event space）代表与被描述事件相联系的空间。下面通过分析例（5）这一简短的语篇来详细说明其意义构建和心理空间构建的过程及几个空间之间的关系。例如：

（5）Jane is twenty. She has lived in France. In 2000 she lived in Paris. She currently lives in Marseilles. Next year she will move to Lyons. The following year she will move to Italy. By this time, she will have lived in France for five years.

在例（5）第一个句子中，基础空间、视点空间、焦点空间以及事件空间同属一个空间。请见图5：

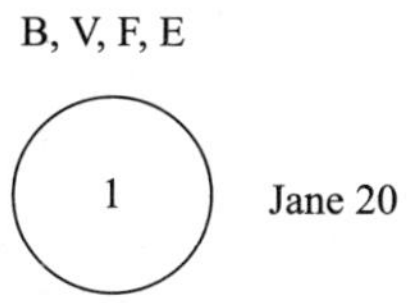

图5 Jane is twenty.（Evans & Green 2006: 390）

在例（5）的第二个句子She has lived in France中，基础空间与焦点空间重合，焦点空间添加了与当前相关的新信息，现在完成时has lived的使用可以证明这一点。现在完成时助动词has表明我们正在空间1中构建空间，而空间1仍是焦点空间。然而正在建构的空间与已经完成（或过去）的事件相关，这一事件与空间1有关，由过去分词lived表示，我们把这个空间称为空间2。完成体表示焦点空间与事件空间并没有重合，即现在完成时has lived表明我们知道某个已经完成的事件对当前造成的影响。因为焦点空间“now”（空间1），是我们借以观察已完成事件的视点，焦点空间（空间1）也是视点空间。如图6所示：

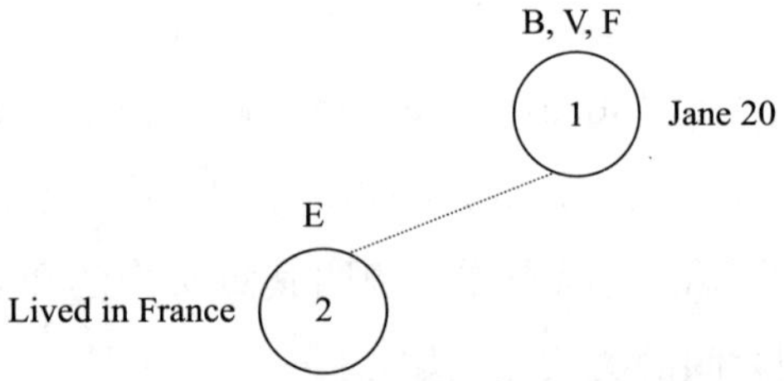

图6 She has lived in France.（Evans & Green 2006: 391）

第三个句子In 2000 she lived in Paris具有空间构造语in 2000。空间构造语建立起一个新的空间，这个空间处于视点空间之前，而视点空间与基础空间（空间1）重合。这个新空间（空间3）因此成为事件空间。因为过去时有标记，焦点空间转移到新的空间。请见图7：

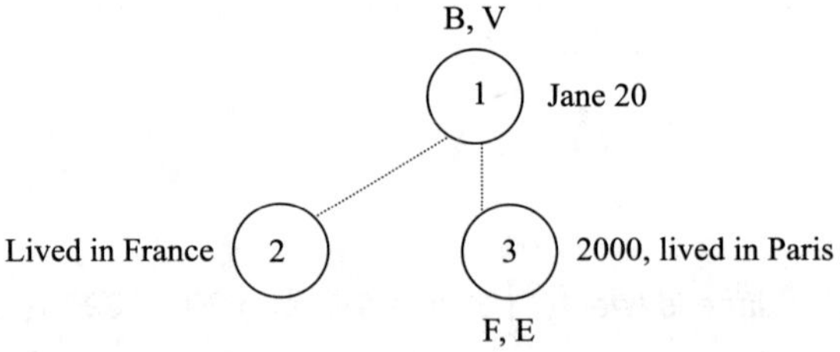

图7 In 2000 she lived in Paris.（Evans & Green 2006: 391）

第四个句子She currently lives in Marseilles的时态是现在时。焦点空间又回到了基础空间（空间1）。而基础空间仍然是视点空间。因为时间参照与这个空间有联系，这个空间也是事件空间。请见图8：

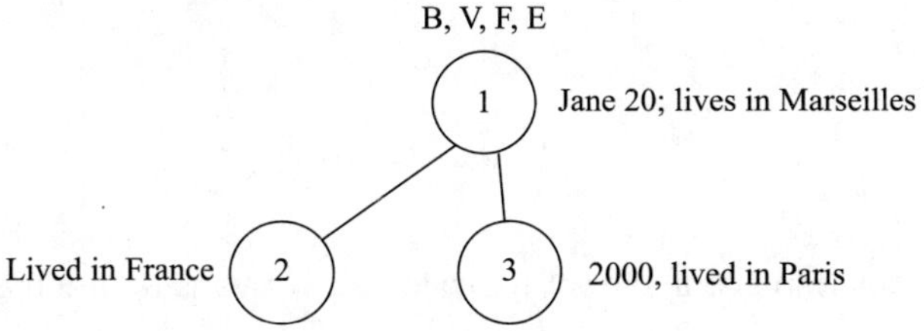

图8 She currently lives in Marseilles.（Evans & Green 2006: 391）

第五个句子Next year she will move to Lyons的时态是将来时。将来时与空间构造语next year一起建立了一个新的空间，即当前的焦点空间（空间4）。在这个空间中所描述的事件是与视点空间相关的将来时间。而视点空间仍处于基础空间（空间1），如图9所示：

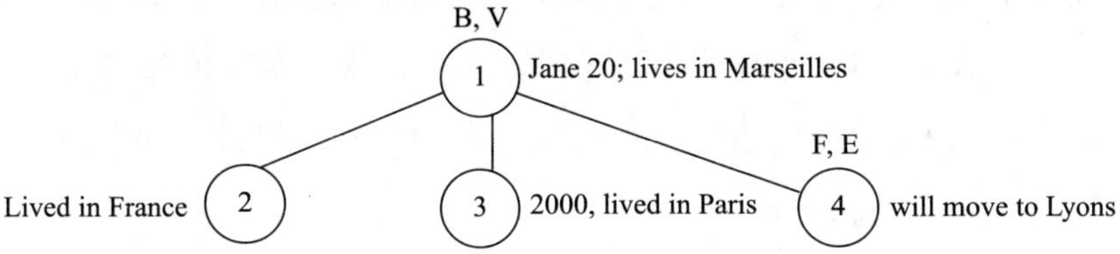

图9 Next year she will move to Lyons.（Evans & Green 2006: 392）

在第六个句子The following year she will move to Italy中，空间构造语the following year建立起一个新的空间，这个空间是当前的焦点空间，包含如下信息：Jane will move to Italy（空间5）。将来时表示事件空间是与基础空间（空间1）相关的将来。而空间构造语the following year也显示新的事件空间（空间5）也是与空间4相关的将来，我们正是从空间4观察当前正在形成的空间。因此，视点空间从基础空间转换到了空间4。如图10所示：

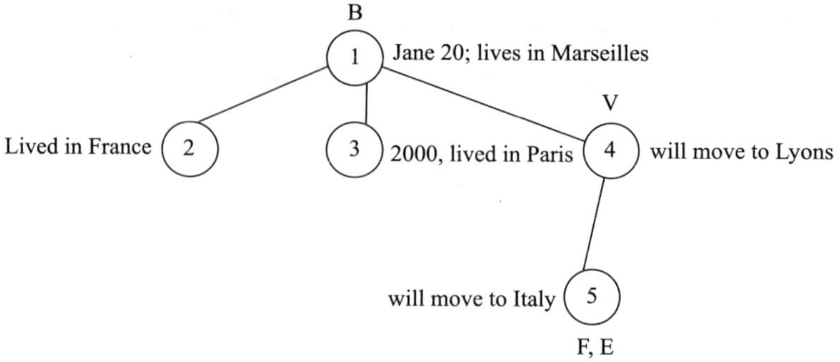

图10 The following year she will move to Italy.（Evans & Green 2006: 392）

在最后一个句子By this time, she will have lived in France for five years中，将来完成时的使用表明焦点空间是将来空间（空间5）。然而，正在建构的结构与一个已完成的事件相关，通过过去分词lived表现出来。将来完成时will have lived因此建立起一个事件空间（空间6）。这个空间与一个已完成的事件相关，与焦点空间相比，这个事件空间发生在过去。因此，事件空间的发生时间与焦点空间的发生时间不一致。这意味着，焦点空间依然是空间5，视点空间依然是空间4。在这个句子中，基础空间、视点空间、焦点空间、事件空间分属不同的空间。如图11所示：

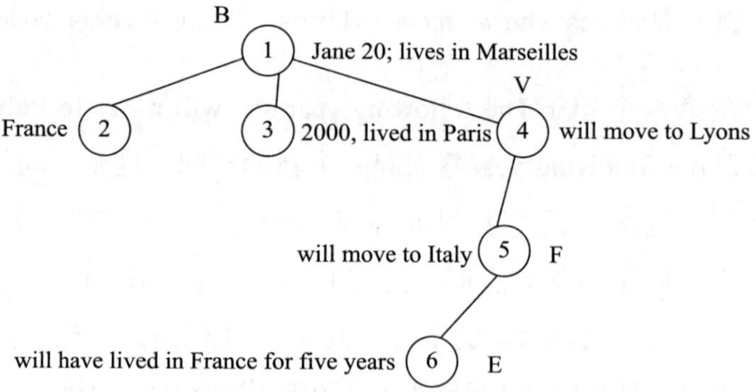

图11 By this time, she will have lived in France for five years.（Evans & Green 2006: 393）

最后一个句子用了将来时，这表明当前的空间仍然和基础空间相联系，而语篇可以重新返回到基础空间。例如，如果语篇中出现下面的句子But at present Jane is happy in Marseilles，那么视点空间、焦点空间以及事件空间就返回到了基础空间。

如上所述，时–体系统管理着话语产生的角度。尽管像in 2000这样的时间状语可以建立起新的空间，但某一空间从哪个视角观察是由时–体系统来明确的。时态除了具有时间参照功能外，还可以表示认知距离。也就是说，多义性不仅仅局限于开放词类中，作为封闭词类语义系统的一部分，时态也展现出多义性。这意味着时态系统具有一系列不同的与其相关的图式意义（Tyler & Evans 2001）。如条件假设句“if A, then B”结构中时态的使用则证明了这一点。例如：

（6）If the President agrees with the senator's funding request, then the senator has nothing to worry about.

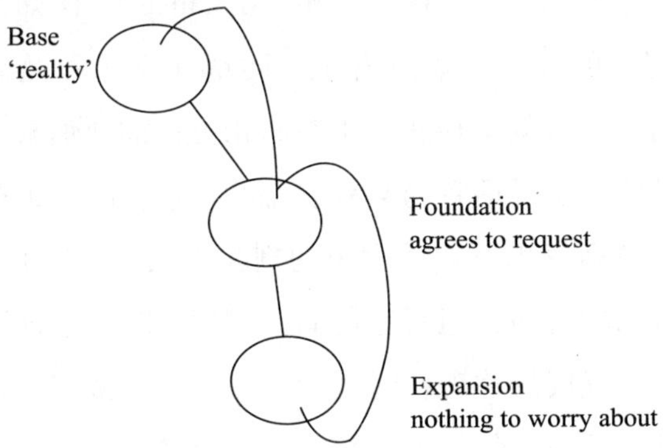

图12 Foundation and expansion spaces（Evans & Green 2006: 395）

在例（6）中，A和B所指称的两个命题构成了这个复合句。A指条件the President agrees with the senator's funding request，B指结果the senator has nothing to worry about。根据心理空间理论，除作为现实空间的基础空间之外，“if A, then B”结构建立起两个连续的空间，即根本空间（foundation space）和延伸空间（expansion space）。根本空

间是一个由空间构造语if所建立的假想空间，延伸空间通过空间构造语then建立起来。如图12所示，根本空间是与基础空间相关的假想空间，在延伸空间出现的是与根本空间相关的事实，根本空间中的信息包含了延伸空间中所出现的信息。换句话说，如果A（根本空间）为真，则B（延伸空间）成立。

为了更清楚的阐释"if A, then B"结构在认知距离中的地位，我们通过下组例句详细说明：

（7）a. If I pass the exam, I will get the chance to go abroad.

b. If I passed the exam, I would get the chance to go abroad.

c. If I had passed the exam, I would have got the chance to go abroad.

例（7a）表达了一个中立的认知立场（epistemic stance），而例（7b）表达的则是认知距离（epistemic distance）。认知与说话者对于可能性、肯定性的知识或观点有关，而认知立场和说话者对某个根本－延伸空间序列及某个现实根本空间相关性的评估有关。认知立场和认知距离都依赖于说话者与某种状态的隐喻性距离，即说话者的立场或对于某个事情发生可能性大小的判断。在例（7a）中，尽管if从句指称的是将来的时间，但时态用的一般现在时，这证明了英语中现在时并不局限于仅仅指称现在时间的用法。在该例句中，说话者没有对认知距离进行评估，句子纯粹是假设，即说话者对通过考试的可能性持中立或开放的态度。这句话适合出现在说话者做了充分准备因而有机会在将来通过考试的语境中。

相对于例（7a），例（7b）也是一种假设，但说话者通过在if从句中使用过去时暗示了认知距离。例（7b）可能出现在这样的场景中：说话者并没有对考试做好充分准备，因而认为自己通过考试的可能性很小或根本不可能。这种指称可能性很小或不存在情景类型的

“if A, then B”句子被称为“与现在或将来的事实相反”。我们进一步比较例（7a）和例（7b）主句中的谓语动词，例（7a）中的will一般被称为现在时形式，而例（7b）中的would被称为过去时形式。

如上所述，时—体系统不仅可以指称时间，也可以指认知立场和认知距离。例（7a）和例（7b）都没有体现出语法中的体，例（7a）是一般现在时，例（7b）是一般过去时，而在例（7c）将完成体用到if从句中，使用的是过去完成时形式，体现出过去时和完成体，这样做的目的和结果是造成了认知距离的增加，以表达与过去的事实相反。例（7c）适宜出现在以下语境中：说话者在过去没有通过考试，因而失去了出国的机会。

3. 发展趋势

Fauconnier（1985）在其第一部专著《心理空间：自然语言意义建构面面观》中全面系统地介绍和阐释了心理空间理论，并分别与 Sweetser、Turner合作将该理论应用于语义和语法问题的研究。Fauconnier于1997年出版了第二部专著《思维和语言中的映现》，在该书中他正式提出概念整合理论，并进一步拓展了心理空间理论的研究范式。其后，Coulson（2000）阐明了概念整合的框架转换基础，探讨了心理空间及概念整合理论在语言理解中的作用，并进行了认知神经科学的事件相关电位（ERP）实验，为该理论提供了客观实验证据和神经心理基础。Fauconnier和Turner（2002）在他们的著作《我们思维的方式：概念整合与思维的隐含复杂性》中，在心理空间理论基础上比较系统、全面地阐释了概念整合理论，进一步完善了心理空间及概念整合理论的内部架构和制约原则。经过三十多年的不懈努力，心理空间理论从提出、修补、完善，到最后发展成为以概念整合理论为核心的，旨在揭示人类思维组织以及意义在线生成与理解的较为完整的理论体系，并逐渐成为认知语言学一个持续而稳定的研究方向。然而，张辉和杨波（2008：14）指出任何理论都不是万能的，在该理论的研究和应用日趋广泛深入的同时，有两点必须注意：一是要注意该理论的适用范围；二是要注重和加强对其研究和应用的实证研究。

（编者：西南石油大学/张韬；布鲁塞尔自由大学/占静怡）

参考文献

Coulson, S. 2000. *Semantic Leaps: Frame-shifting and Conceptual Blending in Meaning Construction*. Cambridge: Cambridge University Press.

Coulson, S., & Fauconnier, G. 1999. Fake guns and stone lions: Conceptual blending and privative adjectives. In Fox, B., Jurafsky, D., & Michaelis, L. (eds.), *Cognitive Function in Language* (pp. 143—158). Stanford, CA: CSLI Publications.

Evans, V., & Green, M. 2006. *Cognitive Linguistics*：*An Introduction*. Edinburg: Edinburgh University Press.

Fauconnier, G. 1984. *Espaces Mentaux: Aspects de la construction du sens dans les langues naturelles.* Paris: Minuit.

Fauconnier, G. 1985. *Mental Spaces: Aspects of Meaning Construction in Natural Language*. Cambridge, MA: The MIT Press.

Fauconnier, G. 1997. *Mappings in Thought and Language*. Cambridge and New York: Cambridge University Press.

Fauconnier, G., & Sweetser, E. 1996. *Spaces, Worlds, and Grammar.* Chicago: The University of Chicago Press.

Fauconnier, G., & Turner, M. 1996. Blending as a central process of grammar. In Goldberg, A. E. (ed.), *Conceptual Structure, Discourse, and Language* (pp. 113—131). Stanford, CA: CSLI Publications.

Fauconnier, G., & Turner, M. 2002. *The Way We Think: Conceptual Blending and Mind's Hidden Complexities*. New York: Basic Books.

Jackendoff, R. 1983. *Semantics and Cognition.* Cambridge, MA.: The MIT Press.

Turner, M. 1991. *Reading Minds: The Study of English in the Age of Cognitive Science.* Princeton, NJ: Princeton University Press.

Turner, M. 1996. *The Literary Mind: The Origins of Thought and Language.* New York: Oxford University Press.

Turner, M., & Fauconnier, G. 1995. Conceptual integration and formal expression. *Metaphor and Symbolic Activity*, 10(3): 183－204.

Tyler, A., & Evans, V. 2001. The relation between experience, conceptual structure and meaning: Non-temporal uses of tense and language teaching. In Pütz, M., & Niemeier, S. (eds.), *Applied Cognitive Linguistics I: Theory and Language Acquisition* (pp. 63－106). Berlin: Mouton de Gruyter.

李天鹏. 2019. 心理空间:《末代皇帝》的认知美学研究. 电影文学,（21）：101－103.

吕春媚. 2017. 奥古斯特·威尔逊《篱笆》的心理空间建构策略. 当代外国文学,（2）：20－26.

马冬. 2016. 语境转换中的心理空间建构. 外语学刊,（4）：46－49.

王义娜. 2003. 话语指称的认知构建与心理空间可及性. 外国语,（5）：35－42.

文旭. 2014. 语言的认知基础. 北京：科学出版社.

文旭. 2017. 认知语言学读本. 上海：上海外语教育出版社.

谢建平. 2012. 文学作品中人物心理空间层创性实时意义的建构. 外语教学与研究,（2）：198－206.

张辉、纪晓丽. 2021. 新冠疫情新闻叙事的批评认知语言学研究. 当代修辞学,（4）：42－56.

张辉、杨波. 2008. 心理空间与概念整合：理论发展及其应用. 解放军外国语学院学报,（1）：7－14.

压制（Coercion）

1. 引言

“压制”源自生成语法的Control（控制：一个成分对另一成分的制约），最初用以解释persuade和promise两类不同语义指向动词后VP补语的受控问题，即为何persuade的控制语是分句的宾语，而promise的控制语是分句的主语。对此，不同学者提出了不同的解决方案，如Rosenbaum（1967）的“最小距离原则”（the Minimal Distance Principle），Jackendoff（1972, 1974）的“题元角色”（Thematic Roles），Bach（1979，1980）的“范畴语法”（Categorial Grammar），Chomsky（1980, 1981）的“论旨角色”（θ-role），Bresnan（1982）的“词汇功能语法”（Lexical Functional Grammar），Chierchia（1983, 1984）的“邻近论元原则”（Adjacent Argument Principle），Manzini（1983）的“C统领关系”（C-Command Relation），等等。基于以上解决方案，构式语法学家Goldberg、Jackendoff、Michaelis等开始尝试用“压制”来解释构式与动词的错配、失配等问题，形成了独具特色的“构式压制观”。

2. 主要思想

构式语法认为一个句子的意义不仅仅由出现于其中的词语决

定，还取决于将这些词语结合成句的方式，即句子义是词汇义和构式义的互动。既然词汇与构式都有意义，那么两者之间的关系如何？Goldberg（1995: 2）从“角色”和“意义”两个角度论述了动词与构式的互动关系。

“角色互动”包括两项原则（即语义连贯原则和对应原则）和构式压制（Goldberg 1995: 50－52）。动词和构式的角色在互动之后呈现两种情形：正常和异常。前一种情况下两者的角色完全一致并相互融合，自然地生成完全可接受的句子。后一种情况是指两者的角色不一致，若要生成可以接受的句子，则需构式压制进行调试，迫使动词增添或消减角色。角色减少又分四种情况：消显、切除、合并和零补。

角色变化自然会引起意义变化，两者相辅相成。“意义互动”则是从另一角度来分析互动情况，可依据两个标准进行分类。从类型角度分四种：完全一致、部分一致、不很一致和意义相反。从内容角度分两类：具体例示和转喻关系。前者为“完全一致”类型，与上文述及的“角色完全一致”相吻合，这是一种典型性用法，具有普遍性。后者主要属于“部分一致”或“不很一致”，又分五小类：工具、结果、条件、方式和意欲。

“语义连贯原则”和“对应原则”强调动词参与者角色要与构式论元角色在语义上相兼容（或具有例示关系），两者所突显的角色对应且融合。倘若动词不具有或不明显具有构式的全部题元角色，或其语义和用法与构式不完全兼容，此时首先要考虑构式的强势地位和嵌于其中的动词的灵活性，这就是“构式压制”，即两者不完全对应时，构式往往占主导地位，它能“强加于”动词以外的角色，从而改变其用法类型或意义（曹笃鑫等 2022）。

Goldberg（1995, 2006）从“构式”可对“动词”进行压制的角度论述了该观点，认为构式可强制词项产生新的相关意义。Talmy

（1978）指出语法结构实际上起到“认知”的作用，可不断调变词汇实际用法中的意义。Jackendoff（1997b）把由句法结构产生的“额外意义”称为“增义性组合”，这类似构式语法所说的“压制”。De Swart（1998: 360）也指出，（压制是）句法上和词法上看不见的，它是因为解决（语义）冲突引起的，取决于因隐性句法环境须作另样解释的机制。可见，压制主要指当词汇义与结构义发生“语义冲突”或两者“误配”或“不兼容”时，此时潜在句法环境就会产生一个“压制因子”，它会对词汇义产生强制性影响。换言之，当构式义和词汇义二者发生冲突时，解释者常须根据构式义对词汇义做出“另样解释”或“不同解释”，以使两者相互适应或协同，从而获得对词组和句子的合理解读。例如：

（1）He sneezed the napkin off the table.

sneeze原为不及物动词，当将其置于使动构式时，该构式所具有的特定意义迫使sneeze改变自身的论元结构（由一价动词增容为三价动词），从而获得了“使动”的概念意义，以实现与构式论元角色的融合。因此，整个句子的意义不仅是由出现于其中的词语通过“组合”获得的，作为隐性的句法环境——构式，也会为其做出一定的，甚至是主要的贡献，即构式可迫使主要动词改变论元结构和意义，为整个句义增添一些额外的意义（匡芳涛、曹笃鑫 2013）。Panther和Thornburg（1999, 2004）从转喻机制角度论述了压制的认知原理。Michaelis（2003a, 2003b, 2004, 2005）较为详细地论述了“强制原则”（the Override Principle），即“压制原则”，认为“如果一个词汇项在语义上与其形态句法环境不兼容时，词汇项的意义就应当遵守其所嵌入构式的构式义”（2005：50—56）；并在反思词汇投射原则（the Principle of Lexical Projection）不足的基础上，提出“语义允准者”（Semantic Licenser）不一定是短语中的语核，更可能是句法框架类型，又叫“论元结构构式”（Argument Structure Construction）。

因此，句法不仅仅像TG学派所主张的那样，仅为词组和分句提供组合规则，句义中有“部分组合”现象，但主要是运用“完形心理学”中“1+1＞2”的模式，当以“整合原则”为主；“语核驱动”不具充分性，当重视“构式驱动”；“投射原则”局限性很大，当强调“词汇与构式互动”或“构式压制”原则（王寅2011）。

按照构式语法的观点，句子的结构、意义和用法由词汇和构式共同决定。正常情况下词汇义和构式义相一致，前者例示后者，两种意义互相加强。倘若两者不能（完全）兼容时，构式会迫使词汇改变其意义或功能。

构式压制很好地诠释了构式所具有的整体意义，对动词的论元改变具有一定解释力。需要注意的是，构式不一定总是处于绝对主导地位，词汇也有可能对构式进行压制。Taylor（2002: 287, 589）指出，“所谓压制，是当一个单位与另一个单位结合使用时，它将会对其毗邻的单位施加影响，使其改变用法特性”。从构式语法的角度，Taylor所说的“一个单位”涉及“词汇”和“构式”两者，这样压制现象也就包含了构式对词项的“构式压制”和词项对构式的“词汇压制”。虽然Goldberg（1995: 24）也认为：“尽管构式有独立于动词的意义，但显然语法的运作也不是完全自上而下的，因此不能简单地说构式总是将其意义强加于意义确定的动词上。事实上我们有理由认为语法分析既是自上而下的，又是自下而上的。”尽管如此，她并没有如其专著第二章的标题“动词与构式之间的互动”所宣称的那样细述动词是如何影响构式意义的，而是过于强调构式的压制作用（自上而下），却忽视了词汇意义对构式的作用（自下而上）。

Panther与Thornburg（2004）和王寅（2011）在此基础上提出了“词汇压制”原则对其进行修补，主张扩大“压制”的含义，只要是对语句（包括短语或分句）的结构、意义和用法起主导性或关键性（不可缺少）作用，并迫使他者做适当调变的现象都可称之为“压制”。正如Jackendoff（1997a）所指出，构式语法分析法虽有很强的解释力，但不一定总具有普遍优先性。在他后来与Goldberg合作发表的论文中（Goldberg & Jackendoff 2004），他们明确表示“论元结构是由动词和构式共同作用的结果”，这也说明词汇分析法和构式分析法各有可取之处，不必偏废哪一方面，执意以一方去取代另一方，“走极端”的研究方法往往是不可取的。因此，倘若在一个句子中是构式起主导作用，就是构式压制；倘若词汇起主导作用，则可称为“词汇压制”。例如：

（2）Tom had a tea.（Zwicky 1985）

不定冠词a或an，正常用法是后接可数名词，其后若接不可数名词，则会迫使它向可数性方向转化，即tea一般用作不可数名词，但在不定冠词a的压制下，tea具有了可计量、可数性的特征，从而表示“一杯茶”的适切意义。

这样的分析兼顾了构式和词汇两个方面，将自上而下和自下而上的分析方法有机结合起来，真正体现了两者之间的互动。同时，也是针对当前构式语法过分强调构式压制而忽视词汇作用，否定“词汇投射原则”的一种反思（曹笃鑫 2014）。

构式分析法相对于词汇规则法来说虽有一定优势，使语法分析更简洁、也减轻了词典编纂的压力，但尚不能成为彻底抛弃词汇分析的理由。一个句子的意义应当是词汇义与构式义互动的结果，词汇与构式两者不可偏废，各自在语句表达中发挥着不同的功能。这样才很好地体现Goldberg所倡导的动词与构式互动的思路，并真正实现“双向互动”（王寅 2011）。

3. 发展趋势

关于压制的实现方式，已有研究从转喻、识解、隐喻、语用推理、重新分析等多个角度探讨了“压制”的机制。Panther和Thornburg（1999）认为压制是一种转喻，即用动作转指动作的实现方式，如sneeze“打喷嚏”这一行为代替“通过气流强烈喷出的方式”。王寅（2011）则认为构式对词项的压制体现出识解方式的差异，包括范畴化、突显、视角和融合。范畴化是将构式与词项进行比较，并判断二者是否有交叠之处；突显则旨在彰显词项与构式相兼容的意义内容，而抑制词项与构式相冲突的意义成分；视角是指从不同角度选择词项与构式相兼容的意义基点；融合是整合词项与构式相一致的内容成分。例如，在例（1）中，由于打喷嚏所喷出的气体可将餐巾纸吹动，所以sneeze潜在的致使义及其蕴涵的客体论元（the napkin）和目标论元（[off] the table）便与使动构式相一致，并被使动构式激活突显，最终动词义与构式义融合。还有些压制现象涉及隐喻和语用推理，如“雪花”中的“花”通过构式压制，被隐喻识解为“形状像花朵一样的雪片”，“喜欢这部电视剧”通常语用隐含着“喜欢看这部电视剧”（宋作艳2015）。另外，压制还会涉及重新分析，如一价不及物动词sneeze被重新分析为三价及物动词。但是，压制也并非无往不利。压制缘于错配，而错配又具有程度的差异，因此并非所有的错配都能通过压制得以调和。在构式语法框架下限制压制的适用范围便成为一个亟待解决的问题。目前主要有两种方法：一是设定限制条件，二是突出词汇语义的作用。

第一种方法是基于规则的，通过添加限制条件以避免生成不合语法的句子。Pustejovsky和Bouillon（1995）曾提出三个条件试图对宾语压制的规则加以限制，但这些限制条件有时显得过于强大，甚至会排除一些合乎语法的句子，而有时又显得不够精确，因为无法排除一些不合语法的句子。第二种方法强调词项本身在压制中的作用，尝试通过对词项意义的详尽刻画来限制压制的生成。压制的本质是激活突显词项意义的某一基点，或者激发其意义潜势，使之与搭配成分或嵌套构式相兼容，关键在于词项（被压制者）自身的可塑性。Goldberg（1995, 1997, 2006）指出，动词与构式之间要满足一定的互动条件才可能产生压制效果。例如，sneeze之所以能进入使动构式，是因为打喷嚏所喷出的气体能导致移动。换句话说，致使移动之所以能对动词sneeze的论元结构进行增容，或者说动词sneeze之所以能接受构式所赋予的额外客体论元（the napkin）和目标论元（[off] the table），是因为其概念结构本身蕴涵所需论元。换言之，词项成分在某种程度上是有准备的，可以开发利用其中已有的语义成分（Michaelis 2011；莫莉 2021）。

然而，无论是规则制约，还是词汇语义分析都不能完全克服压制的过度生成问题，因此获得的规律只是倾向性的，没有强制约束力。究其原因，压制现象本质上是一种动态的规约化现象，涉及语言能力和语言使用、共时组构和历时演化等多个层面的互动（曹笃鑫、向明友 2017）。因此，压制（转喻、识解、隐喻、语用推理、重新分析等）实质上是一种语义阐释机制，而非语法形式的转换生成机制，我们只能对已经形成的压制效果做出认知解释，而不能完全预测其发生，更无法解决其合法性问题（宋作艳 2015；杨坤、文旭 2021）。成分与构式之间及内部搭配成分之间语义上的适配性只是一种潜势，是否实现与语境有关，与规约化有关（曹笃鑫、向明友 2017），也与不同语言的类型有关。计算机编程语言中会列出一个类型转换清单，以约束类型之间的转换，要求其有一定的相似性。相比之下，日常语言的延展性、变异性更强，不一定能够给出一个有限的类型转换或压制清单（曹笃鑫等 2021）。作为边缘现象，压制效应体现了自然语言的张力与弹性，以及动态性与规约性，不是句法、语义规则可控的，只能基于使用归纳总结，无法完全、精准预测（曹笃鑫等 2018）。

随着构式语法的发展，压制现象成为国内外句法—语义接口研究中的热点问题，越来越多的特殊结构在压制机制下得以重新解释（Hsu & Hsieh 2016; Lukassek et al. 2017; Richter & van Hout 2018）。但研究范围的扩大也引发了一系列围绕压制的触发者、动因、实现机制、能力和效应等的理论争端。未来的压制研究可能不在于无限扩大研究疆域，而在于基于语料库和语言实验，从互动、历时演化和语言类型等视角深入探讨典型的压制现象及其解释力。

（编者：中国科学院大学/曹笃鑫）

参考文献

Bach, E. 1979. Control in montague grammar. *Linguistic Inquiry*, 10: 515—531.

Bach, E. 1980. In defense of passive. *Linguistics and Philosophy*, 3: 297—341.

Bresnan, J. 1982. *The Mental Representation of Grammatical Relations.* Cambridge, MA: The MIT Press.

Chierchia, G. 1983. Outline of a semantic theory of (obligatory) control. In Barlow, M., Flickinger, D. P., & Westcoat, M. T. (eds.), *Proceedings of the 2nd West Coast Conference on Formal Linguistics* (pp. 19—31). Stanford, CA.: Stanford Linguistic Association.

Chierchia, G. 1984. Topics in the syntax and semantics of infinitives and gerunds. Ph.D. dissertation. Amherst: University of Massachusetts.

Chomsky, N. 1980. On binding. *Linguistic Inquiry*, 11: 1—46.

Chomsky, N. 1981. *Lectures on Government and Binding: The Pisa Lectures.* Dordrecht: Foris.

De Swart, H. 1998. Aspect shift and coercion. *Natural Language and Linguistic Theory*, 16: 347—385.

Goldberg, A. E. 1995. *Constructions: A Construction Grammar Approach to Argument*

Structure. Chicago: The University of Chicago Press.

Goldberg, A. E. 1997. The relationships between verbs and constructions. In Verspoor, M., Lee, K., & Sweetser, E. (eds.), *Lexical and Syntactical Constructions and the Construction of Meaning* (pp. 383—398). Amsterdam: John Benjamins.

Goldberg, A. E. 2006. *Constructions at Work: The Nature of the Generalization in Language*. Oxford/New York: Oxford University Press.

Goldberg, A. E., & Jackendoff, R. S. 2004. The English resultative as a family of constructions. *Language*, 80(3): 532—568.

Hsu, Chan-Chia., & Hsieh, S.-K. 2016. Mismatches in verb complements: A corpus-based study of the complement coercion operation in Chinese. *Corpus Linguistics and Linguistic Theory*, 12(2): 301—324.

Jackendoff, R. S. 1972. *Semantic Interpretation in Generative Grammar*. Cambridge, MA: The MIT Press.

Jackendoff, R. S. 1974. A deep structure projection rule. *Linguistic Inquiry*, 5(4): 481—505.

Jackendoff, R. S. 1997a. Twistin' the night away. *Language*. 73: 534—559.

Jackendoff, R. S. 1997b. *The Architecture of the Language Faculty*. Cambridge, MA: The MIT Press.

Lukassek, J., Pryslopska, A., Hörnig, R., & Maienborn, C. 2017. The semantic processing of motion verbs: Coercion or underspecification?. *Journal of Psycholinguistic Research*, 46: 805—825.

Manzini, M. R. 1983. On control and control theory. *Linguistic Inquiry*, 14(3): 421—446.

Michaelis, L. A. 2003a. Headless constructions and coercion by construction. In Francis, E. J., & Michaelis, L. A. (eds.), *Mismatch: Form-function Incongruity and the Architecture of Grammar* (pp. 259—310). Standford: CSLI Publications.

Michaelis, L. A. 2003b. Word meaning, sentence meaning, and syntactic meaning. In Cuyckens, H., Dirven, R., & Taylor, J. (eds.), *Cognitive Approaches to Lexical Semantics* (pp. 163—210). Berlin: Mouton de Gruyter.

Michaelis, L. A. 2004. Type shifting in construction grammar: An integrated approach to aspectual coercion. *Cognitive Linguistics*, 15(1): 1—67.

Michaelis, L. A. 2005. Entity and event coercion in a symbolic theory of syntax. In Östman, J.-O., & Fried, M. (eds.), *Construction Grammars: Cognitive Grounding and Theoretical Extension* (pp. 45-88). Amsterdam/Philadelphia: John Benjamins.

Michaelis, L. A. 2011. Stative by construction. *Linguistics*, 49(6): 1359—1399.

Panther, K.-U., & Thornburg, L. 1999. Coercion and metonymy: The interaction of constructional and lexical meaning. In Lewandowska-Tomaszcayk, B. (ed.), *Cognitive Perspective on Language* (pp. 37—52). Frankfurt am Main: Peter Lang.

Panther, K.-U., & Thornburg, L. 2004. The role of conceptual metonymy in meaning construction. *Metaphorik De*, 6: 91—116.

Pustejovsky, J., & Bouillon, P. 1995. Aspectual coercion and logical polysemy. *Journal of Semantics*, 12(2): 133—162.

Richter, M., & van Hout, R. 2018. Aspectual coercion of telic verbs and atelic adverbials in German: Acceptability judgments on sentences with conflicting aspectual information by native speakers. *Lingua*, 214: 59—73.

Rosenbaum, P. S. 1967. *The Grammar of English Predicate Complement Constructions.* Cambridge, MA: The MIT Press.

Talmy, L.1978. The relation of grammar to cognition: A synopsis. In Waltz, D. (ed.), *Proceedings of TINLAP-2* (pp. 14—24). New York: Association for Computing Machinery.

Taylor, J. 2002. *Cognitive Grammar*. Oxford: Oxford University Press.

Zwicky, A. 1985. Heads. *Journal of Linguistics*, 21(1): 1—29.

曹笃鑫. 2014. 英语同源宾语构式的双向互动压制研究. 硕士论文. 重庆：西南大学.

曹笃鑫、向明友. 2017. 意义研究的流变：语义—语用界面视角. 外语与外语教学，（4）：78—89.

曹笃鑫、向明友、李潇辰. 2018. 英语轻动词构式与同源宾语构式的对比研究. 语言学研究，（2）：108—122.

曹笃鑫、向明友、贾勉. 2021. 语境论与语义最简论之争：知识图谱的动态计量. 外语教学理论与实践，（4）：8—23.

曹笃鑫、向明友、安毅. 2022. 英语同源宾语构式和轻动词构式语义结构的对比研究. 外语与外语教学，（3）：10—19.

匡芳涛、曹笃鑫. 2013. 同源宾语构式的构式压制与词汇压制阐释. 山东外语教学，（3）：22—28.

莫莉. 2021. “动词+非核心论元宾语”构式的构式压制和惯性压制. 语言科学，（4）：373—382.

宋作艳. 2015. 生成词库理论与汉语事件强迫现象研究. 北京：北京大学出版社.

王寅. 2011. 构式语法研究（上卷、下卷）. 上海：上海外语教育出版社.

杨坤、文旭. 2021. 基于使用的“动词—构式”论元融合模式. 现代外语，（3）：346—359.

意象图式（Image Schema）

1. 引言

图式的研究始于哲学。在心理学与哲学分离前，“图式”的主要讨论者是康德。图式在康德的哲学中是一个程序规则，它可以规定一个范畴或非经验的概念如何与一个有意义的意象相联系。概念分为经验概念、纯粹感官意义概念（数学概念）和纯粹理解性概念（范畴）三类，它们必须分别有一个图式与感知连接才会生成意义。非经验的纯粹概念或范畴图式提供了与经验概念的方式相似的直觉相关性：如果概念是经验的，直觉就被称为范例；如果概念是纯粹理解性的，直觉则被称为图式。

在认知心理学和认知科学中，对图式的早期讨论主要是一些格式塔心理学家，后来的心理学家把它引入教育心理学，用来描述“框架”、场景和文字等。心理学的图式概念研究通过系列实验展示记忆重建，证明同一信息会在自己的文化规范和期望中重复反映出来，与图式一致。在图式与记忆的关系方面，长效记忆与图式和经验变化同步，理解、识记、记忆调整等方面都与个体的图式相关。图式是组织信息范畴及其相互关系的思想或行为范式，是思想的心理结构，是表征世界某些方面的一个框架，或者是组织和感知新信息的一个体系，在思维、想象和推理等认知功能中起重要作用。

由于图式是认知结构，涉及概念、范畴、记忆、推理等，这些都是认知语言学关注的问题。意象图式被看作是认知过程中建构理解和推理范式的循环结构，强调语言经验和历史语境中身体互动的重要性。

认知语言学领域最早研究意象图式的学者是Johnson（1987）和Lakoff（1987），意象图式是他们在建构具身现实主义理论时，从哲学中引入的一个核心概念。Johnson（2005: 15）这样评价意象图式研究的重要性："意象图式这个术语几乎在《心智中的身体——意义、想象和理性的身体基础对西方思想的挑战》和《女人、火与危险事物——范畴显示的心智》两部著作中同时出现，是我们用来解释人类语义与思维的具身源头时使用的主要概念。"在这两部著作中，他们从哲学和认知语言学视角，说明概念是经验的而非客观的，意象图式作为一般知识结构在人类思维和概念形成中具有基础地位，人类通过隐喻思维完成从意象到抽象思维的过程。随后，更多的研究者对意象图式在思维中的作用（Gibbs 2005; Rohrer 2005）、意象图式在某个范畴或概念认知与语言表征的关系中的作用（Talmy 2000）以及意象图式理论构建（Grady 2005）等进行了研究。经过二十多年的发展，意象图式理论已经成为认知语言学的概念与概念化理论特别是概念隐喻研究中不能缺失的重要方面，"是认知语言学及其相关学科的中心概念支柱"（Grady 2005: 35）。

2. 主要思想

2.1 代表人物

认知语言学对意象图式概念进行比较系统和深入阐释的主要代表人物是Johnson（1987）和Lakoff（1987），他们也是认知语言学意象图式理论的创始人。

Johnson（1987）系统、深入地阐释了意象图式结构的意义，他对意象图式与意义、推理、隐喻映射等概念的关系进行了逐一解构。Johnson的“图式”概念源自康德，但康德把图式看作是非命题的想象结构，Johnson则把图式看成是一般知识结构，涵盖概念网络、文字活动、叙事结构，甚至理论框架等。Johnson（1987: 23）认为，图式是知识串，可以表征具体类属程序、物体、知觉、事件、事件顺序或社会情景等。在表征知识结构方面，图式、具身图式（embodied schema）和意象图式三个称谓是可以互换的，只是后面两种更多地用于描述我们的知觉、空间身体经历和处理具体物体。

Lakoff对意象图式的研究更倾向于按功能对基本图式进行分类讨论。在意象图式与概念隐喻的关系问题上，Lakoff和Johnson有着近乎完全一致的观点：意象图式作为隐喻映射中的初始范畴，为抽象概念提供了基础。在《恒定假设——抽象推理是基于意象图式吗？》这篇文章中，Lakoff（1990）剖析了意象图式在隐喻映射中的原理、肯定了意象图式在推理中的基本作用。在《女人、火与危险事物——范畴显示的心智》一书中，通过分析over一词，Lakoff（1987: 416－453）讨论了六个基本空间图式，并用径向辐射范畴结构方法详尽描述这些图式之间的相互关系。这六个图式分别扩展为其他空间图式，这种扩展图式之间又会产生联系。例如，界标与射体的关系可以是接触关系（Sam climbed over the wall），也可以是非接触关系（The bird flew over the wall）。在此基础上，Lakoff（1989）综合自己先前的研究和Johnson（1987）总结的二十七种基本图式，把它们归纳为四个类型，并分别说明了这四个类型的具身认知基础和隐喻建构作用。

另外，Gibbs（1996）、Talmy（2000）、Mandler（1992）等从认知与心理、空间认知等视角对意象图式的讨论在认知语言学领域也有较大的影响。

2.2 主要观点

在内容方面，意象图式理论主要致力于研究意象和图式在思维、想象和推理等认知功能中的重要作用。对于图式，它已经是一个抽象出来的概念或概念结构，在知识作为一个命题的网络中，具体事实的表征虽然是清楚的，但它不能解释一般知识是如何形成以及如何理解这些具体知识的。因此，认知心理学假设，概念系统中的基础概念是由一般知识表征的，这个命题组合附在某个概念节点上时，就形成某个概念的概念图式。

Stillings等（1995: 33）认为，图式可以指任何认知结构，也可以指任何一个具体物体和事件的一般特征。因此，图式也是让任何一个具体事物或事件归属某个范畴的抽象概念，而且范畴中的一般特征也适用于这个具体的事物或事件。例如，成熟“香蕉”颜色为黄色、形状像船、味道甜等，其中任何一个特征都可以用来描述香蕉：

（1）a. 香蕉味道是甜的。

b. 香蕉的皮呈黄色。

……

因此，认知心理学寻求解释意象与图式的关系，从解释视觉意象和心理意象的关系解释意象和图式在认知结构中的作用。Stillings等（1995: 43—55）通过实验证明，在视觉意象的功能和个体先前心理意象存在的情况下，视觉意象扫描有选择性，可以自觉弱化。例如，一个有经验的驾驶员不需要过多集中在开车活动所需要的观察、注意等方面，而是把注意力分散到了其他问题上。

认知语言学的意象图式概念意义从实验心理学到语言学和发展心理学都能找到原始的依据（Johnson & Rohrer 2007: 33）。在认知语言学中，意象图式是一个运动项目的动态、复现结构，这个结构通过我们的感知互动，给予经验以逻辑连贯性而形成，可以界定为空间中的空间关系和运动的动态类比表征（Johnson 1987: xiv；Gibbs & Colston 1995）。虽然意象图式源自感知和运动过程，但意象图式本身并不是感觉运动过程（Johnson 1987: 30; Mandler 1992），而是稳定的运动感觉经验的复现形式，我们可以通过这个形式（或概念）理解世界。关于意象图式在概念形成、隐喻思维、语言理解和推理等方面的作用主要包括以下几个方面：

第一，意象图式基于具身认知，是隐喻映射的途径。

在对概念隐喻与思维的讨论中，人们普遍认同Lakoff和Johnson（1980）关于人类思维的隐喻性的观点，而绝大多数隐喻思维都来自具身经验。例如“生活就是舞台”这个隐喻中，舞台具备的要素如时间、地点、人、事件等是与生活中的这些要素相对应的。由于人的一生每天都在一定的时间和地点经历不同的事件，Gibbs（1996）认为，这样的身体经历是经验格式塔即意象图式形成的源泉，与Fauconnier（2010: 103）关于两个结构的可映射性观点一致：映射中的两个结构如果具有可映射性时，它们通过一个共同的、更加抽象的图式实现。图式是一个功能框架，任何一个映射域中的成分都可以填充到框架中去，有关联的结构都适合这个框架，图式限定映射。戏剧表现中，把生活中的东西浓缩在一个舞台上，通过映射形成生活与舞台二者之间的隐喻联系时，人生就成了一个大舞台。

Lakoff和Johnson（1980: 15）认为，常规意象图式隐喻都基于人类身体和文化经验。人的身体与现实世界的互动是意象图式产生的源泉，以时间的空间隐喻为例，“the week flew by”“the day slowed to a crawl”等都是在人的空间时间经历中产生的（Lewis & Stickles 2017）。Sinha和Jensen De López（2000）的研究证明，婴儿在九个月大时就能够理解杯子是容器，说明婴儿在这个阶段通过持续的身体经验已经形成了容器的意象图式。中文中的“前”“后”“上”“下”较为充分地表述了这种经历。“前”和“后”的空间隐喻表征与身体的朝向是一致的，视觉能够直接看到的东西在前面，不能看到的在后面。“上”和“下”也是如此。人身体的头部在上面，脚在下面，因此，有“头上”和“脚下”的概念。抽象事物的表征说明了同样的隐喻映射原理，主管思维的大脑在头部、主管运动的手脚在下面：像上级、下级、上司、下属等表述都是身体在现实世界存在和运动的直接反映。因此，在建构概念隐喻理论中，意象图式为隐喻映射提供了具体的基础，既是隐喻映射的实际初始范畴，也是抽象概念的基础（Evans 2007: 107）。

第二，意象图式是一个复现的结构。

意象图式是一个复现的结构，这是引入该概念时对其进行界定的前提。在Johnson（1987: 30, 79）对其功能的阐释中指出，意象图式既是建构顺序、也是构成顺序的主要途径。它不是被动收纳海量经验的容器，是一种有机体与环境互动产生的抽象化，是我们的感知互动、身体经验和认知运作的复现结构。这些图式结构有数量相对较少的组成部分，互相之间有稳定的联系。因此，每当某个图式的示例出现在不同的经验和意象中，相同的部分和关系就会重复出现。例如，听报告、开会、上课、讨论等活动有诸多相似之处，都有座位、场地、说话人、听话人等，但各自联系的组成部分形成的整体图式是唯一的。例如，上课和听报告同样是听话人坐着听，说话人在讲台上讲，但上课涉及的老师与学生之间的稳定师生关系与听报告人和做报告人之间形成的短暂听与讲的关系不同，活动形式、话题正式度等的区别都会区分不同的图式。无论哪一个活动出现，活动涉及的各种关系都会重复出现。

有些复现的意象图式可以完全脱离初始联系图式，只需要从记忆中提取相关信息，而有些意象图式会重复与初始图式产生联系。例如，容器意象图式虽然跟身体相关，但对“里”“外”的理解可以不与身体相联系，而对“发火”的理解总是需要与身体图式相联系。因此Gibbs（2005: 117）认为，一个意象图式形成后，不会完全脱离原先联系的具体图式而独立实现其功能，有些初始图式会一直与某个意象图式产生联系。例如，平衡意象图式中，对“摔跤”的理解总是与视觉图式或其他某个身体图式相关。

第三，意象图式是概念形成的基础。

长期以来，概念被认为是外部现实的直接反映或表征，图式明显不是。Gallese和Lakoff（2005: 467）认为图式产生于三个方面：一是身体的自然属性；二是大脑的自然属性；三是我们在现实世界中的生活和物理互动。因此，图式不是纯粹内在的，也不是纯粹外部现实的表征。

人类对概念的理解也是对意义的理解，而“意义通过图式结构出现”（Johnson 1987: 19），因此，意象图式是概念和概念化能力形成的基础。例如，人类最基本的空间认知能力的形成就是在空间经历中理解空间结构，形成空间的概念。Mandler（1992）认为，空间结构与概念结构之间的映射通过意象图式完成，像路径、上下、容纳（包含）、力量、部分–整体以及联系等意象图式概念被认为都来自感知结构。其中路径的意象图式是空间中任何物体路径轨迹最简单的概念化，无须考虑物体的特征或轨迹的细节。空间经历作为最基本的身体经历，与其相关的几个基础意象图式构成了概念结构的基本框架。在Lakoff（1987: 416—461）和Johnson（1987: 126）对基本图式讨论的基础上，Lakoff（1989）总结了概念和隐喻关系理解中的四个基本图式：

（1）容器图式。容器图式的身体经历来自身体结构和身体在空间中的经历：人的身体就是一个容纳精神与物质的容器，同时，身体本身又处于世界这个大容器中，因此视觉所能及的范围也是一个容器，人与人的关系同样可以用容器图式隐喻理解和表征：英语中的in a marriage，汉语中的人际关系表达几乎都可以用“在X与Y的关系中”表征同事关系、师生关系、朋友关系、夫妻关系等。

（2）部分—整体图式。人的身体经历表明，身体是由头、身躯、四肢、内脏等不同部分组成，人的一生也是由不同的阶段和事件经历组成，形成了部分与整体关系，我们通过理解这种关系理解事物。这种身体经历帮助人类形成和理解各种关系，从家庭、学校、社团、到国家等都是典型的部分与整体关系。

（3）联系图式。前面两种图式帮助理解各种关系，这些关系的稳定需要某种东西连接起来，这种连接手段就是Lakoff讨论的联系图式。例如，家庭中夫妻关系除了精神的纽带还有子女的血缘关系维系，对这种维系关系的隐喻认识同样与身体经历相关。在生活中要固定一个、两个或者多个物体时，可以用绳子把它们拴起来，这种固定物体的方法形成了我们隐喻思维的基础：任何实体之间的稳定关系都需要某种联系，社会关系也是如此。

（4）来源—路径—目标图式。这个图式概括了人类最为频繁和普通的身体运动经历。无论距离长短，每一个移动身体位置的运动都由起点、过程和终点组成。身体的这种经历形成了对任何具体和抽象过程的隐喻理解。例如，上学是从家里出发，走过一段路程到达学校；大学毕业是从入学、完成学业、获得知识与相关证明的一个过程；人生是从出生、经历各种事件到生命终结的完整过程。

当然，这四种基本意象图式只是较为常见的图式，即使Johnson（1987: 126）列出的27个常见图式也被他自己称为具有“高度选择性”，不可能列出所有的图式。

Papafragou（1998）认为，这四个基本意象图式加上前—后、上—下两个概念结构，是塑造知觉与认知的抽象非命题概念结构，是理想的认知模型，可以成为各种组合和转化的基础。

第四，意象图式是推理中的中心角色。

意象图式结构是理解我们的感知和运动活动所涉及各个方面的基础，特别是理解人类空间概念的基础。例如，一个容器的边界、里外决定了它能够把内容容纳其中，像英文中in的概念和中文中“在……里/中”概念是由容器或具有容器功能的概念限定的（Johnson & Rohrer 2007: 33）。

通过不同的图式结构分析，Lakoff（1987: 440）认为，意象图式是联系知觉和推理的纽带。因为我们的信息来源主要包括视觉和语言，通过直接观察感知或由他人告知而感知两种渠道都是推理的依据，也可以同时使用两种渠道信息进行推理，这就意味着我们可以在一个单一的形式下解构两种信息，这个单一形式就是由意象图式提供的。因此，意象图式在推理中具有中心地位。

意象图式并不孤立存在于某个推理过程中，而是与其他相关实体产生联系，形成多种自然关系。例如，在“回家”意象图式中，中心是回家的结果，但这个图式会包括过程与路径等图式，这些图式都与“回家”有着自然的联系：

（2）a. 他回家了。
　　b. 他自己开车回家。
　　c. 他走的内环快速路回家。
　　d. 回家路上堵车了，走了一个小时。

在推理中，与中心图式联系的不同图式指向同一个概念的现象是对这个概念的识解活动，在识解过程中，身体与环境持续互动，这是“意象图式的一个动态性质”（Tay 2021: 163），Lakoff（1989）、Gibbs和Colston（1995）、Gallese和Lakoff（2005）等把这种现象解释为意象图式的转化，说明了意象图式在推理中的基础性。因此，Gallese和Lakoff（2005）认为，意象图式是普遍存在的，它概括了宽泛的普通推理范式，包括所有形式的致使、空间、基于事件的推理等，它们也存在于语法和语义中。

第五，意象图式是心理结构的重要组成部分。

根据发展心理学家Mandler（1992）的观点，意象图式是突现的，因为它是身体的功能，也是与外部世界互动的结果。在儿童的早期发展阶段，通过感知意义这个分析过程，身体与生理发展结合，形成了意象图式。例如，运动感觉阶段（根据皮亚杰对认知阶段的划分，0至2岁为运动感觉阶段）被认为没有生活概念，但发展心理学后来的研究证明，像回忆、推理、解决心理问题许多这样的认知功能在第一年就已经形成：婴儿9个月就能够回忆，11个月就能回忆几个月内的事件顺序。这种现象被Mandler（2005: 139—140）称为儿童具有的先天感知分析机制。那些概念来自感知意义分析，通过感知意义分析描述的概念就是意象图式。借助这个分析机制，婴儿不仅能够看，而且能够分析他们所看到的，因此意象图式存在于心理结构中。

心理结构中的意象图式把概念意义、词汇意义结合起来，使我们能够使用其中的一个意义或者两个意义的结合来理解事物。例如，当我们有意识地想到什么是“狗”这种动物时，这个概念的意义在思维中的映现可以是具体的意象或者是表征实物的词汇，也可以是二者的结合。因此，Mandler（1992）认为，意象图式是心理结构的主要组成部分。它们不仅用于创造意义，也帮助形成具体的例示、理解词语致因。简言之，在感知信息的基础上进行感知分析的结果就是意象图式，它又反过来形成概念系统的基础，通过意象或者语言来理解和使用这个系统。

3.发展趋势

意象图式在认知语言学中的概念和理论建构从一开始就与心理学和哲学的图式概念相关，从具身认知与经验现实主义视角出发，关注概念形成、思维推理等。由于它在建构概念隐喻理论中的作用，是认知语言学概念化理论的基石。一些认知语言学家如Johnson、Lakoff和

Gibbs等一直致力于修正、完善意象图式理论。随着认知语言学对更多议题的深入研究，研究者将在已经建构起来的理论基础上，讨论意象图式在具体的思维推理中的作用。在理论探讨上，遵从Johnson关于意象图式的具身基础，在经验现实主义的框架内，用具体的例示讨论意象图式的原理和概念形成、思维推理的关系。在意象图式理论的运用研究方面，主要根据Johnson和Lakoff的几大典型图式分类，从心智与思维、空间认知与语言、词汇概念、语义、具身认知与特定文化语境等几大模块讨论意象图式在其中的作用和认知原理。

（编者：重庆师范大学/肖燕）

参考文献

Evans, V. 2007. *A Glossary of Cognitive Linguistics*. Edinburgh: Edinburgh University Press.

Fauconnier, G. 2010. *Mappings in Thought and Language*. 北京：世界图书出版公司.

Gallese, V., & Lakoff, G. 2005. The brain's concepts: The role of the sensory-motors system in conceptual knowledge. *Cognitive Neuropsychology*, 22(3－4): 455－479.

Gibbs, R. W., Jr. 1996. Why many concepts are metaphorical. *Cognition*, 61(3): 309－319.

Gibbs, R. W., Jr. 2005. The psychological status of image schemas. In Hampe, B. (ed.), *From Perception to Meaning: Image Schemas in Cognitive Linguistics* (pp. 113－136). Berlin/New York: Mouton de Gruyter.

Gibbs, R. W., Jr., & Colston, H. L. 1995. The cognitive psychological reality of image schemas and their transformations. *Cognitive Linguistics*, 6(4): 347－378.

Grady, J. E. 2005. Image schemas and perception: Refining a definition. In Hampe, B. (ed.), *From Perception to Meaning: Image Schemas in Cognitive Linguistics* (pp. 35－56). Berlin/New York: Mouton de Gruyter.

Johnson, M. 1987. *The Body in the Mind: The Bodily Basis of Meaning, Imagination, and Reason*. Chicago and London: The University of Chicago Press.

Johnson, M. 2005. The philosophical significance of image schemas. In Hampe, B. (ed.),

From Perception to Meaning: Image Schemas in Cognitive Linguistics (pp. 15—34). Berlin/New York: Mouton de Gruyter.

Johnson, M., & Rohrer, T. 2007. We are live creatures: Embodiment, American pragmatism and the cognitive organism. In Ziemke, T., Zlatev, J., & Frank, R. M. (eds.), *Body, Language and Mind (Vol. 1): Embodiment* (pp. 17—54). Berlin/New York: Mouton de Gruyter.

Lakoff, G. 1987. *Women, Fire, and Dangerous Things: What Categories Reveal about the Mind*. Chicago: The University of Chicago Press.

Lakoff, G. 1989. Some empirical results about the nature of concepts. *Mind & Language*, 4(1—2): 103—129.

Lakoff, G. 1990. The invariance hypothesis: Is abstract reason based on image-schemas?. *Cognitive Linguistics*, 1(1): 39—74.

Lakoff, G., & Johnson, M. 1980. *Metaphors We Live By*. Chicago: The University of Chicago Press.

Lewis, T. N., & Stickles, E. 2017. Gestural modality and addressee perspective influence how we reason about time. *Cognitive Linguistics*, 28(1): 45—76.

Mandler, J. M. 1992. How to build a baby: II. Conceptual primitives. *Psychological Review*, 99(4): 587—604.

Mandler, J. M. 2005. How to build a baby: III. Image schemas and the transition to verbal thought. In Hampe, B. (ed.), *From Perception to Meaning: Image Schemas in Cognitive Linguistics* (pp. 137—164). Berlin/New York: Mouton de Gruyter.

Papafragou, A. 1998. Experience and concept attainment: Some critical remarks. *UCL Working Papers in Linguistics*, 10: 1—33.

Rohrer, T. 2005. Image schemata in the Brain. In Hampe, B. (ed.), *From Perception to Meaning: Image Schemas in Cognitive Linguistics* (pp. 165—198). Berlin/New York: Mouton de Gruyter.

Sinha, C., & Jensen De López, K. 2000. Language, culture, and the embodiment of spatial cognition. *Cognitive Linguistics*, 11(1—2): 17—41.

Stillings, N. A., Weisler, S. E., Chase, C. H., Feinstein, M. H., Garfield, J. L., & Rissland, E. L. 1995. *Cognitive Psychology: An Introduction*. Cambridge, MA: The MIT Press.

Talmy, L. 2000. *Toward a Cognitive Semantics (Vol. II): Typology and Process in Concept Structuring*. Cambridge, MA: The MIT Press.

Tay, D. 2021. Image Schemas. In Wen, X., & Taylor, J. (eds.). *The Routledge Handbook of Cognitive Linguistics* (pp. 161—172). London: Routledge.

应用认知语言学
（Applied Cognitive Linguistics）

1. 引言

有什么样的语言观，就有什么样的教学观。结构主义把语言当作一种行为，语言学习就是不断强化某种行为，因此在教学上采用“刺激－反应”机械式地进行形式操练，而忽视语言语义的理解。生成语法认为语言是由语音、词汇、语法等子模块组合而成的模块集合，语言教学中就人为地把语言割裂为各子模块的独立学习，体现为“词典+语法书”的教学模式，即语言学习包括词汇（词典中的词条）与句法（语法规则）两个部分（Taylor 2007）。认知语言学对语言本质的认识不同于传统语言流派。认知语言学“认知的承诺”强调对语言本质的认识应吸收其他学科的研究成果，“概括的承诺”认为语言从词素到语篇是一个连续体，坚持用同样的原则和方法研究语言的各个层面。认知语言学对语言本质的认识，带来了不同于以往学派的教学理念，如语言教学要帮助学习者建立起语言系统的内部联系，即理据；形式与意义是一个整体，两者不可割裂；语言是一个构式清单库，从词素到语篇只是构式的抽象程度不同而已。

认知语言学的教学理念如何体现与贯穿于教学实践中，成为“目前对认知语言学的一个特殊挑战”（Taylor 2007），应用认知语言学应运而生。应用认知语言学是将认知语言学的基本观点和基本理念应用于语言教学特别是外语教学的一门新兴学科。

2. 主要思想

应用认知语言学的教学观是以认知语言学的语言能力观为基础的。根据Boers和Lindstromberg（2006）、刘正光（2009）及Tyler等（2018）的观点，应用认知语言学的教学观涉及六个方面的内容：

（1）语言能力不独立于整体认知能力而存在，而是整体认知能力的一部分。这就意味着，适用于整体认知能力发展的方法都有助于语言能力的培养与发展，如识别、重复、记忆等。

（2）语法知识来源于语言使用。学习者都是在学习独立的语言形式的基础上，运用一般的归纳认知能力，抽象出基于语言事实的语法规则。在语言教学中，要重视每一个句式的学习，重视引导学习者运用一般的归纳能力对语言句式进行归类。

（3）语言是一个构式清单库。这一语言观使我们意识到许多非常规的表达式如beat around the bush，具有和常规表达式同等的地位，是语言大家族的重要成员，背后都有语言使用的理据存在。

（4）词汇意义即百科知识。词汇意义的感知与习得具有个体主观性，与个体的体验和经历紧密相关。在教学中，词汇意义的学习要关注语境及个体体验，不能孤立地死记硬背，词语只有在使用中才有意义。

（5）语义构建和识解是个体对外在事件的概念化过程。不同个体对同一事件的认知和理解产生了不同的表达式，而不同的表达式背后体现着个体对事件的概念化过程。例如，主动句和被动句的区别不是简单的主语不同，而是个体对事件识解的视角和突显的焦点不同产生的不同句式表达。

（6）隐喻化是语言和思维的基本方式。这就意味着，一方面隐喻化短语和隐喻化表达式都是语言学习的重点内容，另一方面，在教学中培养学生的隐喻化思维能力显得尤其重要，应成为教学的目标之一。

事实上，应用认知语言学作为一门新兴学科，具有以下两方面的基本特征：第一，应用认知语言学是应用语言学和认知语言学深度融合的学科。两者的融合弥补了应用语言学忽视学习者认知因素的缺陷，也弥补了认知语言学在语言教学应用方面的不足。认知语言学理论应用到外语教学，如多义词、介词、时态、情态动词、习语和句式的教学等，不仅对外语教学做出了全新的阐释，还为外语教学提供独特的方法。第二，认知语言学的核心概念和基本特征是认知语言学和应用语言学融合的路径。认知语言学的隐喻、转喻、识解、构式、认知语法等核心概念，以及语言具有非自主性、语义具有核心地位、语言表征具有构式性、语法知识来源于语言使用等核心理念，为应用认知语言学具体应用于教学提供了重要的理论与概念支撑。

国内外许多学者将应用认知语言学的一些基本理论与主要概念应用于外语教学中，包括图形–背景、识解、隐喻转喻、构式和范畴等。这里只简要介绍几个方面的应用情况。

一是图形–背景与介词教学。英语介词描述空间关系，一直是教学的难点，认知语言学为介词教学提供了新路径。图形–背景概念源于认知心理学，认知语言学家Talmy（1978，2000）和Langacker（1987）将其引入语言研究和教学。图形是说话人注意力的焦点所在，它的描述要通过背景来实现。图形–背景通过焦点和非焦点的对应切换，实现了对同一场景的不同表征方式。英语介词的主要意义是落实焦点的具体位置。比如在句子The picture is above the sofa中，说话人的焦点在picture上，它的位置依赖背景sofa来确定；而句子The sofa is below the picture所表达的焦点正好相反。

二是识解与句法教学。识解是人们对外界事物或事件感知的角度，揭示了人们为表达特定的意图而选择不同的观察与表征方式的一种认知能力，认知语言学家Langacker等对其进行了深入的研究。识解主要用来表达认知视角在句法组织中的作用。它是说话人心理形成和建构一个表达式语义内容的方式（文旭 2007）。Langacker将识解的构成因素分为详略度、辖域、背景、视角和突显等。这些要素都被应用于英语句法教学中。其中，详略度指说话人对某一事件表征的细致程度。观察和表征的不同细致程度可以体现为详略度不同的句法表达。例如：

（1）a. Peter is reading a book.

b. Peter is reading a book on the sofa.

c. Peter is earnestly reading a book with a hard cover on the sofa.

d. Peter is earnestly reading Harry Porter with a hard cover on a comfortable sofa.

三是隐喻转喻与多义词教学。认知语言学认为，隐喻和转喻不仅仅是对语言进行美化的修辞手段，更是人们认知事物的思维方式和认知过程。隐喻的基础是相似性，实质是通过具体的概念理解和体验较为抽象的概念；转喻的基础是邻近性，实质是通过事物的熟悉的一方面突显事物的另一方面或整体。多义词意义的产生就是一个词的中心意义隐喻和转喻的结果。具体而言，一个词的义项基于相似性的隐喻思维延伸，从一个具体的域映射到另一个抽象的域；同时，该词义项基于邻近性的转喻思维延伸，在同一个域中，突显事物或事件的不同部分或方面。以head为例，其中心意义为“身体的一部分”。对这个中心意义的延伸从两方面进行：一是从相似性出发，由生命体这个域向非生命体这个域映射，产生诸如智力、源头、顶端的意义；二是从邻近性出发，由身体的一部分突显或指代身体的不同部分或整体，产生诸如领导人、数量单位（头）等意义。

四是构式与语法教学。构式语法认为语法就是一个从具体到抽象的构式库，语法和词汇之间没有界限，语法学习就是构式的学习。在教学方法上，采用从具体实例中抽象和概括语法规则，即从具体到一般。以英语分裂句的教学为例：

（2）a. It was John that met your mother yesterday.

b. It was your mother that John met yesterday.

c. It was yesterday that John met your mother.

教师呈现具体语句，引导学生从语句中归纳出一般规则。教师再根据语境讲解每一个句子的意义，并概括出分裂句的抽象图式。学生一旦掌握了这些抽象的图式构式，便能输出相应的实例。

五是编写教材练习。隐喻和转喻是认知语言学的重要概念，掌握表达式中的概念隐喻和转喻是外语学习中的重要内容，因此沈黎（2001）等借助认知语言学的手段，在教材《精读英语教程》中设置有关概念隐喻和转喻的练习，尝试将无章可循的概念变得有章可循，让学生能透过语言的表面形式较清晰地看到其中蕴涵的隐喻或转喻。如在课后习题中，代表部分的词语被放在方框里，要求学生将它们填入适当的空格内。编者期望填写的过程能启发学生思考这些部分所指代的整体，帮助学生逐步建立约定俗成的转喻性概念，如purse与money，paintbrush与painter，hands与employees，crown与king之间的联系。

3. 发展趋势

认知语言学使外语教学中的语言现象找到了认知理据。但是，认知语言学的理据不能适用于所有的语言现象，不完全适合低水平二语学习者（文秋芳 2013）。魏晓敏等（2018）认为，应用认知语言学虽然理论研究发展很快，应用研究也展现出了宽广的领域，但是仍需深化和拓展以下主要领域：

（1）加强理论与应用性研究

（2）弥补理论空位

（3）强化纵向研究，有机结合显性和隐性教学

（4）教材开发原则与方法研究

（5）完善实证研究方法

（6）跨学科辐射研究

总之，认知语言学可应用于外语教学的诸多方面。但是，基于应用认知语言学理念编写的教材相当匮乏，即使是专注隐喻能力的教材也不够系统、真实教材较少（魏晓敏等 2018）。体系化的教材开发与编写是应用认知语言学今后很长时期的主要任务之一。此外，将认知语言学理念应用于对外汉语教学的研究亟待拓展，现有研究比较零散，不成体系。最后，应用认知语言学对外语教育教学的理论指导地位没有得以充分彰显，目前更多地专注于具体教学实践的研究。

（编者：重庆大学/符存）

参考文献

Boers, F., & Lindstromberg, S. 2006. Cognitive linguistic applications in second or foreign language instruction: Rationale, proposals, and evaluation. In Kristiansen,

G., Achard, M., Dirven, R., & Ruiz de Mendoza, F. (eds.), *Cognitive Linguistics: Current Applications and Future Perspectives* (pp. 305—358). Berlin: Mouton de Gruyter.

Langacker, R.W. 1987. *Foundations of Cognitive Grammar (Vol.1): Theoretical Prerequisites*. Stanford: Stanford University Press.

Talmy, L. 1978. Figure and ground in complex sentences. In Greenberg, J. H. (ed.), *Universals of Human Language (Vol. 4): Syntax* (pp. 627—649). Stanford: Stanford University Press.

Talmy, L. 2000. *Toward a Cognitive Semantics (Vol. I): Concept Structuring Systems*. Cambridge, MA: The MIT Press.

Taylor, J. 2007. *Ten Lectures on Applied Cognitive Linguistics*. Beijing: Foreign Language Teaching and Research Press.

Tyler, A., Huang, L., & Jan, H. (eds.). 2018. *What Is Applied Cognitive Linguistics?: Answers from Current SLA Research*. Berlin: De Gruyter Monton.

刘正光. 2009. 认知语言学对外语教学的启示. 中国外语，(5)：29—35.

沈黎. 2001. 运用认知语言学理论编写教材练习. 外语与外语教学，(10)：47—49.

魏晓敏、刘正光、李晓芳. 2018. 应用认知语言学三十年. 外语教学与研究，(2)：230—240+320.

文秋芳. 2013. 认知语言学与二语教学. 北京：外语教学与研究出版社.

文旭. 2007. 语义、认知与识解. 外语学刊，(6)：35—39.

语法化（Grammaticalization）

1. 引言

语法化是当代语言学研究的热点之一，是一个富有生机的话题。语法化指的是语法范畴和语法成分产生和形成的过程或现象。典型的语法化是语言意义实在的词语或结构式变成无实在意义、仅表语法功能的语法成分，或者一个不太虚的语法成分变成更虚的语法成分。语法化研究主要探索分析这些现象，研究其发生发展的动因、机制、演变过程和结果。研究语法化现象的理论通常称为"语法化理论"或"语法化学说"（吴福祥 2004）。中国传统语言学的相关研究是"实词虚化"，即有实在意义的词语演化为无实在意义的语法功能词的过程。历史语言学或历时语言研究把语法化作为一个重要课题，提倡从历史事实中概括规律，重视一个语法现象产生的语义基础和句法环境。近年来，语法化受到认知语言学的关注，成为其主要研究内容之一。认知语言学认为，通过语法化研究可以从一个侧面表明语言并非一个自主的系统，而是人们在对世界进行互动体验和认知加工的基础上形成的，语言离不开人们的认知能力。

2. 研究历史

根据Hopper和Traugott（2003），语法化研究可分为三个时期：早期研究、20世纪70年代到90年代的研究和最新趋势。早期研究是在19世纪末之前，已经形成了一个清晰的语法化研究传统，但当时并没有对其命名。Heine等（1991）指出，最晚10世纪开始，中国人就开始区别“实”和“虚”两种符号。元代周伯琦认为所有虚义符号过去都是有完整意义的符号。18世纪法国哲学家Condillac最先注意到动词性屈折形态，如时态标记，是由独立的词演变来的，具有曲折变化的动词形式可以解释为是由多个独立的词语合并而来的。而同时期的Horne Tooke把屈折和派生形式视为黏附在词根上的早期独立词的碎片，基于其相关论著，“屈折变化动词源自多个独立词合并”（Heine et al. 1991: 5）的观点发展出一套理论，认为语言的原初状态是具体的，而抽象的语言现象是从具体现象演变而来的。Horne Took也因此被称为语法化研究之父。19世纪的Franz Bopp把语法化作为其比较语法原理论著中的一个中心议题，认为语法化是理解印欧历史语言学的重要参项。Schlegel认为词汇项失去其意义内容以增加在语言中的流通。Humboldt提出的语法功能手段达成的四阶段演化说颇具影响力，其研究语法化的主要动机在于探讨语言类型以及其与语言和思维演化关联的方式（参见Heine et al. 1991）。

“语法化”这一术语是由Antoine Meillet于1912年在其论文《语法形式的演化》中首先使用的，该论文标志着语法化研究视角的正式确立，也证明了语法化作为语言科学领域内的一项主要活动的合法性。他认为研究语法化就是研究自主词向语法成分的演变，语法化就是一个词语演变为附着词素，一个附着词素演变为词缀，以至于一个词缀演变为另一个不可分析的词素的过程。他提出了三个观点：由虚化产生的新的语法形式会引起语法系统的变化；语法化是个连续不断的过程，虽然也可以分出阶段来；虚化的程度和使用频率成正比（参见Heine et al. 1991）。Matisoff（1991）认为，grammaticalization用汉语表达就叫“虚化”。“虚化”主要是针对词义的变化由实而虚，而

“语法化”一词则侧重语法范畴和语法成分的产生和形成，因此“语法化”的范围比“虚化”要广（沈家煊1994）。

20世纪中期，语言学研究的主流在方法和假设上主要是共时的，语法化现象因而鲜有论述。根据Hopper和Traugott（2003），这一时期仅有的语法化研究如Kurylowicz（1964, 1965）和Watkins（1964）被排除在主流研究之外，也不被其他印欧语系语言学家关注。六七十年代以来，在质疑自主句法理论的背景下，语法化才重新回到语言学家们的视野。沈家煊（1994）认为其中原因大致有三个：一是结构主义语言学和生成语法都把语言看作一个自足的系统，然而语法化现象却表明语言并不是一个自足的系统，它跟语言外的因素如人的认知能力密不可分；二是结构主义语言学从索绪尔开始严格区分共时研究和历时研究，但许多共时现象离开了历时因素就解释不清；三是建立在真值条件上的语义学无法对语义现象做出令人满意的解释。语法化研究能够解释共时研究无法解释的语言现象，弥补共时研究中的不足，这样，共时研究和历时研究得以重新结合。

20世纪70年代到90年代期间的语法化以Givón（1971, 1979）为代表。语法化的现代研究就是从Givón在70年代早期的研究开始的（Narrog & Heine 2011）。他（1971: 413）提出了一个著名的论点：“今天的词法曾是昨天的句法。”要了解一种语言现在的构词法，就必须了解该语言早期的句法。Givón（1979）把所有的语言现象都严格置于语法化（他用的术语是“句法化”和“形态化”）的框架之中，强调语言规则和范畴的基本的功能依赖性。他认为言语形式处于斜坡中，并在两个极点之间转变，这些极点如儿童/成人、克里奥耳语/标准的、未规划的/规划的、语用的/句法的。在每对极点中，第一个极点是不稳定的或松散的，第二个极点是固定的或紧密的，运动的方向（即演变）大体是朝向更紧密的一极。他还提出了一个典型的语法化路径：章法＞句法＞形态＞形态音位＞零形式。

此后，跨语言的研究项目越来越多。这启发于斯坦福语言共性研究项目，负责人是Ferguson和Greenberg，其最终研究成果是Greenberg、Ferguson和Moravcsik主编的四卷本论文集《人类语言的共性》（1978），其中很多文章关于话题的讨论对语法化研究非常重要。科隆大学由Heine负责的关于非洲语言的语法化研究，也很有影响。由Bybee负责的对与动词有关的形态学的调查始于20世纪80年代早期，在纽约州立大学展开，代表性著作是Bybee的《形态学：意义与形式的关系研究》（1985）。后来调查的语言由50种增加到70种以上，代表性著作是Bybee、Perkins和Pagliuca的《语法的演化：世界语言的时、体和情态》（1994）。

总之，20世纪90年代以来，语法化研究在西方语言学中位置日趋重要。语言学家如Lehmann、Fleischman、Traugott、Sweetser、Claudi、Hünnemeyer等从形态学、句法学、语义学、语用学等不同角度探讨语法形式的演变过程。

近20年来，语法化也成为汉语语法学界研究的热点，出现了一批重要的有代表性的研究成果，如刘坚等（1995），洪波（1998，2000），沈家煊（1998，1999），方梅（2002），江蓝生（2000，2002，2012，2016），刘丹青（2001，2003），石毓智（2001，2003，2006，2015），吴福祥（2002，2003a，2003b，2004，2005a，2005b，2006，2009，2013，2014，2017a，2017b），王寅（2005），王寅、严辰松（2005），向明友、黄立鹤（2008），彭睿（2008，2011a，2011b，2020），沈阳、玄玥（2011），马贝加（2014），高顺全（2015），刘辰诞（2015），杨永龙（2016），郑伟（2017），梁银峰（2018），张秀松（2020），等等。这些成果涉及汉语时体、语用法、结构式、词汇类别和个案等不同层面的内容，从狭义和广义、宏观和微观不同角度，深化了汉语的语法化研究。此外，由商务印书馆出版了沈家煊和吴福祥等主编的系列论文集《语法化与语言研究》，目前已经出版到第八辑，收录了学者们对汉语语法化研究的成果。陈昌来主编了由学林出版社出版的“语法化词汇化与汉语研究丛书”，包括《汉语语法化的诱因与路径》（江蓝生 2017）、《语法化与语义图》（吴福祥 2017b）、《实词虚化与结构式的语法化》（杨永龙 2017）、《语法化与汉语实词虚化》（李宗江 2017）、《与汉语虚词相关的语法化现象研究》（张谊生 2017）、《汉语常用双音词词汇化和语法化研究》（陈昌来 2017）、《语法化与汉语时体研究》（陈前瑞 2017）、《汉语词汇化和语法化的现象及规律》（董秀芳 2017）和《语法化的语用机制与汉语虚词研究》（史金生 2017）共九本。该丛书是九位学者的个人论文集，“大致能反映出当前汉语语法化和词汇化研究的主要成就和最新成果”（陈昌来 2017：总序）。

3. 主要研究内容

Hopper和Traugott（2003）根据Traugott和Heine主编的《语法化的方法》（1991）一书，提出语法化研究的议题包括：第一，语法化的历时方法和共时方法是否存在矛盾？是否还需要新的方法？第二，语法化是一个连续的过程还是非连续的过程？第三，语法化在多大程度上是话语语用力量的结果？第四，当概念和形式参与语法化过程时，它们的选择有什么限制？第五，刚产生的语法化什么时候可以辨认出来？第六，语法化是一种单向性现象吗？第七，语言中的什么现象不是语法化的实例？语法化研究的最新趋势是：语法化和重新分析的关系是什么？语法化的发生是否来自重新分析？语法化是在什么样的语境中开始的？语言演变和语言范畴产生的首要诱发因素是什么？（梁银峰，导言，见霍伯尔、特拉格特 2008）对这些议题的探讨构成了语法化研究的一部分重要内容。

语法化研究大致有狭义和广义之分。典型的“语法化”现象指“实词虚化”，主要研究词义由实到虚的变化，实词意义经虚化而衍生出语法意义，从词汇领域跨越到语法领域，是词汇变成词法和句法中的范畴和成分的过程。这是语法化的狭义内容。研究中最有影响的是Lehmann（1982）的学说，主要是对“势域”“内聚”和“变异性”三类特征共六个语法化参数（即：聚合势、聚合度、聚合变异性、组合势、组合度、组合变异性）进行的研究（参见彭睿2020：8—9）。而广义的语法化，是指词汇层面之上的研究，包括语篇层面和语用层面的研究，即语篇语法化和语用功能语法化。此外，还有一种被称作语法化的现象是词的虚义演化，包括词义由较虚义向更虚义变化，也包括差不多处在同等虚的层次上的意义演化，主要见于多义连词、语气词等。这些都属于语法意义的再生。某种程度上，“虚化”等于“语法化”。以上类型的语法化是语法化研究的主要内容，主要探讨语言中本来表实意的词语和表达形式（如独立词项、词组、分句等非语法形式、以及篇章成分和结构等）虚化为语法标记的机制，解释冠词、介词、连词等虚词及时、体、态、情态、词类、主语、宾语等语法标记从实词、句法和章法演变而来的机制，等等。

此外，还有一种情况可以称之为最广义的语法化（王寅 2005），它是指除以上内容外，还包括典型的概念结构和事件结构等如何借助语言显化为语法手段和句式，是句式结构的语法化。这涉及认知语言学研究关注的一个重要内容，即语言结构如何表达典型的概念结构或事件结构等。典型的概念结构或事件结构等被显性化为语法构式，人们基于具身认知形成了许多概念基型，进而又形成了若干“典型事件模型”，最后形成语言中的基本语法构式。王寅（2005）将以上语法化研究具体概括为六项内容，即词类语法化、构词语法化、语篇语法化、语用功能语法化、命题图式与时体标记和句式构造语法化。

语法化的动因是语法化研究的焦点，但在这一点上学者们尚未达成共识。沈家煊（1994）提出的四条制约语法化的原因和条件，相对比较全面，即语用原因、心理原因、语言接触因素、语言内部结构的制约。第一，语用原因，从语言交流信息所要满足的条件出发来寻找语法化的原因。例如，语言交流必须同时满足便于表达和便于理解两个条件，因此语篇的组织和交流的意图等语用因素是语法化的重要原因。第二，心理原因，从认知心理的角度来寻找原因。比如说人的认知规律就是从具体到抽象，“隐喻”是认知的主要方式，用虚化成分来表现语法关系是人的一种自然倾向。第三，语言接触因素，如语法成分的借用和仿造。第四，语言内部结构的制约。从结构类型上看，像汉语这样的分析型语言，实词虚化到一定程度后似乎不再继续下去，没有像屈折型语言那样虚化为屈折形态。江蓝生（2017）认为“常规结构式组合关系变异和语义羡余是语法化的主要诱因。常规结构式组合关系变异包括组合成分的词类变异、义类变异、语义变异以及组合成分的省略、添加、紧缩、叠合等”，“语法化的真正诱因在于常规结构式的组合成分发生了变异，非典型化了。变异打破了原结构式的句法和语义平衡，语法化的完成则使变异句建立起新的平衡，或者使一种常规结构式演变为另一种常规结构式，或者产生出新的结构式”。她还通过多个个案研究发现，“语法化的诱因跟结构式组成成分语义复指、语义部分重合和语义同指有密切关系”。她把这三类现象概括为语义羡余，认为组合成分语义羡余是语法化的特殊诱因。总之，学者们从不同角度、基于不同理论对语法化的动因进行探索。语法化应是多种因素导致的，在不同语言不同阶段某些因素也许发挥的作用更具主导性。对动因的探究是语法化研究的一项重要内容。

4. 语法化的机制

一般认为，语法化的机制包括重新分析和类推（Hopper & Traugott 1993）。二者以不同形式在语言中发挥作用。重新分析是新的语法手段产生的机制，而且是语法演变中比较常见但又最为重要的机制。它是指某一表达式结构上发生了变化，体现为构成成分、层次结构、范畴标注、语法关系和粘着性等方面的变化。重新分析是一种词语之间内在的语法关系的变化。它不会立刻带来表层形式的变化，但常常会导致成分之间边界的创立、转移或者消失（Langacker 1977）。Hopper和Traugott（2003）确立了一类最简单、最常见的重新分析现象：成分之间的融合（fusion），即两个词语或者形态标记之间的边界消失。以复合词化为例，两个或者多个单纯词融合成一个复合词，常影响到语义、形态及音韵的发展。“句法结构内在关系的改变涉及结构成分、结构层次、成分的词性、成分间的语法关系以及结构的整体特性”（Harris & Campbell 1995: 61）。本质上而言，重新分析是组合性的、线性的，多为局部的重新组织和规则演变，表层形式并未发生变化。重新分析往往造成语法范畴的消长或新的词类、新的虚词、新的结构的出现（叶蜚声、徐通锵 2010），会导致词语的使用范围发生改变（Traugott 1994）。根据Hopper和Traugott（2003），be going to的语法化就是重新分析的结果。语法化和功能更新都属于重新分析（贝罗贝、徐丹 2009）。

类推也是语法化的重要机制，指原有结构没有发生变化，但因套用某个法则，类推出不同于原来的新结构，新结构表层不同于旧结构，但两者的底层意义不变。例如，英语单词cow的复数形式本来是kine，后依据一般情况类推出cows这一复数形式，并代替了原来形式kine，此过程中，原有意义没有发生变化。这是规则的泛化，它在本质上涉及的是聚合关系的组织、表层搭配和用法模式中的演变。类推使隐蔽的重新分析的演变成为显性的。它是句法组织的范式化，会引起表层搭配的变化（Hopper & Traugott 2003），是对业已形成的句法规则的推广和应用（Harris & Campbell 1995）。类推的作用一是诱发一个重新分析，二是使通过重新分析产生的语法格式扩展到整个语言之中。

重新分析和类推是语法化的关键机制。二者有时各自单独发挥作用，有时共同发挥作用。重新分析是基于部分和整体、部分和部分等邻近关系的重新组合，故与转喻有关，而类推是基于事物之间的相似关系，故与隐喻有关。重新分析创造新的语法结构，类推则为演变的发生提供主要证据。在语法化过程中两种机制具有互补性。

5. 语法化原则

关于语法化的原则，学者们有各种不同的论述。Hopper（1991）认为语法化有五条原则，分别是并存原则、歧变原则、择一原则、保持原则和降类原则。沈家煊（1994）对这五条原则进行了补充。概括而言，语法化具有如下原则：第一，并存原则。一种语法功能可同时有几种语法形式来表示。新形式出现后，旧形式并不立即消失，新旧形式并存。第二，歧变原则。一个实词朝一个方向变为一种语法成分后，仍然可以朝另一方向变为另一种语法成分，结果是不同的语法成分可以从同一个实词歧变而来。第三，择一原则。这条原则与并存原则成互补关系。能表达同一语法功能的多种并存形式经过筛选和淘汰，最后缩减到一、二种。第四，保持原则。实词虚化为语法成分以后，多少还保持原来实词的一些特点。虚词的来源往往就是以这些残留的特点为线索考求出来的，残存的特点也对虚词的具体用法施加一定的限制。第五，降类原则。如果把名词、动词看作主要词类，介词、连词、助词等其他词类看作次要词类，那么实词词义的虚化总是伴随着词性的降格，即由主要词类变为次要词类，或由开放的词类变为封闭的词类。第六，滞后原则。语形的变化总是滞后于语义变化，导致语言中普遍存在一词多义，即同一个词形既表实义又表虚义。第七，频率原则。实词的使用频率越高，就越容易虚化，虚化的结果又提高了使用频率。从分布上讲，虚化的程度越高，分布的范围也就越广。第八，渐变原则。语法化是个连续的渐变的过程。一个词由A义转变为B义，一般总是可以找出一个既有A义又有B义的中间阶段。第九，单向循环原则。单向原则已包含在"实词虚化"的定义中，相反的方向，虚词实化极为少见。问题是单向演化的结果会造成语言中的虚化成分越来越多，语言成分无限止地变得越来越虚。于是又有学者（如Givón 1979; Heine & Reh 1984; Croft 1990）提出语法化的循环性，一个成分虚化到极限后就跟实词融合在一起，自身变成了零形式。具体的循环模式如下：自由的词>粘附于词干的词缀>与词干融合的词缀（>自由的词）。Givón（1979）也曾根据其"章法成分句法化"和"句法成分词法化"的思想提出一个循环模式：章法成分>句法成分>词法成分>形态音位成分>零形式（>章法成分）。DeLancey（1985）指出，循环演变在藏缅语族中相当普遍。

6. 语法化的特征

对于语法化具有什么样的区别性特征，学者们（Meillet 1912; Givón 1971; Lehmann 1982; Heine et al. 1991; Hopper 1991; Bybee et al. 1994; Haspelmath 1999; Heine 2002; Bybee 2003; Kiparsky 2005等）提出了不同的主张，其中比较有代表性的是Lehmann（1982）提出的六

个参数、Hopper（1991）提出的五条原则和Bybee等（1994）提出的八条假设。概括而言，语法化的主要特征可以总结为以下几点：

第一，历时性与共时性。语法化主要属于语言的历时研究，是历时语言学中最重要的内容，主要探讨语言用法中的实义词语演变成语法标记或手段、抽象语法构式或惯用表达的过程和结果。大部分语法化过程是渐进的，一种语言的词汇和语法往往是语言不断演变的结果。然而语法化也离不开共时研究，很多词语既可作实词又可作虚词，有实义用法也有虚义用法。从共时而言，一个语法功能可能会同时用几种由不同实词虚化而来的语法形式来表达。只有历时与共时相结合，才能对一些语言现象进行更合理的描写和解释。

第二，单向性。单向性被认为是语法化的基本特征（Givón 1971；Bybee et al. 1994）。语法化演变总的方向是由实到虚、从虚变为更虚，单向性趋势非常明显和普遍。Heine等（1991）认为语法化过程中意义－功能演变具有单向性，而Haspelmath（1999）指出形式－结构演变具有单向性。演变序列是实词＞虚词＞附着形式＞屈折形式（词缀）（Hopper & Traugott 2003）。具体表现是：总是沿着从独立实体到非独立实体甚至附着词缀的方向演变；总是从较为具体的向较为抽象、概括的方向演化；总是从复杂表达向简单表达方向演化。语法化单向性的个别反例并不能改变这种总趋势。

第三，抽象化与程度性。如上所述，语法化总是从较为具体语言形式和意义向较为抽象的方向演化，学者们称之为：淡化（bleaching, Givón 1971）、约化（reduction, Langacker 1977）、缩化（condensation, Lehmann 1982）、弱化（weakening, Guimier 1985）、空化（emptizing, emptification, evacuation, Matisoff 1991）、简化（compacting, Hopper & Traugott 2003）等。同时，语法化的抽象程度也存在一定的差异。抽象程度越高，语法化程度也就越高。不同语言中相同或相似或相关的语法单位也存在程度差异。

第四，高频性和普遍性。Bybee（2003）认为使用频率高是语法化的区别性特征。语法化是基于语言单位的高频使用的。一个实词的使用频率越高，就越可能被语法化，因此也就越容易被虚化为语法标记，而语法化的结果反过来又进一步促使该形式的高频使用。此外，所有语言都要经历语法化过程，而语法化又可以发生在一种语言的语音、词法、句法、语义和语用等各层面，因此语法化具有普遍性。

第五，渐进性。语法化过程总体上是渐进的，需要相当长的时间。从实词到虚词，从独立语到语法标记，从各类短语到惯用表达等，往往存在一个渐变的过程。这个过程遵循着一定的方式和路线变化，如上文提到的演变线路。从历时角度很难确定开始分化的时间，从共时角度也很难对这种连续体进行严格切分。因此语法化过程不是新形式完全代替旧形式，不是一个意义突然代替另一个意义。其间会出现两者或多者并存的现象：A＞AB＞B。个别语法化过程可能很短，如克里奥耳语常在短时间内产生新的语法形式，但这种情况与渐进性语法化相比少得多。

第六，经济性。如上文所述，语法化主要经历从实到虚、从繁到简、从长到短、从重到轻的演变过程，这是语言表达经济性的需要，也是语言发展的必由之路。Heine 等（1991）认为语法化可被解释为以解决问题为主要目标这一过程的结果，是寻求调节交际，协调讲话人与听话人之间互动方法的结果。在语言交际中，人们总是倾向于用较少的形式传递丰富的信息，这也许是产生语法化现象的认知动因之一。

第七，理据性。语法化不是任意的而是有理据的，可从认知上加以合理解释（Heine et al. 1991; Hopper & Traugott 2003; Bybee et al. 1994）。语法化基于人们的认知能力，是人类认知的产物，因此语法化具有理据性。语法化与语义、语用相互依存、相互作用。语法是受到语义和语用等多种因素驱使的结果，语义、语用和语法三者是融为一体的，语法化研究必须与语义、语用紧密结合起来，三者都与人类的认知机制密不可分。

第八，隐喻性和转喻性。如上所述，语法化具有理据性。语言演化过程中多种意义之间往往通过隐喻或转喻机制存在关联。隐喻用一个相似的概念表达另一个概念，一般从较具体向较抽象的方向演化，可以看出语法化与隐喻的变化方向一致。转喻是用一个相关概念指称另一个概念，在原义和新义之间具有邻近关系和部整关系等。语法化主要以隐喻或转喻的方式演化，这也是认知语言学家关心语法化研究的主要原因之一。

7. 发展趋势

语法化研究的发展趋势主要体现在对区别性特征认识的深化、研究内容的拓展、研究方法的改进、语义演化研究范式的改进等（张秀松 2020）。这里侧重说明一下语法化的认知研究。语法化近年受到认知语言学家的关注，成为其研究中的重要内容之一。认知语言学认为，语法化基于人们的认知能力，与人类的认知机制密不可分，与主观性有关。在认知语言学视野下，语法化的研究不仅包括词汇层面的“实词虚化”，还包括语篇和语用层面的语篇语法化和语用功能语法化，并将从典型概念结构产生句法结构的论述纳入进来。认知语言学家认为通过语法化过程的研究，可以从历时角度寻找语言形式和功能演变的动因，进一步揭示人类的认知与语言发展之间的象似性现象，以进一步证明语言不是一个自治的系统。

国外研究语法化的认知语言学家主要有 Sweetster, Heine, Taylor, Dirven & Verspoor, Lakoff，Hopper, Ungerer & Schimid, Langacker, Traugott，等等。Sweetster（1990）认为语法化就是从实义词项状态

变为语法词素状态，是语义向更加抽象方向的变化。Heine等（1991）指出语法化旨在揭示词项在哪里起到语法作用。Taylor（1996）认为语法化是指以往的词项逐步图式化，逐渐失去原有丰富的概念内容的过程。Dirven和Verspoor（1998）认为，语法化主要研究原来可以自由运用的词素，后来却在构词或句法中做不可独立使用的语法标记的过程。Langacker（1999）指出语法化是词项演变成语法成分的过程。他认为当句子的主语控制力逐步衰减时，语法化程度就逐步提高，主语控制力衰减到极端，语法化程度也就极高，句子也就具有了极高的主观化程度。Traugott（2003）指出"语法化"这一术语有两层意思：一是研究语法形式和构式是如何出现的，它们是如何被使用的，又是如何影响语言形成的。二是研究词项如何随着时间的推移成为语法形式的过程。

21世纪以来语法化研究出现了多样化趋势，引入了构式语法、形式语法、话语标记、语用化、词汇化、主观化、语义图、语言接触、基于使用的研究方法等新的研究视角和研究方法（洪波等 2017），其中有若干项就是与认知相结合的研究。以语法化与构式语法的结合为例，二者研究相互渗透、相互促进：语法化的某些研究为构式语法做出了贡献，构式语法也用来重构语法演变（洪波等 2017）。构式搭配的研究为描述语法化过程提供了丰富的工具（Hilpert 2008; Torres Cacoullos & Walker 2011）。二者联结起来的途径一是从语法化角度分析构式变化，如Trousdale（2008），二是聚焦单个词汇（或语法）项，展示其在构式中的变化，或者随着构成产生的变化，如Hilpert（2008）。语法化和构式语法的交汇是一个新开辟的研究领域。语法化也常常和基于使用的研究相结合。"对语法化现象的研究，而非其他任何研究，导致了基于使用的语法研究方法的产生"（Bybee 2011: 69）。此研究架构强调话语语境和语用推理的作用，尤其突显了重复的重要性。重复（常为使用频率）被认为是语言变化的主要甚至是唯一原因（Bybee 2006; Bybee & Beckner 2010），是语言变化的基本机制。语法必须包含频率和其他基于使用的模式。在“涌现语法”（Emergent Grammar）的理念中，语法化被理解为是“语法通过使用产生的”（Bybee 2011: 58），它有助于在语法和使用之间建立联系，因而在该语法架构中处于中心地位（洪波等 2017）。

总之，语法化研究的认知取向强调语法化与隐喻、象似性、图式化、主观化、词汇化、语用化、构式语法等现象以及基于使用的研究方法等的密切关系，并将语言的历时研究和共时研究紧密结合起来，寻找语言产生和发展的理据性，揭示语言演变与人类认知之间的动因规律，从一个侧面进一步证明了语言并非一个自治的系统，而是与人们的认知能力密不可分的。这也正是认知语言学的重要主张。

（编者：广州大学/霍明杰）

参考文献

Bybee, J. L. 1985. *Morphology: A Study of the Relation Between Meaning and Form*. Amsterdam: Benjamins.

Bybee, J. L. 2003. Mechanisms of change in grammaticalizaton: The role of frequency. In Joseph, B. D., & Janda, R. D. (eds.). *The Handbook of Historical Linguistics* (pp. 602−623). Oxford: Blackwell.

Bybee, J. L. 2006. From usage to grammar: The mind's response to repetition. *Language*, 82(4): 711−733.

Bybee, J. L. 2011. Usage-based theory and grammaticalization. In Heine, B., & Narrog, H. (eds.), *The Oxford Handbook of Grammaticalization* (pp. 69−78). Oxford: Oxford University Press.

Bybee, J. L., & Beckner, C. 2010. Usage-based theory. In Heine, B., & Narrog, H. (eds.), *The Oxford Handbook of Linguistic Analysis* (pp. 827−856). Oxford: Oxford

University Press.

Bybee, J. L., Perkins, R., & Pagliuca, W. 1994. *The Evolution of Grammar: Tense, Aspect, and Modality in the Languages of the World*. Chicago: The University of Chicago Press.

Croft, W. 1990. *Typology and Universals*. Cambridge: Cambridge University Press.

DeLancey, S. 1985. The analysis-synthesis-lexis cycle in Tibeto-Burman: A case study in motivated change. In Haiman, J. (ed.), *Iconicity in Syntax* (pp. 367—389). Amsterdam: John Benjamins.

Dirven, R., & Verspoor, M. 1998. *Cognitive Exploration of Language and Linguistics*. Amsterdam: John Benjamins.

Givón, T. 1971. Historical syntax and synchronic morphology: An archaeologist's field trip. *Chicago Linguistic Society*, 7: 394—415.

Givón, T. 1979. *On Understanding Grammar*. London: Academic Press.

Greenberg, J. H., Ferguson, C. A., & Moravcsik, E. A. (eds.). 1978. *Universals of Human Language*. Stanford: Stanford University Press.

Guimier, C. 1985. On the origin of the suffix *-ly*. In Fisiak, J. (ed.), *Historical Semantics—Historical Word-Formation* (pp. 151—170). Berlin: Mouton de Gruyter.

Harris, A. C., & Campbell, L. 1995. *Historical Syntax in Cross-linguistic Perspective*. Cambridge: Cambridge University Press.

Haspelmath, M. 1999. Are there principles of grammatical change?. *Journal of Linguistics*. 35(3): 579—595.

Heine, B. 2002. On the role of context in grammaticalization. In Wischer, I., & Diewald, G. (eds.), *New Reflections on Grammaticalization* (pp. 83—101). Amsterdam: John Benjamins.

Heine, B., Claudi, U., & Hünnemeyer, F. 1991. *Grammaticalization: A Conceptual Framework*. Chicago: The University of Chicago Press.

Heine, B., & Reh, M. 1984. *Grammaticalization and Reanalysis in African Languages*. Buske: Hamburg.

Hilpert, M. 2008. *Germanic Future Constructions: A Usage-based Approach to Language Change*. Amsterdam: John Benjamins.

Hopper, P. J. 1991. On some principles of grammaticalization. In Traugott, E. C., & Heine, B. (eds.), *Approaches to Grammaticalization (Vol. I): Theoretical and Methodological Issues* (pp. 17—36). Amsteadam: John Benjamins.

Hopper, P. J., & Traugott, E. C. 2003. *Grammaticalization*. Cambridge: Cambridge

University Press.

Kiparsky, P. 2005. Grammaticalization as optimization. In Jonas, D., Whitman, J., & Garrett, A. (eds.), *Grammatical Change: Origins, Nature, Outcomes* (pp. 15—51). Oxford: Oxford University Press.

Kurylowicz, J. 1964. *The Inflectional Categories of Indo-European*. Heidelberg: Carl Winter.

Kurylowicz, J. 1965. The evolution of grammatical categories. *Esquisses Linguistique*, 2: 38—54.

Langacker, R. W. 1977. Syntactic reanalysis. In Li, C. N. (ed.), *Mechanisms of Syntactic Change* (pp. 57—140). Austin/London: University of Texas Press.

Langacker, R. W. 1999. Losing control: Grammaticization, subjectification, and transparency. In Blank, A., & Koch, P. (eds.), *Historical Semantics and Cognition* (pp. 147—176). Berlin/New York: Mouton de Gruyter.

Lehmann, C. 1982. *Thoughts on Grammaticalization: A Programmatic Sketch*. Munieh: Lincom Europa.

Matisoff, J. A. 1991. Areal and universal dimensions of grammatization in Lahu. In Traugott, E. C., & Heine, B. (eds.), *Approaches to Grammaticalization (Vol. 2): Types of Grammatical Markers* (pp. 383—454). Amsterdam: John Benjamins.

Meillet, A. 1912. L'évolution des formes grammaticales. *Scientia*, 6(12): 384—400.

Narrog, H, & Heine, B. 2011. *The Oxford Handbook of Grammaticalization*. Oxford: Oxford University Press.

Sweetser, E. E. 1990. *From Etymology to Pragmatics: Metaphorical and Cultural Aspects of Semantic Structure*. Cambridge: Cambridge University Press.

Taylor, J. 1996. *Possessives in English: An Exploration in Cognitive Grammar*. Oxford: Oxford University Press.

Torres Cacoullos, R., & Walker, J. A. 2011. Collocations in grammaticalization and variation. In Heine, B., & Narrog, H. (eds.), *The Oxford Handbook of Grammaticalization* (pp. 225—238). Oxford: Oxford University Press.

Traugott, E. C. 1994. Grammaticalization and lexicalization. In Asher, R. E. (ed.), *The Encyclopedia of Language and Linguistics* (pp. 1481—1486). Oxford: Pergamon Press.

Traugott, E. C. 2003. Constructions in grammaticalization. In Joseph, B. D., & Janda, R. D. (eds.), *The Handbook of Historical Linguistics* (pp. 624—647). Oxford: Blackwell Publishing Ltd.

Traugott, E. C., & Heine, B. 1991. *Approaches to Grammaticalization.* Amsteadam: John Benjamins.

Trousdale, G. 2008. Constructions in grammaticalization and lexicalization: Evidence from the history of a composite predicate construction in English. In Trousdale, G., & Gisborne, N. (eds.), *Constructional Approaches to English Grammar* (pp. 33－70). Berlin/New York: Mouton de Gruyter.

Watkins, C. 1964. Preliminaries to the reconstruction of Indo-European sentence structure. In Lunt, H. G. (ed.), *Proceedings of the IX International Congress of Linguists* (pp. 1035－1045). The Hague: Mouton.

贝罗贝、徐丹. 2009. 汉语历史语法与类型学. 载于中国社会科学院语言研究所《历史语言学研究》编辑部（编），历史语言学研究（第二辑）(pp.1－10). 北京：商务印书馆.

陈昌来. 2017. 汉语常用双音词词汇化和语法化研究. 上海：学林出版社.

陈前瑞. 2017. 语法化与汉语时体研究. 上海：学林出版社.

董秀芳. 2017. 汉语词汇化和语法化的现象及规律. 上海：学林出版社.

方梅. 2002. 指示词“这”和“那”在北京话中的语法化. 中国语文，(4)：343－356.

高顺全. 2015. 基于语法化理论的汉语兼类虚词习得顺序研究. 北京：中国社会科学出版社.

洪波. 1998. 论汉语实词虚化的机制. 载于郭锡良（编），古汉语语法论集（pp. 370－379）. 北京：语文出版社.

洪波. 2000. 论平行虚化. 载于四川大学汉语史研究所（编），汉语史研究集刊（第二辑）(pp. 1－13). 成都：巴蜀书社.

洪波、龙海平、Bernd Heine. 2017. 新世纪以来语法化研究综观. 载于中国社会科学院语言研究所《历史语言学研究》编辑部（编），历史语言学研究（第十一辑）(pp. 236－265). 北京：商务印书馆.

霍伯尔·鲍尔、特拉格特·伊丽莎白·克劳丝. 2008. 语法化学说（第二版）. 梁银峰（译）. 上海：复旦大学出版社.

江蓝生. 2000. 近代汉语探源. 北京：商务印书馆.

江蓝生. 2002. 时间词“时”和“後”的语法化. 中国语文，(4)：291－301.

江蓝生. 2012. 汉语连－介词的来源及其语法化的路径和类型. 中国语文，(4)：291－308.

江蓝生. 2016. 超常组合与语义羡余——汉语语法化诱因新探. 中国语文，(5)：515－525.

江蓝生. 2017. 汉语语法化的诱因与路径. 上海：学林出版社.
李宗江. 2017. 语法化与汉语实词虚化. 上海：学林出版社.
梁银峰. 2018. 汉语史指示词的功能和语法化. 上海：上海教育出版社.
刘辰诞. 2015. 边界移动与语法化. 外国语，（4）：37－47.
刘丹青. 2001. 语法化中的更新、强化与叠加. 语言研究，（2）：71－81.
刘丹青. 2003. 语言类型学与汉语研究. 世界汉语教学，（4）：5－12.
刘坚、曹广顺、吴福祥. 1995. 论诱发汉语词汇语法化的若干因素. 中国语文，（3）：161－169.
马贝加. 2014. 汉语动词语法化. 北京：中华书局.
彭睿. 2008. "临界环境－语法化项" 关系刍议. 语言科学，（3）：278－290.
彭睿. 2011a. 临界频率和非临界频率——频率和语法化关系的重新审视. 中国语文，（1）：3－18.
彭睿. 2011b. 框架、常项和层次——非结构语法化机制再探. 当代语言学，（4）：321－335.
彭睿. 2020. 语法化理论的汉语视角. 北京：北京大学出版社.
沈家煊. 1994. "语法化" 研究综观. 外语教学与研究，（4）：17－24.
沈家煊. 1998. 语用法的语法化. 福建外语，（2）：1－6.
沈家煊. 1999. 语法化和形义间的扭曲关系. 载于石锋、潘悟云（编）. 中国语言学的新拓展——庆祝王士元教授六十五岁华诞（pp. 217－230）. 香港：香港城市大学出版社.
沈阳、玄玥. 2011. "完结短语" 及汉语结果补语的语法化和完成体标记的演变过程. 汉语学习，（1）：3－14.
史金生. 2017. 语法化的语用机制与汉语虚词研究. 上海：学林出版社.
石毓智. 2003. 现代汉语语法系统的建立——动补结构的产生及其影响. 北京：北京语言大学出版社.
石毓智. 2006. 语法化的动因与机制. 北京：北京大学出版社.
石毓智. 2015. 汉语语法演化史. 南昌：江西教育出版社.
石毓智、李讷. 2001. 汉语语法化的历程. 北京：北京大学出版社.
王寅. 2005. 狭义与广义语法化研究. 四川外语学院学报，（5）：68－73.
王寅、严辰松. 2005. 语法化的特征、动因和机制——认知语言学视野中的语法化研究. 解放军外国语学院学报，（4）：1－5，68.
吴福祥. 2002. 汉语能性述补结构 "V得/不C" 的语法化. 中国语文，（1）：29－40.
吴福祥. 2003a. 汉语伴随介词语法化的类型学研究——兼论SVO型语言中伴随介

词的两种演化模式. 中国语文，(1)：43－58.
吴福祥. 2003b. 关于语法化的单向性问题. 当代语言学，(4)：307－322.
吴福祥. 2004. 近年来语法化研究的进展. 外语教学与研究，(1)：18－24.
吴福祥. 2005a. 汉语语法化研究的当前课题. 语言科学，(2)：20－32.
吴福祥. 2005b. 汉语语法化演变的几个类型学特征. 中国语文，(6)：483－494.
吴福祥. 2006. 语法化与汉语历史语法研究. 合肥：安徽教育出版社.
吴福祥. 2009. 语法化的新视野——接触引发的语法化. 当代语言学，(3)：193－206.
吴福祥. 2013. 关于语法演变的机制. 古汉语研究，(3)：59－71.
吴福祥. 2014. 语义图与语法化. 世界汉语教学，(1)：3－17.
吴福祥. 2017a. 汉语方言中的若干逆语法化现象. 中国语文，(3)：259－276.
吴福祥. 2017b. 语法化与语义图. 上海：学林出版社.
向明友、黄立鹤. 2008. 汉语语法化研究——从实词虚化到语法化理论. 汉语学习，(5)：78－87.
杨永龙. 2016. 结构式的语法化与构式演变. 古汉语研究，(4)：46－57.
杨永龙. 2017. 实词虚化与结构式的语法化. 上海：学林出版社.
叶蜚声、徐通锵. 2010. 语言学纲要（修订版）. 北京：北京大学出版社.
张秀松. 2020. 词汇化与语法化理论及其运用. 北京：外语教学与研究出版社.
张谊生. 2017. 与汉语虚词相关的语法化现象研究. 上海：学林出版社.
郑伟. 2017. 吴语虚词及其语法化研究. 上海：上海教育出版社.

主观化（Subjectification）

1. 引言

在当代认知语言学兴起的背景下，对说话者在语言中的地位获得了前所未有的关注。说话者不仅在语言的共时层面发挥着重要作用，如意义的识解与语义推理均离不开说话者，甚至可能形成语言中的说话者“印记”（主观性）；在历时层面，说话者同样构成了语义演变的重要因素。某些语言成分的意义可能有朝着越来越基于说话者的方向发展的态势，这就是主观化。作为主观性的历时派生概念，主观化与主观性的关系自不待言。Lyons认为，“语言中的主观性指自然语言在其结构及常规运作方式中，为言语主体提供了表达自我及其态度、信念的手段”（Lyons 1982: 102）。这个定义一直被奉为主观性的经典定义。Finegan（1995）将其引申到历时层面，参照这一定义将主观化界定为“为表现这种主观性而在语言形式上的体现，或由一般语言形式演变为主要用于充当说话者主观性标记的过程”（Finegan 1995: 1）。按其定义，主观化研究可以同时从共时与历时维度展开：前者涉及语言如何以特定形式编码主观性；后者涉及语言如何发展出特定形式来编码新的主观义。

2. 主要思想

在当代，主观化研究形成了以Langacker与Traugott为代表的两大阵营。前者植根于认知语法框架，持共时视角；后者植根于语法化框架，持历时视角。由于切入视角不同，两种主观化思想在理论主张方面也存在较大差异。以下对两种主观化理论进行分别论述。

2.1 Langacker的主观化思想

在Langacker（1990, 1998, 1999a, 1999b, 2003, 2006）看来，主观化是主观性的历时对应物。Langacker的主观性理论关注的重心是在共时层面上，哪些成分作相对主观的识解，哪些成分作相对客观的识解（参见“主观性”词条）。相应地，其主观化理论关注的是在历时层面上，哪些成分从相对客观的识解转向相对主观的识解。

在Langacker（1990）早期的主观化理论中，主观化被界定为某一关系从客观轴调整到主观轴的过程。由此，主观化的本质即在于客观识解的关系被主观识解的关系所替代。后来Langacker接受Verhagen（1995）的观点，对这一理论做出了修正，认为主观化不应视为一种调整或替代关系，而是“主观成分本身始终寓于客观成分的概念化之中，仅仅是后者的消退使其得以突显”（Langacker 1999b: 298）。于是，他对主观性进行了重新界定：“一个客观关系逐渐消退，留下一个原本寓于其中的主观关系，后者寓于前者的概念化过程中”（Langacker 1998: 75—76）。其实质就是语义弱化（Semantic Bleaching）。换言之，概念化主体的心理扫描（主观识解的关系）（图1中纵向虚线所示）始终寓于客观识解的关系中，后者则处于不断虚化之中（图中第2阶段），乃至最终消失（图中第3阶段）。主观化的意蕴即在于客观概念内容的弱化及说话者主观心理扫描的滞留。语义弱化体现在多重维度上：（1）地位从实际到潜在，从具体到虚化；（2）注意焦点从台上转移到台下；（3）从物理域过渡到社会域及经验域；（4）力的发源地从具体的移动者到虚化的概念化主体（Langacker 1999b: 301）。

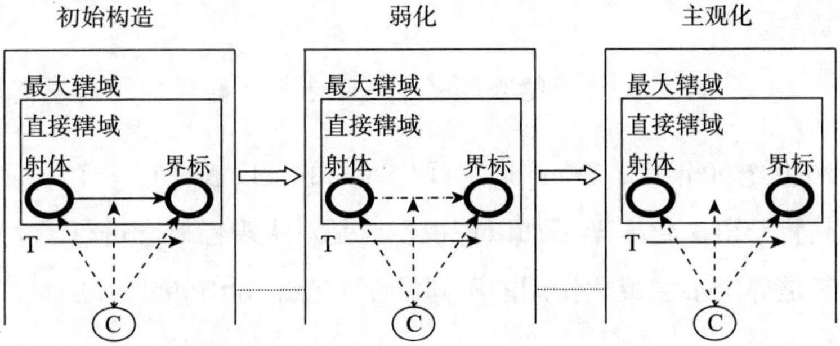

图1　主观化的不同阶段（改编自Langacker 1999b: 298）

2.2　Traugott的主观化思想

在当代系统化的主观性与主观化理论中，除了Langacker的认知语法视角外，Traugott从历史语用学视角对主观化进行了深刻阐发。在其主观性与主观化理论中，主观化是核心，主观性仅仅是作为一个基础性概念而存在的。作为一种意义演变的趋势，主观化的本质在于意义“变得越来越基于说话者对命题的主观评价或态度”（Traugott 1989: 31）。其研究成果主要反映在Traugott及其合作者的一系列论述中（Traugott 1989, 1995, 1999, 2003, 2007, 2010; Traugott & König 1991; Traugott & Dasher 2002）。早在1982年，Traugott的主观化思想已初见端倪，她发现语义演化遵循着如下路径（Traugott 1982: 257）：

（1）命题义＞（语篇义＞）表达义

此处的“表达性”（Expressivity）即Traugott后来所理解的主观

性。Traugott（1989: 31）提出语义演化按如下方向进行：

（2）a. 由基于外在世界的描述转向基于内在（评价/感知/认知）情景的描述；

b. 由基于外在与内在情景的描述转向基于语篇或元语言情景；

c. 意义趋于越来越基于说话者关于命题的信念或态度。

20世纪90年代，Traugott主观化理论的发展表现在三个方面：一是将其置于语法化框架下加以审视；二是对主观性概念进行了大幅扩充；三是界定了主观化作用的不同维度（Traugott 1995: 48）：

（3）命题功能 ⟶ 语篇功能
客观意义 ⟶ 主观意义
非认识情态 ⟶ 认识情态
非句法主语 ⟶ 句法主语
句法主语 ⟶ 言者主语
完整自由形式 ⟶ 粘着形式

Traugott和Dasher（2002）对主观化与交互主观化进行了较为系统的考察，以（交互）主观化为核心提出了语义演变的诱发推理模型（Model of the Invited Inferencing Theory）：

（4）特殊诱发推理＞一般诱发推理＞编码义

Traugott早期的主观化研究很大程度上是在语法化框架下进行的，因此对其内涵的解读多少受到其语法化观点的影响。Traugott（1995）把主观化限定为“语法化过程中的主观化”，并把它同语法化的单向性问题挂钩，认为主观化是语义演化单向性假设的“一个重要支点”（Traugott 1995: 45），因此在主观化的范围上力图囊括一般的语法化情况。可以说，这一阶段主观化概念的内涵是模糊的，依然从属于语法化之下。随着其主观化思想的不断成熟，Traugott开始强调主观化的独立地位，其内涵也更加明晰。她主张主观化构成了“迄今发现的最普遍的语义演化类型”，尽管它“可能伴随着所有的语法化过程”（Traugott & Dasher 2002: 30）。主观化构成了Traugott和Dasher《语义演化的规律》（2002）一书的核心假设，这标志着她逐渐走出了语法化的视野，将主观化看作独立的研究对象。

Traugott的主观化理论旨在表明“客观意义——作为‘外在的描述情景’属性的指称意义——如何随时间的推移让位于主观意义——所编码的情景中描述内在于说话者的特征”（Traugott & Dasher 2002: 94）。在Traugott看来，不同层面的语义演化（如词项、言据性及认识域、施为动词等）存在某种共通之处，即意义不断发生语用化的趋势。语用化突显的是说话者观点的外化，从而导致“某一形式直接蜕变为主观性的显性标记”（Traugott & Dasher 2002: 188－189）。由此，主观化的本质在于采用说话者视角对某一形义配对加以语用强化、充实，即典型话语语境中衍生的语用推理升格为新的编码义。语用推理的强化往往导致某些成分形式/意义的重组。形式的重新分析体现在构式的重新组合，意义的转移体现在外在的命题式、描述性、指称性意义转向内在的非命题式、评价性的抽象意义。通过这种语用推理，一些表达方式在反复运用中最终凝固下来，形成主观的表达成分。如a bite（bite在现代英语中演化为bit形式）“一口”在具体语境中产生“小量”这样的诱发推理，最终导致［a bit］［of N］重新分析为［a bit of］［N］。

作为一种历时的语义研究取向，主观化最大的特征是单向性。这一点是其定义所预设的，即“意义有越来越朝向说话者世界演化的态势”（Traugott 1989: 34）。整个Traugott历史语用学的核心假设，即是语义发展表现出越来越基于说话者的倾向；而一经主观化，又可能被用来编码越来越基于听话者的意义。近年来Traugott开始关注主观化的单向性问题（Traugott 2003, 2007, 2010, 2012; Traugott & Dasher 2002），并提出了独立的单向（交互）主观化假说，即语义发展呈现出越来越基于说话者的主观化倾向，而主观化了的成分可能进而发生交互主观化。

2.3 Langacker与Traugott的主观化思想的共性与差异

比较而言，Langacker与Traugott的主观化思想的差异主要体现在主观化的内涵上：语义弱化还是语用强化。这在本质上反映的是语义取向与语用取向的对立。前者突显了认知语言学的语义中心论，后者则秉承了语用学的语用本位观。对Langacker而言，作为一种“语义弱化”，主观化本质上是一个突显的问题：即主观识解的实体原本寓于客观识解的实体之中，而伴随着后者的消退逐步突显出来。弱化不仅体现在识解关系的客观基础逐步消失，还体现在将射体作为首要参与者的客观基础逐步消失；弱化达到极致即表现为概念化主体心理扫描的客观基础完全丧失。而对Traugott而言，不同层面的语义演化（如词项、言据性及认识域、施为动词等）的共通之处是意义的愈益语用化的趋势，这一语用化过程集中体现的是说话者观点的外化。因此，在她看来，主观化与语义弱化无关，而是涉及“语用强化”以及说话者视角对于形式－意义对的意义充实（Traugott 1999: 188），其结果是“新的显性主观性表达的语义化”（Traugott & Dasher 2002: 98）。

为了透视基于语义的与基于语用的主观化概念的本质差异，我们不妨对比两者对be going to的主观化分析。以An earthquake is going to destroy the city此句为例。对Langacker而言，从运动动词go到体标记be going to构式的演化体现了由最客观的识解向更为主观的识解的过渡，即客观的物理运动转向主观的心理扫描，运动主体的意图转向说话者的预测。在此过程中，概念化主体在心理上追踪某一路径，从而借某一参照点对某一过程加以定位（Langacker 1990: 23）。Traugott和Dasher（2002: 98）则否认主观性体现在识解中对言者主语显性指称的缺失，而是由说话者的显性信念所体现的：说话者认定存在某一可能性，即在将来某个时刻这个城市将被地震所摧毁。

Langacker与Traugott的主观化思想尽管取向有别，但在如下诸方面均表现出一定的共通之处：

（1）主观化在语法化中的地位。对于主观化在语法化中的地位，两种取向均给予了充分的肯定。作为语法化的首创者，Traugott视主观化为其语法化理论不可或缺的一环，构成了语法化的一大趋势，即"说话者判断的愈益明晰的介入"（Traugott 1989: 34—35）。Langacker（1999b: 306）同样承认主观化对语法化有重要影响，认为意义弱化的最终结果是形式的弱化，这是高度语法化形式的特征之一。

（2）主观性与主观化的普遍性。Traugott认为，主观化可能是所有经历了语法化的范畴的特征之一。这包括词序、连词及亲属称谓、助动词等领域，甚至包括指示副词及格标记（Traugott 1995: 46）。Langacker（2006: 37）也明确指出，"如果说意义存在于概念化之中，那么我们几乎不可避免地要设定主观识解的实体"。由于意义被视为认知语言学研究的第一要义，这可视为关于主观性的普遍性的论断。

（3）主观化的渐进性与单向性。Traugott的主观化概念遵循了意义演化的一般单向性，即从命题意义向语篇意义、再向表达性意义的过渡。主观化即指意义有"越来越基于说话者关于命题的信念与态度"的演变趋势（Traugott 1995: 35）。"越来越"表明这一过程既是单向的，又是渐进的。Traugott（2003）提到过"不同程度的主观化"这一概念。Langacker同样将主观化视为一种语义扩展的路径，在此过程中，原本被客观识解的意义逐步获得了越来越主观的识解。这一定位同样预设了一个单向的演化过程。他明确指出，主观化"更可能是一个逐步的演化过程"（Langacker 1999b: 301），并提出了"极度主观化”（Extreme Subjectification）的概念（Langacker 2003）。

（4）主观化的多维性。对Traugott而言，主观化并非作用于单一层面，而是作用于一个历时连续体上相互关联的不同维度（Traugott 1995: 48）：

命题功能	⟶	语篇功能
客观意义	⟶	主观意义
非认识情态	⟶	认识情态
非句法主语	⟶	句法主语
句法主语	⟶	言者主语
自由形式	⟶	粘着形式

Langacker（1999b: 301）用“弱化”这一概念来诠释主观化，认为弱化作用于不同的参数：

地位：从实际到潜在，从具体到虚化；

焦点：注意焦点从台上转移到台下；

域：从物理域到社会域及经验域；

力的来源：从具体的移动者到虚化的概念化主体。

（5）主观化与客观意义的减弱。归根结底，主观化是以客观意义的减弱为前提的。这一立场可以从Langacker反复使用的“语义弱化”这一概念窥见一斑；正是客观意义的弱化使得概念化主体的地位突显出来，并构成了主观化的内涵。Traugott也持类似观点：“在主观化过程中，某些表达式客观突显的概念可能逐步发生弱化”（Traugott & Dasher 2002: 99）。

总之，尽管两派主观化理论取向有别，但在主观化在语法化中的地位、主观性与主观化的普遍性、主观化的渐进性及单向性、主观化的多维性、主观化与客观意义的减弱等方面均达成了共识。这些共性表明，两者或许仅仅是视角之别，殊途同归。

3. 发展趋势

主观化无疑已成为当代语言研究的前沿课题之一。截至目前，国际主观性与主观化专题会议已经召开四次，会后分别出版了专题论文集（Stein & Wright 1995; Athanasiadou et al. 2006; Davidse et al. 2010; Dancygier & Sweetser 2012）。值得一提的是汉语主观化理论与汉语语法研究学术研讨会也已召开四届（山东大学，2014；渤海大学，2016；广西师范大学，2018；四川大学，2021）。30年来，关于主观化的研究形成了如下稳定的研究议题：1）对语言中不同范畴如词汇、语法标记、构式、话语标记的主观化现象的挖掘；2）主观化与左向移动倾向（如Ghesquière 2014；李国宏 2020）；3）对主观化的概念思考（Traugott 2010; Visconti 2013）；4）对主观化在语言演化中地位的思考（如Kristiansen 2014; Narrog 2015）。随着主观性与主观化理论的成熟，目前已进入理论反思阶段。近年来，出现了一些对主观化概念基础的反思，如Traugott的主观化范畴的异质性问题（Visconti 2013）、主观化概念的理论根源、地位及其面临的挑战（王馥芳 2017）。

伴随着主观化研究的不断深入，该领域依然有不少值得进一步探索的课题，以及新的理论视角带来的新问题。其一是主观化的单向性问题。主观化到底有无反例？伴随着去语法化概念的出炉，作为主观化对立面的去主观化（Desubjectification）概念也被正式提出（Norde et al. 2012），这无疑是一个值得进一步探索的问题。那么，去主观化的概念内涵究竟应如何理解，是主观化停止不前即可视为去主观化，还是朝其对立面（客观化）发展才能视为去主观化？其二是各种历时演变趋势如主观化、交互主观化、语法化、语用化之间的关系及其界限。这是第三部主观性与主观化专题文集的主题（Davidse et al. 2010）。关于语法化与主观化的关系依然有许多未解之谜，如语法化后期是否伴随着进一步的主观化，主观化是否在语法化过程中仅仅属于阶段性现象（Narrog 2015）。关于语用化与主观化的界限也颇富争议，这涉及主观化的内涵及范围的界定，如主观化涉及语义弱化还是语用强化？话语标记是否属于主观化的范畴？其三是在历时构式语法框架下对主观化的本质加以重新审视。传统上界定主观化的标准是越来越频繁地用于含高主观性的语境中，这本身已预设了主观化的发生并非自主的过程。历时构式语法为历时语言演变提供了新的视角，也为传统语义演变的动因如语法化提供了有益的补充。对主观化而言，需要思考的问题是，发生主观化的到底是单个词项，还是处于构式语境中的词项？另外，对比不同语言的主观化规律也是一个具有广阔前景的研究课题。

（编者：宁波大学 / 黄蓓）

参考文献

Athanasiadou, A., Canakis, C., & Cornillie, B. 2006. *Subjectification: Various Paths to Subjectivity*. Berlin/New York: Mouton de Gruyter.

Dancygier, B., & Sweetser, E. 2012. *Viewpoint in Language: A Multimodal Perspective*. Cambridge: Cambridge University Press.

Davidse, K., Vandelanotte, L., & Cuyckens, H. 2010. *Subjectification, Intersubjectification and Grammaticalization*. Berlin: Mouton de Gruyter.

Finegan, E. 1995. Subjectivity and subjectification: An introduction. In Stein, D., & Wright, S. (eds.), *Subjectivity and Subjectivisation: Linguistic Perspectives* (pp. 1—15). Cambridge: Cambridge University Press.

Ghesquière, L. 2014. *The Directionality of (Inter)subjectification in the English Noun Phrase: Pathways of Change*. Berlin/Boston: De Gruyter Mouton.

Kristiansen, T. 2014. Knowing the driving force in language change: Density or subjectivity?. *Journal of Sociolinguistics*, 18(2): 233—241.

Langacker, R. W. 1990. Subjectification. *Cognitive Linguistics*, 1(1), 5—38.

Langacker, R. W. 1998. On subjectification and grammaticalization. In Koenig, J.-P. (ed.), *Discourse and Cognition: Bridging the Gap* (pp. 71—89). Stanford: CSLI Publications.

Langacker, R. W. 1999a. Losing control: Grammaticalization, subjectification, and transparency. In Blank, A., & Koch, P. (eds.), *Historical Semantics and Cognition* (pp. 147—176). Berlin/NewYork: Mouton de Gruyter.

Langacker, R. W. 1999b. *Grammar and Conceptualization.* Berlin/New York: Mouton de Gruyter.

Langacker, R. W. 2003. Extreme subjectification: English tense and modals. In Cuyckens, H., Berg, T., Dirven, R., & Panther, K.-V. (eds.), *Motivation in Language: Studies in Honor of Günter Radden* (pp. 3—26). Amsterdam: John Benjamins.

Langacker, R. W. 2006. Subjectification, grammaticization, and conceptual archetypes. In Athanasiadou, A., Canakis, C., & Cornillie, B. (eds.), *Subjectification: Various Paths to Subjectivity* (pp. 17—40). Berlin: Mouton de Gruyter.

Lyons, J. 1982. Subjecthood and subjectivity. In Yaguello, M. (ed.). *Subjecthood and Subjectivity: The Status of the Subject in Linguistic Theory* (pp. 9—17). Paris: Ophrys.

Narrog, H. 2015. (Inter)subjectification and its limits in secondary grammaticalization. *Language Sciences*, 47(8): 148—160.

Norde, M., van der Auwera, J., & Nuyts, J. 2012. (De)grammaticalization and (de)subjectification. In van der Auwera, J., & Nuyts, J. (eds.), *Grammaticalization and (Inter-)subjectification* (pp. 37—63). Brussel: Royal Flemish Academy of Belgium for Sciences and the Arts.

Stein, D., & Wright, S. 1995. *Subjectivity and Subjectivisation: Linguistic Perspectives*. Cambridge: Cambridge University Press.

Traugott, E. C. 1982. From propositional to textual and expressive meanings; Some semantic-pragmatic aspects of grammaticalization. In Lehmann, W. P., & Malkiel, Y. (eds.), *Perspectives on Historical Linguistics* (pp. 245—271). Amsterdam: John Benjamins.

Traugott, E. C. 1989. On the rise of epistemic meanings in English: An example of subjectification in semantic change. *Language*, 65(1): 31—55.

Traugott, E. C. 1995. Subjectification in grammaticalization. In Stein, D., & Wright,

S. (eds.), *Subjectivity and Subjectivisation: Linguistic Perspectives* (pp. 31—54). Cambridge: Cambridge University Press.

Traugott, E. C. 1999. The rhetoric of counter-expectation in semantic change: A study in subjectification. In Blank, A., & Koch, P. (eds.), *Historical Semantics and Cognition* (pp. 177—196). Berlin: Mouton de Gruyter.

Traugott, E. C. 2003. From subjectification to intersubjectification. In Hikley, R. (ed.), *Motives for Language Change* (pp.124—139). Cambridge: Cambridge University Press.

Traugott, E. C. 2007. The concepts of constructional mismatch and type-shifting from the perspective of grammaticalization. *Cognitive Linguistics*, 18(4): 523—557.

Traugott, E. C. 2010. (Inter)subjectivity and (inter)subjectification: A reassessment. In Davidse, K., Vandelanotte, L., & Cuyckens, H. (eds.), *Subjectification, Intersubjectification and Grammaticalization* (pp. 29—74). Berlin: Mouton de Gruyter.

Traugott, E. C. 2012. On the persistence of ambiguous linguistic contexts over time: Implications for corpus research on micro-changes. In Mukherjee, J., & Huber, M. (eds.), *Corpus Linguistics and Variation in English: Theory and Description* (pp. 231—246). Amsterdam: Rodopi.

Traugott, E. C., & Dasher, R. B. 2002. *Regularity in Semantic Change*. Cambridge: Cambridge University Press.

Traugott, E. C., & König, E. 1991. The semantics-pragmatics of grammaticalization revisited. In Traugott, E. C., & Heine, B. (eds.), *Approaches to Grammaticalization (Vol. I): Theoretical and Methodological Issues* (pp. 189—218). Amsterdam: John Benjamins.

Verhagen, A. 1995. Subjectification, syntax, and communication. In Stein, D., & Wright, S. (eds.), *Subjectivity and Subjectivisation: Linguistic Perspectives* (pp. 103—128) Cambridge: Cambridge University Press.

Visconti, J. 2013. Facets of subjectification. *Language Sciences*, 36: 7—17.

李国宏. 2020. 语言主观化成分左右偏置的类型学研究. 外语学刊，(5)：37—44.

王馥芳. 2017. 主观化理论：关于理论根源、地位和挑战的思考. 外国语文，(5)：43—50.

主观性（Subjectivity）

1. 引言

主客二元对立的思维模式渗透在西方思想文化的各个方面，这些二元对立概念包括主观与客观、观念与对象、思维与存在、现象与本质、感性与理性等。主观性－客观性作为一对重要的二元对立概念，明确将主体与客体割裂开来，从而造成了主体与客体的分离和对立。在《牛津英语词典》（第二版）对objective/subjective的定义中，其哲学层面的意义包括：［古义］objective指作为意识的对象而存在，仅仅存在于头脑中；subjective与这一概念相对，指自身。［今义］objective指感知或思想的对象，即被视为外在于心灵的或真实的实体；subjective则指感知或思想的主体。作为科学研究的一个重要指标，“客观性”可追溯至西方的实证主义传统，“主观性”则通常使人联想到带有个人性的见解、信念和态度，因而通常被等同于某种个人偏见，难登科学研究的大雅之堂。

主观性与客观性的对立以及对主观性的极力排斥，在语言学研究中同样存在。事实上，自结构主义的语言研究范式发端之日，主观性与客观性之间便被划定了严格界限。结构主义本身是在科学主义的影响下发展起来的，因此现代语言学诞生伊始，便秉承了命题式语言观。而致力于将语言学上升为一门科学的乔姆斯基，更是一名科学主义的狂热信徒。无论是索绪尔对语言和言语的划分，还是乔姆斯基对语言能力和语言运用的区分，其初衷均在于纯化语言研究对象，而排除个人的具体语言使用。但这种排除也因此将语言使用主体一并逐出了语言研究的领地。半个世纪以来，现代语言学一直将主观性拒之于正统语言学研究的大门之外。正如Lyons（1982: 103）所描述的那样，“一直以来，西方语言学界存在这样一种偏见，即语言本质上是（即便不完全是）用来表达命题式思想的工具”。这种“语言工具论”（Linguistic Organon）的观点将作为语言使用主体的人及其主观性一并排除在语言研究之外。

而在当代，出现了西方哲学“语言转向”，哲学的意义观发生了重大的转变，以非客观化及语境化为最重要标志。在此过程中，作为意义主体的人也逐步突显出来。哲学的语言转向逐步催生了一种重视主体的意义观。在人文主义的复苏与科学主义的式微这一流变中，主观性研究悄然兴起，并逐步与新的非客观主义语义观融合，成为语言学研究的一个重要内容。在当代，对主观性的研究可追溯至Bréal（1964）及Bühler（1990）关于意义和意义变化的经典研究。最早从语言学角度探索主观性的语言学家当属Jakobson（1957）。他首次明确区分了语言的表情功能与信息传递功能。Bally（1965）则首次将句子切分成主观成分与客观成分。他区分了“断言”（dictum）与“模态”（modus）的概念，将前者定义为说话者关于内在及外在世界的表征的表达，将后者对应于“说话者自我”（speaking self）或“思想者自我”（thinking self）（Bally 1965: 36）。通过将客观内容的表达与说话者自我的表达区分开来，Bally事实上将“主观性”这一概念与情态联系起来。不过，对主观性－客观性这一对立最明确的论述则来自Benveniste（1971: 225），他区分了句子主语（subjt d’enonce）与言者主语（subjt d’enonciation），并强调了人称在语言学范畴中的地位：说话者正是通过在语篇中用“我”指称自己，才能声称自己为主语。因此，从字面上讲，主观性的根基存在于语言使用中，所关注的是言语主体如何介入话语之中，以及这一介入对话语的形式层面会产生什么样的影响。换言之，主观性关注的是语言中关于“自我”的表达。

2. 主要思想

2.1 概述

在当代，话语意义上的主观性在语言分析中已被提升到前所未有的高度。其重要性在Benveniste（1971: 225）的精辟论断中得以体现：“主观性在语言中的标记如此之深刻，以至于我们不得不发问：倘若语言不是这般构造的，还能名副其实地称之为语言吗？”Benveniste将主观性定义为说话者确立起自身的主体地位并进驻语言的能力。从语言表达开始的那一刻，说话者便将语言打上了自身的烙印。因此主观性也就成为语言表达中挥之不去的影子。Lyons（1982）的《指示语与主观性：我说，故我在？》（Deixis and subjectivity: Loquor, ergo sum?）作为一篇反对语言学中的笛卡尔及新笛卡尔主义的战斗檄文，是主观性研究的另一重要贡献，强烈主张说话者关于自我的表达“不能还原为关于命题的陈述”（Lyons 1982: 105）。他指出，现代英美语言学家一直存在“理性主义”的偏见，即认为语言基本上是（即便不完全是）用来表达命题式思维的。其主观性思想发端于对真值条件语义学的反动。经典真值语义学的致命弱点在于，其关注对象仅限于客观的命题内容，因而无从处理主观现象，甚至无从处理陈述句以外的语言表达。Lyons注意到，语言中无所不在的指示语具有自我中心性，是以说话者为参照的，真值语言学无法就其意义加以描述。由此，Lyons引出其主观性概念。

在他看来，语言中的主观性用以指语言的这一特性，即“自然语言在其结构及常规运作方式中，为言语主体提供了表达自我及其态度、信念的手段”（Lyons 1982: 102）。该定义一直被奉为主观性的经典定义。按此定义，主观性体现在语言的不同层面上：在语言运用层面上，体现为说话者在话语中的自我表达，即话语的主观性；在语言结构层面上，体现在语言中一些词语和语法结构形式编码了有关“自我”的语义特征成分（Finegan 1995: 1）。

当代语言理论的核心要义之一是对语言使用主体的重视。语言的主观性不仅成为语言哲学探讨的核心议题之一，而且成为认知语言学、功能语言学及语用学的元理论基础，并逐步发展出系统化的理论框架。在功能语言学、语用学及话语分析兴起的背景下，对言语及言语的优先性的重视，自然引向对言语主体的地位的关注。说话者因素及其语用推理渗入到语言运用的方方面面，因而话语的主观性成为功能－语用－话语学派的一个不容回避的问题。而在认知语言学反客观主义的大潮中，主观性作为对抗客观主义最有力的砝码，在当前的认知语言学中更是被提到了相当的高度。认知语言学奉行体验主义认知观，把意义等同于概念化，而体验的背后必然隐藏着一个体验的主体“人”，概念化本身也预设了一个“概念化主体”（Conceptualizer）的存在。作为一种主客观统一的意义观，认知语义观将“人”作为核心要素纳入语义及语法的架构中。

两大主观性思潮分别将主观性置于语言运用与语言表征层面。对功能－语用－话语学派而言，主观性反映在言语主体的立场、视角、推理因素对语言使用过程的干预。对认知学派而言，主观性反映在概念化主体对其所识解情景的介入中。围绕两种观点分别形成了以Traugott为代表的基于历史语用学的主观性理论，以及以Langacker为代表的基于认知语法的主观性理论。认知语法关注的是语言表达式的各成分是如何被识解的，而历史语用学关注的则是在历时层面上语境及说话者因素如何影响对表达式的理解。

2.2 Langacker与Traugott的两大主观性思想

Langacker从共时视角出发，把主观性看作意义识解的重要维度之一。Langacker（1990b: 5）明确指出，“语言表达式的意义无法简化为对其所指称情景的客观描述；同等重要的是概念化主体选择如何识解某一场景，并出于表达目的对其加以描述。”早在1985年，Langacker已经初步论述了主观性的概念，而后二十余年，其理论在认知语法框架下几经扩展、修订而日臻完善（Langacker 1990a, 1998, 1999a, 1999b, 2003, 2006）。认知语法秉承了“感知－概念的同构性”的假设（Barsalou 1999），认为主观性－客观性概念应参照观察情景加以描写。主观性－客观性体现的是感知情景中的观察主体与观察对象的不对称性。当某一实体充当情景中的观察者，而完全意识不到自身的存在时，即可视为带有主观性。而当该实体仅仅充当情景中的观察对象时，即可视为带有客观性（Langacker 1985: 21）。主观识解表现的是观察主体的典型特征，即位于台下的感知经验场，自身并未被感知到。与之相反，客观识解描述的是台上的注意焦点，自身并不参与观察。对某一实体做客观识解时，是作为注意对象而存在的，比起主观识解时显然更为突显。在一个概念化情景中，当某一实体位于台下（Offstage）并被隐性表征时，就构成了概念形成的平台与出发点，因此是概念化过程中的固有成分，而非概念化作用的对象，此时对其识解带有最强的主观性。反之，当某一实体被置于台上（Onstage），成为显性的注意焦点时，仅仅扮演着概念化对象的角色，此时对其识解带有最强的客观性（Langacker 1999a: 149）。两种情况分别代表了“自我中心的观察格局”（Egocentric Viewing Arrangement）与“优化观察格局”（Optimal Viewing Arrangement）。与此同时，在两者之间还可能存在着一个中间状态，即某一实体同时充当概念化主体与概念化对象的情况。例如：

（1）a. Vanessa is sitting across the table from Veronica.

b. Vanessa is sitting across the table from me.

c. Vanessa is sitting across the table.

例（1a）代表了优化观察格局，其中概念化主体与客体处于完全分离状态。Vanessa与Veronica均作为“台上”的概念化客体而存在，作为概念化主体的说话者则位于“台下”。（1c）代表了自我中心的观察格局，此时，概念化主体置身其所识解的场景中，说话者处于台下隐而不现，构成了界定Vanessa位置的参照点。在（1b）中，说话者依然构成了界定Vanessa位置的参照点，但被置于台上，同时扮演着概念化对象和观察主体的角色，因而既非全然主观，也非全然客观。

Traugott关注的是历时层面的主观化，主要探讨说话者在意义演化中地位的变化，即指向说话者的意义如何转变成显性内容的一部分。不过，她在不同时期对主观化的阐述也折射出了她对主观性的理解：

（1）表达式变得“越来越锚定于言语事件发生的语境，尤其是说话者对情景、语篇及人际关系的看法”（Traugott 1982: 253）。

（2）意义有朝越来越基于说话者世界的方向发展的态势（Traugott 1989: 34）。

（3）主观化是一个语义–语用过程，在该过程中，意义变得越来越基于说话者的主观信念或其针对命题的态度（Traugott 1995: 31）。

（4）意义倾向于向高主观性方向转移，即其与说话者的态度，尤其是其元语篇态度越来越相关（Traugott 1999: 67）。

（5）主观性同时包括“说话者对所表述命题内容的认识态度”

与“对语篇前后成分间关系（即语篇结构）的态度”（Traugott & Dasher 2002: 23; Traugott 2003: 128）；对于某一意义基于物理、指称世界的词项或构式，说话者后来通常可能建构出新的基于说话者世界的意义，即其关于语篇的推理、信念或元语言态度（Traugott & Dasher 2002）。

（6）主观性与交互主观性的本质在于，在言者－听者进行意义协商的语境中，语用意义被重新分析为语义意义（Traugott 2010）。

从这里可以看出，Traugott的主观性概念关注的不是狭义上的真实说话者，而是整个言语及语篇语境。其主观性概念不仅包括明确传递说话者观点的情况，还涉及参照语篇语境的元语言成分。出于这一点，她将命题间连接成分（如连词、话语标记）视为一种主观修辞策略（rhetorical strategy）。在Traugott那里，具体意义＞抽象意义的变化、词汇功能＞语用功能的游移、客观世界＞说话者世界的意义变迁，乃至人际功能、语篇功能的衍生，均与主观化概念相关。与此对应的主观性涵盖Halliday语言元功能中的人际及语篇功能，即表达说话者态度与创造语篇的意义维度。

2.3 Langacker与Traugott主观性思想的差异

Langacker与Traugott的主观性思想因所持视角不同，对主观性概念的理解也大相径庭。

（1）主观性：显性还是隐性？在Langacker的术语中，“主观性”这一概念是与“客观性”相对的，但“客观性”并非“与说话者无关”。主观性与客观性的差异并不在于某一实体是否与说话者相关，而在于说话者在语言表达式中是否获得了显性编码。而在Traugott对主观性的定义中，主观性即对应于“与说话者相关”这一概念。因此，Langacker的主观性可视为Traugott的主观性结构范畴的细分，即在需要指涉说话者的结构范畴中，形式上呈隐性指称的情况。按照

Langacker，说话者在语句形式中呈现得越显性，语句就越客观，反之亦然。例如，Vanessa was sitting across the table from me与Vanessa was sitting across the table同为言者视角，但后者将说话者付诸隐含，因而更为主观。对于Traugott而言，主观性更像是一个有意识的说话者对意义的显性介入。由此，在主观性判断上得出了截然相反的标准：前者以隐性为标准，后者则以显性为准绳。

（2）操作层面：句内还是句际？对Traugott而言，整个话语及其语境决定了主观性的强弱（Traugott & Dasher 2002: 98）；而对Langacker而言，仅有表达式的某一特殊成分才能被主观或客观识解（Langacker 2006: 18）。对前者而言，主观性是在句际（inter-sentential）层面上运作的，因此句子本身呈中性；对后者而言，主观性则存在于句内（intra-sentential）层面上，由此句子本身同样呈中性。因此，从Traugott的视角来看，Langacker的例子如Vanessa was sitting across the table并无主观性可言。而在Langacker那里，Traugott的典型主观性例子如In fact, he is no more than five years old同样与主观性概念无关。

（3）关注对象：概念内容还是识解？Traugott主观性与主观化的理论根基为历史语用学，它关注起初的语用意义如何经推理逐渐获得语义化，即成为新的编码化意义。这些意义本质上涉及认知语法所称的“概念内容”，是概念化过程中呈现的客观命题性成分。Langacker的主观性框架植根于认知语法，它关注的是语言表达式的各成分是如何被识解的。因此，主观性是作为识解的一个重要维度而存在的，关涉某一实体及概念化主体在命题中的视角问题，致力于揭示说话者相对于命题内容的位置与语言表达式的关系：相对于命题内容而言，它们既可位于台上，又可位于台下。

（4）听话者的地位：忽视还是强调？与Langacker的理论有别的是，Traugott的主观性理论还提出了“交互主观性”（intersubjectivity）

“交互主观化”（intersubjectification）的概念。Traugott & Dasher（2002: 98—99）认为，在语篇产出的持续性交互协商中，说话者的编码化观点可能逐步被用来表示对听话者的关注，此时交互主观化便诞生了。他们强调指出，交互主观性派生并蕴含于主观性之中；没有一定程度的主观化，便不可能发生交互主观化。而Langacker对听话者在识解中的地位缺乏足够关注，这一点遭到某些学者的诟病（Verhagen 1995, 2005），Traugott更是以此为批判对象，指出该理论的一大缺陷即在于无法解释交互主观化现象的存在。

综上所述，Langacker与Traugott的主观性思想在主观性的判断标准、主观性的操作层面、主要关注对象及听话者的地位等问题上均存在重大分歧。认识这些分歧有助于我们明确两者在研究视角及理论假设上的根本差异。

3. 发展趋势

主观性已成为当代语言学尤其是认知语言学中的核心概念之一，在语言研究中得到越来越多的关注。截至目前，国际主观性与主观化专题会议已经召开四次，会后分别出版了专题论文集（Stein & Wright 1995; Athanasiadou et al. 2006; Davidse et al. 2010; Dancygier & Sweetser 2012）。从这些文集中可以看到主观性研究动向的变化。自始至终，主观性研究的一大主题是挖掘不同语言层面的主观性，如词汇、句法、语篇。早期研究多聚焦于语法范畴，如情态、指示语等显性主观性标记（Stein & Wright 1995）。而对词项主观性的关注是近年来主观性研究的一大热点（Athanasiadou et al. 2006）。近期研究开始采用多模态方法对语言中的视角进行观照，并将研究触角延伸至手语等非语言交际手段所蕴含的视角（Dancygier & Sweetser 2012）。

三十年来，主观性研究形成了一些稳定的主题，这仍是未来主观性研究进一步挖掘的方向。（1）探讨主观性在特定语言中的表现，如英语（如Scheibman 2002）、日语（如Iwasaki 1993）、汉语（如吴福祥 2011）；（2）挖掘不同语言层面如语法、词汇、构式、语篇层面蕴含的主观性；（3）考察主观性的语言编码及语篇建构功能；（4）对主观性的概念考察（如De Smet & Verstraete 2006; Nuyts 2012）。近年来，出现了一些关于主观性理论的反思，如刘兴兵（2015）论述了Langacker主观性理论的遗留问题；黄蓓（2016）剖析了Langacker主观性理论的贡献与不足；黄蓓（2019）提出了狭义主观性理论。汉语主观性的研究尤为瞩目，出现了少量对汉语主观性特征的考察，如沈家煊（2015）论证主观性贯穿于汉语词汇系统的划分中，董秀芳（2016）论证了主观性在汉语中的突显性及其表现特征。

此外，伴随着主观性研究的深入，涌现了一些新的值得思考的问题，这也是未来主观性研究的重要发展动向。（1）主观性的概念统一问题：目前，关于主观性的定义与内涵各派学者见仁见智，难以达成一致意见。要使得主观性发展为一个完整理论，首先需要解决这种概念异质性问题。可能的出路是对说话者在语言表征各阶段的角色加以细分，从而明确哪些属于语言编码中的说话者印记，哪些属于前语言表征层面的说话者介入。（2）跨语言主观性对比研究：考察不同语言的主观性表征差异，如对比汉语与英语、日语在主观性表达上的手段有哪些异同，预期可为语言对比提供新的维度。（3）主观性与相邻概念的关系考察：如主观性与主观化的关系：主观性与主观化是否是简单的共时对应物关系？主观性是否必然是主观化的结果？发生了主观化的成分是否一定属于主观性范畴？主观性与客观性、交互主观性的关系：主观性是与客观性对立，还是与中性状态对立？交互主观性是主观性的派生概念（Traugott & Dasher 2002），还是与主观性对立的概念（Nuyts 2012）？

（编者：宁波大学／黄蓓）

参考文献

Athanasiadou, A., Canakis, C., & Cornillie, B. 2006. *Subjectification: Various Paths to Subjectivity*. Berlin/New York: Mouton de Gruyter.

Bally, C. 1965. *Linguistiquegénérale et Linguistiquefranqaise (Linguistics General and Linguistics Franqaise)*. Paris: Berne.

Barsalou, L. W. 1999. Perceptual symbol systems. *Behavioral and Brain Sciences*, 22 (4): 577—660.

Benveniste, E. 1971. Subjectivity in language. In Meek, M. E. (Trans.), *Problems in General Linguistics* (pp. 223—230). Coral Gables, Florida: University of Miami Press.

Bréal, M. 1964. *Semantics: Studies in the Science of Meaning*. Gust, H. (Trans.). New York: Dover Publications.

Bühler, K. 1990. *Theory of Language: The Representational Function of Language*. Goodwin, D. F. (Trans.). Amsterdam: John Benjamins.

Dancygier, B., & Sweetser, E. 2012. *Viewpoint in Language: A Multimodal Perspective*. Cambridge: Cambridge University Press.

Davidse, K., Vandelanotte, L., & Cuyckens, H. 2010. *Subjectification, Intersubjectification and Grammaticalization*. Berlin: Mouton de Gruyter.

De Smet, H., & Verstraete, J.-C. 2006. Coming to terms with subjectivity. *Cognitive Linguistics*, 17(3): 365—392.

Finegan, E. 1995. Subjectivity and subjectification: An introduction. In Stein, D., & Wright, S. (eds.), *Subjectivity and Subjectivisation: Linguistic Perspectives* (pp. 1—15). Cambridge: Cambridge University Press.

Iwasaki, S. 1993. *Subjectivity in Grammar and Discourse: Theoretical Considerations and a Case Study of Japanese Spoken Discourse*. Amsterdam/Philadelphia: John

Benjamins.

Jakobson, R. 1957. *Essais de Linguistique Générale*. Paris: Minuit.

Langacker, R. W. 1985. Observations and speculations on subjectivity. In Haiman, J. (ed.), *Iconicity in Syntax* (pp. 109—150). Amsterdam/Philadelphia: Benjamins.

Langacker, R. W. 1990a. *Concept, Image, and Symbol: The Cognitive Basis of Grammar*. Berlin: Mouton de Gruyter.

Langacker, R. W. 1990b. Subjectification. *Cognitive Linguistics*, 1(1): 5—38.

Langacker, R. W. 1998. On subjectification and grammaticalization. In Koenig, J.-P. (ed.), *Discourse and Cognition: Bridging the Gap* (pp. 71—89). Stanford: CSLI Publications.

Langacker, R. W. 1999a. Losing control: Grammaticalization, subjectification, and transparency. In Blank, A., & Koch, P. (eds.), *Historical Semantics and Cognition* (pp. 147—176). Berlin/NewYork: Mouton de Gruyter.

Langacker, R. W. 1999b. *Grammar and Conceptualization*. Berlin/New York: Mouton de Gruyter.

Langacker, R. W. 2003. Extreme subjectification. English tense and modals. In Cuyckens, H., Berg, T., Dirven, R., & Panther, K.-U. (eds.), *Motivation in Language: Studies in Honor of Günter Radden*. Amsterdam: John Benjamins.

Langacker, R. W. 2006. Subjectification, grammaticization, and conceptual archetypes. In Athanasiadou, A., Canakis, C., & Cornillie, B. (eds.), *Subjectification: Various Paths to Subjectivity* (pp. 17—40). Berlin: Mouton de Gruyter.

Lyons, J. 1982. Deixis and subjectivity: Loquor, ergo sum?. In Jarvella, R., & Klein, W. (eds), *Speech, Place, and Action: Studies in Deixis and Related Topics* (pp. 101—124). New York: John Wiley.

Nuyts, J. 2012. Notions of (inter)subjectivity. *English Text Construction*, 5(1): 53—76.

Scheibman, J. 2002. *Point of View and Grammar: Structural Patterns of Subjectivity in American English Conversation*. Amsterdam: John Benjamins.

Stein, D., & Wright, S. 1995. *Subjectivity and Subjectivisation: Linguistic Perspectives*. Cambridge: Cambridge University Press.

Traugott, E. C. 1982. From propositional to textual and expressive meanings; some semantic-pragmatic aspects of grammaticalization. In Lehhmann, W., & Malkiel, Y. (eds.), *Perspectives on Historical Linguistics* (pp. 245—271). Amsterdam: John Benjamins.

Traugott, E. C. 1989. On the rise of epistemic meanings in English: An example of subjectification in semantic change. *Language*, 65(1): 31—55.

Traugott, E. C. 1995. Subjectification in grammaticalization. In Stein, D., & Wright, S. (eds.), *Subjectivity and Subjectivisation: Linguistic Perspectives* (pp. 31—54). Cambridge: Cambridge University Press.

Traugott, E. C. 1999. From subjectification to intersubjectification. *Paper Presented at the 14th International Conference on Historical Linguistics.* Vancouver, July.

Traugott, E. C. 2003. From subjectification to intersubjectification. In Hikley, R. (ed.), *Motives for Language Change* (pp. 124—140). Cambridge: Cambridge University Press.

Traugott, E. C. 2010. (Inter)subjectivity and (inter)subjectification: A reassessment. In Davidse, K., Vandelanotte, L., & Cuyckens, H. (eds.), *Subjectification, Intersubjectification and Grammaticalization* (pp. 29—74). Berlin: Mouton de Gruyter.

Traugott, E. C., & Dasher, R. B. 2002. *Regularity in Semantic Change*. Cambridge: Cambridge University Press.

Verhagen, A. 1995. Subjectification, syntax, and communication. In Stein, D., & Wright, S. (eds.), *Subjectivity and Subjectivisation: Linguistic Perspectives* (pp. 103—128). Cambridge: Cambridge University Press.

Verhagen, A. 2005. *Constructions of Intersubjectivity: Discourse, Syntax, and Cognition.* Oxford: Oxford University Press.

董秀芳. 2016. 主观性表达在汉语中的突显性及其表现特征. 语言科学，(6)：561—570.

黄蓓. 2016. Langacker主观性理论的贡献与不足. 现代外语，(2)：207—214.

黄蓓. 2019. 狭义语言主观性理论探索. 上海：上海交通大学出版社.

刘兴兵. 2015. Langacker的语言主观性理论仍需解决的问题. 外语教学，(6)：11—14.

沈家煊. 2015. 汉语词类的主观性. 外语教学与研究，(5)：643—658.

吴福祥（编）. 2011. 汉语主观性与主观化研究. 北京：商务印书馆.

注意系统（Attention System）

1. 引言

语言的注意系统是当今认知语言学研究的一个热点问题，Talmy是这一研究的集大成者。语言的注意系统诠释了人在情景中的语言表述与人的认知之间的关系，即个体在认知过程中对自己的注意分配规律与个体在语言表达过程中对语言的分配规律在很大程度上是相通的。从心理学的角度看，人的注意分配是系统的、有规律的。心理学中的注意现象及其规律在很大程度上同样适用于语言（Talmy 2007）。在Talmy看来，语言自身的机制中存在一个系统，这个系统把语言使用者的注意有规律地分配到语言的不同层面和不同部分上去，这个系统就是语言注意系统（刘先清 2015）。

注意的研究始于19世纪的心理学界，其研究者包括James（1890）等。心理学研究证实，人具备一种能力，即在众多的物体和现象中，我们可以主动地选择某一个物体或某一种现象，或者该物体和现象的某一方面作为我们注意的对象。因此，心理学家Breyer（2009）认为，注意是人的感知范围的一种过程，即个体通过对视觉、听觉和其他感觉领域一定部分的注意，提取信息和选择物体成为我们感知的焦点。从认知主体的角度看，注意是我们选择此物而不是彼物作为注意对象的一种能力。

经验现象学告诉我们，注意是一个双向过程。一方面，人具有将自己注意力选择性地分配给不同刺激物体的能力；另一方面，物体或现象的某一方面因具有一定程度的认知突显从而引起我们的注意。例如，在某个场景中，一种奇特的颜色、一种奇异的声响或者一种浓烈的味道都会因为异于常物的特征而变得突显，引起我们的特别关注。

以往研究认为，注意和语言是截然分开的。但Campbell（1997: 57）却认为，"注意不仅可以连接语言的命题内容，其本身也是语言命题内容的构成部分。"他指出，知觉和语言之间有一个连接点，这就是注意。不少研究还表明，注意和语言之间具有双向互动关系（Oakley 2009; Breyer 2009）。

2. 主要思想

Talmy和Langacker是从事语言注意研究的代表人物。Talmy（2007）认为，在一个语言交际的场景中，听话人致力于注意说话人所产生的语言表达内容。但是，不是所有这些内容都会同等重要地在听话人的前景注意中出现。相反，表达式本身、表达式的概念内容和表达式上下文的不同比例或某些方面会得到不同程度的突显。那些不同的突显仅有少部分是因为这些成分比另外一些成分更有趣，究其根本是因为语言自身有一个广泛的注意系统。正是由于这个广泛的注意系统，表达式的不同部分、表达式的概念所指或表达式的上下文才可以得到表达者的不同的注意分配。对一个语言行为的参与者来说，典型的情况是，说话人借用这套系统来形成语言表达；听话人则在最大程度上基于那些不同的突显，将他/她的注意以不同的比例分配到语言表达上去。

Talmy（2017）提出，在说话人产生言语的过程中至少有五十多个因素会影响听话人的注意分配。这些因素中，只有小部分会无意识地影响说话人的注意，其余的因素有些说话人可以直接控制，另外一些只能间接控制。每一种因素都会涉及某种特别的语言机制来对一定类型的语言实体增加或减少注意。这些因素既可单独起作用，也可以几个联合起来发挥作用；不仅可以在某个词语里，也可以在某个句子或语篇里产生注意效果。通常情况下，语言实体注意的增加会伴随着一些附加的认知效果，如区别性、明晰性和显著性；注意的减少则会产生相反的认知效果，如混合性、模糊性和平常性。Talmy把这些基本的因素大致分成10个范畴，而每个范畴大都含有次范畴（Du & Li 2018）。

语言注意系统及其次系统涉及的因素众多，主要包括语音、拼写、词法和句法等方面。

在语音方面，谈到注意在外语学习中的作用时，Kim（1995）提出，韵律突显（prosodic prominence）、位置突显（positional salience）和熟悉程度（familiarity）是影响学习者注意分配的三个重要因素。在韵律突显上，Ferreira（2003）将语音韵律定义为语言声音的表现方式。他认为韵律因素包括重音、音调、频率和音长。其中，韵律因素会影响语言表达的整体意义。也就是说，对于一个既定的语言表达式，改变其重音、音调模式、音长或者频率，会引起听话人注意分配的变化，从而构建不同的意义组合（Carroll 2008; 赵海燕、李晓庆 2016）。

在英语中，重音突显既可以体现在下面例（1）中的主语baby上，也可以是在例（2）中的谓词crying上。在自然语境中，倘若baby处于主语的位置，较之述谓is crying它能获得更多的注意分配。在例（1）中，说话人将额外的重音分配到baby上，与自然语境中的baby相比，作为主语的baby得到更多的注意分配。例（2）的情形与例（1）有很大的不同，说话人把重音加在了crying上，使得crying获得的注意分配比（1）中的crying多，甚至超过了（1）中的baby。又如，在例（3）中，当重音落在Paris上时，它便获得了更多的注意分配，所表达的语义是：My son所去的地方不是Berlin，Moscow或是任何一个别的地方，而是Paris。

（1）The *baby* is crying.

（2）The baby is *crying*.

（3）My son is also going to *Paris*.

除了重音以外，音长也与注意分配密切相关。Talmy（2007）提出，音的长度比例与突显呈正相关，即词素或词语的语音长度越长，其概念所指就越突显，所获得的注意也相应增加。例如：

（4）They promised they would phone me. Nevertheless/But they never called back.

在例（4）中，nevertheless和but所表达的意义基本相同，但从认知资源的角度来看，理解相对音长的nevertheless所占据的认知资源比but多。因此我们说，语音长度更长的nevertheless所获得的注意分配比语音较短的but多，语义表达上也相应有了细微变化。

在拼写方面，Leeman等（1995）通过实验表明，一些标记性的手段在语言形式上的变异所形成的视觉效果，会对学习者的注意力分配产生一定作用。拼写变异是一种典型的由语言的视觉变化所形成注意力分配的有效手段。英文书写中，其拼写有自己的规则，单词有长短之分，字母亦有大小写之别。词与词、句与句、段与段一目了然。英文字母的大小写有具体的规定，该大写却小写或是相反，这种故意错位就构成了大小写变异。变异后的拼写具有鲜明的视觉形象，其目的在于突显某种东西，以引起读者的注意从而给予其不同的注意分配，表达不一样的语义。这与心理学上探讨的视觉刺激引起的注意分配具有相似之处。例如：

（5）But He won’t let her go.

例（5）是小说《紫色》中茜莉向上帝诉说X先生向妹妹聂蒂求婚，继父（He）断然拒绝时所说的话。我们知道，He不做主语或不位于句首时，其规范的拼写形式是小写。而这里大写He通过视觉效应以达到一种额外的注意效果，突显一种深层含义。这里，不应该大写的he大写了，He与he形成了视觉上的鲜明对照，增加了注意效果，引起了读者更多的注意分配，由此产生了额外的语义。

在词法上，词法是语法的重要组成部分，注意系统中的词法研究主要涉及词素、词和词组。词素的注意研究主要包括自由词素和附着词素，其中自由词素比附着词素突显；词素的概念直接所指比其联想的概念更加突显。相对于词素的直接所指来说，其联想的概念是偶然事件，既可以去掉，也可以通过其他概念来替换。例如：

（6）I kept flying east/north.

在例（6）中，east /north的直接所指是指南针的方向，即东方或北方。其联想概念指的是向东或向北无限延伸的路径。东方或北方是east or north的直接意义，不能被替换或去掉，而联想概念则相反。例如：

（7）Shanghai is in the east of China.

与例（6）相比，例（7）中east的直接意义，即“东部的方向”还在，但它在（6）中的联想概念“无限延伸的路径”已经不存在了。又如在eat这一概念中，它包括chew和swallow这两个成分意义，但它们在eat的意义构建过程中，其地位是不平等的。其中，swallow的意义比chew处在更加边缘的位置，也就是说，在eat的意义构成中，chew的比重更大，因此chew比swallow更加突显。在例（8）中，eat

的意义同样包括chew和swallow，但很明显，eat的意义更多地指向chew而不是swallow。这是因为当我们说“吃快点儿”时，尽管也包含“吞快点儿”的意义，但其传递的更主要的信息是“嚼快点儿”。

（8）You should eat faster.

不同词汇可能涉及不同的突显从而带来不同的注意分配。其中名词突显事物，体现连续性和类属性，是总体扫描；动词等突显的是关系，是顺序扫描（Langacker 2008）。词在不同的框架下，有不同的突显和不同的意义；框架一旦消失，词和词义也会消失。在一个词组中，中心词与修饰词的突显也有所不同。其中，中心词作为词头，是词组的侧面决定者，比其修饰成分突显，得到的注意分配也更多。例如：

（9）the pyramid of brick

（10）the brick in the pyramid

在例（9）中，the pyramid就比brick突显；而在例（10）中，情况正好相反，此时the brick比the pyramid更加突显。其理由是，在一个带有修饰成分的短语中，词头是词的中心成分，修饰成分则是为中心成分服务的（Talmy 2007）。例（9）中，brick是用来修饰pyramid的，brick是因为pyramid而存在的，没有pyramid，这个短语就不存在，或者说我们将pyramid换成别的词如wall，这个短语的意思也会发生改变；相反，没有了brick，或者将brick换成别的词如stone，这个词组的核心意义不会发生改变。从侧面的角度来看，（9）中，pyramid是侧面，是这个短语的关键成分，而brick是类似界标的成分，或者弱化的界标。另外，词组的整体意义与成分意义会有不同程度的突显，通常词组的整体意义比其成分意义突显，因为我们在听话和阅读中关注的是词组的整体意义而不是其成分意义。

在句法方面，注意系统的研究主要涉及以下几个方面：

第一，关于位置/语序与注意分配的研究。研究表明，词在句中处在不同的位置获得的注意分配是不一样的，通常处在句首和句尾的词更容易获得注意分配。

第二，关于句子成分与注意分配的研究。词在句子中的语法角色不同，所获得注意分配也不同，通常句子的主干成分比非主干成分获得更多的注意。例如：

（11）Chongqing is a good city.

这里位于句首又充当主语的Chongqing比句中其他位置和其他成分的词，更容易获得注意分配。

就句子的整体意义与构成句子的词的意义分配而言，句子的整体意义往往比组成句子的词的意义更加突显，因为人的注意往往分配给整个句子，而不是组成句子的单个词或者该句子的句法结构与语法规则。Talmy（1978）认为，一个复合句中主句和从句所获得的注意分配也是不均衡的，通常情况下主句所获得的注意分配多于从句。

第三，对于常式句与标记句的注意分配来说，与常式句相比，标记句因其使用的频率低，所需的认知资源更多，从而获得了更多的注意分配。例如：

（12）There is Harry!

如例（12）所示，首先说话人通过视觉维度（通过"指向某物"）和语言维度（说出there一词）引起听话人视觉上的注意，在话语的场景上形成一个空间心理模型（spatial mental model），然后，说话人说出句子的余下部分（is Harry），目的在于让听话人感受到事件状态的语言表征。最后，说话人让听话人更新空间心理模式，将Harry作为语言表征置于首要空间域。因此，这一类标记句中，说话人使用倒装句的理由在于，首先通过一个介词短语建立起一个空间心理模式，其目的在于让听话人将注意力集中在那个心理空间域的NP（subject），这与Chen（2003）的研究结论是一致的。Webelhuth（2011: 81）因此指出，“英语方位倒装句展现了语法和使用属性上的特殊整体性，而这种特殊整体性仅仅从语法的角度是找不到动因的，交际计划才是背后的动因”。分裂句、左/右移位句也反映了类似的情形。

第四，关于句法时态与注意分配研究。时态不同，注意分配也有所不同。例如，在过去时里，我们的注意将分配到发生在说话时刻之前的事件上，而现在时里，我们则将注意分配到与说话时刻相同时间的事件上。同时，完成体表示事件已结束，而进行体表示事件正在进行。

第五，关于句法中语态与注意的分配研究。主动语态将注意分配到动作发出者上，而被动语态将注意分配到动作接受者上。例如：

（13）We planted many trees yesterday.

（14）Many trees were planted yesterday.

在例（13）和（14）中，主要有两个突显的参与者：施事与受事。选择哪一个参与者充当主语，将决定句子的语态。当受事的突显度高于施事时，受事将成为图形，及物句的被动语态生成，我们就会产生（14）。相反，我们会选用例（13）这样的表达。主动语态和被动语态因对句子中的施动者和受动者突显的不同，必然引起听话人注意分配的差异。

3. 发展趋势

语言注意系统及该系统下的语言注意分配研究是当今认知语言学

的重要方向。未来研究还需要着力解决以下两个问题：一方面需要进一步完善语言注意系统的理论构建，其中确定这个系统的构成因素是问题的关键；另一方面如何将语言注意系统的理论应用于语言实践的各个层面（冯佳、王克非 2021）是需要进一步思考的更为核心的问题。

（编者：重庆师范大学 / 刘先清）

参考文献

Breyer, T. 2009. Attention and language. *Intuitio*, 2(1): 245—256.

Campbell, J. 1997. Sense, reference and selective attention. *In Proceedings of the Aristotelian Society* (Supplementary Volume), 71: 55—98.

Carroll, D. W. 2008. *Psychology of Language*. Beijing: Foreign Language Teaching and Research Press.

Chen, R. 2003. *English Inversion: A Ground-before-figure Construction*. Berlin: Mouton de Gruyter.

Du, J., & Li, F. 2018. A review of *The Targeting System of Language* by Leonard Talmy. *Cognitive Linguistics*, 29(4): 853—859.

Ferreira, F. 2003. Prosody. In Nadel, L. (ed.), *Encyclopedia of Cognitive Science* (pp. 762—768). London: Macmillan Reference.

James, W. 1890. *The Principles of Psychology*. Boston: Henry Holt.

Kim, H.-Y. 1995. Intake from speech stream: Speech elements that L2 learners attend to. In Schmidt, R. W. (ed.), *Attention and Awareness in Foreign Language Learning* (pp. 65—84). Hawai'i: University of Hawai'i Press.

Langacker, R. W. 2008. *Cognitive Grammar: A Basic Introduction*. Oxford: Oxford University Press.

Leeman, J., Arteagoitia, I., Fridman, B., & Doughty, C. 1995. Integrating attention to form with meaning: Focus on form in content-based Spanish instruction. In Schmidt, R. W. (ed.), *Attention and Awareness in Foreign Language Learning* (pp. 217—258). Hawai'i: University of Hawai'i Press.

Oakley, T. 2009. *From Attention to Meaning: Explorations in Semiotics, Linguistics, and Rhetoric*. Frankfurt: Peter Lang.

Talmy, L. 1978. Figure and ground in complex sentences. In Greenberg, J. H. (ed.), *Universals of Human Language (Vol. 4): Syntax* (pp. 625—649). Stanford: Stanford University Press.

Talmy, L. 2007. Attention phenomena. In Geeraerts, D., & Cuyckens, H. (eds.), *The Oxford Handbook of Cognitive Linguistics* (pp. 264—293). Oxford: Oxford University Press.

Talmy, L. 2017. *The Targeting System of Language.* Cambridge, MA: The MIT Press.

Webelhuth, G. 2011. Motivating non-canonicality in construction grammar: The case of locative inversion. *Cognitive Linguistics,* 22(1): 81—105.

冯佳、王克非. 2021. 翻译方向和文本难度对注意分配的影响——基于英/汉翻译的实证证据. 中国外语，(4)：97—104.

刘先清. 2015. 英汉语言中语法注意分配的认知研究. 北京：科学出版社.

赵海燕、李晓庆. 2016. 重读对口语理解中时间选择性注意分配的影响. 心理科学，(1)：13—21.

索　引